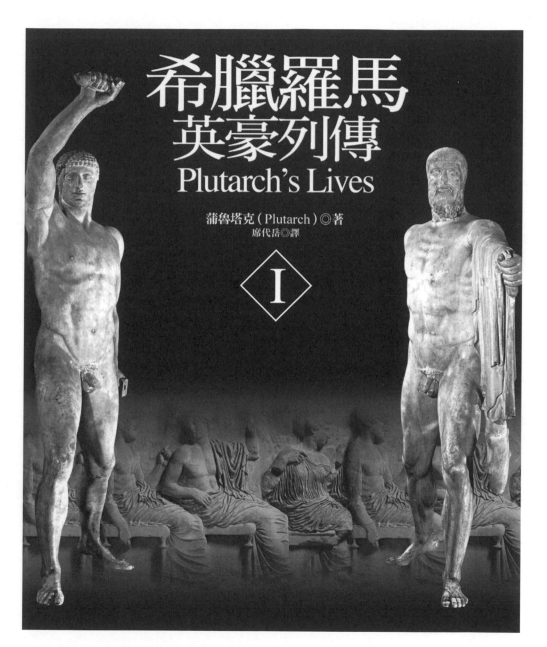

希臘羅馬英豪列傳
Plutarch's Lives

蒲魯塔克（Plutarch）◎著
席代岳◎譯

〈I〉

目　次

譯　序

一、前言

　　譯者在半個世紀以前的青少年時代，曾經讀過朱生豪所譯莎士比亞的《凱撒大帝》，第三幕第二場布魯特斯在弒殺凱撒以後，向羅馬市民發表演說：「我這樣做，不是愛凱撒愛得少，而是愛羅馬愛得多。」(This is my answer: Not that I loved Caesar less, but that I loved Rome more.)仁人志士爲了推翻暴政，不惜犧牲敬仰的恩主，這種「大義滅親」的舉動對譯者產生很大的影響。後來得知湯瑪士‧諾斯(Thomas North)在1579年將希臘文《羅馬希臘英豪傳》經由法文譯本轉譯成英文，莎士比亞根據這部書提供的史實，寫成與羅馬有關的三部劇本，從當時起就想一窺這部偉大的著作。

　　西方世界的文明淵源於古代的希臘羅馬，國人對那段發展的過程認識不深，即使是中學的歷史課本和從電影電視中看到的情節，知道的人物不過是亞歷山大大帝(Alexander the Great)、凱撒(Caesar)和龐培(Pompey)，朗朗上口的名字也以哲學家如柏拉圖(Plato)、蘇格拉底(Socrates)、亞里斯多德(Aristotle)，文學家如荷馬(Homer)、西塞羅(Cicero)，科學家如歐幾里德(Euclid)、阿基米德(Archimedes)等爲限。如果能有這樣一部傳記來介紹那個時代的人物，讓讀者了解當時的社會環境和生活方式，進而明瞭有關的政治、軍事、經濟、種族和宗教，不僅獲得閱讀的樂趣，也可以滿足我們的好奇心和求知欲。

　　等到譯者軍校畢業進入軍隊服務，在1964年左右，看到國立師範大學英文系吳奚眞教授爲國立編譯館所譯《希臘羅馬名人傳》，只選擇九篇傳記，不過是全部的五分之一，已經是如獲至寶。雖然四十多年的時光轉瞬已過，直到今日仍舊對吳教授的譯文心折不已，更是給個人帶來完成這部書的驅策力量。

二、蒲魯塔克的平生和著述

　　盧契烏斯‧密斯特流斯‧蒲魯塔克斯(Lucius Mestrius Plutarchus)是希臘人，從英譯本獲得蒲魯塔克(Plutarch)這個常用的稱呼。他出生在皮奧夏(Boeotia)的小鎮奇羅尼亞(Chaeronea)；皮奧夏位於希臘的中部，正好夾在阿提卡(Attica)和福西斯(Phocis)之間，他曾經提到這裡的居民懦弱怕事，認為皮奧夏人的奴性很重，因為地區多山，民風非常閉塞。他在第二十篇的〈笛摩昔尼斯〉中特別說起：

> 優里庇德(Euripides)認為一個人最大的福份，在於他的出生地是「著名的城市」，我的看法是「子不嫌母醜」，談起人生真正的幸福，主要在於他的氣質和習性，這與故國的卑小和無藉藉名沒有多大關係。追逐名利的行業在貧窮和沒落的市鎮，會逐漸萎縮和式微，說起德行則不然，可以在任何地點生根茁壯，獲得智慧的養分和培育豁達的心靈。

　　很多作者提到蒲魯塔克出生的年份，都有不同的說法，大約是克勞狄斯(Claudius)皇帝在位的中期到末期，即45-50A.D.之間。這個時間可以推算出來，尼祿(Nero)66A.D.訪問希臘，他正在雅典師事阿蒙紐斯(Ammonius)，一般來說，希臘人接受教育的時間，都是在15-20歲的青少年時代。

　　他的家庭在皮奧夏是富有的鄉紳，《掌故清談錄》(*Moralia*)中記載他的祖先在古老的奇羅尼亞，一直居於最顯赫的職位。他的曾祖父尼查克斯(Nicharchus)時常向他們講述一件往事，安東尼和屋大維爭奪天下，所有的城市被迫交出定額的穀物，市民要背到安蒂賽拉(Anticyra)的海濱，士兵用鞭子在旁抽打，好讓他們的動作快一點，這時正好安東尼戰敗的消息傳來，徵糧官和手下趕快逃走，他就把留下的穀物分給大家。

　　蒲魯塔克提到他的祖父蘭普瑞阿斯(Lamprias)，說他極其健談而且想像力非常豐富，在〈安東尼〉這篇傳記中，記載他與御醫交往的見聞。他的長處在於與人為善，是一位可靠的同伴和朋友，大家都認為他是一個幸福的老好人，當他們向巴克斯(Bacchus)獻祭的時候，只有他能得到麥邱利(Mercury)的厚愛；平素喜歡飲酒，經常在宴席中笑語如珠，成為最受歡迎的人物。

　　蒲魯塔克推崇他的父親，一直對他懷念不已長存在記憶之中，只是從來沒有在作品中把他的名字寫出來。他說他的父親是敦品勵學的君子，對於那個時代的哲學和神學都有相當的造詣，熟悉當代詩人的作品。蒲魯塔克在他的政治學教材中，拿他父親的審慎作為例子，給予很高的評價。他說道：「我記得我還年輕的時候，奉派與另一位奇羅尼亞的市民擔任使者去見行省的總督。我的同事發生意外，不得不在途中停了下來，我還是繼續前進去完成交付的任務。等我回到奇羅尼亞，要向市民大會提出協商的報告，我的父親將我叫到一邊，特別交代我不要光提自己，還要顧及到我的同事，所以千萬不要只說：『我』見到那些人；『我』講了那些話；『我』做了那些事；而是要說：『我們』見到那些人，『我們』講了那些話；『我們』做了那些事。特別讓我知道，要避免高傲和侮慢的行為，才不會引起別人的嫉妒和陷害。」

　　泰蒙(Timon)和蘭普瑞阿斯是他的兩個兄弟，從小在一起讀書和遊戲，他經常帶著愉悅和友愛的口吻談起相處的往事。特別在提到泰蒙的時候說道：「命運女神對我何其厚愛，讓我比別人擁有更大的幸福，唯有泰蒙對我那種無私無我的手足之情，讓我一輩子都無法報答。」蘭普瑞阿斯不僅繼承祖父的名字，就連那種開朗和幽默的性格都極其相似。

　　蒲魯塔克雖然在小城過著平靜的生活，還是會遭到災難和不幸，他的妻子泰摩克遜娜(Timoxena)生了五個子女，四個男孩和一個女兒，這個女兒與他的妻子同名，他曾經寫道：「當她還是一個小女孩，就懇求她的奶媽，在餵其他嬰兒的時候，也要讓她的玩偶有奶吃。」這個女兒和另外兩個兒子未成年就夭折。很多學者認為他對女兒的死亡，抱著一種聽天由命的心情，在他一篇用書信體寫成的隨筆——〈安慰他的妻子〉中，說她的哀傷是保持在合理的限度之內。

　　蒲魯塔克在雅典求學，老師是知名的柏拉圖學派哲學家阿蒙紐斯，對於他的一生產生重大的影響，他在作品中經常提到這位導師的名字，有次還說雅典有位提米斯托克利(Themistocles)，是他最親密的知交好友，與他一起在阿蒙紐斯的學院裡面孜孜不倦的攻讀。後來有位拜占庭的歷史學家優納庇斯(Eunapius)，特別提到「阿蒙紐斯是埃及人，他是蒲魯塔克的神學教師」。可能是蒲魯塔克寫出的掌故和傳聞，包括很多埃及的宗教信仰，所以大家認為他在亞歷山卓有長時期的學習過程。

　　當他停留意大利期間，曾經訪問羅馬並且住在那裡，從〈笛摩昔尼斯〉中讓

我們知道一點情形，公務繁忙之餘還要教授哲學，跟隨的學生人數還不少，所以沒有空閒的時間學習羅馬的語言。他很可能遊歷很多地方，所以在〈馬留〉這篇傳記的開始，就說他到過拉芬納(Ravenna)看見馬留(Marius)的大理石雕像，面容表現出大家所熟悉那種嚴厲和剛毅的神色。

就那個時代而言，蒲魯塔克擁有寬闊的眼界和胸懷，他在年輕時代曾經到埃及遊歷，使他受益匪淺，同時他到過希臘各地和小亞細亞，接觸到很多的事物，他因公務來到意大利，後來又在希臘講學，接著在羅馬逗留相當時間，這在一個歷史學家而言，是最寶貴的歲月，可以蒐集很多他所需要的書籍和資料，然後回到奇羅尼亞寫作《希臘羅馬英豪列傳》。他說：「我始終住在一個小鎮，希望繼續留在那裡，如果連我都搬走，豈不是顯得它更為微不足道。」他從來沒有自抬身分覺得高人一等，為桑梓的服務包括下水道和建築的工作。他特別提到：

> 奇羅尼亞的市民用微笑的面容，注視我所從事的職責。有時，在我心中會浮起犬儒學派哲學大師安蒂塞尼斯(Antisthenes)的身影：當他從市場回家的時候，手裡提著一條很髒的魚，大家看了很驚奇，他說道：「我買這條魚是自己要吃。」至於我的做法與他大相逕庭，我之所以會去測量屋瓦和計算石材和泥灰的價格，這不是為了自己蓋房子，而是為了公家的需要。任何服務都要放下身段，不計毀譽，才會收到更大的成效。

蒲魯塔克出任行政官員，主要的工作是要調解私人的怨恨，盡量做到便民的要求，任何案件都要主持公道，他的家庭是善門常開，讓受到委屈的人在他這裡找到庇護之所。他終生負起德爾斐(Delphi)祭司的職責，也是雅典的榮譽市民，在他垂老之年，哈德良(Hadrian)皇帝授與他希臘行政長官的官位。有人說他壽至耄耋，但是對於他去世的年代，還是不得而知，很可能是哈德良皇帝在位的初期，大約是119-127A.D.之間。他在身後還有兩個兒子，名字是蒲魯塔克和蘭普瑞阿斯，後者是一位哲學家，曾經為他的作品編了一個目錄，讓後人看到以後如同德萊頓所說，出現那種商人在損失船隻以後細讀運貨清單的心情。

蒲魯塔克不僅是一位傳記文學家、散文家、專欄作家和柏拉圖學派的知識分子，還是一位折衷派的哲學家，他的思想體系來自不同的淵源，他從柏拉圖的學

院派打下哲學思維的理論基礎，從亞里斯多德的逍遙學派習得邏輯和自然科學，從斯多噶學派堅持立身處世的原則，從伊庇鳩魯學派建立合理的生活方式，從畢達格拉斯學派養成與人爲善的態度，這些不同的門派所秉持的主張，在他的《掌故清談錄》中，可以得到合乎理性的解釋。

不僅如此，在後人的眼中他是一個道德論者，本書可以說是「倫理學」的歷史觀教科書，所以大家特別推崇他那悲天憫人的性格和慈善爲懷的情操。書中描述不計其數的戰爭場面，列陣的戰士敲擊盾牌，刀劍發出奪目的寒光，進攻的腳步配合著吶喊的聲音，兩軍直殺得煙塵遮日，血流成河，是何等的悲憤和慘烈。然而偉大的著作仍舊閃耀著人性的柔情，在那個奴隸社會的時代更是極其難能可貴，特別在提到老加圖(Cato the Elder)時說他：「買奴隸的條件不在於溫柔的個性和英俊的面貌，而是身強力壯的工匠、馬夫和牧人，等到這些奴隸在年老力衰以後，就應該將他們賣掉，家裡不會白養那些吃閒飯的人員。」於是蒲魯塔克大肆抨擊，批評老加圖的性格過於嚴苛不近人情，認爲人與人的關係不僅在於有利可圖而已。他還要將這種民胞物與的精神推及到動物的身上，不能將牠們看成鞋靴或碗盤，等到老舊殘破不堪使用，就像垃圾一樣拋棄，特別在〈伯里克利〉和〈提米斯托克利〉中對於愛護動物有極其生動的敘述，說是我們只要學著對人類永懷慈悲之念，那麼對其他的動物也會有惻隱之心。

我們從書中可以看出蒲魯塔克的政治理念，只有共和國的民主政體是他心目中最理想的制度，對於世襲的繼承和君王的專制抱著杯葛的態度，特別是寡頭政體所出現的僭主，更是深痛惡絕亟需撲滅的對象。他認爲要維持國家的獨立自主，必須運用選賢與能的方式，推舉有治國才華和具備道德勇氣的人士，組成元老院和政府。所以他對萊克格斯(Lycurgus)、努馬(Numa)、伯里克利(Pericles)和索倫(Solon)等偉大的立法者和政治家，帶著欽佩的神情給予最高的評價；相對之下，即使是亞歷山大(Alexander)、凱撒(Caesar)、亞傑西勞斯(Agesilaus)和蘇拉(Sylla)的霸業，旋起旋滅不過是曇花一現而已。

蒲魯塔克是那個時代最知名的學者和作家，雖然羅馬帝國的聲威已達到萬方臣服的巔峰，拉丁語文占有最強勢的地位，然而他還是用希臘文寫作，特別提到他雖然在意大利住過相當時日，但沒有閒暇學習羅馬的語言，直到垂暮之年才閱讀拉丁文的書籍。這種狀況在當時非常普遍，因爲羅馬人對希臘文化的愛好是一種風尚，精通希臘語文是身爲上流社會必備的條件，甚至比我們現在學英文更具

有一種強烈的炫耀心態。本書爲了迎合羅馬人，將很多希臘神話人物的名稱改爲羅馬人常用的名字，譬如將奧林匹克主神宙斯(Zeus)稱爲朱庇特(Jupiter)、雅典的保護神雅典娜(Athena)稱爲密涅瓦(Minerva)、天后赫拉(Hera)稱爲朱諾(Juno)、月神阿提米斯(Artemis)稱爲戴安娜(Diana)等，有的地方很不習慣，讓人感到比較庸俗。

經過兩千年的歲月，蒲魯塔克傳世的作品只有兩部：一部就是《希臘羅馬英豪列傳》，這本書的寫作方式是按性質相同的英雄人物，各以希臘人和羅馬人的傳記並列，後面接著是一篇比較式的評述。現存的傳記包括22個單元有46篇，其中還遺失4篇評述，此外還有4篇獨立性的帝王本紀。這些傳記涵蓋的時期從800B.C.到69A.D.，大約有9個世紀，按照地域的區分是意大利25人、希臘24人及波斯1人共計50人。另外一部是《掌故清談錄》，這是內容非常複雜的大部頭著作，包括傳聞軼事、文學藝術、教育概要、宗教信仰、古代文物、風土人情、生活習慣等共83篇隨筆，研究古代希臘和羅馬的人文、經濟、社會、生活和宗教，這部書提供第一手的資料；洛布文庫有法蘭克‧貝比特(Frank C. Babbitt)的譯本，是希臘／英文雙語精裝本共15冊。

他的次子蘭普瑞阿斯是一位哲學家，曾經爲他父親所有的作品編成一份目錄，要是與現存的著作比較，發現遺失的數量極其龐大，主要的項目可以區分爲四類：一是克拉底(Crates)和戴芳都斯(Daiphantus)的傳記和評述、伊巴明諾達斯(Epaminondas)和老西庇阿(Scipio the Elder)的傳記和評述。二是海克力斯(Hercules)、赫西奧德(Hesiod)、品達(Pindar)、李奧尼達斯(Leonidas)、亞里斯托米尼斯(Aristomenes)、奧古斯都(Augustus)、提比流斯(Tiberius)、克勞狄斯(Claudius)、尼祿(Nero)、喀利古拉(Caligula)、維提留斯(Vitellius)等人的傳記，後面這六位羅馬皇帝可以列入「帝王本紀」。三是《荷馬評論》(*Commentaries on Homer*)4卷、《赫西奧德評論》(*Commentaries on Hesiod*)4卷。四是隨筆5卷、神話3卷、修辭學3卷、心靈修養3卷、哲學家的摘要2卷、論感覺3卷、城市的論題3卷、政治學2卷、論被遺忘的歷史4卷、《亞里斯多德論述》8卷、詩論，及其他的論文和小冊子。

蒲魯塔克著作對於英國和法國的文學和戲劇，產生極其巨大的影響，莎士比亞有三部劇本，像是《朱理烏斯‧凱撒》(*Julius Caesar*)、《科瑞歐拉努斯》(*Coriolanus*)和《安東尼和克麗奧佩特拉》(*Antony and Cleopatra*)，取材於湯瑪士‧

諾斯(Thomas North)爵士在1579年所譯《希臘羅馬英豪列傳》，從此以後數百年間，英國對於古代希臘和羅馬的歷史和考古，一直執西方世界的牛耳；就是文物和藝術品收藏的豐富，也是其他國家所望塵莫及。英國17、18世紀的哲學家、文學家和傳記家，像是詹姆士・鮑斯韋爾(James Boswell)、班・瓊森(Ben Jonson)、約翰・德萊頓(John Dryden)、亞歷山大・漢密爾頓(Alexander Hamilton)、約翰・彌爾頓(John Milton)、法蘭西斯・培根(Francis Bacon)等人，認為在古代的作家中，蒲魯塔克的作品最能深入人心，對建立西方世界的價值觀，做出極大的貢獻，其中卡頓・馬瑟(Cotton Mather)和羅伯特・勃朗寧(Robert Browning)更是極力加以模仿。詹姆士・鮑斯韋爾在《約翰森傳》(*Life of Samuel Johnson*)的序文中，詳細介紹他運用蒲魯塔克的寫作風格。

　　美國文學家愛默生(Ralph Waldo Emersom)和一些先驗論者，受到《掌故清談錄》很大的啟發。愛默生將《希臘羅馬英豪列傳》稱為「英雄的聖經」；法國文學家蒙田(Montaigne)的名著《隨筆集》，曾經有四百多處引用蒲魯塔克和他的作品，特別是《掌故清談錄》更是主要的來源。蒲魯塔克的影響力到19和20世紀開始式微，提到古代希臘和羅馬的歷史，只要讀起這本書仍舊令人發思古之幽情。

　　蒲魯塔克的作品已經譯成各種文字，其中以法國人傑克・亞繆(Jacques Amyot)曾經前往梵蒂岡從事研究工作，分別在1559年和1572年將《希臘羅馬英豪列傳》和《掌故清談錄》譯成法文，最早將這兩部名著引進西方世界。特別在英國產生巨大的回響，湯瑪士・諾斯在1579年根據法文譯本轉譯為英文。1683年英國桂冠詩人約翰・德萊頓為蒲魯塔克寫出一本傳記，開始依照希臘原文譯出本書，到了19世紀經過古典學者亞瑟・胡格・克洛(Arthur Hugh Clough)的修飾和訂正，文字雋永，情節動人，描寫的英雄豪傑栩栩如生，掌握歷史的脈動和文化的精髓，令人神往於奔騰澎湃的才華，心折於簡樸雄偉的體裁。1901年美國古典學者伯納多特・佩林(Bernadotte Perrin)再出一個英譯本，列入洛布(Leob)文庫，他的風格大相逕庭，言簡意賅，過於平舖直敘，氣勢不足。此外還有拉丁文、德文、俄文等各種譯本。

　　蒲魯塔克身後享有很大的名聲，像是2世紀的意大利文學家奧拉斯・傑留斯(Aulus Gellius)讚譽他學術方面有極大的成就；3世紀的埃及哲學家阿昔尼烏斯(Athenaeus)在他的《知識的盛宴》中，推崇蒲魯塔克是充滿光輝的哲者；4世紀的克勞狄斯・克勞迪阿努斯(Claudius Claudianus)認為他足當學富五車、才高八斗

之名；4世紀的天主教主教和神學家優西庇烏斯(Eusebius)為希臘哲學家所寫的傳記，把蒲魯塔克列名首位；14世紀的意大利桂冠詩人佩脫拉克，在他的作品中將這位傳記家用上「偉大的蒲魯塔克」這樣的頭銜。還有不計其數的文人學者表達景仰之情，所以他的墓誌銘用下面這首詩來表達他在歷史和文學的地位：

> 希臘羅馬多英魂，
> 豐功偉業起雄風；
> 太史志業唯著述，
> 千秋萬世掌玉衡。

三、楬櫫傳記的原則和規範

蒲魯塔克的《希臘羅馬英豪列傳》對後世帶來的影響，不僅是它的內容發千古未有之奇，更重要是對於寫出這本書的動機、目的、方式、風格、功能和創意，都有詳盡的說明和闡釋，使得西方世界的史學界對於傳記的寫作，一直到18世紀，都完全遵循他的原則和規範，來為知名之士著書立傳，俾能達到留芳後世的要求。蒲魯塔克在第一篇〈帖修斯〉中開宗明義的提到：

> 我生長在這塊人煙輻輳的土地，能夠站在人類歷史的立足點，掌握真正可以接觸到的資料，要對希臘和羅馬的英雄豪傑，就他們的平生加以記載和評述。還可以更進一步的說明：「我要不這樣努力去做，那麼以後除了傳奇和神話，其餘的史實都無法留存下來。每個市民都以大詩人和寓言家自居，他們的敘述完全不值得採信，都是一些無中生有的傳聞。」讓我們懷抱希望，相信「傳說」帶有純粹史籍的特質，順從「理性」的淨化程序，並且認為這是它應該遵循的路線。不過，在任何情況之下，只要能夠發現有一點可信性存在，就不應將所有的事物全部視為可疑。我們只能乞求讀者網開一面，對於古老的故事抱著寬容的態度。

這位傳記家的寫作正是聶爾瓦(Nerva)、圖拉真(Trajan)和哈德良(Hadrian)

三位皇帝在位這三十餘年之間，帝國一片繁榮和平的景象，羅馬的法律和希臘的哲學已經到達巔峰時期，與他同時代的主要學者和作家，像是歷史學家和軍事家色克都斯・朱理烏斯・弗隆蒂努斯（Sextus Julius Frontinus, 40-104A.D.）、猶太學者和歷史學家弗拉維烏斯・約瑟法斯（Flavius Josephus, 37-100A.D.）、詩人馬可斯・華勒流斯・馬蒂阿利斯（Marcus Valerius Martialis, 38-100A.D.）、修辭學家和演說家笛奧・克里索斯托穆斯（Dio Chrysostomus, 40-120A.D.）、歷史學家巴布留斯・高乃留斯・塔西佗（Publius Cornelius Tacitus, 55-120A.D.）、政治家和學者小普里尼（Pliny the Younger, 61-114A.D.）、諷刺詩人狄西穆斯・朱維納利斯（Decimus Juvenalis, 60-140A.D.）即朱維諾（Juvenal）、歷史學家該猶斯・蘇脫紐斯（Gaius Suetonius, 69-150A.D.）等人，有豐富的著作，都能領一時的風騷，使得他處在「百花齊放、百家爭鳴」的時代。他不像這些人都住在羅馬，運用當時擁有優勢的拉丁文，他是一個居住在鄉間的希臘士紳，掌握古老的希臘文來寫作；即使如此，蒲魯塔克還是博得極其響亮的名聲，成為帝國譽滿士林的人物。

羅馬有如東昇的旭日，對比之下的希臘已陷入悲慘的處境，經過三次馬其頓戰爭以後，所有的城邦完全喪失自由權利和政治獨立，成為新興帝國的臣屬和行省，往昔的創造性才華和積極性精神，全部在腐化和頹喪中消失殆盡。亞歷山大大帝建立的龐大帝國，在他逝世不過144年的時光，全部化為烏有，現在所有人類在羅馬一個城市的支配之下。等到蒲魯塔克誕生之際，希臘世界淪為卑屈和受征服的土地，人口劇減，商業和農業與日蕭條，人民貧窮而絕望。再就文化的傳承而言，柏拉圖、亞里斯多德、季諾和伊庇鳩魯望重士林，執文壇的牛耳，他們創建的學派被門人子弟全盤接受，逐代流傳，後人的心智被局限在前人的窠臼之內，詩人和辯士的華麗詞藻，無法激起熊熊的烈火，只被人們不帶絲毫感情的抄襲模仿，要是有人敢於打破成見自立門戶，就會被人視為背離法統和正道。蒲魯塔克身為希臘民族最優秀的分子，自幼接受哲學的薰陶，唯恐希臘昔日的光輝在衰亡過程之中，成為明日黃花。他相信一個偉大民族經歷考驗，必然留下令後人景仰不已的豐功偉業，古代英雄豪傑的勇氣、智慧、剛毅，和仁慈所留下事蹟，不能讓它就此湮滅無蹤，基於這個動機才有這部書的寫作。

蒲魯塔克特別強調歷史和傳記有很大的不同，這些可以印證今天的書籍分類，在「傳記」這個項目下面的各種回憶錄、自傳、個人歷史和口述歷史的風行一時，其來有自。蒲魯塔克在第十七篇〈亞歷山大〉中有以下的說法：

亞歷山大和凱撒這兩位顯赫的人物可供頌揚的偉大事蹟實在無法勝數，只能將他們一生當中最爲人津津樂道的傳聞軼事概約加以描繪，無法對每一項傲世驚人的豐功偉業都做詳細的記載。大家應該記得我是在撰寫傳記而非歷史。我們從那些最爲冠冕堂皇的事功之中，並不一定能夠極其清晰看出人們的美德或惡行，有時候一件微不足道的瑣事，僅是一種表情或一句笑談，比起最著名的圍攻、最偉大的軍備和最慘烈的戰爭，使我們更能深入了解一個人的風格和習性。如同一位人像畫家進行細部的繪製，特別要捕捉最能表現性格的面容和眼神，對於身體其他的部位無須刻意講求。因之要請各位容許我就人們在心理的跡象和靈魂的徵兆方面多予著墨，用來追憶他們的平生，把光榮的政績和彪炳的戰功留給其他作家去撰寫。

英國史學家雪尼・李（Sidney Lee）在《傳記原理》一書中，認爲：「傳記之興是饜足人類紀念的本能。」「紀念」就是懷舊或思古，人情樂於懷舊，亦喜思古，所以關於古人的行誼事略，很自然發生興趣。從蒲魯塔克強調的重點來看，他所說的「傳記」已經脫離「史學」的範圍而進入「文學」的領域。這個時候他的寫作必須符合三個要求：第一是傳記要能將「傳主」和相關的人物，重新創造出來，無論從任何角度去觀察，都能表現出眞實的面貌。第二是傳記必須講出可以吸引人的故事。第三是作者對人物的描繪和情節的交代，要有某種意境或韻味，使讀者從類似的生活經驗中引起共鳴。

提到的三個要求，就現代人的眼光來看，讓古代的生活能在21世紀引起共鳴，根本難以想像。事實則不然，譯者可以舉出一個例子來說明：第七篇〈伊米留斯・包拉斯〉有這樣一段記載：「伊米留斯與他的妻子帕皮里婭離婚，受到朋友的責備，大家爭相說道：『難道她不貞節？難道她不漂亮？難道她不生育？』這時伊米留斯把腳上穿的鞋子拿起來讓大家看，然後問道：『難道這雙鞋子不是新的？我穿起來難道不好看？然而，誰知道這雙鞋會夾我的腳。』確實如此，有些情節重大或眾所周知的缺失，反而不會造成雙方的絕裂，倒是一些細微的瑣事，不斷產生的煩惱，特別是個性的衝突所引起的厭惡之感，帶來的疏遠和反目，使得兩人都無法容忍，以致夫妻不能再生活在一起。」從這個故事來看，我們的心理狀況和情緒反應與古人又有什麼差別？難道他的話不會使我們深有所感？

　　蒲魯塔克雖然已經說明傳記與歷史有很大的不同，事實上他所寫的傳記就是古代希臘羅馬的歷史，將兩個古老的文明中最重要的環結連接起來。要是與我國的史書架構做比較，它就是一種紀傳體的正史，所謂「紀傳體」就是表達的方式和內容以傳記爲主體，只不過身爲皇帝或曾經統治過天下的人，他們的傳記叫做「本紀」；諸如《史記》的〈秦始皇本紀〉、〈項羽本紀〉。諸侯或是統治過某一地區的人，他們的傳記叫做「世家」；諸如《史記》的〈越王勾踐世家〉、〈孔子世家〉。一般賢臣名將或異行著稱者，他們的傳記叫做「列傳」，諸如〈廉頗藺相如列傳〉、〈刺客列傳〉。個人認爲本書是一部歷史典籍，就範圍和深度來說雖然不及《史記》，就目的、功能和運用的著述方式而論，看來是無分軒輊。

　　蒲魯塔克非常感慨地提到，史書的著述要保持客觀的立場是何等的困難，特別是那個時代，要想不表達自己的好惡愛憎，幾乎是不可能的事，即使是諸如塔西佗這偉大的史家，還是會引起後人的詬病。他在第五篇的〈伯里克利〉中提到：

> 歷史的著作要想每一件事物都能辨明眞僞是非常困難的工作，一方面是因爲後世的史家被漫長的時間遮斷他們的目光，另一方面是有關行誼和事蹟的當代記載，出於嫉妒或惡意或是包庇和奉承，總是扭曲事實的眞相。

　　列傳中比較特殊的角色是傳奇人物，雖然歷史上確有其人，如雅典和羅馬的創建者帖修斯和羅慕拉斯，平生的事蹟全由神話和傳奇編織而成，羅馬的波普利柯拉和科瑞歐拉努斯的傳記，同樣充滿羅曼史的色彩，這些都是吟遊詩人口耳相傳遺留下來，禁不起考證和檢驗，所以蒲魯塔克才會請求讀者抱著寬容的態度。

　　希臘人和羅馬人都將歷史看成文藝的一個分支，所以他們的著述不在於歷史的觀點和法則，完全採用文學的表達方式或戲劇的表演手法，甚至像是西塞羅這樣的大學者，將歷史納入修辭學的範疇，他曾經明確指陳：「修辭學家有權校訂和改變歷史的事實，進而達成更佳的敘述效果。」即使像是李維(Livy)和塔西佗這些史家，並不認爲要忠於史實做客觀的描繪，第一手或目擊的資料在他們而言可有可無，文學表達的成效較之內容的正確與否更爲重要。

　　其次要談到傳記有關紀年的問題，我個人認爲蒲魯塔克這本著作，最大的缺失在於沒有明確指出事件發生的年代。就這一點而論，比起《史記》大有不如，

中國自武王九年(1064B.C.)已有紀年出現，《史記》十二諸侯年表始於841B.C.有準確的年代記事。

如果不從宗教信仰的立場來看《新約》的四福音，可以說是最佳傳記的範本，如同《論語》一樣忠實記錄耶穌的言行，而且具備著簡潔、坦率、翔實和生動的特色。所以我們可以在第七篇的〈泰摩利昂〉中，看到蒲魯塔克有這樣的表示：

> 德謨克瑞都斯(Democritus)要我們經常祈禱，希望名人的幽靈能在我們的四周出現，這種做法對我們來說是出於善意，讓我們自然而然認同他們的美德，不要刻意去強調他們的惡行和帶來的災難。然而這種做法過於裝模作樣，等於打著哲學理論作為幌子，只能引領我們從事沒完沒了的迷信行為。我的方法與他完全相反，重點在於歷史的研究，要求精通寫作的方法，訓練自己記憶的過程，把古往今來偉大人物的形象深印在腦海之中。即使我出於工作的需要，不得不經常接觸那些有關的史實，還是要盡力避免描述下流、無恥和可憎的事蹟，不要感受容易傳染的惡習和劣行。最好的辦法是掌握思考的對象，保持平常心和責任感，拿高貴的人物作為敘述的模範和榜樣。

蒲魯塔克是寫這樣一本書最適合的人物，他的家世和出身使他能夠接受最好的教育，從而對希臘文化具備淵博的知識，曾經遊歷當時羅馬帝國很多地區，擁有開闊的心胸和獨到的眼光，交遊廣泛加上個人的地位，可以蒐集各種書籍和資料，尤其是他在故鄉擔任的職務和祭司的工作，使他擁有可以自由支配的時光。

我們在讀完本書以後，常會有這樣的體認，蒲魯塔克是一個衛道之士而非一個歷史學家，他的興趣不在於政治和帝國的變遷，要點在於傳主的人格特質、個人的言行表現和動機；德操的獎勵和惡行的懲治；塵世的是非功過以及冥冥之中主宰的力量。他的傳記著重於亞里斯多德的倫理和柏拉圖的哲學，所形成的宗教觀用來教育當時的人民。

他始終認為即使一個暴君，也會具備德操、高貴、英勇和慷慨的特性；然而他並沒有塑造一個放之四海皆準的典型楷模。在他而言，世間沒有完美的人。他對道德的要求可以說是永無止境，漢彌爾頓有這樣的表示，說是蒲魯塔克筆下的人物，使人很容易相信他們具備偉大的氣質。當然在列傳的眾多傳主當中，很多

人犯下十惡不赦的罪行，蒲魯塔克的寬容和包庇，難免會引起有識之士的責難。

　　一般而論，傳記家不該受死板的法則和教條所約束，要能夠隨心所欲選擇自己的表達方式，這才可以適應特定的題材和讀者。蒲魯塔克在第十三篇〈西蒙〉提出他對使用文字敘述的看法：

> 我認爲用文字描述傳主的風格和習性，比起用雕塑表現他的容貌和體態，可以讓他獲得更大的榮耀，就像畫家正在描繪一張美麗的面孔，雖然還有一些不夠完美的地方，無須完全忽略不理，也不應該刻意突出，因爲後者會使畫像變得醜陋，前者損害到本人和畫像的相似之處。拿我們現在的工作來說，要是一個人的生平都找不到任何瑕疵，這是極其困難且幾乎是不可能的事，只能就表現卓越和優異之處據實以報，要能充分的表達不可故意疏忽。只要是出於人類的熱情或政治的需要，發生任何過錯和缺失，我們寧可認爲這是特定德性的美中不足，而不是邪惡行爲的必然後果。如果這種惻隱之心出於軟弱的天性，不可能成功的造就人類的特質，在德行方面達到如此完美的境界，那就是能從混雜錯亂之中出現純眞，開闊的心胸不會任意的責難，因此我們抱著愛管閒事的態度，不將這些負面的報導寫進傳記裡面。

　　蒲魯塔克被人稱爲「英雄人物的崇拜者」。他在本書中所選擇的傳主，以君王、將帥、權貴和辯士爲主，對於文學、哲學和藝術領域的名人學者，如柏拉圖、亞里斯多德等，他認爲就歷史的價值和不朽的名聲而言，無法與建立事功的英雄豪傑媲美，他選擇的羅馬人絕大多數是羅馬帝國創建前後不及百年間的人物，希臘人則包括各個不同時代和不同城市的菁英，雖然列傳中人物的時代和地點完全相異，建立的事功在於創基開國、制定法律、揚威異域、克敵致勝、政壇雄辯或屬行改革等方面。

　　純粹從史學的觀點來看，蒲魯塔克所寫的傳記很多地方不夠確實，提出的數字和運用的資料，未必全然可信，有些情節的敘述，不免發生錯誤或出現矛盾。然而他對傳記的寫作有一個最大的目標，就是要確定這些傳主的道德性質。特別是在對比的評述當中，他所採的步驟是先論斷他們的德行和操守，再衡量這些性質所產生的影響，最後將他們的優點和短處、成功和失敗、命運和機遇，分別加

以批評和比較。

列傳之中不斷出現軼聞逸事和流傳的八卦消息，作者經常脫離主題，描述不實的傳聞和無中生有的故事，這樣一來使得傳記不致過於枯燥，更為生動有趣，史家對這種寫作的方式，提出嚴厲的批評和指責，甚至有人將他貶入說書者之流。不過，絕大多數讀者不以為然，他們認為蒲魯塔克的軼聞逸事，不僅在於加強戲劇的效果，而是要用這種方式刻劃出傳主的個性和風格，要找出人類心靈的象徵，從而反映出他們的生活。特別是他那個時代還沒有建立正確的史學標準，他的敘述只是讓我們知道當時的傳統和情景。

蒲魯塔克相信神讖、徵兆、托夢和顯靈，經常發生占卜的結局會影響到會戰的行動。這在那個民智未開的時代，宗教的信仰和神明的好惡，所形成的超自然的力量，已經深入他們的生活之中，舉凡死亡、災難、成功、勝利，在冥冥之中自有安排，認為這些都是命定之事。

最後譯者還要特別指出，蒲魯塔克對吾人最大的啟示，就是在第七篇〈泰摩利昂〉中所寫的那一段話：

> 我開始著手為英雄豪傑寫作傳記的目的為了娛樂他人，等到陷身其中不能自拔，才知道所有一切完全是嘉惠自己。這些偉大人物的德行對我而言就像一面鏡子，以人為鑑主要是指點我們的人生道路。實在說，我們只有在日常作息和親朋交往方面，能與他們一較長短；因而對於這些功成名就的貴賓，我們檢驗的重點如同讚譽阿奇里斯的詩句，在於：「君子之風，山高水長。」為了敘述他們的言行舉止和生平事蹟，全都經過特別的挑選，不僅高貴而且值得流傳廣為人知。使讀者打內心油然而起：「當若是也！不亦悅乎？」況且，吾人必以風行草偃，日以精進為功。

印證我們讀本國史耳熟能詳的一段話，唐太宗李世民說道：「以銅為鑑，可正衣冠；以古為鑑，可知興替；以人為鑑，可明得失。」《希臘羅馬英豪列傳》就是一本以古為鑑和以人為鑑的經典，值得我們閱讀去獲取經驗和教訓。

四、譯者對中譯本所持論點

　　多年來都將*Plutarch's Lives*定名爲「希臘羅馬名人對比傳」，譯者所以會使用《希臘羅馬英豪列傳》書名，因爲傳主都是當代的明君賢相、謀臣勇將，「名人」這個稱呼無法正確表達傳主的身分，再就是「列傳」這個名詞一直爲我國史書所專有，即使本書這些傳記後面的評述，與《史記》中「太史公曰」的表達方式，不同之處只是敘述文字的多寡而已。

　　譯者獲得*Lives*的英譯本共有四種：一是現代文庫(The Modern Library)兩冊平裝本，1917年初版，約翰・德萊頓譯於1686年，到了1864年經過亞瑟・胡格・克洛的訂正。　二是洛布文庫(Leob Classical Library)11冊希臘／英文雙語精裝本，1916年初版，伯納多特・佩林譯於1915年。三是阿普革特公司(Applegate & Co.)單冊精裝本，1870年出版，英譯者是約翰・朗賀(John Langhorne)和威廉・朗賀(Willian Langhorne)兄弟。四是牛津大學出版社兩冊平裝節譯本，1998年出版，英譯者是羅賓・瓦特菲爾德(Robin Waterfield)。譯者主要依循德萊頓的英譯本，這是目前最常見和最通用的版本，英美一般書店都有出售。然後再參考其他幾個英譯本，用來對照文字的內涵和語句的結構，查證人、事、時、地、物、數字等各種資料的正確性，務使錯誤減少到最低的限度；德萊頓的譯筆講究遣詞用字，極盡跌宕曲折之能事，文章的起伏有如行雲流水，娓娓道來頓生蕩氣迴腸之感。如果不是參照其他譯本，有的段落眞教人無從下筆。要知道德萊頓是英國的桂冠詩人和大文學家，平生的著述極其豐富，所以將17世紀末葉稱之爲「德萊頓時代」；必須意會他的英譯本帶有如歌的行板那種縹緲的氣質，架構務求高雅，風格講究華麗，使得散文的體裁昇華到韻文的境界。朗賀兄弟的英譯本平舖直敘，簡明扼要，很容易掌握行文的主旨，使譯者省下很多功夫。

　　運用的四種版本，除了羅賓・瓦特菲爾德的英譯本，有較詳盡的註釋以外，其餘三個版本中，只有伯納多特・佩林的英譯本補充部分的年代資料，應有的註釋全付闕如。然而羅賓・瓦特菲爾德的英譯本是一個節譯本，只收錄17篇傳記，僅及全部篇幅的三分之一，特別是他的註釋偏重學術性的討論，很難發揮說明和解釋的功能。爲了便於國人的閱讀，必須在註釋方面下很大的功夫，才能滿足個人要求的標準。因爲中國人讀西洋的歷史或傳記，最大困難在於對當代的背景資

料缺乏認知，對於書中重要之人名、地名、典章、掌故及重大事件之本末等了解不深，或者根本沒有接觸，很多地方只能囫圇吞棗，讀後不知所云。然而就原作者而言，認為對人、時、地、物、事略知輪廓，是讀者必備的知識，否則無法閱讀這方面的書籍，所以沒有加以說明的必要。《希臘羅馬英豪列傳》涉及的時空範圍，國人極為陌生，譯成中文時，對於重大事件或隱澀難明之處，若不加以解釋，讀者不僅不知其所以然，亦不知其然。本書是公元2世紀的作品，當時的地名多已經過若干次的變遷，自從18世紀民族國家興起，地名幾乎全部改為本國文字，古代原名已不存在，故必須查證清楚，使讀者知道現在的地名為何，位於何處及有關的資料。在人名方面，有些人物在西方是耳熟能詳，中國多無所知，尤其是宗教和神話方面，國人更是少有所聞，亦應簡單說明。還有許多專有名詞和重大事件，若不做簡單的補充，恐讀者有茫然若失之感。

　　經過不懈努力，使得全書出現4447條註釋，主要來源是網路搜尋的百科全書、各種相關的歷史書籍、美國波士頓大學圖書館及波士頓市立圖書館查閱的資料，以及前後文引用的說明。除了因為分冊的關係有少數雷同以外，盡可能不要重複出現。譯者列舉的註釋概約可以分為三類：第一種是年代註記，本書無論是希臘或羅馬，均用執政或執政官的名字來紀年，但是絕大多數沒有列舉，所以要查證事件發生的時間，用於註釋以公元紀年為主，有時並列奧林匹克紀年或羅馬建城紀年。第二種是各種引用的資料與前後各篇或各節的關係，因為很多重大事件涉及多位傳主，所以會在註釋中說明出現在另一篇傳記之章節；還有就是各種詩文或史實的來源。第三種是對本文的敘述，加以說明、解釋、評敘、考證或補充，這類註釋占總數三分之二以上。

　　古代希臘和羅馬知名人物同名同姓者甚多，很容易出現張冠李戴的現象，在處理時除了特別注意，或是註釋加以辨識，沒有其他更好的辦法。最後一冊有總索引，除了排出英文和中文譯名，重大的事蹟按出現的頁次一一列舉，便於讀者的查閱。索引的人名以本文為限，註釋中出現者全部省略。古代的文字經常出現冗長的章節，盡量分為較短的段落，更能吻合現代人的閱讀習慣。譯者特別按照傳記的內容，每篇安上一個醒目的標題，並對傳主做簡略的介紹。

　　古代的歷史或文學著作有一個共同的特色，就是大量引用詩文，主要的目的有三：一是修飾、二是舉證、三是宣示。我國與西方最大不同之處，在於我國運用的詩文，很多是應景詩，那是作者特地為了他的作品而寫，當然有的地方也會

引用知名詩人的佳作，主要的格式是七言律詩或絕句。西方著作引用的詩文，在古老的希臘羅馬時代，大多數來自希臘的戲劇和敘事詩，特別是荷馬的《伊利亞德》和《奧德賽》以及優里庇德(Eurypides)、亞里斯托法尼斯(Aristophanes)、伊斯啓盧斯(Aeschylus)、赫西奧德(Hesiod)、賽門尼德(Simonides)的悲劇或喜劇。在詩句中出現音節很長的人名和地名，要用我國的七言詩表達，除非將這些人名或地名略而不提，否則是不可能的事。

　　全書所引用的詩約有270首，所以就譯者而言，對詩文的翻譯成爲非常重要的工作，要想達成盡善盡美的效果，非得克服很多困難不可：主要在於結構要符合古詩的要求，不能運用現代詩或無韻詩的體裁；其次是要注重音韻，有的地方要盡量配合達到對句、三行聯句、四行體或八行體要求，在文句的長短方面，除了我國的四言詩、五言詩和七言詩以外，還有六音步抑揚格的英雄體。最後談到要表達的內涵，因爲使用的詩詞都是引用的文句，並不是完整的詩篇，只是對照所敘述的情節，起一種修飾的作用，難免會斷章取義，要是譯成中文同樣用這種方式，不僅無法正確表達文義，有時還會不知所云。譯者認爲詩詞的翻譯不能拘泥於字面的含意和文句的規範，雖然引用的詩文只是從全篇詩章中摘取數句，譯文更要能發全篇未盡之言，或引申爲言外之思。架構和體裁要能合乎古文的格局，講究對稱之美感和音韻之調和。所以就譯者的觀點是「立意在於境界求其寬，文體合於法則求其嚴」。

　　譯文有時不盡與本文相同，現在舉本書第一首詩，做有關的說明和解釋。在第3頁中將希臘悲劇作家伊斯啓盧斯的兩句詩譯爲一首五言絕句：

英豪天下雄，
莫敢攖其鋒。
成敗安足論，
巍然王者風。

　　就手上有的三個英譯本來看，這兩句詩的譯法大同小異，表達的境界還是能夠體會得出。現代文庫的德萊頓英譯本，將希臘文的兩句詩譯爲：

Whom shall I set so great a man to face?

Or whom oppose? Who's equal to the place?

洛布文庫的佩林所譯出的句子如下：

With such a warrior, who will dare to fight?
Whom shall I set against him? Who is competent?

上面兩個英譯不僅押韻，還是標準的五音步抑揚格的詩體。

至於朗賀兄弟的英譯本：

Who, for the palm, in contest high shall join?
Or whom in equal ranks shall stand?

可以看出這段沒有押韻，就是律格也不講究，很可能希臘原文並非對句，僅是四行詩或八行詩相鄰兩句，有時就不會用韻。

從這兩句詩的含意來說，就是「英雄無敵，誰敢爭鋒」，隱約之中帶有「成者為王，敗者為寇」的口氣；現在譯者用五言絕句的格式加上後面兩句，使得詩的體裁完整，同時吻合全篇的主題和旨意，氣勢流暢而且自然。

另外在第22頁，舉出雅典人在奧斯考弗里亞（Oschophoria）慶典中所唱的頌歌為例，根據德萊頓的英譯本，譯者譯出的詩句如下：

艾里遜尼帶給我們無花果和麵包，
成罐的蜂蜜和塗抹在身體的油膏，
酣睡在痛飲葡萄酒之中何其美好。

在三個英譯本中，分別是德萊頓的詩句：

Eiresione bring figs, Eiresione bring loaves,
Bring us honey in pints, and oil to rub on our bodies,
And a strong flagon of wine, for all to go mellow to bed on.

佩林的譯文：

Eiresione for us brings figs and bread of the richest,

Brings us honey in pots and oil to rub off from the body,

Strong wine too in a breaker, that one may go to bed mellow.

以及朗賀所譯較長的詩句：

The golden ear, th' ambrosial hive

In fair Eiresione thrive.

See the juicy figs appear!

Olives crown the wealthy year!

See the cluster-bending vine!

See, and drink, and drop supine!

　　讀者可以看出這三首英譯不僅格式有很大的差異，就是押韻的方式都不盡相同，然而就中文的譯述而言，只能用方塊詩的架構來表達詩句的對稱和聲韻。

五、延伸閱讀和補充資料

　　將近兩千年來，西方世界與蒲魯塔克的著作有關的參考資料，可說是汗牛充棟，不計其數，現在僅將近年出版的書籍列舉如下：

1. ANRW=W. Haase and H. Temporini, *Aufstieg und Niedergang der romkischen Welt*, Pt. II,Vol. 33.6（Berlin and New York, 1992）, has many articles on Plutarch in English and other Languages.

2. F. E. Brenk, J. P. Hershbell and P. A. stadter, *Illinois Classical Studies*, 13: 2（1988）, special volume devoted to Plutarch.

3. C. P. Jones, *Plutarch and Rome*（Oxford: Clarendon Press, 1971）.

4. J. Mossman, *Plutarch and his Intellectual World: Essays on Plutarch*（London: Duckworth, 1997）.

5. D. A. Russell, *Plutarch*（London: Duckworth, 1973）.

6. B. Scardigli, *Essays on Plutarch's Lives*（Oxford: Clarendon Press, 1995）.

7. P. A. Stadter, *Plutarch and the Historical Tradition*（London: Routledge, 1992）.

8. A. Wardman, *Plutarch's Lives*（London: Elek, 1974）.

9. S. Blackburn, *Oxford Dictionary of Philosophy*（Oxford: Oxford University Press, 1994）.

10. T. Duff, *Plutarch's Lives: Exploring Virtue and Vice*（UK: Oxford University Press, 2002）.

11. E. Hamilton, *The echo of Greece*（W. W. Norton & Company, 1957）.

12. E. A. J. Honigmann, "Shakespeare's Plutarch", *Shakespeare Quarterly*, 1959.

13. R. Waterfield and P. A. Stadter, *Plutarch: Greek Lives*（Oxford: Oxford University Press, Oxford World's Classics, 1998）, contains Lycurgus, Solon, Themistocles, Cimon, Pericles, Nicias, Alcibiades, Agesilaus and Alexander.

14. R. Waterfield and P. A. Stadter, *Plutarch: Rome's Lives*（Oxford: Oxford University Press, Oxford World's Classics, 1998）, contains Cato of Elder, Aemilius Paullus, Gracchi, Marius, Sulla, Pompey, Caesar and Antony.

15. The complete Lives, in Greek with facing English translation by B. Perrin, are in *Plutarch's Lives*, 11 vols.（Leob Classical Library, Cambridge, Mass: Harverd University Press, 1917-1951）.

16. R. Talbert, *Plutarch on Sparta*（Harmondsworth: Penguin, 1988）.

六、結語

本人從2002-2008年共計六年的時間，譯成《羅馬帝國衰亡史》和《希臘羅馬英豪列傳》兩書，雖因限於學殖，未能從希臘文直接翻譯，但心中感到極其欣慰。對於聯經出版公司投入人力財力，給予最大的支持，表示無上的感激和欽佩。譯者軍人出身，文學和歷史並非個人所長，特別是本書的註釋勉力完成，難免出現差錯，務請方家不吝指教。

第一篇

創基開國者

第一章
帖修斯（Theseus）

傳說中雅典國王，在衛城上面建立堡壘，
集結四周的居民成為最早的聚落。

1 地理學家索休斯（Sosius）[1] 對廣大的世界仍是所知有限，在他繪製的地圖上面，邊緣是猛獸橫行的沙漠，無法越過的沼澤，錫西厄（Scythia）[2] 的冰原，或者是永久結凍的大洋。我生長在這塊人煙輻輳的土地，能夠站在人類歷史的立足點，掌握真正可以接觸到的資料，要對希臘和羅馬的英雄豪傑，就他們的平生加以記載和評述。還可以更進一步的說明：「我要不這樣努力去做，那麼以後除了傳奇和神話，其餘的史實都無法留存下來。每個市民都以大詩人和寓言家自居，他們的敘述完全不值得採信，都是一些無中生有的傳聞。」

然而，在發表法律制定者萊克格斯（Lycurgus）和努馬（Numa）王的記事以後，還能高攀到羅慕拉斯（Romulus）這樣的偉大人物，把我們的歷史帶到更為古老的時代，所以我這樣做可以說是很有道理。就個人的觀點而言有詩為證：

> 英豪天下雄，
> 莫敢攖其鋒。
> 成敗安足論，

---

1 索休斯是1世紀末年至2世紀初期羅馬政治人物，曾任99和107A.D.的執政官，受到圖拉真皇帝的重用，指揮第二次達西亞戰爭。他是當代知名的地理學家和歷史學家，蒲魯塔克將本書《掌故清談錄》（*Moralia*）呈獻給他。索休斯的著述甚豐，沒有傳世之作。

2 古代希臘所稱的錫西厄是指喀爾巴阡（Carpathians）山脈到塔內斯（Tanais）河（頓［Don］河）之間廣大區域，甚至延伸到裡海一帶；所謂錫西厄人是指中亞的游牧民族，當時與黑海北岸地區的希臘殖民地有貿易的來往。

　　巍然王者風。

　　（這是引用伊斯啓盧斯［Aeschylus］[3]的說法），特別是我發現沒有人像伊斯啓盧斯那樣，更適合居住在雅典這個美麗而充滿光輝的城市，對於無可匹敵和名聲響亮的城市羅馬而言，不認爲雅典有資格成爲永恆之城的父執。

　　讓我們懷抱希望，相信「傳說」帶有純粹史籍的特質，順從「理性」的淨化程序，並且認爲這是它應該遵循的路線。不過，在任何情況之下，只要能夠發現有一點可信性存在，就不應將所有的事物全部視爲可疑。我們只能乞求讀者網開一面，對於古老的故事抱著寬容的態度。

2 我認爲帖修斯（Theseus）和羅慕拉斯一樣，具備許多共同的特質，兩個人都不是生於正常的婚姻，家世也不是很明確，來到世間完全是神的恩賜：

　　彼兩勇士，
　　舉世所譽[4]。

　　他們同樣有強健的體魄和過人的膽識，都與世界最偉大的城市有關，一位建立羅馬這個都會，另一位使得雅典有人居住。他們都受到搶劫婦女的指控，難以避免家室的不幸和嫉妒；在接近生命最後的時日，都遭到自己同胞的怨恨。如果我們要敘述這個故事，至少要拿詩句當作引言來訴說實情。

3 帖修斯的家世從父系來說，是伊里克蘇斯（Erechtheus）的後裔，出身顯赫而且是最早定居在阿提卡（Attica）[5]的家族；母系方面源出庇洛普斯

3　希臘的悲劇作家中以伊斯啟盧斯（525-455B.C.）成名最早，他生於伊琉西斯，曾經參加馬拉松會戰和薩拉密斯會戰，平生的著作約有80到90齣悲劇，至今尚有5部作品存世，如《波斯人》（*Persians*）、《七士對抗底比斯》（*Seven against Thebes*）和《懇求者》（*Supplisnts*）等。

4　引用荷馬《伊利亞德》第7卷第281行，兩位勇士是指埃傑克斯（Ajax）和赫克特（Hector）。

5　阿提卡位於希臘中部最東側，是一個三角形的海岬，面積大致有2500平方公里；在7世紀B.C.發展成一個城邦國家，雅典是主要的城市，作爲政治和宗教的中心；其他的城市有伊琉西斯、馬拉松、阿斐德尼（Aphidnae）和索瑞庫斯（Thoricus）等。

(Pelops)。自古以來所有伯羅奔尼撒(Poloponnesus)[6]的國王當中，庇洛普斯最具權勢，不僅富甲天下而且子女眾多，女兒都嫁給各地的首腦人物，兒子派遣到四周的城鎮負起管理的責任，其中有一位名叫彼修斯(Pittheus)是帖修斯的外祖父，擔任特里眞(Troezen)[7]這個小城的總督，在那個時代以豐富的知識和卓越的智慧享有大名，然而這些哲理幾乎都包括在深奧的箴言之中。詩人赫西奧德(Hesiod)[8]在《作品與時光》這部文集裡對他讚譽備至，有一句詩對彼修斯的描述眞是恰如其分：

> 諍友如管鮑，
> 可貴勝珍寶。

甚至就是亞里斯多德(Aristotle)[9]也曾經提到此事。優里庇德(Euripides)[10]讚許希波萊都斯(Hippolytus)[11]，說是像神聖的彼修斯那樣一位學者，可以證明世人對他的看法。

伊吉斯(Aegeus)一心盼望能有子女繼承王位，求取德爾斐(Delphi)[12]神讖指示迷津，獲得令人感到欣慰的批覆，在他回到雅典之前，不得與任何婦女結伴同行；神讖的辭語很含糊，他完全照辦還是無法獲得滿意的結果。於是他前往特里眞，就神明的指示向彼修斯討教，神讖用詩句的風格表達：

6　伯羅奔尼撒是希臘南部的半島，Peloponnesus原意是指「庇洛普斯之島」(Isle of Pelops)，中世紀稱為摩里亞(Morea)，有地峽與希臘大陸相連，主要的區域有六個，重要的城市是斯巴達、亞哥斯和科林斯。

7　特里眞伯羅奔尼撒半島東海岸的濱海城市，現在是稱為特林珍(Trizin)的小鎮。

8　赫西奧德是8世紀B.C.的史詩和敘事詩詩人，也最希臘最早的知名詩人之一，主要的作品是《神譜》(*Theogony*)和《作品與時光》。

9　亞里斯多德(384-322B.C.)是希臘的哲學家和科學家，研究的範圍包括人文科學和自然科學的全部領域；他是柏拉圖的弟子也是亞歷山大大帝的老師，成為逍遙學派的創始人。

10　希臘三大悲劇家之一的優里庇德(485-406B.C.)，平生鮮為人知，寫出92部劇本有80部僅留劇名，存世的悲劇有10齣，以《阿爾西斯蒂斯》(*Alcestis*)、《米狄亞》(*Medea*)、《希波利都斯》(*Hippolytus*)和《特洛伊的婦女》(*Trojan Woman*)最為知名，對後世的影響極為深遠。

11　希波利都斯是神話中帖修斯和亞馬遜女皇希波利塔兒子；也是雅典的英雄，在衛城建有他的神龕。

12　德爾斐位於希臘中部的福西斯地區，阿波羅神廟位於此地成為全希臘人的聖地，特別以德爾斐神讖而聞名於世。

　　君王縱酒痛飲日，

　　須待京城再返時。

　　彼修斯對晦澀難明的神讖完全洞悉，知道可以安排一門好親事，就拿樂觀的語氣加以解釋。伊吉斯聽到以後大爲放心，不知是花言巧語還是欺騙伎倆，用謊言獲得彼修斯的女兒伊什拉（Aethra）的身體。

　　伊吉斯後來才知道被騙的對象是彼修斯的女兒，同時懷疑她已經有了身孕，於是留下一把寶劍和一雙鞋，藏在一個洞裡上面用巨大石塊很嚴密的壓住。他在私下將這件事告訴伊什拉，特別提出要求：如果她生下一個男孩，等到成年以後，要他舉起石塊取出留下的東西；這時她必須派他帶著這些信物和所有的秘密前來相見，吩咐他盡可能要隱匿自己的行程，不要讓任何人知曉。伊吉斯非常害怕帕連提迪（Pallentidae）這房知道這件事，這些人一直在暗中圖謀不軌，對他沒有子息懷著藐視之意，整個這一房共有50個兄弟，都是他弟弟帕拉斯（Pallas）的兒子。伊吉斯交代以後離開。

　　4 等到伊什拉生下一個兒子，有人說這個小孩馬上取名爲帖修斯，來源是他父親放在石塊下面的表記；也有人說他接受這個名字是到雅典，當伊吉斯承認他是兒子以後。他在祖父彼修斯的撫養下成長，有一位名叫坎尼達斯（Connidas）的家庭教師兼隨伴負責照顧；雅典人到今天在帖修斯節慶祭典的前一日，都會用一頭公羊當犧牲來祭祀坎尼達斯，比希拉尼奧（Silanio）和帕拉休斯（Parrhasius）獲得更大的榮譽，後面兩位是給帖修斯繪像和雕塑的藝術家，說來這倒是很公正的事。

　　5 然而這給希臘年輕人帶來一個習俗，他們成年的時候要前往德爾斐，將胎毛呈獻給神明；帖修斯曾經渡海去過那裡，有一個地點到現在還稱爲帖西亞（Thesea），據說就是爲了紀念他的到臨。他只剪去前額的頭髮，就像荷馬（Homer）所講阿班提斯（Abantes）的做法[13]。這種剃髮的方式來自他的名字稱爲「帖修斯」。

　　13　荷馬《伊利亞德》第2卷第542行及後續各行有詳盡的描述。

阿班提斯現在使用的方式，並不像很多人所想那樣，淵源於模仿阿拉伯人（Arabians）或邁西亞人（Mysians）[14]。只是這些人都是黷武好戰的民族，經常實施近身搏鬥，比起其他所有的民族更習慣於一對一的白刃戰，正如阿契洛克斯（Archilochus）[15]的詩句爲證：

> 飛石不起兮箭矢已息，
> 平原之戰兮短兵進擊；
> 矛用其長兮劍取其險，
> 兩軍相爭兮死而後已。

他們爲了不讓敵人抓住頭髮，就用這種方式將它剪去。作者在寫到亞歷山大大帝（Alexander the Great）的時候，說他基於同樣的理由下達命令給將領，要求所有的馬其頓人（Macedonians）必須剃去全部鬍鬚，也就是不讓敵人一把抓住。

6 伊什拉在這時只有隱瞞帖修斯眞正的身世，彼修斯公開宣布一份文件說他是海神（Neptune）[16]的後裔，特洛眞人對海神最爲崇敬，視祂爲保護神，奉獻每年第一批收成，在錢幣上面打上三叉戟極其榮譽的印記。

帖修斯的表現不僅力大無窮而且膽識過人，反應敏捷而又悟性甚強，他的母親伊什拉帶他到那塊大石前面，告訴他誰才是親生之父，要他把伊吉斯留下的信物取出來，然後乘船前去雅典。他毫不費力的抓住石塊舉了起來；但是旅程拒絕採用更爲安全的海路，雖然他的母親和祖父一直在勸他還是不聽。在那個年代從陸路前往雅典非常危險，很難逃過強盜和歹徒的毒手。

當時出現這種人物，他們身強力壯加上腳程快速，比起常人更能吃苦耐勞；不過，沒有運用天賦的才能行善或做有利人類的事，反而對粗野無禮的行爲感到喜悅和驕傲，仗著身強力壯的優勢從事毫無人性和殘酷暴虐的行業，對於落在他

14　邁西亞人為當時居住於小亞細亞以東，非希臘人土著的通稱。

15　來自派羅斯（Paros）的阿契洛克斯是7世紀B.C.中葉的詩人，在薩索斯（Thasos）的戰亂中被殺；他的作品以短詩為主，題材非常廣泛，只有殘篇留存。

16　希臘神話的海神是波塞冬（Poseidon），泰坦神（Titans）克羅努斯（Cronus）和雷亞（Rhea）的兒子，也是宙斯和冥王哈得斯（Hades）的兄弟。

們手裡的人員，無所不用其極的拿出迫害手段。世間的尊敬、正義、公平和人道，
受到民眾的讚美是很自然的事；但是就他們看來，不過是缺乏勇氣去侵犯別人，
或是畏懼受到別人的傷害而已。這些惡徒從不考慮有人更為強壯可以將他們打
敗。海克力斯(Hercules)[17]在行程經過這個國度的時候，曾經剷除部分強梁；其
中有些人逃走或躲藏起來，可以避開他的注意；也有人用卑躬屈膝的態度獲得他
的赦免。

　　海克力斯以後落到不幸的境地，殺害伊斐都斯(Iphitus)隱退到利底亞
(Lydia)[18]，很長的時間成為歐斐利(Omphale)[19]的奴隸，這也是對他濫殺無辜的
處罰；實在說，這樣一來利底亞倒是享受到和平和安全的好處。在希臘和四周的
國家，邪惡的罪行死灰復燃又蔓延開來，沒有人能夠加以制止或是出手懲治。

　　陸路最危險的旅程是從雅典到伯羅奔尼撒；彼修斯很詳盡告訴他每個強盜和
歹徒的狀況，像是他們的本領和實力，對於所有的外鄉旅人都極其殘酷；想用這
種方式說服帖修斯改走海路。海克力斯的光榮事蹟，長久以來在他的內心燃起熊
熊的火焰，成為最欽佩和傾心的人物，沒有比聽到敘述海克力斯的勳業更能使他
感到滿足，特別是那些見過海克力斯本人，以及到過行動的現場和聽過他說話的
人。看來他與後面那個時代的提米斯托克利(Themistocles)頗有同感；提米斯托克
利說他看到得自密蒂阿德(Miltiades)[20]的戰利品，幾乎無法成眠[21]。帖修斯欽佩海

17　希臘神話裡面最偉大的英雄人物是海克力斯，宙斯和帕修斯孫女阿爾克美妮(Alcmene)所生
　　的兒子，克里昂(Creon)之女麥加拉(Megara)的丈夫，後來又娶笛阿妮拉(Deianira)為妻；完
　　成12功業計為：尼密亞(Nemea)的巨獅、賴那(Lerna)沼澤的九頭怪(Hydra)、刻里尼亞
　　(Ceryneia)山的母鹿、厄里曼蘇斯(Erymanthus)山的野豬、奧吉亞(Augeas)的牛棚、斯廷法
　　盧斯(Stymphalus)湖的怪鳥、克里特的公牛、戴奧米德(Diomedes)的吃人馬、希波利塔女皇
　　的腰帶、吉里昂(Geryon)的牛群、赫斯帕瑞德(Hesperdes)的金蘋果和色貝魯斯(Cerberus)
　　地獄狗。

18　利底亞是小亞細亞西部的內陸地區，赫穆斯(Hermus)山脈形成的開斯特(Cayster)山谷從中
　　央經過，是連結東西方的主要通道；在8-6世紀B.C.是一個強大的王國。

19　海克力斯受到赫拉魔法的蒙蔽殺死好友伊斐都斯(Ithitus)，宙斯判他要賣身為奴3年，才能
　　洗清罪孽，於是他成為歐斐利的奴僕。

20　密蒂阿德(550-489B.C.)是雅典的將領，奧林匹克72會期第3年即490B.C.領導希臘軍隊在馬拉
　　松會戰，對波斯人取得決定性的勝利。

21　有人問提米斯托克利何以如此，他的回答是「密提阿德的戰勝念紀碑使他感慨良多。」當時
　　很多人表示意見，說是馬拉松會戰已經結束他們與波斯人的戰爭，提米斯托克利的看法完全
　　不同，認為這是雙方更激烈衝突的開端。

克力斯的武德到無以復加的地步，夜晚在夢中出現所有的英雄事蹟，白天繼續激起一爭高下的雄心去效法他的行爲。

7 此外，他們提到帖修斯和海克力斯有表兄弟的關係；伊什拉是彼修斯的女兒，海克力斯的母親阿爾克曼娜(Alcmena)是黎昔迪絲(Lysidice)的女兒；黎昔迪絲和彼修斯是姊弟，他們都是希波達米婭(Hippodamia)和庇洛普斯的兒女。帖修斯認爲聽從外祖父的話是很不光彩的事，根本無法忍受；海克力斯可以四處遊歷，清除陸地和海上的強梁；而他必須拋棄所喜愛的冒險行動，求得旅程的平安無事；走海路是怯懦的逃避行爲，不僅羞辱父親的名聲，同時無法顯現出自己的出身[22]。雖然他帶著鞋子和寶劍這些信物，還要取得更好的證據，那就是用高貴和勇敢的行爲說明他有顯赫的家世。懷著這種觀念和想法，他在啓程的時候抱定「人不犯我，我不犯人」的宗旨，不會任意傷害無辜，但是對冒犯他的人絕不輕易放過。

8 首先就在鄰近的伊庇道魯斯(Epidaurus)[23]，經過一場激烈的戰鬥殺死伯里菲底(Perphetes)；這個人的手裡舞動一根狼牙棍，從而獲得科里奈底(Corynetes)也就是「使棍者」的稱號；竟然敢一把將他抓住，阻止他繼續向前的行程，所以才落得這種下場。帖修斯很喜愛這根狼牙棍就拿來當作自己的武器，就像海克力斯把獅皮披在肩上一樣[24]，讓人知道他殺死這樣凶狠的猛獸；基於相同的緣故，帖修斯帶著這根棒棍，原來的持有人被他制伏，現在到他手裡就會萬夫莫敵。

帖修斯的行程要通過伯羅奔尼撒的科林斯地峽(Isthmus)，就在那裡殺死辛尼斯(Sinnis)，綽號叫做「班德爾之松」(Bender of Pines)。他在此之前已經消滅很多強人，根本不用彎弓射箭的本領，憑著天生的神力就能打敗這些會點雕蟲小技的強梁。辛尼斯的女兒名叫帕里古妮(Perigune)，容貌豔麗而且體態優美，父親

22　從特里真到雅典的海上距離不到60公里，但是陸地的行程三倍都不止，實在說路途還是很短，沿途所以困難重重，說明當時的社會秩序極其混亂。

23　伊庇魯道斯是位於特里真上方的城市，雙方的距離約30公里。

24　海克力斯第一件任務是要獵殺尼密亞殘害民眾的巨獅，這頭猛獸周身力槍不入，被他扼斃將皮剝下製成甲冑，獅頭當作頭盔，獅爪成爲武器。

被殺以後趕快逃走，帖修斯到處搜尋。她來到一個地方，長滿灌木樹叢和天門冬的棘刺，就像一個孩童那樣發出稚氣的祈禱和乞求，要是這些叢林能夠體諒她的狀況給予庇護和隱匿，等到逃過災難以後發誓再也不去砍伐，更不會拿來作為烹調的柴束。

帖修斯向她提出請求，給予承諾要以禮相待，更不會加以傷害；她走出來相見，過了相當時候給他生了一個兒子名叫麥蘭尼帕斯（Melanippus）。後來她還是嫁給厄查利安人（Oechalian）優里都斯（Eurytus）之子戴奧紐斯（Deioneus），帖修斯也答應這門婚事。後來帖修斯帶著奧尼都斯（Ornytus）到卡里亞（Caria）[25]，麥蘭尼帕尼之子愛奧克蘇斯（Ioxus）伴同奧尼都斯留在這個殖民地。一個家庭的習慣在愛奧克西茲（Ioxids）這個民族中流傳下來，無論男女都不會焚燒樹叢或天門冬的棘刺，對這些植物表示尊敬和愛護。

9 他們把克羅美昂尼（Crommyonian）的野豬稱為斐亞（Phaea），這是一個極其兇惡而又無法制伏的猛獸，任何人要想與它為敵絕不可心存僥倖。帖修斯將它殺死；為了達到接戰和迎擊的目的，特別偏離應走的道路。從這點看來他要建立偉大的功績，並不完全基於個人的需要；就一般的說法，英勇之士懲治不法和邪惡之徒，在於受到他們的攻擊，逼得出手來克盡自己的本分；主動搜尋和制伏危害人群的野獸，不在此限。有些人說斐亞是女人，一個非常殘暴和淫蕩的惡寇，住在克羅美昂（Crommyon），得到「母豬」的稱呼，是指她的生活在惡臭污穢的環境，行為舉止不堪入目；後來還是被帖修斯所殺。

10 他在麥加拉（Megara）[26]的邊界除掉錫昔隆（Sciron），從高聳的山岩拋下活活摔死。根據很多的報導，對於所有的旅客來說，這個傢伙是無惡不作的強盜；也有人添油加醋說道，錫昔隆的所作所為充滿毫無人性的惡

---

25 卡里亞位於小亞細亞的西南部，是一個山地區域，北部以米安德（Maeander）河為界，濱海有希臘化的城市尼杜斯（Cnidus）和哈利卡納蘇斯（Halicarnassus），133B.C.成為羅馬的亞細亞行省之一部。

26 這個地區聚集著多里亞人（Dorian）的城市，麥加拉位於科林斯地峽的東端，獲得這個名字是來自ta megara即「廟宇」之意，它的港口是瀕臨撒羅尼克（Saronic）灣的尼西亞（Nisaea），與雅典的長城連接起來。

意，很喜歡將腳伸到外鄉人的面前，命令他們將它洗刷乾淨，當他們正在做的時候，就一腳將人從山岩踢進下面的大海。不過，麥加拉的作者對這些報導有截然不同的看法，誠如塞門尼德(Simonides)[27]嚴正表示，所謂的打鬥全屬陳年往事的杜撰之言，極口辯稱錫昔隆既不是強盜也不是行使暴力的人，而是這些壞蛋的剋星；對於善良和公正的人來說，他是他們的親屬和朋友。

他們提到伊阿庫斯(Aeacus)[28]備受世人的讚譽，認爲就全希臘而論是神聖不可侵犯的人物；薩拉密斯人(Salaminian)賽克里烏斯(Cychreus)在雅典獲得的尊榮，像是神明一樣受到崇拜；佩琉斯(Peleus)[29]和特拉蒙(Telamon)[30]的美德已到無人不知的程度。現在所說的錫昔隆就是賽克里烏斯的女婿、伊阿庫斯的岳父、佩琉斯和特拉蒙的外祖父。佩琉斯和特拉蒙兩個人都是英代斯(Endeis)的兒子，而英代斯是錫昔隆和查瑞克蘿(Chariclo)的女兒；因此，要說仁德之士與邪惡之徒結成盟友，彼此授受最有價值的事物還能相親相愛，看來這是很不可能的事。根據他們的記載，帖修斯在首次到雅典的行程中並沒有殺害錫昔隆；後來在他奪取麥加拉一座城市伊琉西斯(Eleusis)[31]的時候，曾經陷害該城的總督戴奧克利(Diocles)。這種說法與歷史的記載相互矛盾。

11 他在伊琉西斯的角力比賽中殺死阿卡狄亞人(Arcadian)[32]色西昂(Cercyon)。在距此不遠的地方伊瑞紐斯(Erineus)，他殺死達瑪斯底(Damastes)，也有人說是普羅克盧斯底(Procrustes)，硬把這個惡徒的身體拉到與刑床一樣的長度。普羅克盧斯底過去就用這種酷刑施加於所有旅客的身上，這種做法模仿海克力斯，就是以其人之道還治其人之身。所以海克力斯才會拿布西瑞

---

27 塞門尼德(556-457B.C.)是希臘一位家喻戶曉的抒情詩和輓詩詩人，曾經遊歷各地受到宮廷的款待，他的作品現在已經散失殆盡。

28 希臘神話的人物，伊阿庫斯是宙斯(Zeus)和伊吉納(Aegina，河神阿索帕斯[Asopus]的女兒)之子，佩琉斯的父親以及阿奇里斯和埃傑克斯的祖父；他是伊吉納島的國王，後來成為陰曹的判官。

29 佩琉斯是希臘神話的英雄人物，與他的兄弟特拉蒙從事各種冒險，娶女神帖蒂斯(Thetis)為妻，生下阿奇里斯以後，將他送給契朗(Chiron)去養育。

30 特拉蒙是埃傑克斯的父親，他與佩琉斯殺死異父兄弟福庫斯(Phocus)，被伊阿庫斯逐出家門。

31 阿提卡地區的主要城市，伊琉西斯的祭典以舉行神秘儀式而聞名於世。

32 阿卡狄亞位於伯羅奔尼撒半島的中部，是一個多山而且難以進入的區域，長久以來為斯巴達所控制，主要的城市有特基亞(Tegea)、曼蒂尼(Mantinea)和麥加洛波里斯(Megalopolis)。

斯（Busiris）當作祭神的犧牲，用角力勒死安提烏斯（Antaeus），在單人決鬥中取賽克努斯（Cycnus）的性命，把特米魯斯（Termerus）的頭顱打得粉碎（這是一句諺語「特米魯斯式災難」的來源）；好像特米魯斯殺害他遇到的旅客，是跑過去用頭將他們撞死。因此帖修斯繼續進行懲罰惡徒的工作；只要是他們加諸在別人身上的暴行，就會遭到同樣慘痛的報應，不義的行為總是使得自己身受其害。

12 當他繼續旅程向前跋涉，很快抵達西非蘇斯（Cephisus）河，有些菲塔萊迪家族（Phytalidae）的族人前來迎接向他致敬，按照他的意願實施齋戒的程序，同時依據傳統的習慣完成各種儀式，對神明奉獻犧牲乞求祂的保佑，邀請他進入房舍接受款待，這種友善的舉動還是在旅途中首次遇到。

在Cronius月[33] 第8天，這個月份現在稱為Hecatombaeon月[34]（7月8日），他抵達雅典，發現當時的公共事務混亂不堪，分為不同的黨派彼此對立傾軋，伊吉斯的家族和私人生活，同樣處於騷動不安的狀況。米狄亞（Medea）[35] 從科林斯隨他私奔，運用手腕提出承諾，保證伊吉斯可以獲得子女，因而能夠與他住在一起。她首先發覺帖修斯的身分，伊吉斯仍然毫無所知。這麼多年以來伊吉斯一直感到害怕，主要在於城市處於鬩牆的鬥爭，使得他的內心充滿懷疑和猜忌。帖修斯當作外鄉人受到邀請，她很容易說服伊吉斯，在宴會裡用毒酒謀害這位來客。

帖修斯參加接待的宴會，認為不適合立即公開宣告，但是很想造成機會讓父親先發現自己的身分，整塊的肉放在桌上，他拔出劍像是要用來切割。伊吉斯馬上認出信物，就把盛毒酒的杯子丟在地上，問明是他的兒子就把帖修斯擁在懷裡，將所有的市民聚集起來，當眾承認他們的父子關係。雅典人得知他那崇高和勇敢的名聲，都很高興加以接受。據說杯子掉落毒酒飛濺之處現在還被牆圍起來，發生的地點在德斐爾尼姆（Delphinium），還矗立著伊吉斯的府邸；麥邱里

33　這個月份的名稱可能是阿提卡地區更早時期的稱呼。

34　希臘每個城邦的月份有不同的稱呼，雅典將一年分為12個月，開始的月份是7月，各月的名稱：Hekatombaion（7月）、Metageitnion（8月）、Boedromion（9月）、Pynopsion（10月）、Maimakterion（11月）、Poseideon（12月）Gamelion（1月）、Anthesterion（2月）、Elaphebolion（3月）、Mounichion（4月）、Thargelion（5月）、Skirophorion（6月）。

35　米狄亞為了報復傑生的移情別戀，殺死她和傑生所生的兩個兒子以及傑生的新娘，就逃到雅典向伊吉斯求得庇護，謀害帖修斯失敗後，被驅回柯爾契斯。

（Mercury）[36]的畫像位於廟宇的東邊，這裡稱為麥邱里神廟的伊吉斯門。

13 帕拉斯那一房的兒子先前保持平靜能夠相安無事，因為伊吉斯沒有後裔，他們期望在他死後繼承王國；等到帖修斯現身被立為儲君，伊吉斯最感痛恨的人物，就是為了保有王國而收養的兒子潘迪昂（Pandion），倒是與伊里克蘇斯家族其餘的親戚無關；等到一個外來者和陌生人帖修斯，擺明要繼承這一切，自然就會爆發公開的戰爭。所有的人馬分為兩部分，一支隊伍大搖大擺從司菲都斯（Sphettus）進軍，由他們的父親帕拉斯率領去對付城市；另外一支部隊藏在加杰都斯（Gargettus）的村莊打埋伏戰，計畫是要從兩面來攻打敵軍。阿格努斯（Agnus）小城有一位傳令員名叫李奧斯（Leos），他與帕拉斯的兒子們在一起知道整個狀況，就把帕連提迪這房人的企圖全部告訴帖修斯。帖修斯馬上攻擊埋伏的部隊，切斷他們的退路殲滅全部人員，帕拉斯率領的那支隊伍趕快逃走，消失得無影無蹤。

據說從這件事產生一個風俗，那就是帕勒尼（Pallene）和阿格努斯這兩個小城的居民，彼此互不通婚也不建立聯盟的關係，他們的文告交由傳令員宣布的時候，也不願聽到「稱呼」的字眼，通常為國家其他地區所採用。他們痛恨Acouete Leoi即「各位民眾，請聽清楚」之意，這句話帶有「李奧」的音，因為李奧斯是出賣他們的叛徒。

14 帖修斯生性好動，想要建立聲望獲得民眾的擁戴，離開雅典與馬拉松（Marathon）的野牛搏鬥，這頭猛獸為提特拉波里斯（Tetrapolis）[37]的居民帶來很大的災禍；他制伏野牛以後，將它活捉很風光的運過城市，送到德爾斐的阿波羅神廟當作奉獻的犧牲。

還有就是帖修斯在遠征途中，受到赫克勒（Hecale）歡迎和款待故事，似乎沒有完全背離事實。周圍的城鎮在一個大家決定的日子聚會，用他們稱之為赫克勒西亞（Hecalesia）的祭品奉獻給赫克勒烏斯（Hecaleius）的朱庇特（Jupiter）神廟；同

36　羅馬神話因襲希臘的傳統，本身沒有獨立的神話譜系，只是將希臘的神明取上羅馬的名字而已。麥邱里是羅馬神話中司旅遊、商業和貿易之神，也是神的使者，希臘的名字稱為赫耳墨斯（Hermes）。

37　這是阿提卡一個區域早期使用的名字，包括馬拉松和鄰近三個城鎮在內。

時用大家使用的暱稱赫克勒尼（Hecalene）向赫克勒致敬；因爲她在款待帖修斯的時候，雖然帖修斯只不過是個青年，就像老年人那樣，用這個可愛的昵稱向她打招呼。帖修斯在出發搏鬥的時候向朱庇特許願，要是他安全歸來，爲了感恩就向神奉獻祭品，如果他不幸喪生，這個榮譽就給予赫克勒，作爲她殷勤待客的回報；斐洛考魯斯（Philochorus）[38] 告訴我們，這些都是帖修斯的交代。

15 沒過多久以後，第三次從克里特（Crete）前來接收貢品的人員已經抵達，雅典人之所以答應這種要求，是因爲過去所發生的事件。安德羅久斯（Androgeus）在阿提卡境內被叛徒謀害，不僅是他的父親邁諾斯（Minos）[39] 用連年的戰爭，給雅典人帶來無窮的災難[40]，就連神明也使這片國土造成赤地千里的荒蕪。雅典人遭到饑饉和瘟疫的雙重打擊，所有的河流全都乾涸見底。他們從神讖得知，只要懇求邁諾斯獲得諒解，神明也會停息憤怒的報復，使他們脫離慘痛的不幸享受安寧的生活。

他們派遣使者苦苦哀求，最後總算達成協議，他們答應每9年給克里特送一次貢品，就是7名童男和7名童女，很多作者認爲過去確有其事。還要增加戲劇化的故事，說凶狠的半人半牛怪物邁諾陶爾（Minotaur）殘害童男和童女，或許是他們在迷宮裡尋找不到出路，很悲慘的餓死在裡面。邁諾陶爾就像詩句所說（優里庇德也是如此描述）：

> 兩種奇特形體塑造成猙獰的妖怪；
> 牛和人相異性質的結合何其意外。

16 根據斐洛考魯斯的說法，克里特人認爲這絕非事實，提到所謂的迷宮也不過是普通的監獄，並不具備邪惡的本質，只是看守非常嚴密，使得犯人無法逃走而已。邁諾斯舉辦競賽紀念安德羅久斯，把這些青年當作獎品

38　斐洛考魯斯（340-262B.C.）是希臘歷史學家，著有17卷《阿提卡史》，敘述雅典和斯巴達的（Chremonidean）戰爭，最後7卷已佚失。

39　邁諾斯在希臘神話中是天神宙斯和歐羅巴的兒子，成為克里特國王娶帕西斐為妻，子女眾多包括斐德拉和亞里德妮，荷馬的《奧德賽》中提到他是公正的君主，死後成為冥府的判官。

40　參閱柏拉圖《論法律》（Loeb版），第706頁。

送給優勝者當奴隸，他們在這個時候之前先安置在迷宮裡面。第一個在競賽中獲得壓倒勝利的人，不僅有很大的實權還負有指揮的責任，他的名字叫做陶魯斯（Taurus），為人毫無惻隱之心而且個性粗魯，等到這些雅典人當作獎品賞給他以後，就用極其傲慢和殘酷的方式對待他們。

亞里斯多德曾經對波提亞人（Bottiaeans）[41] 的政體提出解釋，他對這件事有明確的看法，就是邁諾斯並沒有殺死這些青年，只是他們的餘生都要在克里特過著奴役生活。克里特人過去都是將他們最初的收成，當成祭品送到德爾斐，後來推卸自己立下的古老誓言，把雅典奴隸的後裔也算進去一起提供奉獻。使他們在克里特島無以為生，就從該地遷移先到意大利，定居為傑帕基亞（Japygia），又從那裡再搬到色雷斯（Thrace）[42] 自稱是波提亞人。因為這個緣故在某些祭祀中，波提亞女孩所唱聖歌的起句是「讓我們到雅典去」。

這些告訴我們，對於一個以雄辯和詩歌聞名於世的城市，惹起它的敵意是何等危險。雅典的劇院通常會對邁諾斯提出很壞的批評，認為他是一個非常邪惡的人；雖然赫西奧德稱他為「高貴的邁諾斯」，荷馬說他是「朱庇特最親密的朋友」[43]，也無濟於事。悲劇演員的做法完全基於票房的需要，把他當成殘酷和暴虐的人，盡情加以詆毀；事實上他是一個國王和立法者，拉達瑪蘇斯（Rhadamanthus）是朝廷的法官，運用的成文法是他所制定。

17 現在已到第三次進貢的時間，凡是有年輕兒子的父親，為了選出要遣送的人，都要用抽籤方式來決定，普遍引起不滿的情緒，大家都感到悲傷和氣憤，指控伊吉斯說他是災禍的始作俑者，卻只有他可以免於懲罰。根據他們的說法，是他現在經過收養的程序，把王國給一個外來的私生子；根本沒有進一步多想想，他們的缺少和損失不是野種而是合法的兒子。事態的發展使得帖修斯受到影響，認為自己無法坐視不予理會，應該與他的同胞共患難，根本不必參加抽籤，他就是當然的人質。所有的人都受到感動，讚譽他這種高貴的行

41　波提亞人是遷居到波提亞（Bottiaea）地區的部族，這個地方在馬其頓的東南方，瀕臨德密灣（Thermaic Gulf）。

42　希臘古典時代的色雷斯指巴爾幹半島南部一直到多瑙河的廣大區域；48A.D.成為羅馬一個行省。

43　引用荷馬《奧德賽》第19卷第179行。

為，對他的善意充滿熱愛之情。伊吉斯經過不斷的祈求和規勸以後，發現無法動搖他的兒子那堅定的意志，只有安排抽籤選出其餘的人員。

不過，赫拉尼庫斯（Hellanicus）[44]告訴我們，雅典派遣的童男和童女並不是憑著運氣決定，通常都是邁諾斯自行前來挑選，在選出所有人員之前就已相中帖修斯。按照他們同意的條件，雅典人要立即供應所需的船隻，這些年輕人在出航的時候，不得攜帶戰爭使用的武器；後來得知他們只要能夠除去邁諾陶爾，就可以停止進貢。

從前面兩次交付貢品的狀況來看，大家的心裡根本沒有懷著安全歸還的念頭，於是他們在派遣的船隻上面掛上黑色的帆，認為無法倖免於即將來臨的災難。帖修斯安慰他的父親，提到自己以往那些英勇的行為，很有信心可以殺死邁諾陶爾。伊吉斯將另一面白色的帆交給領航，特別交代他在回航的時候，如果帖修斯平安歸來，就將這面船帆升起來；要是事與願違就用黑色的船帆，等於是懸掛出不幸的信號。

賽門尼德提到這件事，說伊吉斯交給領航的帆不是白色，而是：

就像深秋鮮豔的赤楓，

染成耀目的一片猩紅。

作為他脫逃成功的信號。按照賽門尼德的記載，阿瑪西阿斯（Amarsyas）之子菲里克盧斯（Phereclus）是這艘船的領航。根據斐洛考魯斯的說法，帖修斯從薩拉密斯（Salamis）[45]將錫西魯斯（Scirus）找來擔任這個重要的職位，同時由瑙西索斯（Nausithous）擔任舵手，斐阿克斯（Phaeax）在船首成為他的瞭望員；因為雅典人現在還無法熟練航海的工作。錫西魯斯能夠擔任領航出於麥內修斯（Menesthes）的建議，這位年輕人是他的外甥；瑙西索斯和斐阿克斯的神龕是帖修斯所建，就在錫西魯斯的廟宇附近，可以證明此事不虛。他還特別提到有個稱為賽伯奈西亞（Cybernesia）的節日就是為了紀念他們。

---

44 赫拉尼庫斯（490-405B.C.）是出生於列士波斯島的希臘散文作家，平生的著作極為豐富，現在只有24種書名和斷簡殘篇存世。

45 薩拉密斯島位於撒羅尼克灣，屏障雅典的門戶，形勢險要是兵家必爭之地。

18 等到抽籤的人選決定，帖修斯在大會堂與他們見面，再前往德爾斐尼姆(Delphinium)向阿波羅獻祭，懇求給予神明保佑的標誌，那是一根神聖的橄欖樹枝，上面綁著白色的毛線。等到完成向神明祈福的宗教儀式以後，他在Munychion月第6天(4月6日)出海，以後每逢這天雅典人總是派遣童女到這幾座廟宇去祈福。

還有進一步的報導，說是德爾斐的神讖指示他要遵奉維納斯(Venus)[46] 的引導，乞求祂成為航程的夥伴和指揮，於是帖修斯用一頭母羊在海邊向祂獻祭，它突然變成一頭公羊，使得女神得到伊庇特拉基亞(Epitragia)的稱號。

19 絕大部分的古代史家和詩人都這樣告訴我們，當帖修斯抵達克里特以後，亞里德妮(Ariadne)對他一見鍾情，就將一個線團送給他，教他如何用來引路走出曲折的迷宮。帖修斯逃出以後將邁諾陶爾殺死，帶著亞里德妮和年輕的雅典人質返航。菲西德(Phercydes)[47] 還加上一些情節，像是他在克里特船隻的底部鑿洞，好阻止他們的追捕。笛蒙(Demon)的記載提到帖修斯在向雅典回航的時候，在港口發生一場海戰中，邁諾斯的侍衛長陶魯斯被帖修斯所殺。

如同斐洛考魯斯告訴我們的故事[48]：邁諾斯宣布年度的戰技比賽，陶魯斯很想像以往那樣贏得獎品；擁有的榮譽難免讓人產生憎惡之感，而他的性格和行為更引起強烈的恨意，再加上受到指控說他與帕西菲(Pasiphae)的交往過於親密，基於這些原因，等到帖修斯表達挑戰的意圖，邁諾斯滿口的答應。克里特的習俗是允許婦女前來參觀比武大會，亞里德妮來到現場，英俊的帖修斯給她很深的印象，心中滋長愛意，尤其是在搏鬥中的英勇和技巧，更使他有如人中之龍。邁諾斯同樣對他感到極為中意，特別是帖修斯已經打敗並除去陶魯斯，於是他主動將年輕的人質送還給帖修斯，同意雅典人以後不再進貢。

克萊德穆斯(Clidemus)提出很特殊的解釋，很熱中於從頭敘述過去發生的事

---

46 維納斯是愛與美的女神，相當於希臘神話中的阿芙羅黛特(Aphrodite)；本書雖然用希臘文撰寫，為了遷就羅馬讀者，所以神祇都用羅馬名字。

47 菲西德是5世紀B.C.初期，出生於雅典的散文作家，主要的作品有10卷神話和歷史，只有部分殘篇留存於世。

48 克里特人說這個迷宮就是普通的監獄，看守非常嚴密，才引起外人的附會之言；邁諾斯舉行競賽紀念德羅久斯，雅典的人質當成獎品，賜送給優勝者作為奴隸。

件：那就是全體希臘人所認同的一項敕令，無論任何地區的船隻容納的人數超過5員，不可以發航出海；唯一例外是傑生（Jason）[49]，他是一艘大船阿爾戈（Argo）號的船長，要巡航到各處去搜索海盜。等到迪達盧斯（Daedalus）離開克里特島以後，經由海路逃向雅典；邁諾斯用戰船在後面追趕，違背敕令被一場暴風颳到西西里，就在那裡結束他的生命[50]。等到他過世以後，他的兒子杜凱利昂（Deucalion）想要與雅典引發一場爭執，派人前往提出要求，必須將迪達盧斯交還給克里特人，同時提出威脅說是如果他們拒絕，就要處死所有的年輕雅典人，都是這個城市交給他父親的人質。帖修斯對於這個充滿怒氣的信息，用非常溫和的語氣給予答覆，特別舉出不能交還的理由，因為迪達盧斯的母親麥羅普（Merope）是伊里克蘇斯的女兒，他們是表兄弟有密切的親戚關係。

就在這個時候，帖修斯在暗中準備一支水師，有一部分船隻在國內，靠近一個名叫特摩塔迪（Thymoetadae）的村莊，離開大路很遠難得有外人來往；另外一部分兵力，打著他祖父彼修斯的旗號駐守在特里眞。他的企圖是要保持秘密，出其不意使敵人受到奇襲。等到艦隊完成準備就立即發航，帶著迪達盧斯和從克里特島放逐的人員，並且用他們作爲嚮導；克里特人對他們的進軍毫不知情，當他們看到艦隊的時候，還以爲是友邦或自己的船隻。帖修斯很快占領港口立即發起攻擊，外敵侵犯的預警還沒有抵達諾蘇斯（Gnossus）[51]，他已經在迷宮的大門前面排出會戰的陣式，杜凱利昂和所有的衛兵全部死於刀劍之下。整個政權就這樣落到亞里德妮的手裡，雙方建立聯盟的關係，從她那裡接受過去送來的人質，同意雅典人和克里特人保持永恆的友誼，同時立下誓言絕不對雅典發起戰爭。

20 這件事情產生很多的傳聞，其中有不少關係到亞里德妮，只是眾說紛紜，相互之間充滿矛盾。有人提到她被帖修斯遺棄以後自縊而亡；

---

49 在諸多希臘神話故事中，傑生的冒險行動極為著名，他率領英雄好漢乘坐阿爾戈號帆船，前往柯爾契斯尋找金羊毛的傳奇，後來發生很多悲歡離合的情節。

50 參閱希羅多德《歷史》第7卷第170節：當年邁諾斯為了搜尋迪達盧斯（Daedalus），就到今天稱為西西里的西卡尼亞（Sicania）去，卻橫死在該地。後來所有的克里特人除了波利克尼亞人（Polichnains）和普里西人（Praesians）以外，奉神明的指示組成一支大軍前往西卡尼亞，他們在那裡包圍卡米庫斯（Camicus）達5年之久。

51 諾蘇斯是位於克里特島北岸的主要城市，著名的迷宮建在此地。

還有人說她被帖修斯的水手帶到納克索斯(Naxos)島[52]，後來嫁給巴克斯
(Bacchus)神[53]的祭司厄納魯斯(Oenarus)，帖修斯所以始亂終棄是因爲：

> 百般難捨美麗伊格勒，
> 胸中燃起熊熊的戀火[54]。

麥加拉人赫里阿斯(Hereas)提起這一句詩，說是從前出現在赫西奧德的著作
中，引起彼昔斯特拉都斯(Pisistratus)的不滿而被刪除。

他爲了討好雅典人，用同樣的方式在荷馬的〈英靈的飛昇〉中，特別加上一
句詩：

> 啊！派瑞索斯！汝之知己帖修斯乃神的兒子[55]！

另外也有人說亞里德妮爲帖修斯生了兩個兒子，就是厄諾皮昂(Oenopion)和
史塔菲盧斯(Staphylus)。開俄斯(Chios)[56]島的詩人艾昂(Ion)[57]爲自己的城市寫
出：

> 帖修斯有子厄諾皮昂，
> 尊爲奠基者四海名揚。

還有更爲著名而且大家都耳熟能詳的傳奇故事。不過，阿瑪蘇西亞人
(Amathusian)皮昂(Paeon)有另外的說法，與其他人大不相同。根據他的記載，帖

52　納克索斯島是愛琴海(Aegean Sea)南部賽克拉德斯(Cyclades)群島的一個島嶼，位於雅典東
　　南方約200公里。
53　巴克斯是希臘酒神戴奧尼休斯的羅馬名字，是宙斯和卡德穆斯(Cadmus)之女塞墨勒(Semele)
　　所生的兒子。
54　伊格勒(Aegle)是潘諾庇烏斯(Panopeus)的女兒。
55　出自《奧德賽》第11卷第631行。
56　開俄斯島在小亞細亞的愛奧尼亞海岸，當時都是希臘的殖民地。
57　開俄斯的艾昂(490/480-422B.C.)是詩人和散文作家，大部分時間都留在雅典，寫出很多劇本
　　都已佚失，只有散文作品存世。

修斯被一場暴風雨帶到塞浦路斯島，亞里德妮和他都在船上，這時已有了身孕，浪濤翻滾的海面使她感到極為難受，帖修斯護送她上岸單獨留在那裡，自己回到船上去給予幫助，這時突然颳起一陣狂風將船吹向海中遠離岸邊。島上的婦女非常仁慈接待亞里德妮，極力安慰和減輕她留在島上的不幸遭遇，她們還僞造帖修斯送來充滿關懷的信件，當她分娩的時候盡力給予所需要的服務和伺候，只是她在小孩生下之前就已過世，得到適合身分的安葬。帖修斯很快駕船回來，對於她的喪生流露出無比的哀痛，他在離開之際送給島民大筆錢財，囑咐他們要爲亞里德妮舉行祭祀，因此才會製作兩座小型雕像奉獻給她，分別是一座銀像和一座銅像。

再者，每年的Gorpiaeus月[58]第2天(2月2日)是亞里德妮的忌日，他們爲了紀念她特別舉行獻祭，要一位童男躺在地上裝出婦女分娩受苦的聲音和姿態。阿瑪蘇西亞人把她墳墓所在地的叢林，稱爲愛神亞里德妮之林。

還是有不同的記載，有些納克索斯人的著作中提到兩位邁諾斯和兩位亞里德妮，他們說其中一位亞里德妮，在納克索斯島嫁給巴克斯，生下兩個小孩就是史塔菲盧斯和他的兄弟；帖修斯帶走另外一位亞里德妮，發生的年代更晚，等到後來被他遺棄，就與她的乳母科孚(Corcyna)隱居在納克索斯，當地人還可以指出她的墳墓。這位亞里德妮也在此地過世，受到全島人民的崇拜，方式與前者有所不同；嫁給巴克斯的亞里德妮的忌日，是狂勸痛飲的節慶；然而當所有的祭品奉獻給後面這位亞里德妮的時候，隨伴著哀慟和憂愁。

21 帖修斯從克里特返家的途中在提洛(Delos)島[59]停泊，對島上的神明獻祭，就把亞里德妮送給他的維納斯雕像，供奉在當地的廟宇，同時與年輕的雅典人一起跳舞。他們說爲了紀念帖修斯，提洛島的居民仍舊保留這種舞蹈，舞步包含合乎韻律的旋轉動作，用來模傍迷宮的迂迴曲折。根據狄西阿克斯(Dicaearchus)的記載，提洛人(Delians)模仿這種舞蹈稱之爲「鶴舞」。因爲

58　此處的月份使用馬其頓的名稱：Loios(1月)、Gorpaios(2月)、Hyperberetaios(3月)、Dios(4月)、Apellaios(5月)、Audnaios(6月)、Peritios(7月)、Dustros(8月)、Xandikos(9月)、Artemisios(10月)、Daisios(11月)和Panenos(12月)。

59　提洛島在愛琴海的南部，位於納克索斯島上方，希臘各城邦組成提洛同盟，並且將金庫設在此島。

帖修斯繞著西拉托尼亞(Ceratonian)祭壇起舞，所以獲得這個稱呼是因為祭壇上面裝飾著牛羊頭上的左角。他們也提到帖修斯在提洛島創辦賽會的事，從他開始才有將棕櫚葉賜給優勝選手的習俗。

22 當他們快要靠近阿提卡海岸的時候，為這次航行的圓滿成功而興高采烈，無論是帖修斯自己還是領航，忘記掛上表示平安歸來的船帆，伊吉斯看到以後感到萬念俱灰，就從山岩上面縱身而下淹斃海中。帖修斯抵達費勒隆(Phalerum)港口，為了履行他出海之前發出的誓言，先向神明奉獻祭品，然後派出傳令官將他安全返家的信息帶到雅典。

　　等到傳令官進城以後，發現絕大部分民眾為國王的喪生滿懷悲痛；可以想像得到，還是有很多人為這個信息而大喜欲狂。大家為了歡迎傳令官，就把花圈戴在他的頭上，用來感謝他所帶來的喜訊；這種狀況他當然無法推辭，只是把花圈掛在傳令的手杖上面。當他回到海邊的時候，帖修斯正在向神明酹酒，為了避免擾亂神聖的儀式就在一旁等待，酹酒完畢立刻前去報告國王崩殂的信息，帖修斯聽到以後慟哭不已，悲傷的心情使他萬分激動，立即兼程趕往雅典。他們提到從那個時候開始，每年的這一天舉行奧斯考弗里亞(Oschophoria)[60]慶典，傳令官不戴頭盔，將花圈掛在手杖上面，每位參加酹酒儀式的人員要發出「哎啦啦！呵！呵！」的叫聲。通常人們在倉卒的狀況下或是在凱旋式的隊列中，會出現前面那個「哎啦啦」雜亂無章的聲音；要是人民感到驚愕或是內心極為混亂，就會發出「呵呵」的喊叫。

　　帖修斯為父親舉行葬禮後，在Pyanepsion月第7天(10月7日)向阿波羅履行他的誓言，這一天是這批年輕人與他從克里特安全歸來進城的日子。他們說到在這個節慶的宴會中，煮食豆類食物的習俗也淵源於此；因為那些從克里特逃走的年輕人，將所有留下的糧食全部集中起來，放在一個家常使用的大鍋中煮好，就用這個簡單的食物舉辦宴會，大家把它吃得乾乾淨淨。從此以後，他們在遊行的隊伍中帶著綁上毛線的橄欖樹枝(他們拿來作為向神明提出請求和祈禱之用)，他們

60　每年Pyanopsion月第8天的奧斯考弗里亞慶典就是葡萄節，用盛大的隊伍帶著葡萄枝葉，從雅典的戴奧尼休斯神龕到費勒隆的雅典娜神龕致敬。參加的成員都是父母雙全的年輕人，他們組成合唱隊一路唱著頌歌。

將它稱爲艾里遜尼（Eiresione），上面還裝飾著各種水果，用來表示匱乏和貧瘠的
日子已經過去，大家在遊行中唱出下述的頌歌：

> 艾里遜尼帶給我們無花果和麵包，
> 成罐的蜂蜜和塗抹在身體的油膏，
> 酣睡在痛飲葡萄酒之中何其美好。

雖然有些人所持的意見，認爲這個慶祝儀式是用來紀念海克力斯的後裔即赫
拉克萊迪家族（Heraclidae）[61]，雅典人對他們的撫養之恩極爲感激。大多數人的意
見認爲還是指海克力斯本人。

23 運送帖修斯和這些青年返家是一艘三十槳船，雅典人一直保存到費
勒隆人德米特流斯（Demetrius）[62] 的時代。他們將腐朽的古老船板拆
下來，裝上嶄新而又堅固的材料，以致這艘船在哲學家中間，就事物自然成長的
邏輯問題成爲一種永恆的實例：一方面是要保持船隻是原來的形狀，另一方面又
極力證明已經大不相同。

雅典人在這天舉行的奧斯考弗里亞祭典也稱爲葡萄節，最早是由帖修斯制
定。他並沒有將所有中籤的童女全部帶去，選出兩名自己很熟悉的青年，全都長
著美麗和女性的面孔，具備男子漢那種勇往無前的氣概。要他們經常的洗浴和避
免陽光的烤灼，身體不斷塗各種油膏，加上化粧和衣物的修飾，保持整潔的頭髮、
光滑的皮膚和紅潤的面容，舉止和行動都要改變，應該與從前完全不同。教導這
兩個人要能冒充童女的聲音、姿勢和步伐，經過他檢查找不到破綻以後，就拿來
充數與雅典的少女在一起，到達克里特以後有所圖謀。

在他返回雅典的途中，就與這兩位青年領導這支光榮的隊伍，他們還是穿著
原來的服裝，手裡拿著葡萄枝，是爲了對巴克斯和亞里德妮表示尊敬之意，它的
著眼前面已經交代；或許他們回來的時候趕上秋天，正好是葡萄收成的季節。

---

61 赫拉克萊迪家族自稱是海克力斯的後裔，包括斯巴達和亞哥斯的王室在內。
62 費勒隆的德米特流斯（350-283B.C.）是雅典的哲學家、演說家和政治家，也是當代知名的兵
   法家和戰略家。

　　他們讓稱爲Deipnopherae即「晚餐供應者」的婦女，參加這些典禮的儀式，協助處理獻祭的程序，就是爲了紀念或仿效中籤的童男和童女的母親，她們跑回家將食物和麵包帶來交給子女；因爲這些婦女爲她們的兒子和女兒講了很多傳說和故事，對於他們即將遭遇的危險帶來安慰和鼓勵。這樣一來就成爲傳統，要在這個節日說些古老的神話和傳說。有關這些詳盡的敘述我們應該感謝笛蒙的史書。後來他們選擇一個地點，爲帖修斯蓋一座廟宇，從那些童男的家族獲得貢金，當成付給這座廟宇的稅收，作爲維持開支和購置祭品之用。指定菲塔萊迪家族負責督導祭祀活動，對於他們過去友善接待帖修斯，用這種方式加以報答[63]。

24 　帖修斯在他的父親伊吉斯過世以後，心中逐漸形成偉大而奇特的規劃，要將阿提卡全部居民集中在一個小鎮之內，使得大家團結起來成爲單一城市的民族；現在他們的住處分散，很不容易集會討論攸關共同利益的事務。不僅如此，彼此之間經常產生不同的意見甚至於引起戰爭。他用安撫的方式從一個市鎮到一個市鎮，從一個部族到一個部族，不遺餘力進行說服的工作；有些人出於私利或是本身的條件不足，大都贊同這個立意良佳的建議，對於那些勢力較強的人士，他答應建立一個共和國，也就是人民控制的政府，不是君主專制而是民主政體。他繼續擔任的職責，僅是戰爭的指揮官和法律的保護者，其餘的事項基於平等的立場全部屬於大家所有，他用這種態度說服其中部分人員相信他的意見，其餘的人員畏懼他的權勢，已經成長到沛然莫之能禦的局面，何況大家都明瞭他的勇氣和決心，他們的選擇是與其強迫順從還不如接受說服。

　　他接著解散各地方的政府組織、議事會堂和各級官吏，就在目前的上城這個位置興建一個公有的市政廳和大會堂，同時將整個城邦取名爲雅典；規範一個共同的節慶和祭祀的活動，他稱之爲Panathenaea也就是「泛雅典節」[64]；他還制定另外一個稱爲梅提西亞(Metoecia)的獻祭儀式，也就是每年Hecatombaeon月第16天(7月16日)舉行紀念活動的「遷居節」。然後他實踐諾言放棄君王的權力，繼續著手建立一個共和國，當然像這樣重大的工作，不可能不向神明請求給予指示；帖修斯

63　帖修斯離開特里眞抵達西非蘇斯河的時候，接受菲塔萊迪家族友善的接待，爲他向神明獻祭和實施齋戒，所以才用這種方加以報答。

64　每年Hekatombaion月(7月)的23到30日是希臘人的泛雅典節，主要的祭祀典禮在28日舉行，用來慶祝雅典娜女神的生日。

就有關他的新政府和城市的命運，派人前去求取德爾斐的神讖，獲得的答覆是：

> 彼修斯之女所生的兒子，
> 欲知城鎮的年限和福祉：
> 宙斯主神建立很多城邦，
> 保佑民眾毫不畏懼驚慌；
> 就像飄浮在水面的膀胱，
> 任憑驚濤巨浪隨波流盪。

他們說這個神讖列入《西比萊神諭集》，長久以來經常被雅典人引用是下面的詩句：

> 波間尿脬，
> 永保無虞。

25 他更進一步策劃要擴大城市的疆域，邀請所有的外鄉人參加他的城邦，可以與土著分享平等的權利。帖修斯公開的宣言用一句很普通的話來表示：「各地的民眾，請到這裡來」，他用這種方式說明建立共和國是為了所有的民族。然而他不會讓城邦因為混雜的群眾進入國內帶來騷亂，變得秩序蕩然而且毫無等級之分；首先要做的工作是將共和國的人民，區分為三個截然有別的階層，那就是貴族、農民和工匠。他賦予貴族階層的職責是照應宗教事務，經由選舉成為官吏，法律的宣導和執行，所有神聖事物的解釋和管理；如同他的構想，整個城市趨向於精確規劃的平等，貴族居有的優勢是地位，農民是利潤，工匠是數量。根據亞里斯多德的說法，帖修斯是第一位真正傾心於民治政府的人，為此放棄君王的權力，可以從荷馬的著作中找到證據，在他的〈點將錄〉[65] 中，把「人民」這個稱呼僅僅給予雅典人。

他鑄造的錢幣上面打著牛的圖像作為印記，紀念被他制伏的馬拉松野牛或克

---

65 荷馬《伊利亞德》第2卷〈點將錄〉，提到希臘人參加特洛伊戰爭，各城邦出動的兵員和船隻的數量以及領軍的主將。

里特的陶拉斯，再不然就是讓他的人民記得務農的重要；從這種錢幣的價值是10頭或100頭牛，可以知道它們在希臘人的心目中所占有的分量。等到他將麥加拉與阿提卡合併以後，在科林斯地峽豎立著名的石柱，上面刻著兩行字表示兩個國家的邊界；石柱東面的銘文是：

　　伯羅奔尼撒在彼而此爲愛奧尼亞，

西面的銘文是：

　　伯羅奔尼撒在此而彼爲愛奧尼亞。

　　他創設競技比賽用來與海克力斯一較高下；希臘人的抱負是要與英雄人物訂下比武的約會，爲了推崇朱庇特舉行奧林匹克運動會(Olympian Games)[66]；同樣出於他的規定，他們對地峽的科林斯人尊敬海神特別加以褒揚。對這些人言，過去他們向梅利色塔(Melicerta)獻祭，必須私下在夜間舉行；要說這種形式是一種宗教的禮儀，不如說是開放的賽會或公眾的盛宴。有些人說起地峽競技會的創設是爲了紀念錫西隆，帖修斯這樣做是對他的死亡出於贖罪的心理，因爲他們兩人之間有血統相近的親戚關係；錫西隆是坎奈蘇斯(Canethus)和彼修斯之女赫妮歐卡(Heniocha)所生的兒子。雖然也有其他的記載，提到他們的兒子是辛尼斯(Sinnis)而不是錫西隆；說帖修斯舉辦這個競技會是爲了向辛尼斯致敬，跟別人毫無關係。

　　就在這個時候他與科林斯人取得協議，對於從雅典前來慶祝地峽競技會的市民，比起其他的人員給予最好的位置，可以看到比賽的全部場地更爲清楚，條文裡面也包括可以用船隻將他們運到對岸。哈利卡納蘇斯(Halicarnassus)[67]的赫拉尼庫斯和安德羅(Andro)證實確有其事。

66　希臘人為了對天神朱庇特表示敬仰和推崇，從776B.C.起辦理每四年一次的奧林匹克運動會，所有的城邦都可以參加，整個期間約為5天，舉行各種體育競賽和祭祀活動，393A.D.被羅馬皇帝狄奧多西(Theodosius)廢止。

67　哈利卡納蘇斯位於小亞細亞的卡里亞地區，古代是極為富裕的希臘殖民城市，現在的名字是波德魯姆(Bodrum)。

26 有關帖修斯在黑海航行的狀況，斐洛考魯斯和其他人的記載，說是他隨著海克力斯前往，在與亞馬遜人（Amazon）的戰爭中提供服務，爲了酬謝他的效勞就將安蒂歐普（Antiope）送給他。還有很多人像是菲里賽德、赫拉尼庫斯和希羅多魯斯（Herodorus）[68]，認爲帖修斯的航行晚了海克力斯很多年，是他自己率領一支水師，把捉到的亞馬遜人當成俘虜。我們只有接受這個可能確有其事的傳說，因爲沒有辦法讀到其他人的作品，非常明確說明當時的狀況，包括伴隨他參加這次行動的朋友，或是捉到任何亞馬遜俘虜。拜昂（Bion）[69]還添油加醋杜撰一些情節，提起帖修斯用詭計得到女王以後趕快逃走。他說亞馬遜人的天性是喜愛男人，當帖修斯的船隻抵達她們的海岸以後，非但不會避開反而會送禮物到他的船上；等到他邀請安蒂歐普帶著隨員上船以後，馬上啓航將她劫走。

有位名叫麥內克拉底（Menecrates）的學者，在他的《俾西尼亞的尼西人編年史》[70]裡面特別加上一段，說是帖修斯在安蒂歐普上了他的船以後，還在海岸地區巡航一段期間，同艘船上有來自雅典的三位年輕人，陪伴他從事這次航行，他們都是兄弟名字分別是優尼斯（Euneos）、蘇阿斯（Thoas）和索隆（Soloon）。其中最年幼的弟弟愛上安蒂歐普陷入絕望之中，爲了免得引起別人的注意，只有把這個秘密透露給最知心的好友知道，要求這位友人向安蒂歐普傳達他的愛意；她用斷然拒絕的口吻不願接受他的痴情，不過對待這件事採取友善和審慎的態度，並沒有向帖修斯提出怪罪之意。索隆在萬念俱灰之餘，跳進靠海一條河流中自殺慘遭淹斃。

帖修斯很快得知他死亡的原因，完全是出於不幸的愛情，因而感到遺憾和懊惱。就在他極其憂傷的時候，過去他在德爾斐得到的一份神讖浮現在心頭。阿波羅神廟的女祭師特別向他提出指示，要是他在一個陌生的地方感到心情憂鬱而且痛苦萬分，就應該在那裡興建一個城市，留下一些隨行人員擔任該地的行政長官。他基於這個著眼就爲一座城市奠基，用阿波羅神廟的名字稱它爲皮索波里斯

68　希羅多魯斯生於潘達斯的赫拉克利，5世紀B.C.中葉的史家，著有多種神話作品，海克力斯就因為他的推崇而廣為人知。

69　拜昂是來自西麥那的田園詩人，平生事蹟鮮少人知，全盛時期約在1世紀B.C.左右，有17首詩存世。

70　俾西尼亞（Bithynia）最早只是卡爾西頓半島很小一個區域，當地的尼西人（Nicae）後來在小亞細亞的西北方沿著黑海南岸擴展，一度成為勢力強大的王國，75B.C.被羅馬滅亡。

(Pythopolis)；爲了紀念命運乖戾的年輕人，將那條使他喪生的河流命名爲索隆河；留下兩位受到信任的兄長負責政治和法律的事務，還要加上一位名叫赫爾穆斯(Hermus)的雅典貴族，所以城市有個地方才被稱爲赫爾穆斯之家，後來偶爾發生以訛傳訛的狀況，把它叫做赫耳墨斯(Hermes)[71]或麥邱里(Mercury)大廳，原來加於英雄的榮譽，轉變爲用來推崇神明的偉大。

27 有關亞馬遜人入侵阿提卡的起源和動機，看起來並非無足稱道的小事，也不能視爲女性的冒險行爲。除非她們先行征服周邊的地區，才能長驅直入抵達雅典這座城市；否則說在城市附近設置營地，會戰的地點靠近普尼克斯(Pnyx)或稱爲繆西姆(Museum)的小山，這都是不可能的事。她們這樣做要在陸地實施長距離的行軍，根據赫拉尼庫斯的記載，在冰凍的季節通過辛米里亞‧博斯普魯斯(Cimmerian Bosphorus)[72]，艱困的程度幾乎令人難以置信。她們紮營的位置除了雅典以外其他地點都很確定，就是附近的名稱仍舊保存下來，可以當作很有效的證據，還要加上在會戰中陣亡人員的墳墓和碑銘。

兩軍的陣式保持在視線之內，雙方經過長時期的對峙，始終無法下定決心發起進攻。最後帖修斯在向命運之神獻祭，聽從神讖的指示才下達會戰的命令；這件事發生在Boedromion月(9月)，雅典人在每年這一天都要舉行皮德羅米亞(Boedromia)節慶[73]。克萊德穆斯的敘述非常詳盡，提到亞馬遜人左翼向著現在仍稱爲亞馬遜尼姆(Amazonium)的地點運動，右翼指向靠近克萊沙(Chrysa)的普尼克斯；雅典人的側翼從繆西姆的後端發起接戰，被殺人員的墳墓在街道上面可以看到，從那裡引導到稱爲派拉克(Piraic)的城門，附近有英雄人物卡爾科敦(Chalcodon)的家祠。雅典人在那裡吃了敗仗，被一群婦女追到弗瑞斯(Furies)[74]神廟；生力軍從帕拉丁姆(Palladium)趕過來，還有從呂克昂(Lyceum)兼程而來的阿迪都斯(Ardettus)，他們在右翼發起逆襲，把敵軍打得退回他們的營地，大量亞馬

71　赫耳墨斯是宙斯和邁亞(Maia)的兒子，神的使者和司遊旅、貿易和商業之神；每月第4天雅
　　典人要慶祝他的生日並且向他獻祭。羅馬人稱祂爲麥邱利(Mercury)。

72　辛米里亞‧博斯普魯斯地區位於克里米亞半島，控制米奧提斯(Maeotis)湖(現在稱爲亞速
　　[Azov]海)進入黑海的水道(即刻赤海峽[Straits of Kerch])，是希臘人位置最北的殖民地。

73　皮德羅米亞節慶祀穀物和耕種女神德米特(Demete)，要在伊琉西斯舉行神秘的宗教儀
　　式，因爲時間在Boedromion月(9月)而得名。

74　弗瑞斯即羅馬的復仇女神。

遜人在這個戰術行動中被殺。後來，經過四個月的時光，經由希波利塔（Hippolyta）[75]（這位史家宣稱帖修斯娶亞馬遜人為妻，這位女士並非安蒂歐普）的斡旋，雙方簽署和平協定。

雖然還有這樣的記載，說是安蒂歐普幫著帖修斯作戰，結果被摩帕狄婭（Molpadia）的標槍所殺，為了對她表示敬意在奧林匹克山神廟豎立一根石柱。這些事沒有什麼值得奇怪之處，發生的年代極其古老，所有的史料非常雜亂難以分辨。實在說也有人告訴我們，那些受傷的亞馬遜人被安蒂歐普私下送到卡爾西斯（Chalcis）[76]，很多人在她的照顧之下得以康復，有些死者所埋葬的地方當時稱為亞馬遜尼姆。不過，簽訂一份條約結束戰爭倒是確有其事，從雙方將簽約的地點稱為Horcomosium就可得知，命名的來源是「莊嚴的誓約」，而且那個地點鄰近帖修斯的廟宇。同時古老的祭祀儀式也有規定，帖修斯節慶的前一天要為亞馬遜人獻祭。

麥加拉人也指出他們的城市有個地點，曾經埋葬過亞馬遜人，從市場前往魯斯（Rhus）[77]的途中，路旁矗立一座菱形的建築物。出現很類似的說法，她們之中有些人在奇羅尼亞（Chaeronea）[78]附近被殺，埋葬在一條小河的岸邊，它的名字過去是瑟摩敦（Thermodon）河，現在稱為希蒙（Haemon）河，這在笛摩昔尼斯（Demosthenes）的傳記裡面有詳盡的敘述。更為明顯的事實就是亞馬遜人經過帖沙利（Thessaly）[79]的時候，不可能沒有受到抵抗和阻礙，靠近史科圖薩（Scotussa）和賽諾西法立（Cynoscephalae）這幾個地方，仍舊可以看到她們留下的墳墓。

28 有關亞馬遜人的事蹟並不值得大肆宣揚，對於一部作品還是要加以說明，有位作者在《帖賽德》（*Theseid*）這篇長詩中，提到亞馬遜人勢力的崛起，以及安蒂歐普為了報復帖修斯對她的拒絕，反而娶斐德拉（Phaedra）為妻，就率領一群亞馬遜人前來攻打雅典，結果全被海克力斯殲滅；可以明顯看出這些說法毫無根據，完全是神話和杜撰的傳說。實在說，帖修斯娶斐德拉為妻是沒

---

75 希波利塔是亞瑪遜人皇后嫁與帖修斯，生子希波蒂都斯；有的譯本認為希波利塔就是安蒂歐普；帖修斯在希波利塔死後娶斐德拉為妻。

76 卡爾西斯是優卑亞島最大的城市，位於雅典正北約60公里。

77 魯斯意為「溪流」，從城市上方的山區，曾經有一條小溪流經此地。

78 奇羅尼亞是皮奧夏境內城市，位於雅典西北方約100公里。

79 帖沙利是希臘北部一個區域，位於馬其頓的南方和伊庇魯斯的東方，瀕臨愛琴海，境內有兩處平原盛產各種穀物，從146B.C.起併入羅馬的馬其頓行省。

錯，不過是在安蒂歐普過世以後，何況安蒂歐普還爲他生了一個兒子名叫希波萊都斯(Hippolytus)，按照品達(Pindar)[80]的記載是笛摩奉(Demophon)。災禍降臨到斐德拉和這個兒子的頭上，對於爲他們所寫的悲劇，並沒有一位史家提出駁斥，我們對於眾口一辭的看法，只有認爲確實曾經發生這些事情。

29 帖修斯的婚姻還有其他的傳聞，這些情節並不光彩，結局毫無幸福可言，然而並沒有出現在希臘的戲劇之中。據說他曾經劫持一位名叫安納克索(Anaxo)的特里眞少女，他之所以要殺死辛尼斯和色西昂，是爲了要強暴他們的女兒；他娶佩瑞碧婭(Periboea)爲妻，她是埃傑克斯(Ajax)的母親；然後是菲里碧婭(Phereboea)；接著是伊斐克利(Iphicles)的女兒愛奧帕(Iope)。更有甚者，他被控遺棄亞里德妮(前面已經提過)，因爲愛上帕諾普斯(Panopeus)的女兒伊格勒，這種行爲可以說是毫無道義和榮譽；最後是對海倫(Helen)[81]的挾制，給阿提卡帶來戰爭和血流成河的慘狀，要等到他受到放逐和死亡才結束整個事件，後面即將提到有關的情節。

希羅多魯斯提出的論點，說是那個時代有些最勇敢的人從事許多著名的遠征和探險，其中有一次，就是拉庇第人(Lapithae)聯合各城邦對馬人(Centaurs)[82]發起的戰爭，帖修斯並沒有參加他們的行動。但是也有人提到，說是他陪伴傑生到柯爾契斯(Colchis)[83]，結識默利傑(Meleager)[84]，殺死危害世人的凱利多尼亞(Calydonia)[85]野豬，因而產生一句諺語：「提起帖修斯，沒他可不成」。他完成很

80　品達(518-446B.C.)是一位抒情詩人，生於皮奧夏的賽諾西法立(Cynoscephalae)，平生事蹟不詳，著有《伊庇尼西亞頌歌集》(*Epinician Odes*)，用來讚揚奧林匹克運動會和各種競賽的勝利者，現有4卷存世。

81　海倫是神話世界最美麗的女人也是引起紛爭最多的禍水，她是天神宙斯和麗達(Leda)的女兒，孿生子卡斯特和波拉克斯是她的兄弟，除了與帖修斯的關係外，後來成為斯巴達的王后，受到帕里斯的誘騙，爆發長達10年的特洛伊戰爭。

82　派瑞索斯的父親伊克西昂(Ixion)早年殺死岳父，逃到宙斯那裡乞求庇護，竟然愛上天后赫拉(Hera)；宙斯用一片烏雲化成赫拉的形象，伊克西昂擁抱烏雲，生出一些半人半馬的怪物；馬人與拉庇泰人雖然是世仇，因為派瑞索斯的關係不得不請他們來參加婚禮。

83　柯爾契斯位於黑海以東，高加索山脈以南的廣大地區，米勒都斯人最早在這裡建立殖民地和貿易站。

84　在希臘神話中，默利傑是凱利敦(Calydon)國王厄尼烏斯(Oeneus)和阿昔婭(Athaea)的兒子，荷馬的《伊利亞德》將他敘述為一位過氣的英雄人物，死於特洛伊戰爭發起之前。

85　凱利多尼亞位於希臘東的艾托利亞(Aetolia)境內，是一個多山的地區。

多光榮的勳業，全都是單打獨鬥不要任何人的幫助，因而開始有了「帖修斯是海克力斯第二」的說法。他參加亞德拉斯都斯(Adrastus)的行動，要求歸還在底比斯作戰陣亡人員的屍體，並不像優里庇德在他的悲劇中所說那樣，出於武力的逼迫；倒是如同大部分史家的記載，運用說服的手段進行調停達成雙方的協議。斐洛考魯斯特別加以補充，認爲這是有史以來首次爲歸還死者的遺體所訂的條約。

海克力斯的平生事蹟之中，他是第一位允許敵人帶回被殺者屍首的人；在一個稱爲伊琉瑟里(Eleutherae)的村莊，還可看到大部分的埋葬位置。帖修斯答應給戰死的指揮官找一個很好的地點，使得亞德拉斯都斯只有將他們葬在伊琉西斯。優里庇德從劇中的懇求者口裡說出的故事，伊斯啓盧斯在《伊琉西斯人》(*Eleusinians*)一劇中，利用帖修斯現身說法，證明優里庇德的講法與事實不符。

30 帖修斯和派瑞索斯(Pirithous)之間令人欽佩不已的友情，應該從頭說起：自從帖修斯力大無窮和英勇無敵的名聲傳遍希臘以後，派瑞索斯想跟他一比高下證明自己也有這種能力，於是捕捉屬於帖修斯所有的一群牛，將牠們驅離馬拉松。帖修斯聽到消息全身披掛在後追趕，派瑞索斯並不逃走反而轉過身來迎上前去。兩個人在照面以後，都爲對方優雅的風度和英俊的面容心儀不已，產生惺惺相惜的心理，把打鬥的念頭丟到九霄雲外，派瑞索斯首先向帖修斯伸出手，對於這件搶案完全聽從他的裁示，願意接受他所給予的任何懲罰。帖修斯不僅原諒所有的過節，還把他當成朋友和兄弟一樣的擁抱，他們爲雙方的友誼立下忠誠的誓約。

派瑞索斯娶戴達美婭(Deidamia)爲妻，特別邀請帖修斯參加婚禮，安排熱烈的接待並且遊歷這片國土，介紹他與拉庇第人相識。這時他邀請馬人前來赴宴，酒酣耳熱之際表現無禮和粗野的態度，對於婦女有強暴的行爲，拉庇第人立刻加以報復，很多馬人當場被殺；後來在戰場上將馬人擊敗，整個種族被趕出這個地區，帖修斯始終站在派瑞索斯和拉庇第人這邊奮勇作戰。希羅多魯斯對整個事件有不同的敘述：拉庇第人的戰爭已經開始，帖修斯還沒有前來給予協助。他正在旅途中第一次見到海克力斯，發現他被逼離開特拉契斯(Trachis)，就把它當作自己的事情來處理，因爲海克力斯在長期的飄泊和辛勞之後，選擇特拉契斯作爲休息的地方。這次交談雙方都能推心置腹，相互之間表現尊重、善意和欽佩。這種說法如同其他的記載較爲可信，他們還是像過去那樣經常交談，帖修斯的意思是

海克力斯在伊琉西斯開始革面洗心，由於他以往的生活過於率性而行，現在從事任何工作都要先求得心靈的純淨。

31 根據赫拉尼庫斯的敘述，帖修斯劫持海倫的時候已經有50歲，海倫還是一個少女未到結婚的年齡。有些作者爲了替他脫罪，免於受到世人的指控，說他並沒將海倫拐走，眞正的強暴犯是伊達斯(Idas)和林西烏斯(Lynceus)。他們把她帶來交給帖修斯看管，因此，他拒絕卡斯特(Castor)和波拉克斯(Pollux)[86]的要求不願交還海倫。的確如此，他們說海倫的父親廷達魯斯(Tyndarus)，害怕希波庫恩(Hippocoon)之子伊納羅弗魯斯(Enarophorus)別有企圖，特別是海倫還是一個孩童的時候，曾經被伊納羅弗魯斯用武力劫走，所以現在將她交給帖修斯來照顧。

這些傳聞之中最可能的記載，能夠提出確鑿的證據，就是帖修斯和派瑞索斯同在斯巴達，看到這位年輕的女孩在奧昔夏(Orthia)的黛安娜(Diana)[87]神廟舞蹈，將她劫持帶著逃走，當地人士全副武裝在後追捕，還沒到特基亞(Tegea)[88]就無功而返。帖修斯和派瑞索斯脫離險境，盡快通過伯羅奔尼撒半島，他們之間達成協議，同意中籤的人獲得海倫成爲妻子，有義務要幫助失意的朋友得到一位佳人。帖修斯抽中籤就將海倫送到阿菲德尼(Aphidnae)[89]，因爲她還沒有到達適合結婚的年齡，就將她安排在名叫阿菲德努斯(Aphidnus)的盟友家中，特別請求他的母親伊什拉前去照料，這些事情都在暗中進行，所以沒有人知道他們的下落。

帖修斯等到一切處理完畢，就去幫助他的朋友派瑞索斯完成心願，他們結伴前往伊庇魯斯(Epirus)[90]，爲的是要將摩洛西亞(Molossia)[91]國王的女兒搶走。國

---

86 卡斯特和波拉克斯(希臘人稱為波利迪西)這對孿生子，是宙斯和麗達的兒子，也是海倫的兄弟，除了與帖修斯的爭執外，還參加過傑生的阿耳戈英雄號到黑海的遠征。

87 黛安娜是羅馬神話中司月亮、狩獵和保護處女的女神，希臘人稱為阿提米斯(Artemis)。

88 特基亞是阿卡狄亞地區的城市，在斯巴達的北方約50公里。

89 阿菲德尼是阿提卡地區的城市，在雅典的北方約40公里。

90 伊庇魯斯在希臘的西北方而且位於阿爾巴尼亞(Albania)以南，在鐵器時代居住三個主要的部族，即查奧尼人(Chaones)、摩洛西人(Molossi)和帖斯庇羅提人(Thesproti)，海岸地區有希臘殖民地，146B.C.併入羅馬的馬其頓行省。

91 摩洛西亞位於伊庇魯斯的內陸，靠近品都斯(Pindus)山脈，地形崎嶇難以通行。

王的名字是艾多紐斯（Aidoeus）或普祿托（Pluto）[92]，他的妻子是普羅塞賓娜（Proserpina），女兒是科拉（Cora），還有一隻名叫色貝魯斯（Cerberus）的大狗，規定求婚者要與這條猛犬打鬥，他會將女兒許配給制伏色貝魯斯的人。等到他得到信息，知道派瑞索斯和同伴的企圖，不是來向他的女兒求愛，而是要用武力將她搶走，於是國王將兩個人都抓起來，放出猛犬將派瑞索斯咬死，帖修斯關進監牢始終不放。

32 麥內修斯是佩提烏斯（Peteus）的兒子、奧尼烏斯（Orneus）的孫子和伊里克蘇斯的曾孫，說起那些討好人民獲得聲望以及忘恩負義的行為，他算是第一位在歷史上留下記錄。大約就在這個時候，他對城市裡面最顯赫的人士，煽動他們發出不滿的怒火；而且這些人長久以來在暗中怨恨帖修斯，認為是他併吞原來那些小小的王國和領地，將他們禁閉在一個城市裡面，當作臣民和奴隸來看待。麥內修斯使得出身微賤的民眾陷入騷亂之中，告訴大家僅是被自由的美夢所迷惑，實際上，他們受到剝奪就是失去適宜的家園和宗教的習慣，過去自己那些國王是多麼的仁慈和親切，現在全部被迫放棄，讓新來者和陌生人在上面發號施令。這時他忙著用各種言辭刺激市民的心理，認為卡斯特和波拉克帶來對付雅典的戰爭，正好提供機會擴大全面的叛亂行動，有些人說這次的進犯全部都是他在背後搞鬼。

等到卡斯特和波拉克斯的隊伍最初抵達的時候，沒有表現出敵對的行動，很和平的提出歸還他們的姊妹海倫的要求；雅典人的回答是她不在城裡也不知道安置在什麼地方。他們準備攻擊城市，阿卡第穆斯（Academus）運用各種手段總算找出下落，將海倫很秘密的藏在阿菲德尼的信息通知對方。因為這個原故，阿卡第穆斯在一生之中都受到卡斯特和波拉克斯的尊敬，後來拉斯地蒙人經常入侵阿提卡，整片國土都受到蹂躪和破壞，學院（Academy）[93]受到與阿卡第穆斯同名的好處得以豁免於難。

根據狄西阿克斯的記載，卡斯特和波拉克斯的軍隊裡面有兩位阿卡狄亞人，

---

92 冥王或地獄之神有很多不同的稱呼，希臘神話稱為哈得斯，是克羅努斯和雷亞的兒子，羅馬人稱為普祿托。

93 一個濃蔭遍地的郊區，靠近西菲蘇斯河，在雅典的西北方約2公里，是柏拉圖和他的門人弟子講學的地方。

分別是愛契迪穆斯(Echedemus)和馬拉蘇斯(Marathus)，現在稱為阿卡狄米亞(Academia)的地方，原來的名字是出於前面那位人士叫做愛契迪米亞(Echedemia)；馬拉松這個村莊的得名來自後面那位，而且馬拉蘇斯為了應驗神讖的指示，在會戰開始之前自願成為祭神的犧牲。

　　兩兄弟率領的軍隊很快抵達阿菲德尼，在一場決定性的會戰中打敗敵人，一擊之下奪取城鎮。他們的說法是錫昔隆之子阿利庫斯(Alycus)在作戰中陣亡，還有戴奧斯庫瑞(Dioscuri)(卡斯特和波拉克斯這對孿生子的通稱)這一派的人員戰死，他們埋葬的位置在麥加拉境內，那個地方從此就稱為阿利庫斯。赫里阿斯的記載說是帖修斯親手把他殺死，證據是引用自己所寫的詩句，裡面提到阿利庫斯名字：

　　阿利庫斯喪生在阿菲德尼的平原，
　　為著海倫被帖修斯所誅死而無怨。

　　當城市和母親都被敵人奪走的時候，要說帖修斯自己在場，顯然是不太可能的事。

33 卡斯特和波拉克斯在阿菲德尼的勝利，使得雅典整座城市陷入驚惶之中，麥內修斯說服人民打開城門，用最友好的態度來迎接他們。他告訴市民這對孿生子僅僅對帖修斯懷著敵意，因為是帖修斯先傷害他們；除此以外，他們對其他所有人士都是救星和恩主。他們的行為使人相信所做的承諾，雖然已經成為這個地方無可置疑的主人，提出的要求還是跟當初一樣，他們談起這個城市的口氣就像海克力斯，能夠接受類似的榮譽。他們的願望很容易達成，對待阿菲德努斯的態度如同海克力斯之於皮留斯(Pylius)。

　　他們獲得像神明一樣的尊敬，加上Anaces的稱號，來自「停戰」之意，或者說他們有「照顧」之情，說是這麼一支大軍進入城內，還是毫釐不驚沒有傷害到任何一個人。從anakos ekhein這個詞句的運用，知道他們對每件事都有周詳的考量而且非常謹慎，還有主要的理由就是他們擁有國王的身分，或許可以稱之為anactes。還有人說是自從代表他們的星辰在天空出現，就得到這個稱號，在阿提卡的方言裡面這個名詞與某些字句的意義很接近，都是表示「在上」之意。

34 有人說帖修斯的母親伊什拉成為俘虜被帶到拉斯地蒙，後來又與海倫前往特洛伊，從荷馬的詩句[94]可以證明她一直在服侍著海倫：

> 伊什拉身為彼修斯之乖女，
> 成為有雙鳳眼的克利美妮[95]。

其他人加以否認，說是荷馬的作品裡面沒有這句詩，大家認為這些就像慕尼克斯（Munychus）的神話；流傳的故事說他是笛摩奉和勞迪西（Laodice）的兒子，暗中生下來以後，伊什拉在特洛伊將他撫養長大。伊斯特（Ister）[96]在《阿提卡史》第13卷，記載伊什拉的事蹟，與其他人的說法大相逕庭：帖沙利靠近史帕契烏斯（Sperchius）河的附近，阿奇里斯（Achilles）[97]和佩特羅克盧斯（Patroclus）[98]擊敗帕里斯（Paris）[99]，赫克托（Hector）[100]攻占和奪取特里真人的城市，伊什拉成為他們的俘虜。說來這些似乎都是毫無根據的傳聞。

35 海克力斯後來經過摩洛西亞的時候，途中接受艾多紐斯王的款待，閒談中偶爾提到帖修斯和派瑞索斯，在他們的國家到處遊歷的狀況，各種圖謀不軌的情形，以及被捕以後的遭遇。海克力斯聽到一位羞辱的死亡和另一位悽慘的下場，感到非常的悲傷。對於派瑞索斯他認為抱怨已經毫無裨益，乞求他們看他的面子釋放帖修斯，獲得國王的善意回應。帖修斯恢復自由之

---

94 《伊利亞德》第3卷第144行。

95 克利美妮（Clymene）是河流之神歐辛努斯（Oceanus）的女兒，丈夫是泰坦神伊阿佩都斯（Iapetus），三個兒子是盜火的普羅米修斯（Prometheus）、先知的埃庇米修斯（Epimetheus）和頂天的阿特拉斯（Atlas）。

96 伊斯特（250-200B.C.）是希臘的歷史學家和神話作者，有14卷《阿提卡史》。

97 阿奇里斯是佩琉斯（Peleus）和特蒂斯（Thetis）之子，出生後被母親抓住腳踝浸入冥河，以致全身除腳踝外刀槍不入，是希臘最有名的英雄和勇士，特洛伊戰爭被帕里斯（Paris）王子射中腳跟，戰死在城外。

98 佩特羅克盧斯是麥諾久斯（Menoetius）之子，阿奇里斯的結義兄弟和密友，被赫克特所殺。

99 帕里斯是特洛伊國王普里安（Priam）之子，拐走斯巴達國王明尼勞斯（Menelaus）的妻子，全世界最美麗的女人海倫，引起特洛伊戰爭；他雖然殺死阿奇里斯，還是被斐洛克特底（Philoctetes）用箭射死。

100 赫克特是特洛伊國王普利安的長子，驍勇善戰，希臘大將佩特羅克盧斯戰敗被殺，阿奇里斯為友報仇將他殺死。

身回到雅典，他的朋友沒有全部被扣押，於是將城市爲他保留將的聖地全部奉獻給海克力斯，把名字從帖西亞(Thesea)改爲赫拉克利(Heraclea)，根據斐洛考魯斯的記載，僅僅四個地點沒有變動。

帖修斯希望立即恢復原來的地位，成爲共和國第一號人物，像從前一樣管理這個城邦；他很快發現自己涉入黨派的傾軋之中，給他帶來無窮的煩惱。那些長久以來憎恨他的人，現在還要加上蔑視的態度，人民的觀念和想法都已腐敗不堪，不像過去那樣用沉默的態度服從他的命令，抱著妄想期望能夠獲得各種職位。帖修斯很想運用武力給他們一個下馬威，但是敵不過政各和黨派的龐大聲勢。最後他感到失望，認爲在雅典的事務無法獲得任何成就，將自己的子女私下送到優卑亞，託付卡爾科敦之子埃勒菲諾(Elephenor)給予照應，然後在一個名叫加杰都斯(Gargettus)的村莊，對於雅典人民提出義正辭嚴的譴責，因此這個地點仍舊保有Araterion的稱呼，意爲「詛咒之地」。

帖修斯上船航行到西羅斯(Scyros)[101]，那裡有他父親留給他的土地，認爲會從島民那裡獲得友誼。這時西羅斯的國王是黎科米德(Lycomedes)，帖修斯親自前往拜訪，希望他的土地成爲私有的產業，能夠安頓下來在此定居；雖然也有人說他乞求給予協助用來對抗雅典人。黎科米德對這樣一個偉大的人物，非常忌妒他所獲得的光榮，同時也想讓麥內修斯感到滿意，於是領著他來到島上最高的懸岩，藉口是要把他所要的土地指給他看，然後將他從岩頂推下因而被害。有人說他有晚餐後散步的習慣，不小心腳下打滑從山頂摔下送了性命。這個時候沒有人注意這件事，大家對他的死亡毫無關懷之情，只有麥內修斯在政局平靜的狀況下擁有雅典王國。帖修斯的幾位兒子在平民的環境中撫養成人，追隨埃勒菲諾參加特洛伊戰爭，等到麥內修斯在這次遠征中去世以後，他們回到雅典恢復原來的民主政體。

後續的時代出現一些意外的情況，使得雅典人將帖修斯尊爲半人半神的英雄。希臘人與米提人(Medes)[102]在馬拉松會戰的激烈搏鬥中，很多士兵認爲親眼看到帖修斯的幽靈，全身披掛帶頭率領他們向著蠻族衝鋒。

---

101 西羅斯島是北斯波拉德(Northern Sporades)群島的主島，在雅典的東北方約200公里。

102 米提人早在1800B.C.進入兩河地區，後來雖然出現亞述人和帕提亞人以及波斯人，但是希臘人一直用米提人來稱呼這些民族。

36 米地亞戰爭結束以後，斐多（Phaedo）成為雅典的執政官[103]，聽從德爾斐神讖的指示，要求雅典人找回帖修斯的骨骸，安葬在適當的地點為城市帶來神聖的光輝。居住在島上的野蠻民族帶著敵視和粗野的習性，不僅找回遺體非常困難，就是想查明出事的位置都很不容易。

雖然如此，等到西蒙（Cimon）占領這個島嶼（他的傳記會敘述此事[104]）以後，有強烈的企圖心要找出埋葬帖修斯的地點，有次他很偶然看到老鷹用喙在啄一塊高地，並且伸出鳥爪在抓地面，突然他心中一動知道這是神明的啟示，就在那裡挖掘要找出帖修斯的遺骨。後來他們出土一具棺木，裝的屍首大小尺寸有如常人，陪葬品是一個青銅矛頭和一把佩劍，他把所有的遺物全部裝上戰船帶回雅典。全城人士興高采烈用盛大的隊伍和豐富的祭品，出城來迎接遺骸，就像是帖修斯活著返回雅典那樣的隆重和熱鬧。重新下葬的地點選在城市的中央，靠近現在的大體育館。他的墓地成為奴隸得到保護的聖所和庇難處，任何人處於走投無路的狀況之下，逃到那裡可以免於當權者的迫害，這是為了紀念帖修斯，他活著的時候是不幸者的救星和保護人，對於奔逃到他那裡的避難者從來沒有吝於援手。

每年Pyanepsion月第8天（10月8日）是他帶著雅典青年從克里特回來的日子，為了推崇和紀念他的善行，每年這一天要舉行主要的宗教活動和莊嚴的祭祀儀式。除此以外每個月第8天要為他獻祭，同樣因為他從特里真返回雅典的認祖歸宗，是在Hecatombaeon月第8天（7月8日）；根據地理學家戴奧多魯斯（Diodorus）[105]的記載，認為這個數字對他最有利，因為他獲得海神之子的榮名，民眾向海神獻祭是在每月第8天。「8」這個數字是第一個偶數的立方，也是第一個平方數的倍數，成為這位神明的權力所以能夠穩定和不朽的象徵，從而獲得Asphalius和Gaeiochus的稱號，也就是塵世的「創造者」和「支持者」。

---

103 雅典在11世紀B.C.廢止君主政體以後，設置三位執政官分別執掌宗教、軍事和行政的職責，稱為basileus即「宗教執政官」、polemarkhos即「軍事執政官」和archon即「首席執政官」或「名年執政官」，奧林匹克24會期第3年即682B.C.增加六位資淺執政官稱為thesmothetai，負責法律事務；到487B.C.再增加一位執政官，稱為secretary of thesmothetai負責各種文書事務。斐多出任執政官的時間大約是476-475B.C.。

104 西蒙找到帖修斯的遺骸是在476B.C.，距離帖修斯遭到放逐已有400年之久，從此可以推算出他是9世紀B.C.的人物。

105 戴奧多魯斯又稱戴奧多魯斯‧西庫盧斯（Diodorus Siculus），1世紀B.C.的歷史學家和地理學家，出生於西西里，著有《歷史文庫》，現有15卷存世。

第二章
羅慕拉斯（Romulus）

771-717B.C.，羅馬建立者和首任國王，
接納薩賓人，平定四周的城邦。

1 羅馬這個城市的名字獲得偉大的尊榮，極其著名使每個人都能朗朗上口，至於它的來源和取名的理由，學者都有不同的意見。有些人抱持的論點，說是佩拉斯基亞人（Pelasgians）[1] 在人類居住的世界到處飄泊，曾經征服很多民族，定居此地以後，遂行戰爭擁有強大的實力，就將城市命名爲羅馬。

另外有人提到特洛伊的慘劇，少數人在城破逃走時正好找到一些船隻，來到海上被風帶到托斯坎尼（Tuscany）海岸，就在台伯（Tiber）河口拋錨停泊，他們的婦女對於海上生活感到膽寒而且已經勞累不堪，其中有一位名叫羅瑪（Roma），不僅出身高貴而且極有見識，提出建議將船燒掉[2]。男人聽到大爲憤怒，後來基於需要就在靠近帕拉提姆（Palatium）的地方安頓下來，在很短期間內一切事情都很順利，獲得的成果要比料想爲佳，他們發現這片國土的物產極其豐富，人民非常友善，他們不僅將其他的榮譽賜予貴婦人羅瑪，還要用她的名字來稱呼這個城市，因爲她給大家帶來建立這個城市的機會。他們說這件事發生以後，羅馬保留一個古老的傳統，婦女用親吻向她們的親戚和丈夫致意，就是因爲船燒毀以後，她們用親熱的舉動來安慰丈夫，平息他們的怒氣。

---

1 荷馬在他的著品中提到佩拉斯基亞人，是一個神話中的民族，與克里特人混雜在一起，曾經在羅馬建立殖民地，有人認為伊特拉斯坎人淵源於希臘，也是出於佩拉斯基亞人的關係。
2 參閱魏吉爾（Virgil）《伊涅亞德》（*Aeneid*），第5卷第604-699行。

2 有些人一再提起，把名字用來稱呼這個城市的羅瑪，是伊塔盧斯(Italus)[3] 和琉卡里亞(Leucaria)的女兒，另外也有記載說海克力斯之子特拉弗斯 (Telaphus)是她的父親；傳統的說法是她嫁給伊涅阿斯(Aeneas)[4] 爲妻，也有人認 爲伊涅阿斯之子阿斯卡紐斯(Ascanius)才是她的丈夫。有些人告訴我們，尤利西 斯(Ulysses)和色西(Circe)[5] 的兒子羅馬努斯(Romanus)創建羅馬城；還有些人認 爲是伊瑪昔昂(Emathion)之子羅穆斯(Romus)，戴奧米德(Diomede)[6] 將他從特洛 伊派遣過來。

更有人說是拉丁人國王羅穆斯驅逐第勒尼安人(Tyrrhenians)[7] 以後所建，這些 第勒尼安人是從帖沙利(Thessaly)遷到利底亞(Lydia)，再從那裡來到意大利。那 些寫出這段歷史的作者，一致認爲最不會引起爭論的說法，還是把羅慕拉斯 (Romulus)的名字給予這座城市；當然在談到他的出身和家世的時候，仍舊眾說 紛紜，莫衷一是。

有種說法，羅慕拉斯是伊涅阿斯和福巴斯(Phorbas)[8] 之女德克西第(Dexithea) 的兒子，和他的弟弟雷摩斯(Remus)還是幼兒的時候帶到意大利，突然山洪爆發， 所有的船隻都被沖走，只有兩個小孩在毫無損傷留在平緩的河岸，這個獲救的地 點以後就稱爲羅馬。有人認爲，前面提到特洛伊貴婦人的女兒羅瑪，嫁給特勒瑪 克斯(Telemachus)的兒子拉蒂努斯(Latinus)，成爲羅慕拉斯的母親。還有人說，

---

3 伊塔盧斯是佩拉斯基亞人、斯庫利亞人和德諾特里亞人等古代民族的國王，據說他的父親特 勒果努斯是尤利西斯和珀妮洛普的兒子，而意大利這個名字因他而來。

4 伊涅阿斯是特洛伊戰爭中英雄人物，希臘聯軍用木馬計破城以後，攜帶老父和幼子從大火中 逃出，乘坐小船經過長期流浪抵達意大利，他的後裔建立羅馬城，所以羅馬人將伊涅阿斯尊 爲始祖，羅馬最偉大的詩人魏吉爾有長詩《伊涅亞德》敘述其事。

5 荷馬的《奧德賽》中，尤利西斯返家途中在大洋漂流，抵達一個海島遇到能將人變爲畜牲的 色西，受到蠱惑共同生活一年。

6 這位神話中的人物是泰迪烏斯(Tydeus)和亞德拉斯都斯(Adrastus)之女戴佩爾(Deipyle)的 兒子，站在希臘人這邊圍攻特洛伊，幫助雅典娜與阿芙羅黛特交戰，同時也打敗戰神阿瑞斯， 他對特洛伊陣營的科林斯人領袖格勞庫斯(Glaucus)非常友善。

7 根據希羅多德的記載，利底亞人爲饑饉所苦，一半人民向外遷移，後來到達翁布里亞 (Umbria)，建立一些城市就定居下來，因爲是利底亞的王子第勒努斯(Tyrrhenus)率領到此， 所以後來自稱第勒尼安人；可以參閱希羅多德的《歷史》第1卷第94節。

8 福巴斯是古代希臘的英雄人物，幫助伊利斯(Elis)國王阿勒克托(Alector)與庇洛普斯 (Pelops)作戰，後來與國王分享王國，他將女兒戴奧吉妮婭(Diogeneia)許配給阿勒克托，自 己娶阿勒克托的姊姊爲妻，後來生下德克西第。

伊涅阿斯和拉維尼亞(Lavinia)的女兒伊米利亞(Aemilia)，與戰神馬爾斯(Mars)生下羅慕拉斯；還有一些人談起他的身世全都是神話故事。

　　他們說到阿爾巴(Alba)[9]國王塔契久斯(Tarchetius)，是一個非常邪惡而殘酷的人，在他的府邸裡面出現異象，一個男性的身影從爐灶上方出現，歷經數日都是如此。塔契久斯在托斯坎尼求得特齊斯(Tethys)[10]的神讖，接受神示將一個處女許配給這個來歷不明的人，生下兒子有極高的名聲，身強體壯而且英勇無比，一生都很順遂。塔契久斯認為這個預兆應該是落在他的一個女兒身上，就吩咐她去做這件事情，那個女兒認為這樣做會有辱自己的身分，就派一位侍女去替代。塔契久斯聽到以後大為震怒，就把那名男子和侍女關起來準備處死，灶神在夜晚託夢阻止謀殺的行動，交代他給他們的處罰是帶著枷鎖去織一匹布，完成工作以後容許他們結婚。他們即使在白天努力不輟，到了晚上被塔契久斯派人將它拆除[11]。

　　等待發落的侍女在這個時候生下兩個男嬰，被塔契久斯交到一個名叫特拉久斯(Teratius)的人手裡，命令他將這兩個嬰兒弄死；不過，他把他們帶出去拋棄在河邊。有一頭母狼來餵奶給嬰兒吃，同時還有很多種類的鳥銜來食物丟到他們的嘴裡，後來被一位牧牛人看到大感驚奇，還是冒險走過去，將嬰兒抱起來帶回家中，他們因而得救受到撫養，等到長成以後起兵推翻塔契久斯的統治。以上是一位名叫普羅瑪昔昂(Promathion)的說法，他編纂意大利古老的史籍。

3　這個故事流傳最廣容易接受而且可以提出很多證人，最特別的地方是佩帕里蘇斯(Peparethus)的戴奧克利(Diocles)[12]，第一次用文字在希臘人中間正式發表，有些觀點被費比烏斯·皮克多(Fabius Pictor)[13]引用。後來這些說法又

9　阿爾巴是位於拉丁姆平原由薩賓人建立的城市，在羅馬的東南方約20公里，又稱為阿爾巴·隆伽(Alba Longa)。

10　特齊斯是天神烏蘭努斯(Uranus)和大地女神蓋亞(Gaea)的女兒，奧辛努斯(Oceanus)的妻子，這對夫妻都是羅馬的海神。

11　白天織布夜晚拆掉，有點因襲《奧德賽》的情節，伊薩卡(Ithaca)的王后珀妮洛普(Penelope)用來應付一群求婚者。

12　戴奧克利可能是3世紀B.C.的數學家，對圓錐曲線有劃時代的研究，寫出《燃燒的鏡片》這本名著。

13　費比烏斯·皮克多是3世紀B.C.末期羅馬歷史家，最早寫成《羅馬史》，涵蓋的時間從建城到布匿克戰爭。

有一些改變，主要的情節用這種方式加以描述：阿爾巴國王的統治來自伊涅阿斯[14]
一脈相傳的血胤，後來繼承權落在兩兄弟努米多（Numitor）和阿穆留斯（Amulius）的
身上[15]。阿穆留斯提出意見要將遺產分成兩等份，認為最公平的分法是王國算為
一份，另外一份是國庫的錢財和從特洛伊帶來的黃金。努米多選擇王國；阿穆留
斯認為有了金錢，會比努米多更有辦法，這樣一來他就很容易謀取王國成為國
王；唯一需要顧慮的地方不能讓努米多的女兒有後裔，就想辦法使她成為灶神女
祭司（Vestal）[16]，受到宗教的約束要保持處女之身過著孤獨的生活。

這位尊貴的女士有人說她名叫伊莉婭（Ilia），也有人稱她為雷婭（Rhea）或希爾
維婭（Silvia）；不過，沒有多久以後，她違背嚴苛的教規，發現自己有了身孕，要
不是國王的女兒安索（Antho），為她向自己的父親說項求情，一定會遭到最殘酷
的處罰；雖然如此，她受到監管禁止與外人接獨，分娩的時候也無法不讓國王知
道。她生下兩個男嬰，比起常人的體型更為碩大，非常的活潑可愛。阿穆留斯知
道她懷孕以後，一直在注意這件事，聽到產子的消息就派一個僕人，去把兩個嬰
兒抱走然後丟棄。據說這個人的名字叫福斯圖拉斯（Faustulus），有的作者認為福
斯圖拉斯就是撫養嬰兒的人。

他把兩個棄嬰放在一個小木槽裡面，帶到河旁好丟進水裡，看見河水在暴
漲，急流非常猛烈，心中畏懼不敢走近水邊，就將嬰兒棄置在河岸轉身離開。洪
水將木槽浮起來，平穩地漂流最後擱淺在一塊平地上面，現在他們將這個地方稱
為Cermanus；過去認為這個字是來自Germani，表示「兄弟」之意。

4 靠近這個地點長著一棵野生的無花果樹，因而他們稱之為Ruminalis，得
名可能是來自羅慕拉斯（這是世俗之見），或者是來自ruminating意為「反

---

14 從伊涅阿斯到努米多和阿穆留斯，同個家族一共有13位國王，除了他們的名字和統治的時
　 間，其他方面很少有人知道，最後一位是阿穆留斯，無論是勇氣和學識遠超過他的兄長，
　 因此將努米多趕下王座，為了鞏固自己的權力，就謀害了努米多唯一的兒子伊吉斯都斯
　 （Aegestus），並且要他的女兒雷婭‧希爾維婭（Rhea Sylvia）去事奉灶神。

15 本章第3、4、7、9、10、13、14、16、17、18、19、21、23、26、28各節，均採用李維《羅
　 馬史》第1卷3-16節所述之史實。

16 灶神女祭司的職責是在灶神廟維持和照顧光明的聖火，製作供神的鹹餅，保管祭祀使用的物
　 品；開始時人數是4位後來增加到6位，從貴族出身的家庭中挑選6到10歲的女孩擔任，規定
　 奉獻的時間長達30年。

芻」，牛隻在大熱天會在樹下遮蔭，不停地咀嚼胃中的草料；還有一種更合適的說法，就是在這裡給嬰兒哺乳，古代將動物的「奶頭或近似奶頭的東西」稱之為ruma；現在我們將執掌養育幼兒的保護女神稱為魯米利亞(Rumilia)[17]，獻祭的醑酒用牛奶來代替。我們從古代的歷史文獻得知，兩個嬰兒躺在那裡的時候，有一匹母狼前來哺乳，一隻啄木鳥不斷地餵食和照顧。這兩種動物被戰神馬爾斯視為神聖之物，特別是拉丁人對於啄木鳥非常的崇拜和尊敬[18]。這樣一來使得大家都相信嬰兒母親的說辭，那就是他們的父親是戰神馬爾斯；雖然有人說阿穆留斯對她的欺凌全屬誤會，事實上他來看她的時候都會全副武裝，不敢稍有疏忽。

有人認為所以產生這些傳聞主要是來自嬰兒的奶媽，雖然她的姓氏還是很難說得清楚；拉丁人不僅把狼叫做lupoe，也可以用來稱呼生性淫蕩的婦女。福斯圖拉斯的妻子就是這種德性，所以得到阿卡‧拉倫夏(Acca Larentia)的名字，就是她在養育這對兄弟。平時羅馬人對她奉獻祭品，每年的4月戰神祭司舉行醑酒的儀式，稱之為拉倫夏祭典(Larentian Feast)[19]。

5 他們尊敬另外一位拉倫夏，是為了下述的緣故：海克力斯神廟的主持覺得鎮日無所事事，就向他祭祀的神明建議玩擲骰子的遊戲，這場賭博要是他贏了的話，海克力斯賜給他一些值錢的物品；如果他被打敗就準備豐富的酒席，並且有一位美麗的女士在旁邊作陪。談好條件以後，神明先擲骰子然後是他擲，結果主持輸了，就要很忠實的履行承諾。按照原來說好的去做，給神明準備一桌精美的宴席，然後付錢給美麗的拉倫夏，在不讓公眾知曉的狀況，召她到神廟來參加宴會，同時在房間安排好床舖，等到晚餐完畢就把她鎖在裡面，好讓神明能夠享受雲雨之歡。

據說海克力斯與她幽會是確有其事，同時交代她早晨步行前往市場，路上遇到第一位男子就向他殷勤致意，願意把他當成自己的意中人。結果她遇到一位年紀很大名叫塔魯久斯(Tarrutius)的長者，非常富有也沒有子女，還過著獨身的生

17　魯米利亞是意大利本土的神祇，也可稱為魯米納(Rumina)，是婦女和嬰兒的保護神，在帕拉廷山的山腳有一個祭祀祂的聖所。

18　庇庫斯是意大利本土司耕種和收成的神祇，擁有預言的能力，通常會化為啄木鳥，在農村受到頂禮膜拜。

19　拉倫夏祭典是為了祭祀已封神的拉倫夏，每年12月23日舉行。

活。他接受拉倫夏以身相許，對她非常的寵愛，她在他亡故之後成爲唯一的繼承人，擁有龐大的產業，後來她在遺囑中將大部分贈送給人民。

根據傳聞，在第一位拉倫夏埋葬之處，後面這位在快要接近的時候突然消失不見，直到現在她還以神明的主婦這個身分受到頌揚和尊敬；這個地點現在叫維拉布隆（Velabrum），因爲河流經常泛濫的關係，需要在附近安排渡船，人們才能前往市民廣場，拉丁文的velatura是「過渡」的意思。還有人認爲獲得這個名字是來自velum即「船帆」，因爲公共表演的主辦單位在比賽開始之前，將很多面船帆懸掛在道路兩旁，引導大家從市民廣場前往麥克西穆斯賽車場（Circus Maximus）[20]。根據這些記載的資料，知道第二位拉倫夏在羅馬有很高的聲望。

6 阿穆留斯的養豬人福斯圖拉斯在沒有人覺察之下，撫養這兩個小孩，也有人認爲很可能努米多知道這件事，並且在暗中加以協助。據說他們進入設在加貝伊（Gabii）的學校[21]，教導他們讀書寫字和適合身分的各種藝能。他們取名爲羅慕拉斯和雷摩斯（來自ruma即奶頭），如同前面所說那樣，發現他們曾經受到母狼的哺乳。他們在嬰兒的時候，均稱的體型和漂亮的容貌，可以看出優異的血統和卓越的天賦，等到他們長大成人以後，證明兩個人都具備英勇的個性和男子漢的氣概，旺盛的企圖心從不知危險爲何物，在在顯示出大無畏的豪情壯志。

羅慕拉斯更能接受別人的意見，凡事三思而行，政治家的智慧展現無遺；在與鄰人打交道的事務中，無論是牲口的飼養和放牧以及各種狩獵活動，給人的印象是一位天生下令而非受命的人物。他們對於自己的同志或手下非常的友善，至於國王的奴僕，成爲地區的看守人和督工，在他們看來一無是處，帶著輕視的眼光和疏忽的態度，對於這些人的命令和威脅完全視若無睹。他們習慣於眞誠的娛樂和自由的學習，而不是用眞誠和自由做藉口，過著怠惰和閒散的生活。他們從事各種工作，像是狩獵活動、體育競賽、驅逐強盜、捕捉小偷、解救受到冤屈和被壓迫的人，使他們免於傷害。經常除惡行善使得兩兄弟獲得響亮的名聲。

---

20 麥克西穆斯賽車場是羅馬最早的競技場所，據稱建造在王政時期（753-509B.C.），東邊這部分的場地在整個羅馬帝國時代，一直保持繼續運用的狀況。

21 加貝伊是伊特拉斯坎人（Etruscans）最早在拉丁姆地區興建的城市，在羅馬的西方約15公里。羅馬的城鎮由公家出資聘請教師，教導地區的子弟，至於在羅慕拉斯的時代，是否就有類似的教育方式，已無法考證。

7 努米多和阿穆留斯的牧人之間發生一場衝突，後者不甘心他們的牛群被其他人趕走，發起攻擊把努米多的牧人打得大敗而逃，大部分被擄走的牲口都救回來；努米多聞悉此事受到很大的刺激，然而阿穆留斯的牧人並不加以理會，於是努米多收容大量貧苦的窮人和逃亡的奴隸，納入他們的陣營，這些行動看來是揭開全面衝突的序幕。等到這些事件發生以後，正當羅慕拉斯參加一次獻祭，全神貫注於神聖儀式和占卜的喜悅之中，努米多的牧人遇到帶著少許同伴在旅途中的雷摩斯，就對他們發起攻擊，經過一場激戰，雷摩斯成爲俘虜，帶到努米多的面前並且對他提出指控。努米多生怕自己的兄弟生氣，所以沒有懲處雷摩斯本人，去見阿穆留斯要求還他一個公道，因爲他是阿穆留斯的兄弟，現在受到阿穆留斯的奴僕無禮的冒犯。阿爾巴的居民全都憎恨偷牛的犯行，認爲雷摩斯已經養成這種可恥的習慣，阿穆留斯被說服就把雷摩斯交到努米多的手裡，完全憑他的意思去處理沒有意見。

努米多將雷摩斯押解帶回自己的家裡，對這位年輕人裝出非常欽佩的樣子，讚許他的身體強壯姿態優美，勝過所有他見過的人；認爲他處於目前這種險惡的情勢之下，還能堅定的屹立毫不屈服或動搖，沉著的態度證明他的內心充滿著勇氣和毅力；表示想要多知道他在這一生中冒險犯難的事蹟，是否與見到他那一刻所料想的狀況相符。我們要想知道主要的原因，完全是一種出於神意的影響力，在開始的時候發揮協助和指引的作用，能夠產生極其重要的結局，並非僅僅基於內心的想法，好像是出於一時的衝動。努米多著手探求事實的眞相，用溫和的語氣和仁慈的面容，激起雷摩斯的信心和希望以後，於是開始詢問他的姓名、出身和家世。雷摩斯鼓起勇氣，說出下面這段話：

　　我對你一點都不會隱瞞，你看起來比阿穆留斯更具備一位國君的風範，在處罰我之前願意聽取辯護和查問狀況，不像他根本不聽案情就宣判定罪。雖然我們(我們是孿生兄弟)過去一直以爲是國王的僕從福斯圖拉斯和拉倫夏的兒子，自從受到讒言的指控和誹謗，從送到你的面前這個事實，就知道這會危及我們的生命。我們聽到有關自己身世的重大秘密，想探明事實的眞相同樣會使我們陷入險惡的處境。據說我們的身世別有隱情，幼年時期的照料和養育仍然不可思議，我們被拋棄在鳥類和野獸之中，置放在河邊一個小木槽裡面，靠著母狼的奶

和啄木鳥的食糧得以存活下去。小木槽還保留在那裡，上面有一塊銅牌刻的字都已漫漶不明，要是我們在那時已經喪失性命，以後對我們的父母而言也不過是一個毫無效用的表記。

　　努米多聽了這番話，看到年輕人的面貌再推算時間，發覺原來的妄想並不是毫無希望，於是考量如何私下去看女兒（她還是受到監禁），源源本本告訴她極其關切的事。

8 福斯圖拉斯聽到雷摩斯被抓走而且交給努米多處置，要求羅慕拉斯馬上前往援救，後來傳來信息說雷摩斯非常坦誠詳盡地吐露他的身世；由於福斯圖拉斯過去沒有給予任何暗示，他所說的話即使讓一個有心人聽到，也不會產生聯想和推斷。福斯圖拉斯帶著木槽立即跑向努米多那裡，心中充滿關切，生怕無法及時趕到。有一些國王的哨兵在努米多的大門前面，對福斯圖拉斯可疑的行動起了戒心，在他們的注視之下感到無法遁形，受到盤問的時候難免破綻百出。福斯圖拉斯故意讓他們看到藏在斗篷下面的木槽。正巧這些哨兵之中有一位過去參與拋棄嬰兒的行動，特別是奉到指示前去幫忙；等到他看到木槽，從它的樣式和銘文馬上就認出來，猜想到整個事件已經暴露，毫不遲疑去報告阿穆留斯，要國王對這個人進行審問。福斯圖拉斯受到百般審訊，好像是經不起熬刑的考驗，同時也沒有咬緊牙關否認一切；供認這對嬰兒還活在世上以後，他說他們過著牧人的生活，在離開阿爾巴很遠的地方。他把木槽帶來交給伊莉婭，她一直想要看到這個木槽把它拿在手裡，因為她對這對孿生子懷抱著生還的希望。

　　一個人要是內心感到煩躁不安，所採取的行動不是基於過分的憂慮就是出於強烈的激情，這種狀況非常普遍，現在就發生在阿穆留斯的身上。他為此事火速派出一名信差，這個人不僅誠實而且與努米多的關係非常親密，奉到命令要從努米多那裡知道，是否有這兩個孫兒還活著的消息。信差到了以後，看到雷繆斯已經為努米多所接納，不僅有了希望也產生信心，於是信差就向兩位提出建議，一定要迅速採取行動，他自己也會協助他們；實在說，他們必須趕快動手，時間已經不允許他們猶豫不決。

　　羅慕拉斯趕過來現在已經非常接近，很多市民由於畏懼和痛恨阿穆留斯，跑去參加羅慕拉斯的陣營。此外，他率領一支實力強大的部隊，編成很多建制為100

人的連隊，每位隊長帶一根木桿上面綁著一小捆草和樹葉，拉丁文的「捆」是
manipuli，後來軍隊裡面一直把隊長稱爲manipiutares。雷摩斯呼籲市民揭竿起義，
羅慕拉斯根本不必發起攻擊，暴君毫無反抗的餘地，也不知道採取權宜之計來維
護自己的安全，在困窘和混亂之中被捕喪失性命。

　　有關這方面的敘述，大部分來自佩帕里蘇斯的費比烏斯和戴奧克利的記載，
他們是羅馬建城以後最早的史家，有人抱著懷疑的態度，因爲情節過於戲劇化，
看起來像是出於杜撰。我們不能說是全然不可置信，要知道一位詩人有時也會走
運，找到機會表現才華。我們還要考慮羅馬的權勢之所以能夠登峰造極，很難想
像說是沒有出於神意的起源，否則就不會產生偉大和奇特的事件。

　　9　阿穆留斯過世使得事件平靜的解決，兩個兄弟沒有居住在阿爾巴，也不
　　　　願在此地進行統治，只要他們的外祖父在世，覺得不該將政府掌握在手
裡；因此他們把主權交還給努米多，讓他們的母親受到應有的尊榮。羅慕拉斯和
雷摩斯決定獨立生活，要在幼年時代受到撫養的地方建立一座城市。這樣使得他
們的離開有非常體面的理由，或許是出於現實的需要，像這樣一個由奴隸和亡命
之徒所聚集的團體，就是將他們解散也無處可以投身，如果不這樣做只有與他們
生活在一起。尤其是阿爾巴的居民無法接受和容忍這群逃犯，更不認爲他們夠資
格成爲市民。他們之中有人更坦率表示，問題出在婦女方面，因爲他們用善意無
法得到妻室，爲了達成企圖並非出於惡意而是有此需要，然而他們對強行搶來的
婦女，格外表示尊重和愛護[22]。

　　等到城市興建以後沒有過多久，他們公開宣布要設置一個聖所，用來庇護所
有的逃亡人員，他們將它稱爲阿昔利烏斯(Asylaeus)神廟。任何人在此地都可以
獲得接納和保護，絕對不會將他們遣送回去，無論是從主人家中逃走的奴僕，還
是欠下債務無力清償的可憐蟲，甚至是落在官員手裡的謀殺犯。據稱這裡是一處
授與特權的地點，維持的方式全部按照神讖的指示辦理。雖然城市的成長迅速，
人口變得非常稠密，根據他們的說法，初期他們的住屋還是沒有超過1000所。這

22　搶劫婦女是古代民族引起衝突的主要原因，像是特洛伊戰爭起於美女海倫的誘騙；要是依照
　　希羅多德的說法，波斯人和希臘人的爭執就是雙方都發生這種惡行，可以參閱希羅多德的《歷
　　史》第1卷有關各節。

些都是以後的事。

　　兩兄弟的心思全部放在大興土木上面，位置的決定產生不同的意見：羅慕拉斯選的地點稱爲Roma Quadrata或「羅馬廣場」[23]，後來城市就興建在這個地點；雷摩斯的計畫是放在阿溫廷(Aventine)山[24]，天然的形勢非常險要，他們將此地稱爲雷摩尼姆(Remonium)，也就是現在的瑞格納里姆(Rignarium)。最後的結論用飛鳥占卜[25]來解決雙方的爭執，兩個人分開在相當距離之外，他們說雷摩斯看到6隻兀鷹，而羅慕拉斯看到的數目是雷摩斯的一倍；也有人說，雷摩斯誠實反映所看到的狀況，羅慕拉斯卻虛報數目。然而雷摩斯到羅慕拉斯那裡的時候，他的確看到12隻。羅馬人從此以後運用飛鳥占卜術，主要是看天空的兀鷹。

　　雖然潘達斯(Pontus)的希羅多魯斯特別提到，海克力斯在開始行動之前，要是看到一隻兀鷹就會感到格外的愉快。因爲這種動物對任何事物都沒有害處，無論是穀類、果樹或者家畜；它們的獵物是腐屍，並且絕不會殺死或傷害任何一種生物；兀鷹也不會攻擊別的鳥類，就是死去的鳥兒也視爲同類；不像鷹、梟和隼會自相殘殺。然而，就像伊斯啓盧斯所說：

　　　　還有什麼鳥像它那樣不會捕食同類？

　　此外，如同一般人的看法，所有其他的鳥類很少離開我們的視線，總是讓大家能夠不斷看到，唯獨兀鷹很難出現在眼界之內，要想碰到一個人說他曾經見過兀鷹的幼鳥，那更是不容易的事；因爲稀有和罕見使得有些人產生很奇特的論點，說兀鷹是從其他的世界來到我們的面前，就像占卜者將所有神性起源的事物，歸於不可能產於自然或本身。

23　羅馬城最早的位置應該是在帕拉廷山，等到薩賓人加入以後，才逐漸朝北向昆林納爾山發展；羅慕拉斯選擇的地點是羅馬廣場，在帕拉廷山的北側，位置適中，羅馬七山在四周圍繞。

24　阿溫廷山的位置偏南，靠近台伯河畔，交通和用水都比較方便；雖然兩兄弟選的地點，相距不到1公里，看來也不過是鬥爭的藉口而已。

25　飛鳥占卜在古代羅馬人而言，凡重大事務特別是作戰行動之前，都會舉行，通常由占卜官到現場觀察，重點在於鳥類的飛行和進食的狀況，並不在於數量的多寡。

10 雷摩斯發現自己受到欺騙，心中感到極爲不悅；羅慕拉斯很快挖出一道溝渠，計畫是要在那裡興建城牆，這樣一來使得有些工程白花力氣，引起大家的訕笑，同時也妨礙到別人的進度；最後，當雷摩斯帶著藐視的態度跳越這道壕溝[26]，要去與他理論的時候，有人說羅慕拉斯給予致命的一擊，也有人說是他的同伴塞勒（Celer）下的手；不過，雷摩斯當場倒斃引起一場混戰，福斯圖拉斯和他的弟弟普萊斯提努斯（Plistinus）同時被害身亡；據說普萊斯提努斯出了很多力氣，協助他的哥哥將羅慕拉斯扶養長大。

塞勒看到惹出禍事趕快逃到托斯坎尼，以後羅馬人將腳程很快的人物稱爲塞勒里斯（Celeres）；奎因都斯‧梅提拉斯（Quintus Metellus）爲他的父親舉行葬禮，只用幾天的時間就給人民舉辦一場角鬥士的表演，大家讚譽他的準備工作非常敏捷，所以給他加上塞勒的綽號。

11 羅慕拉斯將他的兄弟雷摩斯和兩位義父埋葬在雷摩尼亞（Remonia）山[27]，然後積極從事城市的建設；他延請來自托斯坎尼的智者，根據神聖的習俗和成文的法條所應遵守的規範，指導他運用於宗教的典禮和儀式。首先，他們要挖出一道圓形的深壕，位置大約就是現在的公共會場（Comitium）或市民會議（Court of Assembly）[28]，進入這個地點要舉行莊嚴的儀式，將所有作物的頭一批收成投到壕內，這是表示豐收的習俗或出於自然的需要；最後，每個人將故鄉帶來的一塊泥土，全部丟進去混雜在一起。這個深壕他們稱爲Mundus[29]，和「天堂」有相同的名字；然後以這點爲中心，將整個城市包容在一個圓周之內。

接著城市的奠基者安排裝著青銅犁頭的耕犁，駕軛並用一頭牡牛和一頭母

---

26 還有一種說法，羅慕拉斯正在建造新城，雷摩斯跳過城牆的基礎，嘲笑他的工作，羅慕拉斯大怒因而殺死自己的兄弟，同時大聲的叫喊：「誰敢越過我的城牆，我就要他的命！」從此以後，城牆視爲神聖不可踰越。

27 參閱本章第9節所述之情節。

28 這個位置鄰接羅馬廣場，是召開市民大會的地點；所謂mundus這個城市的占卜中心該是在帕拉廷山。

29 mundus是用人工挖掘的一個坑，成爲人類靈魂進入冥府的通道。羅馬人認爲這個坑與西瑞斯女神有很大的關係，所以稱爲孟達斯‧西瑞斯；每年除了8月24日、10月5日和11月8日外，其他時間都用一塊大石頭將坑蓋起來；而這幾天是祭祀亡魂之日，主兇，諸事不利。奧維德認爲要丟的泥土來自鄰邦，表示羅馬很快會降服這些國家。

牛，沿著預定的界線犁出一道標線或深畦，跟隨在後的人員將翻出來土，全部堆放在面向城市中心的界線之內，不容許有任何一小塊土留在外面；他們用這條標線來描述城牆的狀況，因為向內收縮的關係，毗連城牆的地區稱為波米里姆（Pomoerium）[30]或波斯穆隆姆（Postmurum）。當他們到達按照計畫要建造城門的地點，就將犁頭拆下來，再拖耕犁前進留下預定的空間。根據這個道理，他們認為除了城門可以讓人通行以外，全部城牆都要視為神聖不可侵犯的地點，絕不容許任何人在上面越過。要是他們將城門也視為神聖，那麼基於人類生活的需要而自由的進出，就會與宗教的要求發生牴觸，因為進出城門的人員當中，必定會有不潔者。

12 一般人都同意開始建城那天是4月21日，羅馬人把每年的這一天看得很神聖，稱之為國慶日。根據他們的說法，首先要遵守的規定，是這一天不能用活的祭品來敬神，為了使得國慶日的祭典保持純潔，避免因殺生受到鮮血的污染。然而就是在城市興建以前，這一天已經有牧人過去稱為帕黎利亞（Palilia）[31]的節慶。羅馬人和希臘人對月份的計算方式大不相同，不過，他們提到羅慕拉斯開始動工這一天，可以斷言是在該月的30日，那個時候正好發生日蝕，他們表示提奧斯（Teos）詩人安蒂瑪克斯（Antimachus）親眼看到，是在奧林匹克6會期的第3年（754B.C.）。

到了瓦羅（Varro）[32]那個時代，這位哲學家是深入研究羅馬歷史的學者，與一位名叫塔魯久斯（Tarrutius）的知心好友住在一起，塔魯久斯是學識淵博的哲學家和數學家，本著好奇心研究繪製各種圖表的方法，後來大家認為他精通這門技藝。瓦羅就羅慕拉斯的生日這個問題，提出來請求塔魯久斯計算，只要瓦羅提供羅慕拉斯一生中某些事件，經過推論甚至可以知道受孕的時辰。這種工作的精確性如同解答幾何學的問題；塔魯久斯說這種科學的方法，可以從一個人的生日預

---

30 波米里姆即羅馬城的界域，有傳統的宗教、司法和行政等重要意義。羅馬人建立城鎮先要舉行宗教儀式，使得城域成為保護神的轄區，後來隨著羅馬的興起，城界也跟著擴大，城界的法定權力也向外延伸。

31 佩勒斯（Pales）是保護山羊和綿羊的羅馬神祇，也有人認為祂是女神，每年的4月21日和7月7日要舉行祭祀稱為帕黎利亞節。奧維德的《歲時記》提到，牧羊人在夜間舉行盛大的祭典，大家圍著篝火通宵達旦跳舞。

32 瓦羅（Varro, Marcus Terentius, 116-27 B.C.）是羅馬共和國末期極為著名的學者和作家，著述豐富而且包羅萬象，撰寫《羅馬古代史》共41卷，僅極少殘本傳世。

知他的平生，同時也可以用知道這個人的平生找出他的生日。

　　塔魯久斯開始這項工作，首先要調查羅慕拉斯的重大行動和各種災禍，發生這些事件的時間和他過世的方式，然後將所有的要點綜合加以比較，最後他充滿自信非常果斷地宣布：認爲羅慕拉斯在他母親的子宮裡受孕的時間，是奧林匹克2會期的第1年（772B.C.），埃及的Choeac月（12月）第23天，日沒以後第三個時辰，這個時間正好發生日全蝕[33]；他的出生是在Thoth月（9月）的第21天，早晨日出之際；他安放羅馬第一塊基石的時間是Pharmuthi月（4月）第9天，在第二和第三時辰之間[34]。他們認爲城市的氣數與人一樣，要找出開始奠基的最佳時段，主要來自星辰的位置，根據蒐集的資料可以預先得知。像這些迷信的預言或類似的因果關係，不一定合於大家的心意，也談不上新鮮和好奇，要是濫用無度必然會使讀者感到不悅。

13 　城市正在大興土木，羅慕拉斯徵召所有及齡男子攜帶武器納入軍事編組；每一個建制部隊有3000名步卒和300名騎兵稱之爲軍團[35]，因爲組成分子是城邦最優秀的人員，而且大多數的人民經過挑選成爲戰士；他把其餘的群眾稱爲人民；羅慕拉斯選出100名最卓越的人士擔任議員，獲得元老的稱號，由他們組成元老院。有人說元老這個名稱來自他們是合法子女的父親；也有人說，所謂元老是可以交出一份有效的文件，證明他們的父執輩的作爲；那些投奔到城市的賤民在開始的時候都無法辦到；還有人認爲，元老來自施予恩惠，提出保證可以庇護屬下，大家把這個起源歸於佩特朗（Patron），他與伊凡德（Evander）[36]一起來到意大利，成爲弱者和窮人最有力的支持者和保護人。或許最可能的見解

33　原文有謬誤之處，「日落」後三個時辰看不到日蝕，應該是「日出」才對；不像是月蝕，因為發生的時間是23日。

34　歷史學家和年代學家對羅馬建城的時間有不同的意見，瓦羅認爲是奧林匹克6會期第3年，即752B.C.；費比烏斯‧皮克多是羅馬最古老的作家，博學的厄舍爾也依循他的說法，把時間定在奧林匹克7會期第4年，即創世紀3356年或748B.C.，哈利卡納蘇斯的戴奧尼休斯、索利努斯和優西庇烏斯，認爲是奧林匹克7會期第1年。現代歷史學家公認的時間是奧林匹克6會期第4年，即753B.C.。

35　最早的羅馬軍團人數為3000名步卒，因爲是由三個部族各提供1000人組成，也有人認爲羅馬有30個支族，每個支族編成一個百人隊，同時軍團的拉丁名爲legio語源來自「徵召」之意。

36　伊凡德是阿卡狄亞地方的神祇，與牧神的崇拜有密切的關係，根據希臘神話，他是神的使者赫耳墨斯（Hermes）和提密斯（Themis）所生的兒子。

和論點，就是羅慕拉斯認為那些有錢有勢的人，最主要的責任是抱著父執的情懷，照顧和關心弱勢和卑賤的群眾；同時鼓勵平民不要對居上位者的權勢感到畏懼和苦惱，應該愛慕和尊敬他們，在思想和行動上都把他們看成自己的父親，因此才授與元老的稱呼。

就在這個時候，所有外來的人員把元老院議員叫做領主；羅馬人習慣用更為尊敬而又不會引起反感的名字，稱為Patres Conscripti即「尊貴的父老」；開始的時候只稱父老，到後來才加上「尊貴的」這個稱號。他用令人羨慕的頭銜從民眾中凸顯元老院的地位；另外一種方式拿來區分貴族和平民，那些身為client即「部從」的人把前者稱作patron即「庇主」[37]，所表示的意義是羅慕拉斯在兩者之間，營造出不可思議的親密和友愛的感情，產生極其公平合理的交往關係。對於庇主而言，他是部從涉及法律案件的永久顧問，也是法院審判時的律師和辯護人；總而言之，不論部從的任何事務他都是指導人和支持者。部從用忠誠回報他的庇主，不僅表現出尊敬和順從的態度，要是庇主陷入貧困的景況，負擔庇主女兒出閣所需的嫁奩或是解決他的債務；要想一位庇主出庭指證他的部從，或是指使一位部從對抗他的庇主，無論是法律或官員全都無能為力，因為這樣做是違背古老的傳統習俗。到了後來，雙方之間仍舊存有相對的責任和義務，就一個正人君子而言，從下屬的手裡收受金錢，始終視為卑劣和可恥的行為。然而這種事目前已經屢見不鮮。

14 城市在第4個月興建完成以後，企圖發起冒險的行動去偷盜婦女，有人說羅慕拉斯是一個尚武好戰的人，天生這種習性和癖好；或許是出於某些神讖，相信羅馬是天命所歸的城市，未來會成長茁壯而且建立偉大的事功，所有這一切都靠戰爭帶來的利益。根據史料的記載知道最早受到暴力的侵犯就是薩賓人（Sabines）；他僅不過搶走對方30個處女，看來不完全是缺乏婦女而是要找機會發起戰爭。這種說法並不是必然如此，好像羅慕拉斯發現整個城市滿是外來的人士，只有少數人娶到妻室，這些群眾是一批出身低微和沒沒無聞的人，他們深感受到輕視，不再打算要繼續生活在一起。因此他抱著更深遠的希望，等

---

37 庇主和部從之間有長遠而嚴謹的權利義務關係，羅馬十二表法第8表第21條：「如果一個庇主有欺騙其部從的行為，庇主將喪失一切財產及法律保護。」

到搶來的婦女經過安撫，使得這種傷害就某些方面來說，造成與薩賓建立聯盟和互通有無的機會；他在採取這些措施以後，的確收到很大的成效。

首先，羅慕拉斯將信息流傳出去，好像是他發現某個神明藏在地下的祭壇，他們將這位神明稱爲坎蘇斯(Consus)[38]，可能是智慧之神(他們仍舊把商議稱爲consilium，職位最高的行政首長是執政官，從Consul這個字義而言即「顧問」或「諮議」)或是騎在馬背上的海神(Neptune)。這個祭壇放在麥克西穆斯賽車場，除了比賽時公開展示給公眾瞻仰，此外所有時間全都掩蓋起來；其他的人僅提到這位神明有一個藏在地下的祭壇，因爲商議的時候應該保持機密不能讓人知曉。

正式宣布發現祭壇以後，羅慕拉斯指定一天舉行盛大的祭典，提供比賽和表演的節目與民同樂。各地的民眾成群結隊而來，他自己坐在前列，身穿紫袍與貴族在一起；事先規定好動手的信號，就是他站起來把長袍收攏從身上脫下來；他的人布置在各處都已經把武器準備好，全部用眼睛注視著他的一舉一動。當信號下達以後，他們拔出佩劍發出吶喊聲開始攻擊，混亂中把薩賓人的女兒劫走，沒有受到妨礙和攔阻全部逃離現場。這些人供稱搶到手的佳人只30位，後來從她們得到Curiae即「支族」或Fraternities即「親族」的稱呼[39]；根據華勒流斯‧安蒂阿斯(Valerius Antias)[40]的記載，搶走527人，朱巴(Juba)[41]說是683位處女。

羅慕拉斯毫不掩飾完全承認，振振有辭說帶走的都是未婚的女子，有一位只知道她的名字叫赫西莉婭(Hersilia)，有關她其他的事情還是不很清楚；用她作爲例子可以顯示出他們並沒犯下惡意的罪行，純粹是一種有計畫的預謀，要與他們的鄰居聯姻，建立更爲堅強和穩固的關係。有人說賀斯蒂留斯(Hostilius)娶了這位赫西莉婭，賀斯提留斯是羅馬人當中非常顯赫的人物；也有人說就是羅慕拉斯

38　坎蘇斯是羅馬的倉神，執掌穀類的保管和秋季的收成，在麥克西穆斯賽車場築有地下穀倉和祭壇，每年的8月21日和12月15日舉行坎索利亞祭典。

39　羅馬支族的來源出自被搶的婦女，這種說法比較牽強。最早的羅馬人是由三個部族組成，每個部族再分爲10個支族，共有30個支族，這是一切政治和軍事組織的基礎，人民分別在各自的支族投票選舉。

40　華勒流斯‧安蒂阿斯是羅馬歷史學家，羅馬建城686年即68B.C.任法務官，撰寫羅馬早期的歷史，從建城起到蘇拉(Sulla)當政止，李維(Livy)的《羅馬史》曾大量引用，沒有作品傳世。

41　朱巴二世是茅利塔尼亞(Mauretania)國王，幼年時被凱撒從阿非利加帶到羅馬接受教育，後娶安東尼之女爲妻，雖然身爲國君，學識淵博而且見聞極廣，用希臘文寫作羅馬和中東各國的歷史，經常爲當代人士引用。

本人，而且她還爲他生了兩個小孩，其中一個是女兒，因爲長嗣繼承權的緣故取名爲普里瑪(Prima)[42]，只有一個是兒子，在那個時代從市民爲他聚集起來大事慶祝，獲得愛歐留斯(Aollius)的稱號[43]，成年以後改名爲阿比留斯(Abillius)。特洛眞人齊諾多都斯(Zenodotus)[44]的記載，與上面這些人的說法大相逕庭。

15 至於以後發生的情況，據他們的說法，就是這些劫持處女的人員當中，有些人的出身比較微賤，所以表現出自卑的態度。他們劫持一位女郎，可以說是豔冠群芳，不僅美麗動人而體態輕盈，等到有些階層更高的人員遇見他們，準備動手將那個女郎搶走，出身微賤的人就痛哭起來，說他們是要把她送給塔拉休斯(Talasius)[45]，這位年輕人不僅勇敢而且富有。要動手的人聽到以後，大聲稱許和讚揚他們的行爲，其中有些人願意轉回去，帶著善意和歡喜陪伴他們一起前往，這時大家高聲叫著塔拉休斯的名字。直到目前這個時代，羅馬人在舉行婚禮的時候，用歌頌塔拉休斯來祝福這對新人，就像希臘人高唱許門(Hymen)之歌[46]一樣，因爲他們提到塔拉休斯的婚姻非常幸福。

迦太基人(Carthaginian)色克久斯·蘇拉(Sextius Sylla)，擺出有學問又有智慧的模樣，告訴我說是羅慕拉斯拿「塔拉休斯」這個字當作信號，聽到以後就開始動手。因此，任何人要是獲得一位女郎當獎品，就會樂得高聲大叫「塔拉休斯」，由於這個緣故，到現在的結婚儀式中還有類似的習俗。大多數人的意見(特別要提到朱巴就是其中之一)，認爲這個字只能用於新婚的婦女，誡勉她們要做好家務和talasia即「紡織」的工作；就像我們對希臘語的看法，事實上意大利語在那個時代還沒有凌駕於希臘的文字之上。如果想把這個當成例子，認爲羅馬人在那時運用talasia這個字就像現在一樣，就如同在想像之中爲習俗找更好的理由，根本是不合情理的事。

---

42 普里瑪這個名字來自拉丁文primogenitus即「頭胎生的子女」，也是擁有長嗣繼承權的繼承人。

43 Aollius這個字就希臘的語意學而言與「群眾」有關。

44 齊諾多都斯325B.C.出生於以弗所，是當代知名的學者，後來成為皇家教師和亞歷山卓圖書館的負責人，對詩學理論和荷馬的著述有深入的研究。

45 羅馬人認為塔拉休斯是執掌婚姻的神祇，當新娘進入男方的家門時，要大聲叫喊這位神祇的名字以避邪。

46 許門之歌是新娘進門及新婚之夜，由童男童女在新房外面所唱的合唱歌曲。

等到雙方的戰爭得到和解以後，薩賓人為了關切他們的婦女而訂出這些條件，認為她們對丈夫應盡的職責當中，只有紡織是帶有奴役性質的工作；因而從此以後成為一種習俗，在婚禮中交出新娘的父母，或是護送她的人或是參加的賓客，抱著正經的態度在唸「塔拉休斯」這個字，等於在暗示她以後不必紡織。還有一種習俗持續到今天，那就是新娘自己不可以跨過丈夫家的門檻，必須由新郎抱過去，可以想見薩賓人的處女受到暴力的劫持，落在完全身不由主的狀況。也有人提到，按照習俗要用一個矛頭將新娘的頭髮分開，這就是戰爭和敵對的行為，他們的婚姻在開始的時候所呈現的一種表徵。我的作品《掌故清談錄》對這方面的題材有更詳盡的敘述。

這次的搶劫事件發生在Sextilis月第18天(8月18日)，仍舊保持坎索利亞(Consualia)的莊嚴儀式[47]。

16 薩賓人是一個人口眾多和黷武好戰的民族，生活在狹小的村莊沒有任何防護的工事，大家認為就像是拉斯地蒙人的殖民地，不僅勇敢而且毫無畏懼之心。雖然如此，看到他們的人質獲得良好的照顧，難免受到影響無法全力反擊。他們非常思念女兒，於是派遣使者去見羅穆拉斯，提出公平合理的請求，他只要歸還年輕的婦女等於是放棄暴力的行動，然後用說服和合法的方式，使得兩個城邦建立友善的聯繫。羅穆拉斯不願送回這群綺年貌美的少女，然而他向薩賓人提出聯姻的建議，為此進行搓商反覆爭論花費很長的時間。

申尼奈西斯(Ceninenses)國王阿克隆(Acron)個性高傲，也是一位作戰奮勇的武士，他自始至終對羅慕拉斯膽大妄為的搶劫深感妒忌，而且特別考慮到他會因搶劫婦女而食髓知味，等到變得聲勢壯大以後所有部族都會束手無策，何況這種行為沒有受到懲處使他更為難堪。他是第一個下定決心使用武力的人，親率大軍進行討伐的行動。羅慕拉斯完成應戰的準備，當他們來到視線之內相互可以看見的時候，提出挑戰要單人決鬥，兩軍就地停止下來不得參與。羅慕拉斯向著天神朱庇特宣誓，要是他打贏的話，就將對手的冑甲當作祭品奉獻給神明；他在搏鬥中制伏阿克隆，接著又在會戰中將敵軍擊潰，然後占領整個城市。他並沒有大肆殺戮，下令將這個地方推平以後，所有的人民隨他到羅馬，讓他們擁有市民的權利。

47　慶祝農作物豐收的祭典，名字來自Consus，參閱本意第14節。

　　羅馬之所以能夠向著偉大的成功之路邁進，在於它與被征服的城邦盡釋前嫌，聯合起來共同努力。羅慕拉斯用朱庇特最容易接受的方式履行他的誓言，同時要讓全城很高興把盛大的排場看在眼裡，於是他砍倒生長在營地一顆細長的橡樹，經過一番整修以後，就將阿克隆全副冑甲掛在上面，配置成很適當的形狀。他自己穿上鮮明的衣裝，戴上一頂用桂葉編成的花冠，頭髮很雅緻的飄垂，就將這件戰利品扛在右肩上面，展開大步向著城市前進，唱著戰勝敵軍的歌曲，全軍列隊跟在後面，市民向他們發出快樂和驚奇的歡呼。這一天的遊行行列成為以後舉行凱旋式的濫觴和模式。

　　這些陳列的戰利品從此以後稱為呈獻給弗里特流斯·朱庇特（Jupiter Feretrius）的祭品，就是來自ferire這個字，在拉丁文裡是「擊敗」的意義，因為羅慕拉斯向神明的祈禱，是要打敗和擊滅敵軍；從此以後把展示的掠奪品稱為opima或「皇家的戰利品」。瓦羅的說法是來自opesi這個字，意思是因戰爭而「致富」；雖然也有人推測可能是來自opus即「行動」。一支軍隊的統帥只有在親手殺死敵軍主將狀況下，才能獲得接受opima spolia即「神明的戰利品」的榮譽。

　　在歷史上只有三個羅馬主將頒予這種殊榮，第一位是羅慕拉斯，他殺死申尼奈西斯的阿克隆；第二位是高乃留斯·科蘇斯（Cornelius Cossus）[48]手刃托斯坎的托隆紐斯（Tolumnius）；最後一位是克勞狄斯·馬塞拉斯（Claudius Marcellus）[49]，他擊斃高盧國王維瑞多瑪魯斯（Viridomarus）。後面這兩位，科蘇斯和馬塞拉斯自己穿著被殺對手的冑甲，乘坐凱旋式的戰車進城；要說羅慕拉斯也如法炮製，那是戴奧尼休斯（Dionysius）沒有弄清楚事實。史籍上面有記載，凱旋式有華麗的排場和壯觀的隊伍，達瑪拉都斯（Damaratus）之子塔昆紐斯（Tarquinius）要算第一位；還有人說，普伯利柯拉（Publicola）最早在凱旋式中乘坐戰車[50]，羅馬可以看到羅慕拉斯的雕像，凡是參加凱旋式都是步行。

48　高乃留斯·科蘇斯在馬上比武中殺死維愛（Veii）國王托隆紐斯，這件事發生在羅馬建城318年即436B.C.。

49　馬塞拉斯（Marcellus, Marcus Claudius）是羅馬的名將，曾經五次出任執政官，領軍在山南高盧擊敗高盧人的入侵，親手殺死蠻族的國君，時為222B.C.；第二次布匿克戰爭與漢尼拔對抗，占領西西里的敘拉古以後，208B.C.被迦太基的伏兵所殺。

50　這裡說的普伯利柯拉就是波普利柯拉（Poplicola），本名是巴布流斯·華勒流斯（Publius Valerius），擊敗托斯坎人（Tuscans），獲得舉行凱旋式的榮譽，他是第一位執政官，可以乘坐四匹白馬拖曳的戰車。

17 申尼奈西斯人滅亡以後，其他的薩賓人仍舊繼續戰爭的準備，非迪尼(Fidenae)、克路斯托米瑞姆(Crustumerium)和安廷納(Antemna)[51]的人民，參與反對羅馬人的陣營，同樣在會戰中被打敗，等到向羅慕拉斯投降以後，城市為敵人占領，土地和疆域都被瓜分，所有的人民全部遷移到羅馬。羅慕拉斯把獲得的土地分配給市民，只有那些被搶去的處女，她們的父母可以保留原來的田產，用來彌補他們所受的痛苦。

其餘的薩賓人現在為這件事而氣憤填膺，選舉塔久斯(Tatius)為他們的領袖，直接向著羅馬進軍。城市有現在稱為卡庇多(Capitol)的要塞，配備著戰力強大的守備部隊，由塔皮烏斯(Tarpeius)擔任隊長，說起來像是銅牆鐵壁一樣難以攻克。塔皮婭(Tarpeia)並不是未嫁的處女，有人說她使羅慕拉斯成為被人利用的傻瓜。她雖然是守備隊長的女兒，等到看到薩賓人所戴的金鐲，心生垂涎，願意出賣城堡交到薩賓人的手裡，背叛的報酬是所有他們戴在左臂上的飾物。塔久斯與她談好條件，就會在深夜打開一個城門，引導薩賓人進入。

看來誠實的安蒂哥努斯(Antigonus)[52]並不見唯一說過這句話的人，那就是：「他喜歡賣國者，即憎恨出賣他的叛徒」；凱撒的說法大不相同，他告訴色雷斯人(Thracian)萊密塔西斯(Rhymitalces)：「他歡迎出賣的行為，厭惡賣國的人士。」所有的人都有相同的想法，那就是這些壞蛋提供的服務確有必要，就像對有毒的動物所具有的毒液一樣，在使用的時候會很高興它所發揮的功效，等到事過境遷以後會憎恨那種極其惡劣的特性。

這也是塔久斯用來對待塔皮婭的態度，他命令薩賓人要遵守他們的協約，至少就他們左臂所戴的金鐲來說，不能拒絕她的要求，於是他第一個取下手臂上的金鐲，連帶他的盾牌一起向她拋擲過去，所有的人全部跟著做，她倒下去全身被無數的黃金和盾牌埋住，在巨大的重量和壓力之下氣絕身亡。後來塔皮烏斯也被發覺犯下叛逆的罪行，羅慕拉斯將他處死，朱巴(Juba)說是蘇爾庇修斯·伽爾巴(Sulpicius Galba)[53]提到此事。有人記述一些與塔皮婭有關的事情，說她是薩賓人的領袖塔久

51　安廷納、非迪尼和克路斯托米瑞姆是羅馬北方的城鎮，距離分別是10、15和20公里。

52　這位人士應該是馬其頓國王安蒂哥努斯二世(320-239B.C., 277-239B.C.在位)，德米特流斯一世的兒子和安蒂哥努斯一世的孫兒，登基後擊敗兩萬名高盧人的入侵，國勢日益強大，成為希臘的霸主，他是一位哲學家，愛好文藝和歷史。

53　伽爾巴(Galba, Servius Sulpicius)於5B.C.出生於羅馬貴族世家，服務軍旅有卓越的成就，後

斯的女兒，被羅慕拉斯所強行扣押，完全是出於她父親的陰謀，才有出賣城堡的行動而且遭到悲慘的下場；這種說法極其荒謬，安蒂哥努斯就是其中之一。

詩人賽米盧斯（Simylus）[54]認爲塔皮婭出賣卡庇多，不是交給薩賓人而是高盧人；因爲她愛上高盧人的國王，這種敘述的方式僅僅讓人覺很很愚蠢，然而還是有詩爲證：

> 塔皮婭在住所接近之處，
> 爲敵人打開羅馬的進路；
> 她熱愛圍攻的高盧國君，
> 出賣卡庇多的湯池金城。

接著就敘述她的死亡：

> 塞爾特的仇敵勢強人多，
> 沒有讓她活著渡過波河；
> 沉重的盾牌擲向美嬌娘，
> 葬身在光輝奪目的墳場。

18 塔皮婭後來就埋葬在那裡，這座小山因而得到塔皮烏斯這個名字，塔昆國王統治的時代，這個地方一直奉獻給朱庇特，這時她的骨骸已經移走，所以整座山不再使用她的名字，卡庇多這個地點仍舊稱爲塔皮安懸岩（Tarpeian Rock）[55]，他們把犯罪的人從這裡拋下去活活摔死。

薩賓人據有小山的有利位置，羅慕拉斯在憤怒之下派人前去掉戰，塔久斯充滿信心接受，自認即使戰敗也可以安全退走。平坦的地區位於中央，他們在這裡展開會戰，四周被很多小山圍繞，迫得雙方要進行激烈和絕望的搏鬥，這是一塊進出都很困難的地形，只有少數幾個出口，得不到掩護也不便追擊。出現的狀況

　　來出任西班牙總督，68A.D.被禁衛軍擁立為帝，次年在羅馬的市民廣場被刺身亡。
　54　賽米盧斯是雅典的悲劇詩人，曾參加284B.C.的戲劇競賽獲得優勝，他的作品以輓詩最為著名。
　55　古代的羅馬人經常用塔皮安懸岩處死犯人，十二表法第8表第23條：「任何人犯有偽證罪，將從塔皮安懸岩上扔下。」

使問題更為嚴重，就是河流不過幾天前已經氾濫成災，平原（這個地方後來成為市民廣場）上面的積水未退，到處是很深的爛泥和黏土，因為眼睛無法分辨土層的狀況，所以很不容易避開，尤其是低窪的位置，讓人為表象所欺騙而發生危險。

薩賓人就是太不小心才進入這個地區，好在他們的運道很好；克爾久斯（Curtius）是一個英勇的戰士，追求榮譽從不後人而且有遠大的抱負，騎在馬上越過眾人向前疾馳，馬匹就在這裡陷入泥中，經過一番努力，無論是用鞭子猛抽、馬刺緊夾還是大聲吆喝，他的坐騎還是無法脫困，最後發現已經無能為力，為了自救只有犧牲馬匹；這個地點從他開始到現在都叫做克爾廷湖（Curtain Lake）。薩賓人在避開這個危險的位置以後，用非常整齊的陣式展開戰鬥的行動，雖然很多人被殺，在幸運的日子還是勝負不分；陣亡的人員中有賀斯蒂留斯，據說他是赫西莉婭的丈夫，也是接著努馬之後統治的賀斯蒂留斯的祖父。

這裡發生很多次短兵接戰，我們認為會戰的結局最值得紀念；後來羅慕拉斯的頭部為石塊擊傷，幾乎要倒在地面上無法動彈。羅馬人迫得後退被趕出平坦的地區，羅慕拉斯沒有力氣逃向帕拉提姆；這時他的傷勢有點減輕，要轉過身來重新整頓繼續再戰，看到敗逃的隊伍，大聲鼓勵他們站穩腳跟奮勇戰鬥。他們為優勢的敵軍所壓倒，沒有人敢面對惡劣的狀況挺身而出，羅慕拉斯向天伸出雙手，懇求朱庇特讓他的部隊停下來，請他維護羅馬人的建國大業，現在他們已經面臨生死的關頭。他剛開始祈禱，由於感到羞愧或是對國王的尊敬，馬上有很多人不再逃走，畏敵之心突然變得勇氣百倍。他們開始站穩腳跟不再後退的地點，現在是朱庇特‧斯塔多（Jupiter Stator）[56] 神殿（Stator這個字有人將它譯成Stayer），他們重新列成陣列將薩賓擊退的地方，現在稱為雷基亞（Regia）[57]，上面有灶神（Vesta）[58] 廟。

56　朱庇特‧斯塔多的像經常出現在錢幣上面，拿著一根木杖，表示「支持」之意；所以又稱為執杖者朱庇特。

57　雷基亞照傳統說法是祭司長的住所，坐落在羅馬廣場的東邊，位於薩克拉大道和灶神廟之間。

58　異教信仰的末期，除了由祭司主持的國家祭典外，家祭始終有其自主性和重要性，灶神的祭拜就是家祭的延伸和擴大，在羅馬1200年的歷史中維持獨特的地位。六個灶神女祭司附屬最高祭師團，她們讓聖潔的城市之火保持燃燒，用來護衛羅馬人的命運，這個聖火絕不能熄滅；她們的宗教力量來自她們的童貞，失去貞節，就會活埋在地下墓穴，與她發生性關係的男子處以死刑。

19 兩軍在這裡準備開始第二次的會戰，竟然中止沒有進行，發生這樣的事件真是不可思議，過程不僅奇特就是敘述起來也讓人嘆為觀止。薩賓人那些被搶走的女兒，全都跑了出來，混亂之中有些在這邊也有些在那邊，悲傷的痛哭和哀嚎，像是一群著魔瘋狂的人，在出戰的隊列和陣亡的屍首當中，尋找她們的丈夫和父親，有的人手裡抱著嬰兒，全部蓬頭散髮，用最溫柔和最親愛的字眼在喊叫他們，一會是薩賓人的名字，一會是羅馬人的名字。這時雙方的鬥志都被同情心所融化，開始後撤，兩軍之間為她們留出一塊空地，婦女的眼光帶著憂愁和憐憫，雙方所有戰士的內心都受到感動，然而還是她們的話發生效用，開始提出勸誡和譴責，最後靠著乞求和哀訴，終結雙方的戰事。

她們說道：

> 我們這些人到底哪裡得罪還是冒犯你們，非得讓我們忍受那麼多的痛苦呢？不錯，我們是被這些不義的人用暴力搶走，現在我們已經成為他們的人了；想起過去的遭遇，我們有這麼久的時間被父母、兄弟和同胞所遺忘，等到事過境遷，那些從前我們最痛恨的人，卻與我們用最親密的感情結合在一起；那些曾經脅迫我們的人，現在卻使我們不能不對他們的危險感到恐懼，對他們的死亡流淚痛哭。當我們還是處女的時候，你們沒有護衛我們的榮譽，前來攻打那些侵犯我們的人；現在這樣做，只能拆散恩愛的夫妻，離間和睦的親情；這種援救只能達成邪惡的目的，比起過去的棄如敝屣，使人感到更加悲慘和無奈。不管是他們的情意還是你們的憐憫，難道非要我們說得一文不值？如果你們發起戰爭是出於其他的理由，就是看在我們的分上，也應收回那打擊的手，因為是那些人使你們成為岳父和外公；要是這樣做完全是因為我們的緣故，就請接受我們連帶你們的女婿和外孫。讓我們重新得到父母和親戚，不要奪走我們的子女和丈夫。乞求你們大發慈悲，不要讓我們這些人第二次成為家破人亡的俘虜。

赫西莉婭說了很多諸如此類的話，其他人都在誠心誠意的祈禱，就要達成一個停戰協定，主要的官員前去展開談判，這些婦女趁機帶著她們的丈夫和子女去見她們的父親和兄弟，送給他們急需的食物和飲料，把受傷的人帶到室內給予治

療。同時向親人顯示她們在家裡多有權威，也讓大家知道丈夫是如何的寵愛她們，用可以想像的仁慈和尊敬來對待這些妻子，即使貶低自己的身分也在所不惜。

　　等到大家了解狀況以後，雙方同意所有的條件，這些婦女也極為愉悅，因為免除前面所提沉悶而又辛苦的紡織工作，羅馬人和薩賓人必須同住在一個城市，這個城市還是從它的奠基者羅慕拉斯取名為羅馬；但是羅馬人和從塔久斯的家園[59]前來的市民同胞，他們共同擁有指揮和統治的權力。批准協議的地點仍舊稱為公共會場(Comitium)[60]，這個名稱來自coire即「會議」之意。

20 城市的人數已經倍增，就從薩賓人中間選出100名元老院議員[61]，軍團的兵力也增多到6000名步卒和600名騎兵；然後他們將人民分為三個部族：首先是羅慕拉斯的部屬稱為藍奈西斯(Ramnenses)；其次是塔久斯的子民稱為塔廷西斯(Tatienses)；第三部分是盧克西斯(Luceres)，這個稱呼來自lucus即「小樹林」之意，阿斯隆(Asylum)還矗立在那個地點，很多逋逃的人員在那裡獲得庇護，也為城市所接受。正好區分為三個部分，部族和護民官的稱呼都從此而來，每個部族包括十個支族curiae或「兄弟會」，有人說獲得這個名字是來自薩賓人的婦女；這種說法並不正確，因為很多的姓名來自不同的地方。

　　即使如此，他們還是制定很多的規矩用來推崇婦女的地位：像是無論在任何地點與婦女相遇，要讓路給她們先行；當著婦女的面不得說粗話，也不能赤身露體；有關殺人案件，婦女有義務向法官提出檢舉；她們的子女應該在頸脖上佩帶一個稱為bulla(因為它的形狀像一個氣泡)的項圈，可以穿鑲有紫邊稱為praetexta的袍服[62]。

　　兩位君主並沒有立即參與會議，先與自己這邊的100人集會，然後再舉行全體人員參加的大會。塔久斯的府邸現在是摩尼塔(Moneta)[63]神廟(製幣廠)的所在

59　是指庫里斯這個薩賓人的市鎮。

60　公共會場是靠近元老院一個很大的廣場，也是這個城市的中心位置，羅馬市民在選舉時，集合在該處投票。

61　羅慕拉斯原來在羅馬人當中選出100名最優秀的人員擔任議員，由他們組成元老院。

62　這是元老議員正式的服裝，然而貴族的青年在16歲以下者，可以穿著這種袍服，表示他們肩負國家的希望；也用這個字來稱呼6歲以下貴族出身的幼童。

63　摩尼塔神廟用來祭祀天后朱諾，位於卡庇多山，建造於344B.C.，每年的1月1日和10月10日舉行盛大的慶典。

地，羅慕拉斯住在現在所謂台伯河東岸(Fair Shore)的台階附近，位於從帕拉廷(Palatine)山到麥克西穆斯賽車場(Circus Maximus)這條下坡路的旁邊。

據說那裡生長著神聖的山茱萸，傳聞羅慕拉斯有一次爲了試一試他的力氣，就從阿溫廷(Aventine)山投擲一根標槍，槍桿是用茱萸木製作，插入地面非常深，後來的人無法將它拔出來，這裡的土壤非常肥沃，供給樹桿養分生出樹枝，長成一棵粗大和濃密的山茱萸。後代子孫把它當作最神聖的物品加以頂禮膜拜，用牆將它圍起來以資保護，要是有任何人發現這棵樹顯得不夠碧綠繁茂，好像有點憔悴和枯萎的樣子，就對所有遇到人發出大聲的叫喊，如同人們聽到房舍發生火災，跑去把所有的桶都裝滿水帶來灌救。據說該猶斯皇帝(Caius Caesar)修理附近的台階，有些工人挖土時靠得太近，使得樹根受到傷害，這棵山茱萸乾枯而銷亡。

21 薩賓人改用羅馬人的月份和名稱，非常特別的部分會在努馬的傳記裡提到[64]。在另一方面，羅慕拉斯過去使用亞哥斯式圓盾，現在他與所有的羅馬人都改換護身器具，採納薩賓人使用的長盾[65]。他們共同接納原來的節慶和祭典，過去所遵守的規定全部沒有取消，還創設一些新的做法；因爲婦女消弭戰爭於無形，所以舉辦麥特羅納利亞(Matronalia)節來表彰她們的功勞；一般而言與卡爾門塔利亞(Carmentalia)節[66] 的性質很類似。人們認爲卡爾門塔(Carmenta)是掌管人類生育的神祇，受到母親的敬仰和崇拜；也有人說她是伊凡德的妻子，生在阿卡狄亞的女預言家，習於用詩的格式發布神讖，這種carmen即「韻文」稱爲卡爾門塔，她原來的名字應該是妮柯斯特拉塔(Nicostrata)。也有人認爲卡爾門塔來自carens mente即「瘋狂」，暗示她處於神靈附體的狀況。還有就是前面我們提過帕黎利亞祭典。

盧帕卡利亞(Lupercalia)節[67] 運用當時流行的儀式,性質非常莊嚴從2月的dies

---

64 羅馬人一個完整的年度，最早只有10個月而不是12個月，可以從最後一個月份的名字看出來，December是「第十」的意思，所以努馬不僅增添還改變月份的次序，可以參閱本書第二篇〈努馬‧龐皮留斯〉第18和19節。

65 亞哥斯圓盾的直徑從31.5吋(0.8公尺)到39吋(1公尺)不等，用木材做架子，盾面是牛皮或青銅，邊緣用銅片包住；後來改用長盾，寬約30吋(0.75公尺)長約48吋(1.2公尺)，盾面成弧形，用木材做架子，盾面是帆布或牛皮，再用銅片加強。

66 卡爾門塔利亞節是祭祀卡爾門塔的慶典，每年1月11日和15日舉行。

67 盧帕卡利亞節也稱逐狼節，是向保護牧人和羊群的盧帕庫斯(Lupercus)獻祭，盧帕庫斯是意

nefasti即「不開庭的日子」可見一斑，被視為齋戒和淨化的祭典，同樣就是這一天在古代稱為菲布魯塔(Februata)；這個名字等於希臘人的黎西亞(Lycaea)[68]，來源非常的古老，據稱是與伊凡德同來的阿卡狄亞人將它傳入。要是說它來自哺乳羅慕拉斯的母狼，這種論點還是無法確定，我們可以見到這些盧帕西(Luperci)[69]即「祭司」，開始遊行的地點，是在傳說中羅慕拉斯被拋棄的位置。

　　現在所遵行的儀式，要想追溯它的起源更為困難，也只能加以猜測而已。他們殺死山羊來獻祭，兩位貴族出身的年輕人走出來，有人就用沾染鮮血的刀將血塗在他們的前額，另外有人用羊毛沾奶水將血抹拭乾淨，等到這兩位的額頭擦過以後，然後一群兒童在旁邊高聲大笑；這個儀式舉行完畢，就把羊皮剪成長條，開始赤身裸體奔跑，只是腰部有些掩遮物。他們對於遇到的人都施以鞭打，年輕的婦女不要避開這種擊打，根據一般人的想法，認為有助於懷孕和生產[70]。這場祭典當中還有一個很特殊的儀式，祭司要殺一條狗來獻祭。

　　有位詩人寫出輓詩體的詩篇，對於羅馬人的習俗作出神話式的解釋，說是羅慕拉斯和雷摩斯擊敗阿穆留斯以後，興高采烈跑到母狼給他們哺乳的地點，兩個年輕的貴族要模仿他們的動作，從那時起一直保持在慶典之中，就是：

　　　能在阿爾巴大開殺戒真是稱心如意，
　　　孿生子手執長劍急忙趕往獲救之地。

用染血的劍沾一下前額，表示當天的狀況非常的危險而且犧牲慘重，用乳汁來洗淨是要他們不要忘記餵食和養育之恩。

　　根據該猶斯‧阿西流斯(Caius Acilius)[71]的記載，在城市興建之前，有一天羅

　　大利本土的牧神，每年2月15日舉行盛大慶典，包括集體淨化和增加生育的儀式。

68　希臘人為了祭祀宙斯神，在黎西烏斯山(Mount Lycaeus)舉行黎西亞慶典，包括獻祭在內有各種儀式，時間是Metagitnion月25日(8月25日)。

69　盧帕西這個祭司團體又稱逐狼兄弟會，主要的職責是舉辦盧帕卡利亞節；由兩種不同的祭司組成，一種稱為奎蒂利祭司(Luperci Qunctiales 或Quintilii)以及費比祭司(Luperci Fabiani或Fabii)，很可能在最早成立的時候，分別代表羅慕拉斯和雷摩斯。

70　安東尼特別趁著這個節日向凱撒獻上一頂王冠，本書第二十一篇〈安東尼〉第12節提到此事，遭到凱撒的拒絕。

71　該猶斯‧阿西流斯是2世紀B.C.羅馬元老院議員，用希臘文寫作古代和他那個時代的羅馬歷

慕拉斯和雷摩斯的牛群迷途,他們向福努斯(Faunus)神祈禱,為了免除汗流浹背的煩惱,情願赤身裸體去尋找;這就是盧帕西的祭師所以要赤裸的理由。要是用齋戒和淨化的儀式來獻祭,那麼用一條狗來作犧牲非常得當,希臘人有先例可循,經常帶一條幼犬運用於periscylacismus儀式[72]之中,祭典也使用這個名稱。要是奉獻祭品是為了感激母狼對羅慕拉斯的養育和保全之恩,殺一條狗是很好的理由,因為狗始終是狼的世仇大敵。除此以外,不管怎麼說,要是妨害或阻擋到盧西帕的奔跑,任何人或動物都要接受懲罰。

22 據說羅慕拉斯也是頭一位供奉聖火的人,設置聖潔的處女保持長明不熄,稱她們是灶神女祭司,也有人把這件事歸之於努馬‧龐皮留斯。不過,大家都同意羅慕拉斯在宗教方面有卓越的成就,他精通占卜術,因而經常攜帶lituus 即「彎曲的木杖」,當預言家坐著觀看飛鳥的狀況之際,用這根手杖來指點,可以描述出天國的狀況。羅慕拉斯把他的木杖留在帕拉提姆,當城市被高盧人占領時失去,等到蠻族的民眾全部驅離,在廢墟一大堆灰燼中發現這根木杖毫無損傷,其他所有東西都被燒毀,已經面目全非。

他制定若干頒布實施的法律,其中一種非常的嚴苛,就是不容許妻子離開自己的丈夫,同時允許丈夫有絞死妻子的權力,只要她毒害自己的兒女、偽造他的鑰匙或是通姦。如果丈夫用其他理由拋棄髮妻,按照法律規定要將一半產業分給妻子,其餘的部分奉獻給西瑞斯(Ceres)女神;無論何人要與妻子斷絕關係,為了贖罪起見要向死神獻祭。這件事就羅慕拉斯而言顯然非常奇特,那就是在他的指示之下,對真正的弒親罪沒有訂出罰則。他對謀殺也抱著同樣的看法,認為這種行為應該受到詛咒,而弒親是不可能的事。因此,在很長的一段時間內,他的判斷看來都很正確,大約有600年之久,羅馬沒有人犯下這種罪行,等到漢尼拔(Hannibal)的戰爭結束以後,盧契烏斯‧賀斯久斯(Lucius Hostius)是有正式記錄第一個犯有弒親罪的人。有關這方面的敘述已經夠多了。

(續)
　　史,對於羅馬人與迦太基人的戰爭,有精闢而獨到的看法。
72　periscylacismus這個字的意思為「用小狗作為犧牲殺死後拋棄」。

23 塔久斯統治的第5年，他的一些朋友和親戚在路上遇到從勞倫屯(Laurentum)[73] 到羅馬來的使臣，這些人起了歹心要搶奪使臣的金錢，受到反抗就將他們殺死。如此重大的惡行使得羅慕斯認爲這些罪犯應該立即懲處，塔久斯故意推卸責任阻止執行死刑，這件事情是兩個人發生爭執的導火線，其他方面兩人的指示都保持小心翼翼的態度，所有事務的處理配合良好而且立場一致。被害人的親屬出於塔久斯的作梗，法律不能滿足正義要求，當他與羅慕拉斯在拉維尼姆(Lavinium)獻祭的時候，他們發起襲擊將塔久斯殺死；護送羅慕拉斯返家，極口頌揚和讚譽他是主持公道的君王。羅慕拉斯取回塔久斯的遺體，經過厚殮安葬在阿溫廷山，靠近稱爲阿米盧斯特里姆(Armilustrium)的地方，對他被謀殺根本沒有想到要加以報復。

根據有些作者的記載，勞倫屯這個城市很怕節外生枝，要謀殺塔久斯的人士出面認罪，羅慕拉斯將他們斥回不予受理，說是他不願「冤冤相報，永無寧日」。這樣就給人議論和猜忌的機會，好像他樂於除去同僚可以獨攬大權。就薩賓人而言，沒有任何事件比起當前發生的狀況，更能激起宿怨或動亂，有些人出於對羅慕拉斯的愛戴，也有人畏懼他的權勢，還有人再度將他當成神明一樣崇拜，因此大家在對他的頌揚和敬畏之中，能夠繼續和平生活在一起。

很多外國的民族都對羅慕拉斯表示敬仰之意，古老的拉丁族群派遣使節要求與他建立聯合和結盟的關係。非迪尼是鄰接羅馬的一個城市，僅僅一隊騎兵就能攻占，據說他派遣的人馬還沒有下令砍斷城門的鉸鍊，突然找到機會一擁而入；還有人持這種說法，他一開始入侵，就在鄉間和城郊大肆掠奪蹂躪，埋伏起來等他們出擊，殺死對方很多人員，然後趁勢奪取城市。雖然如此，他還是沒有進行破壞的行動或是將它夷爲平地，要把它當成羅馬的殖民地，4月的望日他將2500名居民派遣到此城。

24 接著就是瘟疫流行，沒有任何生病的徵兆就突然死亡，影響所及使得穀類全不結穗，牲口都不生育，城市落下血雨；他們實際上遭遇的痛苦，因爲畏懼神明的憤怒而倍增。等到同樣的不幸降落在勞倫屯，這時每個

---

73 勞倫屯瀕臨第勒尼亞海岸，位於歐斯夏(Ostia)港的南邊，康莫達斯(Commodus)曾在這裡建造莊園。

人都認爲這是神明對兩個城市所施加的報復，因爲他們對謀殺塔久斯和使者的人，沒有給予合乎公正原則的處理，兩造的謀殺犯在自首和處決以後，疫情有明顯的好轉。羅慕拉斯舉行祓禊儀式來淨化城市，據他們的說法，就是直到現在實施的地點還是選用稱爲菲里蒂納(Ferentina)的森林。

等到瘟疫停息以後，卡麥里姆人(Camertines)考量他們處於身心皆疲的狀況，已經失去抵抗的能力，所以進犯羅馬要覆滅這個城邦。羅慕拉斯率軍迎戰，最後獲得勝利，殺死6000名敵人，占領他們的城市，將一半的人民帶回羅馬，然後派遣人員從羅馬到卡麥里姆(Camerium)[74]，數目是留下居民的一倍。這件事發生在8月第1天，從建城開始在16年這麼長的一段時間內，他的寬宏大量使很多的市民保全性命，在這些戰利品當中，他從卡麥里姆只拿走青銅的四馬戰車，把它放在伏爾康(Vulcan)[75]神廟，將自己的雕像也設置在那裡，成爲贏取勝利最榮譽的標誌。

25 羅馬的聲勢日益強大茁壯，虛弱的鄰邦更形畏縮退避，爲了免受侵犯表達感激之意；那些實力較強的城邦，出於畏懼或是猜忌，他們不願向羅馬委曲求全，反倒想對羅馬的發展百般抑制甚或迫使停止，不讓它創造偉大的霸業。首先發難是托斯坎尼一個部族維愛人(Veientes)，他們擁有廣大的疆域，居住在寬闊的城市，爲了找機會發起戰爭，宣稱非迪尼屬於他的領土，這種說法不僅毫無道理而且極其荒謬，當非迪尼人處於生死存亡關頭急需協助的時候，任憑他們遭受羅馬人的殺戮，等到落在別人手裡又要爭奪他們的土地和產業。羅慕拉斯用藐視的口氣加以反駁，於是維愛人兵分兩路，一部攻擊非迪尼的守備部隊，主力向著羅慕拉斯進軍。他們在非迪尼贏得勝利，殺死2000名羅馬人；主力的接戰被羅慕拉斯擊敗，損失8000名士兵。

增加生力軍以後在非迪尼附近重新開戰，所有的人都知道，這一天的勝利是羅慕拉斯戎馬生涯的重要里程碑，不僅作戰英勇無比而且顯示用兵的高度技巧，看來他那強壯的體力和剽悍的鬥志，已到超凡入聖的地步。甚至還有這樣的記載，說那天喪生的1萬4000人當中，有一半是爲羅慕拉斯親手所殺，這已經近乎

---

74 卡麥里姆位於羅馬前往翁布里亞的半途，這個地方在珀魯西亞(Perusia)和亞得里亞海(Adriatic Sea)之間，古代的居民稱爲卡麥特人(Camertes)，誤以為是伊特拉斯坎人的自治城市。

75 伏爾康是羅馬神話的火神，也是執掌工藝和鍛冶之神，相當於希臘神話的赫非斯都斯(Hephaestus)，宙斯和天后赫拉的兒子。

神話，實在說讓人難以置信。提起過去亞里斯托米尼斯（Aristomenes）[76]在三次作戰中，將100名敵人當作奉獻給死神的祭品，根據他的說法都是他自己所殺的拉斯地蒙人，甚至就是梅西尼人（Messenians）都不以為然。

　　潰敗的軍隊經歷巨大的痛苦只有趕緊逃走，羅慕拉斯率領軍隊攻打城市，他們遭到慘重的犧牲，已經失去反抗的勇氣，只有低聲下氣求和，成立同盟和建立友誼能夠維持100年之久。他們將稱為塞普廷帕吉姆（Septempagium）的區域，放棄很大一片的田地，還有在河流上游的鹽廠，一共有七個部分，再加上50名貴族當作人質。羅慕拉斯在10月的望日舉行凱旋式，還帶著很多俘虜以及維愛人的將領，雖然這位將領是個老人，行動卻缺乏年長者具有的審慎。從那時起一直到現在，勝利的獻祭他們會領著一個老人通過市場抵達卡庇多，讓他穿著紫色的袍服，上面繫著一個稱為bulla的項圈或兒童的玩具，傳令官在大聲叫喊：「薩迪斯人（Sardians）[77]要拍賣了！」據說托斯坎是薩迪斯人的殖民地，維愛只是托斯坎尼一個城市。

26　這是羅慕拉斯最後打的一次會戰；他在以後的所做所為，幾乎沒有人能夠預料；要是有人的崛起完全出於不可思議的機運，能夠趁勢掌握權力，建立偉大的事功，根據我的說法，非羅慕拉斯莫屬。他仗著自己有極其出色的作為，逐漸養成傲慢的心理，棄絕不孚眾望的行為代之以君王的專橫作風，開始受到人民的厭惡，特別是他過去曾經痛恨這類狀況的發生。他身穿緋紅長袍鑲著紫色寬邊，躺在臥榻上接見來客，四周經常有一批稱為Celeres即「捕快」的年輕人，因為他們受領任務展開迅速的行動。他們之中有人走在他的前面開道，其他人的手執棍棒，身上帶著牛皮繩索，隨時聽從命令綑綁他要逮捕的人。

　　拉丁人最早用ligare而現在是alligare這個字表示「綑綁」之意；從這種功能能得到lictors即「扈從校尉」[78]的稱呼；bacula或棍棒是指他們擁有的權力，從那時起他們用棍棒來執行任務；不過，很可能開始稱為litores，後來加上"c"才成為

76　亞里斯托米尼斯是希臘著名的英雄人物，奧林匹克32會期第3年即650B.C.在第二次梅西尼戰爭中擊敗斯巴達人，後來因阿卡狄亞人倒戈而失利，被放逐到羅得島。

77　薩迪斯位於小亞細亞的內陸地區，這個地方的居民向外的邊徙和殖民非常不方便。

78　扈從校尉擔任執政官或有軍事指揮權將領的護衛，攜帶權標和斧頭，象徵有打殺的權力。扈從人數為12員，因為古代的伊特拉斯坎地區有12個城市，每城派遣一名執法員為執政官服務。

lictores；或者，希臘語的liturgy或「民選的官員」，通常用來取代leitos這個字，而laos這個字的意思一般是指「人民」。

27 當他的外祖父努米多在阿爾巴過世以後，王座應該由羅慕拉斯繼承，他為了獲得人民的好感，就將統治權掌握在自己手裡，指派一位任期一年的官員去管理阿爾巴人。這件事等於在教導羅馬大部分市民，要建立一個獲得自由權利和反對君主政體的城邦，在這裡的每一個人都輪流擔任臣民和統治者。貴族只能留下名位和頭銜，再也不容許繼續負責國家的事務，召開會議基於形式的要求並非提供建議，對於國王的命令只能默不作聲地靜聽，然後就這樣離開，比起一般的民眾，也不過早點知道他的作為而已。像這些以及類似的狀況都是無足輕重的小事，等到他完全自行作主，將戰爭中獲得的土地分配給士兵，或是送回維愛人的人質，元老院既沒有同意也沒有批准，實在說，他這種做法對元老院是最大的侮辱；因此當他突然離奇失蹤以後，謠言四起，疑慮叢生，元老院馬上成為眾矢之的。國王的失蹤發生在7月的初盈，他們現在稱呼這個月，就是後來因而得名的Quintilis月；當時沒有留下任何確切的記載，用來敘述他的死亡。只有時間正好湊巧，因為那一天有很多的儀式仍舊在舉行，可以明瞭當時所發生的事情。

這種不確定的狀況實在說並沒有什麼奇特之處，我們可以檢視西庇阿·阿非利加努斯（Scipio Africanus）[79]去世的情況，他在晚餐以後亡故在自己家中，然而就這方面也都提不出證據或反證；有人說他是自然死亡，主要原因在於多病的體質，其他人說他自己吃毒藥斃命，還有人一直表示，他的仇敵在夜間破屋而入將他勒死。然而西庇阿的屍體擺在大家都能看得到的地方，每個人根據觀察到的屍格，可以形成自己的懷疑和臆測；鑑於羅慕拉斯已經消失不見，沒有留下任何殘

---

79 西庇阿·阿非利加努斯（Scipio Africanus Maior, Publius Cornelius, 236-183B.C.），是羅馬贏得第二次布匿克戰爭的主將，他將迦太基人在西班牙的勢力清除以後，迫得漢尼拔只有退回阿非利加，202B.C.在查瑪（Zama）會戰贏得勝利埋下迦太基人滅亡的種子，曾經兩度出任執政官，等到他在亞洲的戰爭失利以後，返回羅馬退出政壇。現在提到這位西庇阿·阿非利加努斯，原來是包拉斯·伊米拉斯的兒子，後來被西庇阿·阿非利加努斯收養，因為他一直反對格拉齊兄弟的主張，他的妻子森普羅妮婭是這兩位被害者的兄弟，所以大家認為是她下的毒。按照華勒流斯·麥克西穆斯的說法，他的死因沒有經過司法單位的調查，維克多告訴我們，說是發現屍體的時候，臉孔用亞麻布覆蓋，全身都已經發黑。

餘的屍體或可見的衣物。有些人出於想像，認為元老院的議員在伏爾康神廟將他殺害，然後把屍體切成碎塊，每個人分別藏在懷中帶走。

　　還有人認為他的失蹤不是在伏爾康神廟，也不僅僅是元老院議員幹的好事。因為他在城外對民眾發表長篇演說，這時他們已經出城快要接近山羊沼澤的時候，天候突然發生奇異而無法解釋的變化，顯示出失序的現象，太陽的表面黑暗無光，白天轉變成夜晚，然而不是那種安靜與和平的清夜，響起恐怖的雷聲和耀目的閃電，強烈的暴風從四面八方颳過來。這時民眾如鳥獸散到處飛奔逃跑，只有元老院議員緊密地圍聚在一起，等到暴風雨停息，陽光破雲而出，民眾也就再度集結起來，他們發現國王不見蹤影就到處探問。元老院議員並不去尋找，只是忙著自己的事情，命令大家要敬仰和崇拜羅慕拉斯，好像他已經成為神明。就他們的看法，一個賢明的君王現在已被保佑他們的神祇所取代。群眾聽到這番說辭，在離開的時候不僅相信而且感到高興，認為這件好事會給他們帶來希望。其中還是有些人帶著敵對的情緒，在仔細探索這件事的來龍去脈，指控和誹謗這些貴族，當他們謀殺國王以後，這些人還想說服人民去相信極其荒謬的故事。

28 事件的發展使得整個情節陷入撲朔迷離之中；他們提到這時有一位貴族挺身而出，他不僅是世家子弟而且公認德行高潔，也是羅慕拉斯忠誠和熟悉的朋友，現在正從阿爾巴來到羅馬。朱理烏斯‧普羅庫盧斯(Julius Proculus)現身市民廣場，立下神聖的誓言，在大家的面前提出他的證詞：他正在旅途上趕路的時候，見到羅慕拉斯迎面走了過來，看起來身材比以往還要魁偉，態度非常的灑脫，穿著一副閃閃發光的冑甲。這時他被這個幽靈嚇得魂不附體，說道：「啊，陛下，你為什麼要讓我們受到猜疑，成為不義和邪惡的人，你這樣做難道不知道會使全城陷入無盡的哀慟和永遠的悲傷？」他的回答：

　　啊，普羅庫盧斯，這樣做完全是神明的意思，我們為著世人來到人間，還是像過去那樣，以後仍舊有很長的時間會與你們在一起；在為帝國和榮譽建造出全世界最偉大的城市以後，現在要再回到天國；在永別之前，請告訴羅馬人，務必養成克制和剛毅的精神，就會保有世間最

高的權勢。天國會讓你們得到奎林努斯(Quirinus)神[80]的保佑。

講述者的誠摯和誓言似乎可以取信於羅馬人，老實說，何況還加入神性的熱情，一位成為神祇的人物當然擁有不可思議的影響力，沒有人提出反駁的意見，把所有的猜疑和誹謗全部擱在一邊。他們向著奎林努斯祈禱，把祂當成神明來敬拜。

這樣的情況很像希臘傳說中的普羅柯尼西亞人(Proconnesian)亞里斯提阿斯(Aristeas)[81]；還有阿斯提披利安人(Astypalaean)克利奧密德(Cleomedes)[82]；他們說亞里斯提阿斯死在一處漂布作坊裡面，他的朋友前來看望，發現屍體已經消失不見；有些人不久以後從船上下來，說他們遇到他正要到克羅頓去遊歷。克利奧密德是一位力大無窮而又身材魁梧的人，個性粗野帶有瘋狂的氣質，經常做許多異想天開的怪事。後來他在一間授課的大廳，用拳頭擊打支撐屋頂的柱子，折斷以後房屋倒塌壓死在裡面上課的孩童，為了逃避追捕他躲進一個很大的櫥櫃，扣上櫥門就緊緊拽住，很多人合起來用力拉都打不開，後來只有用刀將櫥櫃劈碎，發現裡面空無一人。大家在驚訝之餘只有請求德爾斐神讖給予指示，女預言家的答覆如下：

　　克利奧密德乃末代之豪士。

他們提到阿爾克曼娜(Alcmena)的遺體抬到墓地，發現已經消失不見，只有一塊大石在屍架上面。很多事情都有這種可能，就像你所相信的神話作者所描述那樣，奉為神祇的生物還是不免一死。

雖然在人類的德行中否認有神聖的性質，只能表現出邪惡和卑賤；我們還是要說，把天國和塵世混雜在一起就極其荒謬。讓我們相信品達(Pindar)的見解：

　　肉體腐蝕屈從死神的旨意，

80　羅馬還沒有建立之前，薩賓人就在昆林納爾山祭拜奎林努斯，這個神祇也是戰神，與朱庇特和馬爾斯並稱為卡庇多三聯神，各有專設的祭司負責祭祀；後來就將羅慕拉斯封為奎林努斯，祭典是在每年的2月17日。

81　亞里斯提阿斯是7世紀B.C.出生於普羅柯尼蘇斯(Proconnesus)的詩人，擅長六音步詩體的敘事詩，曾經遊歷黑海寫出3卷《阿里瑪斯配亞》(Arimaspeia)，是描述這個地區最早的作品。

82　克利奧密德是來自阿斯提披利亞島的選手，第72屆奧林匹克運動會的拳擊比賽中殺死對手，裁判判定技術犯規取消獲得優勝的榮譽。

靈魂不滅永保活潑的生機。

只有靈魂得自神明，從那裡來就會回到原處；肉體則不然，它與靈魂的分離是一種解脫的方式，使靈魂從臭皮囊獲得自由會更爲純潔和清淨。

根據赫拉克萊都斯(Heraclitus)[83]的說法，最完美的靈魂像一道森冷的光，逃脫肉體就像衝破雲層的閃電；然而受到阻礙和沉溺其間的肉體，像濃密而潮濕的香氣在緩慢的燃燒和下降。因此，我們不能違背自然之道，把好人的肉體也送上天國。我們應該眞正相信，完全按照他們的神性、戒律、德行和靈魂，將凡人轉變爲英雄，再從英雄轉變成爲半神，再從半神接受考驗，通過加入的儀式，經由最後的淨化和昇華變得毫無牽掛，與生死和感官不再有任何瓜葛，然後上升到極度完美的神明；要想達到這種境界，不是靠著人類的信條，而是眞正依據正確的理性。

29 羅慕拉斯有一個綽號叫做奎林努斯，據說只有他能與馬爾斯媲美；有人認爲市民被稱爲Quirites即「羅馬市民」之意，所以他才有這個稱呼；也有人說是古代的標槍或長矛稱爲Quiris，諸如朱諾的雕像倚靠著一根長矛就稱爲Quiritis，像是在雷基亞的標槍據說屬於馬爾斯所有；那些在戰爭中威名遠震的人通常使用標槍，因此，羅慕拉斯是一位戰神也是一位使用標槍的神祇，所以稱爲奎林努斯。爲了表示敬仰特別在山上爲他修建一所廟宇，這座山用他的名字稱爲奎林納利斯(Quirinalis)[84]。大家把他失蹤的日子稱爲「民眾奔逃之日」或「山羊之初盈」，因爲到那天他們要離城前往山羊沼澤(Goat's Marsh)去呈獻祭品，一路上高聲叫喊羅馬人的名字，像是馬可斯(Marcus)、盧契烏斯(Lucius)、該猶斯(Caius)[85]，模仿那個時候他們的祖先在驚駭和慌亂的狀況下，四散奔跑呼喝叫喊的樣子。

83　赫拉克萊都斯是500B.C.左右望重一時的哲學家，出身於以弗所的皇室，公開宣布將王座讓給他的兄弟，留下的著作都是斷簡殘篇。

84　這座山又稱為昆林納爾，在羅馬七山中位置最北。

85　羅馬市民的姓名通常由三個字構成，分別是praenomen（名）、nomen（族姓）、cognomen（家姓）。其有常用的「名」只有二十幾個，所以同名之人極多，尤其以馬可斯、盧契烏斯和該猶斯更為普遍；家姓通常來自個人的別名或綽號。

不過，有些人說這不是模仿逃走的行動，而是遇到倉促和急迫的攻擊，如同下面所述的狀況：等到高盧人占領羅馬被卡米拉斯(Camillus)[86]趕走以後，城市的實力受到打擊還未完全復原，很多拉丁人掌握這個良好的機會，在利維烏斯‧波斯吐繆斯(Livius Postumius)的指揮之下，向著羅馬進軍。波斯吐繆斯在離羅馬不遠的地方停下來，派一位傳令官前去通知，說是拉丁人想要恢復過去的聯姻和親屬關係，兩個部族之間要簽訂新的婚約；如果羅馬想要和平與友誼，就像過去他們對薩賓人所提出的條件，要把相當數目的處女和寡婦交給拉丁人。

羅馬人聽到以後，非常畏懼戰爭，認為在現在的狀況下，從命交出一部分婦女總比全部成為俘虜要好得多；正在大家遲疑不決的時候，有位名叫斐洛蒂絲(Philotis)的侍女(也有人說她的名字叫做圖圖拉[Tutula])勸他們不要那樣做，而是運用計謀，一方面可以避免戰爭，另一方面又不會違背誓約，那就是將她和一些容貌嬌美的婢女，穿上有自由人身分的處女的衣服，然後送到敵軍的營地，等到夜晚她會舉火發出信號，羅馬人全副武裝趁他們熟睡之際進行突擊。拉丁人因而上當受騙，斐洛蒂絲按照約定，在一棵野生無花果樹下舉起一支火把，後面用帳幕和被單遮住不讓敵人看見，對羅馬人打出信號。他們看到以後趕緊衝出城門，大家卿枚急進，對於毫無預料的敵人發起攻擊，因而能夠打敗拉丁人。

後來之所把這個勝利的慶典稱為「山羊之初盈」；因為羅馬人卡普瑞菲庫斯(Caprificus)把野生無花果樹稱為「山羊無花果樹」。他們到城外用無花果樹的樹枝搭成一個涼亭，就在裡面為婦女舉行宴會，所有的侍女和婢女全部聚集在一起，上演由這件事情編成的戲劇，然後開玩笑的打鬧，相互之間丟接小石塊，用來紀念她們協助和支援羅馬男子的戰鬥[87]。

只有少數作者認為確有其事，就是那天的羅馬人相互叫喚他們的名字，還有就是到山羊沼澤的獻祭，似乎很多人同意是過去發生的另一件事；實在說，除非我們承認這兩件事，是發生在不同年代的同一天，否則就無法自圓其說。他們的說法是羅慕拉斯在54歲逝世，已經統治了38年。

86　卡米拉斯(Camillus, Marcus Furius)是4-5世紀B.C.羅馬的將領和政治家，他的事蹟多已成為傳奇，像是在396B.C.攻占維愛以及後來遭到放逐，等到羅馬被洗劫以後，他在390B.C.奉召領軍將高盧人和浮爾西人趕走，在一生中曾經五度出任笛克推多。

87　這段敘述卡米拉斯時代所發生的故事，相距的時間有350年之久。

第三章
帖修斯和羅慕拉斯的評述

1 我從研究羅慕拉斯和帖修斯的事蹟得知,他們的確值得後人的追思和懷念。首先,提到帖修斯採取積極作為的動機,毫無例外在於強制力量,完全基於自由意志;其實他大可以在特洛眞坐享其成,統治一個小有名氣的國家;羅慕拉斯則不然,他要逃避現存的奴役以及威脅到生存的懲罰(這是柏拉圖的說法),純粹是畏懼之感使得勇氣倍增,害怕落到極端痛苦的處境,僅僅基於需要才會從事冒險的行動。再者,羅慕拉斯最讓人稱道的行動,不過是殺死一位阿爾巴的國王;帖修斯在冒險犯難的序幕中,錫昔隆、辛尼斯、普羅克盧斯底和科里奈底一一遭到清除;他要讓希臘人脫離恐怖的迫害者帶來的災難,在這些人知道有這種下場之前,他已經運用制伏和殺戮的手段;無論如何,帖修斯爲了免得節外生枝大可以走海路到雅典,爲自己打算就不會受到強盜的傷害;然而,羅慕拉斯的狀況大不相同,只要阿穆留斯活在世上,就會給他帶來麻煩。

還要多說幾句,事實上帖修斯懲處這些惡徒,完全是爲了鋤強濟弱,可以說沒有一點過錯;拿羅慕拉斯和雷摩斯來說,只要不再遭到暴政的危害,就會縱容自己去壓迫所有的人。如果說羅慕拉斯在會戰中被薩賓人打傷,殺死阿克隆國王以及戰勝很多敵人,都被別人視爲豐功偉業;那麼帖修斯與馬人的交戰以及打敗亞馬遜人所建立的功勞,有人認爲是無足掛齒的事,同樣會受到我們的反對。不論大家對帖修斯的冒險行動抱著何種看法,在他來說完全出於自動自發的行爲,要去幫助那些童男童女,當成送到克里特的貢品,要不是成爲一個惡魔的獵物,也會當作祭品供奉在安德羅久斯的墳墓上面,即使按照這個故事受到最仁慈的待遇,也要落在粗野和殘酷的人民手裡,過著卑賤而羞辱的奴役生活;對公眾而言,什麼是無畏、慷慨或正義的行為,什麼才是對榮譽和勇敢的熱愛,在無法表達的狀況下,我們看到帖修斯的作為就會一目了然。

在這種狀況下，我認為哲學家不會犯下這麼大的錯誤，竟然把「愛情」定義為「神明用來照顧和保護年輕人的萬靈藥」；讓人更為注意的事項，亞里德妮的愛情似乎成為神明適當的工作和先期的規劃，用來保障帖修斯的偉大功業。實在說，我們不應把這些後果歸咎於她對帖修斯的愛，讓人感到奇怪的地方，是這些男子和婦女沒有仿效他的行為。如果只有亞里德妮這樣做，我敢大膽宣稱她的確值得這位神明對她一往情深，她自己也是懿德、善行和勇士最偉大的愛人。

2 帖修斯和羅慕拉斯成為統治者是天經地義的事，他們沒有僭用國王的身分和地位，雖然嗜好不一但是都落得敗亡的下場，一位是失去民意的支持，另外一位成為可怕的暴君。身為君主最首要的目標是要維護他的職位和權責，避免莠政和推行仁政同樣重要，無論是國王、總督、政客或領主，應該深知治國之道毋須過寬或過嚴，才不會受到臣民的藐視或厭惡。這在他們來說倒是所言不虛，一位的毛病在於疏忽和善良，另外一位的缺陷是高傲和嚴苛。

3 人的不幸很難全部歸咎於命運，主要還在於自己的性格和氣量，帖修斯對他的兒子和羅慕拉斯對他的兄弟，那種衝動而且毫無理性的憤怒，難道他們能推卸責任？我們只要能夠找到動機，很容易知道他們用怒氣衝天作為藉口，所以才會施以致命的一擊。羅慕拉斯對於公共事務，與他的兄弟在考量和規劃的時候發生爭執，一般人認為他不應該突然之間陷入情緒激動的地步。愛情和忌妒以及妻子的抱怨，很少人能避得過這種影響力，帖修斯受到女色的誘惑，才會對自己的兒子痛下毒手。更有甚者，羅慕拉斯的憤怒所刺激的行動，也給自己帶來不幸的惡果。帖修斯為幾句話送掉性命，某些邪惡的傳言以及一位老人的詛咒；至於其他的年輕人所以能逢兇化吉，完全靠著他的力量，因而就這兩個人來比較，大家還是會投帖修斯一票。

4 就羅慕拉斯而言，最重要一點是他可以提出答辯的理由，那是來自最早開始的崛起之處。兩兄弟一直認為自己是僕人，也是養豬人的兒子，在成為被釋放的奴隸之前，已經將自由給予所有的拉丁人，立刻獲得那些最光榮的頭銜：像是城邦之敵的毀滅者；親朋好友的保護人；人民的統治者和城市的創始人；不同於帖修斯這位外來的移民，然而帖修斯只充實雅典這一個地方使之發揚

光大，因而有很多城鎮帶著古老國王和英雄的名字，在民眾遷移以後被夷爲平地。

實在說，羅慕拉斯以後才運用這種方式，迫逼他的敵人毀棄自己的家園，然後搬過去與征服者生活在一起。在開始的時候，他並沒有要他們遷移，或是擴大現有城市的範圍。羅慕拉斯興建一個新城市，擁有自己的土地和王國，在這片國土上面居住著他的妻子、兒女和親戚。他這樣做並沒有殺死或傷害任何一個人，而是把恩典賜給那些需要家園和房舍的人，完全依據個人的意願編組社區成爲市民。他連強盜和罪犯都不殺害，但是他會征服國家和奪取城市，打敗他們的國王和將領。

5 提到雷摩斯的命運，毫無疑問是他一手造成，有很多作者將這個罪行歸於別人。他將他的母親從絕境中拯救出來；他的外公原本像一個家臣，生活在低微和羞辱的處境，被安置在伊涅阿斯古老的寶座。他出於志願在下面擔任很多職位，從來沒有想到要傷害到他的外公，連無意的疏忽都不會發生。在另一方面，我認爲帖修斯出於忘懷或疏忽，在回航的時候將旗幟掛錯，很難找到藉口或是獲得寬大的判決，可以逃脫弑親的指控。實在說，有位阿提卡的作者費很大的力氣，杜撰出一個無中生有的故事，說是伊吉斯在船隻快要接近，急忙跑上衛城去看預先規定的信號，不小心滑了一跤就這樣摔死；好像他的身旁沒有僕人可用，或者不需要找人陪他到海邊，只要站在雅典就可以看得見。

6 帖修斯犯下搶劫婦女的重大過失，不允許他提出自圓其說的藉口。首先，他一再重犯這種罪行，像是他劫持亞里德妮、安蒂歐普和特里眞的安納克索斯，最後是海倫，這時他已經是花甲老人，過了法定結婚的年齡，而海倫還是尙未及笄的童女。其次，主要原因是這些特里眞、拉斯地蒙和亞馬遜的少女，都無法當作婚配的對象，不像雅典的女性是伊里克蘇斯(Erechtheus)和昔克羅斯(Cecrops)的後裔，只有她們才能生下合法的婚生子女；這種說法疑爲惡意拋棄和縱情色慾的遁辭。

羅慕拉斯曾經搶走800名婦女，根據傳聞他選擇的對象僅僅是赫西利婭一個人，他將其餘的女子許配給城邦的首腦人員和主要市民。後來，他們用敬愛、友善和公正的態度對待這些婦女，暴力和傷害的行爲轉變爲深受讚許的政績，有助於建立和諧的社會。兩個部族在混雜與聯合以後，使得雙方的友誼和社區的安定

有了堅實的基礎。羅慕拉斯將尊重、愛情和忠誠建立在婚姻關係之上，時間是最可信的證人，在230年這樣長久的時間之內，沒有一位丈夫遺棄妻子，也沒有一位妻子背叛丈夫。

有件事很奇怪，希臘人會提到首宗犯下弒親罪的人，然而羅馬人都知道司普流斯·卡維留斯（Spurius Carvilius）第一位休掉髮妻，提出指控的理由是不能生育。這兩位君王的婚姻倒是獲得類似的結局，他們都建立自己的國家，將所屬的部族納入統治。帖修斯的婚姻沒有形成長遠的友誼，缺乏緊密的聯繫就無法產生商業的利益；市民只能得到敵意、戰爭和殺戮，最後是阿菲德尼（Aphidnae）這個城市的喪失，靠著他們把敵人看成神明一樣的乞求和膜拜，才能得到他們的同情和憐憫，逃脫特洛伊人因帕里斯的誘騙所帶來的苦難。

不過，帖修斯的母親非但陷入危險之中，還遭到如同赫庫巴（Hecuba）一樣的痛苦，被她的兒子遺忘和拋棄，我希望這件事如同其他的傳聞，連同她的被俘只不過是神話故事而已。據說早在他們出生的時候，就出現很多奇特的情景，連神明的干預也涉及其中，只是表達的意義完全相反；羅慕拉斯特別得到神祇的厚愛才能活命；伊吉斯得到的神讖是要禁絕與異性的交往，看來神明沒有讓帖修斯降臨人世的意願。

第二篇

法律制定者

第一章
萊克格斯（Lycurgus）

約700-630B.C.，斯巴達的政治家和立法者，
制定法令規章，奠定一個希臘強權的基礎。

1 史家對於斯巴達（Sparta）立法者萊克格斯（Lycurgus）有關的敘述沒有確鑿的證據，任何能夠斷言的事實都會遭到質疑或駁斥；論及他出身的家庭、從事的航行，以及死亡的地點和狀況，都有不同的看法，要是提到他制定的法律和建立的國家，更是眾說紛紜，莫衷一是。甚至就是對他所生存的時代，這些史家的意見也無法一致，有些人說他在伊斐都斯（Iphitus）當政的時候享有盛名；這兩個人在奧林匹克（Olympic）競賽舉行莊嚴儀式的期間，聯合起來制定禁止使用武力的條例[1]。亞里斯多德認為確有其事，為了證實起見，指出有一個供奧林匹克競賽使用的銅環[2]，上面的銘文刻著萊克格斯的名字，直到他那個時代還沒有磨滅消失[3]。

　　伊拉托昔尼斯（Eratosthenes）[4]和阿波羅多魯斯（Apollodorus）[5]，以及其他的編年史家，用斯巴達歷代國王的傳承計算時間，證明萊克格斯所處的時代比奧林匹

1　歷史記載都以伊利斯（Elis）的伊斐都斯是奧林匹克運動會的創始人，根據傳統所確定的時間是776B.C.，從舉行運動會開始全希臘世界都遵守停戰規定，可以保障觀眾和選手的安全。

2　有種說法是他的名字刻在一塊競賽用的鐵餅上面。

3　不論萊克格斯與伊斐都斯創立還是振興奧林匹克運動，歷史上優勝者出現最早的年代是776B.C.。

4　伊拉托昔尼斯（280-194B.C.）出生於塞倫（Cyrene），是第一位自稱學者的人士，後來擔任亞歷山卓（Alexandria）圖書館的館長，是當代的天文學家、地理學家、數學家、哲學家、文法學家和編年史家；他的作品除了被引用部分外沒有存世。

5　古代希臘有兩位史家的名字都是阿波羅多魯斯：一位來是來自阿提米塔（Artemita）的阿波羅多魯斯，最盛的時期大約在前100-70B.C.，著有4卷《波斯史》及征服印度的作品；另一位是雅典的阿波羅多魯斯，大約在140B.C.左右風行一時，作品以編年史為主。

克競賽的創立更爲古老。根據泰密烏斯(Timaeus)[6]的臆測，有兩個人使用這個名字，分別生在不同的朝代，只是有位的名氣更高，人們就把兩個人建立功勳，以及獲得的榮譽全部算在他一個人身上。據說兩者之中年長的那位，生長在荷馬之後不久，還有些人言之鑿鑿說他見過荷馬。我們可以從色諾芬(Xenophon)[7]著作的記載，推論出他所處的時代非常久遠，算是赫拉克萊迪(Heraclidae)王室同個時期的人物，雖然斯巴達幾位末代國王就血統來說列入赫拉克萊迪世系，但是從色諾芬那段文章來看，好像是指海克力斯最初和直接的繼承人。

即使處於這樣複雜混亂和晦澀難解的狀況，我們還是採用不會相互矛盾的記述和資料，遵照值得信賴的作者所提出的說法，盡力寫出他平生的事蹟。詩人賽門尼德認爲萊克格斯不是優諾穆斯(Eunomus)的兒子，說他的父親應該是普里坦尼斯(Prytanis)。賽門尼德的說法僅不過是一己之見，其餘所有的人士就父子的關係推斷出下述宗譜：亞里斯托迪穆斯(Aristodemus)傳佩特羅克利(Patrocles)、再傳蘇斯(Sous)、再傳優里龐(Euryon)、再傳優諾穆斯、再傳先室所生長子波利迪克底(Polydectes)，以及第二位妻子戴奧娜莎(Dionassa)所生萊克格斯。杜契達斯(Dieuchidas)說他是從佩特羅克利算起第6代子孫[8]，要是從海克力斯算起是11代。

2 事實即使確如所述，蘇斯還是這些祖先之中聲名最爲赫顯的人物，斯巴達人(Spartiates)[9]在他的領導之下，使得希洛特人(Helots)[10]成爲奴隸，用征戰的手段擴張領土，把阿卡狄亞地區最大部分據爲己有。提到蘇斯王有一個

6　泰密烏斯(356-260B.C.)是出生於陶羅米尼姆(Tauromenium)的歷史學家，受到放逐在雅典生活達50年之久，作品有《西西里史》38卷。

7　色諾芬(431-350B.C.)是雅典的將領和史家，率領1萬名希臘傭兵幫助居魯士二世(Cyrus II)對抗阿塔澤克西茲(Artaxerxes)，爭奪波斯的王位，失敗後費盡千辛萬苦始得返國；著有《遠征記》(*Anabasis*)、《希臘史》等，流傳於世。

8　萊克格斯的家譜，杜契克斯認為從佩特羅克利算起是六代，本書的記載實際上卻是第五代，加上賽門尼德獨排眾議，說萊克格斯的父親是普里坦尼斯而不是優諾穆斯，可以證明本書這份家譜漏列了一代。

9　這裡所說的斯巴達人是指斯巴達所有的市民，一個人數非常有限的團體。下面提到蘇斯的故事，說明在萊克格斯之前的時代，斯巴達人已經以克制和堅忍而知名。

10　斯巴達人進入伯羅奔尼撒半島以後，征服拉柯尼亞地區的部落，將全部土著當成奴隸，helots幾乎成為農奴的代名詞，他們的人數眾多，後來受到斯巴達被黜國王鮑薩尼阿斯(Pausanias)的煽動，有作亂的跡象，於是斯巴達人運用計謀編入軍隊，給予自由為獎賞，選出最勇敢的奴隸2000人，全部隔離以後殺死。

故事,他被克萊托里亞人(Clitorians)圍困在乾旱多石的地方,以致無法獲得飲水,最後迫不已只有達成協議,把征戰的成果歸還原主,條件是他和手下所有人員能夠飲用最近的泉水。經過例行的立誓和簽署以後,他把士兵召集起來講話,如果有人放棄飲水的要求,就把王國讓給他作爲報酬。他們之中沒有任何人願意這樣做,過了一會等大家全部痛飲完畢,蘇斯王最後走到泉邊,只是用水濺潑臉孔並沒有嚥下一滴,當著敵人的面開拔離去,拒絕交出征服的土地。因爲按照條款的規定,他和所有的人員並不是全都飲用對方的泉水。

雖然蘇斯就這件事來說受到大眾的敬仰,家族並未使用他的名字作爲稱號,而是來自他的兒子優里龐(整個家族稱爲優里龐世系[Eurypontids])。主要原因是優里龐待人寬厚,避免君王政體的嚴苛統治,獲得大多數人民的愛戴和擁護;以致事情出了差錯沒有及時糾正,態勢的發展變得難以收拾,後來接位的幾個國王,有的爲了使用武力惹起人民的痛恨;有的爲了獲得人民的好感或是生性懦弱,只有一再讓步;使得斯巴達長期處於無政府和混亂的狀態,終於導致萊克格斯的父親被害身亡。優諾穆斯致力於敉平一場動亂,被人用屠刀刺中要害,就把國王的頭銜留給他的長子波利迪克底。

3 過不多久波利迪克底亡故,萊克格斯擁有繼承的權利(每個人認爲這是理應當然之事)。他已經進行統治,直到得知皇后也就是他的嫂子有了身孕;馬上宣布這個王國屬於她的後裔,設若生下男孩,他會用監護人的身分行使帝王的權責,這個職務用斯巴達的語言稱爲prodicus意爲「代理人」。沒過多久,皇后向他提出建議,可以除去腹中胎兒讓他登上寶座,條件是要娶她爲妻。他雖然內心極爲痛恨這個邪惡的婦女,表面上並沒有拒絕她的要求,爲了表示與她深有同感起見,派遣使者向她致謝深爲榮幸,熱心的開導勸她放棄流產的打算,不僅有損健康而且會危及性命,並且告訴她全部交給他來處理,等到嬰兒出世就會夭折。他運用手段穩住產婦拖到臨盆的時候,聽到她開始陣痛即將分娩,派人前往監視整個過程,特別下令:如果是女孩就交給那個女人;只要是男孩就馬上送過來,不論他在任何地方或是在做任何事情。

他正與一些主要官員共進晚餐的時候,皇后生下一個男孩,馬上送過來在餐桌旁邊交給他;他把嬰兒抱在懷裡向四周的人員說道:「各位斯巴達的同胞,這就是我們剛剛降生的國王。」說完這話以後,就將男孩放在王座上面,爲他取名

叫做查瑞勞斯（Charilaus），表示「萬民歡騰」之意；因為大家對他這種高貴而正直的精神，感到非常的歡悅和驚喜。他的統治僅延續八個月的時間，不僅這件事還有其他的緣故受到公民的尊敬；他們的服從基於他有崇高的德行，並不完全出於他是攝政握有王權的關係。

　　還是有人認為他過於年輕產生嫉妒的心理，總想要抑制與日俱增的影響力；這些人主要是母后的親戚和朋友，何況她還裝出受到委屈的模樣。她的兄弟李昂尼達斯（Leonidas）與萊克格斯發生激烈的爭執，甚至當面講出不得體的話，說是他不久以後就會成為國王。這種謊言是要使萊克格斯成為懷疑的目標，並且事先做好安排，設若國王有個三長兩短，他就會受到陰謀篡位的指控，即使是自然夭折也難逃「莫須有」的罪名。母后和她的幫兇一再將不實的謠言向外傳播。這件事對他造成極大的困擾，根本不知道未來的演變會帶來何種結局，他認為要避開猜忌最明智的辦法，就是自動流放海外四處旅行，直到他的姪兒到達結婚的年齡，生下兒子確保繼承無虞為止。

4 因此，他做出決定就揚帆啟程，首站抵達克里特（Crete）島，在那裡考察幾種不同的政體，結識當地的首腦人員[11]；有些法律受到他的讚許，可以運用在自己的國家，認為大部分一無是處，抱著拒不接納的態度。克里特那些學識豐富和精通政府事務以智慧著稱的人士當中，萊克格斯最欽佩薩里斯（Thales）[12]，登門求教與他建立深厚的友誼，力勸他前往拉斯地蒙（Lacedaemon）謀求發展；等他到了那裡以後，從外表和職業看來不過是一位抒情詩人，實際上卻是世界上最出色的立法者。他寫作的詩歌規勸人們服從與和諧，辭章的音韻和節奏在傳達秩序和安寧的印象，對於聽到的人在心靈上產生極大的影響，不知不覺中受到薰陶和教化，捐棄私人的宿怨和仇恨，大家團結一致共同讚美至高的德行。實在說，薩里斯為萊克格斯日後推動的法紀要求，預先做好開路的工作。

　　萊克格斯從克里特島駛往亞細亞（Asia），據稱他就克里特人（Cretans）和愛奧尼亞人（Ionians）的生活習性和規章制度做一比較，藉以獲得至當的結論，雖說前

11　克里特島的城邦各種政體和制度具備，運作已上軌道，深受希臘哲學家的讚譽，所以萊克格斯特別前來討教，以為改革的張本。

12　這位薩里斯是克里特一位詩人，還有個名字叫做薩里塔斯（Thaletas），不能與另一位薩里斯弄混淆，米勒都斯的薩里斯（624-546B.C.）是一位哲學家，希臘七賢的為首人物。

者冷靜克制而後者奢華享樂，這種方式就像醫生將健康和患病的身體加以對照一樣。他在這裡首度接觸到荷馬的作品，我們認為這些抄本保存在克里歐菲拉斯（Creophylus）[13] 後裔手裡，雖然就他看來，詩篇中發現若干放蕩不羈的辭句和行為不軌的惡例，就整體而言充滿嚴肅的政治教訓和道德規範；他認為這些作品會對國家帶來極大的好處，於是抱著熱誠的態度進行編纂和摘錄的工作，使得章節和內涵更為井然有序。荷馬的詩文已往在希臘固然薄有名聲，零散的殘篇偶爾會落在私人手裡，經過萊克格斯的整理以後，才成為家喻戶曉的古典名著。

　　根據埃及人的說法，萊克格斯乘船抵達他們那裡，對於把士兵和人民加以區分的方式，感到很大的興趣，後來斯巴達仿效這種辦法，要求軍事人員與低賤工匠不得接觸，使得政府的架構更為精純和優美。對於這件舉措，若干希臘作家也有記載。有關他到達西班牙、阿非利加和印度地區的航行，以及與天衣學派哲人（Gymnosophists）的談話，就我所知，全部的記述僅見於斯巴達人亞里斯多克拉底（Aristocrates）的作品，這位學者是希帕克斯（Hipparchus）的兒子[14]。

5 國外的萊克格斯在斯巴達受到大家的思念，當局經常派遣使者前去與他相見，他們說道：「我們的確有兩位國王，他們只是穿著皇家的服飾，享有君主的頭銜，談到心靈的本質與臣民毫無差別。」還特別提到，僅能從他的作為看到君王真正的素質，那就是適於統治國家的稟性和贏得萬民從命的才華。就是兩位國王也不反對萊克格斯歸國，可以把他的現身視為一個保護的屏障，用來抵擋人民侮慢的言行。返鄉的情勢大致呈現這種狀況；他一點都不浪費時間，立即進行貫徹始終的革新工作，決心要改變整個國家的面貌，要是僅僅頒布幾項法規從事局部的改進，又能發生多大作用呢？他必須像一位良醫那樣治療深受併發症之苦的患者，先用猛藥排除有害之物，藉以改變整個體質，再安排飲食保持嶄新的攝生之道。他在內心經過盤算，前往德爾斐向阿波羅請求給予指示，向神明奉獻犧牲以後，攜帶那道極其著名的神讖歸國；他在神讖裡面被稱為「神的寵

13　克里歐菲拉斯是一位虛無縹緲的人物，據稱是荷馬的門徒、朋友或女婿，按照時間推算應該更晚一點才對。

14　要說希帕克斯的兒子亞里斯多克拉底與天衣教派的智者談話，那是不可能的杜撰之論，因為無論是天衣教派還是裸體的智者都是指婆羅門（Brahmans），與他們發生接觸是在幾個世紀以後的亞歷山大大帝時代；可以參考本書第十七篇〈亞歷山大〉第64節。

兒」，甚至把他當成神而不是凡人；也就是說他的祈禱已受到阿波羅的垂聽，他
會制定最優良的法律，這個國家遵守他的法律將在全世界享有盛名。

　　他在受到這樣的鼓舞以後，便去說服斯巴達的首腦人物獲得支持，請求他們
對偉大的工作給予幫助；首先與一些諍友私下進行商量，然後逐漸爭取旁人的贊
同，激勵他們共同執行他的計畫。等到態勢的發展已經成熟可以採取行動的時
候，他對斯巴達30位重要人士下達命令，天亮以後全副武裝在市民會議出現，壓
制反對派的黨羽形成威脅，使得他們膽顫心驚不敢輕舉妄動。赫米帕斯
（Hermippus）[15] 寫出其中20位顯貴的名字，以阿斯邁達斯（Arthmiadas）最受萊克格
斯的信任，在制定法律和付諸實行方面對他的幫助最大。緊張的局面變成一場動
亂之後，查瑞勞斯國王深怕是用來對付他的陰謀，就躲在密涅瓦（Minerva）[16] 神廟
的銅殿[17] 尋求庇護，過不多久他明瞭實情，接受他們的宣誓要維護他的安全，離
開避難的地點參與他們的工作；何況他的個性溫雅柔順，共治的國王[18] 阿奇勞斯
（Archelaus）聽到有人頌揚他的仁慈，便說道：「還能有誰不說他善良呢？他就是
對壞蛋也一視同仁。」

　　萊克格斯所做的諸多變革和新政之中，元老院的建立是最早和最重要的項
目，這個機構對於軍國大事擁有與國王同等的權力，如同柏拉圖（Plato）所表達的
觀點，在於緩和並抑制君王職權的暴虐和專橫，為國家帶來穩定和安全。就國家
的政治體制而言，過去欠缺穩固的基礎；當國王占上風的時候，傾向於絕對專制
的君主政體；等到人民的力量獲得優勢，就會著重於純粹的民主制度。元老院的
建立形成不偏不倚的重力，好像是一艘船的壓艙物，能夠保持整個的局面處於均
勢的狀態。28位元老院議員，通常會擁護國王制止民主政體的濫權行為，在另一
方面也會支持人民反對建立絕對的君權統治。提到元老院議員的員額定為28名，

15　赫米帕斯活動的時期大約是436-415B.C.古典時期的喜劇作家也是邁蒂拉斯（Myrtilus）的兄
　　弟，作品現僅有殘本和劇名留世。

16　密涅瓦是羅馬神話的智慧女神，司藝術、發明和武藝，也是希臘神話的雅典娜（Athena），宙
　　斯和墨提斯（Metis）所生，是雅典的守護神；為了遷就羅馬的讀者，使用密涅瓦的名稱實在
　　很不得體。

17　這個銅殿是雅典娜的神龕，位於斯巴達的衛城，5世紀B.C.發生動亂，攝政鮑薩尼阿斯
　　（Pausanias）逃到這裡尋找庇護。

18　斯巴達的君主政體是由兩位國王共治，兩個世襲的繼承權分別是埃傑斯世系（Agiad）和優里
　　龐世系（Eyrypontid），都淵源於海克力斯的赫拉克萊迪王室。

根據亞里斯多德的說法，因為原來參加的成員當中，有兩個人缺乏勇氣退出這件冒險犯難的工作；史菲魯斯(Sphaerus)[19] 很明確地告訴我們，最初參加聯盟只有28個人；或許28這個數字是4乘7之和，也是被6以後頭一個個位數拿來等分的數字，因而含有神秘的意義。就我的看法認為，萊克格斯把人數定為28名，好加上兩位國王以後全部共有30名[20]。

6 他急著建立元老院，想盡辦法從德爾斐獲得神讖，這道「諭旨」上面這樣寫著：「等你建好朱庇特(Jupiter)[21] 神廟和密涅瓦神廟，以及把人民分為部族，再從部族分為家族以後，就可以設立有30位元老的會議，兩位領導人也包括在內；然後要經常在巴比卡(Babyca)和納西昂(Cnacion)之間將民眾集合起來，將提議的事項付諸表決。市民有最後的發言權和決定權。」這裡提到的「部族」和「家族」表示人民的區分；「領導人」就是兩位國王；「召集」參考阿波羅女祭司的說法是指「市民大會」；現在他們將巴比卡和納西昂稱為厄努斯(Oenus)；亞里斯多德說納西昂是一條河流，巴比卡是指河上一座橋梁[22]。他們在巴比卡和納西昂之間舉行市民大會，是因為他們沒有會議廳或建築物供集會之用。萊克格斯認為裝飾的場地對開會毫無裨益，只會帶來妨礙，像是繪畫、雕像和精細格子的屋頂，希臘人通常會用來布置此類場地，都會轉移與會人員討論實際事務的注意力。

民眾因此要在露天舉行會議，這個階層的人員不能提出任何意見，只能就國王或元老院的提案投票贊同或拒絕。等到後來發生狀況，人民有時會藉著增添或刪除一些字句，扭曲或誤解原案的意義。波里多魯斯(Polydorus)王和狄奧龐帕斯(Theopompus)王[23] 在諭旨或盟約中加上下述的條文：「要是人民做出不當的決定，元老和領導人可以合法解散集會。」那是說他們可以拒絕認可投票的結果，

---

19 史菲魯斯是一位斯多噶學派哲學家，對斯巴達國王克利奧米尼斯三世發生很大的影響；他寫出的作品有關斯巴達的制度，以及萊克格斯的法律和蘇格拉底的理論。

20 斯巴達人認為28這個數字是一序列係數之和(1+2+4+7+14)，後來才在「諭旨」中明示30這個數字。

21 朱庇特是羅馬神話的萬神之王，掌管天國，是暴風雨和雷電之神；相當於希臘神話的宙斯，祂是克羅努斯和雷亞的兒子，也是奧林匹克山的主神。

22 巴比卡和納西昂可能都是流入優羅塔斯河的小溪流。

23 波里多魯斯王和狄奧龐帕斯王在位的時期為720-665B.C.。

解散那些扭曲或敗壞元老院意見的人民。經過他們的安排，使大家相信這一點與
諭旨的其他部分，都是來自阿波羅的指示，因而這個做法獲得人民的同意，可以
拿特提烏斯（Tyrtaeus）[24] 的詩句作證：

斯巴達人到德爾斐向阿波羅請願，
祭司抄錄神讖就讓他們攜回家園；
天神指派的國王會熱愛這片土地，
全民大會坐在前排最赫顯的高位，
元老的席次接替平民安排在最後，
公平正直的諭旨爲全國人士接受。

7 即使萊克格斯盡量運用上述方式就國家的架構安排可用的限制辦法，然
而那些能夠繼承他的職志的人員，發覺寡頭政體[25] 的聲勢非常強大，已
經具有支配的力量，爲了抑止過於急躁的暴力行爲，誠如柏拉圖所說，設法給它
裝上控制的籠頭，那就是賦予民選官員的權力，這是萊克格斯死後130年的事[26]。
伊拉都斯（Elatus）和他的同僚在狄奧龐帕斯王統治的時代，最早獲得這項殊榮；
有天狄奧龐帕斯受到皇后的責備，說他遺留給子孫的權力要比他得自先人者大爲
降低，他的回答：「不對，權柄非僅提升而且延續更久。」事實的確如此，等到
特權減少到適當的範圍之內，斯巴達國王立即可以免除所有的猜忌和衍生的危
險，從未遭到像梅西尼（Messene）和亞哥斯（Argos）[27] 兩個鄰邦極其不幸的下場，

---

24 特提烏斯是7世紀B.C.的輓歌體詩人，很可能是雅典學院的教師，第二次梅西尼戰爭時居住
　　在斯巴達，寫出很多詩歌來鼓勵作戰的士氣。
25 寡頭政體意爲「少數人的統治」是從古老的貴族政治發展而成，決定的因素在財富而非家世；
　　特別是僭主被推翻以後，權力仍然握掌在少數富豪的手裡，雖然也有很多的市民可以參與寡
　　頭政體，但是並沒有獲得全部的政治權利。通常在寡頭政體的政府中，權力用授與一個會議
　　的方式來操作和運用。
26 希羅多德在《歷史》第1章第65節：「斯巴達國王李奧波底（本篇提到另一位國王是查瑞勞斯）
　　在位的時候，他的叔父萊克格斯出任攝政，就採用克里特的制度，安排軍事的訓練和編組，
　　實施共餐的辦法；此外，萊克格斯又設置五長官和元老院。」要是按照希羅多德和色諾芬的
　　說法，民選長官的制度在萊克格斯生前就已制定，並非是他死後130年的事。
27 亞哥斯瀕臨亞哥利斯灣，在斯巴達的北方約80公里，一直與斯巴達爭奪伯羅奔尼撒半島的霸
　　權。

他們的國王堅持嚴苛的特權，不肯對人民稍作讓步，落得玉石俱焚的局面。

這兩個國家與斯巴達國土相鄰而且血統相近，任何人只要見到他們處於叛變四起和施政不良的狀況，就會讓大家明瞭其中的道理，不得不欽佩萊克格斯的智慧過人和先見之明。這三個城邦在最初興起的時候，各方面的條件大致相等，要是彼此之間存有差異，在於梅西尼人和亞哥斯人占上風，尤其是最早所分配的疆域，他們認為比斯巴達更為完美[28]；然而這種好日子只延續很短的期間，一方面出於國王的暴虐無道，另方面由於人民的驚悍不馴，很快造成混亂不安的局面，所有現存制度全部遭到推翻；可以很明顯的看出，那位明智的立法者，使國家的政體得到可貴的平衡和節制，真可以說斯巴達人獲得天大的福份。有關這部分在後面我還要提到。

8 元老院產生30名議員以後，他的下一個任務，也可以說是最危險的工作，就是進行土地的重新分配。從這方面來說，絕多數人過著貧窮和困苦的生活，全部的財富集中在少數人手裡，貧富極其懸殊的狀況成為國家最大的負擔；因此，他的目標是要驅除從而產生的傲慢、猜忌、奢侈和罪惡，特別是積習已深的弊病「不患貧而患不均」。他獲得人民的支持願意放棄產業，同意重新分配土地，然後大家處於平等的立足點開始共同的生活，功績成為出人頭地唯一可走的路途，衡量人與人之間差異的標準，在於惡行的羞辱和美德的讚譽。

萊克格斯等到人民同意這些建議，按照程序馬上開始實施，他把拉柯尼亞（Laconia）[29]的一般農地劃分為3萬份面積相等的單位，附屬於斯巴達市府的土地有9000份；後面這些土地他分配給斯巴達人，至於其他的3萬份分配給拉柯尼亞地區的公民[30]。有些作者說他只有6000份分給斯巴達的市民，波利多魯斯王又多加3000份；其餘作者的說法，萊克格斯僅分配4500份，波利多魯斯將這個數目加了一倍[31]。每一份土地平均每年為家庭的主人生產大約70蒲式耳（bushel）的穀物，

---

28 赫拉克萊迪王室劃分遺產，亞哥斯和梅西尼亞（Messenia）獲得肥沃的土地。

29 這個地區位於伯羅奔尼撒半島的南部，又稱為拉柯尼卡（Laconica）；在更早的年代荷馬使用的稱呼是拉斯地蒙，斯巴達僅指這個城市。

30 3萬份土地分給公民，這裡的公民是指居在拉柯尼亞和梅西尼亞的社區之內的非斯巴達市民。

31 再分配的建議出於埃傑斯三世，並且將數量加倍到9000份，事實上梅西尼亞的土地占斯巴達的一半，已經在奧林匹克104會期第3年即362B.C.喪失，讓人懷疑是否還有這個能力。

他的妻子還有12蒲式耳，加上適當比例的油和酒。萊克格斯認爲這些糧食足夠維持他們的身體，獲得良好的健康和力氣；他們最好沒有多餘和無用之物。傳聞在土地重新劃分以後沒有多久，他在收穫的季節從外地旅行歸來，途中經過剛剛收割的田野，看到許多大小相等形狀相若的穀堆，向旁邊的人笑著說道：「據我看來，整個拉柯尼亞就像一份家產，剛剛才分給眾多的兄弟。」

9 萊克格斯對於這項措施感到意猶未盡，決定也要把人民的動產加以分配，眾人之間不再存有可憎的差別與不公；他發覺公開進行這項工作，將會面對極爲危險的處境，於是採用另外的辦法，運用謀略來排除人們的貪婪。他下令收回全部的金幣和銀幣，只有一種鐵製的錢幣能夠流通，很大的重量和額度才有極其微小的幣值，因而儲蓄價值10邁納（mina）的錢[32]，就要占用一個有相當空間的小室，搬動它需要一對公牛來拖[33]。等到這種通貨開始發行，很多罪惡馬上在拉斯地蒙絕跡，誰會向別人去偷盜或打劫這種錢幣呢？一種物品不易隱藏，據有也不能增加光彩，切開以後就無法使用，誰又會費盡力氣去奪取或是當成賄賂接受呢？這種鐵幣在製造的時候，燒得熾紅以後浸在醋裡淬火，只要斷裂或切割幾乎無法重鑄。

接著採取相關的步驟，他宣布一切無用或多餘的工藝爲非法，其實根本沒有必要大聲疾呼加以反對，這些職業自然會隨著金幣和銀幣的停用而消失，因爲現用的通貨不適於支付精緻的製品；鐵幣的運輸不便，即使想盡辦法出口，在希臘其他地區不能流通，徒然惹起大家的訕笑。現在他們沒有錢財購買外國的商品和小件器具，商賈也不把船貨運到拉柯尼亞的港口；修辭教師、遊走四方的卜者、妓院的老鴇、金匠和銀匠、雕塑家以及珠寶匠，不再涉足一個沒有金錢的國土，奢侈的風氣逐漸喪失供養和滋長的環境，不必多費力氣就會慢慢消失於無形。富室比起窮人占不到多大好處，他們的財富和積蓄沒有辦法拿出來，藏在家裡變得

---

32 按照20世紀初期的幣值約爲40英鎊或200美元，要是用現在的錢來兌換，還要乘以少則200倍或多則500倍（1910年鐵達尼號的報務員月薪是20美元）。

33 早期的希臘還沒有使用錢幣，可能是蒲魯塔克記錯年代；不過，就其他的城邦發行錢幣以後，斯巴達還是使用鐵叉（iron spit）直到3世紀B.C.，現在還可在拉柯尼亞各地的神殿中看到，雖然我們不知道除了可以當作錢幣使用以外，還能有什麼別的用途；一個鐵叉的幣值當相於1奧波（obol）銀幣。

一無是處。在這種狀況之下，卓越的工藝技術表現在普通家用物品上面，像是床架、座椅、餐桌以及家庭主要的器具，製作的時候特別考究，尤其是他們的杯子，誠如克瑞蒂阿斯(Critias)[34]所述，曾經風行一時，受到士兵的喜愛和爭購。因為他們無法避免要飲用渾濁或難以入目的水，而這種杯子的顏色可以用來掩飾不致引起反感，它的造形使得泥沙和雜質附在杯底，只有比較乾淨的水流進飲者的嘴裡。就這些改革來說，人民應該感謝立法者，他讓工匠不要浪費時間和力氣去製造無用之物，對於日常應用的器具，就會表現技巧使得成品極其精美。

10 偉大的立法者第三項也是最主要的措施，就是對奢侈的生活和財富的慾望給予更為有效的打擊。他制定條例要大家一起用餐，吃相同的麵包和食物，種類都有明確的規定；再也不能留在自己的家裡，躺在昂貴的臥榻上面，擺著舖設華麗的餐桌，一切無須自己動手，就有供應商和廚子在旁伺候，像貪食的牲口在角落裡養肥，不僅心靈開始墮落就是肉體也受到敗壞，暴飲暴食和毫無節制使他們變得孱弱不堪，需要長時間的睡眠和熱水浴，喪失工作的能力；總之，就像不斷生病需要人在旁邊照料和服侍。完成這項改革的確是一件了不起的工作，要是按照狄奧弗拉都斯(Theophrastus)[35]的說法，更偉大的成就是使財富失去引人垂涎的特性，消除自古以來其所以成為財富的本質；富人既然不得不與窮漢同桌進食，那就不能享用自己的富足，即使用欣賞或展示的方式來滿足虛榮的心理，也是行不通的事。

有句常常聽到的諺語：財神普祿都斯(Plutus)是個瞎子[36]；除了斯巴達以外，在全世界所有的地方都能證明所言不虛。財神在斯巴達不僅盲目，而且如同一幅畫像，沒有生命也不能行動。有人想先在家裡進食，再到公共食堂敷衍一下，同樣不受到容許；在大庭廣眾之間要是不能與旁人一樣的吃喝，難免受到貪圖享受和過於柔弱的指責。

34　克瑞蒂阿斯(460-403B.C.)在雅典的寡頭政體時代，成為三十僭主的領導人物，在與色拉西布盧斯(Thrasybulus)的抗爭中被殺，是有名的輓歌體詩人和悲劇作家。
35　狄奧弗拉都斯(370-288/285B.C.)是出生於伊里蘇斯(Eresus)的哲學家，亞里斯多德的弟子後來成為呂克昂(Lyceum)學派的領導人物，只有少部分作品存世。
36　財神是一個擬人化的神明，所以盲目是偏愛那些品德有問題的傢伙。

11 最後一項法令特別激怒較為富有的人士,使得他們聯合起來共同反對萊克格斯,開始謾罵不已接著向他投擲石頭,最後只有逃離市場到神聖的場所去避難,所幸他比大家都跑得快,除了一個名叫阿爾康德(Alcander)的年輕人,這位青年倒也不是缺乏才幹,只是個性衝動脾氣暴躁,跟在萊克格斯的身後距離很近,當他轉過頭來看是誰追得這麼緊的時候,那個青年就用手持的木棍打他的臉,連一隻眼睛都被打得紅腫起來。這個意外事件並沒有嚇倒萊克格斯,他也不會因此而感到氣餒,反而突然停下來,讓同胞看他那破相的臉和打腫的眼睛。他們看到這種情形不僅驚慌而且感到慚愧,就把阿爾康德交給他任憑處置,然後護送萊克格斯返家,對他受到虐待表示極度的關懷。萊克格斯感謝他們的照應,除了留下阿爾康德就讓大家回去。

他把阿爾康德帶進家裡,無論是言語和行動都沒有出現嚴苛的表示,只是叫身邊的人員下去,交代阿爾康德在旁服侍他用餐。這位青年是個胸無成府的老實人,對於萊克格斯的吩咐毫無怨言,就這樣共同生活在一起,使得他有機會發現,萊克格斯的性情溫和寧靜,言行非常嚴謹知道分寸,工作勤奮努力不懈;因而使他從一個敵視的反對者變成最熱心的敬仰者,告訴他的朋友和親戚,萊克格斯並不像大家所想那樣,是一個性格陰鬱和行為乖張的人,事實上他是世上最善良溫和的人士之一。萊克格斯對這個人犯下錯誤所施予的處罰,使得蠻橫和衝動的青年變成斯巴達謹言慎行的市民。

為了紀念這次意外事件,萊克格斯興建一座密涅瓦神廟,取名為歐普蒂勒提斯(Optiletis),多里克語的optilus 出於ophthalmus意為「眼睛」;不過,有些作者像是戴奧斯科瑞德(Dioscorides)[37](他寫出一篇有關斯巴達政治體制的論文),認為只是受傷並沒有被打瞎,建廟是為了眼睛的痊癒表示感恩之心;經過情形倒是真實不虛,自從發生此一不幸事件以後,拉斯地蒙人參加公眾集會規定不許攜帶棍棒。

12 現在再回頭敘述他們吃「大鍋飯」的狀況,希臘人對這種用餐的方式有好幾種稱呼:克里特人稱之為andria,因為只有「男人才能參加」;拉斯地蒙人把它叫做 philitia,那個字母"l"原來是"d",按照原文phiditia意為

37　戴奧斯科瑞德知名於230B.C.左右,是居住在亞歷山卓的諷刺詩詩人,有40首短詩存世。

「友誼之宴」，因為大家在一起吃喝，就有機會可以交到很多朋友；也許是由phido這個字變化而來，是「吝嗇」和「小氣」之意，大家在這裡用餐就是接受訓練要極度的儉省；或許第一個音節後來所加，那個字原文是editia，來自edode是「吃」的意思。他們大約是15人編成一桌，當然數目也可酌情增減，每人按規定每月要繳交1個蒲式耳的麥粉、8加崙的酒、5磅奶酪、兩磅半乾無花果，以及金額很少的錢，用來購買魚和肉；除此以外，任何人宰殺牲口祭神，通常會送一份祭品到公共食堂，還有就是有人狩獵，要把獵獲的獸肉送一部分給大家；也只有在這兩種情況之下，允許他們在家中用餐。

共餐的習慣後來嚴格執行很長一段期間，有次埃傑斯(Agis)王打敗雅典人，等他返家以後派人到公共食堂去拿他食物，因為他想單獨與皇后用餐。這些官員拒絕他的要求，使得國王大為憤怒以致取消次日的祭典，通常用來慶祝戰爭圓滿的達成任務，結果大家要他繳出大筆罰金[38]。

他們經常帶著自己的子弟前來用餐，這裡的言行都受到節制是最佳的訓練場所；聆聽政治家經驗豐富的對話，對於了解國家事務受益匪淺；學習如何使得談吐風趣，詼諧而不失於粗俗下流，即使遭到別人的奚落也要保持風度。拉斯地蒙人為其他民族所不及之處，在於言行舉止有良好的教養；任何人覺得對方的神色不遜，只要稍為暗示就會住口。當這些子弟進來的時候，在場最年長的人按照慣常的做法，對他們說道(用手指著門)：「這裡說的話一個字也不能傳到外面。」

任何人想到參加共餐的小團體，必須接受如下的測試：全桌的每位成員拿著一小塊軟麵包捏成圓圓的麵團，丟進食堂侍者頂在頭上一個很深的盆子裡面，要是樂於接受這個人的參入本桌，在把麵團丟進盆子的時候不要改變它的形狀；不喜歡的人用手指將圓麵團捏扁再丟進去，這就表示有反對的音聲，只要盆子裡面有一塊捏扁的麵團，申請者的加入就遭到拒絕，因為他們希望全桌都是情投意合的朋友。他們把那個盆子叫做caddichus，後來「落選的候選人」獲得candidate這樣一個稱呼。

斯巴達人最有名的菜式是一種黑色的肉湯，非常珍貴只讓老年人飲用，肉留

38　這位國王很可能是埃傑斯二世，奧林匹克19會期第3年即418B.C.在曼蒂尼會戰擊敗雅典人，他的手下有6位部將，與他共餐應該是這些人。

下來給年輕人吃。他們提到有某位潘達斯（Pontus）[39] 國王對於這道美食[40] 久聞其
名，聘請一位拉斯地蒙廚師前來為他料理，等他剛一品嚐發現味道令人難以忍
受，廚師看見這種情形便對他說道：「陛下想要讓這道肉湯美味可口，必須先在
優羅塔斯（Eurotas）河[41] 裡沐浴[42]。」

拉斯地蒙人在小酌一番之後就摸黑走回家中，在任何狀況下都不得點火照
明，為的是養成習慣在暗夜中大膽行進。以上就是他們在飲食方面沿用的風氣。

13 萊克格斯絕對不肯將他制定的法律形諸文字，特別在一份諭旨中表
明禁止之意。他認為法律的要點在於對公共的福利有直接的助益，
已經藉著良好的紀律和訓練銘印於青年的心靈，保證可以長遠留存；何況這位舉
世最佳的立法者，運用身教言教的方式，比起任何強迫的灌輸，更能使年輕人建
立堅定和穩固的行為準則。對於次要的事項諸如與錢財有關的契約等等，運作的
方式會隨著時機有所變化，他認為最好的辦法是對這些案件不要制定成文的條例
或違背的處分，必須考量時勢的轉移，還有那些能夠做出正確判斷的人士所定的
決心，來改換原來的程序和方式。法律和制定法律的任一結果和目標，就他的計
畫來說，完全靠著教育的成效。

因此，有一份諭旨不許制定成文法；他特別藉著另外的諭旨要全面消除奢侈
和浪費，其中規定房屋的天花板只能用斧頭砍製，大門和房門為了平整光滑才能
使用鋸子。伊巴明諾達斯（Epaminondas）[43] 對於他的用餐有這樣一句名言：「甘於
這種飲食的人就不會反叛賣國。」那麼萊克格斯可說是有先見之明。奢侈與樸素
的住屋無法共存，除非一個人精神失常，就不會在如此簡陋的房間裡面，布置銀
製的臥榻、紫色的床單和各種金銀餐具。毫無疑問，他對這方面有深刻的體認，

---

39 潘都斯是小亞細亞北部包括黑海南岸的地區，最早的時候是卡帕多西亞（Cappadocia）的一
部，米勒都斯人於7世紀B.C.在這個地區建立夕諾庇（Sinope）和阿米蘇斯（Amisus）殖民地。

40 飲用黑肉湯是一種後天習得的嗜好，亞西拜阿德為了表示他良好的適應性，就說他在斯巴達
的時候，竟然覺得黑肉湯是一種美食，有點像中國人開始吃乳酪就說好一樣。

41 優羅塔斯河是伯羅奔尼撒半島最大的河流，發源於阿卡狄亞中部的山地，流經斯巴達，在拉
柯尼亞灣入海。

42 這個故事是敘拉古（Syracuse）的戴奧尼休尼（Dionysius）所說，記載在《斯巴達嘉言錄》。

43 伊巴明諾達斯是底比斯的將領，獲得蒲魯塔克極力推崇，他在琉克特拉（Leuctra）會戰
（371B.C.）和曼蒂尼（Mantinea）會戰（362B.C.）打敗斯巴達。

大家會使自己的床舖要與房屋相配，所用的被單也要與床舖相襯，其他的物品也要與家具相稱。據說第一位用這個名字的李奧特契德(Leotychides)王[44]，幾乎沒有見過其他形式的木工，有次他到科林斯在一個富麗堂皇的房間接受款待，看到樑柱和天花板有精美的雕刻和藻井，就向主人請教是否他們國家的樹木天生就是那個樣子。

　　諭旨的第三條規定是斯巴達人對同一個敵國，不能實施經常和長久的作戰，免得他們習慣於自衛因而獲得戰爭的教導和訓練。很久以後，亞傑西勞斯(Agesilaus)為此飽受譴責，大家認為他不斷侵略皮奧夏(Boeotai)[45]，把底比斯人鍛鍊成可以媲美拉斯地蒙人的敵手。有一天安塔賽達斯(Antalcidas)看到他受傷，曾經說過這樣的話，意思是他費盡心血把底比斯人(Thebans)訓練成優秀的士兵，現在遭到報應真是咎由自取[46]。這些法令稱為「諭旨」，等於告訴大家已經獲得神明的核定或啟示。

14 為了使青年得到良好的教育(我在前面說過，他認為這是立法者最重要和最崇高的工作)，他竟然探求事物的根源，對於婚姻制訂各種規定，表示極其重視母親的懷孕和子女的出生。亞里斯多德有一種很不正確的說法，曾經提到萊克格斯用盡各種辦法，要使婦女謙遜有禮能夠善守本分，最後放棄努力只有聽其自然，問題是丈夫長年離家出征在外，他們的妻子在家中掌權，享有很大自主能力，慢慢居有優勢地位，受到過分的尊敬被加上「夫人」或「皇后」的名銜[47]。事實上，萊克格斯就這方面來說對她們盡心照料，命令未婚女子用角力、賽跑，擲鐵餅、投標槍來鍛鍊身體，使得將來孕育的子女在健康強壯的母體裡面，獲得堅實的基根和更佳的發育，此外她們在增強元氣以後，易於承受分娩的痛苦。他的著眼在於消除婦女過度的嬌柔孱弱，不必害怕暴露於大自然之

44　李奧特契德是7世紀末B.C.斯巴達的優里龐世系國王，這段軼事是亞傑西勞斯在亞洲所說，記載在《斯巴達嘉言錄》。

45　皮奧夏位於希臘中部，東部與南部與阿提卡接壤，西部鄰接福西斯(Phocis)和洛克瑞斯(Locris)；肥沃的平原自古是養育馬匹最著名的地區，境內最大的城市是底比斯。

46　這是指亞傑西勞斯在378B.C.的入侵；安塔賽達斯(Antalcidas)是這個時期表現最卓越的斯巴達人。

47　亞里斯多德的著作裡也發現這種說法，雖然蒲魯塔克是參考已佚失的《拉斯地蒙的制度》，亞里斯多德在他的《政治學》裡也提到那個時代的狀況。

中，避免一切人為的女性氣質；萊克格斯命令少女要像少男一樣裸體[48]參加遊行行列，在莊嚴的祭典節日也要用這種方式跳舞和唱歌，這時青年男子站在四周欣賞。

要是有人在戰爭中發生差錯，少女在這種場合就會對他用開玩笑的口吻加以適度的譴責；並且對表現英勇的人給予歌頌和讚揚，這種方式可以激勵他們相互競爭， 在戰陣之中追求光榮的名聲。受到讚美的人在離開的時候感到驕傲而興奮，對於自己在少女中間獲得榮譽至感愉快；受到取笑的人就像受到正式的申斥一樣不好過，因為國王和元老以及城市其他人員全都在場，耳聞目睹所有經過情形，就這些犯錯的人來說更加難堪。

少女裸體參加活動不會感到羞恥，旁觀者保持莊嚴的態度，絕不允許任何放肆的言行。裸體可以教導人們重視簡樸的生活，注意良好的健康，體驗高尚的情操，藉以邁進行為高貴和人格光榮的境界。因此，像李昂尼達斯之妻戈爾果（Gorgo）[49]的思想和言論，自然就會在她們的身上出現；當一位外國女士告訴戈爾果，全世界只有拉斯地蒙的婦女能夠支配男子，她說道：「這話很有道理，因為只有我們才是能夠生出『男子漢』的婦女。」

15 少女參加公開的遊行以及裸體的舞蹈和運動，對於婚姻產生刺激作用，年輕人受到的影響極其強大而且確實如此，誠如柏拉圖所說[50]：「愛情能夠吸引兩性，要不然，數學怎麼能夠獲得結論。」除此以外，為了鼓勵結婚能夠發生更大的效應，對於那些不願娶妻的光棍，法律要褫奪他應有的權利，不許他們去看少男少女裸體跳舞的行列；官員在多天迫他們在市場赤身遊行示眾，邊走邊唱羞辱自己的歌曲，自承違背國家的法律受到處罰是非常公正的事。再者，年輕人對長者應有的尊敬和禮節，將這些人排斥在外，例如一天德西利達斯（Dercyllides）[51]進入房間，有位青年坐在那裡動也不動，反而說出難聽的

48　在希臘文中gumnos這個字通常指「裸體，沒穿衣裳」，但是也有「沒有使用衣物或裝備」的意思，因此仍舊可以有些掩遮物。例如，工匠在花瓶上面描繪佩琉斯和女強人亞特蘭大角力的場面，會讓她穿一條緊身長褲或胸衣；不過，像是男性和女性的特技藝人一般都是裸體。蒲魯塔克還表現一種裸體的形式，就是穿開衩很高的長袍，將大腿裸露出來。

49　戈爾果是克利奧米尼斯王和李昂尼達斯王的妻子所生極其著名的女兒，李昂尼達斯當年率領300斯巴達勇士在色摩匹雷戰死；希羅多德也提到過她，有很多軼事記載在《斯巴達嘉言錄》。

50　柏拉圖在《共如國》裡面有很長的篇幅討論女子的訓練，看來斯巴達人已經實踐他的理論。

51　德西利達斯是斯巴達的指揮官，從411-398B.C.負責對雅典和波斯的戰事。

話：「你將來也沒有孩子對我讓座。」雖說德西利達斯是一名聲名顯赫的將領，大家也不認為那名青年有失禮的行為。

丈夫在結婚的時候靠著自己的力氣將新娘強行帶走，被拐騙的新人不是幼小無知的女孩，已經到達豐滿和成熟的年齡；等到完成這個過程以後，有位負責婚事的婦女把新娘的頭髮剪短，給她穿著男人的衣服，留下一個草墊沒有點燈讓她處在黑暗之中；然後新郎身穿家常衣服進來，沒有飲酒保持清醒和安詳的態度，照常在公共食堂吃過晚餐；他毫無聲息的進入新娘躺臥的房間，解開象徵處女身分的束帶，把她抱到自己的床上同睡；在這裡停留相當時間以後，安靜回到自己的寢室，像以往那樣與年輕男子同宿。他就這樣的繼續下去，白天甚至夜晚都與友伴相處；當他認為不會被人看到的狀況下，懷著畏懼和羞慚的心情，採取極為審慎的行動去探望他的新娘；在新娘這方面也想盡辦法，幫助他尋找有利的機會，只有趁著同伴不在，他們才能彼此相聚。就在這種處境之下度過很長的時間，甚至妻子已經為他生下小孩，雙方還沒有在白天見過面。他們的交媾是如此的困難而稀少，平常只有不斷自我克制，在一起就有健康的身體和充沛的精力；雙方的愛情一直能夠保持新鮮和熾熱之感，不像長相廝守的配偶日久就會膩煩和麻木；相聚的時候不僅短促而且迫得及早分手，兩個人的慾火和歡情始終保存不會熄滅。

萊克格斯用謙虛和節制維護婚姻，同時也要袪除空洞無益和女性氣質的嫉妒，為了達成這種要求，大力取締放縱淫蕩的行為，此外，卻要大家把「讓妻」視為光榮的事，同意丈夫為妻子找到合適的對象，獲得他們所生的孩子，並且要嘲笑那些表示異議，甚至因而搏鬥流血或引起戰爭的人。萊克格斯允許年邁的人為年輕的妻子介紹條件卓越的青年，不僅使自己有後而且具備優秀的素質。在另一方面，已婚的婦女要是端莊嫻淑而且生下漂亮的子女，使得一位真誠的男子產生愛慕之情，可以不拘禮法向丈夫提出請求，允許他們兩人住在一起，可以利用這塊良田生育血統純正的後代[52]。

萊克格斯的看法，首先認為子女並不屬於父母而是為國家所共有，他要讓國家的公民來自最好的品種，不是出於隨意結合的配偶；其次他認為其他國家的法

52　希羅多德提過類似的故事，多少帶著一點教誨的意味，說是6世紀B.C.的亞里遜（Aristion）王，用這種方式要朋友的妻子為他生孩子，參閱希羅多德的《歷史》第6章第62節。

律不僅荒謬而且矛盾，他們的人民對自己所養的狗和馬非常關心，不惜花費時間和金錢來選種交配，培育優良血統的後代；卻把妻子關在家中，只能讓他本人來傳種接代，即使作為丈夫具有愚蠢、虛弱、多病這些缺陷，一概不予考慮。看來他們沒有認識清楚，子女對養育他們的父母而言，不良的血統顯示出惡劣的品類，只有優生的後代才會擁有卓越的素質。

這些法令建立在自然和社會的基礎之上，並沒有像後來那樣，斯巴達的婦女受到荒淫放蕩的指責，就大家所知當時絕無通姦的行為。舉例來說，據稱在古代有位名叫吉拉達斯(Geradas)的斯巴達人，一個外鄉人問到有關通姦的法律和所受的處罰，他回答道：「我們國家沒有人會通姦。」那個外鄉人又問道：「如果有的話會怎樣？」他回答道：「那麼，犯通姦罪的人必須賠償原告一條公牛，這條牛的頸子要長到能在台吉都斯(Taygetus)的山頂，低頭去喝下面優羅塔斯河裡的水。」這個人聽到這話感到非常驚奇，說道：「什麼！不可能找到這樣大的公牛！」吉拉達斯笑著回答道：「就像在斯巴達找不到通姦的人一樣。」有關斯巴達人的婚姻，我就講到這裡為止。

16 父親沒有權力照自己認定的方式去處置小孩，必須將他們帶到一個叫做lesche即「會堂」的地方，放在一些檢查者的面前，這些人都是同個部族的元老或長輩；他們的任務是對嬰兒進行詳細的觀察；如果發現身體健壯而且發育良好，他們就下令撫養，將前面所述9000份土地，發給一份供應所需的費用。要是發現孱弱不堪或是形體不全，就下令將嬰兒丟到台吉都斯山腳一個稱為阿坡泰提(Apothetae)的裂隙裡面；他們認為嬰兒在開始的時候，經過檢查既不健康也不強壯，那麼養育起來，對於小孩本身毫無好處，也損害到公眾的利益。

基於同樣的緣故，斯巴達的婦女不像其他國家那樣，按照習俗用水給新生的嬰兒洗浴；而是用酒來驗證他們的體質和稟性，他們有一種觀念，認為患有癲癇病或天生虛弱的嬰兒，用酒洗浴就會昏厥接著夭折，至於那些體質強壯的孩童完全相反，就像鋼鐵經過淬火一樣，變得更為結實健康。保母對於嬰兒的照應非常用心而且講究技巧，不用襁褓把全身包裹起來，身體和四肢不受拘束能夠自由的發育；他們吃的食物不講究味道毫無特別之處，在黑暗之中或獨處的時候一點都不會害怕；不會養成乖張孤僻的脾氣和哭叫吵鬧的習性。

基於這種原因，其他國家的人士爭相購買或雇用斯巴達的保母。根據史書的

記載，亞西拜阿德(Alcibiades)受一個斯巴達人的撫養[53]；不過，他很幸運有位好保母，家庭教師方面並不理想；按照柏拉圖的說法，他的監護人伯里克利(Pericles)選擇一個僕人擔任教師的職務，這個傢伙名叫佐庇魯斯(Zopyrus)，他的知識並不比普通奴隸強多少。

　　萊克格斯秉持另外一種觀點，不准為年輕的斯巴達人在市場購買教師，就是雇用那些自食其力的人也不可以；法律規定父親不可以按照自己的意思來教育子女。等孩子的年齡到了7歲，就要參加某些團體或班級，大家生活在共同的規定和訓練之下，一起從事各種運動和遊戲。在這些小孩中間，能力和勇氣最佳的人成為隊長，大家注視他的行動，聽從他的命令，忍受他所施與的任何處罰；教育的全部課程就是不斷的訓練，養成毫無條件絕對服從的習慣。他們所操練的課目，老年人也是旁觀者，經常在他們之間激起吵鬧和競爭，藉著這個良好的機會來發現彼此不同的性格，等到他們將來參加更為危險的戰陣，事先知道他們之中誰很勇敢那個人會是懦夫。

　　斯巴達人會讓孩子學習讀書寫字，完全以實用為主；最關心的要點是使他們成為優秀的國民，教導他們忍受痛苦和在征戰之中獲得勝利。為了達成這個目標，等到年紀再大一點，訓練的比重也隨著增加，頭髮剪得很短，打著赤腳走路，裸體從事大部分的活動。他們在12歲以後不許穿著內衣，整年只有一件衣服，身體結實而乾燥，很少有機會洗浴或塗油膏，一年之中只有非常特別的日子，才能獲得這種難得的享受。他們分為小隊一起睡在舖著蘆葦的床上，這種植物生長在優羅塔斯河兩岸，不能用刀去割只可赤手折斷，要是到了冬天就在蘆葦中間摻一些薊花冠毛，認為這種東西具有保暖的性質。

17 等到了這個年紀以後，每一位將來會有出息的男孩，或多或少都可以找到作伴的愛慕者。老年人也在注意他們，時常到操練場去聽取或是觀察相互之間智力和體能的競賽，非常專注而且慎重其事，就像是他們的父親、老師或長官一樣全心全意的關切，以致隨時隨地都有人在場提醒他們要負責盡職，要是有所疏失或忽略就會受到懲處。除此以外，通常會指派城市裡一位優

53　亞西拜阿德的褓母是一個名叫阿明克拉(Amycla)的拉斯地蒙人，佐庇魯斯是他的家庭教師，安蒂塞尼斯(Antisthenes)在著作中提到其中一位，另外那位柏拉圖也曾談起過。

秀和正直的人士，負起監督和管教之責；他再將他們分爲幾個小隊，選拔一些能夠自制而且行爲勇敢的人員擔任隊長，稱爲艾倫斯（Irens）[54]，年齡都是20歲比那些男孩要大兩歲；男孩中最年長者稱爲米爾－艾倫斯（Mell-Irens）[55]，意思是他們不久就要成年。

年輕的艾倫斯在作戰的時候是他們的隊長，家庭生活就是大家的指導員，指派成員做各種家務工作；像是年齡較大的人去找尋木柴，身體較弱能力不足的人去採摘蔬菜和草藥；這些東西除了偷竊就無法獲得，他們只有爬進菜園，或者用各種狡詐的手法溜進餐廳，要是當場失手被抓，就會因運氣不佳和技術笨拙，受到無情的鞭打；他們要盡可能偷所有的食物，時時注意周遭的狀況掌握機會，趁著人們睡覺或不注意的時候趕緊下手。他們一旦被捉到不僅鞭笞而且挨餓，日常的配給量已經減少，到達不足以果腹的程度，整個著眼和用意是要他們能夠自謀生活，迫得運用所有的力量和本領[56]。

雖然他們的飲食極差的主要作用在此，另外要考量的因素是使他們獲得較高的身材，因爲人的精氣向上騰升，兒童的身體柔順就隨之長高，過量的飲食會使精氣受到壓迫和抑制，兒童橫向發展變得粗胖鈍重；這種方式更有助於塑造優美的形體，細長而又精瘦的體質更合乎自然的養生之道，量多而質佳的食物會使人過重，無法獲得修長和勻稱的體型。像是婦女在懷孕期間常吃瀉藥，生下的嬰兒比較瘦小然而模樣長得漂亮，獲得的體質更爲柔軟在成長期間更容易改良。不過，我的看法是否合理，要留給別人去判斷。

18 現在讓我們回到主題。拉斯地蒙的兒童非常認眞的偷竊，有位年輕人摸走人家一隻小狐狸，藏在自己的懷裡用衣服兜住，忍痛讓它用牙齒和利爪將腸子扯出來，寧願當場死掉也不肯叫人識破他的企圖。就是到了今天，拉斯地蒙人表現的行爲可以證明這個故事所言不虛。我在稱爲奧昔亞（Orthia）的黛安娜（Diana）神廟，親眼看到幾位青年在祭壇前面忍受鞭笞至死。

---

54 斯巴達對「兒童訓練者」的稱呼是paidonomos，具有法定的官方職責，他們有權對兒童施以嚴厲的懲罰包括鞭笞在內。

55 所謂米爾－艾倫斯有很多不同的解釋，希臘人的幼年期就是在蒲魯塔克的年代，通常都訂在19歲，過了幼年期的第二年授與「艾倫斯」的稱號，所以米爾－艾倫斯是指接近的階段。

56 亞里斯多德在另一方面，對於萊克格斯施以毫不留情的抨擊，說他將兒童訓練成野獸。

　　隊長或指導員在用過晚餐以後，總要留下來與他們相處一陣子，他會叫這位成員唱首歌，或是向另一位問些需要深思熟慮才能答覆的問題：例如，誰是城市最優秀的人？他對某人的某種行為有什麼意見？這樣使得他們及早能對人和事做出正確的判斷，讓他們知道自己的同胞所具備的能力和出現的缺失，當一個人被問到「誰是循規蹈矩的市民而誰又聲名狼藉」的時候，要是他無法立即回答，就被視為性格遲鈍和心智不專，對於美德和榮譽的體認有不足之處；除此以外，他們要對發表的意見提出充分的理由，盡量做到言簡意賅；在這方面要是發現缺失或是答覆問題不能言之有物，指導員就會咬他們的大拇指作為懲處。老年人和官員有時也會到場考察隊長的做法，看看責罰是否公正適切，當他的處置有所偏差，不會當著孩子的面前給予申斥；要是他的做法失之過寬或過嚴，就會讓這些孩子離開，然後才加以責備或給予糾正。

　　身為愛慕者也要分享年輕孩童的榮譽或羞辱，有一個流傳的故事，提到有位愛慕者被官員罰款，因為受他愛慕的人在作戰的時候，竟然像女人一樣喊叫起來。同性之愛受到讚許，連那些貞潔的貴婦人也在少女當中尋找對象；然而彼此之間不會產生摩擦，如果有好幾位男子將愛慕之情放在一個人身上，反到成為親密友誼的開始，大家會集中力量給予支持，使得愛慕的目標出人頭地大有作為[57]。

19 他們在談吐方面所受教導，要求態度自然不必做作，運用優雅的幽默語氣，簡潔明確而且要言不煩。我們在前面提到萊克格斯，曾經下令對大量鐵幣定出額度很低的幣值[58]；另一方面又要求談話無須嘵嘵不休，務必以寥寥數語表達極其豐富和深遠的意念。斯巴達的兒童習慣於長期保持沉默，回答問題不僅恰到好處而且用詞精練，就像縱慾過度之人很難多生子女一樣，談話信口開河也不易讓人聽到明智的道理。

　　有位雅典人取笑他們的劍太短，說舞台上面表演雜耍的人，很容易將這種劍

57　蒲魯塔克用一種「柏拉圖式」的觀點，來看待斯巴達人極其普遍愛好男色的習氣，他認為亞傑西勞斯也抱著這種看法；雖然古今中外對於雞姦的行為都會疾言厲色的大肆抨擊，事實上卻採取默許的態度，因為可以解決性慾的需要，又不會帶來生育所造成的繼承問題。

58　運用鐵幣可以排除貪婪和不公，唯有簡樸的生活才能使人返璞歸真，不受外物的誘惑，永保赤子之心。

吞進肚子裡面，埃傑斯王說道：「我認爲它的長度足夠致敵於死。」[59] 就我個人的看法，他們的措辭就像使用的劍，雖短卻鋒利無比；較之任何國家的人更能掌握重點，吸引聽者的注意。

如果我們相信萊克格斯流傳的軼事，必然知道他的談吐不僅簡潔而且言之有物。正如某次有個人極力勸他在拉斯地蒙推行民主政體，他說道：「馬上開始！老兄，先從你自己家裡做起！」另外有個人質問他，爲何祭神只准用微不足道的祭品，他的答覆是「這樣我們就會一直有東西奉獻給神明。」

有人問起他採用那種軍事操練或戰鬥動作的時候，他回答道：「除了要舉起雙手的動作[60] 以外，其餘的都可以。」在寫給同胞的信函中也有類似的答覆，據稱是出自他的手筆；像是向他諮詢如何採取最佳手段抗拒敵人的侵略，他在信中的答覆是「繼續保持貧窮的狀況，任何人只要比鄰居優裕就不會產生垂涎之心。」再次請教他斯巴達是否需要建造城牆的時候，他的說法是「城市的人牆比磚牆更爲堅固。」至於這些信函是否爲後人所杜撰，那就很難斷定。

20 有關斯巴達人不喜高談闊論，下面一些雋言警語可以作爲佐證。有個人向李昂達斯王[61] 提起一件有益的事，只是時間和地點並不得當；他說道：「先生，你的話在其他場合，更能發揮作用。」萊克格斯的姪兒查瑞勞斯王向他請教，爲何制訂的法律會那樣的少，他回答道：「言多必失，三緘其口的人只需很少的法律。」有個名叫赫卡提烏斯(Hecataeus)的詭辯家，受邀到公共食堂用餐，直到食畢始終不置一辭，阿契德邁達斯(Archidamidas)爲他緩頰說道：「善言者掌握說話的時機。」[62]

我在前面提到那種言辭尖銳而又不失文雅的反唇相稽，可以舉出下面的例證：有個纏擾不休的傢伙用令人厭煩的方式不斷向笛瑪拉都斯(Demaratus)[63] 問道：「拉斯地蒙最好的人是誰？」最後他說道：「閣下，就是那個最不像你的人。」

59　根據《斯巴達嘉言錄》的記載，這位雅典人是演說家笛瑪德(Demades)，國王是埃傑斯三世，統治的時間在330B.C.前後。

60　在那個時代的戰爭中，舉起雙手是表示放下武器投降或求饒。

61　這位李昂尼達斯是埃傑斯世系的國王，480B.C.固守色摩匹雷抵抗波斯人被殺。

62　所指的詭辯家是阿布笛拉(Abdera)的赫卡提烏斯，他是懷疑論哲學家皮朗(Pyrrhon)的門徒；國王是阿契德邁達斯四世，統治時間305-275B.C.。

63　笛瑪拉都斯是優里龐世系國王，被黜後遭到放逐，在480B.C.投入波斯國王澤爾西斯的陣營。

某個場合埃傑斯[64]王也在座，有人對伊利斯人（Eleans）[65]大加讚譽，說他們把奧林匹克競賽辦得公正無私而且有聲有色，埃傑斯說道：「如果他們每5年[66]能有一天做事公正，確實能讓我們佩服得五體投地。」

有一位外國人向狄奧龐帕斯（Theopompus）王[67]大談他對拉斯地蒙人極其好感，並且說連他的鄉親都稱他為Philolacon（意為「愛拉斯地蒙的人」），狄奧龐帕斯的回答是如果他們把他稱為Philopolites（意為「愛自己國家的人」），那還要光榮得多。

雅典有位演說家批評拉斯地蒙人沒有學問，鮑薩尼阿斯（Pausanias）的兒子普利斯托納克斯（Plistoanax）[68]向他說道：「先生，你說的不錯，在所有希臘人之中，只有我們沒有學到你們的惡習。」有個人向阿契德邁達斯問斯巴達的人口有多少，他回答道：「先生，足夠打發那些壞心眼的傢伙。」

我們也能從喜歡開玩笑看出他們的性格，詼諧的言辭並非脫口而出，機智的談吐具備可以深思的內涵，例如，當一個人受到邀請去參觀表演，說是能把夜鶯的聲音模仿得幾可亂真，他回答道：「先生，我聽過夜鶯有如天籟的鳴聲。」另外有個人讀到一座墓碑上的銘文：

> 暴政如虎必將剷除兮，
> 吾人戰死於野終不悔。

就說道：「這些人活該戰死，暴政何必費力剷除，等到油乾就會燈滅。」有位少年得到幾隻鬥雞，送的人告訴他這些雞會搏鬥到底，不死不休；少年卻說他關心之處，是這些鬥雞能殺死對手活下來，不是自己力戰而亡。

有個拉斯地蒙人看到人們很安逸坐在座椅上，就說道：「我可不希望坐在那裡的時候，老到連可以讓座的人都沒有了。」總之，他們的答覆極其簡練而且一

64　這位國王可能是優里龐世系的埃傑斯二世，在位時期是427-400B.C.。

65　伊利斯位於伯羅奔尼撒半島的西部，瀕臨地中海，主要城市是同名的伊利斯自古是舉行奧林匹克運動會的聖地，以保持長久的和平而聞名於世。

66　這裡所說5年應該是筆誤，因為奧林匹克運動會每4年舉行一次。

67　狄奧龐帕斯是優里龐世系國王，統治時間是720-675B.C.。

68　普利斯托納克斯是埃傑斯世系國王，459-409B.C.在位（446-427B.C.遭到放逐）。

語道破，有人提出很適當的評論，斯巴達人的特質與其說是體能的操練，不如看成智力的激盪。

21 斯巴達人對於音樂和詩歌的教導，關心的程度不下於培養風雅的談吐和高尚的氣質，他們的詩歌非常生動充滿沛然莫之能禦的精神，能夠激勵並且掌控聽者的心靈，鼓舞全副熱情投入積極的行動；至於就體裁和措辭而論，非僅平實無華而且絕不裝腔作勢；主題總是真誠嚴肅帶有教誨的意味；讚揚那些保衛國家陣亡沙場的英雄人物，再不然就是嘲笑那些貪生怕死的懦夫[69]；他們認為前者何其幸福而光榮，後面這類人的生活在他們的描述之下，悲慘可憐真是生不如死。

拉斯地蒙人也會宣揚他們肩負的任務，炫耀他們已有的成就，這些歌頌的言辭會隨著年齡的增長而有區別；例如，在莊嚴的節日慶典有三個合唱團，第一個由老人組成，第二個是青年，最後一個是兒童。老人開始唱出：

　　吾輩青春少壯時，
　　力拔山兮氣蓋世；

青年大聲應和：

　　英雄有後幸何之，
　　敵寇膽敢來比試；

兒童最後結尾：

　　勇冠三軍誰家子，
　　年少不輸凌雲志。

---

69 斯巴達人對於「怯懦」有個專用名詞tresantes，意為「為畏懼所控制的人」，特提烏斯的詩篇對這些人大加譴責，認為應該剝奪所有市民的權利。

　　確實如此，要是我們把一些至今仍在流傳的作品，與他們趕赴戰場用笛子吹奏的曲調，不怕麻煩地仔細研究一番，就會發現特潘德(Terpander)[70]和品達的說法很有道理，詩歌旋律與英勇殺敵的關係密切。特潘德頌揚拉斯地蒙人：

> 允文允武志氣豪，
> 閭巷之間存公道。

品達也有這樣的詩句：

> 明君良相之運籌帷幄兮
> 勇士持長槍以決戰；
> 克敵致勝惟載歌載舞兮
> 仕女奉冠冕以展顏。

經由兩位名家的描述，知道斯巴達人對音樂的愛好不下於武藝的擅長[71]，在他們一位詩人[72]的筆下：

> 手拂倚天劍，
> 起舞伴琴聲。

因而，他們在趕赴戰場之前，國王先要向九位繆司(Muses)[73]獻祭，表示自己曾

70　特潘德是7世紀B.C.中葉，來自列士波斯(Lesbos)島安蒂沙(Antissa)的詩人和音樂家，在斯巴達建立第一所音樂學校。

71　斯巴達人重視的文藝指的是詩歌、舞蹈和音樂，所謂向繆司神獻祭，不過是要消除一般人認為斯巴達專注於軍事訓練的印象。

72　這位拉柯尼亞詩人是指阿克曼。

73　在希臘神話裡面，繆司是掌管文藝和科學的九位女神，都是宙斯和記憶女神奈摩昔妮(Mnemosyne)的女兒，分別是：卡利奧披(Calliope)司辯論和英雄史詩；克萊俄(Clio)司歷史；埃拉托(Erato)司情詩；優特披(Euterpe)司音樂和抒情詩；墨波米妮(Melpomene)司悲劇；波利赫妮婭(Polyhynia)司頌歌；特普西可瑞(Terpsichore)司舞蹈與合唱；塔利婭(Thalia)司喜劇和田園詩；烏拉妮婭(Urania)司天文。

受良好的教養，著手的行動經過正確的判斷，鼓勵公民要建立功勳，能夠名垂青史。

22 只有到了作戰的時刻，拉斯地蒙人才會略爲放寬嚴苛的紀律，允許他們燙好頭髮加以裝飾，手裡拿著貴重的武器，身上穿起華麗的衣裳，這些青年在大家的眼裡就像一群鬃毛飛揚的駿馬，不停的嘶鳴急著出賽。他們等到長大成人以後，特別注意頭髮的型式，前面要分開來梳理整齊[74]，特別是出兵的日子更是一絲不苟，像是遵照立法者的指示：滿頭美髮使英俊的面孔容光煥發，醜陋的人要是東施效顰就會望之生畏。他們到達戰地，操練就會適量的減輕，飲食不像以往那樣粗糲，軍官的態度也不像從前那樣嚴厲，所以斯巴達人是世界上唯一的民族，可以藉著戰爭獲得休息。

當他們的軍隊排成方陣[75]，開始接敵行動的時候，國王用一隻山羊獻祭，向士兵下令將花環戴在頭上，笛手吹奏卡斯特（Castor）[76] 讚美詩的旋律，自己大聲唸出凱歌的辭句，當作前進的信號。步伐合於節拍，陣式井然有序，心情毫不緊張，面容非常安詳，跟著樂聲平靜而愉快地向前行，顯現的景象看起來眞是莊嚴而又恐怖。人要是處在這種情緒之下，不會產生畏懼的感覺，也不會表現憤怒的衝動，好像受到神明的呵護和指導一樣，從容不迫的勇氣充滿希望和信心。

國王的身旁總是有人護衛，這個人通常是在奧林匹克競賽中獲得優勝；據報導有個拉斯地蒙人可以擁有昂貴的禮物，條件是不報名參加競賽，但是爲他所拒絕；當他費盡力氣制伏對手以後，觀眾中有人問他：「這位拉斯地蒙來的老兄，現在你獲勝可以得到什麼好處？」他面帶微笑回答道：「我能隨伴國王一起作戰。」

他們在打敗敵軍以後，就會發起追擊直到確保勝利爲止，然後發出收兵的信號；他們認爲對放棄抵抗的人還要趕盡殺絕，是一種卑鄙惡劣的行爲，有虧希臘人高尚的品德。這種對待敵人的方式不僅可以表現出寬大的氣魄，也是一種極其高明的策略；對手要是知道他們只殺死全力抵抗的戰士，赦免其餘的人員，就會

74　可以參閱希羅多德的《歷史》第7卷第208節，斯巴達人防守色摩匹雷隘道，澤爾西斯派人去偵察敵情，回來報告說看到斯巴達人在梳理頭髮，準備出戰。

75　斯巴達最早期的方陣是自然形成，在奧林匹克75會期第2年即479B.C.的普拉提亞會戰中，每一位重裝步兵有7位農奴跟隨，成爲縱深有8人的方陣。經過不斷的發展，後來斯巴達人以72人編成一個pentekostyes即「連」，兩個連組成12x12的方陣。 爲了保持戰鬥的行列，士兵的步伐以軍笛演奏的旋律和節拍作爲準繩。

76　宙斯的孿生子卡斯特和波拉克斯是斯巴達軍隊的保護神。

把逃走當成獲得個人安全最好的辦法[77]。

23 按照詭辯家希庇烏斯(Hippius)的意見，萊克格斯本人就是功勳彪炳的戰士和經驗豐富的將領；斐洛斯提法努斯(Philostephanus)認為他最早編組騎兵，每一隊有50名作戰的時候排成方陣；然而費勒里亞人德米特紐斯的說法完全相反，認為他在天下太平的年代制訂所有的法律。我之所以把他視為天性善良和愛好和平的人士，那是因為經由他的努力和安排，奧林匹克競賽獲得神聖的休戰，大家在這段期間不得使用武力；不過赫米帕斯告訴我們，萊克格斯並未參與其事，伊菲都斯制訂那項法令；萊克格斯只不過遇到偶然的機會，以觀眾的身分參加盛會。等他到了那裡以後，因為以往他並不鼓勵同胞參加這種集會，聽到一個打招呼的聲音從後面傳來，表示責難和驚奇之意；等他轉過身來看不到有人在後面，斷定那個聲音來自上天，使他馬上去見伊菲都斯，幫助制定節慶的祭典儀式，由於他的盡心盡力，獲得卓越的成效馳名於世。

24 還是繼續談談拉斯地蒙人的事情。他們長大成人以後仍舊受到紀律的約束，沒有人可以按照自己的方式生活，整座城市就像一所軍營，每個人有分配的口糧和指派的任務，生命不是為了達成個人的目標而是國家的整體利益。因此，他們要是沒有接奉其他的指示，就會探望男孩操練的狀況，教導他們一些有用的事情，自己也向有識之士不恥求教。萊克格斯不讓他的同胞從事低賤和工匠的行業，使得他們有很多空閒的時間，等於給他們謀取最大的福利；在一個財富無法給人帶來榮譽和尊敬的國家，無需為了賺錢四處奔波看人臉色。希洛特人為他們耕種田地，每年繳納指定數量的實物，一點都不用他們操心。

因此可以說明一件事，有位拉斯地蒙人正在法院開庭的時候到雅典，聽到說一位市民因為沒有工作遭到罰鍰[78]，前來慰問的朋友就把這位心情沮喪的傢伙護送回家，拉斯地蒙人感到大為驚奇，要他的友人把這位過自由人生活而定罪的人

77　修昔底德在《伯羅奔尼撒戰史》第5卷第6章中的曼蒂尼會戰中特別提到：「斯巴達人能持久作戰，在戰場上堅守陣地，直到打垮敵人為止；但是目的達到以後，不會長久追擊敵人，非要盡行殲滅不可。」

78　根據德拉科的法律，對遊手好閒的人可以判處死刑；梭倫准許上訴，阿雷奧帕古斯會議對沒有工作的人可以判處徒刑。

指給他看。他們認為把時間和精力花在工匠技藝和賺錢謀生，等於是貶低自己的身分和人格。根本用不著解釋，一旦金錢禁止流通，訴訟接著馬上消失，現在他們之間不會出現貪婪和貧窮所帶來的問題，大家處於平等的地位而且具有獨立的人格，所謂平等是每個人的所需都可獲得供應，所謂獨立是每個人的所需真是微不足道。他們的時間除了在戰場，都用在合唱和舞蹈、舉行各種慶典、打獵、參加訓練場的操演，以及前往公眾談話的場所。

25 任何人未到30歲不得進入市場，家庭必需品的獲得由親屬或愛慕者代辦，長者也不宜經常出入市場以免聲譽受損，更為適當的地方是訓練場和談話廳；在那裡把閒暇的時間很合理的用於意見的交換，不會提到賺錢的方法和物品的價格，多半是對某些值得探討的行為進行批判；表現優異的人會受到表揚，有人要是遭到譴責也都出於輕鬆和嬉笑的態度，即使提供個人的忠告或改進的意見，也不會擺著一本正經的模樣[79]。萊克格斯本人也不是過分嚴肅的人，根據索西庇斯（Sosibius）[80] 的說法，他供奉「喜神」小小的雕像。歡笑的氣氛帶進他們的晚餐和娛樂的場所，可以說是非常合情合理的事，對於嚴苛而艱苦的生活不啻最甜美的點心。

總結來說，他要用這些方法養成公民的習性，是不願也不能過離群索居的生活；一切以公眾的福利為目標，大家要像一群蜜蜂那樣聚集在領袖的四周，熱情澎湃的公德心使他們到達無私無我的境地，要把整個身家性命奉獻給國家。他們的格言警句最能表現出這種情操。披達里都斯（Paedaretus）沒有被選入一個三百人團[81] 的名單之中，帶著喜悅的笑容回到家中，他說很高興能知道斯巴達至少還有300個人比他更好。

波利克拉蒂達斯（Polycratidas）和其他幾位被派為使節，去見波斯國王的將領，當他們被問到以私人還是官方身分前來的時候，他回答道：「要是事情辦成就是官方身分；否則只算是私人來訪。」阿吉里歐妮（Argileonis）問幾位來自安斐

---

79 社會的壓力使得「輕率的批評」引起強烈的反應，情願自殺也不願忍受，在這種狀況之下，可以依法嚴懲但是避免疾言厲色的態度。

80 索西庇斯是3世紀B.C.初期，埃及國王托勒密四世在位時掌握朝廷實權的大臣。

81 三百人團是斯巴達精英團體，稱為國王的衛隊或騎士；披達里都斯後來出任開俄斯島總督，411B.C.發生叛變，他在平亂行動中陣亡。

波里斯(Amphipolis)的人士，她的兒子布拉西達斯(Brasidas)是否勇敢戰死，不愧
爲一個斯巴達人；大家異口同聲讚譽她的兒子，說沒有那位斯巴達人比他更爲英
勇，她說道：「各種無須過度的稱許，我的兒子布拉西達斯是一位優秀而又勇敢
的戰士，但是斯巴達還有很多比他表現更好的人。」[82]

26 我在前面已經提過，元老院是由協助萊克格斯完成計畫的人士所組
成；後來他下達命令，凡有空缺要遴選60歲以上，表現優異而又資
格最合的人遞補。如果大家努力爭取，在我們看來也是無足爲怪的事；這種人選
的條件不在於行事迅速或者身強力壯，而是足智多謀而又品德高尚，拔擢頂尖的
一流人才更爲重要；對於他的長處和優點所給予的酬勞，就是授與國家最高的權
柄，掌握人民的生命、自由和利益；請問人類之間還有那種競爭能獲得比這更大
的光榮呢？選舉的方法有如下述：人民集合起來以後，幾位指定的選務人員關在
靠選舉地點很近的房間，他們看不見外面的人也不會被外面的人看到，只能聽到
會場中群眾發出吵雜的聲音；就像當時其他各種事務一樣，根據人民的叫喊聲進
行評比，做出選舉結果的判定。接著進行選舉的程序，競爭者並不是一起出現在
人民的面前，要按照抽籤的順序一個接一個，不發一言從會場中間通過；被關在
房間的選務人員都有可以寫字的桌子，用筆記錄和註明每次叫喊聲音的強度，他
們不知道這些叫喊是爲那一位候選人而發，只能列出每次叫喊經過評定，得到第
一、第二、第三的名次；得到最多和最大歡呼聲音的人，就被宣布爲當選的元老
院議員[83]。

他們爲新當選者戴上一個花圈，列隊到所有的廟宇去向神明謝恩；很多年輕
人跟在後面不斷頌揚，婦女也唱出優美的詩歌，對於他的生活中充滿德行和幸福
贊不絕口；當他在繞行全城的時候，親朋好友都會爲他擺席接風，並且說道：「整
個城市都要舉行宴會向你致敬。」他不能接受款待，還是像往日一樣到公共食堂
用餐，只是多給他打一份而已；他把額外的一份放在旁邊，等到晚餐完畢，門口

---

82 伯羅奔尼撒戰爭的第一階段，布拉西達斯是統率全局的斯巴達將領，從雅典人手裡奪取安斐
波里斯立下大功，在422B.C.的會戰中被殺，獲得將墳墓建在安斐波里斯城內的榮譽。

83 修昔底德在《伯羅奔尼撒戰史》第1卷第6章也提到這種表決的方式：「監察官發言以後，將
問題交人民大會裁定，他們用高聲呼喊的方式而非投票表決，但是監察官起初的說法，是無
法辨別那一方的聲音大些。」亞里斯多德認爲這種方式非常幼稚。

等著一群有親屬關係的婦女，就向他最尊敬的人打招呼，把留下那份食物送給
她，並且說他得到額外的飲食，是受人尊敬的象徵，現在很高興轉送這份榮譽；
於是她會得意洋洋被一群婦女簇擁之下回到家中。

27 萊克格斯爲喪事立下很明智的規定：首先是要祛除所有的迷信行
爲，同意把死者埋葬在城內，甚至在各個廟宇的四周，目的是要年
輕人習慣這種狀況，見到死人不會感到害怕，就是接觸屍首或是踩到墳墓也不會
覺得不吉利。其次他下令不許陪葬，除非是一些橄欖葉或包裹屍體的紅布。陣亡
疆場的戰士或死於生產的婦女[84]，可以將名字刻在墓碑上面，此外任何人都得不
到這份榮譽；守喪的時期訂得很短只有11天，等到第12天在向西瑞斯（Ceres）[85] 女
神獻祭以後，喪期宣告結束。因此我們可以見到，他一方面在大刀闊斧刪除各種
繁文縟節，而在另一方面，對於能夠表現推崇美德和蔑視惡行的必要事物，任何
細微末節都不放過。他使得拉斯地蒙到處充滿良師益友的證據和楷模，人們從幼
年就耳濡目染，必然養成高尚的習性，精進美德的言行。

基於類似的道理，他禁止人民出國旅遊，免得他們明瞭外國的道德準則、缺
乏教育的民族所流傳的習性、以及不同的政治體制。就是前來拉斯地蒙的外鄉
人，如果不能提出充分的理由，也會被驅逐出境。他這樣做不是畏懼外人知道狀
況，模仿他們的施政作爲（這是修昔底德[Thucydides]的說法[86]）和學習他們的優點
長處；而是生怕他們傳入有違良好行爲的風氣。外鄉人的進入就得接受奇特的言
論；這種與眾不同的談吐會產生新奇的思想，隨著出現難以調和的觀點和情緒，
就會破壞國家極其融洽的政局。因此他處心積慮不讓斯巴達人受到外來惡劣習氣
的污染，用力之深如同人們防制瘟疫的傳播。

28 根據我的看法，萊克格斯制定的法律，迄今還沒有發現重大偏頗急
待改進之處；雖然有人認爲這些法律的著眼在造就優秀的軍人，至

---

84 所有這些規定都與希臘的葬禮相抵觸；然而當時對「難產而死的婦女」，碑銘的用詞不雅，
斯巴達的辦法產生匡正的作用。

85 羅馬神話的西瑞斯是穀物和耕種女神，相當於希臘的德米特（Demeter）女神，泰坦神克羅努
斯和雷亞所生。

86 參閱《伯羅奔尼撒戰史》第2卷，伯里克利在陣亡將士國葬典禮的演說。

於立法的公正還有缺陷存在。亞里斯多德和柏拉圖之所以對這位立法者和他的政府，產生不良的印象，也許就是那項Cryptia即「秘密勤務法」（要是如同亞里斯多德所說那樣，確實是由萊克格斯制定）[87]。根據這個法條的規定，官員經常暗中派遣幹練的青年前往鄉間，他們只攜帶短劍和少量必需的糧食，白天在非常偏僻的地方躲藏起來，保持嚴密的防備；到了夜晚才出動，他們在大路上面殺死偶然遇上的赫洛特人；有時也會在白晝進行攻擊，趁著他們在田裡工作的時候加以殺害。

根據修昔底德在《伯羅奔尼撒戰爭史》中告訴我們，有一大批最勇敢的赫洛特人被斯巴達人挑選出來，把他們當作獲得自由的人戴上花圈，領著他們參拜各處的廟宇以示器重；不久以後，這2000千多人突然全部失蹤，不論是在那時和以後，沒有一個人能夠說出這些人的死因。亞里斯多德特別加以補充，說是ephori即「民選五長官」[88] 就職以後，馬上對赫洛特人宣戰，這樣一來即使對他們進行屠殺，也不會違背宗教的原則。

不管怎麼說，大家都承認斯巴達人對於奴隸非常不人道；經常會強迫他們飲過量的酒，帶到公共食堂讓兒童看這些人酗酒大醉的模樣，故意讓他們跳不堪入目的舞蹈，唱極其難聽的歌曲，不許他們從事任何比較高尚的行業。據說底比斯人入侵拉柯尼亞[89]，俘虜大批赫洛特人，要這些奴隸唱特潘德、阿克曼（Alcman）[90]或史賓敦（Spendon）的詩歌，他們無法聽命而為，於是說道：「主人不許我們唱這類的歌曲。」[91]

---

87 古代的作者經常提到拉斯地蒙人對待希洛特人極其殘酷，蒲魯塔克推崇斯巴達，所以為其緩頰。拉斯地蒙人要求這群可憐蟲，無論是衣著、姿態、言行甚至所有方面，都要表現出奴隸的身分，他們戴著狗皮軟帽身穿羊皮背心，禁止接受教育和研究學術，不得從事任何提高階級的行業，當局通過法案和安排編組，經常出外搜索和探查，可以任意處決在言語、外觀、行動和姿態像自由人的農奴，這種殘忍而猜忌的權宜措施，就一個重視德行的民族而言，完全沒有這種必要。雖然蒲魯塔克替斯巴達人辯護，舉出很多藉口和理由，伊利亞人很明確的表示，希臘人認定斯巴達為強烈的地震所毀，就是上天懲罰他們對希洛特人的不公和迫害。

88 五長官制度盛行在多里克人的城邦，特別是斯巴達，由市民大會每年選出5人，其中一人是首席，用他的名字作為年度的紀元，兩位國王分別由兩位成員輔佐，發生爭執由首席協調，等到5世紀B.C.以後，五長官總管全國事務，這個制度繼續到200A.D.才完全廢止。

89 這次的入侵行動是在伊巴明諾達斯的指揮之下，時為369B.C.。

90 阿克曼是7世紀B.C.的抒情詩人，居住在斯巴達的拉柯尼亞土著，他的作品以《少女之歌》最為知名。

91 根據亞傑西勞斯的敘述，底比斯人在琉克特拉會戰到曼蒂尼會戰近10年之間(371-362B.C.)，曾經多次入侵拉柯尼亞地區。

　　有人說，在斯巴達比在任何地方都可以獲得最多的自由，要是在這裡當奴
隸，那就成爲世界上最可憐的傢伙，這種看法的確不錯。我個人的意見是這些暴
虐和殘酷的行爲，後來才在斯巴達出現，特別是發生地震以後[92]，赫洛特人展開
全面的叛變行動，並且和麥西尼人聯合起來，整個國土都受到蹂躪，給城市帶來
最大的危害；我不認爲這種邪惡而野蠻的行爲，要歸罪到萊克格斯身上，因爲在
其他的事務方面，表現出溫和與公正的形象，可以判斷他不是所說的那號人物，
神讖也可以證明這點。

29　　他覺得這些重要的制度根深蒂固留在同胞的心中，習慣成爲自然可
以運作自如，國家已經成長能夠獨立自主，就像柏拉圖告訴我們，
世界的創造者在首次看到這個存在的宇宙開始運行，感到高興一樣，萊克格斯有
鑑於他的政治架構極其優美而偉大，難免表現出喜悅和滿足的神情。現在這個機
構已經順利的運轉操作，他要盡力設法使之永垂不朽，就人類先見之明的安排，
在法條不會變更的狀況下留給後代子孫。他特別召集一次全民大會，告訴他們現
在所有的工作都已完成，國家可以獲得幸福和美德；最後還有一件最重要的事
情，要等他請示神讖返國以後才能向大家宣布；同時，他期盼大家遵守他制定的
法律，不得有絲毫改變更張直到他回來爲止；然後他會按照神明的指示去完成這
項工作。全體人員欣然接受他的意見，叮囑他盡快出發。克萊格斯啓程之際，要
求兩位國王、元老院議員和全體公民宣誓，務必在他返國之前，遵守並且保持現
有的政治制度。

　　等到這件事辦理完畢，他動身前往德爾斐，向阿波羅獻祭以後提出請示，他
所制定的法律能否促進人民的幸福和德行；神讖的答覆是他的法律極其優異，人
民只要遵行無違，必然在世間獲得最高的聲譽。萊克格斯把神讖抄錄下來，派人
送回斯巴達；然後他再次向阿波羅奉獻祭品，要與他的朋友和他的兒子訣別，爲
了使斯巴達人遵守誓言，他決定結束生命。他當時的年紀還不算老，事業處於巔
峰的狀況，大可以毫無遺憾以盡天年。他認爲政治家的職責是要達成有利的目

92　464B.C.即斯巴達國王阿契達穆斯統治第四年，拉斯地蒙發生有史以來最強烈的地震，地面
　　陷落造成很寬的裂隙，台吉都斯山不停搖晃，很多岩層崩塌，除了留下五間完整的房屋，斯
　　巴達全城夷爲平地。

標，要在可能範圍內使自己的死亡對國家有所貢獻，就是生命的終結也會為人民
樹立好的榜樣，因此他絕食自盡而亡：一方面藉著與他光榮的生涯相吻合的死
亡，深受讚譽達到幸福的頂端；另一方面是他要使同胞永遠享用利益，這是他窮畢
生之力為他們所爭取；因為他們立下莊嚴的誓言，在他返國之前要維持他的制度。

　　他的期望沒有落空，斯巴達人嚴格遵守萊克格斯的法律，能夠在全希臘所有
城邦之中執牛耳達五百年之久，這段期間經歷十四位國王的統治，一直到阿契達
穆斯(Archidamus)的兒子埃傑斯[93]登基為止，完全沒有對他的規定有任何改弦更
張之處。談到新設置的民選五長官，雖然一般的看法認為對人民有利，但是就貴
族政體的性質而言，沒有削弱反而大為增強。

30　埃傑斯統治的時代，金銀通貨開始流入斯巴達，對於財富的欲望毫
無節制，所有的災禍隨之而來。社會的混亂是賴山德(Lysander)[94]所
促成；他在數次戰爭以後帶回大批戰利品，雖然本人清廉不會腐化，卻使國內充
滿貪婪和奢侈，敗壞萊克格斯的法律和條例；只要這些法律和條例在繼續運作，
就斯巴達的狀況來說，很像明智而能自制的人在奉行一套生活規範，並非一個國
家在實施一套政治制度。詩人用杜撰的詞句歌頌海克力斯，身披獅皮手拿棍棒走
遍世界各地，懲罰殘酷無道的暴君。看來拉斯地蒙人也有類似之處，他們手裡持
著常見的木杖，身穿粗布的衣裳，竟然贏得全希臘心滿意足的服從，在這個廣大
的區域，推翻不公的篡奪和專制、仲裁各國的戰爭和衝突、調停內部的對立和傾
軋。他們做這些事無須使用武力，只要派出一位使者，大家立即聽從他的指示，
就像蜂后出現，群蜂聚集在四周各就其位一樣；斯巴達擁有的秩序和公正極其富
足，可以拿來與其他國家分享。

　　因此，當我聽到有人提到斯巴達人，說他們是樂於服從的臣民，並非善於統
治的上司，使我感到大為驚奇；有那種看法的人引用狄奧龐帕斯王的話以為證
據；有人向他說到，斯巴達之所以能夠長治久安，在於國王有卓越的統治能力，
狄奧龐帕斯答道：「這話不對，是人民知道如何服從。」除非統治者知道如何指

93　這位國王是優里龐世系的埃傑斯二世(427-400B.C.)，就這個狀況來看，蒲魯塔克想用更早
　　的年代記，把萊克格斯推到900B.C.左右。

94　賴山德這位斯巴達的水師提督，在404B.C.迫使雅典開城投降，並且將雅典帝國在愛琴海的
　　財富流入斯巴達。

揮，否則人民不會服從；聽命行事是人民從指揮者汲取的一個教訓。高明的領袖
對追隨者創造出服從的模式，如同騎術的技巧在於使得馬匹溫馴易於駕馭，領導
統御的最高成就是使人產生服從的意願。拉斯地蒙人不僅激勵人們有服從的意
願，而是一種絕對的欲望想要成為他們的臣民。因為其他國家的人向斯拉地蒙所
提出的要求，不是船艦、金錢或武裝的軍隊，而是一位斯巴達將領；等到他們獲
得這樣一位將領，賜予所有的榮譽和尊敬，像西西里人對捷利帕斯（Gylippus）、
卡爾西斯人對布拉西達斯、或所有在亞細亞的希臘人對賴山德、凱利拉蒂達斯
（Callicratidas）和亞傑西勞斯那種態度[95]。他們把這些將領稱為各民族或君王的指
揮和教練，大家的眼光注視著斯巴達，奉為良好的行為準則和明智的政治體制極
其完美的規範。拉斯地蒙人是全希臘的老師，其他國家都是學生。

　　斯特拉托尼庫斯（Stratonicus）[96]用戲謔的口吻說起：他要制定法律，規定雅典
人負責宗教的遊行行列和神秘儀式，伊里亞人負責主持奧林匹克競賽，如果他們
發生差錯，就要打拉斯地蒙人的屁股。當然這是笑話，不過，蘇格拉底的門人安蒂
塞尼斯（Antisthenes）[97]，當他看到底比斯人在琉克特拉（Leuctra）獲得勝利那種興高
采烈的樣子，一本正經說道，底比斯人興奮的神情像是把老師打了一頓的學童[98]。

31 無論如何，萊克格斯根本沒有意願要斯巴達統治許多其他的城市，
他的想法是國家如同個人，幸福主要來自德行的實踐和成員的和
諧，所以他諸般舉措的目標，是要使他們保持自由的心靈、獨立的自我和節制的
行為。那些在政治方面寫出名著的學者，像是柏拉圖、戴奧吉尼斯（Diogenes）[99]和
季諾（Zeno）[100]，都拿萊克格斯當作榜樣，雖然他留給他們不過是一些構想和爭

---

95 捷利帕斯把敘拉古在414-413B.C.與雅典人對抗的行動也加進去；布拉西達斯幫助色雷斯人
　　將雅典人趕走；從408-395B.C.，賴山德、凱利克拉蒂達斯和亞傑西勞斯王，在小亞細亞和
　　沿著愛琴海的海岸擔任各種軍事指揮職務。然而蒲魯克斯隱瞞事實，捷利帕斯因為過分苛酷
　　給敘拉古帶來很大的麻煩，後來被斯巴達人放逐把所有搜刮的錢財全部運走。
96 斯特拉托尼庫斯是4世紀B.C.的豎琴演奏家，是一位機智百出和妙語如珠的人物。
97 安蒂塞尼斯（445-360B.C.）是犬儒學派的哲學家，他是蘇格拉底的弟子，後來在雅典的城外
　　賽諾薩吉斯（Cynosarges）建立一個學院。
98 底比斯在371B.C.入侵伯羅奔尼撒半島，琉克特拉會戰擊敗斯巴達。
99 希臘主要的哲學家中有三位的名字都叫戴奧吉尼斯，本書指的應是來自夕諾庇的戴奧吉尼斯
　　（400-425B.C.），他是犬儒學派最知名的人物，憤世嫉俗的態度對後世的影響極為深遠。
100 希臘主要的哲學家有兩位的名字是季諾，本書指的應是出生於西蒂姆（Citium）的季諾

論[101]；萊克格斯是先知先覺的開創者，他的政治制度不僅形於文字而且見於事實，而且讓人無法仿效抄襲；一般人認為，個人可以像哲學家養成賢明豁達的心胸，這種狀況無法普及到大眾，但是在他的努力之下，使得整個國家具備這種氣質。他在希臘的立法者當中，真有唯我獨尊的氣概。

雖然他亡故以後拉斯地蒙人為他建造一座廟宇，像神明一樣每年接受獻祭，亞里斯多德還是認為他並沒有受到應有的崇敬。根據傳聞，他的遺骸後來運回斯巴達，所建的墳墓曾為閃電擊中，除了他和優里庇德斯以外，沒有任何傑出之士遭遇這種情況；那位詩人葬在馬其頓(Maacedonia)的阿里蘇薩(Arethusa)[102]，他的仰慕者可以舉這個例子證明他有顯赫的名聲，竟然與一位神聖人物有相同的命運，能夠受到諸神的寵愛。

有些人說萊克格斯亡故在色拉(Cirrha)[103]；阿波羅昔密斯(Apollothemis)認為是他到伊利斯(Elis)以後才逝世。泰密烏斯和亞里斯托克森努斯(Aristoxenus)[104]說他在克里特結束生命；亞里斯托克森努斯特別加以補充，克里特人指出他的墳墓位於帕加姆斯(Pergamus)[105]地區，靠近一條外鄉人經常來往的大道。他只留下名叫安蒂歐魯斯(Antiorus)的獨子，過世以後沒有子嗣使得整個家族無法傳承下來。親朋好友每年為他舉行祭祀的儀式，曾經繼續很久的時間；後來把聚會紀念的的日子定為萊克格斯節慶(Lycurgides)。希帕克斯之子亞里斯托克拉底(Aristocrats)說他在克里特去世，那些克里特的朋友遵照他的遺願，屍身火化將骨灰撒到海裡，唯恐他的遺骸運回拉斯地蒙以後，讓人民找到藉口解除誓言的約束，可以在政治制度方面進行改革。根據以上所述，可以說對萊克格斯的平生事蹟已有充分的交代。

(續)

　　(333-262B.C.)，他是斯多噶學派的創始人。

101 柏拉圖、戴奧吉尼斯和季諾都有名為《共和國》的著作，用來敘述他們的政治理想，字裡行間當然會受到萊克格斯的影響。

102 阿里蘇薩是山林水澤的仙女，這裡用來泛指水木清華之地。

103 色拉位於福西斯境內，瀕臨科林斯灣，是德爾斐的屏障。

104 亞里斯托克森努斯是4世紀B.C.的哲學家和音樂理論家，出生於意大利的塔倫屯，到雅典求學成為亞里斯多德的門人，他的作品存世為數不少，對後世的影響很大。

105 帕加姆斯是小亞細亞的首府，距離海岸有24公里，圖書館的規模僅次於亞歷山卓，是希臘世界一座名城。

第二章
努馬・龐皮留斯（Numa Pompilius）

出身薩賓貴族，繼位為羅馬第二任國王，715-673B.C.在位，
創立宗教制度和祭典禮儀，維持長達43年的和平時期。

1 羅馬貴族世家宗譜雖然能夠很精確地追溯源流直到努馬・龐皮留斯
（Numa Pompilius），可是史家對於他的統治時期卻有種種不同的說法。
有位名叫克洛狄斯（Clodius）[1]的學者，撰寫一部名為《年代訓詁記》的著作，用
權威的口吻提到羅馬的古代記錄，在高盧人（Gauls）洗劫這座城市的時候[2]都已散
失，現存的史料都是後人偽造，完全是為了取悅或迎合某些人的意願，他們想列
名古老的貴族世系，事實上是風牛馬毫無關係。從一般的記載看來，都說努馬是
畢達格拉斯（Pythagoras）[3]的門下弟子，彼此之間非常熟稔；還是有些人要加以駁
斥，很肯定地表示他對希臘的語言和學術一無所知。認為他具有天賦的才華和能
力，能夠自行獲致崇高的德性，或許是他覺得蠻族的導師更優於畢達格拉斯。有
些人堅持他們的看法，說畢達格拉斯與努馬不是同個時代的人物，在世的期間至
少要比努馬晚了五代。

另外有位斯巴達的土著也叫畢達格拉斯，第16屆奧林匹克競賽中贏得一個項
目的優勝，這個時間正值努馬在位的第3年；這位人士可能在旅行經過意大利途

1　克洛狄斯（Clodius Thrasea Paetus, Publius），1世紀羅馬政治家和斯多噶派哲學家，曾在56A.D.
　　出任執政官，著有《加圖傳》為蒲魯塔克所引用，反對尼祿在65A.D.被迫自殺。
2　羅馬建城363年即391B.C.高盧大軍約3萬人越過亞平寧山，次年7月，羅馬軍隊在阿利亞河戰
　　敗，羅馬遭到洗劫，只有卡庇多這個據點能固守數月之久。
3　畢達格拉斯是6世紀B.C.末葉的哲學家和數學家，他是薩摩斯人尼薩克斯（Mnesarchus）之
　　子，奧林匹克62會期第2年即531B.C.為了反對波利克拉底（Polycrates）的暴政逃到克羅頓
　　（Croton），從事著述和教學，參與宗教活動，後來隱退到梅塔朋屯（Metapontum）；所有的著
　　作都已失傳。

中結識努馬，協助他建立國家的規章典範，很多拉柯尼亞(Laconian)的法律和慣例[4]所以出現在羅馬的制度之中，完全基於這種緣故。然而，無論如何還是事出有因，努馬是薩賓人(Sabines)的後裔，這個部族自稱是拉斯地蒙人的殖民地。年代記的史料一般而言都不夠準確，特別是按照奧林匹克競賽優勝名單編排的紀年，伊利斯人希皮阿斯(Hippias)[5]在較晚的時期出版，更是缺乏應有的權威性。現在我們從比較容易著手的方面開始，進而敘述努馬平生最引人注目的事蹟。

2 羅馬建城37年7月5日即卡普羅廷(Caprotine)初盈[6]這天，統治羅馬的羅慕拉斯率領元老院議員和人民，到山羊沼澤舉行公開的祭祀。突然之間天昏地暗，暴雨如注，平民在驚慌之中作鳥獸散；羅慕拉斯在一陣旋風之中消失，從此生死不明。羅馬人民認為貴族涉嫌深重，當時謠言四起說他們對於王權統治感到厭煩，羅慕拉斯的傲慢專橫讓人憤慨，便從事密謀將他除去，權勢和政府就會落到他們的手裡。他們假藉神明的旨意和崇敬的榮譽以轉移人民的猜疑，國王並未亡故而是升到更高的地位。名聲顯赫的普羅庫盧斯(Proculus)出面澄清，發誓說他親眼看見羅慕拉斯全身披掛袍服整齊迎上天庭，並且聽到他在飛升途中大聲喊叫，要大家以後稱他為奎林努斯(Quininus)[7]。

等到這件紛擾平息以後，為了選舉新國王的問題又起爭端，原來的羅馬人和最近搬來的居民，彼此之間存有心結，無法獲得一致的意見。平民有不同的派系爭吵傾軋，元老院議員為了爭權奪利相互猜忌。雖然大家同意需要一位國王，可以由那位人士擔任或出於那個部族，卻成為各持己見的焦點。就那些與羅慕拉斯

---

4 努馬接受拉柯尼亞的法律和慣例，從時間上推算，應該是萊克格斯改革以前；希臘歷史學家認為斯巴達法典是萊克格斯擬訂，事實上包括的內容很難分得出先後，很可能是用他的名義加以理處和編纂而已。

5 希皮阿斯是伊利斯的詭辯家，與畢達格拉斯是同時代的人物，舉凡數學、天文、修辭、詩歌、音樂和歷史，全都精通，在希臘名聲之響亮無出其右，他所撰寫的《奧林匹克運動會優勝選手錄》，是最重要的年代記資料。

6 卡普羅蒂娜是天后朱諾的頭銜，用來稱呼這個月的初盈以致尊重之意；但是按照羅馬人的曆法，初盈在望日前第九天，3、5、7、10月的望日是15日，而其餘各月的望日是13日，那麼7月的初盈應該是7日才對。

7 羅慕拉斯還沒有建立羅馬城之前，薩賓人就在昆林納爾山膜拜地區的奎林努斯，這個神祇也是他們的戰神，將祂與朱庇特、馬爾斯並稱為卡庇多三聯神，各有專設的祭司負責祭祀，後來就將羅慕拉斯封為奎林努斯，祭典在每年的2月17日。

一同建立羅馬城的人來說，他們曾經把部分土地和房屋讓薩賓人分享，現在對於
薩賓人喧賓奪主想要統治自己恩主的要求，全都感到憤慨不平；在另一方面，薩
賓人也毫不退讓地宣稱，自從他們的國王塔久斯（Tatius）逝世以後，保持心平氣和
的態度接受羅慕拉斯獨一無二的領導，所以現在也該輪到從他們的部族中推選一
位國王。何況他們並不是以部屬的身分與羅馬人聯合，羅馬的擴張他們並不認爲
貢獻較小，沒有人數眾多的薩賓人參與其事，羅馬很難配得上享有城市的稱呼。

雙方對於這個問題各執一辭爭論不已，同時也擔憂在中樞無主的狀況下，相
互的對立勢必引起混亂的局面，大家同意由150名元老院議員[8]，輪流行使國家最
高行政首長的職位。每個人接替穿著君王的服飾和章紋，主持莊嚴的祭典或處理
政府的事務，期限是白天和夜晚各6個小時[9]。這種權力的起落無常和平均分配，
可以防範元老院議員之間的敵對情緒，消除人民的嫉妒心理，他們看到一個人升
到國王的位階，不到一個晝夜的功夫降爲市民的身分；這種政體的架構羅馬人稱
爲interregnum[10]即「空位期」。

3 可是，外表這種合乎情理而又溫和的統治方式，未能使平民百姓袪除猜
疑和喧囂，總認爲元老院想要將政治架構改爲寡頭政體，好把最高權力
置於自身監督之下，因而不願選出一位國王。雙方最後獲得一個結論，各別先從
對方選出一位國王，也就是羅馬人推選一位薩賓人，而薩賓人推選一位羅馬人。
這種方式被認爲是最佳的權宜措施，可以終止黨派和部族之間所有的隔閡和分
歧，被選出的君主會與雙方保持親密的情感，因爲一方是選他的人而另外一方是
他的族人。薩賓人把最後決定權交給最早的羅馬人，至於羅馬人比較願意接受他
們選出的薩賓人，並非由薩賓人推選的羅馬人成爲國王。經過商議以後，羅馬人
推舉薩賓人努馬·龐皮留斯，是一位清高絕俗而又名聲遠播的人物，雖然他並不

8　元老院議員的人數最早是100名，到薩賓人加入變成200名，後來是三個部族各100名共300
　　名，80B.C.蘇拉將名額加倍成爲600名，朱理烏斯·凱撒加上高盧人成爲900名；本書所指150
　　名不知是何緣故。

9　每天輪流由兩位元老院議員擔任國家元首，白天和夜晚各輪值一半的時間，才有這樣精密的
　　算法。

10　空位期是指兩位國王之間一段過渡時期，老王逝世而新王尚未經過合法程序而產生；這時元
　　老院指派有元老資格的議員擔任國王的職務，一共有10個人成爲一組接班的隊伍，每個人負
　　責的時間是5天，擁有全部的權力和典儀。

住在羅馬，一經提名馬上爲薩賓人接受，表現出比推選者更爲熱烈的情緒。協商的結果宣布以後，雙方的主要人員奉到指派前去拜訪努馬・龐皮努斯，說服他接受政府的最高職位。

　　努馬住在薩賓人的著名城市名叫庫里斯(Cures)[11]，羅馬人和薩賓人的共同稱呼Quirites[12]即「公民」就是由此得名。他的父親龐波紐斯(Pomponius)出身顯赫；努馬是排行第四最年幼的兒子，生在4月21日(這是神明的安排)，就是羅馬建城的那一天[13]。他具有超凡入聖的靈性和的卓越出眾的德行，受到宗教戒律和嚴苛生活的陶冶，深入研討哲學的理論，不僅袪除出於低等本能的激情，就是那些被蠻族視爲高人一等的暴力和貪婪，也不會在他的身上出現。他提出正確的信念，大勇在於理性克制情感。他的居家生活摒棄所有的奢侈和安逸，無論是市民還是外鄉人，都認爲他是一位公正的仲裁和顧問。他在私下對於娛樂和賺錢毫不動心，致力於崇拜不朽的神明，沉思於理性的冥想用來體會神性的力量和性質；因爲他的盛名在外，羅慕拉斯的同僚塔久斯選他做女婿，把獨生女兒嫁給他爲妻。不過，這件婚事並沒有讓他產生虛榮心，願意隨著他的岳父住在羅馬，還是與族人相處在一起，奉養已經年老的父親。塔提婭(Tatia)比較喜歡丈夫過樸素的生活，寧願放棄與父親在一起所享受的榮華富貴。據說她結婚13年以後過世。

　　4 努馬因而拋棄城鎮的交往關係，離群索居到鄉村，經常單身前往奉獻給神明的叢林和田野，在寥無人跡的地方過著孤獨的生活。這種特殊的情形與一位女神的故事有關，努馬之所以遠離人類社會，並不是出於憂鬱的個性或混亂的心情，而是嘗試到一種更高的交往所帶來的愉悅。伊吉麗婭(Egeria)女神[14]的相愛相親締結來自上天的姻緣，使他獲得神性的幸福和智慧。這個故事非常明

11　庫里斯是薩賓人在拉丁姆地區建立一城市，位於羅馬北方約40公里。

12　Quirites是指有公民身分的羅馬市民；有人認為是沒有在羅馬軍隊服行兵役的市民，所以提到凱撒在擔任笛克推多的時候，對鬧事鼓譟的士兵講話，使用"Quirites"而不是"Citizens"這個稱呼，對他們的行為表示藐視之意。

13　不過，有人認為羅慕拉斯開始動工那天，應該是該月的30日，因為正好發生日蝕，提奧斯詩人安納瑪克斯親眼所見，年份是在奧林匹克6會期第3年即754B.C.。

14　羅馬的卡皮那(Capena)門外一處叢林中，伊吉麗婭和森林之神卡米尼(Camenae)一起接受祭祀，懷孕的婦女向她膜拜，可以在生產時獲得保佑；她是意大利人所謂的精靈，住在山林水澤之中，據稱與努馬有非常親密的關係。

顯類似若干古老的神話，就像在弗里基亞人中流傳的阿蒂斯(Attis)[15]、俾西尼亞人(Bithynians)的希羅多德(Herodotus)[16]、阿卡狄亞人(Arcadians)的英迪彌恩(Endymion)[17]，還不算那些受到神明恩賜和愛慕的寵兒。如果神明是人而非馬和鳥的愛人，當然就會與有德性的人來往；要是與明智而節制的凡人相交，視爲並非自貶身價的行爲，那麼努馬的故事看來似乎不足爲奇。雖說任何一位神明或精靈，能夠對人類的形體或美觀，發洩感官或肉體的愛戀和情慾，聽來還是令人難以置信的事。

然而，明智的埃及人所做的區別其來有自；他們認爲神靈可以與女人交媾，孕育出人類最早的世代；在另一方面，男性要與神明發生肉體的接交或混雜是不可能的事。無論如何，他們並不以爲一方面出現的行爲，在另一方面必然如是；嚴格而論，雜交就是一種互惠，不是單方面的施恩。要是認爲神祇會對凡夫俗子產生戀情，等於對人類的美德和優越的氣質表示關切之意，也是很恰當的想法。因此，那些杜撰故事的人沒有什麼過錯，像是福巴斯(Phorbas)、海阿辛薩斯(Hyacinthus)和埃德米都斯(Admetus)受到阿波羅的寵愛；還有英俊的希波萊都斯(Hippolytus)[18]更使阿波羅傾心，每當他從西賽昂(Sicyon)[19]啓航前往色拉的時候，德爾斐神廟的女祭司總要朗誦揚抑抑格六音步詩句[20]，藉以表達神明的關懷和愉悅：

---

15 弗里基亞人阿蒂斯是一位美男子，成為自然女神西布莉(Cybele)最寵愛的人，他為了不讓自己受到其他女人的勾引，用刀自宮成為閹人，從此安心服侍西布莉，奧維德(Ovid)有長詩記述此事，以後的宦官和太監都奉阿蒂斯是始祖。

16 這位希羅多德是塔蘇斯人阿里烏斯(Arieus)之子，當代有名的醫師。

17 英俊的牧人英迪彌恩使得月神塞勒涅(Selene)情不自禁地愛上他，希臘女詩人莎孚(Sapho)的情詩，將雙方的戀情描得極其生動。

18 希波萊都斯是帖修斯與亞馬遜女王所生的兒子，是一位身強力壯的美少年，與狩獵女神阿提米斯(Artemis)相戀，有次見到愛與美之神阿芙羅黛特，竟然毫不理會使她大為嫉妒，因而施法術使他的後母斐德拉(Phaedra)對他示愛，在受到拒絕以後，斐德拉向帖修斯哭訴，說是希波萊都斯在勾引她，然後上吊身亡。帖修斯相信斐德拉的話就詛咒他的兒子，等到希波萊都斯被殺後，阿波羅為他主持公道，詳情大白恢復他的名譽。

19 西賽昂位於伯羅奔尼撒半島的北岸，與德爾斐隔著50公里寬的科林斯海灣遙遙相望。

20 英雄詩體多用於史詩或敘事詩，最早出現在荷馬的著作之中，古代的吟遊詩人口口相傳，重視韻腳和音步的配合，講究聲調和節奏的鏗鏘，常見的形式如古典史詩中揚抑抑格六音步詩體，以及英詩中抑揚格五音步詩體。

斯人揚帆而來，

歷經波濤之險。

　　根據傳說，牧神潘（Pan）[21] 曾經爲品達（Pindar）所寫的詩句對他極其迷戀；赫西奧德（Hesiod）和阿契洛克斯（Archilochus）過世以後，爲著九繆司的緣故運用神力將榮譽賜給這兩位詩人[22]；索福克利（Sophocles）在世的時候，埃斯科拉庇斯（Aesculapius）[23] 與他住在一起，對於這個記載仍舊留下很多證據，那是說索福克利死後，有位神明很關心他的葬禮[24]。如果前述的例證還能讓人相信，那麼同樣的神靈去拜訪札琉庫斯（Zaleucus）[25]、邁諾斯（Minos）、瑣羅亞斯德（Zoroaster）[26]、萊克格斯和努馬這些王國的統治者以及國家的立法者，爲何會判定是無稽之談呢？當然不會如此，我們大可以相信，神明抱著嚴肅的態度，在這些人舉行會議或進行討論的時候，不僅在旁協助還要給予激勵和指導；雖說訪問詩人或音樂家，總是會表現出遊戲人間的心情；但是，對於這些不同的見解，誠如巴克利德（Bacchylides）[27] 所說：「道路何其寬廣。」因此，某些對於萊克格斯、努馬和其他著名立法者的敘述，並沒有荒謬不經之處。他們要說服固執和倔強的民眾，進行偉大的改革，便會藉重神明的權勢，即使這種狀況不一定眞實，也是爲了有利於立法的對象，所採用的權宜之計。

21　希臘神話的牧神潘是赫耳墨斯的兒子，大多數傳說故事中，都把他看成山林水澤的精靈，是牲口和牧人的保護者，人身羊足，頭上長角，吹奏著排簫，喜歡飲宴過著花天酒地的生活。

22　德爾斐的神讖提出很明確的指示，殺死阿契洛克斯的人會受到詛咒，因爲被害者是繆司的侍從。當奧考麥努斯遭到瘟疫的時候，同樣有一份神讖訴當地的居民，要想獲得拯救，必須將赫西奧德的遺骨從瑙帕克都斯遷到本城。

23　埃斯科拉庇斯是醫療之神，原來供奉在伊庇道魯斯（Epicaurus），羅馬人遵照《西比萊神諭集》的指示，將他接進國門，從此成為除了朱庇特以外最受尊敬的神祇。

24　據說賴山德要求戴奧尼蘇撕，讓索福克利與他的祖先葬在同一個墓地，就是到迪西利亞的道路旁邊，後來這個地方被拉斯地蒙人占領。

25　札琉庫斯是650B.C.左右的立法者，據說他從洛克里人（Locri）那裡引進希臘第一部法典，雖然法條非常的嚴酷，還是被在意大利和西西里的希臘城市所採用。

26　瑣羅亞斯德（628-551B.C.）古代波斯祆教即拜火教的創始人，建立善惡兩元論的宗教體系，倡導政教合一的原則，對後世發生極其重要的影響力。

27　巴克利德是6-5世紀B.C.的詩人，生於西奧斯（Ceos）島，他是大詩人賽門尼德的姪兒，善於各種詩體的創作以抒情詩最為擅長，曾在帖沙利、馬其頓、西西里和伯羅奔尼撒各地居住和寫作，只有殘餘的詩句存世。

5 當使者前來敦請努馬出任國王的時候，他的年齡在40歲左右；普羅庫盧斯和維勒蘇斯(Velesus)擔任說客，本來以爲人民會從這兩個人中間推選一位成爲新王；原來羅馬人中意普羅庫盧斯，薩賓人擁護維勒蘇斯。他們的講話很簡短，認爲此行是爲了奉上王國，無須多加勸說努馬就會欣然接受；出現的情形完全與預期相反，發現要提出很多理由和懇求，勸說一位過著和平和安寧生活的人，來接受一個城邦的統治權，這個都城的建立和發展完全運用戰爭的手段。努馬當著他父親和一位親戚馬修斯(Marcius)的面回答道：

> 個人生活之中每項改變都會帶來危險；只有陷入瘋狂之境，才會讓一無所求而又滿足現況的人放棄已經習慣的生活。無論這種生活有那些缺失存在，要是同那些全然未知而又充滿疑惑的處境相比，至少有個優點就是自知之明。何況，這個政權所面對的困難，已經無法讓人用「不知情」來規避；首任國王羅慕拉斯逃不掉密謀殺害同僚塔久斯的嫌疑；元老院同樣受到指控出於叛逆的罪行弒殺羅慕拉斯。可是羅慕拉斯還有占便宜的地方，被大家認爲是神明的後裔，撫育和教養的方式被人視爲不可思議；我的身世是只一個凡夫俗子，撫養和教育我的人大家都很熟悉。要說我性格上最受讚許之點，就是不適合擔任統治的職位；喜愛退隱的生活，追求與實務無關的學問。深植我心靈是對和平的渴望，情願從事背離戰爭的工作，來往的人士會聚在一起敬拜神明和親切交談，通常會把生命消磨在農場和牧地。我認爲像我這樣的人，應該是要到各處去規勸大家敬拜神明，教導他們愛好公理和正義以及厭惡暴力和戰爭；就需要一個打仗的隊長而不是一個仁慈的國王而言，我對這樣的城邦只算是一個笑柄而已。

6 兩個羅馬人聽了這番話，知道他要拒絕接受王位，更加急迫的懇求和勸告。請他不要在這種情勢下對羅馬置之不理，讓大家重蹈從前的暴亂和內部的傾軋之中，而且這也是必然的結局，因爲除了他以外，沒有一個人能爲雙方所接受。最後，他的父親和馬修斯將他拉到旁邊，勸他接受這項高貴的任務，看來並非人世而是上天的賜與。他們說道：

雖然你沒有貪圖財富的意願，也不去追求權柄的光榮，那是因為你已
感到滿足，而且享有崇高的聲譽。你要將統治的職責視為對神明的服
務，祂現在已經召喚你必須把公正和智慧的特質化為具體的行動，絕
不可以妄自菲薄棄而不用。國王的職位等於提供施展抱負的場地，就
一個卓越見識的智者來說，可以完成推行仁政的事功，可以舉行敬畏
神明的祭典，可以創制信仰虔誠的習俗；有關這些重大的事項，只有
運用權威才能領導人民達成使命；所以，對於他們的請求你必須停止
拒絕和規避。塔久斯雖然算是外鄉人，還是受到人民的愛戴，羅慕拉
斯的英名長在，最後能夠接受神聖的榮譽。現在這個民族在贏得勝利
以後，也許會對戰爭產生厭煩的心理；獲得的戰利品和掠奪物使他們
感到滿足，期望一位愛好和平與正義的君王，領導他們建立社會的安
寧和國家的秩序，關於這些後果又有誰知道？即使無法控制他們的欲
望仍然瘋狂走向戰爭，那麼統治權掌握在生性溫和的君王手中，可以
把人民的怒火轉向其他的方面；就是你的城邦和整個薩賓部族，因為
你的職位所產生的影響力，可以與這個正在茁壯而日益增長的強權，
建立善意和友情的親密關係，這種做法對雙方豈不更好？

　　他們列舉理由向努馬規勸的時候，據說出現幾個吉兆。本族的公民表現熱情
的態度，在知道他們的來意以後，全都懇求他同使者到羅馬去，接受王位藉以達
成兩個部族的統一與和諧。

7 努馬聽從這些忠告，祭神以後動身前往羅馬，在路上遇到元老院議員和
　　人民，他們都已急不可耐要趕出來迎接。婦女對他發出快樂的歡呼，所
有的廟宇為他向神明獻祭，他們那種興高采烈的樣子，好像不是接受一個新國王
而是一個新王國。他在這種盛大歡迎之下進入市民會場，空位期輪值的臨時攝政
是司普流斯‧維久斯(Spurius Vettius)，當場提付人民投票表決，全體高聲呼叫擁
戴他為羅馬國王。然後向他獻上法器和袍服以彰善王權的威嚴；他拒絕接受，認
為還沒有向神明請示得到認可；於是在祭司和占卜官[28]的陪同之下，他登上卡庇

28　羅馬人的宗教活動和儀式，占卜團與祭司團同樣的古老而且擁有獨立的地位，占卜官的職責

多（Capitol）神殿，當時的羅馬人稱爲塔皮安（Tarpeian）山。占卜長[29]用袍服蒙住努馬的頭，將他的臉轉向南方，站在他的身後舉起自己的右手放在他的頭頂，開始祈禱並向四周觀望，預期神明會降下一些吉兆。這時群眾聚集在市民會場，保持靜肅而虔誠的神情，懷著同樣的期待和疑慮，很快發生令人驚喜的情況，顯示吉兆的鳥群出現並在右方通過。努馬才穿上國王的袍服，從山頂下來走到人民中間，大家用歡聲雷動的喊叫和喝采，把他當成神聖的國王和諸神的寵兒，衷心的接受和祝賀。

努馬在登基以後首先要做的第一件事，就是解散保護羅慕拉斯的300名衛隊，過去將他們稱爲Celeres即「捕快」[30]；他說要與人民建立共識，要是失去人民的信任，這種統治毫無意義可言。他做的第二件事情，是在原有負責祭祀朱庇特和馬爾斯的兩位祭司之外，爲了推崇羅慕拉斯特別增設一名，並且稱之爲奎林納利祭司[31]。古代的羅馬人將祭司稱爲Flamines[32]，這個字是Pilamines的訛音，而Pilamines是祭司戴著一種稱爲Pileus的帽子而得名。在那個時代，希臘字和拉丁字混用的情形，比起現在還要嚴重；因此，誠如朱巴（Juba）所說，稱爲Laena的「皇袍」就是希臘文的Chlaena；他們將父母雙全在朱庇特神殿服務的男童取名爲Calmillus，這是希臘人爲商業之神麥邱里加上的尊稱，用來彰顯他是「神的使者」。

（續）

不是對未來的事務做出預告，而是對當前的徵兆判定吉凶，除了鳥卜和詳夢以外，後來又從伊特拉斯坎人習得動物內臟占卜術。

29 占卜長協助國家元首或領兵出征的統帥，在任何軍國大事採取行動之前，進行占卜，從各種徵兆察知神明的旨意，以確定他們的行動蒙受神明的允許和庇護。

30 最早的衛士獲得celeres即「捕快」的稱呼，是因為他們受領任務以後，能夠展開迅速的行動，等到後來伊特拉斯坎地區有12個城市，每城派遣一位執法員為執政官服務，才稱為lictors即「扈從校尉」。

31 王政時期有一個直屬國王的祭司團，共有15員燃火祭司，其中以朱庇特、馬爾斯和奎林努斯的三大專設祭司最為重要，具有獨立的性質，服飾與其他祭司有別，還有很多禁忌，特別是朱庇特的大燃火祭司：諸如不能離開羅馬城、不得穿打結的衣服、任何帶著鐐銬進入他的住所應立即釋放、不得裸露在陽光之下、不得訪問軍隊或騎馬，不得接觸到任何與死亡有關的事物。

32 很多學者認為flamines這個字是「燃火」之意，來自梵文的婆羅門，祭祀時的舉火有淨化的作用，這是古代最早的宗教概念；也有人認為稱作Flanines的祭司，是指終身任職，服侍朱庇特、馬爾斯和奎林努斯的三大燃火祭司。

8 等到這些措施贏得人民的擁護和愛戴以後，努馬立即從事一項工作，要讓羅馬人冷酷和剛強的性格變得更為溫厚和公正；柏拉圖曾經提到處於狂熱狀態的城市，對於那個時代的羅馬而言是最好的寫照。羅馬的起源來自一群膽大妄為的好戰分子，冒險行動的英勇和戰鬥將他們從各處帶到此地，因而羅馬發現只有不斷的戰爭和侵略，是維持生存和發展的手段，危險和衝突是新生力量的泉源；他們就像木樁，靠著鐵錘的重擊才能牢固矗立地面。這個民族有很多狂妄而倔強的人物，想要使他們馴服能夠傾心於和平，努馬認為絕非易事，必須發揮宗教的影響力。他經常主持獻祭的典禮，舉辦遊行活動和宗教舞蹈，莊嚴的儀式與高雅和深具教化作用的娛樂相結合，能夠贏得他們的好感，逐漸緩和暴烈和慓悍的脾氣。他有時會在他們的想像之中充滿宗教的畏懼感，宣稱曾經看見奇異的幽靈，聽到可怕的聲音，運用超自然的能力，對於他們的心靈施以控制和刺激。

努馬運用此類措施使大家相信他與畢達格拉斯非常熟悉，因為後者所撰哲學的論點，如同前者所擬政策的內涵，人與神的關係占有很重要的位置。據說，他之所以保持莊嚴穆肅的服飾和儀態，就是與畢達格拉斯有同感的緣故。有人提到畢達格拉斯曾經馴服一隻鷹聽從召喚，在飛行途中猝然降落到他面前；當他參加奧林匹克競賽在觀眾中走過的時候，向大家顯示長著金色毫毛的大腿；此外還有很多奇特而怪異的行徑，斐拉西亞人(Philasian)泰蒙(Timon)[33]據以寫出押韻的聯句：

> 點石成金術士容；
> 高山流水哲者風。

運用同樣的手法，努馬說是一位女神或山林水澤的精靈，不僅愛他還要幽會，如同前面所述。而且他還提到曾與九繆司進行親切的談話，所得到的啟示大部分來自她們的教訓，在這些神明之中，他特別敦請羅馬人尊敬一位稱為塔昔它(Tacita)的靜默女神，他為了效法畢達格拉斯的沉默寡言，用這種方式表示仰慕之意。他對神像的意見和畢達格拉斯的理論能夠契合；畢達格拉斯認為存在的基本

33　斐留斯人泰蒙(320-230B.C.)是懷疑學派哲學家，幼年家貧擔任舞師，年長後追隨伊利斯的皮隆(Pyrrhon)學習，以卡爾西頓(Chalcedon)的詭辯家知名於世，後來遷居雅典教學，沒有傳世的作品。

原則在於超越感覺和情緒，不具形體而且永不腐朽，只有藉著形而上的智慧才能
理解。因此努馬禁止用人或獸的形狀來代表神，不許他們擁有神明任何繪畫或雕
像，這種要求維持170年之久。

在那段期間，羅馬人保持純樸的風氣，廟宇和家祠裡面沒有神像，他們認為
用卑賤的物品來比擬崇高的神明，斥責為邪惡的行為；除了純潔的智慧，一切接
近神明的努力全屬徒然。他的獻祭不用流血的犧牲，也與畢達格拉斯的儀式極為
類似，只用麥粉、酒和不貴重的祭品。其他外在的證據也可顯示他與畢達格拉斯
的關係匪淺，一位古代的喜劇作家伊匹查穆斯（Epicharmus）[34]，可以歸於畢達格
拉斯同一學派，在一部題詞獻給安提諾（Antenor）[35] 的作品裡面，有一段記載說是
畢達格拉斯成為羅馬一個自由民。

再者，努馬將四個兒子其中之一命名為瑪默庫斯（Mamercus），這也是畢達格
拉斯一個兒子的名字；古代貴族世家伊米利家族（Aemilli）的名稱，據說就是由此
而來。努馬有鑑於那個兒子的談吐優雅動聽，給他加上伊米留斯（Aemilius）的稱
呼。我還記得在羅馬的時候聽到很多人提及，神讖指示樹立兩座雕像，分別是希
臘最有智慧和最為勇敢的人物，努馬建立的兩座銅像[36]，一座是畢達格拉斯，而
另一座是亞西拜阿德（Alcibiades）[37]。當然這些事情的正確性如何很成問題，何況
也不是很重要，無須大費周章多加探討。

9 在努馬最早擬定的制度中將祭司稱作Pontifices，據稱他也是其中的成員
之一而且名列首位，至於Pontifices這個稱呼來自 potens即「權力」的意
思；因為他們負責服侍神明，要知道神明具有主宰萬事萬物的權力。還有一些人認
為這個字表示「有求必應」，祭司只執行可能的職務，如果超過他們的能力，不必
為這種例外的狀況受到苛責。有種最常見說法最為荒謬，認為是由pons即「橋」這

---

34 伊匹查穆斯是6-5世紀B.C.的喜劇作家，出生於西西里的敘拉古，在海隆一世（Hieron I）的宮
　　廷供職，據說他寫出很多哲學和科學方面的著作，所有的作品只有名稱和殘句傳世。

35 安提諾（540-500B.C.）是雅典雕塑家，最著名的青銅作品是哈摩狄斯（Harmodius）和亞里斯托
　　杰頓（Aristogiton）的群像，480B.C.被澤爾西斯搶走，送回以後放置在人民會堂；據說德爾斐
　　阿波羅神廟東側的三角山花是出自他的手筆。

36 根據老普里尼的說法，這兩座雕像放在羅馬的市民廣場，時間是從與薩姆奈人的戰爭（343-
　　290B.C.）一直到蘇拉的時代（138-78B.C.）。

37 亞西拜阿德（450-404B.C.）是雅典的政治家和將領，有關他的平生請參閱本書第六篇第一章。

個字衍生出來，並且給祭司加上「造橋者」的頭銜。在橋上獻祭是一種神聖而古老的儀式，就是橋梁的保養和修護的工作，也像其他與公眾有關的神聖職務一樣，全都歸祭司負責。破壞木橋的行為不僅犯法而且褻瀆神聖，據說為了遵奉神讖的指示，橋梁完全用木頭建造，使用榫卯和木釘牢接，不使用任何鐵釘或箍環。石橋的建造是很久以後的事，要等到伊米留斯做財務官的時代[38]；有人說就是再古老的木橋也與努馬無關，要到他的外孫安庫斯‧馬修斯(Ancus Marcius)[39]當國王才興建完成。

　　Pontifex Maximus即「祭司長」或「最高神祇官」[40]的職務是宣布和解釋神律，或者說是主持祭神的儀式；不僅制定公眾儀式的規範，也管理私人獻祭的行為，不可以違背相沿成習的慣例，就祭拜或祈禱所必需準備的事項，對每個人提供有關的指示。大祭司也是灶神處女的監護人，然而這幾位女祭司和永恆的聖火，據說都是由努馬設置。他的概念是純潔清澈的火焰應該由貞節無瑕的人來照料，或許是那些明亮無用的火具有處女的特質；在希臘凡是設置永恆聖火的地方，如同德爾斐和雅典，照料的責任並非交付處女而是婚期已過的孀婦。如果出於任何事故導致聖火的熄滅，像是雅典在亞里遜(Aristion)[41]暴政下的聖燈被打碎[42]，提到德爾斐，當神殿被米提人(Medes)[43]燒毀的時候，還有米塞瑞達底(Mithridatic)戰爭[44]和羅馬內戰的時代[45]，不僅聖火熄滅就是祭壇也遭毀壞。

38　伊米留斯出任財務官在羅馬建城575年即179B.C.。

39　安庫斯‧馬修斯是王政時期第四代國王，薩賓人，統治時間641-616B.C.。

40　Pontifex Maximus稱祭司長或最高神祇官，是9到16人祭司團之首(王政時期結束後是9人，蘇拉恢復為15人，凱撒再增為16人)，共和時期的民選官員中，只有這個職位只設置一人，選上以後可以終身任職，而且提供寬敞的官邸，朱理烏斯‧凱撒曾出任這個職位。

41　亞里遜是1世紀B.C.伊庇魯斯的哲學家，後來成為雅典的僭主87B.C.第一次米塞瑞達底戰爭中，受到蘇拉的圍攻，城破被殺。

42　羅馬建城667年即87B.C.，蘇拉圍攻雅典，亞里遜是該城的僭主，供奉雅典娜女神的聖燈因缺油而熄滅，他根本不以為意；本書第十三篇〈盧庫拉斯〉第19節和第十二篇〈蘇拉〉第13節都有這件事的記載。

43　希臘人所指的米提人實際就是波斯人，希羅多德在《歷史》第8章36-38節中，提到波斯人向德爾斐進軍，要搶劫神殿的財物和寶藏，後來出現神蹟將敵人趕走。

44　米塞瑞達底戰爭共有三次：第一次戰爭是89-85B.C.，潘達斯國王米塞瑞達底入侵羅馬帝國的小亞細亞，蘇拉出兵平定；第二次是83-82B.C.；第三次是74-63B.C.，龐培率領大軍到東方，終於獲得徹底的解決。

45　羅馬內戰分為兩個階段：前面階段是49B.C.凱撒渡過盧比孔(Rubicon)河到45B.C.平定西班牙，掌握羅馬全局為止；第二階段是從44B.C.凱撒被刺到30B.C.屋大維戰勝安東尼為止，整

等到後來要再度點燃聖火，使用普通的火花或火焰被視爲褻瀆神聖的行爲，只能用純潔不受污染的太陽光線。通常使用凹透鏡，形狀像是一個旋轉的直角等腰三角形所構成若干片鏡面，從周邊反射的線在中心點交會，他們將這面裝置舉起對著太陽，光線就會在輻合點聚集，使得空氣變得精純，獲得火的實質和功能，任何輕盈而乾燥的可燃物質一經接觸，就會起火燃燒。有些人的意見是灶神女祭司的職責是保存聖火，另外一些人認爲她們是神聖秘密的保管者，除了她們任何人不得接觸，至於那些秘密之中可以合法詢問和敘述的部分，我們要登錄在卡米拉斯的傳記裡面。

10 努馬最初委派的2名灶神處女，據稱是吉蓋尼婭（Gegania）和維里尼婭（Verenia），她們的繼任人是卡奴利婭（Canuleia）和塔皮婭（Tarpeia）；後來增添2名，4員定額一直保持到現在[46]。努馬爲灶神女祭司制定的法規如下：她們要宣誓保持童貞30年，頭10年要學習她們的職務，第二個10年要執行她們的職務，最後10年將它傳授給接替的人；完成全部期限以後可以合法結婚，脫離聖職過自己所喜愛的生活。據說她們很少有人願意還俗；即使這極少改變身分的女祭司，後來也得不到幸福，生命中充滿悔恨和悲痛。所以絕大多數人出於宗教的恐懼和顧慮，盡量克制自己的欲念，直到老死都過著嚴苛的獨身生活。

灶神處女獲得很大的特權和福利，用來彌補她們爲執行職務所做的犧牲，諸如：當父親還在世的時候有權立下自己的遺囑；無須監護人或家庭教師的同意，可以自由處理自己的事務，只有生下三個子女的母親才能獲得類似的婦女特權[47]；當她們外出的時候，扈從校尉背著權標走在前面開道；要是在行走的途中遇到送往刑場處決的死囚，這個罪犯的性命可以保住，不過要立誓相遇完全出於偶然，絕非故意安排或有所圖謀；任何人要是衝撞到她們乘坐的肩輿會被處死。

要是這些灶神女祭司犯下較輕的過失，只有大祭司可以施以懲罰，犯者受到

（續）————————————

個內戰的時間涵蓋20年之久。

46 灶神女祭司的員額原來是4員，後來增加到6員，補充人選是出身貴族的6到10歲童女，最後由大祭司來決定。

47 擔任灶神女祭司有很多特權，十二表法第5表第1條：「婦女即使成年，亦須有人監護……惟灶神處女除外……她們應免於受管制。」羅馬早期的父權成爲主宰家庭的力量，婦女和未成年男子沒有獨立自主的法權，應置於父親或丈夫的監護之下，只有灶神處女能處理自己的財產和遺囑。

鞭笞，有時要脫去衣服施刑，所以要在黑暗的地方，中間還要拉起一道簾幕。她如果違背守貞的誓言，就會被活埋在科林尼(Colline)城門[48] 附近，一個名叫agger的地點，城內有一道小土丘延伸到該地；小丘底部有一座小室，向下有樓梯可以通達。他們在室內準備一張床，點燃一盞燈，留下一些食物，像是麵包、飲水、一桶牛奶和一些橄欖油；為了使那個奉獻宗教最神聖職務的人，不能說是因飢餓而死。他們把罪犯的女祭司放在一張异床上面，全身嚴密覆蓋再用繩索綁牢，使人無法聽到她發出的聲音；然後大家把她先抬到市民會場，當她的异床經過的時候，所有的人都默默躲避，隨伴著停屍架的人員帶著莊嚴而肅靜的哀痛神色，實在說，沒有任何場面更能讓人感到驚駭，也沒有任何日子使得城市顯得更為悲傷和憂愁。等他們到達執行死刑的地點以後，官員鬆開綑綁的繩索，大祭司兩手舉向上天，在行刑前先低聲禱告，把全身覆蓋的罪犯扶起來，放在通往小室的階梯上面，這時他與其他的祭司一起轉過臉去。在犯人走進小室以後，他們拉起樓梯，用大量泥土把小室的進口填滿，使人無法把它和土丘的其他部分加以辨別。這就是灶神處女違犯守貞誓言的懲處方式。

11 努馬建造灶神廟據說是用來作為聖火存放之所，這座廟是圓形並不代表地球，以及與地球相似的灶神；而是表示整個宇宙的形狀，畢達格拉斯學派把火這個元素放在宇宙的中心，就把灶神的名稱和單位使用在那個地點。他們的論點是地球並非固定不動，沒有位於宇宙的中央，只是環繞著火的位置在作圓形運動，因而認為地球並非主要的原素之一。就這方面而論，他們與柏拉圖的意見一致，據稱柏拉圖在晚年認為地球居於宇宙的旁側，中央這個統轄萬物的位置應該留在更為崇高的天體。

12 祭司還能發揮影響更為深遠的功能，就是在葬禮的習俗方面對人民提出指導。努馬教他們要重視這些禮儀，當作下界諸神應盡的責任不會沾污聲譽，因為我們大部分人員要交到這些神祇的手裡，他們特別要尊敬主

48　科林納門在舊城塞爾維安城牆(Servian Wall)的西北角，是薩拉里亞大道(Via Salaria)和諾門塔納大道(Via Nomentana)的起點。

持喪葬儀式的黎比蒂娜（Libitina）女神[49]；是否他們所指的神明是普羅塞賓娜（Proserpina）[50]，也許那些最有學問的羅馬人認爲是維納斯；要是把人類生命的開始和終結歸於一位神明來掌管，這種說法也沒有什麼不合適的地方。努馬規定服喪的期限，按照死者的年齡有所區別；例如，3歲以下的幼兒不必服喪；年齡較大已到10歲，有幾歲就服幾個月的喪，最長的喪期無論何人都不得超過10個月；這個最長10個月的期限，是爲死去丈夫要繼續守寡的婦女而定，如果喪期未滿再醮，按照努馬的法律她要獻祭一條懷有小犢的牝牛。

努馬另外還創設幾種祭司團體，我現在僅提Salii即「沙利祭司團」[51]和Fecials即「議和祭司團」[52]兩種，最能證明他那虔誠和神聖的性格。議和祭司團像是從職務的性質而得名，就是用協商和談判來平息爭執，除非他們宣布一切調解的希望都已絕滅，否則不許出動軍隊；就希臘文的解釋，所謂和平是藉著言語而非依靠武力來解決紛爭。羅馬人在受到其他人所給予的傷害的時候，通常會派遣議和祭司團或傳令官前去要求賠償，如果遭到拒絕，祭司就請神明做見證，賭咒沒有不公正的行爲，要是違背誓言任憑神明降禍於個人和國家，然後才宣戰。沒有得到祭司的同意或是違反他們的意志，軍人或國王都不得動用武力；他們發起戰爭，最初是當成公平的挑釁行爲，等到把執行的責任交給主將之後，他們的任務是繼續深思熟慮，考量後續戰爭進行的方式和程序。有人認爲高盧人所以對羅馬實施過分的殺戮和破壞，就是城邦的判斷竟然忽略這項宗教程序。

當那些蠻族圍攻克祿西姆（Clusium）[53]的時候，費比烏斯·安布斯都斯（Fabius Ambustus）派到他們的營地替被圍者談判和平；等到高盧人用粗魯的態度加以拒絕以後，費比烏斯自認使者的任務已經結束，沒有多加思索就加入克祿西姆的陣

49　黎比蒂娜是意大利喪葬女神，在羅馬建有廟宇，死者的家屬要在那裡辦理登記；葬禮在入殮或下葬九天後舉行，關於死者的祭祀有兩個節日，就是2月的Parentalis即「祭祖節」和5月的Lemuria即「渡亡節」。

50　普羅塞賓納是羅馬神話中司種子發芽的女神也是陰府的冥后，相當希臘的佩塞芬妮女神；249B.C.和207B.C.，元老院下達敕令要爲她安排祭祀的節日。

51　沙利祭司團的成員是12人，每年的2月和10月要舉行盛大的遊行，穿上繡紋的衣袍，披掛銅製胸甲，手執Ancilia神盾，唱著讚美歌，跳莊嚴的三拍舞步。

52　議和祭司團或稱使者祭司團或外交典儀祭司團，成員有20名，負責執行和解釋有關國際的條約和禮儀，尤其是在交戰、締約、保護外國使者、引渡等方面，代表羅馬人民參與所有的工作和儀式。

53　克祿西姆的居民是薩賓人的一支，城市在羅馬北方約100公里。

營，向敵軍最勇敢的戰士挑戰做單人搏鬥，費比烏斯很幸運能夠殺死對手，獲得
冑甲和武器作爲戰利品。等到高盧人發現眞相，便派遣一位使者到羅馬去指控費
比烏斯，因爲雙方沒有宣戰，他的行爲違反國家之間的法律，破壞彼此的和平。
羅馬元老院的議員就此一事件進行辯論，議和祭司團認爲應該將費比烏斯交給高
盧人處置；費比烏斯在宣判之前逃到人民大會，獲得祖護免於這項裁決的罪名。
基於這個原因，高盧人進軍羅馬，占領卡庇多神殿以後，開始洗劫全城。有關的
詳情，將在卡米拉斯的傳記中敘述。

13 沙利祭司團的起源如下：努馬在位第8年，一場可怕的瘟疫蔓延全意
大利，羅馬城同樣難逃生靈塗炭的命運。就在羅馬的市民深陷痛苦
和沮喪之中，據說這時有一面青銅盾牌從天上落到努馬手裡，他對大家講述這件
神奇的事實。伊吉麗婭和九繆司很明確地告訴他，銅盾是上天所賜用來治療羅馬
人民，護佑他們平安度過這場災難；爲了確保這件神物的安全無虞，接奉的指示
是要另外製作11個銅盾，大小和形狀與原物完全一樣，使得盜賊無法辨別眞僞。
他進一步宣布，奉到的指示是要把九繆司經常與他會晤的地方，以及周圍的田
地，全部奉獻給神明成爲一個聖地，用來灌漑的水泉專供灶神處女使用，這些聖
水拿來洗淨聖堂的內部。

　　瘟疫的停息很快使這些話的眞實性獲得認同；努馬將銅盾拿給工匠研究，吩
咐他們發揮自己的技巧加以仿製，所有的努力都讓人失望，最後有一個名叫瑪穆
流斯‧維突流斯（Masmurius Veturius）的優秀技師，在人定勝天的靈感刺激下，製
造的銅盾與原物極爲相似，連努馬都無法分辨。保管這些銅盾便交給稱爲沙利的
祭司團負責，他們的名稱並不像某些人所說來自沙留斯（Salius），一位生於薩摩色
雷斯（Samothrace）[54] 或曼蒂尼（Mantinea）[55] 教授軍隊演練戰舞的老師；而是來自沙
利祭司一種跳躍舞蹈的名字，他們在3月持著神盾巡行全城時表演之用。在遊行
的隊伍中，他們身穿紫色短袍，腰繫用銅釘裝飾的寬皮帶，頭上戴著銅盔，手裡
持著短劍，不停地敲擊盾牌；最重要的動作還是舞蹈，各種姿態極爲優雅，用快

54　薩摩色雷斯是靠近色雷斯海岸的一個島嶼。

55　曼蒂尼位於伯羅奔尼撒半島中央，奧林匹克90會期第3年即418B.C.，斯巴達在此擊敗雅典和
　　亞哥斯聯軍。

速的拍節和密集的隊形跳出複雜的舞步，處處表現出充沛的體力和敏捷的反應。

這些銅盾由於形狀獲得Ancilia的稱呼，它們製造出來不是圓形，也不像普通盾牌那樣構成一個完整的圓周；它們是按照波浪紋的形狀所造成，紋的兩端弄成圓形，在最厚的部分相對向內彎曲，所以，整個盾牌的形體成為曲線狀，也是希臘文所說的ancylon；這個稱呼也可能是由ancon即「肘」而來，因為盾牌是掛在臂肘上面；上面都是朱巴的意見，他想把這些都說成是希臘的產物。不過，這個名稱可能是它是anecathen即「從天而降」；或者是它能akesis即「治療疾病」；或者是從auchmon lysis經過變化而來，意為「終止一場旱災」；或者是它能anaschesis即「解除禍害」，如果我們一定要將它化為希臘文，那麼雅典人給卡斯特(Castor)和波拉克斯(Pollux)加上Anaces稱呼，就是來自這個字源。

瑪穆流斯高超的工藝獲得應有的報酬，沙利祭司團巡行全城在戰舞所唱的詩歌中提到他的名字，並且大聲加以表揚；雖然有人認為並不是提到Veturium Mamuium這個名字，說的是Veterem Memoriam即「古老的回憶」。

14 努馬設立這些祭司團以後，就在灶神廟附近建造迄今還稱為Regia即「王宮」的建築物，他的大部分時間消磨在那裡，從事敬神的活動，教導祭司的禮儀，討論神聖的問題。他在奎林納利斯(Quirinallis)山有一所房屋，到今天還能指出所在的位置，只要舉行公眾的遊行或莊嚴的祈禱，都會派出傳令官通知人民不得工作或休息。據說畢達格拉斯學派不允許人們對於禮拜神明或祈禱求福，表現任意而為的態度，要他們走出自己的房屋，把心靈用在履行神聖的責任。努馬也保持同樣的觀念，市民不能用敷衍或馬虎的心態，僅是去觀看或聆聽宗教的活動，而是要把其他的事務擺在一邊，保持嚴肅的神色全心全意投入崇高的工作；街道要為神聖的儀式而清理乾淨，不得發出手工勞動的喧囂或喊叫的聲音，羅馬到今天仍保持這種習俗。當執政官開始占卜或獻祭的時候，他們便大聲向人民喊道：Hoc age即「快來參加」之意；接著勸告在場的人員要保持肅穆和寧靜。

他與畢達格拉斯學派有很多的訓誡相似，例如，畢達格拉斯學派的哲學家說道：「你不可貪財圖利，更不可挑起戰火；外出旅行的時候，你無須心中有鬼回首狼顧；呈獻祭品的時候，對世間死者要比對天上神明加多一倍。」這些訓誡之中每一句話的含意，通常他們不願透露；努馬有些口頭的箴言，也沒有明確的解

釋。「你不得用未經剪枝的葡萄所製的酒向祭奠，每一次獻祭都要用麥粉；旋轉身體向神禮拜，祭拜完畢馬上坐好。」頭兩項指示，像是把土地的農耕和天時的克服視爲宗教的成分；至於崇拜者的行禮要旋轉身體，據說是代表世界的運行。

　　我認爲它表示的意義是：一般而言廟宇都朝向東方，崇拜者進入的時候背對著升起的太陽，因此他先轉過身面對東方，再轉回去面對神明，這個圓周運動就是表示履行兩個神祇的祈禱。實在說，除非姿態的改變代表一種神秘的意義，就像埃及用車輪顯示人類命運的變遷無常，因而無論神明用何種方式變換我們的運道或景況，我們都要感到滿足，懷著「安知非福」的心情加以接受。根據他們的說法，祭拜完畢立即坐下乃是一種徵兆，表示提出的請求已經得到允許，神明要把幸福賜給他們。再者，休息的間隔把祭拜的行動區劃開來，在完成一部分程序以後坐下來，求神應允進行後續的行動。這種要求與我們在前面的說法非常吻合：立法者要大家養成一種習慣，向神明提出祈求的時候，不是隨隨便便一面做別的事情一面倉卒而爲，應該有充分的時間和閒暇全神貫注參與祭拜活動。宗教的戒律和規範使城邦在不知不覺中養成唯命是從的風氣，對於努馬的德行表現出驚畏和尊敬的態度，無論他所說的話是多麼的難以置信，都會毫不懷疑加以接受，認爲極有見地而且確實可行。

15 到處流傳一個故事，提到努馬有次宴請很多市民，使用簡陋的家常餐具，供應的菜餚也很菲薄。他在賓客就座以後告訴大家，經常與他商議的女神已經出席，突然之間，房間裡面到處陳設名貴的酒具，席上擺滿美味的食物，成爲一場豪華舖張的宴會。在傳聞中描述努馬和朱庇特的談話，超越一切荒誕不經的稗官野史，使得前人爲之瞠目結舌。

　　據說，阿溫廷(Aventine)山在有人居住或圈入城牆之前，那個流泉處處和濃蔭密布的地方，皮卡斯(Picus)和福努斯(Faunus)[56] 兩個半神經常前往。這兩位半神可能是森林之神或是牧神，他們遊遍意大利各地，仗著草藥和魔法的技術，到處用來作弄別人，很像愛達(Ida)山[57] 的達克蒂利(Dactyli)[58]，希臘傳說中的神話

56　福努斯是意大利司畜牧和狩獵的神祇，有點像牧神潘，帶有半人半神的性質，會在夢境中出
　　現，提供有關的徵兆，可以用判定兇吉；通常在逐狼節中接受祭祀，還有就是2月13日和12
　　月5日舉行慶典的儀式。
57　弗里基亞和克里特兩地都有愛達山。

人物。有一天努馬想出一個主意，要讓這兩位半神也嘗試中計的滋味，就在他們常飲用的泉水裡面摻上酒和蜂蜜。他們等到發覺上了當，便化爲各種不同的形體，不是原來的樣子而是令人感到可怖的面貌。他們看到自己陷入無法動彈的地步，根本無法逃脫，就向他透露許多過去的秘密和未來的事情；特別告訴他一種符咒，運用洋蔥、頭髮和鯤魚，能夠召來雷霆和閃電，這種符咒目前還在使用。

有些人說這兩個半神沒有將符咒告訴他，便用魔法將朱庇特從天上召來；朱庇特來到以後用惱怒的口氣回答提出的問題。他告訴努馬如果想要得到打雷閃電的符咒，必須要用「頭」才會靈驗；努馬說道：「什麼，是洋蔥頭嗎？」朱庇特回答道：「不對，要用人頭。」努馬想要避開殘酷的方法，但是爲了能夠獲得咒語，只有顧左右而言他，於是說道：「你的意思是用人的頭上所長的頭髮？」朱庇特回答道：「不對，是用活的……」努馬打斷他的話，接著說道：「鯤魚。」這些回答的方式是努馬從伊吉麗婭那裡學來。朱庇特帶著平靜和ileos即「慈祥」的心情返回天上，所在的地點爲了紀念他而稱爲Ilicium，就是來自那個希臘字。咒語用這種方式就產生效用。

他們的故事雖然讓人感到可笑，卻可以使我們看出當時的人民，能藉著習慣的力量，因而對神明懷著誠摯的情感。據說努馬的思想一直專注於神聖的事物，有次當他接到報告說是「敵人已接近」，他帶著笑容回答道：「我正在獻祭。」

16 他建造供奉信仰之神（Faith）和特米努斯神（Terminus）[59] 的廟宇，並且教導羅馬人，信仰之神的名諱用來發出最莊嚴的誓言。他們對於特米努斯神或地界神仍舊保持原來的做法，直到今天還對國土的邊界或土地的標石，進行公眾或私人的獻祭，雖然古代的儀式非常莊嚴但是不必殺生，現在反而使用牲口當作犧牲。努馬所持的理由是地界神的任務在於看守和平的邊界，證明雙方保持友好的交往，應該與流血的行爲毫無關聯。這位國王是第一位爲羅馬的疆域定出邊界的人，看來是很明顯的事；要是羅慕拉斯爲自己劃出國境，只能公

（續）────

58　傳說中的神話人物居住於弗里基亞的愛達山，最早用火來鍊鐵製造各種器具，dactyli是「手指」之意，代表著計算的功能，對於眾神之母雷亞的服務和協助有如指之於手。

59　特米努斯是意大利的地界神；根據古老的傳說，一個羅馬國王在興建卡庇多神廟時，用巨石代表的特米努斯雖然位階較低，卻拒絕讓位給朱庇特主神；占卜官提出大家都非常高興地解釋，由於神祇這種強硬的態度，表示羅馬主權所及的疆界，絕不會向後退縮。

然顯示他的入寇行動，占領鄰國有多大一片領土；實在說，邊界對於遵求的人而言是一種守備的任務，要想突破邊界的限制就成為違背誠信的行為。

羅馬最初擁有的土地很狹小也是事實，後來羅慕拉斯用戰爭加以擴大；現在努馬把所有獲得的土地全都分給貧窮的民眾，希望袪除在極度困苦之下被迫動武的過錯，能夠將人民轉變成務農的行業，使得家庭的生活和土地的狀況得到更好的改善。任何其他的行業，無法像農耕工作和鄉村生活那樣，引起人們對和平的強烈喜愛，還能使人養成一種勇氣，一方面可以用來消滅恣意妄為的心態，不使邪惡和掠劫的行為因而產生；另一方面卻使他們為保護擁有的東西而奮戰到底。努馬希望農業能具有某些魅力，使人民樂於過安寧的生涯，將它視為獲取道德利益而非經濟利益的手段。他把全部土地劃分為若干部分，取名稱之為pagus或「區部」[60]，對於每個區部派任一位督察長，他有時會去巡視這些墾殖區，根據職務所達到的成效進行評鑑，完全依據自己的所見所聞，表現優異的人員給予獎勵和職位，用譴責和規勸促使他們改進怠惰和疏忽。

17 他最受讚許的施政措施，就是把人民按照不同的行業區分為若干個工匠組織或同業公會[61]；因為羅馬城是由兩個不同的部族組成，更正確的說法是被區分為兩個不同的部族；兩個部族的相異之處不僅無法消除，還要防止各個部族本身的團結合作，以免引起不斷的動亂和敵意。就努馬個人的想法，認為堅硬的物質要是成為塊狀就很難混合，如果磨成粉末愈細微愈容易凝聚起來，所以他決定把全體人民劃分為很小的單位，希望引進各種不同的區分來取代原有的部族區分，兩個很大的區分就會在很多較小的新區分中自然消失。他因而按照幾種手藝和行業把全體人民加以區劃，分別組成樂師、金匠、木匠、染工、鞋匠、皮革匠、銅匠和陶工的同業公會，除此以外其餘的手藝全部組成一個工匠

60　羅馬的監察官根據市民的家產和所在的位置，編入城市的區部，可見區部是地域性劃分，並非出於血統和繼承；可能最早還是依據所屬的支族，經過發展而成；全體羅馬市民分屬於35個區部，就像「百人連」一樣，是一個投票單位，用多數決來顯示投票的結果。

61　羅馬的工匠組織或同業公會，來自希臘人的名稱「基爾特」，拉丁名稱是corpora或collegia，高盧的名稱是punts；早期的組織主要與紡織有關，包括毛織、麻織、漂染和製衣，後來加上其他行業的基爾特，像是石匠、建築、鐵匠、陶匠、皮匠、麵包師、園藝、挑夫等，只能從碑銘中知道其概況。

組織；他爲每個同業公會指定合適的會所場地、理事組織和宗教禮儀[62]。運用這種方式以後，所有黨派的區別逐漸被大家所拋棄，無論是想起或提到某個人，不再用過去的概念認爲他是塞賓人或羅馬人，屬於羅慕拉斯派還是塔久斯派；新的區分成爲諧和與凝聚的泉源。

他應該大受讚揚是爲了廢除父親有權售賣子女的法律[63]，正確的說法是加以修改，那就是讓結婚的人獲得人身自由，附帶的條件是取得父母的同意；一個女人嫁給她認爲有自由之身的男子，最後發現竟然許配給一個奴隸，實在是不堪忍受的苦難。

18 努馬費盡心血制定曆法，雖然時間的推算不夠絕對精確，倒也不是沒有一些科學知識作爲根據[64]。羅慕拉斯統治的時代，月份的運轉沒有固定或相等的期限，有些月份是20天，也有35天的月份或是更多的天數；他們對於太陽和月球的運行產生的均差毫無所悉，只遵守一條規則就是一年的週期是360天。他算出太陰年和太陽年的均差是11天，那就是說用月球的運行作計算的標準，一年的時間是354天，用太陽運轉一周的時間作爲準據則是365天。爲了補救兩者之間無法配合的差距，他把11天的數目加倍，每隔一年添增一個有22天的閏月，放在2月的後面羅馬人稱爲Mercedinus月。這種修正的辦法在經過一段時間以後，對於因而產生的誤差再度需要修正。

他改變月份的次序，將原本是1月的March改爲3月，January是11月向前移成

---

62 羅馬的工匠組織相當民主，舉行會員大會用多數決通過有關規定，包括選擇庇主，以及指派執事人員。很多工匠組織與宗教活動有密切的關係，一般都不涉及政治和選舉的活動和運作，以免引起行政當局的猜忌和誤會。

63 早期的羅馬是一個父權凌駕一切的社會，十二表法第4表第2條：「如果一個父親三度出售其子，其子可以脫離父子關係。」由此可見，父親不僅可以出賣子女，甚至買主解除其奴隸身分，恢復自由，這時兒子又回到「父權」的掌握之下，仍可出售爲奴。

64 羅馬人的曆法，日期的算法非常複雜，每個月有三個固定的日子，就是朔日(每月1日)、初盈(3、5、7、10月每月的7日，其餘各月是5日，也就是望日前九天)、望日(3、5、7、10月每月的15日，其餘各月的13日)；除了這固定的三天以外，其他的日子拿這三天當基準，由後向前推算：譬如我們說「7月3日」，換成羅馬人的說法是「7月初盈前5日」，而「8月3日」是「8月初盈前3日」；我們說「7月10日」而羅馬人說是「7月望日前6日」，「8月10日」則是「8月望月前4日」；我們說「7月21日」而羅馬人是「8月朔日前10日」，「8月21日」是「9月朔日前10日」。

爲1月，原來的February是12月或最後一個月成爲2月；很多人認爲January和February這兩個月份是努馬新添加上去，最初他們的一年只有10個月，像是有些蠻族只有3個月，希臘的阿卡提人只有4個月，阿卡納尼亞人（Acarnanians）是6個月。據說埃及人的年最早只有1個月，後來改爲4個月[65]；因此，他們雖然生活在一個新興的國家，卻享有最古老民族的聲譽，他們的宗譜記載數量驚人的紀年，就是拿月當作年來計算的關係。

19 羅馬人的一個整年最初包含10個月而不是12個月，可以很明顯從最後這個月份的名字看出來，December就是第10的意思，而March是1月也是很清楚的證據，此外像5月是Quintilis以及6月是Sextilis，都可類推；因此在之前要是有January和February，那麼Quintilis的名字是5月，從位置來看卻成爲7月；March的取名是爲了對戰神表示崇敬也是很自然的事，所以羅慕拉斯把它當作1月；April的2月來自維納斯或阿芙羅黛特（Aphrodite），他們在這個月份向維納斯獻祭，婦女在當月的頭一天即望日要浴沐，頭上戴著桃金孃的花環。還有一些人認爲April中有p而不是ph，那就不是從Aphrodite這個字轉變而來，真正的來源應該是aperio，拉丁文的意義是「開放」，這個月正值仲春季節，百花盛開萬物欣欣向榮。其次的月份稱爲May是爲了奉獻給神的使者麥邱里的母親大地之神邁亞（Maia），然後是June因朱諾（Juno）（朱庇特之妻）而得名；不過，有人認爲這兩個月來自兩種年齡，分別是長者的majores和青年的juniors；對於其他的月份按照數字的順序來命名，5月稱爲Quintilis，6月稱爲Sextilis，其餘的依次爲September, October, November, Decenber。後來等到凱撒擊敗培龐，就用他的名字Julius取代Quintilis，再用第二位凱撒Augustus取代Sextilis；杜密善（Domitian）稱帝以後要效法前賢，將下面兩個月份取上自己的名字，稱爲Germanicus和Domitianus，等到他被弒身亡，大家恢復原名還是稱爲September和October；只有最後兩個月份一直保有原來的名稱，從來沒有經過更改。

那些由努馬增添或改變次序的月份，Febraury來自februa可以說是一個「齋

65　這裡提到埃及是分為4個月，其實應該是3個季節才對，劃分的原則依照尼羅河的漲落區分為：（1）氾濫akhet：尼羅河漲過堤防成為澤國，從6月21日到10月21日。（2）消退peret：農民開始耕種，10月21日到次年2月21日。（3）夏季shemu：作物開始收割，從2月21日到6月21日。

月」，人們要向死者奉獻祭品，歡度逐狼節的慶典，從很多方面看來，像是舉行
淨化的儀式[66]。January的稱呼來自傑努斯(Janus)[67]，努馬特別將它置在March之
前，而這個月份奉獻給戰神(Mars)；我覺得他利用一切機會宣示，用於和平的技
藝和學識，較用之戰爭更能獲得他的贊同。不論傑努斯在遠古時代究竟是半神還
是國王，必然是國家統一和社會和諧的愛好者，教化民眾脫離野蠻和獸性的生
活。因爲這個緣故，他們特別把他塑造成兩種面孔，分別代表兩種情勢和狀況，
一種是他把人類從其中拯救出來，另外一種是他使人類深陷其中無法自拔。

20 羅馬的傑努斯神廟有兩座大門被稱爲戰爭之門，戰爭時期一直打
開，和平到臨才會關閉；不過後面這種狀況極其少見，羅馬帝國在
壯大和擴展，國境四周一直有野蠻民族和敵對國家在抵抗他們的征服，可以說很
少或幾乎沒有和平可言。只有奧古斯都皇帝的時代，在他擊敗安東尼以後，神廟
的大門曾經關閉；類似情形以往出現一次，就是馬可斯·阿提留斯(Marcus Atilius)
和提圖斯·曼留斯(Titus Manlius)出任執政官那年[68]，沒過多久戰爭爆發，大門再
度打開。

然而努馬在位的年代，戰爭之門從未開過一天，繼續保持關閉達43年之久，
竟然存在著普遍而又全面停戰的狀態。一位無爲而治的君王實施公正而溫厚的仁
政，不僅使羅馬本土的人民受到教化，養成愛好和平的習性，就是那些鄰近的城
邦，感受到一股祥和之氣從羅馬吹拂過來，大家的情緒都發生改變，同樣渴求和
平和秩序的甜美，希望過著耕田種地、撫兒育女和敬天法祖的生活。意大利各地
充滿太平氣象，人們歡度節日和從事活動，安全而又和睦的進行友好的拜訪和款
待。從努馬的智慧之中如同泉湧一般，流出對美德和公理的喜愛，民胞物與的精神
向著四方平靜的播散；就當時的狀況來看，詩人極其誇張的描述也顯得平淡乏味：

66　逐狼節是向保護牧人和羊群的盧帕庫斯獻祭，這位神祇是意大利本土的牧神，所以又稱為盧
　　帕卡利亞節慶，每年2月15日舉行盛大的祭典，包括集體齋戒和增加生育的儀式；同時從2
　　月的dies nefasti即「不開庭的日子」可見一斑。

67　傑努斯最早是司城門和門戶的神祇，祂的神像有兩個前後相對的面孔，表示出完全相反的功
　　能，也有不同的稱呼如傑努斯·帕圖修斯(接納之神)和傑努斯·克祿西維斯(拒絕之神)，用
　　來表示處於和平或戰爭的狀況；羅馬人的1月就是取名於傑努斯稱為January，可見對這位神
　　祇的重視；傑努斯的祭典在8月17日。

68　馬可斯·阿提留斯和提圖斯·曼留斯出任執政官是在235B.C.，這年羅馬關閉傑努斯神廟。

將盾牌懸於高閣，
任蛛網四垂零落。

或是：

尖銳槍矛雙鋒劍，
鏽蝕至今難相辨；
永夜角聲不復聞，
太平歲月好安眠。

努馬主政期間沒有戰爭和叛亂，無須政務方面的改革，不會造成對他個人的嫉妒和惡意，更沒有出於野心企圖的陰謀和篡奪；所以能保持這種局面，可能是對庇護他的天神存有畏懼之心，或是對他的德行極度的尊敬，或是神性的幸運在那個時代維繫著人性的純真。他的統治不論是運用那些方法和手段，成為很久以後，柏拉圖膽敢公開宣揚的觀點，一個活生生的例證，那就是：袪除或矯正人類罪惡獨一無二的希望，在於有非常湊巧的幸運時機，使國王的權力和哲者的智慧集於一身，擢升美德至控制並克服惡行的境界；明智之士受到上天的賜福，只要能夠領受出自他口中的言語，那些聆聽的人民也會獲得幸福，或許無須強迫和威脅就能影響群眾，只要看到君王的生活中表現的德性，那些光輝而耀目的實例，就會給他們帶來自發的美德，遵行毫無瑕疵的幸福生活，不僅充滿善意與和諧，而且得到節制和正義的支持，是人力所能給予的最高福份和恩惠。努馬是一個真正的統治者，能把那種生活引進子民的心靈和實踐之中，以上這番話是對努馬最為透徹和中肯的讚譽之辭。

21 有關他的子女和妻室，幾位學者都有不同的說法。有人認為除了塔提婭再沒有其他的妻子，只有一個名叫龐皮莉婭（Pompilia）的女兒沒有其他的後裔。還有些人說留下四個兒子，他們的名字分別是龐波（Pompo）、派努斯（Pinus）、卡爾帕斯（Calpus）和瑪默庫斯，每個人都有子息，繁衍綿延成為龐波紐斯家族（Pomponii）、派納流斯家族（Pinarii）、卡爾帕紐斯家族（Calpurnii）和瑪

默庫斯家族（Mamerci）四個高貴而顯赫的世家[69]；基於這個緣故用里克斯（Rex）或國王作爲他們的姓氏。還有第三派學者所主張的論點，他們說有些阿諛的作家爲了討好有權有勢的家族，虛構出自努馬世系的譜牒。還有就是龐皮莉婭並非塔提婭的女兒，而是他成爲國王以後所娶第二位妻室盧克里夏（Lucretia）所出。不過，有一點大家的意見一致，龐皮莉婭嫁給馬修斯的兒子；馬修斯是勸他接受王位並且陪他到羅馬的朋友，後來當選爲元老院議員當作他所給予的殊榮。

等到努馬崩殂以後，馬修斯與屠盧斯·賀斯提留斯（Tullus Hostilius）競爭王位，落選之後心懷不滿而自殺身亡；不過，他的兒子馬修斯娶龐皮莉婭爲妻繼續留在羅馬。他們所生的兒子安庫斯·馬修斯（Ancus Marcius），後來繼屠盧斯·賀斯提留斯爲王，當努馬逝世的時候才不過5歲。

22 畢索（Piso）[70] 在著作中提到努馬活了80多歲，他不是突然患重病離世，完全是年高體衰安然而逝；舉行的葬禮使他畢生的光榮到達頂峰，所有與羅馬聯盟和友好的鄰邦都派代表弔唁，贈送獻祭的花圈和公眾的禮品，使得儀式極爲盛大而隆重。元老院議員抬著入殮的棺架，祭司跟隨在莊嚴行列的後面，再後面就是一般群眾，婦女和兒童也都參加，大家一邊行走一邊哀嚎，好像在悲悼一位英年夭亡的親人，而非一位壽終正寢的國王。據說他有特別的交代，遺骸沒有火化，遵照指示做了兩具石棺，都埋在賈尼庫隆（Janinulum）山[71]，一具用來裝他的屍體，另外一具放置他的聖書；就像希臘的立法者的典籍，他撰寫這些聖書，生前已經對祭司不斷的教誨，把這些書籍的內容灌輸到他們的心中，明瞭整體的精神和全部的目標。努馬所以要拿這些聖書來陪葬，不願神聖的

69　這四個羅馬最高貴的家族之中，龐波紐斯家族是平民出身，共和國時期崛起，最早擔任執政官是233B.C.的龐波紐斯·瑪索（Pomponius Matho）；派納流斯家族非常古老，共和時期出任執政官是489B.C.的派納流斯·瑪默庫斯·魯佛斯（Pinarius Mamercus Rufus）；卡爾帕紐斯家族是平民出身，但是有人說是出自努馬的第三子，直到第二次布匿克戰爭以後，卡爾帕紐斯·畢索（Calpunius Piso）在180B.C.出任執政官，從此以後人才輩出；瑪默庫斯家族與伊米留斯家族密不可分，是羅馬最古老的世家之一，伊米留斯·瑪默庫斯（Aemilius Mamercus）在484B.C.出任執政官。

70　卡爾帕紐斯·畢索（Calpunius Piso）是羅馬歷史家，於133B.C.出任執政官，他的著作敘述羅馬早期的歷史、傳奇和神話。

71　賈尼庫隆山在台伯河西岸，走勢成南北向與羅馬七山對立，距離約爲1-2公里。

戒律用無生命的著作形式在世間流傳，像是對他本人和付出的心血構成不敬的行為。後人提到畢達格拉斯學派的哲學家基於同樣的緣故，特別吩咐不要將他們的學說抄錄在紙上，要那些有資格得到教導的人們把它保存在記憶之中，當困難而深奧的幾何學解答步驟，洩漏給那些不配知道的人以後，他們說神明會表現出確切的徵兆，用蔓延四方的災禍來懲罰這種邪惡和褻瀆的行為。上述事例都在表明努馬和畢達格拉斯的平生有相似之處，那些要想證實他們的確非常熟悉的學者，容或有不當之處我們也只有多加包涵。

華勒流斯‧安蒂阿斯(Valerius Antias)[72] 在他的作品中記載，埋在前述石櫃或石棺裡的書籍，一共是12卷聖書和12卷希臘哲學名著。大約四百年後馬可斯‧高乃留斯(Marcus Cornelius)和馬可斯‧貝比烏斯(Marcus Baebius)出任執政官的年代[73]，一次傾盆大雨產生激流沖走泥土，石櫃出現在地面，原來的覆蓋脫落，人們見到其中一個空無所有，毫無任何遺骸的痕跡，另外一個石櫃裝著上述的書籍。法務官[74]佩蒂留斯(Petilius)經過閱讀和考量以後，在元老院立下誓言，宣稱那些書籍的內容不宜讓人民知曉，所有的典卷被帶到市民會議的會場，舉火公開焚毀。

正人君子死後總是榮名大增，奸邪小人的嫉妒不會長久留存，有些仁德之士生前見到猜忌之心完全消失，真是天賜莫大的幸運。就努馬的情形來說，後面接位的幾任國王遭到不幸，襯托出他的聲譽更為皎潔輝煌；因為有五位國王被迫遜位[75]，最後一位在放逐生活中結束暮年的晚境，其他四位中有三位遭到叛逆的暗殺和謀害，另外一位是繼努馬為王的屠盧斯‧賀斯提留斯，他竟然嘲笑先王的德行，尤其是對宗教的崇敬和虔誠，視為儒弱和卑賤的行為，於是把人民的心意轉向戰爭。他這種過於幼稚的侮慢言行還是受到遏阻，患有劇烈和痛苦的疾病，使他陷入迷信的祭祀之中，那與努馬的虔誠信仰完全是另一回事，當他被雷殛斃的時候，還使國人分擔惡行所帶來的恐怖。

72　華勒流斯‧安蒂阿斯是1世紀B.C.羅馬歷史學家，著有75卷《羅馬史》到蘇拉當政為止，多　　被其他作者引用，沒有作品傳世。

73　馬可斯‧高乃留斯和馬可斯‧貝比烏斯出任執政官是在181B.C.。

74　羅馬的法務官職位僅次於執政官，區分為市政法務官和僑民法務官兩種，賦予法律訴訟的審　　判權和裁決權，隨著羅馬版圖的擴大，數目從最初的兩員增加到6員甚至8員，任期為1年，　　由「百人連」大會選出，有軍事指揮權。

75　王政時期從羅慕拉斯開始建城到塔昆紐斯‧蘇帕巴斯被逐出羅馬，一共有七位國王，統治的　　時間753-509B.C.，共有244年。

第三章
努馬與萊克格斯的評述

1 我們已經敘述萊克格斯和努馬的平生事蹟，現在要將他們相異之處，拿出來分析比較，這件工作必然相當困難。類似的地方非常明顯：像是克己復禮的性格、虔誠崇敬的信仰、治理國家的才華和嚴格要求的紀律，況且他們的法律和制度都得自神明的賜與。然而在他們共同的光榮之中也有相異的情節：首先說明他們對於王位所抱持的態度，努馬接受而萊克格斯放棄；努馬是毫無意願的接受，萊克格斯是在到手以後加以放棄；一位是以平民和異族的身分被擁戴成為國王，另一位處在君王的地位而自願掛冠求去；憑藉正義的力量登基稱帝是光榮的事業，捨棄王位使正義得以伸張更為光榮；同樣的美德使一位有執掌王權的資格，也使另一位將王權視若敝屣。

最後要提到他們的做法；如同樂師對豎琴定調一樣，一位是在羅馬人民意氣風發的時候，降低激昂奮發的精神，另一位是斯巴達人民陷入頹廢消沉的境地，提振積極進取的士氣。萊克格斯的任務更為艱鉅，並不是規勸市民卸除冑甲和解下刀劍，而是要求他們丟掉金銀財寶，拋棄貴重的家具和豐美的飲食；接著他要做的事，也不是在放棄武力以後，就去舉行慶典和祭拜神明；而是要勸他們不再暴飲暴食，把所有時間用在辛苦的軍事操練。因此，前面這項任務靠著諄諄規勸和人民對他的愛戴得以完成，後面這項卻在冒險犯難的情形下勉強獲得成功。

努馬的沉思默想是溫和而充滿愛心的靈感，用來教化和安撫羅馬人民暴躁激烈的性格，轉而愛好和平與正義。談到萊克格斯，如果我們認為希洛特人所受的待遇出於他的立法，一種極其殘酷和不義的處理方式，我們就會承認努馬是一位仁慈的立法者，遠比萊克格斯更能表現出希臘的人道精神。努馬允許那些真正存在的奴隸，在農神(Saturn)節的宴席上與主人一起用餐，能夠獲得自由所帶來的歡樂。這種習俗最初是由努馬創立，大家認為他的用意是使共同出力的人，可以

分享年度收穫的成果；也有人認為他在紀念農神的時代，大家沒有主奴之分，像兄弟和同輩過著平等的生活。

2 一般而論，兩個人具有共同的企圖和意念，那就是使人民能夠節制和儉樸；提到其他的德行，一位推崇堅毅剛強，另一位著眼公理正義。提到他們之所以有不同的風格，一定要考量兩國人民不同的習慣和氣質，因為這是他們立法所要影響的對象。努馬愛好和平不是出於怯懦或畏懼，而是他不願背負不講公理正義的罪咎；萊克格斯在他的人民當中提倡黷武好戰的精神，並不是要對旁人做出不義的行為，而是為了保護自己的安全。

他們要在人民中間養成習慣合乎公正和幸福的中庸之道，過猶不及都要適度給予抑制或加強，因而被迫必須進行重大的改革。努馬構建的政府採用民主制度，平等的氣氛可說已經到達極點，他的平民社會品類混雜而且形形色色，由金匠、笛手和鞋匠等人所組成。萊克格斯保持嚴格而專橫的作風，所有低賤和工匠的手藝全部丟給奴僕和異族，真正的市民手裡只准拿著矛和盾，唯一的行業是投身戰爭和服侍戰神，所能獲得的知識和學問是服從上官的命令，以及擊敗敵人贏取勝利。他們雖然是自由民卻禁止從事任何賺錢的行為，為了貫徹到底而且終生不渝，經過仔細考量以後，一切與金錢有關的事物，即使是用餐的烹調和伺候，都由奴隸和農奴擔任。

努馬完全沒有實施這種區分，他只抑制軍事的掠奪行為，運用其他方式獲得財富採取放任的態度，在這方面他沒有致力於消除貧富不均的現象，允許人們無限制累積錢財，對於社會的窮苦階層，人數逐漸增加而且比例繼續成長的狀況，也沒有多加注意；這種情形在開始的時候就要著手制止，那時大家的產業相差並不懸殊，人民仍舊保持同樣的生活方式，就要像萊克格斯採取的手段，預防貪婪所帶來的禍害，須知這種禍害並非無關緊要，而是後來許多重大而廣泛災難真正的根源。就我的觀點而論，萊克格斯重新劃分人民的產業不應受到非難；努馬對這件事置之不理也不能算錯；斯巴達立國的基礎就靠財富的平等，羅馬在不久之前已經劃分過土地，無須將第一次安排以後仍舊存在的狀況，加以重新劃分或再度進行改變。

3 有關妻兒子女和防止嫉妒的策略下所建立的男女關係，他們兩人在這方面所運用的手段大不相同。當一位羅馬人認為自己有足夠的兒女，假若他的鄰人沒有子息，向他提出要求希望得到他的妻子，那麼他有合法的權力，可以把自己的太太讓給那位男人，無論暫時或永久都沒有關係。在另一方面，身為拉斯地蒙的丈夫為了滿足其他男子對子女的需要，允許自己的太太為別人生小孩，這時她仍然住在家中維持原來的婚姻義務。不僅如此，就像我們在前面所說，許多丈夫還把那些男子請到家中，因為他們可以使自己的妻子生出優秀而漂亮的子女。

那麼，這兩種習俗又有什麼不同呢？我們可以這樣說，拉斯地蒙人的方式是要他們對自己的妻子表現出毫不在意的態度，這樣做不會對大多數人帶來痛苦和嫉妒的無窮困擾和不安嗎？羅馬人的辦法表現出比較高雅的風格和默許，難道用一種新的婚姻契約來掩蓋產生的改變，就能接受男女關係上一般所無法容忍的行為？

努馬的指示是為了照應年輕的少女，適應女性的要求也比較合乎禮法。萊克格斯的做法毫無保留完全喪失女性的稟賦和氣質，給詩人留下譏諷的話柄，他們將拉斯地蒙的婦女（例如像伊拜卡斯[Ibycus]這位詩人）稱為Phoenomerides即「裸露大腿」之意；或是描寫她們（這是優里庇德的詩句）的丈夫不在時極其狂野：

　　陪同青年男子出門招搖；
　　玉腿裸露薄裳隨風輕飄。

的確如此，未婚少女穿著長袍，分縫的下襬沒有縫在一起，走路的時候隨風飄揚，就會露出大腿，索福克利對這種情形有很詳盡的敘述：

　　赫邁歐妮這位年輕姑娘；
　　僅穿長袍沒有加上外裳；
　　風中奔跑使得衣褶飛揚，
　　美麗肌膚赤裸毫無遮擋。

據說拉斯地蒙的婦女都很大膽帶有男子氣概，對於自己的丈夫作威作福，在

家庭裡是絕對專制的主人，到外面對公眾事務任意發表意見，甚至公開討論最重
要的問題。

在努馬的統治之下，主婦從丈夫那裡得到高度的尊重和崇敬，完全是補償羅
慕拉斯在位期間她們所受粗暴的待遇；然而，教導她們要養成順從的態度，絕不
允許干預外面的事務，保持端莊嫻淑和沉默寡言的習性。她們不可以飲酒，除非
是與自己的丈夫，即使最普通的問題也不能夠談論。因此，有位婦女竟然膽敢在
法庭爲自己的官司進行辯護，使得元老院派人去請示神讖，要了解這種驚人之舉
表示什麼樣的預兆；看來那些與眾不同的記載，正可以拿來證明她們始終有良好
的行爲和柔順的態度。

希臘的史家將內戰最早舉事者，最先謀害兄弟或弒父殺母者的名字，記載在
他們的編年史裡面；羅馬的學者也會報導最早發生的事件，像是斯普流斯‧卡維
留斯(Spurius Carvilius)與其妻的離婚，這是羅馬建城230年來，第一次因而發生
的訟案；塔崑紐斯‧蘇帕巴斯(Tarquinius Superbus)在位期間，賓納流斯(Pinarius)
的妻子薩莉婭(Thalaea)與她的婆婆吉蓋妮婭(Gegania)口角(第一次發生這種事
例)，也當一件大事留下記錄；立法者從婚姻關係來確保社會的秩序和良好的行
爲，已經獲得如此偉大的成就。他們兩人分別依據對少女的教育方式，制定有關
的出嫁規定；萊克格斯的法令是要成年，心甘情願之下才去結婚；他認爲男女的
交媾必須合乎自然之道，才會產生愛情願意共同生活；不會因不近情理的強迫行
爲帶來厭惡和恐懼之感，而且她們的身體更能忍受生兒育女的苦難，在他看來這
就是結婚的唯一目的。

4 從另一方面來看，羅馬人在女兒12歲甚至還不到的時候就將她們出嫁，
使得身體和心靈能在純潔和清白的狀況下交給她們的丈夫。萊克格斯的
做法更爲自然，重視養育優秀的兒女；努馬的做法合乎道德，注意未來共同的生
活。然而，萊克格斯制定各種規則，用來管理和督導子女，編成共同生活的組織，
加強紀律和交往的要求，此外還對飲食、操練和運動定下嚴格的典範；相形之下
努馬不過是一個毫無建樹的立法者。努馬把這些事完全交給身爲父親的人，按照
自己的願望和需要去決定，只要他感到滿意可以讓自己的兒子成爲農夫、木匠、
銅匠或樂師；至於從開始就對兒女加以訓練和指導，朝著同一目標前進，在他們
看來並不重要；或者他們認爲大家不過是同一條船的旅客，所以會搭乘是基於各

人的目的所做的選擇，只有在危險臨頭產生恐懼的時候，才會為共同的好處採取聯合的行動，在一般情形之下僅注意自己的利益。

我們對於一位平凡的立法者固然無須求全責備，因為他們未必具有充分的權力和知識，像努馬那樣明智之士，對於一個容易駕馭的新興民族，在接受他們的統治權以後，應該注意的事情就是教育兒童和訓練青年，不能在性格上出現乖張和叛逆的缺點，為了使他們能夠協調合作拿美德作為共同的規範，從襁褓時期就要塑造成形，難道還有其他的工作比這個更為重要？萊克格斯的方法產生很多優點，其中之一就是使他制定的法律得以長留久治，要是他沒有運用訓練和教育的方式，將那些法律灌輸到兒童的性格裡面，使他們的心靈在早年的生活中，對他的政治制度充滿喜愛，即使人們願意立誓維持他的法律，看來也不會有多大成效。他的立法從內容要點和基本原則而論，實施的時間竟然超過五百年，發揮極其強大的教化和感染作用，始終能夠掌握那個民族。努馬的全部企圖和目的，繼續維持和平與善意，卻隨著他的崩殂而消逝，在他剛嚥下最後一口氣的時候，傑努斯神廟的大門馬上打開，好像戰爭曾經囚禁在那些高牆的裡面，衝出樊籠就使得意大利殺伐四起血流成河；因此，那個良好而公正的制度未能歷久不衰，在於缺少能使一切聚集不散的黏合劑，那就是教育。

或許有人會說，羅馬難道不是靠著戰爭得到發展和改善？如果認為「改善」使人得到滿足，是指財富、奢華和版圖，而不是安全、溫厚以及隨伴著獨立同來的正義，那麼這個問題需要很長的答覆。羅馬人在拋棄努馬的理論和律法以後，帝國的擴展極為迅速而且勢力大為增長，無論如何，這種狀況對於萊克格斯的評價大為有利；拉斯地蒙人剛剛廢止萊克格斯的制度，馬上一落千丈把希臘的霸權拱手讓人，本身陷入亡國滅種的危險。要是談到這點，努馬的狀況真是卓越不群，甚至到達超凡入聖的地步；他是一個外鄉人而被請來接掌王權，僅僅靠著說服使整個組織架構有耳目一新的改變，沒有訴諸軍隊或運用暴力就能治理一個尚未統一的城市，完全倚仗個人的智慧才華和公理正義，使得全體人民建立團結與和諧的國家。

第三篇

政治革新者

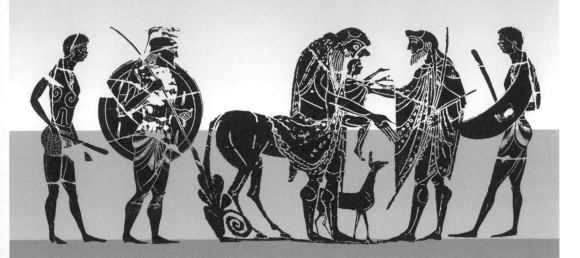

第一章
梭倫(Solon)

640-561B.C.，雅典政治家、立法者和詩人，
制定法律，進行改革，奠定民主的基業。

1 文法學家迪第穆斯(Didymus)[1] 回答阿斯克勒皮阿德(Asclepiades)[2] 有關梭倫(Solon)銅表法的問題，提到一位名叫斐洛克利(Philocles)的人所寫的文章，裡面說梭倫是優豐利昂(Euphorion)[3] 的兒子，這種論點與其他的作者都不一樣；談到這方面的論述都認為梭倫的父親是伊克西斯泰德(Execestides)；這位人士在雅典無論是財產和權勢都不過爾爾，提起家世非常的高貴，他是科德魯斯(Codrus)[4] 的後裔。根據潘達斯人赫拉克萊德(Heraclides)很確鑿的說法，梭倫的母親和彼昔斯特拉都斯(Pisistratus)的母親是表姊妹，他們成為很親密的朋友，一部分原因是基於親屬關係，還有就是彼昔斯特拉都斯的貴族氣質和灑脫英俊。

他們都說梭倫深愛著他，我認為這種講法很有道理，即使以後雙方的治國理念大相逕庭，始終不會產生火爆的敵意和激烈的衝突。他們記起長久不變的情誼，深厚的愛意和戀慕有如：

　　曾經滄海相思苦，

1　蒲魯塔克經常在每篇傳記的開始引用名人的說法，他在這裡特別表示對於梭倫的法律很熟悉，曾經深入的討論。
2　阿斯克勒皮阿德也稱為西昔利達斯(Siucelidas)，是來自薩摩斯的諷刺詩人，奧林匹克120會期或300B.C.前後風行一時。
3　對於蒲魯塔克的讀者而言，在這裡提出優豐利昂是很牽強的說法；只是拿來當作跳板，可以談起他與彼昔斯特拉都斯兩個家庭之間的親屬關係，特別是彼昔斯特拉都斯後來成為雅典的僭主。
4　科德魯斯是傳說中的雅典國王和英雄人物，11世紀B.C.在位。

死灰復燃情意濃。

梭倫不可能抗拒年輕貌美的誘惑，或是有勇氣拋棄這些激情，以及雙方相會的時候：

雙手緊扣如金環。

我們可以從他的詩篇中推測雙方的關係，同時在他制定的法律中，禁止奴隸有這種行為，看來「分桃斷袖」的雅事只能適用於自由人。

　　據說，彼昔斯特拉都斯同樣也愛慕一位名叫查穆斯（Charmus）的人，甚至為他在學院奉獻一座愛神的雕像，選手執著點燃的火炬為他舉行聖火傳遞比賽[5]。

2 赫米帕斯在著作裡有記載，說是梭倫的父親樂善好捐，為了幫助別人花光自己的產業。梭倫有很多朋友願意出面解決他的困難，然而他覺得感激別人的施恩會給自己帶來羞辱，因為他出自名門世家，對於義舉善行習慣於施與而不是接受。他在青年時期從事經商貿易，雖然也有人言之鑿鑿，說他出外旅遊在於增長學識和經驗並非為了賺錢。他的確是一位愛好求知的人，老年時曾經說過：

雞鳴不已兮惟勵學以自期。

即使不能成為眾人羨慕的富豪，還是像一個有錢人那樣受到尊敬：

他有成捧金銀和無數騾馬，
豐收的麥田帶來鉅額財富；
華麗的衣裳和適腳的鞋靴，
餐桌上擺滿各種時鮮食物；
年輕貌美的妻子還有兒女，

5　雅典的學院最早是在附近的樹林裡面講學辯論，柏拉圖建立學校開始在室內上課，從此才知道在校內用雕塑作為裝飾。鮑薩尼阿斯說他看過這座塑像，曾經引用基座上的銘文，說是彼昔斯特拉都斯之子查穆斯，為他的愛人希波阿斯所建。

這些成就也不過幾年功夫。

在其他的章節裡：

　　財富常因犯錯而兩手空空，
　　唯有義行確保緩慢的酬庸。

就一個仁德之士或政治家來說，這是非常可能的事，對於國計民生表示關切，不必浪費心血追求世俗的銅臭味。

　　在他那個時代，誠如赫西奧德所說：「沒有工作的人會感到羞辱」；交易的行為還是會受到尊敬，經商可以算成高貴的職業，能把蠻族所享用美好的物品帶到本國，有機會與他們的國王建立友誼關係，也是獲得人生經驗的不二法門。有些商賈在海外創建廣大的城市，例如普羅蒂斯(Protis)就是馬賽城[6]的奠基者，隆河附近的高盧人全都前來歸順。還有一些傳聞報導，說薩里斯(Thales)[7]與數學家希波克拉底(Hippocrates)[8]有金錢來往；柏拉圖到埃及去出售橄欖油支付旅途所需的費用[9]。

3 　梭倫的個性和藹可親而且慷慨大方，他的詩篇表現出平易近人的歡樂，不是哲學生硬的說教，完全歸功於他的商賈生活。他經歷不計其數的危險和挫折，在報酬和享受上面獲得補償也是很自然的事，他還是認為貧窮勝過富有，從他的詩句中可以獲得證明：

　　看那些奸邪小人貪圖富貴，
　　吾等是忠義君子務期守貧；
　　美德懿行可獲得終生福份，

6　福西斯人於600B.C.建立馬賽城，作為高盧和西班牙進行貿易的據點。

7　薩里斯是6世紀B.C.初葉來自米勒都斯島的科學家和哲學家，成為希臘七賢之一，精通政治和歷史，最為稱道的學門還是幾何學和天文學。

8　開俄斯的希波克拉底(470-400B.C.)是數學家，寫出第一本《幾何原理》，成為歐氏幾何的開山祖師。

9　根據亞里斯多德的記載，有人提到薩里斯是扼殺橄欖油輸出的主使人；至於談起柏拉圖到埃及，還是頭一回知道有這件事。

　　錢財珠寶到末了過眼煙雲。

　　開始的時候，作詩對他而言是微不足道的小事，純然為了打發閒暇，到後來
他用詩句表達道德規範和政治事務。並沒有堅持史家的立場來記錄這些問題，只
是用來證明他的行動非常正當，有時會激勵雅典人要有高貴的舉止，不惜大聲抨
擊加以矯正。

　　還有一些人提到他用英雄體的風格闡明法律的觀念：

　　雅典人乞求大能的朱庇特，
　　好讓法律獲得讚譽和至德。

　　他的人生觀與大多數明哲之士的看法毫無差異，著重於倫理學有關政治體制
的部分；談到自然現象就會表現出白描的敘述和古典的風格，有如：

　　滿天烏雲撒下雪花和冰雹，
　　隆隆雷聲隨著閃電的照耀；
　　狂風颱起怒海奔騰的浪濤，
　　天道無親始終是惡有惡報。

實在說，很可能就是在那個時代，只有薩里斯將哲學從實踐履行提升到沉思冥想
的境界；其餘的智者[10]對於政治的利害關係抱著明哲保身的態度。

4　　據說，在伯瑞安德(Periander)[11]的邀請之下，為這些哲人在德爾斐安排
　　　會議並且一起用晚餐，使得大家有交換意見的機會，後來又在科林斯舉

10　提到希臘的哲人最有名就是「希臘七賢」，要是根據赫米帕斯的說法，不是7個而是17個哲
　　者，那就把很多知名的哲學家包括在內；但是就正統的「希臘七賢」而論，可以列出很多不
　　同的名單，大多數人同意米勒都斯的薩里斯、雅典的梭倫、普里恩的畢阿斯、邁蒂勒尼
　　(Mytilene)的彼塔庫斯、科林斯的伯瑞安德、斯巴達的契隆(Chilon)和羅得島的克利奧布盧
　　斯(Cleobolus)。

11　伯瑞安德(625-585B.C.)是科林斯僭主，傳聞他非常殘忍曾經謀殺妻子，然而科林斯在他統
　　治下民富國強，使得他列名希臘七賢之一。

行一次；他們之所以名聲大震，在於送來的青銅三腳鼎要他們裁定，都用謙遜的
態度加以婉拒，後來還是在彼此之間產生很多的怨言。

眾所周知的傳聞，是說有些科安人（Coans）用網捕魚，外來的米勒都斯人出
於投機的心理，要買下他們一網所得的收穫，漁網帶上來一個黃金的三腳鼎，根
據他們的說法，是海倫（Helen）從特洛伊（Troy）歸國，記起一件古老的預言，就將
這座鼎投進大海去祭神。現在，外鄉人與漁夫為這件古董發生口角，雙方的城市
支持兩造到引發一場戰事的程度。阿波羅決定這場爭執應該由最明智的人士來處
理，首先將這件物品送到米勒都斯交給薩里斯。科安人毫無顧忌向他表示，他們
為此事與全體米勒都斯人開戰都在所不惜。

薩里斯認為畢阿斯（Bias）為人最公正，應該到他那裡去解決；後來又交給別
的人，就在這些知名之士當中轉了一個圈。等到第二次送到薩里斯的手裡，最後
還是他帶著青銅三腳鼎從米勒都斯前往底比斯，將它奉獻給阿波羅的伊斯門紐斯
（Ismenius）神廟。

狄奧弗拉斯都斯在他的著作裡提到，這件青銅鼎首先交給普里恩（Prien）[12]的
畢阿斯，接著送到米勒都斯讓薩里斯來處置，經過幾個人又轉回畢阿斯那裡，最
後還是他將這件物品帶到德爾斐。這是眾所周知的說法，也有一些人認為那件東
西不是青銅鼎，而是克里蘇斯（Croesus）[13]送來的酒杯；還有人說是一位名叫貝特
克利（Bathycles）[14]的人所留下的銀盤。

5 根據記載知道安納查西斯（Anacharsis）[15]和梭倫，以及和薩里斯都很熟
悉，他們的談話有人還保存部分書面的記錄；從而我們知道安納查西斯
到了雅典，就去敲梭倫的門，說是一個外鄉人想要成為他的賓客，相互訂交成為
朋友。梭倫說道：「最好還是與自家人結交比較可靠。」安納查西斯回答道：「那
麼你把我當成自家人不就成了！」梭倫為迅速而機智的回答感到訝異，非常親切

12　普里恩是希臘人在愛奧尼亞的殖民城市，現在的名字是土倫克拉（Turunclar），該城的知名人
　　物如畢阿斯和赫摩吉尼斯（Hermogenes），城內廟宇很多，以愛奧尼亞柱式而聞名於世。

13　克里蘇斯（560-546B.C.在位）是利底亞最後一位國王，曾經征服小亞細亞很多城邦，與希臘
　　人結盟，後來為居魯士擊敗而亡國。

14　貝特克利是當時非常著名的雕塑家。

15　安納查西斯是6世紀B.C.一位錫西厄君主，曾經在希臘遊學多年，在雅典是梭倫的貴賓，也
　　有人把他列為希臘七賢之一。

的接待他，經常相處在一起，要他幫助處理公眾大不了的事務和編纂各種法律條文。

等到安納查西斯了解內容以後，就用嘲笑的口吻表示，梭倫的同胞既不誠實而且極為貪婪，很難想像可以用成文法來約束他們；這種法律就像一張蛛網，實在說，只能抓住弱小和貧窮的可憐蟲，那些有財有勢的人物早已脫身而出。梭倫對這個論點的答覆，那就是不管那方面的人士一旦觸犯法網，人民怎麼都會堅持他們同意的原則。他制定的法律能夠適合雅典同胞的需要，大家都知道誠實和守法是唯一可行之道。事態的發展符合安納查西斯的臆測，無法達成梭倫的希望。安納查西斯有一次在市民大會公開表示，他對希臘人的做法感到很不可思議，那就是明智之士發表意見而由一群笨蛋做出決定。

6 據說，梭倫到米勒都斯去看薩里斯，見到薩里斯一點都不在意沒有妻子和兒女，感到非常的奇怪。當時薩里斯對這方面也沒有任何的回答，過了幾天以後，買通一位外鄉人假裝離開雅典不過才10天，梭倫就問有什麼消息沒有，那個人就事先安排的話回答：「沒有什麼大不了的事，不過為一個年輕人舉行葬禮，全城的人都去參加，大家都說死者的父親地位很高，是全城名聲最為顯赫的市民，但是現在不在家，出外旅行已經有很長一段時間。」梭倫大聲問道：「這個不幸的父親是誰！他的名字叫什麼？」這個人說道：「我聽說過，現在已經忘記了，大家都對他的智慧和公正讚不絕口。」這就引起梭倫不停追問，一直到最後在極為關懷的狀況下，他提到自己的名字，問外鄉人這位青年是否被稱為梭倫的兒子，等到外鄉人表示沒錯以後，他開始打自己的頭，行動和說話的方式，就像一個普通老百姓表現出悲不自勝的樣子。薩里斯這時握住他的手，帶著笑容說道：「梭倫，就是這種情懷使我不願結婚和養育子女，甚至像你這樣心志堅定的人物都難以忍受；不過，對這些傳聞可以一笑置之，完全都是無中生有的事。」赫米帕斯提到這件事，說是來自佩提庫斯（Pataecus）的著述，佩提庫斯自誇有伊索（Aesop）[16]的風格和神韻。

16　伊索是出生於色雷斯的奴隸，6世紀B.C.初葉居住於薩摩斯島，寫出極其著名的《伊索寓言》。

7 無論如何，為了害怕一旦喪失而不敢尋求舒適的家庭生活，不僅是缺乏理性的概念而且是極度怯懦的行為。要是按照這種說法，像是財富、榮譽或智慧都要置之身外，因為這些都可能被剝奪一空，使我們無可避免產生畏懼之心。不僅如此，就連世間最為重要令人更願擁有的德行，經常因生病或服藥而中止。薩里斯現在雖然沒有結婚，也不能說他可以毫無牽掛，除非他對於朋友、親人或國家一概置之不顧；然而我們聽說他收養的賽比索斯(Cybisthus)，就是姊妹的兒子。

人性本善，慈愛與知覺、思想和記憶都是與生俱來的本能，當一個人沒有親人可以擁抱的時候，會將這份愛心用在外鄉人身上；就是異族通婚的後代或非婚生子，在沒有合法的繼承人的狀況下，像是可以分得他的產業一樣，逐漸在他的心中據有分量。焦慮和關心會隨著慈愛而來，以致你看到有些人用強烈的言辭，反對夫婦之道和傳承大事，然而聽到奴僕或媵妾的兒女生病或死亡，幾乎悲痛得無法活下去，落入不可名狀的哀悼之中；有些人失去豢養的狗或馬，那種如喪考妣的絕望表情，一點都不感到羞愧。

還有一種人能夠忍受孝順子女的夭亡，絲毫沒有現出過度的哀傷或失態的辛酸，遵循理性的規範表現出男子漢的氣概。不是靠著慈愛用無武裝的理智來對抗命運，而是懦弱使人陷入無窮盡的痛苦和恐懼。要是他們對於當前的溺愛對象，享受到更多的歡愉，等到未來一旦失去，就會引起持續的悲痛、悸慄和愁苦；我們不能說是怕失去財富情願貧窮沒落，也不能說是怕失去朋友拒絕與人來往，更不能說是怕失去子女寧可斷絕後代，對於這些我們只能抱著道義和理性的態度。不管怎麼說，只要照著本分去做就已經遊刃有餘。

8 雅典人為了薩拉密斯島與麥加拉人兵戎相見，現在，他們為冗長而困難的戰爭感到倦厭，就制定一條法律，要是有人用文字還是演說，主張城邦絕不放棄主權，應該盡全力恢復作戰行動，處以死刑絕不寬貸[17]。梭倫對於這個極不光采的決定感到煩惱，也知道有上千的青年希望有人登高一呼，只是畏懼

17　薩拉密斯是一個土地肥沃極為富裕的島嶼，靠近阿提卡和麥加拉的海岸，從梭倫那個時代開始，一直在雅典的控制之下；麥加拉戰爭發生的日期無法確知，蒲魯塔克將它放在梭倫出任執政官之前，希羅多德認為戰爭與彼昔斯特拉都斯有關，倒是與梭倫毫無牽連；亞里斯多德所提的日期，就編年史來說是不可能的事；現代學者也是意見紛紜，莫衷一是。

法律的制裁，沒有人敢領頭發起行動。於是他裝出心神喪失的樣子，同時要家人把他發瘋的消息向全城傳播。這時他在暗中寫作一些輓歌體的詩篇，熟記在心能夠倒背如流，好使別人以為這些都是臨時的即興之作。他的頭上戴著一頂氈帽[18]跑到市民廣場，爬上傳令官的講台民眾都圍繞在四周，然後就唱起悼亡之曲：

> 我是美好之島薩拉密斯的傳令官，
> 該地送達的消息用詩歌廣為宣揚。

這首長詩稱為《薩拉密斯島》包含一百行極為文雅的詩句[19]。當他唱完以後，他的朋友大肆讚頌，特別是彼昔斯特拉都斯勸告市民要聽從他的指引，甚至他們還廢除那條法律，在梭倫的掌控之下再度恢復戰爭。

流傳在民間的故事，是說他與彼昔斯特拉都斯航向科利阿斯（Colias）海岬，發現當地的婦女遵照習慣在向西瑞斯女神獻祭。梭倫派一位信賴的朋友到薩拉密斯去，抵達以後假裝是叛徒，並且向他們提出建議，要是他們想抓到雅典主要人物的婦女，可以隨他立即前往科利阿斯；麥加拉人馬上派出人員與他一起上船。梭倫看見他們從島上離開，就下令將婦女殺死，要沒有長出鬍鬚的青年，穿上她們的衣服，換上她們的鞋子並且戴上帽子，把短劍暗藏起來，在靠近海岸的地方跳舞遊戲，一直到敵人登陸，船隻也進入他們能夠掌握的範圍。事情就像原先安排那樣，麥加拉人被所見的景象所誘惑，船到岸邊就跳上去，急著想要先行大發利市，結果沒有一個人能夠逃脫；然後雅典人向著該島發航很快加以占領。

9 有人提到他們不是用這種方式奪取該島，首先到德爾斐接到如下的神讖：

> 傲世的英雄長眠美麗的阿索庇亞[20]，

18　雅典的習慣戴上氈帽就是要與人爭論；一般都是在夜晚或生病才戴，可見梭倫是存心攪局有備而來。

19　梭倫寫出很多輓歌體對句和抑揚格體裁的長詩和諷刺詩，來說明他的政治理想和改革信念，成為史家研究古希臘的主要資料來源。

20　阿索庇亞（Asopia）位於皮奧夏的西部。

埋葬時面孔全朝淒冷的西方海涯，
撫慰英靈的祭品何其精美而高雅。

至於說起梭倫，是在夜間向著島嶼發航。他向雅典的英雄[21]佩瑞菲穆斯（Periphemus）
和賽克里烏斯（Cychreus）獻祭以後，然後帶著500名志願軍（後來通過一個法案，
凡是這次參加占領島嶼的人員，在政府中居有最高的地位），及以相當數量的漁
船和一艘三十槳戰船，停泊在面向尼西亞（Nisaea）的薩拉密斯灣。這時在島上的麥
加拉人僅得到不完整的信息，在急促狀況下完成戰備，派出一艘船去偵察敵情。這
艘船被梭倫所奪取，將麥加拉人囚禁起來，把雅典人配置在船上，然後下令要他們
向著島嶼航行，盡可能不要讓對方發覺已經被敵人據有。這時他率領其餘的士兵從
陸地向著麥加拉人進軍，他們正在激戰之中，配置在船上的士兵占領城市。

　　從下面所說後來經常見到的莊嚴儀式，可以證實這段敘述非常正確：一艘雅
典的船隻安靜的航行首先抵達島嶼，然後響起嘈雜的叫聲，一個人全副武裝從船
上跳出來，大聲吶喊跑向西拉迪姆（Sciradium）岬，與從陸地上接近的人員會師。
梭倫就在這個地點興建一座神廟奉獻給戰神馬爾斯（Mars）[22]。他在打敗麥加拉人
的時候，盡量不要在戰場多殺死敵人，等到狀況許可就打發他們離開。

10 無論如何，麥加拉人還是戰鬥不息，雙方都有相當傷亡，他們選擇
斯巴達人作為仲裁者。現在，有很多人相信荷馬的著作使得梭倫產
生仁慈的心理，因為在《伊利亞德》的〈點將錄〉上有這樣的描述，當整個事件
要做出決定的時候，他讀到下面的詩句當然會有影響：

驍勇的埃傑克斯帶領十二艘戰船來自薩拉密斯，
便於協調把他的兵馬部署在雅典人的戰鬥位置。

21　希臘人的英雄是生前獲得尊榮和死後庇護眾生的偉大人物，戰爭的勝利通常會引起特別的關
　　注，像西蒙將帖修斯的骨骸帶回雅典，就能獲得英雄的榮譽，有一位演說家勸亞歷山大將英
　　雄的名號賜給他的暱友赫菲斯提昂。

22　馬爾斯是羅馬神話裡的戰神，相當於希臘神話的阿瑞斯（Ares）；阿瑞斯是宙斯和天后赫拉之
　　子，愛神厄羅斯（Eros）（羅馬神話的邱比德［Cupid］）是他和哈摩妮亞（Harmonia）之子，他還
　　有很多兒子，下場都很悲慘。

然而雅典人把這件事稱為不足信賴的傳聞，據說梭倫曾經很明確地給予裁定：埃傑克斯（Ajax）[23] 的兩個兒子菲立烏斯（Philaeus）和優里薩西斯（Eurysaces）都是雅典公民，就把這個島嶼贈給他們，其中一位居住在阿提卡的布勞隆（Brauron），另一位住在梅萊特（Melite）；他們有一個稱為菲萊迪（Philaidae）的小鎮，就是來自菲立烏斯這個名字，這個地方也是彼昔斯特拉都斯的故鄉。

梭倫對於死者遺體的處理與麥加拉人發生激烈的爭辯，他說埋葬的方式應該按照雅典人而不是對方的習俗，那就是麥加拉人將屍首朝向東方，而雅典人是朝向西方。麥加拉人赫里阿斯（Hereas）對此加以否認，說他們同樣是向遺體轉向西方，雅典人的陣亡人員都有單獨的墳墓，麥加拉人是兩到三個屍體合埋在一個墳坑裡面，可以說已經有相當的禮遇。雅典人提到梭倫從德爾斐的阿波羅神讖中獲得很大的幫助，神明將薩拉密斯當作愛奧尼亞（Ionia）[24] 賜給他們。

這件案子的仲裁者是5位斯巴達人：他們的大名是克瑞托拉達斯（Critolaidas）、阿蒙法里都斯（Amompharetus）、海普斯契達斯（Hypsechidas）、安納克西拉斯（Anaxilas）和克利奧米尼斯（Cleomenes）[25]。

11 等到這件事務處理完畢，梭倫的聲望更高權勢更大，他的建議有利於保護德爾斐的神讖[26]，給予所需的幫助，不會像色拉人（Cirrhaeans）那樣受到褻瀆神聖的指控。他能夠維持神明的尊榮，使他在希臘人當中獲得極高的名聲。事實上完全靠他的說服力，使得安菲克提昂（Amphictyons）聯盟[27] 的成員，願意加入他們的陣營遂行戰爭。

23　特洛伊戰爭，埃傑克斯是希臘陣營中僅次於阿奇里斯的勇士，阿奇里斯戰死後，他的冑甲給了尤利西斯，埃傑克斯憤而自殺。

24　愛奧尼亞居於小亞細亞西海岸的中央位置，南邊與卡里亞接壤，北部與伊奧利亞相鄰，在希臘世界居重要地位的愛奧尼亞同盟，包括12個主要的城邦和島嶼：福西亞（Phocaea）、克拉卓美尼、伊里里（Erythrae）、特奧斯（Teos）、勒貝達斯（Lebedus）、科洛奉（Colophon）、邁烏斯（Myus）、以弗所、普里恩、米勒都斯、開俄斯島和薩摩斯島。

25　這份名單毫無保留的必要；有的學者認為這位克利奧米尼斯是斯巴達國王，統治時期是在6世紀B.C.的末期，算起來遠在梭倫之後，其他幾位倒是與梭倫同時，有進行調停的可能。

26　這件事從第一次神聖戰爭的名稱可以得知，安菲克提昂聯盟為了懲罰色拉冒犯德爾斐所發起的軍事行動，色拉是位於科林斯灣的海港城市，在德爾斐的南邊約10公里。

27　安菲克提昂聯盟又稱德爾斐聯盟，主要是負責管理德爾斐聖地和祭祀的事務，幾乎希臘中部和北部的城邦全都參加。

說起梭倫列上皮提亞(Pythian)[28]競賽的優勝者名單這回事，並不是僅有亞里斯多德這位學者，何況他讚譽梭倫是最早提出建議的創始人。不過，梭倫並不是這次遠征行動的主將，根據赫米帕斯的說法，是由薩摩斯人伊凡昔斯(Evanthes)擔任，演說家伊司契尼斯(Aeschines)[29]對這件事並沒有表示意見；從德爾斐神廟的記錄看來，雅典指揮官的名字是阿爾克米昂(Alcmaeon)[30]而不是梭倫。

12 賽隆派(Cylonian)的滅亡所造成的風氣敗壞狀況，長久以來使得共和國爲之騷動不安。那是在麥加克利(Megacles)擔任執政官的年代，他說服賽隆(Cylon)[31]和他的黨羽，不必在密涅瓦神廟尋找庇護，出來以後可以受到公正的審判[32]。他們將一根線綁在神像上面，另外一端拿在手裡然後前往法庭，他們走到弗瑞斯神廟之際，這根線自行斷掉，好像女神不願給予保護。麥加克利和其他的官員開始逮捕行動，很多人不是當場被石塊擊斃，就是躲到聖堂也被殺死在祭壇的前面，只有少數人去懇求官員的妻子才逃過一劫。從那時起這些執政官被稱爲受到污染的「被告」，普遍受到人民的憎恨。

賽隆派的倖存人員再度變得非常強大，不斷與麥加克利家族發生爭執，人民因而產生分裂，相互鬥爭不已。梭倫這時的名望極高，成爲雅典出面調停的有力人士，經過要求和勸告終於說服那些品德敗壞的人員，願意接受法庭的審判，300位出身高貴的市民組成陪審團做出最後的決定。菲拉區(Phlya)的邁朗(Myron)成爲他們的起訴人，最後被判定有罪，許多還在世的人受到流放的處分，死者的屍

28　希臘人以向海神波塞冬致敬爲名，在科林斯的地峽舉行皮提亞運動會，起源於古老的地區性賽會，從奧林匹克44會期第4年即581B.C.成爲全國性的活動，每兩年舉行一次，有各種體育比賽和宗教儀式。

29　伊司契尼斯(390-322B.C.)生於雅典，是當代與笛摩昔尼斯齊名的演說家，也是政治上的敵手，現有三篇講辭存世。

30　阿爾克米昂出身雅典最顯赫的家族，是執政官麥加克利的兒子，曾經在奧林匹克獲得優勝，在第一次神聖戰爭(590B.C.)中指揮雅典的軍隊。

31　賽隆是7世紀B.C.的雅典貴族，在岳父麥加拉僭主的支持下，想要成爲雅典的僭主，他在奧林匹克37會期第1年或632B.C.占領衛城，結果被執政官麥加克利包圍；賽隆逃走，他的黨羽被殺，以後還是不斷引起爭執。

32　這是賽隆領導之下未成功陰謀叛亂活動，發生的時間大約在632或624B.C.。麥加克利率領雅典人在衛城設下圈套，將陰謀分子一網打盡。麥加克利可能是九位執政官之一，或者是首席執政官，因爲那一年的紀元用他的名字。

體被挖出來，拋棄到國境以外的地方。正在國家陷入紛擾動盪的時期，麥加拉人發起攻勢行動，他們再度失去尼西亞和薩拉密斯，除此以外，迷信的畏懼和奇異的幽靈使得城市為之人心惶惶，祭司公開宣稱獻祭受到邪惡和污染的影響，現在亟須舉行淨化儀式。

因此，他們派人前往克里特島去延請非斯都斯人（Phaestian）伊庇米尼德（Epimenides）[33]，要是不把伯端德安算在裡面的話，這個人可以列名希臘七賢之一。據說他受到上天的寵愛，宗教方面有關超自然的現象和各種儀式都非常熟悉，很多與他同年紀的人都稱他為再世的庫里斯（Curies）[34]，這裡所說的庫里斯是山林水澤仙女貝爾提（Balte）的兒子。等到伊庇米尼德抵達雅典以後，與梭倫的關係非常密切，各方面給予大力鼎助，尤其為立法開拓一條光明大道。他使得人民將禮拜的形式保持在合理的範圍之內，廢止葬禮以後還要奉獻祭品的服喪習俗，取消婦女經常採用那種嚴苛和野蠻的祭典。他給全民帶來最大的福利，是舉行撫慰和贖罪的淨化儀式，使得全城脫胎換骨煥然一新；同時興建神聖的建築物，用那種方式使得人心順服於公理正義，傾向於和睦共存。

據說他一看到慕尼契亞（Munychia）[35]，開始進行長時間的思考，然後向他周邊的人說道：「人對未來的事物是多麼的盲目無知呀！要是雅典人預先知道這個城市將要遭受的災禍，事先為了避免起見，一定要明白唇亡齒寒的道理。」[36]

薩里斯同樣有這種先見之明的本領，據說他向朋友提出請求，死後將他埋在米勒都斯城內一處毫不起眼的地段，因為他認為將來有那麼一天，米勒都斯人會在這裡蓋一個市民廣場。伊庇米尼德給雅典人留下深刻的印象，他的建樹極為卓越但是拒絕接受酬勞，無論是大量的金錢或是重要的特權，只要求給他一根神聖的橄欖樹枝[37]，等拿到以後就告別返回家園。

---

33 我們對伊庇米尼德的平生鮮有所聞，除了有關的傳說以外，只知道他是宗教方面的睿智之士。

34 庫里斯是傳說中的克里特人，負責照應嬰兒時期的宙斯；由於伊庇米尼德和庫里斯的母親都山林水澤的仙女，用來強調他與神明有密切的關係。

35 事實上庇里猶斯從廣義來說是一個半島，中心是慕尼契亞高地，伸入海中像一片鋸齒形的葉子，構成三個天然港口即庇里猶斯、退阿（Zea）和慕契尼亞。

36 可能是伊庇米尼德敘述這個有關慕尼契亞的預言，時間是在馬其頓人安蒂佩特，派駐一支永久性的守備部隊，來加強這個海港的防務之後。

37 橄欖樹是雅典娜女神送給雅典的禮物，最早那棵樹保存在衛城，被視為神聖的象徵。

13 等到賽隆派的叛變獲得妥善的處理，那些品德敗壞的官員遭到放逐，雅典人又陷入政爭的古老危機之中，這個國家有許多對立的黨派如同形形色色的地貌：山地的居民傾心於民主政體，平原偏向於寡頭統治，生活在海濱的人民嚮往一種混合的體制。他們都在盡力防止另外的黨派占優勢，貧富之間的懸殊差距在那個時代到達頂點，城市已經處於極端危險的關頭，幾乎沒有辦法可以避免動亂的發生，看來除了專制的力量[38]不可能有其他解決的手段。所有的人民身上都背負富室的債務：他們不是那些耕種債主的土地，邀納六分之一的收成，因而被稱為Hectemorii的「農奴」和Thetes的「貧民」[39]；就是拿他們的身體來抵押債務，抓去擔任家中的奴隸或出售給外鄉人；也有些人被迫要賣掉自己的兒女(沒有禁止這種行為的法律)，或是逃到其他的國家去躲避債主殘酷的逼帳手段。大多數人和其中最勇敢的分子，開始團結起來相互鼓勵要堅持到底，他們推舉一位領導者，要求釋放被定罪的債務人，分配土地給貧苦的農民，同時要改變國家的政體。

14 當時雅典那些有識之士發現在所有人員之中，只有梭倫沒有牽連到這場危機之中，他既沒有參與富豪的勒索，也沒有涉及貧民的賴債，逼得他只有出面為國家解決困難，調停雙方的歧見。雖然梭倫的作為拯救整個國家，列士波斯人(Lesbian)費尼阿斯(Phanias)很肯定地指出，說他對這兩個派系玩弄欺騙的伎倆，私下答應窮人會把土地分給他們，同時又對富人的債權提出保證。不過，梭倫曾經提起，他在開始的時候抱著勉強的態度同意處理政務，主要是害怕一方過於倨傲的態度根本不予理會，另一方出於貪婪的心理要獅子大開口。不過，他還是被選為執政官接替斐隆布羅都斯(Philombrotus)，同時授與權力解決紛爭和制定法律[40]。

---

38 所謂獲得專制的力量就是成為僭主，在6世紀B.C.的希臘，政治上發生對立的緊張局勢，就會出現一位統治者或是強人，一般的稱呼是僭主。蒲魯塔克特別強調梭倫不願成為僭主，對於彼昔斯特拉都斯的野心，他沒有能力去阻止。

39 蒲魯塔克解釋hectemorii和thetes這兩個名詞的意義。說起hectemorii的實際狀況，以及在經濟活動方面所擔任的角色，還是會引起很多爭論，他們或許自己擁有土地，對於地區的領主要盡相當的義務；至於thetes這個階層，他們的生計應該靠著每天的工作。

40 梭倫擔任執政官的時間一般的說法是在594或593B.C.蒲魯塔克提到政治改革的權力，可能增加或延長執政官的任期。

富人因為他有財產而同意，窮人因為他很誠實而接受，因此兩邊都抱著很大的希望，雙方的首要人物都迫使梭倫同意，要將政權掌握在自己的手裡。等到他一旦下定接受的決心，軍國大事全憑他的心意和好惡自行處理；甚至那些不屬於兩個政治極端的雅典人，認為用理性的辯論和法律的尺度作為工具，進行有效的政治改革，都是一件極其艱困和費力的工作；何況僅僅靠著一個公正的智者的意願，來照應和辦理這麼多的事務。有人說梭倫從阿波羅獲得的神讖是：

> 指揮者擔負起船隻掌舵任務，
> 雅典人要平穩給予大力鼎助。

那些親密的友人多半都在指責他，說他對君主專政的不滿僅僅因為惡名在外，好像僅憑著統治者的德行，還是無法讓它成為合法的形式，所以他才加以拒絕。他們指出優卑亞推選庭農達斯(Tynnondas)就已經開了前例，何況邁蒂勒尼(Mytilene)擁戴彼塔庫斯(Pittacus)成為城市的僭主[41]。

這些都無法動搖梭倫的決定，然而，他如同他們所講那樣回答朋友這句話：「老實說，身為僭主處於一個極其有利的位置，從那裡你再也沒有地方可以墮落下去。」他模仿福庫斯(Phocus)的詩體寫出：

> 我保護這片土地免得它受苦，
> 要棄絕篡奪念頭和暴力作為；
> 良好的家世不受玷污和羞辱，
> 傲世的名聲在於行事不懊悔。

從這裡我們可以很清楚看出，在他給全民制定法律之前就是聲譽顯赫的人士。從這幾句自嘲的詩文可以知道他拒絕權勢的心情：

---

41 希臘七賢之一的彼塔庫斯，雖然亞里斯多德說他的職位是出於選舉，還是受到詩人阿爾西烏斯(Alcaeus)的誹謗，說他是邁蒂勒尼的僭主；我們並不知道有廷農達斯這個人，除非說的是卡爾西斯的廷尼斯(Tynnes)。

梭倫是位心思單純的夢想家，

神明賜予的命運他敬謝不敏；

臨淵得魚爲數之多超過期盼，

縱使有心獲利不願一網打盡。

設若機會臨頭讓我富貴兩全，

還不如家破人亡和剝皮抽筋。

15 因此使得數甚眾的低階人民經常談論到他，然而，他即使拒絕接受政權成爲僭主，處理公務還是一絲不苟。他不會表現出大權獨攬和屈從豪門的樣子，就是制定法律也不會取悅那些選他的人，過去那些良好的制度和辦法，他絕不會擅自修改和變更，以免：

破壞團結使得國家更爲混亂。

他對於政治的改革和政府的重組，在可以容忍的範圍之內採取很低的姿態，一旦下定決心就會貫徹到底，他對柔順聽話的人士用說服的方式，至於那些剛愎固執的分子，必要時不惜動用公權力。他的做法如同所述：

採用強權和正義的兩手策略。

因此，後來當他被人問到，是否他已盡全力將最好的法律留給雅典人，他回答道：「只有最好的法律他們才會接受。」

按照當前的說法，雅典人有本領將事物醜惡一面委婉的表達，加上各種美好和掩飾的名字；像是將妓女稱爲「夫人」，貢金是「關稅」，駐軍是「衛兵」，監牢是「斗室」；好像最早出於梭倫的圖謀，他將已取消的債務稱爲Seisacthea，意爲「救濟」或「解憂」。他第一件要解決的事情，就是立法廢除現有的債務，爾後任何人不得將債務人的身體當作抵押品。

雖然有些人士抱持安德羅遜(Androtion)[42]主張的說法，欠債並沒豁免只是減

42　安德羅遜(410-340B.C.)是雅典政治家，因寫出8卷的《阿提卡史》受到放逐麥加拉的處分。

低應付的利息，僅就這方面而言已經使得民眾感到心滿意足。他們之所以將這些好處稱爲Seisacthea，主要在於他增加錢幣的成色提升通貨的幣值，像是他鑄造的1鎊（或稱爲邁納［mina］[43]）從過去當作73德拉克馬提高到100德拉克馬，雖然付出同樣數量的錢幣，實際的價值卻已減少，這對債務人相當有利，即使債權人有損失，還是在可以忍受的程度之內[44]。

大多數人認爲seisacthea這個字就是表示「取消債務」，從他的詩篇中也有幾個地方提到過，覺得感到非常的光榮。像是：

> 除卻欠債千家樂，
> 重獲自由萬民祥。

還有那些因債務而逃亡國外的人士，也讓他們安全地歸來；

> 逋逃離家老大回，
> 鄉音已改鬢毛斑。

他使很多人重新擁有市民的權利，可以說是：

> 掙脫枷鎖出牢籠，
> 海闊天空任翱翔。

就在他計畫完成這些工作的時候，發生一件讓他感到極爲焦慮的事情：當他決定廢除債務，考慮到運用的方式和開始的期限，就與康儂（Conon）、克萊尼阿斯（Clinias）和希波尼庫斯（Hipponicus）商量，這些都是他最信任的朋友，特別說明他不處理土地問題，只是讓人民除去欠債的重負。這幾位得知內幕消息以後，很快借到鉅額款項，去購買一些面積很大的農莊；等到法律頒布以後，他們可以擁

---

43 此處用英鎊來表示，其實1英鎊在最早就是指1磅的銀：希臘人的幣值是1邁納重431克，很接近1磅的454克。

44 雖說梭倫將幣制貶值27%，可以減輕債務人的負擔，也可能是要改用在愛奧尼亞市場通用的優卑亞貨幣，取代在伯羅奔尼撒貿易早已運用的幣制。

有田產而且無須歸還借款。這樣一來使得梭倫受到嫌疑引起不滿，好像表面上他沒有濫用權力，實際上他卻成為共犯來圖利自己。他立刻採取行動，不讓別人對他有猜忌之心，按照法律的規定免除借錢的人所欠5泰倫的債務，按照羅得島人（Rhodian）波利捷盧斯（Polyzelus）的說法，這筆金額是15泰倫；不過，他的那批朋友後來被人叫做Chreocopidae，意為「賴債者」[45]。

16 這樣一來他對兩方面都無法交代：富人對於失去的財產感到非常憤怒；窮人也沒有分到土地，說他無法像萊克格斯那樣在國內下達命令，使全體國民都降到平等的地位。事實上，萊克格斯是海克力斯第十一代的後裔，在拉斯地蒙已經統治多年，擁有崇高的名聲、眾多的友人和龐大的權勢，可以用來為國家量身打造出他所希望的模式。他認為使得國家獲得安全與和諧最有效的手段，就是不讓他們的社會出現窮人或富人，也就是完全拉平貧富的差距；為了達成這個目標，運用實力更多於說服，以致在混戰中喪失一隻眼睛[46]。

梭倫是出身於中間階層的市民，不可能將這套方式施用於現在的政體之中，然而他還是盡他最大職權所及之處全力以赴，沒有任何事物比起他的善意和見解更能得到市民的倚重。他曾經對大部分人士有所冒犯，完全是這些人別有用心，他用下面的字句來表示：

> 過去彼等怯懦只會虛張聲勢；
> 現在友情已逝對余怒目而視。

根據他的說法，無論任何人對於權勢所抱持的態度：

> 並非約束或制止人民的行為，

45　梭倫的朋友發生問題，亞里斯多德也提到過，只是沒有說出他們的名字，或者表示他們是「賴債者」；事實上在那個時代貨幣的運用非常原始，要在很短期間借一大筆錢，再去搜購土地是相當困難的事。而且這三個人的後裔在5世紀B.C.末葉，出現很多知名的人物，「賴債者」的說法可能作為汙衊對手的杜撰之辭。

46　萊克格斯制定法令，要求公民必須一起用餐，吃相同的食物，引起富有人士的反對，被一位年輕人用木棍將臉打腫，致使眼睛喪失視力。

僅想從中撈些好處盡力自肥。

很快人民發覺他的做法在給大家謀求福利，於是拋棄原來的成見和怨恨，甚至將公眾的獻祭儀式稱爲Seisacthea。他們將梭倫選出來負責改組政府和制定法律，賦予全權超越於全體官吏、人民大會、阿里奧帕古斯會議和國務會議之上；由他指定參加各種會議的成員以及召開的時間和地點，至於這些成員應該具備的產業和資格也由他決定，現有的制度和規章是否廢除或保留，全部授權給他便宜行事。

17 首先，他審查德拉科(Draco)[47]的法律體系，除了有關殺人罪部分之外，其餘的條文全部作廢；主要在於立法的著眼過於嚴苛，懲治的罰則太重，幾乎所有的罪犯都要判決極刑，甚至於游手好閒都可以處死，就是偷一顆包心菜或一個蘋果的人，也要落到與犯下褻瀆神聖和謀殺罪的歹徒同樣下場。所以迪瑪德(Demades)在後世享有大名，就是因爲他做出這樣的評論：「德拉科的法條不是用墨水而是用鮮血寫成」；而且有一次他被問到，爲什麼他對罪犯幾乎都判處死刑，他回答道：「竊鉤者誅，竊國者諸侯。」

18 其次，梭倫的意願是要把官員的職權繼續掌握在富人的手裡，然而在政治體制的其餘部分還是接受全民的參與。因此他要著手計算市民的產業並且加以分類：凡是有500個衡量單位(蒲式耳)以上收成，而且不論是乾貨還是流質，列爲「第一階級」稱爲Pentacosiomedimni；凡是擁有一匹馬或300個衡量單位以上稱爲Hippada Teluntes或「第二階級」；200個衡量單位以上是爲Zeugitae或「第三階級」[48]；所有其他人員稱爲Thetes即「貧民」，不夠資格出任官職但是可以出席人民大會，或是擔任陪審員。開始的時候陪審員好像沒有什麼事可做，後來發現這是巨大的特權，幾乎每種爭端都要送到陪審員的面前，使得他們發揮很大的作用，甚至就是指定給執政官審理的案件，梭倫也都同意向法院提

47　德拉科是奧林匹克40會期或620B.C.前後的雅典立法家，制定第一部成文法，所有的法條比較嚴苛。

48　梭倫在6世紀B.C.初期將市民分爲四個階級，主要是爲了滿足軍事的需要，便於軍隊的編組，階級的區分完全靠著農業生產的條件來評註。九位執政官和國庫的司庫，要從最前面兩個階級產生，並不是來自貴族階級。

出上訴。

　　除此以外，有人認爲梭倫故意將他的法律用文字寫得辭句晦澀而且語意不清，目的在於凸顯法院的權威。因爲兩造的相異陳述不可能僅僅參考法律條文來解決，無論是什麼案件最後還是要送到法官面前來裁定，這樣一來使得法官幾乎成爲法律的主人。運用這種方式他特別提到均權的重要：

> 我已將適當的權力給予民眾，
> 絕不會故意剝削或縱情泛濫；
> 就是那些富有和高貴的人士，
> 提出的忠告在於知恥和守分。
> 執著盾牌我屹立在兩派之間，
> 雙方的權利不可以相互侵犯。

　　爲了使弱勢的平民獲得較大的保障，對於傷害的行爲他給予起訴的自由權；要是有人受到毆打、殘害或暴力的侵凌，任何人對於施暴者可以進行告發和檢舉。他的意圖是要使市民認同自己是整個團體的成員，任何人受到傷害要能感同身受表達憤怒之情。根據梭倫的說法可以知道他的法律能夠言行一致，有人問他那種城市最適合人民居住，他回答道：「在那裡沒有人會受到傷害，違背正義的行爲受到審問和處分，那就是以眼還眼，以牙還牙。」

19 等到他組成阿里奧帕古斯會議[49]，過去曾經擔任過年度執政官的人才能出任委員，他自己也列名其中。看到當時的人民免於債務的負擔以後，產生浮躁不安和蠢蠢欲動的現象，他另外再組織一個四百人會議，由4個部族[50] 各推舉100人，凡是與人民有關的提案都要這個會議進行查證，經過謹慎

49　阿里奧帕古斯會議創設的年代非常久遠，初期的成員是整個城邦最有權勢和富有的人士和貴族，德拉科制定法律以後，它的權力被伊菲提所取代。等到梭倫成爲立法者，規定會議的成員必須擔任過執政官，從而恢復最具權勢的地位，開始的時候保持委員會或會議的形式，後來又發展出最高法院的機能和職稱。

50　市民按照古老的規定區分爲四個傳統的愛奧尼亞部族phylai，即吉迪昂底(Gedeontes)、伊傑柯里斯(Aegicores)、厄基德(Ergades)和荷普萊提(Hoplitae)；部族的成員依據繼承獲得身分，每個部族再分爲三個trittyes即「區部」，全雅典一共有12個區部。

處理以及先行審議通過，否則不得交到人民大會去裁決。阿里奧帕古斯會議成為法律的督導員和監護人，認為如同國家設立兩個執政官一樣，需要兩個會議進行全盤的掌握，發生動亂的時候易於處理，人民更能保持平靜。

根據一般的說法，認為是梭倫組成阿里奧帕古斯會議；有件事非常肯定，就是德拉科的條文裡面從來沒有提到「阿里奧帕古斯委員」這個字，只是說任何殺人的案件要交給Ephetae[51] 即「法庭」來處理。然而梭倫的銅表法第13表第8條寫著以下的文字：「凡因殺人、謀殺和陰謀顛覆政府等罪行，被阿里奧帕古斯會議、法庭或首席執政官在大會堂予以宣判定罪，且在本法尚未頒布之前就已流放的人員，不在此限之外；其他任何在梭倫擔任執政官之前受到籍沒處分的市民，都要恢復他的財產。」這些字句似乎表示阿里奧帕古斯會議在梭倫的法律頒行之前就已存在，要是他最早創設這個組織，怎麼會有人在這個時間之前受到這個會議的定罪？很可能是文字的省略脫落或是語意不夠精確所致，真正的意思應該是：「當本法律已經頒行以後，任何人犯下前述罪行，在阿里奧帕古斯會議委員、法庭或大會堂的執政官的審理之下受到判罪，仍舊保持原來的處分，其他人員應該發還財產。」至於孰對孰錯留給讀者自行判斷。

20 在他所制定的法律條文之中，有一條非常特別而且讓人感到驚異，那就是在一個叛亂行動中所有保持中立的人士應予籍沒家產的處分。他認為每一個市民，不應該對於公眾利益抱著漠不關心和置身事外的態度，只是一心想要保障私人事務的安全，或是對社會的騷亂毫無知覺而感到沾沾自喜。市民立即參加好的黨派這是個人可以選擇的權利，協助他們採取勇敢的行動，總比保持在危險之外，帶著投機的眼光，視狀況再做決定要高尚得多。

有一條很荒謬而愚蠢的法律，一位有財產繼承權的女子要是合法的丈夫不能人道，她可以要求與丈夫的近親發生關係[52]；不過，人民認為這項法律出於良好的

---

51 伊菲提是一種法庭組織，帖修斯之子笛摩奉統治期間成立，開始時的成員是雅典人和亞哥斯人各51名，年齡應在50歲以上，指定一個執政官擔任主席，負責審理過失殺人或殺害非市民的案件。後來德拉科立法將亞哥斯人排斥在外，全部由雅典市民擔任。

52 雅典的法律規定非婚婦女才可以繼承家庭的產業，因此有需要與近親結婚產生一位法定繼承人後，把財產能保持在家庭裡面，不致落於外人之手。梭倫制定這條法律是為了處理丈夫無性行為能力極為特殊的狀況，至於梭倫所說「發生性行為」，是否是指第二次的婚姻或是例外的情形，倒是很難分辨出來。

動機，可以用來防止不能人道的男子為了金錢而娶一位女繼承人，運用法律的保護抑制對方自然的本能要求；等到妻子與外人有雜交行為落到丈夫的眼裡，面對的抉擇要就是離婚或是忍受羞辱維持婚姻，這就是貪財好利和濫用夫權所獲得的懲罰。

　　限制繼承財產的女性要從丈夫的親屬中選擇伴侶，這是一種非常合情合理的概念，不管她與誰所生的子女都在同一個家族和世系之內。大家同意這些規定，那就是將這對新人關在房間裡讓他們同吃一個榲桲[53]，然後他一個月要與這個女繼承人行房三次；雖然她與原來的丈夫沒有子女，他還是要把她當成嫻淑貞節的妻子一樣看待，表現出尊重和敬愛的態度；盡量不要因細微末節的事情反目，即使雙方發生勃豀也不會引起婚姻關係的破裂[54]。

　　除了上述的狀況，他對於其他的婚姻都禁止贈送嫁奩，妻子能夠帶去的東西，只有三件衣服和少許家用物品。他認為雙方的婚約不是為了謀取利益或獲得產業，而是在於兩情繾綣、和樂融融和養兒育女。

　　戴奧尼休斯(Dionysius)[55]的母親提出要求，想要嫁給他的臣民，這個做兒子的說道：「講老實話，我的暴政已經破壞國家的法律，再也不能讓年齡相差懸殊的婚姻違背天理人情。」這個國家從來沒有遭到那不正常的狀況，不會出現有違自然、缺乏愛情或拒絕履行條件的婚姻，以致不能達成所望的目標。任何一位明智的政府首長或制定法律的人士，在提到一位老人娶年輕妻子的時候，就像斐洛克特底(Philoctetes)[56]在他的悲劇裡所說那樣：

> 嘆汝結縭何憂傷，
> 一樹梨花壓海棠！

53　合巹時新郎新娘吃榲桲是為了多生子女的好彩頭，也象徵他們要過甜蜜的生活；因為這個水果很甜而且有很多種子。

54　梭倫的法律在於明確律定繼承的原則和解決有關的問題；蒲魯塔克強調和諧的婚姻有利於社會的安定，認為美好的性關係是最重要的部分。

55　戴奧尼休斯一世(430-367B.C.)是敘拉古的僭主(405-367B.C.)，控制西西里大部分地區，與迦太基人發生多次戰爭，介入希臘城邦的內戰。

56　斐洛克特底是參加特洛伊戰爭的英雄人物，在意大利南部大希臘地區(Magna Graecia)普遍受到崇拜。也是狄奧笛克底(Theodectes)的悲劇《莫索拉斯和斐洛克特底》(*Mausolus and Philoctetes*)的主角。

要是梭倫看到年輕的男子娶一位富有而年老的妻子，跟在身邊就像一隻肥胖的松雞，他就會硬性規定用年齡適當的少女來取代這位老婦。對這方面我講得夠多，可以停止了。

21 梭倫另一項深受讚許的法律，就是禁止對逝世的人有不敬的批評和攻訐；非常虔誠的想法就是死者神聖，就道義而言不應該去揭過去的瘡疤，基於政治的著眼要防止形成世仇大敵的爭執。他同樣禁止在寺廟、法庭、官衙或是各種表演的場所，對在世的人說些誹謗或謾罵的言辭，付出罰鍰分別是給個人3德拉克馬[57]和公家2德拉克馬。一個人要是無法控制自己的情緒，表現出個性軟弱和缺乏教養的樣子，通常很難保持穩健的態度來推動他的構想，要想眾人聽命景從更是不可能的事。法律必須看起來就要合理可行，如果制定法律者的企圖是要懲罰極少數要修正法律的人，而不是要懲罰大多數未能達成法律要求的人，這就不是合理可行的法律。

他制定有關遺囑的法律也受到世人的讚譽，過去沒有人注意這方面的要求，死者所有的財富和產業全都屬於他的家族。現在獲得法律的允許，任何人要是沒有子女，可以將財產遺贈給他所屬意的人，表示梭倫認為友情的力量勝過親戚的關係，個人的感情重於家族的義務，同時還確定每個人的家產真正屬於自己所有。此時，他不同意遺產的贈與毫無限制，認為要確定繼承的資格，不受任何外在的影響和勒索，無論是疾病引起的瘋狂、誘惑、囚禁、迫逼或是妻子的勸說；這種想法很有道理，無論是引誘還是強迫，有了錯誤的決定同樣產生惡劣的結果，說到欺騙和盡責或是奉承和強制，其間並沒有多大的差別，都在使一個人的理性暫時停止發生作用。

他對婦女的外出、飲食和守喪都有詳盡的規定，務使她們在任何方面都不會出現失禮和逾越的行為。當她們步行外出的時候，穿著的衣物不得超過3件；飲食的花費以1奧波銀幣為限；手提的籃子長度在一個肘尺之內；夜間外出要乘坐馬車，前面有人打一個火炬照明。守喪不得痛哭流涕引起同情，或是不斷唱著單

57　梭倫制定銀幣的幣值用重量來區分：1奧波（obol，價值12衡量單位的大麥，重0.72克）；1德拉克馬（drachma，等於6奧波，重4.31克）；1邁納（mina，等於100德拉克馬，重431克）；1泰倫（talent，等於60邁納，重25.86公斤）。

調的輓歌，也不可以在葬禮中對另外的家庭表示哀悼。墓地不能用一頭牛當作祭品，死者不得穿著3件以上的衣物下葬；除非親自參加葬禮，否則只有家屬才能到墓地去瞻仰。我們的法律中也有這些規定，還增加一些條文，有人因為參加葬禮極度的哀慟而被定罪，婦女糾察員[58] 以犯者過於嬌柔和頹廢給予處罰。

22 雅典全城到處擠滿民眾，人群從各方擁往阿提卡地區要過安全的生活，整個國度的土地貧瘠作物的產量很低，海外的商人不願將貨物運進來，因為沒有可供交換的東西。梭倫要市民從事製造和貿易，制定法律要求父親必須讓兒子學會手藝或行業，否則兒子不必善盡奉養的義務。就斯巴達的狀況來說，萊克格斯的城市根本沒有外鄉人居住，他們的土地按照優里庇德斯的描述：

> 疆域廣大兮能納倍增之人口。

除此以外，拉斯地蒙有豐富的人力資源，這些農奴都不會遊手好閒，被迫長年擔負辛勞的工作，使得市民無須從事任何行業和手藝，獻身保國衛民的軍旅生涯，接受的教導全部是戰陣用兵的本事[59]。梭倫的原則是要使法律符合現況的需要，不是削足適履強使現況順應他的法律；等到發現土地不夠肥沃，很難維持農人的生計，更沒有能力去餵養不事生產的懶散群眾，認為只有靠著製造和貿易才能生存。於是他下令給阿里奧帕古斯會議的委員，調查每位市民的謀生能力，懲罰和鞭笞遊手好閒的懶人。

　　然而所訂的法條還是太過嚴苛，根據潘達斯人赫拉克萊德的記述，公開宣布未婚的母親所生的兒子，沒有奉養父親的義務。有人所以要避開雙方結合的正當形式，表示他要女人不是為了養育後代而是尋歡作樂，這樣一來就會自食其果，他再也沒有資格去責備和管教兒女，因為他們從出生開始就無法擺脫物議和羞辱。

58　很多城市都設置婦女糾察員這個職務，亞里斯多德認為在寡頭政體的統治下，這是很正常的措施。

59　萊克格斯和梭倫雖然都是法律制定者，雙方的做法就這個部分而言成為強烈的對比；斯巴達人征服拉柯尼亞地區的土著以後，把他們當成農奴稱為希洛特人，負責耕種、生產和服各種勤務，也只有斯巴達人才能成為市民。

23 梭倫制定的法律有關婦女的部分一般來說都非常奇特，像是他容許任何人殺死一個正在通姦的姦夫，但是對有公民身分的婦女施以強暴的惡徒，只處以100德拉克馬的罰鍰，如果是誘姦僅要20德拉克馬；至於出賣肉體的娼妓，可以公開與男子住宿不在此限。任何人賣掉自己的女兒或姊妹概屬非法，除非未婚並且發現有淫亂的行為。現在看來他的法律毫無理性可言，對於同一罪行的處罰有時極為嚴厲絕不寬容，有時則等閒視之，像是開玩笑一樣繳納微不足道的罰款了事，除非是雅典實在財源不足，否則這種罰鍰不會成為很嚴重的處分。

在衡量祭品價值的時候，一頭羊和一個蒲式耳的穀物都是1德拉克馬，地峽運動會的優勝者得到100德拉克馬的獎賞，奧林匹克運動會的冠軍可以獲得500德拉克馬。凡是獵到一匹狼得到5德拉克馬的賞金，一匹小狼是1德拉克馬；費勒里安人(Phalerian)德米特流斯(Demetrius)很肯定地表示，前者的價值相當一頭牛而後者等於一隻羊。梭倫在銅表法第16表明確訂下價格，為了消滅危害最大的動物，所以懸賞自然會高一些，只是與現在比較金額還是偏低。雅典人的土地適合放牧而不是農耕，狼群從開始就是他們的大敵。

很多人非常確鑿地表示，他們的部族並不是從艾昂(Ion)的兒子那裡獲得姓氏，通常都是來自各種不同的職業：像是士兵出身的人稱為荷普萊提(Hoplitae)，手藝工匠叫做厄基德斯(Ergades)；還有兩個姓氏保留到現在，像是莊稼人的名字是吉迪昂底(Gedeontes)，而從事牧畜的家庭稱為伊傑柯里斯(Aegicores)。

這個地區很少河流、湖泊和水量洪大的流泉，他們要挖掘很多的井供應所需的用水，法律規定公共水井之間的距離應在hippicon或4弗隆[60]以內，所有人員都可以從井內汲水；等到這個深度無法供水的時候，他們可以自行掘井供應所需，如果挖到10噚(60呎)深還是不能出水，他們有權到鄰居的水井去汲水，每天的量是4介侖半[61]。就他們極其審慎的想法，會訂出條文幫助已盡力而確有需要的人，但是絕不會縱容怠惰和依賴。

梭倫對種植樹木所制訂的規則，可以表現出他在這方面所具備的技藝；任何

60　1弗隆相當於1/8英里或201公尺，所以水井之間的距離不得少於800公尺。

61　到鄰居的水井打水每日不得多於4介侖半，看來太少一點，另外一個譯本說是每日打水兩次，水量是40公升(約10介侖)。

栽種樹木應該與鄰居的土地保持5呎的距離，如果是無花果樹或橄欖樹要有9呎；樹木的根會向四周伸展，靠得太近就會損害到鄰居原來栽種的樹木，起碼會將養分吸走，發出的氣味在某些狀況下產生有害的影響[62]。任何人都可以挖畦坑或溝渠，離開鄰居的土地的距離不得少於溝渠的深度；如果要養蜂應與別人原有的蜂箱保持300呎以上的距離[63]。

24 梭倫僅僅同意橄欖油的輸出，要是有人將其他的收成和糧食運到國外，執政官應該嚴辭責譴和詛咒，否則會被處以100德拉克馬的罰鍰；這條法律寫在第1表，就是不要有任何人懷疑所具有的重要性；有些人很肯定地表示，有段期間連無花果的輸出都是違法的行為，那些怠忽職務的玩法者將檢舉人稱為「阿諛者」。他為了防止動物傷人制定有關的法律，如果所養的狗有咬人的前科，他要求主人在狗的頸脖上綁上一根4呎半長的木棍，不僅是一個明顯的標記，伸出來的木棍讓它無法咬到任何人[64]。

有關外鄉人歸化的法律具有令人起疑的特質，要想獲得允許成為雅典擁有自由權的市民，只有受到自己國家給予永久放逐處分的流亡分子，或是全家到雅典經商定居的人士；有人說他制定這項法律的理由，不是要將其他種族的民眾排除在外，而是邀請他們參與政治，獲得永久的權利；此外，他想證明那些被祖國放逐或自願拋棄國籍的人，才是最忠誠的市民。梭倫還有一條很特別的法律可以稱為「公眾接待」的規定（它的名稱是parasitein）[65]，如果任何人經常前往參加，會受到「貪食」的處罰；如果拒絕接受邀請，就會成為「蔑視」國家不知好歹的傢伙。

62　農業社會對水權有嚴格的規定是不足為奇之事，特別是在希臘這個乾旱地區。

63　自古以來希臘海麥塔斯山的蜂蜜極為有名，採集百里香、牛至和其他香料植物的花蜜，清澄、色暗而帶有濃香，特別是在蔗糖沒有出現的時代，是極有經濟價值的產物，可見當時的養蜂業已經很發達。

64　從這條法律的制定可見當時對犬類動物的重視，在一個放牧為主的社會，即使咬人狗也不能任意捕殺，但是為了防止狂犬病，所以訂出相關的措施。

65　會議的成員在法定服行公務期間，每日免費供應一頓餐食，在這種狀況下也可以用來招待賓客；對於獲得勝利的將領、奧林匹克競賽優勝的選手以及解囊救災的施主，為了表示尊敬都會正式的邀請。

25 他的法律從頒布以後使用達百年[66]之久，都是書寫在木板或轉板上面稱為卷軸，就是圍繞著一個長方形的盒子，有些殘留的餘片在雅典的大會堂現在還是可以見到。根據亞里斯多德的記載，這些木板稱為寫字板，在喜劇家克拉蒂努斯的詩句中：

> 梭倫或德拉科所用的寫字板，
> 劈開燒火可以烤青豆一大盤。

有些人認為真正的寫字板，上面記錄的法律與宗教的獻祭和儀式有關，至於書寫其他法律條文的木板全部稱為卷軸。所有的會議都要立下維護法律的誓言，Thesmothetae[67] 即「立法委員會」的每位成員，要在市場的石柱下面宣誓，如果他們違背任何成文法，要在德爾斐呈獻同本人一樣大小的黃金雕像[68]。

觀察到月份的天數不規則，月亮的運行與太陽的升降無法同步，經常在同一天之中，月亮有趕上和超過太陽的現象，他特別下令將這一天稱為「新舊交會日」，因為這天有部分時間在交會之前，算在舊月的循環之內，其餘的時間要列入新月的運行之中。他可能是第一位學者，能夠了解荷馬的詩句：

> 該日將是月之終結與肇始兮。

在這一天隨後的日子稱為新月份的開始，月亮在第20日不再增大也就是「盈」的終止，接著開始收縮稱為「虧」，一直延續到第30日[69]。

---

66 亞里斯多德也有沿用100年的說法，希羅多德在他的《歷史》中記載，說雅典人發過重誓，在10年內必須遵守梭倫給他們制定的法律。

67 Thesmothetae就是自682B.C.起增設的6位資淺執政官，責負審理軍事和宗教事務以外的案件。

68 九位執政官要按照刻在一根石柱上的誓言，舉行公開的宣誓典禮；現在還可以在雅典的市民會場看到這根石柱，就立在巴西列烏斯柱廊的前面。

69 中國的陰曆以每月1日是朔日而15日是望日；羅馬人的曆法跟中國很接近，以3、5、7、10月的15日及其餘各月的13日是望日(Ides)，向前推的第9天，也就是3、5、7、10月的7日和其他各月的5日為初盈(Nones)，但是朔日(Calends)都是每月的1日。希臘人將望日放在每月的20日，所以每月的起算不以朔日為準，而以望日以後第九天「盈甚」的次日為準，要是用我國的陰曆來說，每月的起算是在25日。

等到這些法律全部制定以後，每天都有一些人來見梭倫，對他加以讚譽或責難，要是可能就向他建議，希望能夠對條文進行刪節或補遺，還有很多人提出批評或是要求他解釋，或者就法條的文字和內容說明自己的看法。他知道不管怎麼做都無法盡合人意，要是不予理會就會受到惡毒的攻擊，想要避免陷入這種窘迫的處境，能夠逃脫所有的不快和反對，看來是一件相當困難的事，如同他所說：

軍國大事必使全民盡如所願。

只有用出外旅行作爲藉口，他買下一條商船，告別雅典達10年之久，離開以後希望他的法律經得起時間的考驗，使得大家更爲熟悉。

26 他遠航的第一站是埃及，到達以後就定居下來，如同他所說：

地當尼羅河口，
景色優美海岸。

花一些時間與赫利歐波里斯(Heliopolis)[70]的森諾費斯(Psenophis)在一起研究學問，還有塞埃特人(Saite)松契斯(Sonchis)，這是一位博古通今的祭司。如同柏拉圖的說法，他從松契斯那裡明瞭亞特蘭大(Atlantic)的歷史，並且寫進他的詩篇，好讓希臘人能夠獲得這方面的知識[71]。

他從埃及向塞浦路斯島航行，在那裡替斐洛西普魯斯(Philocyprus)做了很多事。斐洛西普魯斯是當地的一位國王，擁有的小城靠近克拉流斯(Clarius)河，是帖修斯之子笛摩奉(Demophon)所建造；形勢非常險要，只是面積過於狹小，進出很不方便。梭倫勸他遷移到下方肥沃的平原，興建適宜居住而且面積更爲寬大的城市。當他留在該地的時候，協助國王使得居民團結合作，各方面都能達成安全

70　赫利歐波里斯位於尼羅河三角洲的頂端，就在孟非斯附近。

71　柏拉圖在*Timaeus and Critias*中揭露有關阿特蘭大的傳聞，說是梭倫從埃及祭司獲得這方面的資料，大約在9000年以前，位於大洋的島嶼發展出高度的文化和尚武的精神，曾經入侵雅典但是吃了敗仗，後來阿特蘭大沉沒在大海之中。

防護和生活舒適的要求，以致無數外來的群眾願聚集在斐洛西普魯斯的四周，對於梭倫的規劃很多國王都加以仿效；因此，斐洛西普魯斯爲了推崇梭倫，就將這個城市從原名伊皮(Aepea)改爲梭利(Soli)[72]。梭倫在爲斐洛西普魯斯所寫的詩篇〈埃勒吉斯〉(Elegies)中，特別提到建城的經過：

> 祝你坐在梭利的寶座上面萬壽無疆，
> 後代子孫保有創建的基業永垂不朽。
> 我離開這個幸福之島開始升帆遠航，
> 塞浦路斯用一陣微風將船平安送走；
> 承蒙你的保佐和庇護得以乘風破浪，
> 願你的城鎮興旺使我返鄉無災無憂。

27 梭倫應該是與克里蘇斯(Croesus)見過面，有些人認爲與年譜的記載不符[73]。我無法捨棄極其著名而又證據確鑿的記述，不僅吻合梭倫的性格，更能凸顯他那無上的智慧和崇高的心靈；的確，在某些方面是有違年譜的規範，經過數千次的努力要加以整理，然而直到今天，對於不同的意見還是得不到一致的定論。因此，根據他們的說法，梭倫是受到克里蘇斯的邀請[74]才前往。他所遭到的狀況，就像生長在內陸的人第一次要去看海，遇到每一條大河都以爲這就是海洋。梭倫經過宮廷看到很多穿著華麗的貴族，都有警衛和侍童在旁邊伺候，擺出非常倨傲的神色，使得他認爲每個人可能都是國王，到最後才帶到克里蘇斯的面前。克里蘇斯的朝服極其罕見而珍貴，裝飾著各種珠寶、紫色綬帶和黃金配件，表現雄偉華麗和燦爛耀煌的威嚴氣勢。當梭倫前來與他會面的時候，並未露出感到驚奇的樣子，也沒有如同克里蘇斯所期望那樣說些恭維的話；明眼人都看得出來，他對於俗氣的賣弄和低級的虛飾那種不以爲然的表情。

---

72 稱為梭利的城市有兩處，一個位於塞浦路斯島，另一個位於西里西亞(Cilicia)海岸，兩城隔海相對。

73 從編年史和年代記的資料來看，這是不可能的事；梭倫擔任執政官是594或593B.C.，克里蘇斯成為利底亞國王的統治時期是560-546B.C.，也有人想將這兩個時間拉近但是沒有成功。梭倫在他的詩篇裡面沒有提到克里蘇斯的名字。如果梭倫曾經拜訪過利底亞，應該是更早一位國王在位的時候。

74 參閱希羅多德《歷史》第1卷第30-33節。

克里蘇斯叫手下人員打開所有收藏寶物的房間，帶他去參觀極其昂貴的家具和奢侈的物品，雖然他根本無意於此。梭倫在初次見面的一瞥之下就對克里蘇斯有相當認識，當他從各處看完回來以後，克里蘇斯問梭倫是否知道還有比他更為幸福的人。梭倫的回答說他知道有這麼一個人，是他的同胞名叫特盧斯（Tellus）。這個人是個誠實的市民，子女都很善良，自己有足夠的產業，為了保衛國家英勇作戰陣亡在沙場。

克里蘇斯把梭倫看成是個沒有教養的傢伙也是笨蛋，不僅沒有拿金錢財寶來衡量幸福，竟然認為一個身分低下的平民，微不足道的生死比起權勢和帝國更勝一籌。不過，克里蘇斯還是再度問他，除了特盧斯以外，他知道還有那個人更幸福。

梭倫很肯定回答，就是克利奧比斯（Cleobis）和畢頓（Biton）。這對相親相愛的兄弟非常孝順母親，有次他們的牛隻出了問題，兩兄弟親自拉著車，將母親送到朱諾（Juno）[75] 的神廟去進香。她的鄰居都說她是一個幸福的人，她自己也感到非常高興；等到獻祭和宴會完畢以後，他們去休息就沒有醒來，受到神明的恩惠毫無痛苦和安詳寧靜的逝世[76]。

克里蘇斯很生氣地說道：「難道我就不夠資格成為一個幸福的人嗎？」梭倫雖然不願說奉承的話，但是也不想過分激怒國王，於是回答道：

> 啊！陛下！神明將中庸之道賜給希臘人，我們的智慧著重樸素的習性和居家的生活，無法表現出高貴的氣質滿足帝王的要求。我們無論處於那種環境之下，總是看到各種無法忍受的巨大災難隨之而來，所以在享受美好收穫的時候，特別禁止產生侮慢之心，而且在時機仍然會發生改換之前，也不容許讚譽他人的福份；不可知的未來要降臨到我們的頭上，每個人的運道都有無法預測的變遷；只有神明繼續賜給恩典和德澤，直到蓋棺論定才能稱為「幸福」[77]。一個人要是在活著的

75　朱諾是羅馬神話裡的天后，主神朱庇特的妻子，也是執掌女性、婚姻和生育的女神；相當於希臘神話的天后赫拉。

76　希羅多德的《歷史》第1卷第30-33節對於特盧斯、克利奧比斯和畢頓的事蹟，有非常詳盡的描述。

77　中國的五福是壽、富、康寧、攸好德和考終命；可見古今中外認定幸福的要件是要「老有所

時候仍舊有陷身危險的可能，我們就到處以「幸福」的名義向他致敬，
豈不像一個角力手仍在場中奮戰，我們就用「勝利」的榮冠向他歡呼，
讓人感到缺少安全而且極不可靠。

　等他說完以後，就終止雙方的會晤，留給克里蘇斯只有刺痛的感覺，沒有任
何教益可言。

28 寫作寓言的伊索受邀請來到薩迪斯(Sardis)，克里蘇斯對他非常尊
敬。他有鑑於梭倫受到冷淡的待遇，特別提出勸告說道：「梭倫，你
與國王談話一定要簡短，不要忘記恭維幾句。」梭倫回答道：「大可不必如此，
簡短沒錯還是要講實話。」[78]
　因此在那個時候克里蘇斯看不起梭倫。等到他被居魯士(Cyrus)打敗，城市失
守自己成為俘虜，定罪以後綁在柴堆的木柱上，要當著所有波斯人和居魯士的面
前活活燒死。克里蘇斯仰天大叫三聲[79]：「啊！梭倫」；居魯士聽到非常驚奇，就
派人去查問這個梭倫是什麼樣的人物或神明，使得克里蘇斯在絕望的關頭向他祈
求。克里蘇斯將這件事很清楚的交代，說道：

　　梭倫是希臘的智者，也是我請來的貴賓。他所說的話我不願聽，需要
　　的教訓也不想知道。在他向我說出什麼是幸福以後，我希望他看到我
　　當前的狀況，成為一個目擊證人然後讓世人知道：幸福的喪失比起享
　　受所感到的美好會帶來更大的痛苦。過去我所得到的東西，就一般的
　　看法不過是個人的財產，然而在失去以後給我帶來難以忍受和真正的
　　災難。他的囑咐是要看一個人的身後，無須對目前不確定的事物過分
　　依賴，或是因而增長傲慢之心。他過去對我的推測現在都已實現。

　當這些話對居魯士說過以後，波斯國王比起克里蘇斯來究竟算是一個明理的

（續）────────────────────
　　終」。
　78　伊索雖然與梭倫生在同一個時代，有人認為伊索是位虛構的人物，他的寓言提到梭倫都是後
　　　來加上去的資料，只能說是反映那個時期所流傳的故事；有關這項軼事沒有找到其他的記載。
　79　參閱希羅多德《歷史》第1卷第86節。

人，看到當前的案例可以肯定梭倫的行為規範，於是他赦免克里蘇斯的罪行，終其一生都受到相當的禮遇。有些人提到梭倫的榮譽，在於他救了一位國王的性命，還使另一位國王得到教誨。

29 就在梭倫離開雅典以後，市民之間產生爭執：萊克格斯領導平原地區的居民；阿爾克米昂之子麥加克利為濱海地區民眾所景仰；彼昔斯特拉都斯組成山區黨，都是稱為thetes的貧民階層，也是富人的世仇大敵。雖然城市還在運用新制定的法律，然而大家的內心在求變；特別是山區黨希望政體的改革，給他們帶來比過去更好的生活，能夠超越反對的黨派。梭倫返國以後發現已經形成這樣的局面，雖然他受到各方的尊敬和器重，年齡不容他像從前那樣採取行動，或是到處發表公開的演說。他仍然在私下與各黨派的領袖進行商議，盡力協調各方不同的意見；其中以彼昔斯特拉都斯的表現最為聽話。他的說話文雅很有節制，是窮人最要好的朋友；即使感到憤怒表現出溫和的神色；善於模仿和掩飾的技巧，這是與生俱來的本領；因而使得他比起任何人獲得更多的信賴，公認他是一位謹言慎行和遵守法紀的人，不僅熱愛公理正義，而且要與企圖改變現行解決方式的人為敵。

彼昔斯特拉都斯用這些伎倆欺騙大多數的人民，很快就被梭倫發覺真相，知道他的親戚比其他任何人都偏離他的原則，然而他並沒有因而產生怨恨的心理，只有盡力表現出謙和的態度，想要使彼昔斯特拉都斯袪除野心。於是經常向他和其他人說起，一個人要摒棄心中那種「大丈夫當若是」的激情，平息那種要掌握絕對權力的欲望，才夠資格稱得上品德高尚的人士和志行卓越的市民。

帖司庇斯(Thespis)[80] 在那個時代開始悲劇的表演，雖然沒有形成競爭的風氣，新奇的演出方式還是吸引觀賞的人潮。梭倫的性格就是喜愛聽到或是學習新穎的事物，特別是在老年的時候過著閒散的日子，享受飲酒和音樂的樂趣，按照古老的習慣，前去欣賞帖司庇斯的演出。等到表演完畢以後，在交談中向他問起，面對大群觀眾要說那麼多的謊言是否會感到慚愧，帖司庇斯說在戲劇中的言行對誰都不會造成傷害。梭倫用他的手杖擊打地面很憤怒地說道：「啊！要是我推崇

80　根據傳統的說法，認為帖司庇斯是希臘悲劇的祖師爺，第一次參加比賽是在奧林匹克61會期第3年即534B.C.，這樣看來，梭倫與他見面根本是無中生有之事。

和讚美這些戲劇，有天總會發覺這些情節已經出現在我們的生活之中。」

30 彼昔斯特拉都斯先把自己弄傷，接著用一輛戰車將他運到市民廣場，開始煽動民眾，像是他的仇敵因為政見不同痛下毒手，引起大多數人的暴怒和鼓譟。梭倫前來安撫他們，說道：「啊！希波克拉底(Hippocrates)的子孫們！荷馬的書中人物帶給你們壞榜樣；尤利西斯可以用來誘騙敵人，你們這樣做是在欺哄同胞。」[81] 這件事過了以後，民眾急著要保護彼昔斯特拉都斯，就召開市民大會，亞里遜(Arition)提出動議，他們允許彼昔斯特拉都斯組成一個衛隊，有50位執棍者保障人身的安全。梭倫反對這個提案，從他留下的詩句可以表明他的見解：

> 為除去癬疥癩疾，
> 何需用狼虎藥劑。

還有就是：

> 鳳凰之聲幽且清，
> 眾鳥喧譁喪其明。

他看到貧民的情緒激昂，躬身從命要滿足彼昔斯特拉都斯的要求，富人心懷畏懼不願發生衝突，於是離開市民大會。他所採取的方式是用智慧對待鬧事的人，用剛毅鼓勵那些退縮的人。他之所以更有智慧，是因為那些人根本不了解彼昔斯特拉都斯的圖謀；他之所以更為剛毅，則是有些人明瞭當前的狀況，但是不敢出面反對僭主政治。人民對於彼昔斯特拉都斯的執棍者人數，覺得沒有什麼不對，所以才通過這項法律，雖然他擴大徵召的對象並且保持他所望的數量，大家也沒有注意，使他能夠有力量占領衛城。

等到行動開始以後，整個城市陷入騷亂之中，麥加克利和整個家族趕緊逃

---

81 尤利西斯為了要按照計畫，一一收拾那些騷擾他妻子的求婚者，就裝扮成乞丐的模樣；可以參閱荷馬的《奧德賽》。

走。梭倫的年紀現在已經很老，也沒有人在背後支持，仍舊到市民大會對人民發表演說，一方面對於他們這種精神上的疏失和卑劣大事抨擊，另一方面是提出訓誡和規勸，他們不能怯懦退縮以致喪失自由的權利。這時他說出一篇大道理，對後人有很大的啟發，那就要抓住機會及早阻止暴政，趁著羽毛未豐加以消滅或摧毀，不僅非常重要而且更為光榮，現在就是他們在成長快要成熟的時候。大家對於接受他的理念感到害怕，於是他回到家中，將原來使用過的武器全部拿出來，放在門口的走道兩旁，然後說道：「我已經盡到我的本分去保護國家和法律。」從此再也不管這些閒事。朋友勸他逃亡，他在拒絕以後寫下這首詩，用來譴責雅典人：

> 你們現在遭受的痛苦不能歸咎命運，
> 所有過錯全是自作孽神明都很公正。
> 你們將堅固的城堡全部交到他手裡，
> 聽話的奴隸奉嚴命要盡情宰割政敵。

31 很多人告訴他說是僭主可以拿他的詩作藉口將他殺害，同時問他有什麼勢力可以持仗，竟敢如此放言高論大肆詆毀。他回答道：「風燭殘年無所畏懼。」等到彼昔斯特拉都斯掌握政權以後，一直在盡力爭取梭倫的支持，不僅表現出尊敬的態度，向他請教的問題都能言聽計從，因此梭倫對他提供很多意見，也認同他很多的作為。梭倫的法律大部分都保留下來，彼昔斯特拉都斯除了自己遵守，強制他的朋友要服從。彼昔斯特拉都斯現在已經成為絕對的統治者，他在阿里奧帕古斯會議受到控訴犯下謀殺罪，保持平靜的態度前往為自己辯護，反倒是原告沒有出庭。他還制定一些法律，其中一項就是在戰爭受傷殘廢的人員，由政府出資負責他的生計。

根據潘達斯人赫拉克萊德的記錄，梭倫對於一位名叫瑟西帕斯（Thersippus）的人，有關傷殘的案件做出類似的裁定，所以彼昔斯特拉都斯的做法等於是蕭規曹隨。同時狄奧弗拉斯都斯明確表示，是彼昔斯特拉都斯而不是梭倫制定有關取締遊手好閒的法律，所持的理由是當時國家的生產大增，城市的狀況非常平靜[82]。

82　希羅多德在《歷史》第2卷第177節，提到梭倫將埃及國王阿瑪西斯的法律施用於雅典，其中一條是「每個人每年要到他的行政首長那裡去報告他的生活狀況，並且證明他的忠誠和清

現在梭倫著手要寫出最偉大的著作，亞特蘭大島的歷史或神話的敘事詩，有
關這方面的知識來自住在塞埃斯（Sais）的哲者，原來的著眼是要便於雅典人明瞭整
個事件的本末，後來還是放棄。他的理由是年已老邁，害怕沒有時間完成這項傲世
的鉅著，並非柏拉圖所說太忙抽不出餘暇。不管怎麼說，他確實很空閒，有詩為證：

> 可嘆年華老去兮，
> 仍汲汲以求新知。

再者：

> 攜佳人兮披重幄，
> 酌桂酒兮揚清曲。

32 反而是柏拉圖對於《亞特蘭大島》這部歷史著作，不斷進行補充務
求盡善盡美，好像是一片豐盛的產業缺乏繼承人，只有他具備資格
對它做詳盡的描述，提到雄偉的山門，壯觀的圍場和寬闊的庭院，從未在任何史
書、神話和詩歌的傳說中出現；他開始動筆的時間太晚，完成工作之前已經謝世。
要是他所寫成的章節給讀者帶來很大的愉悅，那麼就會對未完成的部分感到更加
的惋惜。如同雅典只有朱庇特的奧林匹克神廟尚未完成一樣，柏拉圖所有最優美
的作品中，也只有《亞特蘭大島》未及終卷只留下吉光片羽。

潘達斯人赫拉克萊德很肯定的表示，梭倫在彼昔斯特拉都斯攫取政權以後又
活了很久；伊里西安人（Eresian）費尼阿斯（Phanias）的說法是不到兩年。彼昔斯特
拉都斯開始僭主政體的時候，科米阿斯（Comias）出任執政官，接替他的人是赫吉
斯特拉都斯（Hegestratus）[83]；費尼阿斯說梭倫死在赫吉斯特拉都斯的任期之內。傳
說他的骨灰撒在薩拉密斯島，過於怪異很難令人相信，只能當成神話故事來看，
仍舊有很多知名之士提到這件事，包括哲學家亞里斯多德在內。

（續）

　　白，如果不遵照條文的規定辦理，要處以死刑。」

83　科米阿斯和赫吉斯特拉都斯出任執政官的時間，分別是561年和560B.C.；或者是560年和
　　559B.C.。

第二章
波普利柯拉(Poplicola)

6世紀B.C.，羅馬將領和政治家，
推翻王政，建立共和。

1 我們讓波普利柯拉(Poplicola)與前一章的梭倫進行比較，他憑著建立的
功勳從羅馬人民那裡獲得這個稱號，其實本名是有貴族血統的巴布留
斯·華勒流斯(Publius Valerius)[1]。這個家族的始祖華勒流斯是早期的市民，主要
的事蹟是化解羅馬人和薩賓人之間的歧見，排除雙方的紛爭，還有就是出了很大
的力量，說服這兩個部族的國王，同意和平相處建立聯合政體，因而贏得舉世的
讚譽。據說，當時的羅馬仍舊在王政時期，世家出身的巴布留斯·華勒流斯，名
聲顯赫來自家財萬貫的富有和縱橫政壇的雄辯，仁慈的性格一方面用慷慨解囊來
幫助窮人，另一方面是從事法律工作不僅正直而且開明，因此可以保證，即使政
府的體制變成共和國，他在當時的社會還是首腦人物。

塔昆紐斯·蘇帕巴斯(Tarquinius Superbus)[2] 運用非法和邪惡的手段接位登
基，身為國王不願遵從虛位統治的慣例，拿著蠻橫和暴虐作為工具滿足一己的私
欲，他的在位激起人民的憤恨，盧克里霞(Lucretia)之死(她受到暴力侵犯而自殺
身亡)引發叛亂的行動。為了從事政治的改革，盧契烏斯·布魯特斯(Lucius Brutus)[3]

---

1 他的名字有人稱為巴布留斯·華勒流斯·巴布利柯拉(Valerius Publicola, Publius)，羅馬建城
　247年即507B.C.出任執政官；他的兒子與他同名，460B.C.任執政官，率軍收復被阿庇斯·
　厄多紐斯占領的卡庇多，力戰陣亡。
2 塔昆紐斯·蘇帕巴斯是羅馬王政時期末代國王，在位期間公元前534-509年，也是唯一伊特
　拉斯坎人出身的國王，稱為塔昆二世或「傲慢者塔昆」，自從羅馬建立共和將他驅逐以後，
　不斷發起復國行動，造成羅馬人和托斯坎尼地區各城市連年的戰爭。
3 盧契烏斯·朱尼烏斯·布魯特斯(Brutus, Lucius Junius)在509B.C.出任首任執政官之一，次
　年驅逐塔昆國王，是共和體制的締造者，也是羅馬自由之父。

最早參加華勒流斯的陣營，在他的大力鼎助之下，終於達成罷黜兩位國王的目標[4]。要是人民傾向於推選一位領袖來代替國王，布魯特斯是民主制度的創始者，由他來統治是個人應盡的責任，所以華勒流斯抱著默認的態度。

人民痛恨君主專制，一種分權措施更符合他們的期望，等到要選出兩位領袖的時候，他很想與布魯特斯共同擔任執政官，最後卻受到失望的打擊。布魯特斯盡力幫助塔昆紐斯·科拉蒂努斯（Tarquinius Collatinus）[5]，支持他來取代華勒流斯，縱然科拉蒂努斯毫無功績可言，憑著他是盧克里霞的丈夫最後還是當選。兩位受到罷黜的國王在國外盡力活動，仗著原來的關係在國內多方懇求，貴族都害怕他們的廢王復位，所以才選出一個最痛恨他們的人，認為只要塔昆紐斯·科拉蒂努斯擔任執政官，絕不會退讓一步[6]。

2 現在華勒流斯遭到麻煩，服務國家的理念受到人們的猜疑，因為暴君的倨傲並沒有對他造成個人的傷害。於是他辭去元老院的議員和法律方面的工作，完全脫離公眾的事務；如果不這樣做，就有機會經常發表談話，害怕在憤怒的狀況下，會與國王那邊和解修好，同時他必須證明在當前人心惶惶的局勢之下，目標不明確的改革會使得政府搖搖欲墜。布魯特斯對很多人士產生懷疑，決定要在祭壇前面對元老院進行考驗，就在指定的日子要華勒流斯帶著愉快的神色到市民廣場，成為第一個宣誓的人，絕不會對塔昆（Tarquin）的主張表示屈服或退讓；使得元老院感到極為滿意，也給執政官帶來保證，從後來的行動可以看出他在忠誠的履行誓言。

塔昆的使者帶來受到民眾歡迎和內容空洞的建議，像是國王已經棄絕暴虐的行為，所有的施政作為都要保持謙遜和態度，他們想用這套方式來誘惑人民。執政官了解使者的企圖，認為最好的辦法是給予公開的觀見，華勒流斯反對這種做法，因為他認為貧窮的民眾畏懼戰爭甚於暴政，不應該讓他們有機會表示意見，

4　根據李維的評論，塔昆紐斯·蘇帕巴斯遭到驅逐，不完全是因為他的兒子色克都斯（Sextus）強暴盧克里霞，主要還是他破壞王國的法律，實施專制統治，他剝奪元老院的職權，傲慢的作風引起民眾不滿，所以才用盧克里霞的自殺作為藉口，發起革命的行動。

5　塔昆紐斯·科拉蒂努斯是塔昆紐斯·普瑞斯庫斯（Tarquinius Priscus）國王的姪兒，盧克里霞的丈夫，509B.C.擔任執政官，後來成為共和國的締造者之一；其實上塔昆紐斯·蘇帕巴斯的下台，是宮廷傾軋和爭奪王位的結果，他身為有繼承權的親屬，難免在後來會受到牽連。

6　本章主要內容分別引用李維《羅馬史》第1、2卷有關各節。

或是受到這些計謀的勾引。

3 等到使者到達以後，馬上公開宣布他們的國王願意退位，放下武器不再兵戎相見，唯一的條件是要簽署協定，歸還他本人以及朋友和盟邦的錢財和產業，用來維持放逐的生活。現在，有些人傾向於同意他們提出的要求，特別是科拉蒂努斯深表贊成，布魯特斯是一個嫉惡如仇和個性耿直的人，很快衝進市民廣場，向大家宣布他的同僚是個叛徒，竟然同意用金錢去津貼暴君，更為荒謬的事是讓放逐的人獲得充分的物質，還不如用來供應戰爭所需。他們為了此事召開市民大會[7]，第一位發言的人是名叫該猶斯·米努修斯(Caius Minucius)的平民[8]。他向布魯特斯提出勸告，同時呼籲羅馬人要保留這些財產，與其將它送給暴君，不如用它來推翻暴政。羅馬人的決定要為享有自由的權利而奮戰到底，他們不會為了金錢而放棄和平，不過，要等這件事妥善處理以後，才發還暴君的財產。

事實上，有關財產的問題在塔昆的計謀中所占分量很輕；大會的決定很明確的宣示人民的感想。使者現在的做法是要盡量在暗中進行陰謀活動，他們的藉口要出售一些貨物和保留一部分要處理，盡量拖延返國的時間，最後終於如願收買到羅馬兩個最顯赫的家庭。阿奎利安(Aquillian)在元老院占有三個席次，維提利安(Vittellian)有兩個；這些議員從母系的親屬關係來說，都是科拉蒂努斯的甥兒。布魯特斯與維提利安家族也是親戚，因為他娶了他們的姊妹生下幾位兒子；其中有兩個兒子與這些議員的年紀相當，彼此都是近親來往非常密切，受到維提利安家族的引誘加入密謀，主要是為了未來的富貴才與塔昆結盟，同時要從父親的虐待和瘋癲之中獲得自由。布魯特斯對犯過的子女非常嚴苛，所以他們說他喜歡使用暴力。然而他的言行不正常是長期的偽裝，用來保護自己不要引起暴君的猜忌；等到後來這個名聲傳開來，大家以為他生性如此。

7　羅馬治權的基礎是市民會議，成員是全體年過17歲的男性自由民，主要的職責是選舉年度的官吏、通過法律、宣戰和議和，市民大會一共有三種會議方式：百人連大會(Comita Centuriata)、全民大會(Comita Tributa)和平民大會(Concilium Plebis)；後兩種方式從各方面來看幾乎完全相同，就連羅馬人自己都會弄混淆，只是平民會議貴族不能參加而已。就本書提到的狀況來看，這次的市民會議應該是第三種的平民大會。

8　羅馬稱普通公民為平民，與特權貴族階級有別，開始時平民只能擔任護民官，不得出任其他公職，十二表法第11表第1條明確規定：「平民與貴族不得通婚」，到445B.C.廢止；經過三次分離運動，平民與貴族的不平等待遇逐漸取消。

4 這些年輕人受到勾引以後，要與阿奎利安家族的人進行商議。他們認為要用莊嚴而可怕的誓言來相互約束，最好的辦法是謀殺一個人，用流出的血來起誓，並且檢查死者的內臟以卜兇吉[9]。他們要達成殺人的圖謀，相約在阿奎利安家族的房舍裡會面，爲了行事方便，選擇一個位置偏僻的建築物並且在夜間下手。碰巧有個名叫溫迪修斯(Vindicius)的奴隸藏匿在那裡，並不是有預謀或是事先聽到風聲，完全是偶然狀況進入那個房間，倉促之下見到很多人抵達，他害怕被發現就躲在一個櫃子的後面，所以他能看到整個的行動也聽到討論的內容。他們的決議是要殺死兩位執政官，得出的結論寫在信函裡面通知塔昆，這時使者居住在阿奎利安家族提供的地點，正好參加這次會議，於是就把信函交給他們帶回去。

等到這批陰謀分子離開以後，溫迪修斯偷偷溜出屋子，想到要在身爲父親的布魯特斯面前指控他的兒子，或是在身爲舅父的科拉蒂努斯面前舉發他的外甥，很可能得不償失，眞是令人不寒而慄（這倒是實情）。這樣重大的秘密，他無法相信任何一位羅馬平民；然而，他不能保持沉默，這個信息在他來說是極其沉重的負擔，只有親自去見華勒流斯把話說清楚。當然華勒流斯平易近人的個性也是一個誘因，主要是窮人很容易見到他，對於那些出身寒微的民眾，無論是前來請願或告貸，他從來不會關上大門。

5 溫迪修斯把事情源源本本面告，華勒流斯的妻子和兄弟馬可斯(Marcus)都在場。他像是聽到一聲青天霹靂感到非常驚愕，毫無意思要讓這位見證人離開，將溫迪修斯留在房裡限制行動，他的妻子像警衛一樣把守在門口。同時派他的兄弟去包圍國王的宮殿，要是可能就去搜尋留在那裡的文件。他自己帶著忠實支持的部從和朋友保護兩位執政官的安全，還有一大群華勒流斯的僕從趕往阿奎利安的住宅，正好主人不在家中，他們強行打開大門闖進去，湊巧在使者的住處發現那些信函。這時阿奎利安家族火速趕返，在大門口相互毆打，想要把信函奪回。華勒流斯派去的人員努力抵抗，脫下長袍用來繞住對手的頸脖，雙方經過一場搏鬥，終於將他們全部抓住，像囚犯一樣從街道帶到市民廣場。國王的

---

9 羅馬在第二次布匿克戰爭之前，遇到重大的事件，遵從《西比萊神論集》的指示，有時還會進行活人祭，通常是把兩名異族活埋祭神；現在提到殺人以後進行動物的內臟占卜法，倒是少見的例外。

宮殿同樣發生一場激戰，馬可斯也搜到一些信件，他們的打算是要連用貨物一起運回交給塔昆。國王的人馬在發現以後全部遭到逮捕，然後將他們趕到市民廣場。

6 等到兩位執政官平息騷動以後，華勒流斯下令將溫迪修斯帶出來，經過陳述指控和公開信函，這些叛徒根本無法答辯。大多數人民站在那裡啞口無言，對於布魯特斯的無情感到非常的憂慮，有些人提到給予放逐的處分，加上科拉蒂努斯的眼淚和華勒流斯不表示意見，很可能有寬大處理的希望。布魯特斯叫出兩個兒子的名字，他說道：「啊！提圖斯(Titus)！提比流斯(Tiberius)，你們對這些告發還有什麼可以辯護？」問過三次以後沒有回答。布魯特斯轉向扈從校尉大聲叫道：「還不趕快盡你們的職責。」他們立刻抓住這兩位年輕人，剝去他們的衣服，將雙手綁在後面，用棍棒重擊他們的身體，這樣的場面在任何人看來都感到慘不忍睹。不過，據說布魯特斯連臉都沒有轉過去，不讓絲毫同情和憐憫，軟化和安撫他那堅定而嚴肅的面容；帶著令人害怕的神色注視他的兒子在接受懲罰，甚至扈從校尉將他們的身體放在地上，然後用大斧砍下他們的腦袋，都沒有讓他皺一下眉頭[10]。

然後布魯特斯離開，將剩下的人員交給他的同僚去審理。公開的處決後來給他帶來最高的讚譽和強烈的責難，他這樣做是要使偉大的德行超越表面的憂傷，即使他完全失去惻隱之心也在所不惜。在這兩方面看來都不是普通人能做到的事，何況還要考慮到親情和人性的問題；所以我們可以說他這種行為，不是神性就是獸性。當然，一般來說我們的判斷過於懦弱，與其讓他的功績遭到詆毀，還不如讓我們屈服於他的聲譽，要是抱這樣的說法也不是沒有道理。就羅馬人的意見，布魯特斯的建立政府比起羅慕拉斯為城市奠基，他所做的工作更為偉大和重要。

7 布魯特斯離開人民廣場的時候，剛剛這一幕使得大家的內心在一時之間，充滿著驚愕、恐懼和寂靜；不管怎麼說，科拉蒂努斯的從容和遲緩給阿奎利安家族帶來信心，說是需要一點時間來答辯所受的指控。特別提到溫迪

---

10 李維(Livy)認為新獲自由的政權，有頑抗的敵人而無熱心的朋友，若因偶發事故而獲得自由，甚難維持長久；所以布魯特斯處死自己的兒子，是強力和有效的作為，也是穩妥而必需的對策。看到身為執政官的父親，不但判處兒子的死刑，而且留在他們伏法的現場，這種例子在文獻上難得一見。

修斯是他們的奴僕，應該將他交到主人的手裡，而且不夠資格再列爲原告。看來
執政官是偏向於接受他們的提議，同時準備進行解散市民大會的程序。雖然華勒
流斯的人在保護著溫迪修斯，他無法忍受要這位告發人聽命從事，也不能讓叛徒
在沒受懲處的狀況下，使得整個事件無疾而終。

　　最後還是用兇暴的手段制伏阿奎利安家族的成員，把布魯特斯召回來給予協
助，公開宣布反對科拉蒂努斯極不合理的程序，在他的同僚基於需要逼得犧牲自
己兒子的性命以後，竟然爲了取悅幾位婦女赦免大膽的叛徒和公眾的敵人。科拉
蒂努斯對這種說法感到不滿，下令要將溫迪修斯送走，扈從校尉要從群眾中強行
穿過去抓他，那些出頭盡力救援的人都受到毆打。華勒流斯的朋友帶頭努力抵
抗，人民大聲叫喚布魯特斯，等他回來場面就安寧下來。他告訴大家說他有資格
通過判決處置自己的兒子，至於其餘的人應該留在自由的市民做出判決。他說
道：「讓每個人都可以表達意見，他們能夠說服執政官。」根本不必多費口舌，
同意交付投票表決，犯人重新定罪獲得全體人員的贊成，按照宣判都被處以斬首
的極刑。

　　科拉蒂努斯與國王的親戚關係實在說已經讓人產生懷疑，他的第二個名字使
得人民感到痛恨，他們很不樂意聽到塔昆還用這種口氣來說話。等到這件事情發
生以後，知道自己冒犯城裡每一個人，於是辭去職務離開羅馬。遺留的位置經過
補選以後，華勒流斯獲得最高的榮譽登上執政官的寶座，這是他熱心工作非常公
正的報酬。他認爲溫迪修斯也應該接受一分獎賞，是成爲羅馬市民的第一個自由
人，同時還獲得選舉的特權，可以憑著自己的高興登記在任一個部族的名冊上
面。另外還有自由人獲得選舉的權利，是在過了很久以後，發生阿庇斯（Appius）[11]
的叛亂事件，當局這樣做是爲了謀求民意的支持。自從溫迪修斯得到這項殊榮以
後，每年這一天稱爲vindicta[12]即「自由日」，都要釋放一名奴隸作爲紀念。

11　阿庇斯・厄多紐斯（Appius Erdonius）在460B.C.率領4000多名奴隸和亡命之徒，夜間發起強
　　襲奪取卡庇多。

12　羅馬共和國的末期用燒殺掠奪的手段打天下，奴隸大多來自蠻族戰俘，數量將近總人口之
　　半，後來雖然也大量釋奴，過分浮濫同樣帶來社會問題，因而制定規章，要提出正當理由，
　　報請官員批准，經過合法手續，才能使奴隸成為自由民。自從溫迪修斯舉發叛逆之後，每年
　　元旦舉行釋奴儀式，讓一名奴隸獲得自由以為紀念。

8 戰神（Mars）原野[13] 最美好的部分原爲塔昆所有，現在奉獻給神明來使用。這件事發生的時候，正是作物收穫的季節，都已經割下來成綑放在田地，他們認爲現在用連枷把它打下來已經非常的不適合，再要用到任何方面都是不虔誠的行爲。因此，他們把它搬到河邊，加上他們砍下的樹木，全部拋棄在水裡。整平的土地用來祭祀神明，讓人自由據有以從事各種行業。現在，一個接著一個將東西丟在河裡，溪流沒有辦法將廢棄物送到遠處，最先拋下的樹叢已經沉到河底，剩餘的雜質無法通過被阻止以後就混合交織在一起，溪流將表層的泥土沖刷下來，這一大堆沉積物變得很堅實。等到穩定下來以後，加上後來的垃圾使得範圍更爲擴大，就是洪水的力量也無法移動，受到外力的作用壓得更爲緊密。雖然可以獲得這一大塊新生地，擴展作用還是因溪流的沖刷而中止。這裡現在成爲神聖的島嶼[14]，依靠在城市的旁邊散步就可走到，裝飾著神明的廟宇，用拉丁語稱爲inter duos pontes即「兩個渡船之間」。

　　雖然有人說將塔昆的原野奉獻出來的時候，並沒有發生這件事；到了後來，灶神女祭司塔昆尼婭（Tarquinia），將鄰近的田地提供給公眾使用，結果使她獲得很大的榮譽，與其他人不同的地方，是所有的婦女之中只有她的證言被大家接受。後來她獲得結婚的自由，但是她拒絕這種難得的特權；很多人都提到這個故事。

9 塔昆對於用陰謀手段恢復王國已經感到失望，發現在托斯坎人（Tuscans）中間獲得友善的款待；他們願意用一支強大的軍隊，前去幫助他的復辟行動。兩位執政官領導羅馬人加以抵抗，他們指定幾處神聖的地點作爲集結區，有一個地方稱爲阿西安（Arsian）叢林，另外一處是伊蘇維安（Aesuvian）草原。當他們採取作戰行動的時候，塔昆的兒子阿努斯（Aruns）和羅馬執政官布魯特斯，發生不預期的遭遇戰。雙方出於仇恨和憤怒，一邊是要爲國家所受的暴政和敵意進行報復，另一邊是放逐的人員認爲受到不公平的待遇，騎兵都用馬刺驅使馬匹向前衝鋒，那種狂暴的氣勢完全超出預料，大家不顧本身的安危全線投入戰鬥。可怕的進攻還好能夠產生有利的結局，兩支軍隊受到一陣暴風雨的阻擾，同樣會帶來

13　古老的塞爾維亞（Servian）城牆以北到台伯河之間，有一塊面積廣大的平原地區，當地人稱爲戰神的原野，後來羅馬人在這裡進行各種體育和戰技訓練，命名為「戰神教練場」而著稱於世。

14　這個小島稱爲Insula即「島嶼」之意，靠近卡庇多山，建有兩座橋梁。

很大的危害，只有收兵罷戰[15]。

華勒流斯根本不知當天戰況會產生什麼結果，這才使他焦慮不已；雖然他看到部隊的士氣都很沮喪，那是他們舉目所見都是損兵折將的慘狀，但是也應該為敵人的損失感到高興才對。雙方被殺人數看來不相上下；事實上兩軍都只看到自己的傷亡認為已經戰敗，根本不會臆測敵人的狀況而有勝利的感覺。黑夜到臨（這才有人敢說還要打第二次會戰）部隊都在休息，他們看到樹叢搖動發出聲音，說是托斯坎人要多死一個人，肯定損失會比起羅馬人大。看來神明的顯靈是千真萬確的事，羅馬人極為興奮用高聲呼叫表示接受。在這個時候托斯坎人害怕而驚惶，很多人離開帳篷就此星散無蹤。羅馬人對殘留的5000人馬發起攻擊，大肆捕捉俘虜和洗劫營地，等到他們清點傷亡人數，發現托斯坎人有1萬1300人被殺，比起他們的損失真的只多一個人。

這次作戰的日期是2月最後一天，華勒流斯獲得舉行凱旋式[16]的榮譽，是第一位執政官乘坐4匹馬拖曳的戰車。這種場面極其盛大而華麗，所有的觀眾都發出歡呼的聲音，沒有任何人表現嫉妒和憤怒的神色；反而是從此以後不知多少個世代，繼續不斷激起後生小子要一比高下的熱烈情緒。他為了頌揚同僚的榮譽，在布魯特斯的葬禮中發表演說[17]，同樣使得人民對他讚不絕口。羅馬人對這種場面非常喜愛，受到大家的重視，後來成為習慣用來推崇任何一個重要人士，大家都拿葬禮演說來評定死者一生事業的成就。除了演說家安納克斯米尼斯（Anaximenes）[18]提到梭倫是有史以來，第一位在葬禮頌揚死者的偉大人物以外[19]，羅馬人始終認為自己

---

15 根據李維的說法，托斯坎人在這次會戰以後，馬上與昆塔分道揚鑣。

16 根據羅馬共和時代的慣例，軍隊出征獲得重大勝利以後，元老院依據所立戰功，授與將領和部隊凱旋式的榮譽。分為大凱旋式（triumph）和小凱旋式（ovatio）兩種：前者是將領乘四匹白馬拉曳的戰車，身穿紫袍頭戴金質桂冠；後者是將領步行，穿鑲紫邊的白袍戴普通桂冠；凱旋式舉行時，以戰利品和戰俘前導，接著是部隊和祭品的行列，最後是勝利的將領，進入羅馬城遊行，前往朱庇特神廟獻俘和獻祭。

17 羅馬人的父權至上，又是一個信仰多神教的民族，自然產生「敬天法祖」的心理，所以對葬禮重視的程度勝過婚禮；特別是出任國家要職的人員，過世以後要由親朋好友，公開在遺體前面發表頌揚死者的追悼演說。歷史上最著名的一次是安東尼在凱撒葬禮的煽動性演說，激起羅馬的內戰，開創千古未有之變局。

18 蘭普薩庫斯人安納克斯米尼斯（380-320B.C.），是哲學家佐埃拉斯（Zoilus）的門人，雅典的歷史學家和修辭學家，著有《希臘史》和《亞歷山大大帝傳》。

19 雖然安納克斯米尼斯對於梭倫多方讚譽，但是從梭倫所制定的法條可以明顯看出，他對浮誇的典禮、奢侈的犧牲，和對喪葬的冗長哀悼都加以譴責，特別對殉葬的財貨有嚴格的限制。

在這方面比希臘人的歷史更為悠久。

10 然而華勒流斯的行為有些方面會觸怒人民引起厭惡。因為大家尊敬布魯特斯，把他視為給人民帶來自由的父親，而且布魯特斯絕不會在沒有同僚的狀況下，單獨進行統治；始終要與另外一位人士聯合起來，共同負起國家最高的職責。他們批評華勒流斯要把所有的權勢集中在一身，看起來沒有意願成為執政官布魯特斯的繼承人，倒是想像塔昆一樣推動僭主政治。他會發表高談闊論的演說來表揚布魯特斯的功勳，然而，當他在扈從校尉帶著全部儀仗的護衛之下，威風凜凜從他的官邸出來的時候，這種行動看起來就是拿塔昆當榜樣的模仿者；國王的住所都已被他摧毀，然而那些建築就富麗堂皇的程度，比不上他所居住的官邸。實在說，他的住處建在維利亞(Velia)[20]，外觀非常宏偉，位於高處俯瞰人民廣場，那裡的活動一一落於眼內。整個建築物要接近很不方便，可以說是易守難攻，遠遠看過去帶著皇家的恢宏氣勢。華勒流斯還是做出一個好榜樣，那就是掌大權居高位的人，願意聽真話而不是吹牛拍馬的奉承。

等到朋友向他提到這件事引起人民不滿，他既不辯解也不埋怨，到了夜晚召來一大群工人，立即拆除房屋夷為平地。到了第二天早上，人民看到以後聚集起來，不僅吃驚而且對他知錯必改的胸懷極表欽佩。大家感到悔恨也是人之常情，出於一種毫無根據的嫉妒，使他失去一座寬大而美麗的公館，位居執政官現在沒有棲身之所，還要借住朋友的房屋。雖然朋友很高興接待，後來還是人民通過提案贈給他一所設施齊全的房舍，不及原來的住宅華麗，那個地點現在建了一座廟宇被稱為維卡‧波塔(Vica Pota)。

他決定將權力歸還給政府，並不是出於畏懼，而是真正喜愛人民關係非常親密；通常在進入市民大會的時候，會將斧頭與權杖分開攜帶，自認他的身分要低於人民。他用這種方式非常強烈的表現，政府的體制建立在共如國的基礎之上。大家認為有些人的謙恭只是一種策略，並沒有貶低自己，而是用更為溫和的方式來消除旁人的羨慕和嫉妒；不管怎麼說，他是在削減外表的威嚴，同時也在增加實際的權力。人民的順從是帶著滿意的態度，從他們將他稱為Poplicola即「愛民

20　維利亞位於帕拉廷山(Palatine Hill)和伊斯奎林山(Esquiline Hill)之間，原來是一個谷地，後來成為羅馬最精華的地區。

如子的人」就可以看得出來；這個稱呼使他比所有的人更卓越，在以後的敘述中我們就用這個名字。

11 波普利柯拉對任何人想要擔任執政官的職務都沒有先入為主的成見，但是他在接受一個同僚的時候，絕不會存有僥倖之心，免得兩敗俱傷的競爭或無知破壞他規劃的藍圖，這是他運用自己所獨具的權威，制定出最好和最重要的規範和標準。其一：他補足元老院議員的空缺，長久以來塔昆將其中很多人處死，還有一些人是在最近的戰爭中犧牲，根據他們的記錄，由他選入名單的人數一共有164名，後來他還制定幾項法律，用來增加人民的自由權，其中一項非常特別，執政官判決的罪犯可以向市民大會提出上訴。其二：任何人未經人民同意擅自行使官吏職權者應予處死。其三：為了救濟貧窮民眾，可以免除他們的稅捐，鼓勵他們從事各種工作；此外，對執政官不得有不服從的行為，除非得到民意的支持不比執政官少，或者著眼是為了全民的福利並非貴族的利益，那麼對不服從的處罰是10條牛和兩隻羊；一隻羊的價格定為10奧波（obol）銀幣，而一條牛是100銀幣[21]。

當時的羅馬人很少使用貨幣，他們的財富大多用牛來計算，甚至到現在家產還是稱為peculia，這個字源於pecus即「牛」的意思。他們最古老的錢幣上面打上一條牛、一隻羊或一頭豬的印記；或是用蘇利伊（Suillii）、布柏西（Bubulci）、卡普拉瑞伊（Caprarii）和波西伊（Porcii）等小名稱喚他們的兒子，像caproe就是「山羊」而porci是「豬」。

12 在這些寬大和節制的行為之中，波普利柯拉還是為十惡不赦的罪行制定非常嚴酷的懲罰；任何人有野心要成為一個僭主，可以不經審判合法取他的性命，只要對他的罪行提出證據，殺人者無罪赦免[22]。他的著眼是

---

21 在上一章梭倫的傳記中，提到一頭牛和一隻羊的價格，分別是5德拉克馬和1德拉克馬，而1德拉克馬等於6奧波，所以希臘的價格是一頭牛只值30奧波而一隻羊是6奧波，與羅馬的價格相差很大，幾乎有三倍之多。

22 這就是44年3月15日B.C.布魯特斯和卡修斯所秉持的觀念，凱撒有稱帝企圖，是亂臣賊子人人可誅之；他們行刺的動機在於恢復以元老院為主體的共和政體，阻止凱撒的黨人推翻現行架構成為帝政。

要防範於未然，那就是說一個人抱著極大的野心成爲僭主，想要逃過大家的注意並非不可能；就是有這種可能，所以他要求預先加以研判，篡奪的行爲總是會露出馬腳。他會將特許令贈予任何一位告發人，只要他們能夠事先發現篡奪者。他的品德非常廉潔特別制定保管國庫的法律，因爲需要市民奉獻他們的財產來維持戰爭，他自己毫無意願來照料這些錢財，更不容許他的朋友將公款搬到私人家中或是據爲己有，於是他指定農神廟作爲國庫，從那時起他將所有的貢金和錢財全部存放在那裡，同意由人民選出兩位年輕人擔任財務官[23]或司庫。最早兩位財務官是巴布留斯・維突流斯(Publius Veturius)和馬可斯・米努修斯(Marcus Minucius)，只有孤兒寡婦不要繳稅[24]，他們聚集龐大的金額，估算有13萬「奧波銀幣」之多。

　　波普利柯拉等到這些事情處理完畢以後，同意盧克里霞的父親盧克里久斯(Lucretius)成爲他的同僚，把權標交給這位新任的執政官，在這一年的任期內成爲政府居首位的官員；資深執政官的特權一直延續到我們這個時代。沒有過幾天盧克里久斯逝世，新選的馬可斯・賀拉久斯(Marcus Horatius)接任執政官的職位，直到做完年度剩餘的任期。

13 這時塔昆在托斯坎尼準備對羅馬進行第二次戰爭，據說出現很重要的預兆。塔昆還是國王的時候，沒有完成卡庇多的建築物，在最早規劃的期間，不知是出於神讖的指示或是個人的愛好，要在頂端安放一輛陶土燒成的戰車。他將這件工作委託給維愛(Veii)[25]城的托斯坎人來製作，接著他就失去整個王國。這件成品做好模型以後放進窯裡去燒，陶土的性質不像過去那樣穩定，水氣蒸發以後就會沉澱和凝結；龐大的主件發生質地鬆軟和局部膨脹的現象，等到燒結成型以後，雖然將陶窯的頂部和牆壁拆除，整個取出來還是費了很大的功夫。占卜者前來觀看這件作品，認爲這是神明保證成功和掌握權勢的預

23　羅馬市民只要擔任過財務官就可以進入元老院，這個職位經由全民大會選舉產生，羅馬的財務官負責國庫管理和財政事宜，行省的財務官負責全省的財政，管理作戰經費，是主將的法定副手。

24　卡米拉斯出任監察官的時候，考慮到戰爭的傷亡使很多婦女成爲寡婦，認爲獨身男子有義務要娶這些失去丈夫的女子爲妻，除了大力呼籲以外，對於拒不從命的人要科以罰金；另外提出必要的法案，因爲孤兒的人數增加，扶養的家庭可以免稅。

25　維愛是伊特拉斯坎人或薩賓人在拉丁姆所建的城市，位於羅馬北方約20公里，羅馬人從405B.C.開始圍攻，到394B.C.才攻占加以摧毀。

兆，應該自己擁有才對。托斯坎人決定不把這輛戰車交給羅馬人，等到羅馬人提出要求，他們的回答是件物品屬於塔昆所有，將他放逐的人喪失擁有的物權。

過了幾天以後，他們舉行賽車，等到正式比賽和莊嚴儀式完畢以後，獲勝的御車手頭戴花冠駕著戰車，很安靜地離開賽車場；馬匹毫無理由發生驚恐，可能是神明唆使或是偶發意外，急著離開連同它們的車夫用全速向羅馬疾馳。御車手既沒有能夠有效掌握，也沒有發出任何聲音，像是有一股力量逼著他前進，快要抵達卡庇多，才被稱爲拉圖麥拉（Ratumena）的城門所阻止。這件事情發生以後，在維愛人中間引起驚愕和畏懼，他們現在同意將戰車交給羅馬人。

14 笛瑪拉都斯（Demaratus）之子塔昆在與薩賓人作戰的時候，立下誓言要完成朱庇特的卡庇多神廟所有的建築物[26]。塔昆紐斯‧蘇帕努斯是塔昆的兒子或孫子，繼續建造的工作還沒有獻給神明，因爲在快要完成之前已經喪失王國。現在連同所有的裝飾全部竣工，波普利柯拉有野心想要親自舉行奉獻儀式，貴族對於這件事都感到眼紅。他本著審愼的作風，要用制定法律和指揮戰爭獲得榮譽，讓他就各方面而論都具備資格。這樣一來他更遭人妒忌，於是他們唆使賀拉久斯出面爭取，這時波普利柯拉從事國外的軍事遠征行動。經過投票決定以後，他們引導賀拉久斯前往卡庇多神殿，即使波普利柯拉在場，他們也不會讓他有這個機會。然而也有人是這麼記載，說波普利柯拉的遠征行動完全是抽籤決定，讓其他人留下來奉獻神廟，根本是違背他的意願。至於在舉行儀式的過程中發生的狀況，好像在暗示某些問題，這也不過是臆測之辭。

有人說指定的日期是9月的望日，然而也有人認爲是8月的滿月那天，民眾聚集在卡庇多，扈從校尉禁止喧譁保持肅靜，賀拉久斯在主持所有的儀式以後，按照習俗要扶著大門，開始宣布奉獻的祝辭。波普利柯拉的兄弟馬可斯，預先占一個很靠近大門的位置，抓住機會就大聲叫道：「啊！執政官！你的兒子剛剛死在營地！」聽到的人非常驚愕有很深的印象，賀拉久斯絲毫不爲所動，用不在意的口吻回答道：「只要你高興就把屍首丟掉好了，我才懶得給他辦喪事。」就這樣

26　卡庇多山的朱庇特神殿是羅馬最神聖和最偉大的廟宇，一共有八組建築物，在中央位置的兩側是三層的科林多式柱廊，大殿有巨大的約夫（Jove）神像，羅馬人認為這個神殿的最初構想，出於塔昆紐斯‧普瑞斯庫斯國王的大手筆，到了共和國時期，不僅是宗教的聖地更是堅強的城堡，從高盧人入侵開始，曾經多次焚毀重建。

完成奉獻典禮。馬可斯杜撰這個消息，想用一個謊言讓賀拉久斯在舉行儀式的時候分心失態，反而證明執政官的鎮定確非常人所及，無論他是立刻識破騙人的話，或是相信真有其事，始終能夠表現出泰然自若的神色。

15 第二次重新修建的神廟，舉行奉獻典禮的時候也出現類似的情況；前面說過，最早那座是塔昆建造，卻由賀拉久斯奉獻給神明，後來在內戰中被焚毀[27]。蘇拉(Sylla)[28]重新修建卻在奉獻之前逝世，將這個榮譽留給卡圖拉斯(Catulus)[29]；後來又在維提留斯(Vitellius)的叛亂中被夷為平地[30]。維斯巴西安(Vespasian)[31]的接位和登基都很順利，開始第三次的修建而且活著看到它的完成，沒有在生前看到它再度受到破壞；他的運氣要比蘇拉好得多，因為蘇拉正好在奉獻之前過世。神廟就在維斯巴西安崩殂之後毀於火災[32]。

第四次重修的神廟到現在都保存得很好，是在圖密善(Domitian)[33]的手裡完成建造和奉獻。據說塔昆為了建築物的基礎就花費4萬磅白銀，要想在今天完成廟宇的鎏金，羅馬最有錢的市民拿出全部財產也無法負擔，因為需要的費用是1萬2000泰倫[34]；所用的柱式高度與直徑的比例較大，全部是用平提利坎(Pentelican)

---

27 這場內戰是指馬留和蘇拉的支持者從88-82B.C.之間的戰爭，然而早在390B.C.高盧人攻占羅馬以後，卡庇多山的朱庇特神殿完全被毀。

28 蘇拉在83B.C.率軍回師意大利，在科林尼門外一次決定性會戰中擊敗馬留派，強迫元老院任命他為笛克推多，建立恐怖統治，剝奪市民大會的權利，79B.C.退休，次年逝世；蘇拉修建朱庇特神殿是在他82-80B.C.擔任笛克推多的時期。

29 卡圖拉斯(Catullus, Caius Valerius, 84-54B.C.)是羅馬著名的詩人和政治家。

30 維提留斯生於15A.D.，父親曾三度出任執政官，他本人是一個享樂主義者，69A.D.在日耳曼被軍隊擁立為帝，進軍羅馬於10月登基，12月敗於維斯巴西安部將安東紐斯之手，城破後亂軍縱火，卡庇多山所有建築物被毀，維提留斯為暴民所殺。

31 維斯巴西安皇帝是弗拉維亞王朝的建立者，69-79A.D.在位，他不僅重建被焚毀的朱庇特神廟，朱諾女神廟和密涅瓦女神廟，還興建雄偉的和平女神廟和舉世無匹的圓形大競技場。

32 卡庇多神廟的焚毀時間，第一次是羅馬建城671年即83B.C.，第二次是69B.C.，第三次是69A.D.，第四次是80A.D.。

33 79年與82A.D.羅馬發生大火，造成巨大的破壞和社會的貧困，圖密善皇帝用擴大公共建築計畫，提供就業機會和增加貨幣的流通，為了恢復人民的信仰，再一次重修朱庇特、朱諾和密涅瓦的神廟，僅黃金鑄造的大門和鍍金的屋頂，就花費1萬2000泰倫。

34 這筆費用按照吉朋(Gibbon)在18世紀末葉的兌換約為250萬英鎊，杜蘭(Durant)在1930年的換算是2200萬美元。當時的財務官馬修(Martial)向圖密善皇帝提出意見，挪用修建耶路撒冷聖殿的經費，他說如果不是這樣，皇帝一旦要神殿歸還所欠的款項，朱庇特就是將奧林匹克

大理石修製而成，這種結構我們可以在雅典見到。等到他們在羅馬重新切割和磨光的時候，柱式可能因爲過多的裝飾而喪失整體的對稱，看起來更爲修長而纖巧。任何人要是在圖密善的皇宮、大廳、浴場或侍妾住的寓所，參觀過其中無論那一座柱廊，比照之下會對卡庇多的奢華昂貴而驚奇不已。伊庇查穆斯特別描述這種大手筆的揮霍情況：

> 這不會給人民帶來福利，
> 實在說只是病態的浪費。

從他口裡說出這番話，全部可以用在圖密善身上。根據伊庇查穆斯的說法，這不是宗教信仰的虔誠也不是好大喜功的表現，完全是對建築物有一種難以克制的狂熱，一種像邁達斯(Midas)[35]所具有的欲望，能夠將任何東西轉變爲黃金或是石頭。

16 話說塔昆與布魯特斯經過一場激戰，兒子陣亡以後就逃到克祿西姆(Clusium)[36]，想從拉爾斯‧波森納(Lars Porsenna)那裡尋求援助。拉爾斯‧波森納是意大利一位實力強大的君主，爲人慷慨好義是值得交往的朋友。他答應塔昆給予協助，立刻將他的要求事項送到羅馬，應該接受塔昆爲他們的國王，如果拒絕他就要向羅馬宣戰；他會率領一支大軍進犯，並且事先交代他要發起攻擊的時間和地點。波普利柯拉在缺席的狀況下第二次被選爲執政官，提圖斯‧盧克里久斯是他的同僚；等他回到羅馬，表現出比波森納更爲崇高的精神。他在波森納已經到達附近的時候，還建立一座名叫希格琉拉(Sigliura)的城市，花很多的錢築起一道城牆，配置700名人員在裡面，好像很不在意會有戰爭發生。儘管如此，波森納還是發起一次猛烈的攻擊，使得這些防禦部隊棄守退回羅馬，幾乎讓在後尾隨的敵人跟著進入城市；只有波普利柯拉衝出城門去阻擋他們，同時參加在台伯河畔的會戰，抵抗優勢敵人的壓力，不顧自己受到重傷，最後還在完成作戰任務。盧克里久斯同樣的時運不濟，羅馬人在沮喪之餘爲了保命退回城

（續）────────────────────

　　山賣掉，也還不了十分之一的錢。

35　希臘神話的弗里基亞國王，非常貪財好利，已經富甲天下，還要求酒神戴奧尼索斯(Dionysus)
　　讓他擁有點石成金的本領，等到發現要吃的食物和飲料都成為黃金，這才知道大事不妙。

36　克祿西姆是伊特拉斯坎12個城市之一，位於羅馬北方約100公里。

裡，羅馬已經是岌岌可危，敵人要在木橋上面打開一條通路。這時只有賀拉久斯·
科克利(Horatius Cocles)，在羅馬兩位一流人物赫米紐斯(Herminius)和拉爾久斯
(Lartius)支持之下，領著隊伍堅守不退。

　　賀拉久斯獲得Cocles這個名字，是因為他在戰爭中失去一目成為「獨眼龍」。
還有其他的記載，說是來自扁平的鼻子，好像兩個眼睛中間沒有東西分隔看成一
隻眼睛，大家故意稱他是賽克洛普斯(Cyclops)[37]，後來因發音的訛誤成為科克
利。這位科克利守住橋梁抵抗敵軍，直到他們這邊從後方受到攻擊，才會穿著冑
甲連人掉到河裡，然後游到進岸，這時他的屁股被托斯坎人的長矛刺傷。波普利
柯拉讚譽他的英勇，要每個羅馬人將一日份的口糧送給他當禮物，後來賜予一塊
一日內可以犁完的田地，此外還將他的銅像樹立在伏爾康(Vulcan)神廟，用來表
彰他的光榮戰蹟，受傷引起的跛足也很到獎賞的彌補。

17 波森納按照計畫緊密包圍整座城市，饑饉在羅馬人中間蔓延開來，
托斯坎人新組成一支軍隊正在入侵之中；波普利柯拉第三次被選為
執政官，他的打算是對波森納取守勢不再出擊，但是保持機密的行動，暗中偷襲
托斯坎人的新軍，把他們打得四散奔逃同時有5000人被殺。

　　穆修斯(Mucius)的故事有很多不同的版本，我們和其他人一樣接受眾所周知
的敘述：他是一個具備多方面才華的人，在戰爭中有極為卓越的表現。他決心要
殺死波森納，穿著托斯坎人的服裝，講托斯坎人的方言，來到營地，接近國王在
貴族圍繞之下的座位。他無法確定誰是國王，而且怕受到盤問，於是拉出佩劍，
準備刺殺他認為最像國王的人。穆修斯在行動中被捕，正在他接受審問的時候，
一盆炭火送到國王前面用來獻祭。

　　穆修斯將右手伸進火焰之中忍受燒灼的痛苦，帶著堅定和無畏的神色注視波
森納。最後波森納為他的堅忍所感動，讚許一番加以釋放，離開自己的座位將佩
劍賜還給他，穆修斯用他的左手去接劍，因而獲得Scaevola的稱號，意為「左手」。
他說道：「我可以克制波森納施以懲罰的恐懼，然而還是被他那寬宏大量的胸懷

37　獨眼巨人賽克洛普斯是天神烏蘭努斯(Uranus)和蓋亞(Gaia)的後裔，根據赫西奧德的說法，
　　他們共有兄弟三人都是火神赫非斯都斯(Hephaestus)的工匠，專門製造雷電；荷馬的《奧德
　　賽》把他描述成吃人的怪物。

所征服，感激之情迫得我吐實，這是嚴刑拷打所辦不到的事。」同時讓他知道有300個羅馬人，下定同樣的決心潛伏在營地，等待機會出手一擊。他的冒險行動經過抽籤指派，然而對於出手失誤並不感到遺憾，因為像波森納這勇敢而又正直的人，應該是羅馬的朋友而不是仇敵。波森納相信他說的話，才表示願意接受停戰協定。我認為他並不是畏懼那300個羅馬人，而是欽佩羅馬人的勇氣。

所有的作者都稱這個人是穆修斯‧西伏拉（Mucius Scaevola），只有桑敦（Sandon）之子亞昔德羅斯（Athendrous）[38] 在呈獻給奧古斯都的姊姊屋大維婭（Octavia）[39] 的一本書中，非常肯定說他的名字是波斯吐繆斯（Postumius）。

18 波森納的敵意雖然會危害到羅馬，波普利柯拉就當時的狀況加以判斷，並不認為他的友誼和聯盟會給塔昆帶來多大好處。波普利柯拉的著眼是將他們與塔昆的爭執，交給波森納去仲裁。曾經多次提出證明說塔昆是最惡劣的君主，剝奪他的王位是正義的行為。塔昆很驕傲的回答不接受調解，更不必提波森納，因為他已經背棄雙方盟約。波森納對他的答覆非常憤怒，同時懷疑這個案件的公正性，在他的兒子阿努斯（Arnus）懇求下，還是提出他的建議。那是說他很關心羅馬的利益，和平的條件是羅馬歸還從托斯坎人那裡奪取的土地，釋放所有的戰俘同時接受逃亡的人員。為了保證雙方的和平，羅馬提供人質，出身貴族家庭的10名兒子和10名女兒，包括波普利柯拉的女兒華勒麗婭（Valeria）在內。

19 獲得這種保證以後，波森納停止敵對行動。當作人質的年輕女郎走到河邊去浴沐，曲折的水道在這裡形成一個河灣，水面非常的開闊和平靜，看不到守衛也沒有任何人會來到這裡，雖然溪流很深而且有的地方很湍急，她們相互鼓勵要游到對面。有些人言之鑿鑿說是其中有位名叫克黎莉婭

38　亞昔德羅斯是1世紀B.C.生於塔蘇斯（Tarsus）的斯多噶學派哲學家，他是西塞羅和斯特拉波的朋友，後來成為奧古斯都的御用文士。

39　屋大維婭是屋大維的姊姊，原來是馬塞拉斯（Marcellus）之妻，夫死後基於政治聯盟的需要，嫁給馬克‧安東尼（Marc Antony），後來安東尼與克麗奧佩特拉結婚，她被離棄。屋大維婭與前夫生一子兩女，與安東尼生兩女，最小的女兒安東尼婭（Antonia）與德魯薩斯（Drusus）生兩子，次子即克勞狄斯（Claudius）皇帝。

(Cloelia)的女郎，騎在馬背上渡過去，說服其餘的人游在後面跟隨。等她們安全抵達對岸，全都送到波普利柯拉的面前。他既不讚許也不同意這種舉動，考慮到會失信於波森納，同時也擔心這些女郎的勇氣，會在羅馬人中間激起破壞協定的行為；於是就將她們扣押起來交回給波森納。塔昆的手下獲得這個信息，就在河對岸布下一支強大的埋伏，好在送返的時候將她們擄走。這樣一來雙方引起一場混戰，波普利柯拉的女兒華勒麗婭從敵人中間衝過去，在3個隨從的協力掩護之下能夠逃脫，這時其餘的女郎受到士兵的包圍陷入危險之中。波森納的兒子阿努斯帶領人馬很快趕來援助，打得敵人大敗而逃救出羅馬人。

　　波森納看到這些女郎回來，查問誰是這次叛逃行動的主謀和說客，當他知道是克黎莉婭的時候，就帶著一副喜悅和仁慈的神色對她注視，然後叫人將他的馬牽一匹過來，配上華麗的馬飾當作禮物送給她。有人拿這個當證據非常肯定地說，只有克黎莉婭騎在馬背上渡過河；也有人否認這件事，說是托斯坎人欽佩她的勇氣給予這份榮譽。不過，是有一坐騎在馬背的雕像安置在沙克拉大道(Via Sacra)[40]的路旁，要是你到帕拉提姆(Palatium)去可以看到，只是有人說是黎克莉婭的雕像，也有人認為是華勒麗婭，莫衷一是。

　　經過這番波折，波森納和羅馬人和解修好，表現出更為慷慨的行為，他向部隊下達命令，只准帶武器離開營地，留下裝滿糧食和其他補給品的帳篷，當作禮物送給羅馬人。從此以後一直到今天，當公開出售貨物的時候，先要呼叫Porsenna這個名字，這是對他的仁慈一種永恆的紀念。元老院的旁邊為他樹立一座銅像，非常樸素而古老的作品。

20 後來，薩賓人進犯羅馬的時候，波普利柯拉的兄弟馬可斯·華勒流斯擔任執政官，波斯吐繆斯·圖帕都斯(Postumius Tubertus)是他的同僚。整個國家大事都是在波普利柯拉的指揮和直接協助之下，使得馬可斯贏得兩次重大的勝利，後面這次會戰在沒有損失一個羅馬人的狀況下，殺死1萬3000薩賓人。馬可斯獲得舉行凱旋式的榮譽，還由公家出資為他在帕拉提姆修建一所房屋；有鑑於其他住宅建造的大門，都是對著房舍向內開啟；特別將他的房屋修建向著街

40　沙克拉大道即「聖路」是羅馬城最主要的街道，從西利蒙塔納門經過圖拉真廣場直抵卡庇多山，也是舉行凱旋式的路線。

道開啓的大門，表示公眾永遠記得他的豐功偉業，爲了推崇起見要爲他開路清道。

他們提到希臘的大門也有這種表達方式，起源非常古老，出現在他們的喜劇裡面，重要人物在出門的時候，先在門內發出一點聲音，好讓經過或站在大門旁邊的人知道迴避，這樣在打開大門進入街道才不會讓人感到吃驚。

21 過了幾年，薩賓人和拉丁人成立聯盟，威脅要發起一場戰爭，波普利柯拉第四次被選爲執政官，整個城市被迷信的恐懼所籠罩，就是他們的婦女普遍發生流產的現象，在那段期間沒有生下一個嬰兒。波普利柯拉查詢《西比萊神諭集》[41]的記錄，舉行普祿托(Pluto)[42]的祭祀典禮，遵照阿波羅神讖的指示恢復某些賽會，使得城市重新獲得神明的喜愛和保佑，然後開始準備對抗人爲的威脅。羅馬出現規模龐大的備戰行動，建立所向無敵的聯盟軍隊。

有位名叫阿庇斯‧克勞蘇斯(Appius Clausus)的薩賓人不僅家道富足而且身強力壯，他之能夠鶴立雞群在於人品高尚和善於雄辯；然而，就像所有偉大人物面臨的命運，無法逃脫他人的羨慕和忌恨，由於他出頭規勸要防範戰爭的發生，好像是爲了維護羅馬的利益，使得大家對他的懷疑更爲變本加厲；還有人認爲他基於這種論點，要把國家的絕對權力掌握在自己手裡。他知道這種誤解會受到群眾的歡迎，激怒軍隊和教唆戰爭的人，同時他也害怕會面對一場審判，後來獲得大群朋友和盟邦的援助，在薩賓人中間引發動亂事件，戰爭因而延緩下來。

波普利柯拉雖然了解到克勞蘇斯叛亂的理由，並沒有意願要加以鼓勵和擴大。他派一個密使帶著他的交代去見克勞蘇斯，說是波普利柯拉相信克勞蘇斯的善意和公正，他認爲任何人爲了受到枉曲或傷害，就要向自己的同胞施加報復，這是非常可恥的行爲；然而，爲了個人的安全，只要克勞蘇斯願意，就可以離開敵人前往羅馬；無論在公私兩方面，憑著建立的功勞可以獲得隆重的接待和應有的榮耀。克勞蘇斯非常愼重的評估當前的情勢，獲得的結論是只有離開才是最好的解決辦法，在他向朋友提出勸告以後，邀請其他人員參加共同的行動。克勞蘇

---

41 羅馬人從5世紀B.C.開始，參考希臘預言家西比拉(Sibylla)的預言編纂成書，命名為《西比萊神諭集》，等到國家發生緊急狀況時，祭司團從其中獲得指示，提供主政者運用以度過災難。

42 普祿托是羅馬神話裡的冥王，相當於希臘神話的地獄之神哈得斯(Hades)，祂是天神宙斯和海神波塞冬(Poseidon)的兄弟。

斯率領5000戶家庭連帶他們的妻兒子女一起到羅馬；這些人可以說是薩賓人這個部族當中最爲平靜和穩重的分子。波普利柯拉得知他們即將到達的消息，像一位朋友那樣盡最大能力給予熱情的接待，立即同意他們擁有土地的權利，每個人在安尼奧(Anio)河[43]地區配發2畝地，克勞蘇斯分到25畝，同時授與元老院議員的職位。克勞蘇斯從開始運用政治的權力非常得心應手，獲得極高的聲譽和影響力，後來克勞狄斯家族在羅馬的盛名，沒有任何世家可以超越。

22 這些家庭的離開在薩賓人中間並沒有掀起軒然大波，然而部族的酋長無法忍受他們過著太平的生活，對於克勞蘇斯的背棄感到憤恨不已，失望之餘只有報復在羅馬人身上，尤其是國內已經沒有人起來反對。編組一支大軍來到菲迪尼(Fidenae)的前面安營紮寨，在靠近羅馬附近一個草木叢生和地勢低窪的位置，埋伏2000人馬。他們的計謀是立即在大白天派出少數騎兵，對於這片鄉土進行騷擾和搶劫，指示他們到達城鎮以後開始撤退，好將敵人引進埋伏的地點。

不過，波普利柯拉從逃亡者的口裡得知這個詭計，部署自己的部隊進行各個擊破。他的女婿波斯吐繆斯·巴爾布斯(Postumius Balbus)率領3000名士兵在夜間出發，奉到的命令是占領敵人埋伏位置上方的小山，在那裡監視對方的行動；他的同僚盧克里久斯在一隊精選的輕裝部隊隨護下，與薩賓人小股騎兵發生接觸，他自己率領其餘的部隊去包圍敵軍。波斯吐繆斯正巧在濃霧的掩護下，一大早從山上發出吶喊聲，襲擊敵人的埋伏部隊；盧克里久斯對輕裝騎兵發起進攻，波普利柯拉圍攻營地。薩賓人在各方面都被打得潰不成軍，在奔逃之中幾乎無法抵抗羅馬人的殺戮。他們所懷抱的希望給他們帶來死亡，因爲每一部分的人馬都認爲其他的部隊還很安全，喪失繼續戰鬥的決心也不願固守他們的陣地，於是放棄營地想退到埋伏的位置，而埋伏的部隊向著營地逃走，等到這些逃亡的人員相遇以後，發現他們期望的援軍竟然是自己也在期待別人的救援。不過，最近的城市菲迪尼可以給薩賓人提供庇護，特別是那些逃離營地的人，但是他們不可能抵達，即使沒有在戰場被敵人殲滅也成爲放下武器的俘虜。

43　安尼奧河是台伯河的支流，從亞平寧山流入拉丁姆平原。

23 雖然羅馬人把打敗敵人看成神明對他們的呵護和保佑，對這場勝利
卻歸功於一位百夫長的領導；據說聽到他們的士兵提到，波普利柯
拉把腳跛和眼瞎的俘虜放回國，凡是沒有上腳鐐手銬的人，全部要他們用刀劍屠
殺殆盡。獲得大量的戰利品和俘虜，人民的財產自然增加很快。

　　波普利柯拉的逝世是在完成作戰的勝利之後，城市也交給繼任的執政官照
應；一個人在這種情形之下結束生命，使他的一生都充滿美好和榮譽。人民無法
及時在他有生之年就建立的功德給予報酬，大家感恩不盡只有明令為他舉行國
葬，每人繳納1夸德拉（quadran）[44] 作為支付的費用，除此以外，全城的婦女私下
答應為他哀悼一年，這是為了紀念他所能獲得的最大榮譽。人民同意將他埋葬在
城內，這個地區稱為維利亞（Velia），他的後裔也獲得這種特權；不過，到現在沒
有任何家族可以在城內下葬，屍體可以運到那裡暫時停一下，然後有人手執火炬
在前面引導立即送到城外；這種形式用來證明死者有葬在城內的特權，出於榮譽
加以放棄；後來埋在城內的屍骸全部都遷走。

44　夸德拉的幣值等於四分之一阿斯（as），是羅馬最小的貨幣單位；而一個阿斯的價值是一磅銅。

第三章
波普利柯拉與梭倫的評述

1 兩份傳記的比較有的地方發生非常特殊的現象，就是有一位傳主成為模仿者，另一位則提供有關的證據。梭倫在與克里蘇斯的談話中，提到他對特盧斯的幸福極為欽佩，我們仔細探討這段說辭，發現可以用在波普利柯拉身上。就特盧斯的狀況來說，無忝所生和死得其所使他成為舉世最幸福的人，然而梭倫的詩篇並沒有對他的人品極口讚譽，無論是自己子女或官方人士也不認為他值得大事紀念。從波普利柯拉一生的際遇來看，成為羅馬名聲最為響亮的人物，他的偉大不僅在於擁有的權力而是崇高的德行；自從他逝世以來，六百年的光陰轉瞬而過，那些顯赫的世家像是波普利柯拉家族（Poplicolae）、梅撒拉家族（Messalae）和華勒流斯家族（Valerii），直到今日還把他視為他們獲得榮譽的泉源。

此外，雖然特盧斯保住他的陣地，像勇敢的士兵一樣奮戰到底，還是免不了被敵人所殺。波普利柯拉的運氣更好，是他在屠殺敵人，親眼看到在他指揮下使國家獲得勝利。他的榮譽和凱旋帶給他一個幸福的結局，梭倫平生的抱負也不過如此。在他的詩篇中用激動的心情反對密涅穆斯（Mimnermus）苟且偷生的觀念，他自己用這兩句詩：

> 自古皆有死，莫不飲恨而吞聲，
> 嘆君之逝也，千秋萬載留美名。

當作波普利柯拉的幸福最佳寫照。他的逝世不僅讓朋友和熟人流出眼淚，整個城市都感到遺憾和憂傷，婦女像是喪失親人和父兄在痛哭哀泣。

梭倫說過：「我擁有的財富因為處理不當而喪失，」因而痛苦就會隨之到來。波普利柯拉的家財萬貫不僅來得清清白白，而且用來濟世救人做許多公益的事

情。如果說梭倫是備受稱譽的哲人，那麼我們認爲波普利柯拉當得起「天之驕子」的美稱。梭倫所心儀的人物認爲在各方面都要十全十美，波普利柯拉已經擁有這些特質，還能運用和享受到生命的終結爲止。

2 梭倫如同前面所說對於波普利柯拉獲得光榮有所貢獻，那麼波普利柯拉的作爲在於正確的選擇，用梭倫當作規範就共和國的制度進行改革，例如減縮過分的權力和擔任執政官的職務。實在說，有若干梭倫制定的法律被他轉用到羅馬，像是增加人民選舉官吏的權力，以及允許被定罪的被告有向市民大會上訴的自由，還有就是梭倫設置陪審員的辦法。波普利柯拉並沒有像梭倫那樣設立新的元老院，只是將它的成員增加一倍；談到司庫或財務官的任命，他的本意是主要的官員雖然不能不理重大的事務，無須將政治和財務全部抓在自己手裡，可以避免受到誘惑產生不法的行爲。

波普利柯拉極其憎惡僭主政治，任何人企圖篡奪政權，梭倫的法律是定罪以後加以懲處，波普利柯拉規定可以不經審判處以極刑。梭倫在國家危亡之際被授與絕對的帝王權力，全國同胞都盼望他能接受仍然嚴辭拒絕，高風亮節千古之下令人讚頌不已；波普利柯拉基於需要雖然接受一個專閫在外的指揮職位，但是卻將它轉變成民選的官員，不輕易運用手上掌握的全部合法權力。我們認爲梭倫早在波普利柯拉之前就看到：

> 自由奔放和心胸開闊的民族，
> 會爲統治者的仁慈感到滿足。

3 免除債務對梭倫而言具有特別的意義，當作人民獲得自由的重要手段；要是窮人爲了欠債而犧牲他們的權利，僅僅制定法律使全民有平等的地位將一無是處；在可以表彰平等概念的場所和殿堂，像是正義的法庭、政府的部門和民意的輿論，比起任何其他的地點，更容易接受富豪的示意和吩咐。雖然債務的免除通常都會引起社會的動亂，處於這種狀況之下，能有一次運用危險而極具成效的補救方式，平息國內現存的暴力行爲，獲得很大的成就，完全靠著梭倫的地位和名聲，克服改革帶來的惡劣態勢和疑懼心理。

他的政府在初期就有光榮的建樹，完全是開風氣先河，沒有前例可循也無人

可以借鏡，更無法得到盟友和擁護者的贊助，在個人的指導之下達成最重大的施政作爲。然而波普利柯拉在生命快要結束的時候，感到更爲幸運而且心滿意足；梭倫見到的狀況是社會的瓦解和國家的衰落，波普利柯拉在內戰之中還能保持國家有良好的秩序。梭倫制定法律以後立即將它刻在木板上面，缺乏一位保護人只有離開雅典；波普利柯拉可以在執政官這個職務進進出出，盡全力來建立一個良能的政府。梭倫雖然清楚彼昔斯特拉都斯野心勃勃，仍舊沒有能夠加以抑制，拱手讓他在立國初期篡奪政權；相較之下波普利柯拉推翻並且消滅一個君主政體，經過長期的努力在強勢作爲之下終於獲得解決；除了彼此的德行不相上下以外，波普利柯拉的目標也與梭倫大同小異，只是靠著機運和權力使他獲得更大的成效。

4 在軍事的勳業方面，普拉提亞的戴瑪克斯甚至不同意梭倫指揮對麥加拉的戰爭；波普利柯拉無論身爲一個士兵或擔任指揮官，在重大的衝突中總是獲得勝利。梭倫在國內玩弄政治手段，拿出僞裝的瘋狂方式誘使大家從事薩拉密斯的冒險行動。然而波普利柯拉開始就說明他要鋌而走險，所以才運用武力對付塔昆，全力偵辦陰謀叛亂的活動，對於防範叛徒的逃走和後來的懲罰表示同樣的關切，不僅將暴君趕出城市還要根絕他們的希望；有時候視狀況的發展，表現出男子漢的氣概呼籲大家起來競爭和抗拒，他的行爲充滿勇氣和決斷；然而讓人更爲欽佩的地方，從很多事例可以看出，基於需要他使用和平的語氣來說服對方或稍爲讓步；波森納是一位可畏而且無法克服的敵人，他下了很大功夫有幸能夠和解建立友誼。

梭倫爲雅典人光復薩拉密斯，或許有人加以反對，事實上這個島原來爲他們所有，只是後來喪失而已。然而波普利柯拉卻放棄羅馬人在那時所據有的部分，我們要根據那個時代他們的能力來判斷這項行動，一位明智的政治家他的指導方針要符合當時的局勢和環境，不可因小失大也不能以偏概全。波普利柯拉雖然犧牲少部分的利益，卻恢復羅馬人被篡奪的國家，保有確實爲他們所有的世襲財產，還能獲得敵人儲存的物資，只是爲了感激他能保衛自己的城市。他下定決心願意同敵人進行辯論，不僅可以贏得勝利，也可以用來換取勝利。波森納結束戰爭並且把營地的糧食留給對方，就是感受到羅馬人具備武德和英勇的氣質，完全是來自執政官所給他的印象。

第四篇

軍事改革者

第一章
提米斯托克利(Themistocles)

528/524-462/459B.C.，雅典的將領和政治家，
靠著他的才華與素養，贏得波斯戰爭的勝利。

1 提米斯托克利(Themistocles)的家世與他獲得的榮譽相比實在太過寒
磣。他的父親尼奧克利(Neocles)在雅典毫無名氣，來自弗里瑞(Phrearrhi)
小城的李昂蒂斯部落(Leontis)[1]；根據傳聞，從母系來看他是微賤的私生子[2]：

> 說起可憐的阿布羅托儂生在
> 色雷斯不是希臘的名門世家；
> 那些貴婦雖然蔑視還是羨慕
> 她可是提米斯托克利的媽媽。

費尼阿斯(Phanias)還有記載，說到提米斯托克利的母親出生地是卡里亞(Caria)
並非色雷斯(Thrace)，而且她的名字不是阿布羅托儂(Abrotonon)而是優特普
(Euterpe)；尼安昔斯(Neanthes)加以補充說她的祖籍是卡里亞的哈利卡納蘇斯
(Halicarnassus)。

那些非婚生的後裔，包括雙親之中只有一位是雅典人的半血統子女在內，都
會到賽諾薩吉斯(Cynosarges)(這是城門外面一處角力比賽的場所，奉獻給海克力
斯，因為他的母親是一位凡人，所以他是半血統的神祇)去參加那裡的活動，提

---

1 雅典最早有古老的愛奧尼亞四大部族，後來再經過繁複的制度，重新組成十個部落，每個部
  落包含雅典城的一區，沿海地區的一區和內陸地區的一區。李昂蒂斯就是十個部落之一。
2 按照雅典的法律，任何一位市民如果他的母親是外國人，那麼他就是私生子，即使他的父母
  經過正式的婚姻也沒有用，以後他不能繼承父親的財產。

米斯托克利說服一些家世很好的年輕人，陪伴他一起前往賽諾薩吉斯，在身上塗好油膏以後從事角力的訓練，經過這種巧妙的安排和運作以後，能夠打破貴族子弟和貧賤寒士之間的隔閡，使得半血統出身的人可以和雅典的市民融合在一起。

不過，他與黎科米迪家族(Lycomedae)[3] 有親戚關係倒是不爭的事實；根據賽門尼德的記錄，他重建菲拉(Phlya)的家祠，並且用壁畫和其他的裝飾品加以美化，這個祠堂屬於黎科米迪家族所有，後來被波斯人焚毀。

2 所有與他相識的年輕人對他都有很高的評價，說他的性格衝動而且熱情，很快掌握重點明瞭狀況，有強烈的企圖心和崇高的抱負，能夠採取積極的行動，建立偉大的勳業。遇到假日和暑期還是努力學習，不像一般兒童用於玩耍遊戲或無所事事上面，通常會撰寫文稿或是安排演說和辯論，擬定的題目可以與同伴進行法庭的起訴或辯駁，因此他的老師經常會對他說道：「喂！小朋友，你將來是一個做大事的人，如果不能留芳百世，那就會遺臭萬年。」他對於教導禮儀和行為的倫理課程，或是傳授有趣和高雅的文藝素養，抱著勉強或漫不經心的學習態度，除此以外不管任何學識要是提到能夠提升他的智慧，或是增強處理事務的能力，馬上就會引起他的注意和興趣；他非常有信心認定自己對這些方面具有天賦的能力，已經超越同齡學童應有的水平。

過了很久以後，他在一個聚會的場合，大家都要從事高雅和充滿文藝氣息的活動，他不得不對那些自命高人一等的才華，提出反駁。他理直氣壯地表示，雖然對於彈琴演奏一竅不通，只要把一個沒沒無聞的小城交到他的手裡，就會創造偉大的事業，帶來光輝的成就。雖然如此，司提辛布羅都斯(Stesimbrotus)[4] 談起提米斯托克利，說他曾經是安納克薩哥拉斯(Anaxagoras)的聽眾，而且他在梅利蘇斯(Melissus)[5] 門下修習哲學。伯里克利圍攻薩摩斯的時候，梅利蘇斯指揮同胞進行抵抗，然而伯里克利算是提米斯托克利的後輩；再者，安納克薩蘇斯與伯里

3　黎科米迪家族是雅典的名門世家，根據鮑薩尼阿斯的說法，他們負責供應西瑞斯女神的祭品，這個家祠經過帖修斯的重建，在裡面舉行很多神秘的宗教儀式。

4　司提辛布羅都斯是5世紀B.C.的詭辯家和傳記家，從薩索斯(Thasos)來到雅典辦學施教，著作甚豐，除少數引用的段落外，沒有存世的作品。

5　梅利蘇斯在5世紀B.C.享有盛名，他是薩摩斯島的哲學家和將領，伊里亞學派最重要的成員，沒有存世的著作。

克利非常熟悉；從這幾方面來看倒是與年譜不符[6]。

因此，他們情願相信另外的報導，說提米斯托克利是弗里瑞人尼西菲盧斯（Mnesiphilus）的仰慕者；尼西菲盧斯既不是修辭學家也不是哲學家，他是一位教授也是公認的大師[7]，不僅對政治非常精通而且充滿實用的睿智，這方面的學識是從梭倫開始萌芽茁壯，能夠繼續發揚光大，幾乎成為哲學一個支派[8]。到後來有些人將它與答辯和訴訟的策略混雜起來，僅僅把實用的部分拿來加強演講的技巧和文字的推敲，通常就把這些人稱之為詭辯家[9]。提米斯托克利準備從政完全靠著尼西菲盧斯的教導。

他在年輕時代的行事不僅衝動而且難以捉摸，一切作為完全是率性而行，不受理智和經驗的制約，急著要投身在突發和猛烈的政治活動，經常在兩個陣營之間搖擺不定，最後使自己陷入最惡劣的處境[10]。後來他自己也承認，那些最粗野的馬駒子，只要給予適當的訓練和充分的適應，最後會變成最優異的上駟。有人杜撰一些沒有根據的傳聞，像是他的父親不承認他的身分，他的母親因為兒子的聲名狼藉最後憂憤而死等等，這些都是中傷和誹謗之辭；還有人提出的說法更是矛盾百出，說是他的父親為了阻止他獻身公眾事務，就把一艘被人遺留在海岸邊上的古老戰船指給他看，意思是民眾就是用這種態度對待他們的領袖，一旦發現

6　安納克薩哥拉斯生於奧林匹克70會期第1年即500B.C.，提米斯托克利贏得薩拉密斯海戰在奧林匹克75會期1年即480B.C.；梅利蘇斯防守薩摩斯島對抗伯里克利是在奧林匹克84會期第4年即441B.C.。提米斯托克利出任將領的時候，安納克薩哥拉斯只有20歲，所以不可能聽過他的講學；當然也不可能成為梅利蘇斯的學生，因為中間相差40年之久，他比梅利蘇斯的年齡要大很多。

7　希臘最早的智者可能都是政治家，因為他們建立政治制度，制定法律，使人民能夠安居樂業；後來薩里斯第一位以精通哲學和物理學被稱為智者，成為希臘七賢之首。

8　這段期間大約有100-120年。

9　詭辯家通常可以說是修辭學家而非哲學家，他們精通文字的運用但是學識很淺膚，勒久斯（Laertius）對我們說過，戴奧吉尼斯就是這號人物。普羅塔哥拉斯（Protagoras）在奧林匹克84會期前後名滿天下，他的出生年月比柏拉圖要早一些，可以說是第一個獲得詭辯家稱號的人。蘇格拉底最精通的學門不是政治學、物理學或修辭學而是倫理學，他認為世界的進步不在於理論而是實踐，所以他的Philosophos稱呼是源於「愛智之士」，而不是Sophos即「智者」或「睿智之士」。

10　艾多美紐斯（Idomeneus）提到一件事，說是市民大會開會的時候，提米斯托克利在眾目睽睽之下，坐在一輛車上面，由四個赤身裸體的娼妓拉曳越過會場；他說那個時代的雅典人對於淫亂的生活，不論是女人或是飲酒都很陌生。如果說雅典人對這種敗德惡行一無所知，怎麼會有四個妓女用這種方式如此無所忌憚的暴露？

失去利用價值，就會棄之若敝屣。

3 然而有確鑿的證據顯示，他的內心在很早的時候已經灌輸從政的信念，對公共事務培養出強烈的興趣，熾熱的野心要飛黃騰達平步青雲；從開始就渴望獲得最高的職位，必然會與城邦有權有勢的領袖人物發生衝突，產生的仇恨他毫不猶豫的全部接受，特別是黎西瑪克斯（Lysimachus）之子亞里斯泰德（Aristides），始終是他的死對頭。然而這兩個人的深仇大恨基於很幼稚的理由，要是照哲學家亞里斯頓（Ariston）告訴我們的情節，就是他們同時愛上西奧斯（Ceos）[11]島的美女絲提西勞斯（Stesilaus）；後來他們參加對立的黨派，在政壇上始終是纏鬥不休的對手。除此以外，他們的生活方式和言行習性完全是南轅北轍，更加深雙方的敵意。亞里斯泰德的性格溫和而保守，他投身政壇的動機不在於謀求報酬或聲譽，目標是要擴張城邦的利益到最大範圍，把國家的安全和法律的正義全都包括在內；因此他被迫要一再抗拒提米斯托克利的企圖，那就是煽動雅典的人民和引進重大的改革，同時他還要阻止這位對手的擴權行動。

提米斯托克利可以說是一個非常激進的人，他為光榮的信念而興奮不已，也為偉大的行動而情緒激昂，當希臘人在馬拉松會戰中對抗波斯人的時候，雖然他還在幼年，後來負責指揮的將領密提阿德（Miltiades），每到一個地方都會提到這件事，發現他專心聆聽並且單獨在沉思默想，甚至整夜都沒有睡覺，連常去消遣的地方都不見他的蹤影。有人對他的改變感到奇怪，就探問是什麼道理會如此，他的回答是「密提阿德的戰勝紀念碑使他無法成眠」。等到很多人表示意見，說是馬拉松會戰已經結束他們與波斯人的戰爭，提米斯托克利的想法完全不同，認為這是雙方更激烈衝突的開端[12]。他抱持這種理念，為著全體希臘人的利益，要使自己不斷保持準備，整個城市也進行有效的訓練，可以說他對未來要發生的事件已有先見之明[13]。

11　西奧斯島位於雅典的西南方，距離約為70公里。

12　他對這方面倒是沒有意見：根據歷史的記載，大流士最後發覺，對付希臘人只有一種方式，就是從海上對他們發起大膽的攻擊，預期的抵抗也最小。

13　擔任國家的將領應該具備兩個重要條件：首先是處理目前的緊急狀況，不僅迅速還要洞悉重點所在；其次是對即將來臨的情況，要能正確的預判。從提米斯托克利的表現來看，他充分具備這方面的條件而且遊刃有餘。

4 他首先要做一件影響深遠的大事；雅典人根據慣例會把勞瑞姆（Laurium）銀礦[14]的收益分給大家，只有他敢在市民大會提出建議，停止分配的作業，用這些錢建造船隻，就可以發起對抗伊吉納人（Aeginetans）的戰爭[15]；伊吉納人是全希臘最富有的城邦，他們擁有船隻的數量能夠統治海洋。提米斯托克利為了使得更有說服力，避而不提大流士和波斯人所產生的危險，一方面是距離過遠，無法確知他們前來的時間，另一方面是那時他們已經不構成威脅。他有充分的理由用來激怒雅典人，要與伊吉納人一爭高下[16]，大家受到他的影響開始準備工作。節省下來那筆經費用來建造一百艘船隻，他們後來才有能力與澤爾西斯進行海戰。

從此以後，一點一點經過不斷的努力，拖著整座城市轉向海洋，使得大家相信，他們要是從陸上發展，除了鄰接的城邦沒有可以進軍的目標；然而他們的船隻可以在遠處拒止敵人，使得自己成為希臘的主人，如同柏拉圖所說那樣，他們從屹立不移的重裝步兵，轉變為在海上顛簸不已的水手和海員。這樣一來給他的政敵帶來攻擊的機會，指控他拿走雅典人的矛和盾，把他們綁在划座和槳架上面。他為了完成這些相關的措施，司提辛布羅都斯曾經提到，在市民大會上擊敗密提阿德的異議。

至於他所獲至的成就是否會損害到政治體制的完美和平衡，這些問題可以留給哲學家去探討；那個時代希臘的解救來自海洋，就是雅典遭到摧毀以後，也是靠著戰船才能光復，其他的力量都無法發揮作用。澤爾西斯（Xerxes）是最好的例證，雖然他的陸軍仍舊完整，等到海戰失敗以後就趕緊逃走，認為自己不再有能力與希臘人接戰；就我的看法，他所以把瑪多紐斯（Mardonius）留在後面，已經不再抱有任何征服的希望，而是如何用來給他阻擋追兵[17]。

14　勞瑞姆山位於阿提卡的蘇尼姆（Sunium）岬，此地發現希臘世界最大的銀礦，從方鉛礦的礦砂中提煉銀和鉛，使用的勞力來自奴隸，是雅典所以富強的基礎。

15　雅典對伊吉納的戰爭發生在484-483B.C.。

16　蒲魯塔克對這件事贊同希羅多德的看法；修昔底德表示不同的見解，談到波斯人的再度進犯和對伊吉納人的戰爭，雅典人同樣感到憂慮，他認為提米斯托克利在利用這兩派的爭論。實在說，修昔底德並沒有忽略這個強有力的誘因，就是雅典一定要建立海上作戰的力量。根據柏拉圖的記載，每天都獲得大流士著手備戰的情報，實力強大到雅典人已無法抗衡的程度；即使大流士不久以後過世，他的兒子澤爾西斯同樣仇視希臘人，要完成父親的遺志。

17　澤爾西斯在薩拉密斯會戰的失敗是480B.C.，然後退回亞洲；瑪多紐斯留下善後，普拉提亞會戰的失利是在479B.C.。

5 據說提米斯托克利深諳致富之道，按照有些人的意見，說他爲人非常慷慨，喜歡向神明奉獻祭品，擺出精美的飲宴款待外鄉人，所以他需要龐大的收入。當然也有人指責他不僅吝嗇而且卑鄙，就連別人當作禮物送給他的糧食全都賣掉。提米斯托克利要養育賽馬的迪菲萊德(Diphilides)送給他一匹馬駒，在受到拒絕以後，威脅說要在短期內將他居住的房屋變成一匹木馬，意思是要在迪菲萊德和他的一些親戚之間煽起爭論和訴訟。

提米斯托克利比所有人都更爲熱中於沽名釣譽，當他年紀很輕尙不爲人知的時候，赫邁歐尼(Hermione)的伊庇斯克利(Episcles)是一位精通魯特琴的名家，被雅典人視爲大師，提米斯托克利百般懇求請到他的家裡去演奏，藉此可以結交各方來客，能夠經常來往走動。等到他前往參加奧林匹克運動會，嶄新的馬具和裝備光輝奪目，帳篷和擺設全都富麗堂皇，使得西蒙(Cimon)[18]自嘆不如。他這種做法讓希臘人感到不悅，大家認爲盛大的排場只適合出身名門世家的年輕人，要是像他這樣一位無名小卒，既無頭衛也無產業還要如此的招搖，對所有人而言是極大的侮辱。在一次競爭激烈的戲劇比賽[19]中，由他出錢贊助的劇團獲得優勝，他高舉一塊記錄這件事的木板，上面還刻著：「弗里瑞的提米斯托克利監製，弗里尼克斯(Phrynichus)[20]導演：時爲埃迪曼都斯(Adimantus)出任執政官之年。」[21]

他受到一般民眾的喜愛；對於每一位比較特殊的市民，他在致意的時候都能叫得出他們的名字；私人之間有關的事務要是發生問題或爭執，他就像一位正直的法官能夠秉公處理。他提到西奧斯島的詩人賽門尼德[22]，就一件不合情理的事

---

18 西蒙在奧林匹克79會期第4年即461B.C.遭到貝殼放逐，五年以後召回，與斯巴達人談判簽訂五年和平協定，然後對波斯發起遠征行動，奪回塞浦路斯，在圍攻西蒂姆(Citium)時亡故。

19 悲劇到那個時代已經到達完美的程度，雅典人對於這種藝術有極高的品味。共和國的重要人物對演出的內容並沒有強加限制，優秀的悲劇要展現出高雅的裝飾和寫實的風格；公眾的獎勵也可以看出這種傾向，所以造成激烈的競爭和公正的評論。

20 弗里尼克斯是帖司庇斯的門徒，而帖司庇斯公認是悲劇的開山祖師；弗里尼克斯是第一位讓女性演員登上舞台的劇作家，他的主要作品是《阿克提昂》(Actaeon)、《阿爾西蒂斯》(Alcestis)和《達納伊德》(The Danaides)。伊斯啟盧斯是他同時代的戲劇家。

21 從執政官埃迪曼都斯的名字，我們知道弗里尼克斯的悲劇演出時間，可能是477或476B.C.，提米斯托克利在這個時候已經很有名，按照當時的習慣，這是一位富有市民應盡的責任。

22 賽門尼德寫出詩歌讚揚馬拉松和薩拉密斯會戰，還有很多的頌詩和輓歌，仍舊流傳世間爲人所誦讀。他受到斯巴達國王鮑薩紐斯(Pausanius)的寵愛，西西里國王海羅對他極爲器重，柏拉圖對他的詩作讚不絕品，甚至給它取名爲「神曲」。他在奧林匹克78會期第1年去世，享年達90歲，他寫詩描述薩拉密斯會戰大約在80歲的時候。

向他提出請求，這時他出任軍隊的指揮官；他說道：「賽門尼德，要是你寫詩連體裁都發生錯誤，那就不是一位優秀的詩人；如果我受到關說不遵守法律的規範，那就不是一位盡責的官員。」另外有一次，他說他曾經嘲笑賽門尼德欠缺判斷力，竟然發言攻擊科林斯人，要知道他們都是一個大城市的居民，即使容貌長得醜陋不堪，還經常把自己的畫像掛起來欣賞。擁有的權力與日俱增，同時也深受民眾的器重，終於有一天他的黨派在實力上已經超過亞里斯泰德的人馬，提米斯托克利運用貝殼放逐制度[23]來收拾對手。

6　波斯國王現在開始進軍希臘，雅典人討論由誰出任將領，很多人表現出言行不一致的態度，他們為即將面臨重大的危險而膽顫心驚，其中有一個人叫伊庇賽德(Epicydes)，他是優菲米德(Euphemides)的兒子，經常以民眾的代言人自居，談吐非常文雅但是生性怯懦，可以說是為富豪效力的奴隸，他很想出任指揮官的職位，從選舉獲得的票數來看，處於非常有利的態勢。提米斯托克利對這件事感到非常擔心，深知指揮權只要落在伊庇賽德的手裡，他們必然會一敗塗地；據說他花了很大一筆金額，用來買通伊庇賽德，當選以後轉讓依法擁有的權力。

波斯國王派遣信差到希臘，有一位通譯隨行，他們提出領土和海域的要求[24]，希臘人必須承認居於臣屬的地位。提米斯托克利獲得市民大會的同意以後，逮捕通譯說他擅自用希臘語發布蠻族的命令和告示，宣判死刑立即處決。還有一個行動也使他獲得大家的讚許，齊勒(Zelae)的阿什繆斯(Arthmius)[25]從波斯國王那裡得到很多黃金，想要用來賄賂希臘人，提米斯托克利下令免去他和他兒子的職位，全部財產籍沒充公。其實最重要的事項要歸功於他得到各國的信任，所有的

23　何人引進貝殼放逐制度已不可考，有人說是彼昔斯特拉都斯，或者是他的兒子，也有人認為是克萊塞尼斯(Clisthenes)，甚至早到帖修斯的時代。當一個人的權力變得極大，達到會給城邦帶來危險的程度，就可以運用這個制度，將他放逐10年，並且要在10天之內離開雅典人的疆域。運作的方式是每個市民用一塊陶片或貝殼，寫上想要給予放逐者的名字，交給官員開始統計，總數超過6000就加以分類，只要是絕大多數貝殼上有名字的人，就受到放逐10年的判定。提米斯托克利下手的時間是在483-482B.C.。

24　這是要求對方降服的表示。希羅多德提出證言，說是澤爾西斯沒有派遣任何使臣到雅典，因為他的父親所派的使臣在提出領土要求以後，受到羞辱，被雅典人扔進一條壕溝，告訴他們說，這裡面的水和土可是夠多了罷。

25　阿什繆斯的出生地齊勒是小亞細亞一個市鎮，全是雅典的移民，他不僅犯下收受波斯人黃金的罪行，還要用來賄賂一些地位很高的雅典人，被宣判放逐的時候，全城號角齊鳴。

爭議經過他的調停以後，希臘的城邦能夠終止他們的內鬥，而且大家被他說服，在波斯戰爭期間要把相互的敵意放在一邊；據說爲了進行這件重大的工作，阿卡狄亞人契留斯（Chileus）對他的幫助最大[26]。

7 等到他負起指揮雅典軍隊的職責以後，立即盡全力說服市民不要死守城市，應該登上他們的戰船，在離開希臘很遠的地方與波斯人接戰。很多人反對這種做法，他只有率領一支實力強大的部隊，與拉斯地蒙人一起趕往田佩（Tempe）[27]，守住這個關隘以後，他們可以使帖沙利地區獲得安全的保障；然而他們還不知道國王宣示的目標，等到他們毫無作爲只有領軍返國，這時才清楚不僅是帖沙利，甚至就連近處的皮奧夏，全都投靠澤爾西斯。現在已經面臨緊急關頭，雅典人才願意接受提米斯托克利的建議，要在海上與敵人決戰，就派他率領艦隊前去防守阿特米修姆（Artemisium）海峽[28]。

當各城邦派出的分遣艦隊在那裡集結完畢，優里拜阿德（Eurybiades）成爲水師提督，所有希臘人全部聽從拉斯地蒙人的指揮。雅典人認爲派出船隻的數量，比其他人加起來的總數還要多[29]，因此不願委屈自己聽命於人。提米斯托克利發覺這種爭執會帶來極大的危險，他馬上讓步表示願意接受優里拜阿德的指揮，同時說服雅典人願意從命，因爲唯有這樣才會減輕戰爭損失；並且向大家提出保證，只要在接戰的時候能夠表現出大丈夫的氣概，所有的希臘人都會心甘情願接受雅典人的指揮。從他這種謙虛的行爲，可以知道他是希臘獲得解救最主要的關鍵人物，雅典人所能獲得的光榮，在於他們的勇氣勝過敵人，他們的智慧超越盟友。

波斯的艦隊抵達阿菲提（Aphetae），看到數量極多的船隻出現在面前，優里拜阿德不禁大吃一驚，等到獲得信息說是有200多艘船隻，繞過西阿蘇斯（Sciathus）島[30]的

---

26 希羅多德在《歷史》第9卷第9節，提到有一位住在特基亞的阿卡狄亞人契留斯，向斯巴達人建議要接受雅典人的意見，時間不是480B.C.，而是普拉提亞會戰之前的479B.C.。

27 田佩山谷在帖沙利的奧薩（Ossa）山左側，是從馬其頓進入希臘的門戶，歷來是兵家必爭之地。

28 就在希臘人防守陸上的色摩匹雷關隘同一時候，他們派遣一支艦隊，要阻止波斯的水師通過優卑亞的海峽，所以艦隊在阿特米修姆集結。

29 希羅多德在《歷史》第8卷開始的地方，告訴我們雅典人供應的船隻是127艘，希臘其餘城邦的船隻總數不過是151艘，其中還包括雅典借給卡爾西斯人的20艘在內。所以算起來雅典人有147艘，而其他城邦是131艘。

30 西阿蘇斯島在阿特米休姆岬的東北方約20公里；阿菲提在對面的大陸，離西皮阿斯（Sepias）

北端向前航行，他馬上決定要向著遠後方的希臘撤退，回航到伯羅奔尼撒半島某些地點，他們的陸軍部隊在那裡可以和艦隊會師。根據優里拜阿德的看法，波斯軍隊的實力強大，海上的戰鬥不會產生任何作用。優卑亞人害怕希臘人棄守，留下他們任憑敵人宰割，就派佩拉岡（Pelagon）私下去與提米斯托克利商量，帶給他一筆數額很大的金錢，根據希羅多德的報導，他接受下來再交給優里拜阿德[31]。

　　就留下繼續作戰這件事而論，他的同胞雖然也有人反對，不像神聖戰船[32]的艦長阿契特勒斯（Architeles）那樣激烈，因為他已經沒有錢付給他的水手，所以急著趕回本土。提米斯托克利故意激起他手下的雅典人表示不滿的情緒，衝過去跟他爭吵甚至把他的晚餐都拿走，阿契特勒斯經過這樣的打擊感到非常沮喪，提米斯托克利馬上派人給他送去一個裝滿食物的箱子，在底下藏著1泰倫的銀兩，使他在當天晚上有東西可吃，第二天可以發錢給他的水手，如果他還不聽話，就會在雅典人當中傳播消息，說他從敵人手裡接受金錢，所以才打退堂鼓。列士波斯島的費尼阿斯傳出這樣的故事。

8 雖然希臘人和波斯人在優卑亞海峽的幾場戰事[33]並不重要，沒有產生決定性的結果，然而希臘人獲得的經驗對以後的作戰帶來很大的利益。他們面臨真正的危險接受實際的考驗，對於數量龐大的作戰船隻、裝飾鮮明的船首雕像、誇張響亮的衝鋒吶喊，以及聲調粗野的戰陣歌曲，根本不會有絲毫畏懼，並且知道如何展開戰鬥，盡全力趕上前去與敵人近身相搏。他們把一切置之度外，激起旺盛的士氣要與敵人決一死戰。品達好像是親眼目睹一樣，對於阿提米

（續）────────────────

　　岬很近。

31　按照希羅多德的說法，事情的始末應該如此：優卑亞人沒有辦法說服優里拜阿德留在他們的海岸，直到他們把妻子和小孩帶走再撤退，就去找提米斯托克利幫忙，送給他30泰倫當禮物。提米斯托克利收下以後，拿出5泰倫去賄賂優里拜阿德。然而科林斯人埃迪阿曼蘇斯（Adiamanthus）是唯一堅持要啟碇離開的指揮官，提米斯托克利就到他的船上去找他，向他說道：「埃迪阿曼蘇斯，要是你不離開我們，為了你的盡忠職守我就送你一份厚禮，比起米提人國王為了讓你與盟軍分手，送給你的東西可要貴重得多。」於是把3泰倫送到他的船上。提米斯托克利不僅達成優卑亞的要求，自己也落得22泰倫的好處。

32　雅典每年要到提洛島去向阿波羅獻祭，負起這項任務的船隻稱為神聖戰船，他們說帖修斯帶貢品到克里特就是同一艘船。

33　他們在三天之內曾經接戰三次，在最後這次作戰中，亞西阿拜德的父親克萊尼阿斯（Clineas）做了一件不可思議的事。他自己花錢修好一艘船，在撤退的時候裝運200人。

修姆的海戰有恰如其分的描述：

> 偉哉雅典之子奠定自由基石，
> 巍峨屹立不搖歷經千秋萬世。

邁向勝利的第一步毫無疑問應該是作戰的勇氣。

阿提米修姆位於優卑亞島，越過希斯提亞（Histiaea）這個城市有一道伸向北方的海灘，面對最近的城市是歐利松（Olizon），那片有名的國土曾經在斐洛克特底（Philoctetes）的統治之下。這個地點有一座奉獻給黛安娜的小廟，祂的別號稱為曙光女神，四周都是樹林，環繞著屹立的白色大理石柱，要是用手去摩擦，就會散發出番紅花的氣味和顏色，有一根石柱上面刻著詩句：

> 蠻荒的部族從亞洲蜂擁而來，
> 雅典勇士縱橫海面力戰以殉；
> 英勇的行為制伏米提人入侵，
> 阿特米斯樹立石柱永懷功勳。

這個海岸還可以看到一個地方，四周都是高大的沙丘，他們發現底部是黑色的粉末像燒過的灰燼，或許這裡曾經發生大火，很可能是摧毀的船隻和死者的屍體，在這裡燒過所留的痕跡。

9 當消息從色摩匹雷（Thermopylae）傳到阿提米修姆[34]，通知他們李奧尼達斯（Leonidas）王陣亡，澤爾西斯控制陸上所有的通道，他們只有返航退到希臘的內圍地區，雅典人擔任後衛，這是光榮又危險的位置，能夠受到重視讓

---

34 拉斯地蒙人、帖斯庇伊人和底比斯人留下來防守色摩匹雷，被波斯人在最後一次接戰中擊敗，澤爾西斯打通山嶺中間的隘道，這件事與阿特米斯姆會戰發生在同一天；這個消息是一位名叫阿布羅尼克斯（Abronichus）的雅典人帶給提米斯托克利。雖然色摩匹雷的行動沒有與提米斯托克利立即發生直接的關係，要是蒲魯塔克多注意一點，就知道初期戰局的失利，使得這位將領在後來獲得更大的榮譽。自從澤爾西斯掌握這個要點以後，希臘的門戶大開，使他如入無人之境。色摩匹雷是萬山叢中一處狹窄的關隘，位於優瑞帕斯（Euripus）附近。

他們感到得意。提米斯托克利沿著海岸航行，特別注意港口或敵人船隻來到以後適合登陸的地點，他只要有機會或是停泊打水的時候，就會在附近找矗立岸邊的岩石，在上面刻大家都看得到的留言，呼籲愛奧尼亞人棄絕米提人，如果可能的話就回歸希臘人的陣營，因為希臘人是小亞細亞各城邦的奠基者和長輩親友，現在他們擁有的自由權利已經危如累卵，但是，如果愛奧尼亞人做不到的話，也要盡可能在作戰行動中使波斯人受到妨礙和干擾。他希望這些文字能夠規勸愛奧尼亞人起義反正，或者讓波斯人懷疑他們的忠誠產生很多不必要的困惑。

　　現在，澤爾西斯已經通過多里斯(Doris)侵入福西斯(Phocis)的國土[35]，城市不是被放火燒掉就是受到摧毀，然而希臘人並沒有派出援軍；即使雅典人原本一廂情願，要在波斯人進入阿提卡以前，先在皮奧夏與他們接戰，所以才從海路趕赴阿提米修姆。希臘聯軍對福西斯人的請求充耳不聞，全神貫注在伯羅奔尼撒地區，決定要把所有的軍隊集結在科林斯地峽，這裡是陸地最狹窄的瓶頸，要在兩海之間築一道長牆。雅典人為著此事大為震怒，認為自己被人出賣，卻為城邦的無能為力而痛苦沮喪，孤軍對抗聲勢浩大的敵人等於以卵擊石，現在僅有的權宜之計是不與波斯人爭鋒，放棄城市的守備完全仰仗他們的船隻。人民根本不願聽從這種主張，認為這樣做就不要再想贏得勝利；同時他們認為無法理解，怎麼能夠把神明的廟宇和祖先的陵墓交給憤怒的敵人，即使以後光復也沒有多大意義。

10　　提米斯托克利知道這是他的弱點所在，不可能訴諸理性使人民聽從他的意見[36]，如同在舞台啟動換布景的機械，他要像戲劇家那樣運用奇蹟和神讖的力量。密涅瓦的巨蛇養在神廟的內殿突然消失不見，祭司把這個狀況洩漏讓人民知道，說是連供應的祭品它也沒有享用。提米斯托克利宣布他的論點，說是女神已經放棄這座城市，在他們走向海洋之前先行離開。同時他不斷用神讖[37]的指示來規勸大家，因為上面的字句吩咐他們要信任木頭的城牆，非常明

35　多里斯和福西斯是希臘中部的兩個地區，波斯人奪取以後，可以占有中央位置之利，切斷東西之聯絡，同時對阿提卡和伯羅奔尼撒半島形成威脅，加以逐次或各個擊滅。

36　提米斯托克利運用這套手法終於收到很大的效果，有位演說家名叫賽瑞西拉斯(Cyrisilus)，大聲疾呼反對棄城而走的做法，說是他深愛自己的家園，不能置父老妻子於不顧，結果被民眾用亂石擊斃；就連婦女全都贊同此事，願意自己的丈夫出征，所以連這位演說家的妻子也被大家打死。

37　這是阿波羅第二份神讖，由女祭司亞里斯多尼斯(Aristonice)交給雅典代表團。對於她提到

確地向大家表示，所謂木頭的城牆指的就是船隻，不可能是其他的東西；同時裡面也提到薩拉密斯這個島嶼，他們在那裡沒有悲傷或苦難，何況還安上神聖的字眼，有朝一日會給希臘人帶來天大的福份。最後他的意見被大家接受，接著他獲得一道敕令，要把這座城市置於「雅典之后」密涅瓦的保護之下[38]；城市所有及齡男子要全副武裝登船，在他們的注視之下，把兒童、婦女和奴隸打發離開到可以安置的地方。敕令的指示非常明確，大多數雅典人將他們的父母、妻子和兒女送到特洛眞[39]，當地人士的接待非常熱情而且友善，特洛眞人還通過一項表決案，公家出錢來維持他們的生計，每個人每天可以得到2歐波銀幣，也讓兒童能夠在各地盡情的採摘水果，付錢給老師來教導他們。這個表決案是尼卡哥拉斯（Nicagoras）提出。

雅典在這個時代還沒有設置國家金庫，然而亞里斯多德提到，阿里奧帕古斯會議發給每位服役人員8德拉克馬（drachmas），對於艦隊的整備有很大的幫助，克萊德穆斯（Clidemus）把這件事也歸功於提米斯托克利的計謀。雅典人要前往派里猶斯（Piraeus）港口，說是雕有復仇女神美杜莎（Medusa）頭像的神盾[40]遺失，他用找到失物做藉口到處大事搜查，發現很多人把大量金錢藏在他們的貨物之中，全部籍沒充當公款，使得士兵和水手在出航期間獲得足夠的供應。

整個雅典城市都要上船外運，這番景像難免讓人傷心，犧牲的精神使旁觀者讚譽不已。那些作戰人員看到雙親和子女被送走，渡海到島嶼上安置，在經過他們身邊的時候，硬下心腸對哭泣的場面毫無所動。還有很多老人因爲年邁體弱，無法成行只有留下不理，更能激起人們的同情[41]；甚至就是馴養的家畜，也會使

用來獲得保護的木牆，很多人的意見認為就是要塞，因為四周有木柵圍起來；還有些人認為不是指別的東西就是船隻。持前面這種意見的人用激烈的言辭反對後者，特別提出神讖最後一行是非常明顯的兇兆，薩拉密斯島附近的雅典艦隊會遭到毀滅的命運。提米斯托克利極力辯稱，要是神讖預告雅典人的滅亡，處於不幸的狀況之下，就不會把薩拉密斯稱為神聖之島。神讖上面所稱婦人的兒子面臨災難，所指的不是別人而是波斯人，因為他們具有可恥的女性氣質。可以參閱希羅多德《歷史》第7章第140-144節。

38　怎麼會這樣，前面不是向人民說過，密涅瓦已經放棄這個城市？

39　雅典歷史上極其著名的英雄人物帖修斯，他的家世就是來自特里眞。

40　美杜莎是蛇髮女妖，見到的人會變成岩石，帖修斯為民除害，獲得雅典娜的協助將她殺死，就將她的頭砍下來安在雅典娜的神盾上面作為裝飾；這面神盾成為雅典最神聖的物品。

41　從這段的敘述，我們可以覺察到蒲魯塔斯的人道主義和惻隱之心，能夠發揮極其強大的影響力量。

人產生惻隱之心，牠們在市鎮到處奔跑哀號，像是希望能被主人帶走，不要留在這裡自生自滅。據說在這些家畜之中，伯里克利的父親詹第帕斯（Xanthippus）所養的一條狗，不甘心留在後面，就跳進海裡伴隨在戰船的旁邊泅水，一直游到薩拉密斯島才力竭而亡，島上這個地點就稱為「義犬之墓」，詹第帕斯把牠埋葬在這裡。

11 提米斯托克利在危機發生以後的重大行動中，從來沒有想到要召回亞里斯泰德；這是他所領導的黨派在戰爭之前，用貝殼放逐制將亞里斯泰德流放到國外。基於當前的狀況，考慮到人民對亞里斯泰德的不在感到後悔，而且也怕他為了報復起見投靠到波斯人的陣營，對於希臘人的反抗行動帶來很大的打擊。提米斯托克利建議發布赦令，任何人在放逐一段時間以後允許返國，好與其他的同胞用言論和行動協助希臘人的復國大業。

斯巴達是戰力最強大的城邦，所以優里拜阿德成為希臘艦隊的提督，他在面對危險的時刻仍然膽怯失去勇氣[42]，想要啟碇航向科林斯地峽，靠近陸上部隊紮營的陣地；提米斯托克利極力反對。這是在當時情況下大家都知道的對話：優里拜阿德認為他過於急躁，想要加以勸阻，於是告訴他[43]，說是在奧林匹克運動會的比賽中，會鞭打那些偷跑的選手，提米斯托克利回答道：「他們要是留在後面就得不到勝利的桂冠。」這時，優里拜阿德舉起他的手杖，如果提米斯托克利還要說下去，他就會不客氣。提米斯托克利說道：「要打我沒關係，請聽完再動手。」優里拜阿德對於他這種謙和的態度感到很驚奇，就讓他繼續說下去，提米斯托克利現在可以讓他更了解當前的狀況。

這時有位站在他旁邊的人對他提出質疑，說是一個人要是失去城邦和家園以後，怎麼有資格勸別人丟掉他們的居所和國家。提米斯托克利說出下面的答覆：「我們確實已經拋棄家園和城市，可憐的人哪，這樣做只是不願成為奴隸；一個

42　單方面的敘述並不能證明優里拜阿德喪失作戰的勇氣。等到澤爾西斯占領色摩匹雷隘道以後，聯軍艦隊的主要官員在會議之中，除了雅典以外，大家獲得共同的意見，就是目前唯一的手段，是在科林斯地峽修築一道堅強的長城，防衛伯羅奔尼撒半島用來對抗波斯人。何況拉斯地蒙人很公正的評判所有的將領，以及所有的戰役以後，將作戰勇敢的桂冠賜給優里拜阿德，提米斯托克利獲得運籌帷幄的殊榮。

43　希羅多德提到這番對話，說是發生在科林斯將領埃迪阿曼蘇斯和提米斯托克利之間；但是蒲魯塔斯認為很不可能，因為優里拜阿德才是聯軍的主將。

人要是沒有靈魂，生命就毫無意義可言。我們的城市在整個希臘還是最偉大，仍舊擁有200艘戰船，只要各位願意，可以留在這裡用來保護你們。如果你們還像上一次那樣，只顧自己逃走而出賣我們，希臘人很快就會聽到消息，說是雅典人擁有一處美好的國土，面積廣大和充滿自由的城市[44]，並不比失去的爲差。」提米斯托克利表示的態度使優里拜阿德疑惑不已，好像他要是撤退的話，雅典人就會離開他們。

這時，一位伊里特里亞(Eretria)的船長發言反對他的意見，他說道：「你對戰爭說得很多，難道是一條滿腹都是墨汁的烏賊？空有作戰的工具，缺乏運用的頭腦。」

12 根據很多人的說法，當時提米斯托克利是在甲板上面講出這番話，看到一隻梟從艦隊的右邊飛過[45]，落下停棲在桅桿的頂端，這個吉兆使得希臘人願意接受他的勸告，大家立即開始準備戰鬥。然而，等到敵人的艦隊抵達費勒隆(Phalerum)的港口[46]，這個海港位於阿提卡地區，海面船隻量之多連海岸線都遮住無法看見；他們看到波斯國王御駕親征，在陸上部隊的隨護下到達海邊，所有的軍隊都已會師，這時提米斯托克利即使有更好的建議也會被人遺忘。伯羅奔尼撒人把他們的眼光全部投向科林斯地峽，要是有任何人發言反對他們的撤退行動，會認爲完全出於惡意的心理在作祟。他們決定在夜間離開，領航員接到命令定出航行的路線。提米斯托克利對於希臘人的撤退感到極爲悲痛，不僅喪失在狹窄海面和海峽通道接戰的優勢[47]，而且每個人只爲自己打算，就會四散開來溜回各人的城市；現在只有靠他擬出策略交給西辛努斯(Sicinnus)去執行。

西辛努斯是一位波斯俘虜，對於提米斯托克利非常忠誠，也是他兒子的隨

---

44 提米斯托克利的談話令人激賞，如果優里拜阿德真是畏敵而退回地峽，雅典人所採用的方式是讓他知道，這樣只會帶來更可怕的後果，迫得他只有拋棄畏懼之心；而且讓所有的城邦了解，雅典付出很大的犧牲，斯巴達不能光爲自己打算，否則最後只有同歸於盡。

45 密涅瓦是雅典的保護神，祭祀密涅瓦把梟當成神聖之物。

46 費勒隆在派里猶斯港的東邊，相距約3公里中間形成費勒隆灣，波斯人的船隻停泊在此以避風浪。

47 聯軍留在薩拉密斯海峽與波斯人對陣，可以形成勢均力敵之局面，一旦放棄就會喪失地形之利，留在島上的雅典人很容易成爲敵人的獵物；同時波斯人可以在伯羅奔尼撒半島的岸邊，找到寬闊的海面，展開全部戰力對付聯軍的船隻。

護。處於這種狀況之下，提米斯托克利派西辛努斯暗中去見澤爾西斯，事先面授機宜要他告訴國王，說提米斯托克利是雅典人的水師提督，與國王有共同的利害關係，所以趕快前來通知，讓他知道希臘人準備逃走的事，因此建議國王要阻止希臘人的脫離，趁著他們混亂而且遠離陸上兵力掩護之際，很快在海上殲滅當面所有的部隊。澤爾西斯對於送來的情報感到非常滿意，認爲這是對方的好意就全盤接受，立即對船隻的指揮官下達命令，他們要馬上出動200艘戰船去包圍海島，堵塞所有的海峽和水道，然而希臘人這時並沒有逃走，這些船隻在應該追隨艦隊行動的時候，反而變成無所事事的游兵。

　　這件事剛辦好，黎西瑪克斯之子亞里斯泰德是第一個發覺的人，就來到提米斯托克利的帳篷；他們之間根本沒有友誼可言，過去還是提米斯托克利運用手段使他受到放逐。他將發生的狀況通知提米斯托克利，也想知道爲什麼會被敵人包圍[48]。提米斯托克利了解亞里斯泰德是一位心胸開闊的人物，雖然對他在這個時候的拜訪感到驚訝，還是把西辛努斯辦理的事項全盤托出，特別是在希臘人中間他很受人相信，所以請他助一臂之力，規勸他們留下來與敵人在狹窄的海面進行戰鬥。亞里斯泰德對提米斯托克利的作爲極表讚許，就去見那些戰船的指揮官和船長，鼓勵他們去與敵人接戰；然而他們還是不願完全贊同他的意見，直到提諾斯(Tenos)一艘戰船開到才有轉機。這艘船在帕尼久斯(Panaetius)的指揮下脫離波斯人起義來歸，就在他們仍舊遲疑不決的時候，所有海峽和水道遭到封鎖的消息獲得證實，雖然眾情憤恨不已，現在基於求生的需要，迫得他們只有奮戰到底。

13 這天清晨，澤爾西斯坐在一處高地上面，看到整個艦隊遵照命令排列出作戰隊形。根據費諾德穆斯(Phanodemus)[49]的說法，他選的位置是在海克力斯神廟上方的海岬，阿提卡的海岸到這裡以後，有一條狹窄的水道將它與對面的島嶼隔開；要是依照阿塞斯托多魯斯(Acestodorus)的記載，說這個位置在麥加拉(Megara)的邊界，那裡有一些小山稱爲Horns即「牛角」，他坐在一把

48　亞里斯泰德當時尚未參加聯軍的艦隊，留在伊吉納島，夜間冒著生命危險，航行穿過波斯人艦隊，將探聽到的消息傳送過來。

49　費諾德穆斯是4世紀B.C.的歷史學家，寫成9卷《雅典史》，投身政治成爲立法會議的成員，贊同萊克格斯的改革，希望雅典效法。

純金的座椅[50]上面，四周有很多秘書，將這場戰鬥的經過事無鉅細全部記錄下來。

提米斯托克利即將獻祭，所在的位置靠近水師提督的戰船，帶來三個俘虜送給他，都是相貌很英俊的男士，穿著華麗的服裝佩帶黃金的飾品，據說是阿特克底（Artayctes）和桑道斯（Sandauce）的兒子，桑道斯是澤爾西斯的姊妹。就在占卜官優弗朗蒂德（Eupharantides）看到他們的時候，說是香燭發出強烈的閃光，不是平常看到的火焰[51]，而且在右邊有一個人打噴嚏，這是暗示要發生非常有利的事件。優弗朗蒂德抓住提米斯托克利的手，吩咐他要拿這三個年輕人當作祭神的犧牲，就可以向享用者巴克斯（Bacchus）[52] 祈求賜與勝利；這樣一來希臘人不僅得到拯救，還可以贏得光輝的大捷。提米斯托克利為這個奇特而恐怖的預言攪得心神不安，普通人處於極端危險和困難的處境，與其考量理性的手段，還不如倚仗怪異和無稽的救援。大家同一聲音叫著巴克斯的名字，把俘虜拉到祭壇上面，在占卜官的指使下逼得處死奉獻的祭品。列士波斯人費尼阿斯報導這件傳聞，哲學家在史書中可以讀到類似的事件[53]。

14 敵軍的船隻數量，詩人伊斯啓盧斯在他的悲劇《波斯人》中，就所知的狀況，有如下的描述：

> 我知道澤爾西斯率領一千艘船，
> 進入戰場；只有兩百零七艘船，
> 高速逃脫：這個說法至今流傳。

---

50 波斯國王的交椅或是寶座，可能是用金和銀製成，被雅典人獲得以後，連同後來在普拉提亞會戰瑪多紐斯所喪失的金質軍刀，一起當成戰利品奉獻給密涅瓦女神。

51 一陣明亮的火焰通常認為是吉兆，不論真從祭壇上發出或是以為出現在活人的頭頂；魏吉爾（Virgil）提到後面這種狀況，說是朱拉斯（Julus）和弗洛魯斯（Florus）的頭上直冒火光，另外有人看到塞爾維斯‧塔留斯（Servius Tullius）的腦袋也發生這種現象。右手這邊的人打噴嚏，不論是希臘人還是拉丁人都當作吉兆。

52 開俄斯、特內多斯和列士波斯這幾個島嶼，都有用活人祭神的習慣，獻祭的神明是巴克斯或稱為歐摩狄斯（Omodius）；要是拿雅典人來說，這是我們所知唯一的實例。

53 費尼阿斯提到活人獻祭這件事，雖然蒲魯塔克在第九篇〈亞里斯泰德〉裡再度談起，就像其他有關的記載都是杜撰的傳聞。戴奧尼蘇斯（Dionysus）在作品有些地方敘述異教崇拜的儀式，出現「吃生肉者」的名字，優里庇德的《巴克斯》一劇中，女祭司將獻祭的動物砍得粉碎，就是底比斯的國王亦復如是。

雅典人有180艘船，每艘船在甲板上有18位戰鬥人員，4位是弓箭手，其餘是重裝步兵。

提米斯托克利既然能夠掌握最有利的位置，必定會很精明選擇最適當的作戰時間，他不會貿然用戰船的船頭衝向波斯人，要是天候無法配合也不會發起戰鬥。等到外海吹起一陣平穩的微風，帶著強烈的長浪湧進水道，這對希臘人的船隻而言，因為船體的重心很低，吃水很淺，所以操作起來沒有困難；然而對波斯人卻是致命傷，他們的船隻有突起的船尾和高聳的甲板，運動的時候非常遲鈍而且笨重，寬廣的側舷暴露在希臘人快速的衝擊之下；這時候希臘人都在注視著提米斯托克利的行動，拿他當作榜樣亦步亦趨，因為與他對抗的船隻是澤爾西斯的水師提督亞里阿密尼斯(Ariamenes)的座艦，這位勇敢的戰士不愧為國王最出色的兄弟，也是經驗最豐富的將領。他的戰船碩大無比，從上面投擲的標槍和發射的箭矢，濃密的程度有如堡壘的防壁。迪西利亞人(Decelean)阿米尼亞斯(Aminias)和佩地亞人(Pedian)索西克利(Sosicles)同在一艘船上作戰，等到他們和波斯人的船迎頭相撞，青銅的船頭都插進對方的船體，糾纏在一起無法分開，亞里阿密尼斯想登上希臘人的戰船，就被這兩位勇士的長矛刺穿，整個人墜入海中，他的屍體與其他破爛的船隻飄浮在海面，阿提米西婭(Artemisia)[54]知道以後，打撈起來送給澤爾西斯。

15 據說在戰鬥進行得勝負難分的時候，伊琉西斯(Eleusis)這座城市的上空突然升起一陣火光，整個色萊西亞(Thriasian)平原都聽到響聲和喊叫，一直傳送到遠處的海洋，像是一大群人在隨伴和護送神秘的伊阿克斯(Iaccus)[55]；從聲音發生的地方似乎升起一層霧氣，向前蔓延開來籠罩著所有的戰船。很多人相信他們看到幽靈，形狀像一群全副武裝的人，從伊吉納島伸出手直到希臘戰船的前面；有人猜測他們是伊阿庫斯家族(Aeacidae)[56]的後裔，經過大

---

54 阿提米西婭是哈利卡納蘇斯的王后，在波斯的大軍中威名赫赫，她的戰船最後逃離戰場，澤爾西斯認為她是女中英豪，令這些男子漢自嘆不如。雅典人對她極為反感，曾經懸賞1萬德拉克馬將她活捉。另外還有一位阿提米西婭是卡里亞國王毛索拉斯(Mausolas)的妻子，讓人很難分得清楚。

55 希羅多德提到，在會戰前幾天也聽到這種聲音，看見這些幻影，那是波斯人登陸在阿提卡地區大事劫掠的時候。笛西烏斯(Dicaeus)是被放逐的雅典人，最早敘述這些現象，認為不利於希臘人，所以將發生的狀況向澤爾西斯提出報告。

56 有一艘船派到伊吉納，懇求伊阿庫斯(Aeacus)和他的後裔給予協助，伊阿庫斯在希臘神話中

家的乞求要來戰場來聲援助陣[57]。

　　第一位擄獲敵方船隻的人是雅典人黎科米德(Lycomedes)，他是戰船的船長，把戰利品的船首雕像鋸下來，奉獻給阿波羅當作贏得勝利的桂冠。波斯人在一個狹窄的海灣裡作戰，整個艦隊只有部分船隻可以參加，很容易發生互撞事件，希臘人因而才有相與抗衡的實力，雙方的戰鬥一直到夜幕降臨迫得收兵。根據賽門尼德的說法[58]，他們獲得寶貴而著名的勝利，不論是希臘人還是蠻族從未見識過如此光榮的海上功勳，實在說，提起戰鬥的勇氣和拚命的精神，每一位希臘人都有分，談到謀略的睿智和用兵的精明，完全取決於提米斯托克利一個人[59]。

16 澤爾西斯在海戰失利後，怪罪運道不佳因而大發雷霆，企圖將大堆泥土和石塊投入海中，用來堵塞水道或是造成一座堤防，他就可以率領陸上部隊進入薩拉密斯島。提米斯托克利想要知道亞里斯泰德的意見，提起他的建議是要航向海倫斯坡(Hellespont)海峽，摧毀澤爾西斯建造的舟橋，他說這樣一來就可以切斷澤爾西斯到亞洲的退路，全部人馬留在歐洲成為俘虜。亞里斯泰德[60] 不同意他的辦法，說道：「當面的敵人出於好大喜功和極端自負，才與我們在這裡作戰，抱著必勝的念頭難免會掉以輕心；我們如果把他們封鎖在希臘走投無路，就會迫他們為求生而奮鬥。他仍舊擁有一支實力龐大的軍隊，就不再像從前那樣坐在黃金傘蓋之下，把戰鬥視為賞心悅目的娛樂；處於窘困的狀況下就會作多方面的嘗試，他會下定決心要自己掌握所有的戰機，也會立即改正所犯下的錯誤，對於過去的疏忽所形成的倦怠，會採取補救的措施，對於所有的事務提供更好的建議。」他繼續說道：「因此，這樣一來對我們就會無利可圖，提米斯托克利，現有的橋梁非但不能破壞，如果可能最好幫他再建一座，使得他的撤退

（續）───────────

　　　是宙斯的兒子和伊吉納的國王；他的為人公平正直而且有求必應，過世以後，成為地府的三
　　　判官之一。

57　參閱希羅多德《歷史》第8卷第64節。

58　賽門尼德對於阿特米休姆、薩拉密斯和普拉提亞這三次會戰，都寫下長詩以為紀念；最近發
　　現《普拉提亞之戰》的殘卷，不僅作戰的細節描述極其生動，而且充滿英雄氣概。

59　這次會戰在歷史上最受注目之處，是雙方的作戰損失，希臘人40艘船，波斯人高達200艘，
　　還不包括很多被擄獲的戰利品。

60　根據希羅多德的記載，這個人不是亞里斯泰德而是優里拜阿德，他對提米斯托克利作了上述
　　的答覆。

更爲迅速和有效。」提米斯托克利回答道：「如果你認爲確有必要，那麼我們立即運用諸般手段，盡快讓他們離開希臘。」

爲了達成這個目標，提米斯托克利從俘虜當中找出一個人，這個人名叫阿納西斯（Arnaces）是波斯國王的太監，將他遣返到國王身邊用來傳話：說是希臘人現在贏得海戰，已經奉令航向海倫斯坡海峽，要摧毀那條用船隻緊繫起來的舟橋；提米斯托克利非常關心國王的狀況，特別洩漏這個消息讓他知道，那麼國王應該盡快趕到亞洲那邊的海面，渡過以後回到自己的國土；就在這個時候，提米斯托克利會延後和制止希臘聯軍的追擊行動。澤爾西斯聽到這個信息以後，感到非常驚惶，使用最大速度繼續撤離希臘的工作[61]。提米斯托克利和亞里斯泰德明智的作爲，等到普拉提亞（Plataea）會戰以後才讓人知道發揮多大的效用；瑪多紐斯率領的部隊，在澤爾西斯的大軍中只占很少的部分，就已經讓希臘人陷入危險之中，幾乎要把一切希望付諸東流。

17 根據希羅多德（Herodotus）[62] 的記載，希臘所有城市之中，伊吉納對戰爭的貢獻最大，個人而言要算提米斯托克利，雖然有人吃味不見得心服口服。當他們很風光的進入伯羅奔尼撒以後，這些指揮官就在神壇[63] 的前面投票，要決定誰的功勞最大，每個人都把第一票投給自己，第二票給提米斯托克利。拉斯地蒙人陪著他前往斯巴達，優里拜阿德因英勇獲得獎賞，提米斯托克利的智慧和指揮獨占鼇頭，他們都獲得橡葉冠冕，城市供應最華麗的戰車用來代步，派出300位年輕人擔任隨護送他到國境。提米斯托克利參加奧林匹克運動會[64] 進入會場，觀眾不再注意誰會贏得競賽的項目，花整天的時間觀看他的一舉一

61　澤爾西斯留下瑪多紐斯在希臘指揮30萬大軍，向著色雷斯退卻，按照計畫渡過海倫斯坡海峽。行軍的全部期程長達45天，事先沒有準備糧草，他的部隊真是飢寒交迫艱困萬狀。國王發現他們沒有受到追擊，加上只帶少數隨員，所以行程順利而且迅速，但是等他到達海倫斯坡海峽，才知道他的舟橋被暴風雨所摧毀，只有用漁船渡過海峽，繼續逃到薩迪斯。

62　希羅多德（484-420B.C.）是古代希臘歷史學家，出身於哈利卡納蘇斯的貴族家庭，因為政爭被放逐到薩摩斯島，後來在雅典殖民地休里伊過世，著有敘述波斯戰爭的《歷史》（Histories）9卷，譽為西方世界最早的史籍。

63　他們在海神的祭壇前面投票，舉行莊嚴的儀式，在神明的注視下，務求大家做到公正無私。

64　提米斯托克利在480B.C.贏得會戰，所以這裡提到的奧林匹克運動會，應該是指476年舉行的那一次。

動，介紹他給外鄉人認識，大家齊聲向他讚譽，拚命鼓掌向他歡呼，所有人員都表現出興高采烈的樣子，自己感到極其滿意，在向朋友談起此事的時候，認爲他的努力沒有白費，已經從希臘人那裡得到豐碩的收穫。

18 他極其愛好虛榮和地位，實在說這也是很自然的事，從他的軼聞逸事可以找到一些例證。當雅典人選他出任水師提督以後，無論公事私事他一概置之不理，所有受到耽誤的工作一直要到啓航的當天，他才立即著手進行，不過片刻功夫全部處理完畢，同時還要會見各行各業人士，他用這種方式來表現自己的才華和擁有的權力。

他有次看到海面浮著一具屍體，發覺身上還佩帶著黃金的手鐲和項鍊，然而他並不停步繼續前進，只是指給跟隨在後面的朋友看，說道：「你可以把這些東西拿走，因爲你不是提米斯托克利。」有位英俊的年輕人名叫安蒂法底（Antiphates），過去一直避著他，但是等他飛黃騰達以後，就到他跟前來奉承，於是他對安蒂法底說道：「小伙子！要知道士別三日，當刮目相看。」他說雅典人既不推崇他也不讚譽他，只是把他當成一棵篠懸木，壞天氣到它下面來避風雨，等到天氣晴朗，馬上摘它的葉子砍它的枝幹。有位來自塞瑞法斯（Seriphus）島的人士告訴他，說他獲得榮譽不是憑自己的本領，而是靠他有偉大的城市，這時他回答道：「你講得非常對。如果我是一位塞瑞法斯人，當然不會出名；即使你是一位雅典人，到頭來還是沒沒無聞。」

有位將領自認對雅典人有相當的貢獻，吹噓他的軍事行動與提米斯托克利相比毫不遜色；於是提米斯托克利就告訴他說：有一次「節慶次日」故意吹毛求疵的批評「節慶當日」，說道：「你沒有什麼不得了，整天又忙又亂生怕準備不周，只有等到我來到，每個人安靜坐下來享受自己的生活。」「節慶當日」承認這個說法很有道理，但是「如果沒有前面的我，那麼你就沒有存在的餘地」。他說道：「道理就是這樣，如果不是提米斯托克利走在前面，請問你現在會在哪裡？」有一個跟他兒子有關的笑話，提米斯托克利說他的兒子受到母親的縱容，他身爲父親順從他的母親，因此他說他的兒子是全希臘最有權勢的人：「因爲雅典人指揮其他的希臘人，我指揮雅典人，你母親指揮我，你指揮你母親。」他喜歡標新立異與眾不同，當他要出售一塊土地的時候，特別交代叫賣人要讓人知道，買地可以獲得一個好鄰居。兩位男士同時愛上他的女兒，他的選擇是品德重於財富，他說他看的

是人而不是錢，總比看錢而不看人要好得多。從他所說的話可以知道他的性格[65]。

19 等到這些事情告一段落以後，提米斯托克利開始重建雅典城市加強防禦的力量，據稱狄奧龐帕斯(Theopompus)有這樣的報導，說他賄賂拉斯地蒙五長官不要反對，大部分人的意見是他拿謊言來欺騙他們。他用擔任使者作為前往斯巴達的藉口，到了那裡以後，拉斯地蒙人責怪他重新建造長牆，波利阿克斯(Poliarchus)特地從伊吉納趕來提出指控；他一口否認說這並非實情，要求他們派人到雅典去實地考察，看看是不是真有其事；他靠著拖延的手法爭取到興建長牆的時間，同時將這些使者置於同胞的掌握之下，當作保障自己安全的人質，這樣一來，當拉斯地蒙人明瞭真相以後，他們並沒有傷害他，為了使當前的局勢不要惡化，只有硬壓下心頭的怒氣不要表現出來，就把他打發回去。

他接著要進行的工作是創建派里猶斯的港口，有鑑於位置具備極為優越的自然條件，打算要把整個城市與海洋結合成為一體。這種方式違背古老雅典國王的政策，想當年他竭盡努力要使臣民不與大海發生關係，讓他們的生活方式習慣於土地的耕種和收成，並非大海的航行和通商。有個廣為流傳的故事，密涅瓦和尼普頓為雅典的統治權發生爭執，結果是裁判官種下一棵橄欖樹，等於宣布密涅瓦獲得勝利。亞里斯托法尼斯(Aristophanes)[66]宣稱，提米斯托克利不僅要把港口和城市調和得水乳交融，還要使得城市絕對依靠和從屬於港口，也就是說陸地要聽命於海洋，增加人民的力量和信心可以反抗貴族階層；城邦的權勢落在水手、帆纜士和領航員的手裡。三十僭主[67]得勢的時代曾經下達一個命令，市民大會的講台原來面對大海，現在要轉過來對著陸地[68]，等於暗示他們的意見：民主制度的濫觴在於海洋帝國，農耕社會不會極力反對寡頭政體。

65　西塞羅(Cicero)記載他另一件軼事，很值得大家知道：賽門尼德要教提米斯托克利增強記憶力的技術，提米斯托克利回答道：「啊，賽門尼德，還不如教我遺忘的技術，在我來說，不該記的都記得，該忘的都忘不掉。」
66　亞里斯托法尼斯(457-385B.C.)是希臘最偉大的喜劇家，他雖然是雅典人，卻住在伊吉納島，全部作品有四十多部劇本，尚有11部存世。
67　雅典的三十僭主起因於賴山德，時為403B.C.，薩拉密斯會戰後77年。
68　普尼克斯(Pnyx)山是雅典市民大會開會的地點，這個小丘位於城市的西側；後來獲得考古學的證據，在遺址發現會議場地的雕飾，知道地點在5世紀B.C.末期已經變換，這是斯巴達打敗雅典以後，三十僭主統治的時代。

20 無論如何，提米斯托克利對於擁有海上優勢仍舊抱著旺盛的企圖心。等到澤爾西斯領軍離開以後，當希臘艦隊抵達帕格西(Pagasae)，要在那裡將船拉上岸過冬的時候，提米斯托克利對雅典的人民發表公開的演說，告訴大家說他要實行一個計畫，與城邦的利益和安全有重大的關係，這個問題不能取決於一般民眾，這也是理所當然之事。雅典人命令他只要告訴亞里斯泰德一個人，獲得他的同意就可以付諸執行。提米斯托克利向他透露這個計畫，是要燒掉在帕格西港口的希臘艦隊。亞里斯泰德出現在市民大會，就提米斯托克利暗中規劃的策略提出報告，認為沒有任何一個建議比這個更為奸詐更為可恥。雅典人命令提米斯托克利不要再提此事。

拉斯地蒙人在安斐克提昂(Amphictyonians)聯盟大會提出建議，沒有與波斯人作戰的城邦，喪失成為聯盟成員的資格，不得派遣代表參加會議。提米斯托克利擔心帖沙利人、底比斯人和亞哥斯人被趕出會場，拉斯地蒙人可以操縱會議的選舉，以後就能為所欲為。他發言支持這些受到威脅城邦的代表團，獲得多數人的擁護改變對這個問題的看法。他特別指出只有31個城邦參加戰爭，其中大多數出力很小；如果希臘其他的城邦都受到排斥，聯盟會議就會為兩或三個實力最大的城邦所控制，這種狀況無法讓人容忍。他之所以惹起拉斯地蒙人的不悅，主要還是為此；等到西蒙公開成為提米斯托克利的政敵，當然會受到拉斯地蒙人的關照和支持。

21 他派遣船隻出航到各島去搜刮金錢，使得盟邦增加負擔。希羅多德提到[69]，為了能從安德洛斯(Andros)島弄得到所提出的數額，他告訴島民說是給他們送去兩尊女神：一尊是「規勸」而另外一尊是「武力」。島民對他的回答說是他們也有兩尊女神，禁止把金錢送給外人：一尊是「貧窮」而另一尊是「婉拒」。

羅得島詩人泰摩克里昂(Timocreon)對他的譴責不遺餘力，說他為了圖謀私利已經到「仇者快而親者痛」的地步，被放逐的人只要花錢就可返國，自己的客卿和朋友反而遭到擯棄。有詩為證：

> 提到鮑薩尼阿斯或詹第帕斯，

69　參閱希羅多德《歷史》第8卷第111節。

甚至琉特契達斯都有人賞識；
我認爲神聖雅典的子弟之中，
亞里斯泰德的言行最爲誠實。
提米斯托克利！滑頭！騙子！
叛賊！搞錢使勒拉憤恨怒視。
泰摩克里昂是朋友不肯照顧，
將他打發回到羅得島的故址。
只要三泰倫就買到遺臭萬世，
任意給予釋回、放逐或處死；
我們樂於在科林斯擺出盛宴，
祈求神明讓翌年有他的忌日[70]。

等到提米斯托克利的放逐宣判以後，泰摩克里昂對他的辱罵更是無所忌憚，
用辭極其粗野，有一首詩在開頭寫道：

只要有希臘人能到達的城市，
啊！繆司，讓他們讀這首詩：
所有的弊端會源源本本得知。

從整個情節來看，問題在於泰摩克里昂的放逐，是否他的立場是站在波斯人那
邊，或是提米斯托克利投票同意的緣故。因此，當提米斯托克利受到指控，說他
暗中與米提人勾結陰謀叛國的時候，泰摩克里昂寫出下面的詩句：

看來泰摩克里昂還不僅如此，
要與米提人做朋友成了箭靶；
可惡的騙子和小人寡廉鮮恥，

70　鮑薩尼阿斯是贏得普拉提亞會戰的斯巴達指揮官；琉特契達斯和詹第帕斯是邁卡里會戰時，
　　分別擔任斯巴達和雅典的主將，最後獲得勝利；勒托是日神阿波羅和月神阿提米斯(Artemis)
　　(黛安娜)的母親。

事機不密就像狐狸露出尾巴。

22 雅典的市民願意聆聽那些人對他的誹謗和譴責，他在迫不得已的狀況下，通常會帶著不以為然的神色，想要讓大家記得他那卓越的服務和貢獻，同時還會質問那些冒犯他的人，是否對於從同一個人的手裡接受福祉已經感到厭倦，所以才做出忘恩負義的行為。然而他為了興建黛安娜神廟激起人民更為憤怒的情緒，這座廟宇稱為Aristobule意為「有求必應的黛安娜」；暗示他所給予的建議極其重要，不僅嘉惠雅典人而是全部希臘人。他把神廟建在梅萊特區（Melite）靠近自己的住處，現在這裡成為政府官員處死犯人以後拋棄屍體的地方，到處都是絞死者的繩索和其他亡故人員遺留的衣物。直到今天「有求必應的黛安娜」神廟裡面，還有提米斯托克利一座很小的雕像，表示他作為一個偉大的人物，具有高貴的心靈和英雄的神態。

最後雅典人還是將他流放國外[71]，通常只要他們認為那一個人的權力太大，或是建立偉大的事功，就會運用貝殼放逐制度來貶抑他的功勳和剝奪他的權勢，與一個全民政府所需的平等原則完全是背道而馳。雅典人制定貝殼流放法不是為了處罰犯罪的人，而是用來緩和與安撫因忌嫉心理所產生的暴力行為，有人由於可以貶低表現卓越的人士感到興高采烈，也有人當作排除異己的手段來發洩他們的積怨。

23 提米斯托克利在雅典受到放逐，當他停留在亞哥斯（Argos）期間，鮑薩尼阿斯（Pausanias）出事接受調查，使得他的政敵掌握有利的態勢，阿格勞勒區（Agraule）的李奧波底（Leobotes）是阿爾克米昂（Alcmaeon）的兒子，控告提米斯托克利叛逆賣國，斯巴達人支持檢方的起訴。鮑薩尼阿斯四處奔跑從事謀逆活動，雖然把提米斯托克利當作最親密的朋友，開始還隱瞞不願讓他知道，等到看見他被驅出共和國，為放逐的事受到莫大的煎熬，才敢將這件事向他和盤托出，企圖能獲得他的協助，於是將波斯國王的來信拿給提米斯托克利看，為了激怒他起而反抗，特別指出希臘人是一個行事邪惡和忘恩負義的民族。不過，提米斯托克利立即表示拒絕的態度，完全不願參加鮑薩尼阿斯的陰謀組織，他沒有把他們之間的通信洩漏出去，也沒有對任何人揭發這種不法的活動，

---

71 提米斯托克利遭到放逐是在奧林匹克77會期第2年即471B.C.。

只是希望鮑薩尼阿斯能夠主動停止，或者期盼這種荒誕不經的打算和狂妄無知的
圖謀，被別人用其他的方式所發現。

　　鮑薩尼阿斯被雅典人處死以後，發現一些與案情有關的信函和文件，使得提
米斯托克利涉嫌其事，拉斯地蒙人大聲叫囂對他發起攻擊，那些在雅典的政敵據
以提出指控。當時他不在國內，只有親筆寫信答辯，特別對於過去據證不足的論
點，一一加以駁斥。為了答覆政敵惡意羅織的罪名，他僅僅給市民寫出公開信，
力言他一直有從政的抱負和野心，而且也不是沒有能力和資格，但是絕不會出賣
自己和他的國家，使得全國同胞在一個野蠻和敵對的國家統治下，過著生不如死
的奴役生活。雖然他做出以上的表示，人民還是採納控方的意見，派出官員將他
引渡回國，讓他在希臘人所組成的大會前面接受審判。

24 他及時獲得信息，就渡海前往科孚(Corcyra)島，這裡的城邦對他有
　　　提供庇護的義務。過去科孚人與科林斯人發生爭執，他出任仲裁人
做出的決定，是要科林斯人[72]支付20泰倫的賠償，宣布琉卡斯(Leucas)這個島嶼
和市鎮，是兩個城邦所共管的殖民地。他從科孚又逃到伊庇魯斯(Epirus)，雅典
人和拉斯地蒙人仍舊緊追不放，絕望之餘只有把他的安全付與命運的安排。因此
他逃到摩洛西亞(Molonnia)的埃德米都斯(Admetus)國王那裡尋找庇護；然而過
去埃德米都斯曾經向雅典提出請求，正當提米斯托克利處於權勢薰人的時期，高
傲的態度對國王而言是一種侮辱，可以非常明白的看出，提米斯托克利現在落在
他的手裡，難免會遭到可怕的報復。雖然處於這種不幸的境地，提米斯托克利對
於鄰國和同胞的仇恨，所產生的畏懼之心，遠勝於國王在久遠之前的不快；為了
能夠得到埃德米都斯的寬恕，在他的面前成為一個謙卑的懇求者，就要運用一種
特別的態度，這與其他國家的習俗都大不相同。國王的兒子還是一個幼童，提米
斯托克利就把他抱在懷裡躺在國王的爐灶旁邊，在摩洛西亞人看來唯有這種懇求
的動作，具有神聖的性質不能加以拒絕。有人說是國王的妻子賽亞(Phthia)，暗
示提米斯托克利請罪的方式，就將年幼的兒子在爐灶的前面交給他；也有人說埃

72　修昔底德像註譯家那樣告訴我們，提米斯托克利在這件極其重要的糾紛中，對於科孚人幫了
　　很大的忙。希臘各城邦認為科孚這個島嶼，沒有參加聯盟對抗澤爾西斯，全都贊同使用武力
　　給予教訓；提米斯托克利公開表示，為了公平起見，就得對沒有參加的城邦全部懲處，這樣
　　會比蠻族入侵給希臘帶來更大的災難。

德米都斯國王基於宗教的職責，不能將提米斯托克利交給追捕的官員，爲此他準備上演一齣戲給來人看，以達成他不得不爾的效果。

就在這個時候，阿查尼人（Acharnae）伊庇克拉底（Epicrates）暗中將提米斯托克利的妻子和兒女運出雅典，西蒙對他提出指控，定罪以後遭到處決。還有就像司提辛布羅都斯所報導那樣，過程非常奇特，不知是他後來設法忘掉，還是要提米斯托克利不要注意此事；然而當時他說提米斯托克利航向西西里，想要娶敘拉古（Syracuse）僭主海羅（Hiero）的女兒爲妻，答應將希臘置於海羅的控制之下，僭主加以拒絕，他就離開從那裡航向亞洲。

25 這種說法是不可能的事。根據狄奧弗拉斯都斯（Theophrastus）在他的作品《論君主政體》（*On Royalty*）裡的記載，海羅派遣賽車參加奧林匹克運動會，搭蓋一個天篷裝飾得盡其奢侈之能事，提米斯托克利對希臘人發表演說，煽動他們去拆除僭主的帳幕，同時還不許他的馬匹出賽。修昔底德（Thucydides）說他越過內陸到達愛琴海，在德密（Therme）灣的皮德納（Pydna）搭乘一艘船，不讓船上人知道他的底細，直到出現可怕的事情，船隻被風吹向納克索斯（Naxos）島，這時正被雅典人圍攻之中[73]，他只有將身分告知船長和領航，一半出於懇求再加上威脅，要是船靠岸他就會告發他們，使得雅典人相信他們並非不知情，而是在開始的時候就被金錢買通，並且逼著他們要駛離島嶼盡量保持在大海之中，然後乘著風勢向亞洲海岸前進。他的財產大部分被他的朋友在暗中運走，從海上送到亞洲交到他手裡，除此以外，根據狄奧弗拉斯都斯的記載，被查出以後充公的財產價值80泰倫；狄奧龐帕斯的說法是100泰倫；雖然說提米斯托克利在涉及公眾事務之前，他的身價從來沒有超過3泰倫[74]。

26 當他抵達賽麥（Cyme）以後，才知道沿著海岸所有的地方都有埋伏，等待他現身就會落網，特別是厄哥特勒斯（Ergoteles）和彼索多魯斯（Pythodorus）（這個狩獵遊戲值得用各種手段來找到目標，因爲可以獲得金錢的獎

73　納克索斯島的反叛發生在469B.C.。

74　這種說法矛盾而且有影射之嫌，根據蒲魯塔克提供的資料，他在接受公職任命之前，已經過著非常富裕的生活。

賞，波斯國王公開宣布，誰抓到他就給200泰倫）更是所在必得[75]。他逃到伊奧利亞（Aeolia）一座名叫伊吉（Aegae）的小城，除了接待他的主人奈柯吉尼斯（Nicogenes）以外，沒有人知曉此事，奈柯吉尼斯身為伊奧利亞最有錢的富豪，在小亞細亞是眾所周知的人物。提米斯托克利躲在他家中過了數日，有天夜間在獻祭和晚餐以後，歐比烏斯（Olbius）這位他小孩的家庭教師，竟會突然發狂像是神靈附身一樣，口裡唸出詩句：

> 沉沉靜寂夜，
> 切切私語時；
> 莫謂無聞者，
> 隨風送人知。

得知這種狀況以後，提米斯托克利上床去睡覺，夢見一條大蛇盤繞他的腹部，逐漸游向他的頸脖，然後，等快要接觸到臉孔，突然變成一隻老鷹，在他的頭上展開雙翼，把他抓起來飛了很遠的距離，然後，出現一根傳令官的黃金手杖，在經歷無窮盡的恐怖和騷動以後，老鷹終於很安全地把他放了下來。

奈柯吉尼斯運用以下的計謀使他能夠平安離開：野蠻民族特別是波斯人，對於他們的婦女極端的嫉妒、苛刻和猜疑，不僅是他們的妻室，就是買來的奴隸和侍妾也都如此，保持極其嚴厲的要求，她們不能在戶外讓人看到，終其一生都消磨在關閉的室內，當她們在旅行的時候，要留在密封的帳幕裡面，四周都懸掛帷簾，安置在大車上隨著前進。於是為提米斯托克利準備好這種旅行的車輛，他們把他藏在裡面，然後開拔趕路，同時交代他們在路上遇到人問起，說是運送一位年輕的希臘婦女離開愛奧尼亞，要把她交給宮廷的一位貴族。

---

[75] 要說澤爾西斯對他極為憤恨也是不足為奇的事，提米斯托克利不僅在薩拉密斯會戰將他擊敗，還用說服的手段和不實的陳述使他受騙上當，這種羞辱更難忘懷。澤爾西斯在失去勝利以後，已經獲得若干藉慰，要是不對他加以刺激，心情會慢慢平復下來，現在提米斯托克利要自投羅網，難免會引起他的新仇舊恨。

27 根據修昔底德和蘭普薩庫斯（Lampsacus）的卡戎（Charon）[76] 他們的說法，澤爾西斯這時已經過世，是他的兒子阿塔澤克西茲[77]與提米斯托克利會面交談；埃弗魯斯（Ephorus）、狄農（Dinon）、克萊塔克斯（Clitarchus）、赫拉克萊德（Heraclides）和其他人，他們的記載是提米斯托克利去見澤爾西斯。按照年表的資料比較符合修昔底德的觀點，還是難以保證正確不虛。提米斯托克利做出這個危及生命的決定，先去見千夫長阿塔巴努斯（Artabanus）[78]，告訴他說自己是一個希臘人，知道國王急著想要知道有件重大事情的始末，希望晉見國王能夠當面說明。阿塔巴努斯回答道：

> 啊！外鄉人！人類的律法各有不同，某個民族視爲尊榮的事，其他人可能另有見地；然而對所有的人而言，最重要的事是要敬仰和遵守自己的律法。我們曾經說過，希臘人的習性是推崇自由和平等，凌越於所有事物之上；在我們很多極其卓越的律法之中，認爲最尊貴的規範是擁戴和敬拜國王，把他的形象當作塵世最偉大的保護者。如果你能贊同我們的律法，伏俯在國王的前面奉行敬拜的禮儀，你就可以覲見和交談；如果你的內心還有其他的想法，那你只有讓別人代你求情。我們沒有這種習慣，可以容忍任何人在覲見國王的時候，沒有伏俯在他的面前。

提米斯托克利聽了這番話以後回答道：「阿塔巴努斯，我來到這裡是爲了推崇國王的權勢和尊榮，自從獲得神明的喜悅讚揚波斯帝國的偉大以後，我不僅讓自己屈從他的律法，還要爲國王帶來更多的崇拜者和仰慕者。至於爲什麼不用傳達的方式而要當面告知，我當然有相當的道理，因此，不要讓禮儀成爲晉見的障礙。」阿塔巴努斯問道：「我們必須告訴他你的名字，你到底是誰？從你所說的話看來不是一位普通人。」提米斯托克利回答道：「啊！老兄！啊！阿塔巴努斯，

---

76 蘭普薩庫斯的卡戎是5世紀B.C.的散文家，可能早於希羅多德，著作甚豐，沒有存世的作品。

77 提米斯托克利到達波斯宮廷是在奧林匹克79會期第1年即462B.C.，也是阿塔澤克西茲登基之年。

78 他是阿塔巴努斯之子也是衛隊的隊長，殺害澤爾西斯以後，力勸阿塔澤克西茲篡奪他兄長大流士的繼承權。

這個問題我會親自告訴國王陛下。」

　　費尼阿斯提到上面這些狀況，伊拉托昔尼斯(Eratosthenes)在他的作品《論富豪》(*On Wealth*)裡面增加一些情節，說他用一個伊里特里亞(Eretria)女人當作禮物，阿塔巴努斯欣然接納，才安排他的觀見和與國王的交談。

28 當他引見給國王，致敬完畢以後，站在那裡不發一語，阿塔澤克西茲指示通事問他是何人，這時他回答道：

> 啊！陛下，我是雅典人提米斯托克利，被希臘人放逐給趕了出來。過去我對波斯人真是為惡不淺，仍然做了有利他們的好事，像是制止希臘人的追擊行動；在光復家園的同時也讓我有機會向你表示善意。我這次前來所抱的心情就如同當前不幸的處境，準備面對友善的款待或是龍顏的震怒。我會樂於接受陛下親切的修好，即使你要暴跳如雷我也會安之若素。我可以列舉我的同胞作證人，看我是如何對待波斯；你也可以利用這個機會讓世人頌揚你的美德，總比發洩私憤讓個人感到滿足要好得多。如果你赦免我等於赦免一位向你乞恩的人；要是不這樣做，你是幫希臘人的忙在除掉他們的仇敵[79]。

他也談起神明的告誡，像是他在奈柯吉尼斯家中所出現的幻象，以及多多納神讖所給他的指示，朱庇特要他到與神同名的人那裡去；現在他才知道，朱庇特所以派遣他前來，就是因為現在所見到的君主和祂都是偉大的國王。

　　阿塔澤克西茲很注意聽他說話，雖然讚許他的性格和勇氣，當時並沒有任何回應。等到私下他與親密的僚屬在一起，表示很高興能有這麼好的運道，發生這件事使他感到非常愉悅，要向他的神阿里曼紐斯(Arimanius)[80]祈禱，所有的敵人都像希臘人有同樣的用心，虐待和驅趕他們之中最勇敢的人。然後他向神明獻祭，接著大醉一場，他是如此的興奮，甚至在夜晚的睡夢之中，還聽到他快樂的

79　這種求饒的方式真是卑鄙可恥到極點，懇求者發現為了討好可以不分是非，顛倒黑白。

80　這是帶來瘟疫和災難的黑暗之神，祆教「善惡兩元論」的「惡」，稱為阿里曼(Ahriman)或阿里曼紐斯。

大叫三聲：「我得到雅典人提米斯托克利。」

29 第二天早晨召集宮廷主要的官員，再把提米斯托克利帶到國王的面前；當提米斯托克利看到兇惡的侍衛聽到他的名字，擺出不友善的神色，表現出粗魯的樣子，讓他產生大事不妙的感覺。阿塔澤克西茲坐在寶座上面，所有人員保持靜肅，提米斯托克利走向國王，經過一位名叫羅克薩尼斯（Roxanes）的千夫長，這時聽到他發出輕微的嘆息聲，一點都不動聲色的說道：「你這個狡猾得像蛇一樣的希臘人，國王的守護神好心把你帶到這裡。」然而，當他覲見再度伏俯在地，國王對他非常禮遇，很親切地與他交談，告訴他說是現在欠他200泰倫，國王宣布過誰將提米斯托克利帶來，就可以獲得豐碩的報酬，因此他接受這份獎賞是公平合理的事。同時對他做了很多的承諾，也給予多方的鼓勵，要求他就希臘有關的事務自由表達他的看法和意見。

提米斯托克利的答覆，說是男人之間的談話就像一條名貴的波斯地毯[81]，全部鋪開攤平才能展現華麗的圖案和彩色，要是折疊或捲起來，所有美好的景象都會消失不見；因此，他需要時間。國王很喜歡這個比喻，問他需要多久，他說是一年；要在這段期間學好夠用的波斯語，希望與國王直接交談不要借重通事。波斯宮廷並不抱這種想法，說是他只與君王談論希臘事務有關的題材，就感到滿足，而且那個時候大臣的升黜非常頻繁，難免引起貴族猜疑之心，說是他的談話毫無節制，對於國王產生很大的影響。其他外國人所能獲得的優待與他比起來真是瞠乎其後，國王邀請他參加在宮中或城外的宴會和娛樂，還有各種狩獵活動，把他當成自己的親信，甚至讓他去見皇后的母親，彼此還經常交談。國王還特別交代，要他學習祆教的經典和知識。

當拉斯地蒙人笛瑪拉都斯（Demaratus）來到宮廷的時候，有人奉命前來問他，無論什麼事只要能讓他感到高興，國王都會同意。他說他希望頭上戴著王冠，擺出皇家的仗儀，在民眾歡呼之下進入薩迪斯城。國王的堂弟米塞羅保斯底（Mithropaustes）用手摸他的頭，並且告訴他，沒有頭腦的人才想戴這頂冠冕，即使朱庇特把雷電交給他，也不能認為自己就是朱庇特。國王聽到大怒把他趕走，決心不願再與他有任何來往，從此對於類似的懇求抱著深痛惡絕的態度。然而提

81　這種比喻的方式非常適合東方人的胃口，看來提米斯托克利很下了一番功夫。

米斯托克利能夠安撫國王的情緒，說服他原諒笛瑪拉都斯。

　　據說在後續幾位國王統治之下，希臘人和波斯人的交往更爲密切，他們想要敦請地位很重要的希臘人前來服務，爲了促成此事就會寫信去多方鼓勵，認爲他跟提米斯托克利一樣，對他們將有偉大的貢獻。他們也提到，提米斯托克利的境況非常優渥，受到各方人士的敬重，看到在餐桌上面極其盛大的排場，轉過頭來向他的子女說道：「孩子們：我們到了欲罷不能的地步。」[82] 很多作者談到這件事，說是賜給他三個城市，馬何尼西亞、邁烏斯(Myus)和蘭普薩庫斯分別供應他所需的麵包、肉類和酒[83]；要是根據西茲庫斯(Cyzicus)的尼安昔斯和費尼阿斯的說法，還要增加兩個城市，帕利昔普西斯(Palaescepsis)負責供應衣物，帕科特(Pecrote)製造家庭所需的床鋪和家具。

30 發生一些與希臘有關的事情需要他前往海岸地區，有位波斯人名叫伊庇克西斯(Epixyes)，是上弗里基亞的總督，埋伏在那裡等著要將他殺害，爲了不要讓這件事失手，很久前就準備好一批皮西迪亞人(Pisidians)，只要提米斯托克利到達「獅頭」(Lion's-head)這個小城，停下來休息的時候，他們就會發起襲擊。提米斯托克利在中午睡覺，夢到「眾神之母」(Mother of the gods)[84] 向他託夢，說道：「提米斯托克利，不要到獅頭去，否則會落在獅口；爲了報答我給你的示警，應該讓你的女兒尼西普托勒瑪(Mnesiptolema)服侍我。」提米斯托克利大爲驚異，向女神立誓遵辦以後，離開大道繞一個彎走另外的小路，避開原來預訂打尖的客棧，就在荒郊野外過夜休息。

　　有一匹馱馬載著他的帳篷和用具，那天失足掉在河裡，他的僕人將潮濕的繡

82　參閱修昔底德《伯羅奔尼撒戰史》第1卷第138節。

83　馬格尼西亞這片國土非常富裕，每年讓提米斯托克利獲得50泰倫的歲入；鄰近的蘭普薩庫斯有東方最名貴的葡萄園，邁烏斯或邁昂(Myon)的糧食產量很大，特別是漁獲更爲豐富。東方的君主通常將行省或城市指派給寵臣，用來替代一般的年金或恩俸；有些行省國王仍舊保有稅收但是攤派特定的物品，像是某個行省供應所產的酒，另外一個行省負責食物，第三個行省支付日常的費用，第四個行省製作所需的衣物。他的一位皇后由全埃及負責供應她的服飾，如同柏拉圖所告訴我們那樣，很多行省分別負責指定的項目，像是一個製做腰帶，另一個就做頭飾，依此類推；甚至每個行省還按上生產物品的名字。

84　眾神之母是安納托利亞(Anatolia)地方的女神，羅馬人稱為西布莉或大地之母，祂的身旁通常有獅子隨伴。

帷掛起來晾乾，這時皮西迪亞人帶著刀槍趕過來，在月光下看不清楚，以為這裡就是提米斯托克利的帳篷，可以在裡面可以找到他，等他們走近將繡帷掀起，發現裡面空無一人，看守的警衛拿著武器將他們抓住。提米斯托克利逃過危險，非常感激女神賜給他的恩惠，為了紀念這個神蹟，就在馬格尼西亞蓋一座廟宇，奉獻給「眾神之母」丁迪米妮（Dindymene），他的女兒尼西普托勒瑪出家擔任女祭司。

31 等他到達薩迪斯以後，就去參觀各處的神廟，閒暇的時候討論他們的建築、裝飾和祭品的種類和數量，他在「眾神之母」的廟宇看到一尊童女的青銅像，大約有兩肘尺高，他們稱她為Hydrophorus即「供水者」；他過去擔任過那個職務，雅典輸水渠道的檢驗官，發現有人盜水或是擅自接到私人管路，就要加以處分或罰鍰。是否他在異國看到這座雕像引起思鄉之念，或是要向希臘人表示他在波斯受到重用[85]，擁有的權力在國王的領域可以通行無阻，因此他給利底亞總督寫信，請他將這尊雕像送還給雅典，這位官員看到信大怒，告訴他不妨去函給國王請求同意。提米斯托克利這時非常害怕，找門路送錢給總督的妻妾，好讓她們去平息總督的怒火；從此以後他保持謹言慎行的態度，畏懼波斯人對他起了猜忌之心。根據狄奧龐帕斯的說法，不再到亞細亞去遊歷，留在馬格尼西亞的居所過著寧靜的生活，不受任何打擾平安度過很長的時日，各界人士對他非常尊敬，能夠享用豐盛的賞賜，波斯帝國高層官員表示相當禮遇。國王這時全神貫注亞洲內部的事務，無暇顧及希臘的狀況。

等到埃及獲得雅典人的協助發生叛變[86]，希臘的戰船遠航到塞浦路斯和西里西亞（Cilicia）一帶巡邏，西蒙控制海洋的航運，使得國王把注意力轉到這方面，不僅要抵抗希臘人的進犯，還要制止希臘勢力的成長。阿塔澤克西茲徵召部隊開始進軍，任命負責的將領，派出信差到馬格尼西亞去見提米斯托克利，要他實踐諾言，接受召喚去對抗希臘人。然而這時他不再憎恨雅典人更無法激起憤怒的情緒，

---

85 出現這種狀況很可能是虛榮心作祟，從提米斯托克利平素的行為可以看出，他喜愛讚譽之辭已到是非不分的程度；或許還有其他的理由，只是蒲魯塔克尚未提到。提米斯托克利最高明的手法是將宗教運用於政治的範疇，他後來所以名氣極高，完全出於西布莉（Cybele）對他恩寵有加。他在神廟裡面見到一尊雅典人的雕像，女神同意他將這尊雕像送回雅典。雅典人出於對女神的尊敬，當然就會停止迫害祂所賜恩的提米斯托克利。

86 埃及的叛亂發生在奧林匹克80會期第2年即459B.C.。

即使參加戰爭已不能獲得指揮的榮譽和權力，就是有也難以引起他的興趣，或許在經過判斷以後，知道這是希臘人的天下，他已經無法達成目標，除了其他重要的將領，特別是西蒙曾經獲得極其卓越的軍事成就。但是最主要的原因，還是不願沾污過去的豐功偉業所獲得的榮譽。他認為處在目前進退兩難的局面，最好的辦法是立即結束自己的生命[87]。

他在向神明獻祭以後，邀請友人前來赴宴並與他們握手作別，就像流傳的故事，說他飲下牛血而亡[88]；也有其他的說法，服毒以後很快斃命。他在馬格西西亞過世享年65歲，一生中大部分時間投身政壇和從事戰爭，負責推行政務和指揮作戰的工作。國王得知他過世的原因和方式，不僅大加讚譽而且較之往日更為推崇，他的朋友和親人繼續受到仁慈和周到的照顧[89]。

32 提米斯托克利留下三個兒子：阿奇普托利斯（Archeptolis）、波琉克都斯（Poleuctus）和克利奧潘都斯（Cleophantus），全部是阿契普（Archippe）所出，她是阿洛披斯區（Alopece）的賴山德（Lysander）之女。哲學家柏拉圖提到最小的兒子，說是非常優秀的騎士，另外兩位並不出色。他還有兩位年紀較長的兒子，就是尼奧克利（Neocles）和戴奧克利（Diocles），尼奧克利在幼年時被馬所咬得病而死，戴奧克利被他的祖父收養。他有很多女兒：尼商普托勒瑪（Mnesiptolema）是第二次婚姻所生，嫁給她的異母兄弟阿奇普托利斯；伊塔利婭（Italia）嫁給開俄斯島的潘索伊德（Panthoides）；西巴瑞斯（Sybaris）許配給雅典人尼科米德。提米斯托克利過世以後，他的姪兒弗拉西克利（Phrasicles）來到馬格尼西亞，娶了他另一個女兒奈科瑪琪（Nicomache），獲得她兄長同意，答應撫養她的妹妹亞細婭（Asia），是所有子女之中最年幼的一位。

馬格尼西亞人給提米斯托克利修建一座壯觀的墓地，位置在市場的中央。雖然大家關心提米斯托克利的遺骸，安多賽德（Andocides）所敘述的狀況根本不值得

87　修昔底德與提米斯托克利是同時代的重要人物，提到他只是說：「提米斯托克利因病亡故，有些傳言說是他服毒自殺，看來他對國王的承諾已不可能兌現。」可以參閱修昔底德的《伯羅奔尼撒戰史》第1卷第10章。

88　他們殺牛獻祭，用杯子接流出的血，趁著溫熱之際飲下，因為很快凝結或變濃，按照普里尼（Pliny）的說法，產生致命的作用。

89　根據我們的意見，提米斯托克利雖然與小加圖（Cato）同樣是自戕身亡，但是更具英雄主義的色彩，有人強調「不自由，毋寧死」的信念，然而「榮譽重於生命」的理想更為崇高。

一提，他在《致友人書信集》中，說是雅典人偷挖他的墳墓，挫骨揚灰讓風吹散；他之所以要虛構這些情節，動機在於激怒寡頭政體的黨派去反對雅典的人民。菲拉克斯(Phylarchus)是一個戲劇家並非歷史學家，就像使用舞台裝置一樣，把提米斯托克利的兒子連名字都叫成尼奧克利(Neocles)和笛摩波里斯(Demopolis)，也不過使得整個情節引起大家的興趣和同情罷了。從阿爾息穆斯(Alcimus)海岬[90]伸出一個像手肘的陸地，形成派里猶斯的港口，繞過海角裡面就是平靜的海灣。

宇宙學家戴奧多魯斯(Diodorus)在他的作品《論墓地》(On Tombs)提到，靠近派里猶斯港口有很大一個磚砌的物體，上面就是提米斯托克利的墳墓[91]，形狀像一個祭壇。雖然他這種說法純屬臆測之辭，柏拉圖這位喜劇作家肯定其言不虛，非但相信還在詩篇裡面描述：

> 墳墓在海岸上方美好的位置，
> 商賈仍舊前往聖地請求神示；
> 他們不斷的進出還來來去去，
> 看到成隊的戰船在海面奔馳。

提米斯托克利在馬格尼西亞的親屬，直到今天仍舊享受到榮譽和特權。雅典另外還有一位提米斯托克利，提到他的名字同樣使我感到愉悅，在哲學家阿蒙紐斯(Ammonius)[92]的學園裡面，他是我最親密的知交好友。

---

90 謬休斯將這個地名更正為阿利穆斯(Alimus)；阿提卡地區找不到一個叫做阿爾息穆斯的地點，只有在派里猶斯港東邊有個區，名叫阿爾息穆斯。

91 修昔底德提到，提米斯托克利曾經交代，要把他的遺骸暗地運回阿提卡，找一個地方安葬；鮑薩尼阿斯同意狄奧多魯斯(Theodorus)的說法，雅典人很後悔覺得虧待這位偉大的人物，為了推崇他就將他的墳墓建在派里猶斯。當然，這個道理說不通，提米斯托克利被指控叛逆賣國，受到同胞的放逐和拉斯地蒙人的迫害，他無法對雅典下手實施報復，也不可能在波斯國王的宮廷裡安身立命，只有走上絕路；生前是天涯亡命之客，更不會想到死後在故土享受煙火。

92 阿摩紐斯是柏拉圖學派哲學家，對蒲魯塔克影響最大的老師，他在作品裡面經常提到這位導師的名字。

第二章
卡米拉斯（Camillus）

4-5世紀B.C.，羅馬將領和政治家，曾經五次出任笛克推多，
擊敗高盧人入侵，奠定向外擴張的基礎。

1 談起福流斯·卡米拉斯(Furius Camillus)很多膾炙人口的事蹟，最爲特殊和罕見之處，在於經常擁有軍隊的最高指揮權，作戰獲得最偉大的勝利，五次當選爲笛克推多[1]，舉行四次凱旋式，譽爲羅馬建城以來名列第二的奠基者，然而卻從來沒有出任執政官。產生這種現象的原因在於共和國當時的政治環境和態勢：人民和元老院發生衝突[2]，拒絕選出執政官，行政權力的運用交給軍事護民官。實際上他們擁有執政官全部的職權，因爲分擔責任的人數增加，認爲執行時不會出現更大的偏差，引起人民的反感；把政府事務託付在六個人手裡，對於反對寡頭政體的人士而言，總比兩個人分擔更能滿足他們的要求。

這是卡米拉斯處於事業和聲望最高峰的時期，所要面對的狀況；雖然當時市民大會還是經常辦理執政官選舉，他卻不願違背民意去爭取這個殊榮。他曾經擔任很多性質不同的行政職位，一直都很檢點知道潔身自愛。即使自己能夠獨攬大權，還是願意與人分享，那是出於他的個性謙和，任何指揮的作爲都能考慮別人的處境；縱然有同僚分勞分憂，榮譽全部落在他的身上，完全在於他的能力和智

1　羅馬共和政體的笛克推多制度，是一個負責處理危機的職位，基於緊急狀況或特定需要，由元老院推派，有權召集「百人連大會」，選舉下任執政官，即使平民護民官也不能對笛克推多行使否決權，任期通常是六個月。

2　土地分配的問題長久以來經常引起爭論，人民一直堅持平等的原則，每個市民有同樣大小的田地。元老院舉行會議對有關的法案加以阻撓，最後阿庇斯·克勞狄斯(Appius Claudius)提出動議，護民官的人數應該增加，對於這個職位所帶來的動亂，是一種補救措施，獲得同意付諸實行。平民對這種做法表示失望，選出軍事護民官來取代執政官，有時候這些護民官都是平民。

慧，所以從無任何人敢挑戰他居於首輔的位置。

2 福流斯家族(Furii)[3] 在那個時代還沒有什麼名氣。他完全靠著自己的作為，服務於波斯吐繆斯‧圖帕蒂斯(Postumius Tubertis)這位笛克推多的麾下，在與伊奎人(Aequians)和弗爾西人(Volscians)[4] 進行重大會戰之中，爲家族帶來莫大的榮譽。他在作戰的時候，鞭策坐騎從本軍的隊列中衝殺出去，大腿受到重創還是負傷不退，拔出插進肉裡的標槍繼續攻擊，把敵人打得大敗而逃[5]。英勇的行爲和其他重大的表現，元老院授與他監察官[6]的職務，在那個時代不僅地位崇高而且很有權威[7]。他在擔任這個職位的時候，根據記錄知道他的作爲深受人們的讚許。戰爭的傷亡使很多婦女成爲寡婦，他認爲獨身男子有義務要娶這些失去丈夫的女子爲妻，除了大力呼籲之外，對於拒不從命的人要科以罰金。他另外提出一個極其必要的法案，因爲孤兒的人數增加，扶養的家庭可以免稅，經常發生戰爭需要更多的經費來維持他們的生活。不過，維愛的圍攻對城邦產生很大的影響和壓力。有人把那裡的居民稱爲維塔尼人(Veientani)。

維愛是托斯坎尼地區名列榜首的城市，無論軍備的狀況和兵員的數量，都不遜於羅馬，對於擁有的財富、奢華的生活和文雅的舉止感到自傲，長久以來與羅馬人在榮譽和權力方面爭強鬥勝，互不相讓。維愛人在吃過幾次敗仗，國力日衰以後，放棄野心勃勃的企圖，用高壘深壕的工事來加強守備的力量，城市儲存各

3　弗流斯是族姓，卡米拉斯是他在兒童時期使用的綽號，來自廟宇裡神祇的名字，卡米拉斯是第一個用綽號當作家姓的人。

4　伊奎人和弗爾西人都是伊特拉斯坎地區的居民，因他們所居的城市而得名，這兩個城市位於羅馬的西北方，距離都在100公里之內。

5　這件事發生在羅馬建城324年即430B.C.，卡米拉斯大約是14或15歲（根據羅馬建城389年約80歲推算），一般而言，羅馬青年服兵役是在17歲以後，雖然蒲魯塔克說他作戰英勇，羅馬人不會將監察官這個職位授與這樣年輕的人。事實上，卡米拉斯要到羅馬建城353年才成為監察官，那時他已經有45歲。

6　監察官是共和國最尊貴的職位，名額有兩位由「百人連」大會選出，任期五年，沒有擔任過執政官者不得出任，主要職責為審查元老院議員的資格，核定市民在「百人連大會」裡的階級和市民大會中的區部。

7　共和國時期監察官的職責繁重而且權勢極大，可以將元老院議員逐出會場，剝奪騎士的資格，取消平民在市民大會投票的權利。後來的皇帝擁有這些職權，過分的浮濫以至於喪失尊貴的名望，甚至有些皇帝不再使用這個頭銜。蒲魯塔克提到卡米拉斯出任監察官的時候，要求獨身男子娶在戰爭中喪失丈夫的寡婦，這僅是他的一項職權而已。

種攻擊和防禦性武器，以及大量糧食和各類用品。他們樂於忍受曠日持久的攻城作戰，會給圍攻的軍隊帶來更多的艱辛和困苦。很久以來羅馬人習慣在夏季進行軍事行動，冬季返家休養生息。現在護民官首次下令要他們在敵人國境修建城堡，營地四周增加堅固的工事，使得冬天也和夏天一樣繼續作戰。

戰爭進行到第七個年頭即將過去，將領開始受到指責，人們認為他們在圍攻作戰中，行動過於緩慢而且缺乏英勇的表現[8]，應予罷黜要另外選人接替，其中就有卡米拉斯，他是第二度出任軍事護民官[9]。他不再從事攻城的工作，經過抽籤決定他的任務，要對卡皮人（Capenates）和法利斯坎人（Faliscans）發起戰爭，這些城市趁羅馬自顧不暇的有利態勢，開始侵入他們的國土到處掠奪，在整個托斯坎戰爭時期，都給羅馬人帶來很大的困擾。卡米拉斯對他們發起突擊，殺死對方很多人員，遭受重大損失以後只有關上城門，不敢再出來活動。

3 現在正當激戰之際，阿爾班（Alban）湖[10]出現很奇特的現象，無法從自然界獲得合理的說明和解釋，傳播的流言像是不可思議的怪事，引起大家的驚惶和恐懼。在夏末秋初之際，從天候的狀況來看沒有降雨，更沒有颳南風帶來的水氣，意大利的水資源豐富，雖然有很多的湖泊、溪流和泉水，部分都已完全乾涸，有的只剩下涓涓細流，所有的河川水位低到成為無法通航的淺溪。

阿爾班湖雖然積水區很小，完全靠降雨自行供應，四周被林木茂密的山脈所圍繞，除非是超自然的原因，否則沒有任何理由，說是湖水正在高漲，而且非常明顯，上升到山腳到達前所未有的高度，水面平靜沒有發現掀起浪濤和湖水攪動的痕跡。最早是牧人發現狀況不對，原來像一道巨大堤壩的地面，把降落在低地的雨水攔住成為湖泊，在積水的重量和壓力下突然破裂，一條洶湧翻騰的溪流沖

8　那一年選出的六位軍事護民官當中，只有盧契烏斯・弗吉紐斯（Lucius Virginius）和馬可斯・色吉烏斯（Marcus Sergius），派往維愛發起圍攻作戰。色吉烏斯指揮主力的攻擊，弗吉紐斯負責圍困和封鎖，就在他們的部隊區分任務以後，法利斯坎人和卡皮人攻打色吉烏斯的部隊，同時被圍的守軍出兵對他進行夾擊。在色吉烏斯指揮下的羅馬人，要對付赫特魯里亞（Hetruria）地區實力龐大的軍隊，喪失作戰的勇氣不願固守陣地，本來弗吉紐斯可以前去解救同僚面臨的危險，色吉烏斯過於自負不願派人前去求援，以至於羅馬人的傷亡極其慘重。

9　這一年是羅馬建城357年即397B.C.。

10　阿爾班湖位於羅馬的東南方約20餘公里，面積不是很大，四周山巒起伏；維愛在羅馬的西北約20公里，隔著台伯河遙遙相對，要說這個湖與維愛的興衰發生關係，看來沒有什麼道理。

過耕種的田園，將所有的農作物全部帶到海中，不僅使羅馬人膽顫心驚，就是全意大利所有的居民都有大禍臨頭之感。在圍攻維愛人的營地中，這件事成為談話的主題，到後來連被圍的城市全都知道。

4 長期圍攻普遍出現的狀況，就是攻防兩方經常相見和交談，有一個羅馬士兵獲得機會，認識城裡一個人也贏得他的信任，這個人精通古代的預言和神諭，尤其對占卜術享有盛名。羅馬士兵發覺阿爾班湖發生問題，使這個人感到極其滿意，因而嘲笑他們的圍城作戰；這位士兵告訴他，最近羅馬不僅發生這件怪事，還有其他比這個更為奇特的狀況降臨在羅馬人身上，如果到時公眾蒙受災難，請他要讓自己的利益不要受到損害。這個人聽到這個建議表示同意，就出來找他想要知道更多的秘密，羅馬士兵繼續與他談話，在不知不覺中離開城門有段距離，因為身體比他強壯就在途中把他緊緊抓住，從營地跑出幾位同伴的協助之下，將他押送到指揮官的面前。這個人只有答應他們提出的要求，知道命定的事情難以違背，就將關係到城市命運極其秘密的神讖洩漏給羅馬人：現在阿爾班湖潰堤，出現新的出路；除非能使河水回到原來的河道，讓它轉向不要從這裡出海，否則維愛城就不會讓羅馬人奪走[11]。

元老院聽到這個徵兆感到滿意，決定派人到德爾斐請求神明給予指示，他們選出三個地位崇高的知名之士擔任使者，就是黎西紐斯·科蘇斯（Licinius Cossus）、華勒流斯·波蒂都斯（Valerius Potitus）和費比烏斯·安布斯都斯（Fabius Ambustus）；經求海路前往向阿波羅獻祭，獲得的回答倒是與這件事無關：他們在拉丁人的祭典中忽略一些應有的儀式[12]。神讖對於阿爾班湖的水還是有明確的指示，一定要遵照辦理。那就是盡可能不讓湖水流入大海，保存在古老的湖區範圍之內；如果無法辦到，那麼他們應該挖壕溝和渠道，將水導引到低窪的地方，靠自然蒸發讓水乾掉；這個指示送到以後，祭司立即安排祭品向神明獻祭，人民開始挖掘水渠改變湖水的流向[13]。

11　按照李維的記載，這個預言是「阿爾班湖的湖水流乾，維愛才會失陷。」
12　拉丁人的祭典是「傲慢者」昆塔所制定，由羅馬人主持，所有的拉丁城市派人參加，宰殺一頭牡牛向朱庇特天神獻祭。
13　這個奇特的工程到今天還存在，阿爾班湖的湖水從人工的渠道裡流出去。

5 戰爭進入第10個年頭[14]，元老院開革所有的指揮官，將笛克推多的職位授與卡米拉斯，他選擇高乃留斯‧西庇阿(Cornelius Scipio)為騎兵將領。首先向神明獻祭宣誓，要是戰爭獲得所望的結局，他會舉辦規模盛大的賽會表示敬意[15]，奉獻一座廟宇給馬圖塔(Matuta)女神[16]，這位神祇羅馬人稱為「眾神之母」，有人認為祂就是琉柯色(Leucothea)，這從常見的儀式中可以看出來。那就是將一位女奴送進廟宇的秘室[17]，在那裡用掌摑她的臉孔，再將她趕出來；這時他們應該抱著兄弟的孩子，絕不能將自己的孩子抱在懷裡[18]；一般而言，舉行這個儀式是要提醒大家，酒神巴克斯是英諾(Ino)一手撫養長大，她的丈夫所娶的侍妾才是引起災禍的根源。

卡米拉斯在宣誓以後，率領軍隊進入法利斯坎人的國度，在一場重大的會戰中擊敗他們和卡皮人的聯軍，然後再回師圍攻維愛。他知道正面攻擊不僅困難而且危險，發現城市四周的土質鬆軟，決定從地下挖掘坑道，整個工程到達的深度要使敵人無法察知，等到進度順利能夠如他所願，展開陣式對敵人發起攻擊，將守軍全部吸引到城牆上面，這時他們在地下的坑道已經挖到堡壘的下方，敵人還是沒有發覺，這個堡壘靠近朱諾神廟，這裡是城市最重要和最神聖的地方。據說托斯坎的君王這個時刻正在獻祭，祭司在檢查供犧牲的動物所取出的內臟以後，就放聲大叫起來，神明將勝利賜給享用這些祭品的人。羅馬人在坑道裡面聽到這些話，立刻拆開地板，帶著嘈雜和刀劍撞擊的聲音從裡面衝出來，敵人在驚愕下四散奔逃，留下內臟拿到卡米拉斯的面前；這些情節只能看成是傳奇故事。

不過，城市經過強攻猛打被羅馬人占領以後，士兵忙著搶劫，搜刮無數的財物和戰利品，卡米拉斯從高塔上面看到這副景象，不禁流下憐憫之淚。大家向他道賀贏得偉大的勝利之際，他伸開雙手對著上天開始祈禱：

---

14 維愛戰爭第10年即羅馬建358年即396B.C.。

15 就是在麥克西穆斯大賽車場舉行的各項競技比賽。

16 馬圖塔又稱曙光女神，職司兒童的養育和成長，也是年輕人的守護神，相當於希臘的女神英諾，祂的祭典稱為瑪特拉利亞(Matralia)在6月舉行。

17 琉柯色或英諾嫉妒一位女奴，因為受到她的丈夫阿薩瑪斯(Athamas)的寵愛。

18 英諾是一位極其不幸的母親，她親眼看見丈夫殺死兒子黎克爾(Learchur)，帶著另外一個兒子墨利昔底(Melicertes)跳海；但是她是一個運氣很好的阿姨，幫她的姊妹塞默勒(Semele)撫養酒神巴克斯。

啊！全能的朱庇特，唯有你能夠裁決行爲的對錯和判定人類的是非，你知道羅馬人並不是一個不講正義原則的民族，今天的行事完全基於需要有說不出的苦衷，我們迫得要在這個城市對有罪和邪惡的敵人進行報復，然而世事的興衰和枯榮真是變化莫測，要是目前這個爲我們帶來喜樂的日子，會爲將來的災難伏下禍根，我乞求你將這個不幸從羅馬的城市和軍隊轉移開來，全部落在我的頭上，我還要懇請你盡可能使我受到最小的傷害[19]。

等到他說完這些話就轉過身去(按照羅馬人的習慣，敬神或祈禱完畢要轉向右方)，不小心的絆了一跤，使得所有在場的人感到驚異。他趕快爬起來告訴大家，說是神明已經接受他的祈禱，讓他在獲得重大的成就以後，施予薄懲以儆效尤[20]。

6 城市遭到洗劫，卡米拉斯決定履行誓言將朱諾的雕像運到羅馬，調來工匠完成準備的工作，他向女神獻祭請求祂願意接受羅馬人的祭祀，一定會感激祂願意屈尊同意在羅馬的神明之中永久的住處。他們說是這座雕像用低沉的聲音回答，已經準備好隨時可以成行。根據李維(Livy)[21]的記載，卡米拉斯在祈禱的時候曾經用手接觸到女神，再三向祂提出邀請，有些旁觀的人爲祂願意離開而痛哭失聲。那些對這項神蹟大力支持和辯護的人，認爲他們的城市獲得神明的保佑，所以好運才會站在他們這邊；然而建城之初的弱小和受人輕視，到現在建立這樣偉大的事功和權勢，必然受到神明的支持和參與，要是出現很多明顯的證據，也是無足爲怪的事。

還有其他類似性質的神奇之處，雕像一直在渾身流汗，聽到它發出呻吟的聲

---

19 根據這本傳記的希臘原文，最後這句翻譯成英文是「盡可能讓我受到最小的損害」，好像不合卡米拉斯的身分；要是按照李維在《羅馬史》的記載，卡米拉斯的禱告是：「如果老天爲了公平起見，要給我們的成功帶來不幸和災難，那麼請降臨到我的頭上，羅馬人要是逃不過，也盡可能使傷害減到最低限度。」這種說法才符合他的英雄氣概。

20 李維告訴我們，卡米拉斯絆了一跤就是他以後受到定罪和放逐的預兆，當然，這些都是揣測之辭。參閱李維《羅馬史》第5卷第22節。

21 李維(Titus Livius, 59B.C.-17A.D.)是羅馬最負盛名的編年史家，所寫《羅馬史》記述從建城到9B.C.的重大事蹟，共有142卷之多，現存第1-10卷(包括的期間自建城到293B.C.)及第21-45卷(包括的期間自218-167B.C.)。

音，它會轉過身去閉上眼睛，古代的史家對此都有文字的記載。就是當前這個時代也常聽人說起各種形形色色的奇特事件，不容我們完全否認。我們對事物過於輕信或完全不信，同樣會帶來危險，這也是人類的弱點所在；總之，萬事要保持理性，聽從心靈的主宰。我們不能沉溺於迷信之中，然而對宗教也不能輕視和忽略。最好的辦法是保持平常心，對任何事物不要趨向極端。

7 維愛這個城市是羅馬的敵手，在經過10年的圍攻之後，終於被卡米拉斯征服，不知他是否因為建立偉大的成就而傲慢狂妄；或是受到眾人的祝賀和奉承，自認比起政府和司法的官員更有權勢而得意忘形。還有就是他在凱旋式之中，表現出驕縱自大的心態，竟然站在四匹白馬拖曳的戰車上面進入羅馬，這是前所未有之事，以後也不會有任何一位將領敢如此逾越；實在說，這種車駕的方式非常神聖，可以凸顯使用者的特殊身分，只適合一國之尊的君王或是眾神之父的朱庇特[22]。他的市民同胞還不習慣這種排場和表演，一意孤行的結果只會產生離心離德的作用。

第二件使大家憤憤不平的事，是他對城市的劃分違反相關的法律。護民官提出一個動議，要把市民大會和元老院劃分為兩個部分，一部分留在羅馬，另外一部分抽籤決定以後，搬遷到新占領的城市。這樣一來他們不僅擁有更為廣闊的空間，而且從兩個大城所獲得的利益，能夠維護生存的疆域和未來的發展於不墜。數量眾多而且生活貧苦的人民更是極力贊同，一直聚集在市民廣場，大聲喧囂要求付諸表決。元老院和出身貴族的市民，經過判斷認為護民官的法律程序，不是單純將一部分人和權力劃分出去，而是給羅馬帶來毀滅的後果[23]；因此他們深表反對，前來拜見卡米拉斯請求給予幫助。卡米拉斯害怕發生直接的衝突，經過私下運作使人民無暇專注，整個事件無疾而終。他付出的代價是喪失民意的擁護。

真正令人不滿和引起抗爭的主要原因，在於上繳十分之一的戰利品；群眾所以反對，並不是說這個案件有不公正的地方，而且他能舉出相當的理由自認沒有錯誤。這件事的起源好像是他在進行圍攻維愛之前，對阿波羅立下誓言，要是他

22　卡米拉斯好像在凱旋式中用朱砂將面孔塗成紅色；神明的雕像經常用色彩來化粧，好顯出威嚴的神情。

23　他們擔心這兩個城市到後來會變成兩個城邦，就會引起相互毀滅的戰爭，讓他們的敵人坐收漁人之利。

能夠奪取城市，就將十分之一戰利品奉獻給神明，感謝祂所賜給的恩典。等到占領城市開始大肆劫掠，一方面是他不願制止士兵圖利自己的犯行，另一方面可能在匆忙的狀況下忘記立下的誓言，任憑他們分享掠奪所得的戰利品。過了相當時間以後，等到笛克推多的職權到期消失，他把出征的事務對元老院提出報告，祭司宣布沒有奉獻擄獲的戰利品，引起神明的憤怒，爲了贖罪需要補足所需的項目，元老院頒布敕令履行應盡的義務。

8 要讓每個人把到手的東西交出來，重新加以分配，這件事怎麼說都難以措辭，何況還規定每個人都要發誓，會把獲利的十分之一交給公家；類似的處理方式對士兵帶來很多的煩惱和困難，他們都是貧苦的窮人，過去在戰爭中忍受多年的艱辛勞累，即使獲得的戰利品都已花費殆盡，現在還被迫得償還這麼大的數額。卡米拉斯面臨他們的喧囂和動亂所帶來的威脅，現在需要一個講得通的藉口。他卻提出理由最不充分的辯白，承認忘掉對阿波羅立下的誓言。這樣一來，使得大家更是抱怨不已，說他過去發誓要把得自敵人的財物呈獻十分之一，現在變成徵收市民的家產來抵數。雖然如此，每個人還是繳納規定的數額，元老院下令用這筆錢製成一隻金碗，送到德爾斐的阿波羅神廟。這時城市的黃金非常欠缺，官員想很多辦法都收效不大，羅馬的婦女聚會商議，願意提供她們的金飾，爲製造祭品盡最大努力，後來用掉重達8泰倫的黃金[24]。元老院在感動之餘授與婦女應得的尊榮，規定她們採用如同男子的喪葬儀式，可以發表葬禮演說，根據過去的習俗，沒有一個婦女具備資格在死後接受公眾的頌辭[25]。

當局選出三個最高貴的市民組成代表團，派給他們一艘作戰的船隻，配備充足的人員和華麗的裝飾。提到這段行程，無論狂暴或平靜的海洋是同樣的危險，過去從未經驗到像現在那樣瀕臨毀滅的邊緣，根本沒有期望能逃過險惡的劫數。他們在快要接近伊奧盧斯(Aeolus)島的時候，海面的風變得軟弱無力，黎帕里亞

---

24 泰倫作爲重量單位相當於56磅11盎司，作爲貨幣單位等於6000德拉克馬銀幣；這裡應該是指重量，8泰倫黃金重達450磅。

25 羅馬的貴夫人把值錢的金飾捐出來，也不僅只這一次，後來爲了滿足高盧人的條件，她們也是盡其所有奉獻一切；所以才讓她們在喪禮中獲得當眾頌揚的殊榮。現在她們獲得的特權，除了不能在賽車場出賽和主持祭典以外，最喜歡的就是駕著馬車，在街道上疾馳而過。

(Lipareans)[26] 戰船把他們當成海盜，從後面趕了過來，他們像懇求者高舉雙手，雖然沒有受到暴力的凌虐，卻被對方奪取船隻拖著前進，帶到附近的港口，把所有的物品和人員當作合法的獎賞，全部公開出售，這種行為與海盜毫無差別。

最後，托天之福遇到一個名叫泰瑪西修斯(Timasitheus)的貴人，他不僅德行高潔而且家財萬貫，憑著將領的職位，費盡口舌和力氣總算讓這些羅馬人獲得釋放。他派出屬下的船隻並親自陪同，協助他們完成這趟朝聖之旅。後來他在羅馬接受賜予的榮譽，實在是當之無愧。

9 現在護民官為了將羅馬的人民派遣到維愛，再度提出議案，所幸與法利斯坎人的戰爭爆發，使得主要的市民獲得授權，可以自由選擇他們所賞識的官員，指派卡米拉斯和五位同僚擔任軍事護民官[27]，然而事態的發展需要一位具有權威和聲望的指揮官，作戰經驗當然更為重要。等到市民大會批准所推舉的人選，他率領軍隊進入法利斯坎人地區，開始圍攻法勒瑞(Falerii)[28]。這個城市有堅強的防禦工事，所有戰爭需要的物品存量非常充裕。雖然卡米拉斯知道要占領這座城市，絕非一件容易達成的工作，也不是短期內可以奏功。然而他還是願意藉此機會對市民多加訓練，保持他們長時期離開家園，免得他們在城裡無所事事，更不讓他們有空閒時間追隨護民官，從事黨派傾軋和聚眾動亂的勾當。實在說，對於羅馬人這是最好的治療方法，卡米拉斯就像一位名醫，想要矯正共和國惡劣的習氣。

10 法勒瑞人(Falerians)對於城市的實力很有信心，無論在那方面都有堅固的工事，所以他們把圍攻作戰根本不當一回事，除了在城牆上面擔任守備工作的人員，其他人還是跟平時一樣，穿著日常服裝在街頭散步，兒童照樣上學，在老師的率領下到城牆四周去遊戲和運動，法勒瑞人就像希臘人，通常由一位老師教導很多學生，希望他們的子女從開始就過團體生活，在身教言教的氣氛下成長。這位教師要出賣法勒瑞人拿他們的子女當工具，每天領著這些小

26　黎帕里亞是伊里利孔一個地區，用來命名當地所建造的戰船，後來廣泛為希臘人和羅馬人所採用。

27　這一年是羅馬建城361年，卡米拉斯第三次擔任軍事護民官。

28　法勒瑞是位於伊特拉斯坎地區的聚落或城市，這個地點在羅馬的北方約50公里。

孩到城外去，開始是近處，等到運動以後再帶他們回家；慢慢走得更遠一點，等到習慣以後膽子愈來愈大，好像不會有任何危險發生。

最後，他把這些學生集合起來，將他們帶到羅馬人的前哨，就把這些小孩交出來，並且要求帶他去見卡米拉斯。等他來到卡米拉斯的前面，站在這些小孩的中間，說他是他們的監護人和老師，爲了獲得羅馬人的好感情願放棄應盡的職責，現在他把所負責的兒童交出來，等於是讓卡米拉斯獲得整個城市。卡米拉斯聽到他所說的話，對於這種賣城求榮的行爲感到大爲驚異，轉過頭來向旁邊的人說道：

> 戰爭隨伴著罪惡和暴力，那是不爭的事實；不過，有些律法所有的正人君子都應遵守，即使戰爭本身也不例外；勝利不是這麼重要的目標，竟然誘使我們放棄道義的責任，去從事極其污穢和邪惡的行爲。一個偉大的將領征服敵人，要靠自己的美德而不是別人的惡行。

他說完以後，命令扈從校尉將這個人的衣服剝去，把他的手綁在後面，將木棍和鞭子交給這些兒童，讓他們懲罰這位叛賊並將他們送回去。

就在這個時候，法勒瑞人發現教師的出賣行爲，整個城市爲這場災難陷入悲悼和哭號之中，出事家庭的男子和婦女像是發狂一樣，在城牆和城門四周跑來跑去。等他們看到這些兒童回來，一路上在鞭打赤裸上身雙手被綁的老師，不禁把卡米拉斯稱爲他們的救星、他們的神祇和他們的父親。看到羅馬人的所作所爲以後，不僅是這些父母受到感動，其餘的市民莫不如是，對於卡米拉斯主持正義的風範，眞是既欽佩又敬愛。他們立即召開市民大會，決定派使者去見他，願意降服任憑處置。卡米拉斯將這些使者送到羅馬，他們被帶到元老院，當眾表達法勒瑞人的心意：羅馬人重視正義甚於勝利，使得他們獲得教誨，寧可喪失自由也願意歸順。他們自認實力並不弱於任何人，但是承認羅馬人的德行可以凌駕一切。元老院將整個事件發回卡米拉斯，根據他的判斷和命令便宜處理。卡米拉斯從法勒瑞人那裡獲得大筆金錢以後，法利斯坎整個國度得到和平，然後他率軍班師歸國。

11 士兵的期望是能夠搶劫這座城市，現在兩手空空返回羅馬，就咒罵
卡米拉斯和他在元老院的同胞，說他們是人民的敵人，帶著惡意不
讓窮人獲得任何利益和好處。後來，護民官再度提出遷移部分人民到維愛的建議[29]
要求表決，卡米拉斯公開表示反對，即使喪失民意也不畏縮，大膽抨擊那些擁護
這個建議案的人士，說服群眾不要贊同護民官的構想，整個提案投票沒有通過，
結果使得這些人更加痛恨卡米拉斯。雖然他和他的家庭遭到很大的不幸（他的兩
個兒子有一個病死），就是能引起大家的同情，也沒有稍減政敵的怨毒之心。卡
米拉斯是一個性情溫和和充滿愛心的人，對於喪子之痛到是能處之泰然，等到他
同時受到指控的時候，就關起大門，僅與家中的婦女在一起守喪。

12 盧契烏斯·阿普列烏斯(Lucius Apuleius)對他起訴，罪名是將得自托
斯坎人的戰利品據為己有，特別是青銅的城門，發現在他掠奪的物
品之中。民眾受到激怒，很明白表示要從嚴處理，絕不寬恕。因此，他將朋友、
同事和戰友找來，集合很大一群人，要求他們不要袖手旁觀，坐視他被莫須有的
指控所擊倒，任憑敵人在一旁羞辱和恥笑。他的朋友經過商討以後，對於法庭的
判決他們不知如何措手，罰鍰的部分大家願意出資負責支付。他不願意忍受這種
喪失榮譽的結果，在憤怒之下決定自我放逐，留下他的妻子和子女，很安靜的離
開家走到城門口[30]，停下來轉過身用手指著卡庇多向神明祈禱，他的意思是說自
己並未犯任何錯誤，僅僅在人民的暴力或嫉妒之下，被迫離開城市；羅馬人很快
就會後悔，全人類可以作證，他們需要幫助，一定會請卡米拉斯回來。

13 他就像阿奇里斯(Achilles)[31]一樣，在詛咒他的同胞以後開始流亡異
國；然而，在沒有出庭辯護的狀況下，被定罪要處以1萬5000阿斯(as)
的罰金，相當於希臘幣值是1500德拉克馬，阿斯是當時通用的銅幣，10阿斯等於

29　貴族反對這個法案，在市民大會付諸表決的時候，僅獲得一個區部的優勢，可以說是險勝。
　　現在這個提議受到民眾的贊同，在次日通過一敕令，每個市民遷到維愛以後授與6畝田地，
　　這裡所指的公民不僅是一個家庭的父親，還包括自由人出身的單身漢。在另一方面，人民愛
　　好自由不願受軍事的約束，所以同意選出執政官來取代軍事護民官。

30　這是他攻占法勒瑞以後，過了4年所發生的狀況。

31　參閱荷馬《伊利亞德》第1卷第407-412行。

1笛納，denarii即「十倍」之意。

　　羅馬沒有一個人認為卡米拉斯的詛咒會發生作用；雖然他的同胞對他犯下不義的行為受到惡報，我們不能說他為此感到高興，事實上他知道以後非常的憂慮苦悶。整個事件不僅極其特殊而且聳人聽聞，羅馬人竟然遭到如此重大的懲罰。這是一個災難、危險和羞辱的時代，很快落在他們的頭上無從逃避。無論是出於運道的衰微或神明的降禍，不能看成個人受到冤屈的報復行動[32]。

14 面臨災難威脅第一個徵候是監察官朱理烏斯(Julius)的死亡[33]，羅馬人認為個職位非常神聖，受到的尊敬帶有宗教的意味。第二個徵候是發生在卡米拉斯放逐之前；馬可斯・西第修斯(Marcus Caedicius)雖然不是貴族出身也沒有列名元老院階層，平素為人誠信受到敬重，他向軍事護民官提及一件很奇異的事，請他們特別注意：那是他在夜晚經過稱為「新路」的街道，聽到有人在後面大聲吩咐，轉過頭去卻沒有看到人，而且這個聲音不像是從人口裡發出：「馬可斯・西第修斯，明天一早去見軍事護民官，叫他們小心高盧人！」護民官對這件事抱著嘲笑和不以為意的態度，接著不久就是卡米拉斯的流亡。

15 高盧人是塞爾特人(Celtic)一個分支[34]，據稱是受到人口的壓力離開自己的家園，留在原地已經無法維持生計，只有到處流浪去找安身立命的所在。遷徙的行動包括數以千計全副武裝的年輕人，帶著數量龐大的婦女和兒童，他們之中部分人員向著北方的海洋前進，越過瑞菲安(Riphaean)[35] 山脈擁有歐洲極北邊陲之地；其餘人員定居在庇利牛斯(Pyrenean)山和阿爾卑斯山之間，生活相當漫長的年代，一直與塞諾尼斯人(Senones)和塞爾托里人(Celtorii)

32　這裡所指的神明是尼密西斯(Nemesis)女神，異教徒相信祂的職責是處罰世間邪惡的罪行，特別是倨傲侮慢和忘恩負義。

33　從現存的希臘原文可以看出，朱利烏斯後面這個字不是「監察官」而是「7月」，可能是出於譯者的筆誤；監察官該猶斯・朱利烏斯逝世後，指派馬可斯・高乃留斯(Marcus Cornelius)接替，後者在出任監察官遭遇不幸，因而產生一個慣例，要是有位監察官在任內被害，不僅禁止在其他場合提到他的名字，就是他的同僚也要辭職。

34　古代把西方和北方的居民，包括錫西厄在內都稱為塞爾特人。

35　瑞菲安山脈就是後來的喀爾巴阡山脈。

相鄰[36]；後來，第一次嘗到從意大利帶來的葡萄酒，他們原來就有痛飲的嗜好，現在對新得知的歡樂更是迷戀不已；於是拿起他們的武器，帶著整個家庭立即上路，行軍直接越過阿爾卑斯山[37]，去尋找出產這種水果的國土，經過比較以後，宣稱過去所住的地方都是毫無用處的荒原。

有一個名叫阿隆斯(Aruns)的托斯坎人，他最早帶葡萄酒給高盧人，就是爲了要引誘他們入侵意大利。其實這個人有高貴的家世，習性也不是一個歹徒，完全是不幸的遭遇迫使他走這條報復之路。他是一個孤兒的監護人，這個失去父母的人名叫盧庫摩(Lucumo)[38]，家庭是國內最有錢的富豪，相貌英俊更爲人所稱道。盧庫摩從小就養育在阿隆斯的家中，等到長大以後還沒有自立門戶，能夠與他們一家過著上流社會的生活。就在他要勾引監護人的妻子時，可能她已經有心要誘惑他，過了很長時間罪惡的畸戀沒有被人發覺，最後他們的激情變得既無法抑制也不可能掩飾，年輕人就將她帶走，企圖能夠公開的雙宿雙飛。丈夫費盡力氣想用法律來制裁姦夫淫婦，盧庫摩的財勢使他一再失望；因此，他離開自己的家鄉，聽到高盧人野心勃勃，前去投奔他們，好把刀兵之災帶進意大利。

16 在第一次的遠征行動中，高盧人很快占據從阿爾卑斯山延伸到兩邊海岸的地區，這片國土自古以來爲托斯坎人所擁有，所取的名字可以得到明確的證據。北海或稱亞得里亞海(Adriatic Sea)的得名來自托斯坎一個名叫亞得里亞(Adria)的城市；在另外一邊更爲直截了當，從北延伸到南都稱爲托斯坎海(Tuscan Sea)。整個地區滿布果園和葡萄園，到處是茂密的草原，都能獲得河流的灌溉，共有18個面積廣大的美麗城市，供應各種物產創造巨大的財富，居民可以過優渥和愉悅的生活。高盧人驅逐托斯坎人成爲這些城市的主人，說來都是很久以前的事。

36　塞諾尼斯人的國度包括現在的森斯(Sens)、奧沙(Auxerre)和特洛瓦(Troyes)，甚至遠到巴黎；塞爾托里人的來源不詳，很可能是名字發生訛誤所致。

37　根據李維的說法，意大利早在兩百年之前就知道高盧人，雖然他沒有提及阿隆斯的傳說。後來他還繼續告訴我們，高盧人向意大利和其他國家的遷徙行動，主要原因在於居住的地區人口繁殖過多，貝利奧維蘇斯(Beliovesus)和西哥維蘇斯(Sigovesus)兩個兄弟抽籤，決定他們進行的路線，結果貝利奧維蘇斯來到意大利，日耳曼落到西哥維蘇斯的手中。

38　盧庫摩不是這個年輕人的名字而是頭銜，他是盧庫摩尼(Lucumony)的領主，赫特魯里亞(Hetruria)劃分以後，併入公國的部分稱為盧庫摩尼。

17 高盧人現在正圍攻一個名叫克祿西姆（Clusium）的城市。克祿西姆人向羅馬求援，盼望他們能用信函或派出使者，對蠻族進行調停的工作。羅馬爲此從費比家族指派三位人員，是城邦地位崇高的知名之士。高盧人敬畏羅馬的名聲，接待他們殷勤有禮，停止正在各處城牆進行的作戰，願意舉行協商會議。等到使者提出質問，是否因爲克祿西姆人得罪高盧人，所以才進犯這個城市。高盧國王布倫努斯（Brennus）仰頭大笑回答說道：

> 克祿西姆人所以得罪我們，只是他們擁有面積廣大的疆域，僅僅耕種一小部分土地；高盧人的數量眾多而且貧窮，他們卻把我們當成外鄉的陌生人，不肯將土地讓給我們。啊，羅馬人，你們還不是一樣，過去的阿爾巴人（Albans）、非迪尼人（Fidenates）和阿迪人（Ardeates），還有最近的維愛人和卡皮人，以及人數眾多的法利斯坎人和弗爾西人，也都得罪你們。所以你們發起戰爭；要是他們還不願讓你們分享財產，就把他們的人民當成奴隸，踩躪他們的家園，摧毀他們的城市。你們的行爲不僅殘酷而且毫無誠信可言，只是遵循「弱肉強食」和「成王敗寇」的古老律法，從這些方面來看，以強凌弱也就成了自然之理。因此，當我們在圍攻的時候，不要對克祿西姆人產生惻隱之心，免得教導高盧人如法炮製，同情和憐憫那些受到你們壓迫的城邦。

羅馬使者聽到這番答覆，知道高盧人不願善了罷休，於是他們退到克祿西姆，鼓勵和慫恿居民對蠻族發起突擊，一方面可以試探敵人的實力，再則用來展顯自己的軍威。克祿西姆人列陣出擊，在城牆四周進行激戰。有位費比族人名叫奎因都斯·安布斯都斯（Quintus Ambustus），看見一位身材魁梧的高盧人位於隊列的前面，就策馬猛衝過去，這時雙方的搏鬥非常激烈，加上他身上穿的冑甲耀目，高盧人一時大意被他殺死，安布斯都斯將死者的衣甲和兵器當成戰利品。布倫努斯將他認出來，就大聲宣告，說是在神明的見證之下，這位羅馬人身爲使者，現在竟然對他從事敵意的行動，違背各民族應共同遵守的法律，沾污全人類視爲神聖之事。他停止圍城離開克祿西姆，直接揮軍前往羅馬。看來他沒有必勝的把握，不願把自己的故意冒犯，當作雙方發生爭執的藉口，他派出傳令官要求對違規的使者給予懲處，同時放慢前進的速度。

18 元老院在羅馬集會,很多人發言反對費比家族,議和祭司團基於宗教的理由做出決定,要求元老院根據事實就安布斯都斯的犯行,予以定罪和懲處,以免其他人員受到牽累。

努馬·龐皮留斯是為人最仁慈和行事最公正的國王,他所創設的議和祭司團是和平的保護者,用來裁判和決定戰爭的成因,務使符合正義的要求。

元老院將這個案件交送市民大會處理,祭司團像在元老院一樣,仍舊反對費比家族的行為,不過,群眾對宗教的權威不予理睬,反而用藐視和侮辱的態度,選出費比烏斯和其餘的兄弟出任軍事護民官[39]。高盧人聞說此事怒氣衝天,不再採取拖延的手段,盡最大可能急速前進。高盧人大軍所到之處,兵員數量的龐大和戰爭準備的完善,使人看到以後膽顫心驚,也為暴力的手段和凶狠的態度而提高警覺,他們的疆域像是已經損失一樣只有放棄,毫無疑問其他的城市也會步羅馬人的後塵。不過,到是預期的狀況相反,高盧人所到的地方並沒有造成損害,連田地的作物都沒有割取帶走,他們每經過一個城市,就在外面大叫他們是向羅馬進軍,只有羅馬人才是敵人,他們願意將其他人當作朋友。

就在蠻族趲行急進的時候,軍事護民官率領羅馬人到原野列陣準備迎戰,雖然在兵力方面並沒有居於劣勢[40](他們的步卒不少於4萬人),大部分為未經訓練的新兵,很多人過去從來沒有使用過兵器;此外,他們全部都忽略宗教所帶來的好處,沒有獲得足夠的祭品奉獻給神明,也沒有要求占卜官判定凶吉,這些都是他們處於危險時刻或會戰前夕應盡的責任。同時有幾位護民官負責指揮,當然就會引起困擾和混亂;過去遇到這種狀況,他們通常選出一位領袖,授與笛克推多的頭銜,知道在生死存亡的關頭,這是非常重要的作為,士兵在一位將領的全權指揮之下,才可以萬眾一心發揮整體的力量。還有就是這些護民官記得卡米拉斯受到放逐的處分,要是目前在指揮的時候不能縱容士兵,以後就會為自己帶來危險的下場。

在這種狀況下他們率軍離開城市,紮營在距羅馬10哩外的阿利亞(Allia)河畔,河流在這個地點不遠處注入台伯河。高盧人對他們發起攻擊,在經過一番很

---

39 這年是羅馬建城366年,有的年代記說是365年。

40 高盧人的兵力是7萬人,所以羅馬人居於劣勢,他們在列陣的時候,延伸兩翼使得中央的兵力薄弱,因而很快為敵人突破。

不光榮的抵抗以後，由於缺乏紀律和訓練，羅馬人慘遭擊潰。左翼部隊受到壓迫
很快被趕進河中，全部殲滅殆盡；右翼在震驚之下從低地退到小山的頂端，所以
損失較少，很多人逃回羅馬。其餘的部隊趁著敵人殺得疲累之餘，能夠留得性命，
夜間偷偷溜到維愛，認為羅馬已經失守，全部市民都喪生在刀劍之下。

19 這次會戰開打的時間是夏至[41]，正值月圓之夜，很久以前就在同一天
發生不幸的慘劇，費比家族有300人被托斯坎人殺害[42]。第二次的戰
爭失利和慘敗，特別使得這個日期從阿利亞河獲得Alliensis的稱呼，一直保留到
現在。

提到日期是否吉利的問題[43]，無論是承認真有其事，還是如同赫拉克萊都斯
指責赫西奧德那樣，說他不應過分強調這方面的凶吉，好像不知道自然界的每一
天完全相同，毫無分別；所以我們應該考慮其他的影響因素。但是對這個問題，
我要是提出很多相關的例證，務請不要見怪。皮奧夏人在他們的Hippodromius月
（即雅典人的Hecatombaeon月）第5天（7月5日），贏得兩次重大的勝利，一次發生
在琉克特拉（Leuctra），另一次在吉里斯都斯（Geraestus），時間是三百年前，分別
擊敗拉塔邁阿斯（Lattamyas）和帖沙利人（Thessalians）[44]，為的是要維護希臘人的
自由權利。Boedromion月第6天（9月6日），希臘人在馬拉松擊敗波斯人，此外，
這個月第3天在普拉提亞以及在邁卡里；還有第25天在阿貝拉（Arbela）[45]，莫不如
是。

雅典人在Boedromion月的月圓之日，查布瑞阿斯（Chabrias）指揮的水師在納

41　這場會戰發生在羅馬建城364年即390B.C.。

42　這天是7月16日。

43　古代羅馬的努馬曆的日子就有凶吉之分，每天都用符號加以註記。主要的符號的五種：
　　F（fastus）可行公共活動的日子；C（conitials）市民大會集會的日子；N（nefastus）不宜公共活動
　　的日子；NP（nefastus feriae publicae）公共假日；EN（endotercisus）日中可行公共活動，晨昏
　　不宜。

44　帖沙利人在拉塔邁阿斯的指揮之下敗於皮奧夏人之手，時間是在色摩匹雷之戰前不久，大約
　　在琉克特拉會戰前一百多年。這個地點的名字還是弄錯，可能是譯者粗心大意所致（照說蒲
　　魯塔克應該對皮奧夏的地名很熟悉）；要把吉里斯都斯改為西里蘇斯（Ceressus）才對，前者
　　是皮奧夏一個海岬，後者才是一個堅強的城堡。

45　331年10月1日B.C.，亞歷山大大帝在阿貝拉擊敗波斯國王大流士，這場戰事又稱高加米拉
　　（Gaugamela）會戰。

克索斯島贏得海戰的勝利；還有就是這個月第20天的薩拉密斯島海戰，在《論日期》(*On Days*)這篇隨筆中有詳盡的敘述。Thargelion月(5月)對蠻族而言是極其不利的月份，亞歷山大在格拉尼庫斯(Granicus)擊潰大流士的將領，第24天迦太基人在西西里被泰摩利昂(Timoleon)擊敗；根據埃弗魯斯(Ephorus)、凱利昔尼斯(Callisthenes)、達瑪斯底(Damastes)和菲拉克斯(Phylarchus)的記載，特洛伊在這個月的同一天被敵人攻占。從另一方面來看，Metagitnion月(8月)即皮奧夏人的Panemus月，對希臘人極為凶險，第7天的克拉隆(Cranon)會戰被安蒂佩特(Antipater)打敗，全軍覆滅；早在這個之前，奇羅尼亞(Chaeronea)會戰已敗於菲利浦(Philip)之手；就在同年同月的同一天，那些隨著阿契達穆斯(Archidamus)前往意大利的人員，被蠻族殺得一個不留。迦太基人也提到，同月第21天他們遭受極其慘痛的損失，陣亡的人員多得無法計算。

我對於伊琉西斯的神秘祭典並非一無所知，亞歷山大使得底比斯第二次遭到摧毀，從此以後，每年Boedromion月(9月)第20天視為神聖的日子，他們抬著神秘的伊阿克斯(Iacchus)[46]出巡，雅典人必須接受馬其頓派遣的守備部隊。就在同一天，羅馬人在昔庇阿(Caepio)指揮之下，被辛布里人(Cimbrians)打得喪師辱國；然而到了第二年，盧庫拉斯(Lucullus)率領的軍隊，擊敗亞美尼亞人(Armenians)和泰格拉尼斯(Tigranes)。阿塔盧斯(Attalus)國王和龐培(Pompey)都是在生日那天喪命。大家都知道，很多人在不同年份的同一天之內，都經歷到吉利和凶惡的事情。

羅馬人遭遇不幸的日子很多，此刻不過是其中的一天而已，只是在阿利亞河吃了敗仗，使得以後每年的這個月都有兩個不吉利的凶日，恐懼和迷信就像習慣一樣，會逐漸使這件事流傳得廣為人知。我在《掌故清談錄》這本書會做更詳盡的討論。

20 在這次決定性會戰以後，如果高盧人立即對潰敗的軍隊實施追擊，整個局勢毫無挽救的餘地，羅馬難逃覆亡的命運，城市所有剩餘人員都會絕滅。從戰場逃回的人員使得全城籠罩恐怖的陰影，謠言四起陷入混亂和

46　伊阿克斯原來是希臘知名度不高的神祇，後來將這個名字用來稱呼在遊行行列中的酒神巴克斯，尤其是在羅馬嚴格取締酒神崇拜以後。

不安之中。高盧人並不清楚已經獲得重大的勝利，全部縱情於當前的歡樂氣氛，舉行宴會大吃大喝，在營地分配所劫掠的戰利品。這樣一來使得城裡有部分人員，獲得足夠的時間逃到別處，也使很多人可以加強準備，預期敵人即將來攻。那些決定留在羅馬的人員，放棄城市其餘的部分，全部到達卡庇多集結，發揮投射武器和新建工事的作用，可以增強防禦的力量。他們對神聖的物品最為關切，大部分運到卡庇多存放。灶神女祭司所保管的聖火，還有一些神聖的器具，隨著她們一起逃離城市。

　　根據有些人的記載，說是女祭司的唯一職責是保持聖火的長明，這是努馬對宗教儀式的規定中，要求嚴格遵守的根本原則。火是自然界最具活力和產生運動的元素，所有世代的繁殖都來自運動，或是隨伴著運動而來；任何事物不論是那個部分，只要是失去溫暖，就會陷入呆滯和死亡，需要運用熱力的原則吸收火所帶來的動能，不論用何種方式接受所傳導的熱，立即使事物具備積極作用和消極反應的特性。努馬對自然界的性質感到好奇，經過深入的研究，他的智慧在與繆司談話以後形成一種思想，制定保持長明聖火的宗教守則，當作永恆力量的表記規範，用來激勵世間的萬事萬物。還有人提到，將持有的聖火保持燃燒的狀況，認為在所有神聖的事物之中居於首位，希臘人將它視為完成淨化作用的象徵，就像其他神聖的物品一樣，要保持在神廟最秘密的地點，除了稱為灶神女祭司的處女以外，不容許任何人看到。

　　一般人經常聽到的說法，伊涅阿斯把帶到意大利的帕拉斯（Pallas）[47] 神像，存放在安置聖火的內殿。按照其他人的說法，那是薩摩色雷斯人（Samothranian）的神像。有一個故事談起達達努斯（Dardanus）[48] 如何將這些神像帶到特洛伊，當他們興建城市的時候，舉行奉獻的儀式；等到特洛伊被敵人奪取以後，伊涅阿斯偷走這些神像，一直到他來到意大利都保持在自己手裡。那些自認知道實情的人說道，有兩個尺寸並不很大的木桶，一個桶保持開啟的狀態裡面空空如也，另外一

47　希臘的智慧女神雅典娜，羅馬人稱為密涅瓦，如果全身披掛穿上胄甲就用帕拉斯這個稱呼。

48　達達努斯在摩西（Moses）時代極富盛名，大約在1480B.C.，據說最初住在阿卡狄亞，從那裡前往薩摩色雷斯，後來他娶弗里基亞國王圖瑟（Teucer）的女兒貝提婭（Batea）或亞里斯塔（Arista）為妻，有關薩摩色雷斯的神祇，根據馬克羅庇斯（Macrobius）的說法是家神或家族守護神，被伊涅阿斯帶到意大利；哈利卡納蘇斯的戴奧尼休斯曾經提過，他在羅馬看到一個古老的廟宇，裡面祭祀兩尊神像，手裡拿著槍矛，上面刻著守護神的名字。

個桶裝滿物品並且封得很嚴密，除了最神聖的處女，沒有人能夠看到裡面的東西。還有人認為前面說的並非實情，高盧人入侵的時候，灶神女祭司將神聖的器具裝在兩個木桶裡面，埋藏在奎林努斯神廟的地下，從那時一直到現在，這個地方被稱為Barrels即「木桶」。

21 無論他們的說法如何，灶神女祭司逃離的時候，帶著最寶貴和最重要的物品，選擇的路線是沿著河流；這時有位普通的羅馬市民名叫盧契烏斯‧阿比努斯(Lucius Albinius)，隨著大家一起逃走，他把妻子、兒女和他的財物裝在一輛兩輪馬車上面，很快能夠超過大家，看到這些女祭司在路上吃力的前進，手裡抱著神聖的物品，沒有人加以援手處於非常疲累的狀況。他叫妻子和兒女下車，丟掉所有的財物，將女祭司安置在兩輪馬車上面，這樣她們才能逃到希臘人的城市[49]。阿比努斯虔誠的行為，以及在極端危險的時候表現對神明的尊敬，不應埋沒值得表揚。

至於那些侍奉其他神明的祭司以及年邁的元老院議員，還有身居執政官高位或贏得凱旋式的顯赫人物，認為逃離城市是神人不容的行為。他們穿上神聖和華麗的長袍，費比烏斯身為祭司長執行職責，大家一齊向神明祈禱[50]，願意為城邦奉獻自己的性命，就在市民廣場坐在他們的象牙椅上[51]，用這種姿勢等待大限之時的到來。

22 會戰以後第3天，布倫努斯率領軍隊出現在城市前面，看到城門大開，城牆上面沒守備的兵力，開始的時候認為有什麼陰謀鬼計，從來沒有想到羅馬已陷入絕望之境。等他發現確實如此，從科林尼(Colline)門[52]入城占領羅馬，這是建城後360年發生的事件，或許時間還要多算一點；實在說，

49　阿比努斯把灶神女祭司帶到西里(Caere)，這是赫特魯里亞地區一個城市，在那裡受到非常隆重的接待，她們在那裡停留相當長的時日，還是奉行規定的宗教儀式，後來那個城市獲得舉行祭典的權利。

50　羅馬人相信對地獄之神的自願獻祭，會給敵軍帶來混亂和困擾。

51　羅馬人通常只有最高階的官員才能坐象牙交椅，這是身分和地位的象徵，同時手裡會執著象牙的權杖。

52　科林尼門是羅馬塞爾維安城牆西北方的城門，薩拉里亞大道(Via Salaria)的起點。

要是能夠保存事件始末的正確記述[53]，很多地方還認爲沒有多大把握，那麼有關事件最後確定的日期，當然會產生年代的困難。不過，就這個災難的本身來說，被敵人占領倒是實情，有一些隱約的謠言在那時已經傳到希臘，潘達斯人赫拉克萊德（Heraclides）[54]是稍後於那個時代的人，在他的作品《論靈魂》（On the Soul）中，提到來自西方的某些報導，說是從極北之地（Hyperboreans）[55]出發的軍隊，占領一座名叫羅馬的希臘城市，它的位置靠近大海。赫拉克萊德是寫作神話故事的作者，他的文字喜歡誇大其辭，拿極北之地和大海這些用語，來修飾一個確有其事的傳聞，在我看來也是不足爲奇的事。哲學家亞里斯多德顯然聽過很正確的陳述，談到高盧人奪取城市的經過，只是他把城市的救星稱爲盧契烏斯，鑑於卡米拉斯的名字是馬可斯而非盧契烏斯，可見這種說法純屬臆測。

布倫努斯占領羅馬以後，在卡庇多四周布置堅強的警戒部隊，自己到達市民廣場，看到很多人安靜而有秩序的坐在那裡，不禁感到大吃一驚，見到他們在他來到的時候沒有站起來，甚至連面容和神色都沒有改變，一點都不畏懼也不表示關心，只是緊倚著各人自己的拐杖，安靜的坐在那裡彼此相互注視。高盧人有一陣子站在那裡，對看到的怪事感到不可思議，不敢走近他們或是去接觸他們的身體，把他們當成極其優異的人類正在聚會。有一位戰士比其餘的人更爲勇敢，拖著腳步走近馬可斯・帕皮流斯（Marcus Papirius），伸出手去輕輕摸他的下顎和長長的鬍鬚，帕皮流斯用拐杖給高盧人的頭顱施以一記重擊，這位蠻族拔出長劍將他殺死；於是展開一場殺戮，其餘人員全部被害，接著屠殺所有在路上遇到的人，開始發起洗劫房舍和搜尋財物的行動，繼續進行很多天。後來，高盧人因爲羅馬人固守卡庇多，不願屈從他們的召降，就將建築物全部燒毀夷爲平地；這樣一來產生反效果，他們的攻擊受到堅持到底的守備，高盧人遭受相當損失以後被擊退。激起他們的憤怒要毀滅整個城市，凡是落到他們手裡的人，無論男女老幼全部殺死不留活口。

---

53 根據李維的說法，那個時代的羅馬人沒有書寫的習慣，大祭司的實錄和很多文物，無論是公家或私人所有，都在城破以後被高盧人一把火燒掉。

54 赫拉克萊德就是這個時代的人，開始跟隨柏拉圖學習，後來成為亞里斯多德的門人；羅馬被高盧人占領的時候，柏拉圖大約41歲。

55 古代把北方的居民稱為「樂土之民」，就像把地中海稱為「大海」以與黑海有所區別；雖然說得不錯，赫拉克萊德是一個專寫神話傳奇的作家，事實上跟希羅多德沒有什麼不同，古代的史家無論是那個國家的人，莫不如是，道理很簡單，他們的素材除了傳聞，很難找到別的史料。

23 圍攻卡庇多延續很長一段時間，現在高盧人開始缺乏給養，必須分散兵力，部分留在原地受國王的指揮繼續包圍，其餘部隊前往各地徵收糧草，所到之處城鎮和鄉村都遭受蹂躪。他們沒有保持整體的行動，而是分爲人數不等的分遣隊和小組，作戰成功使他們深具信心，毫不在意的四處漫遊，根本沒有考慮或畏懼會發生危險。在他們的軍隊之中，有一支實力最強而又嚴守命令的隊伍，前往一個名叫阿迪(Ardea)的城市；卡米拉斯自從離開羅馬以後，就寄居在此地，不問世事過著退隱的生活。他現在已經提高警覺，所要考慮的問題，並非如何避開或逃離敵人，而是尋找機會進行報復。等他發現阿迪人的狀況，不是欠缺人力的資源而是冒險的精神，雖然他們的官員沒有經驗而且怯懦畏戰，他開始向年輕人講話，首先要灌輸他們一些信念，不要將羅馬人的災難歸功於敵人的英勇，完全是考慮不夠周詳才帶來重大的損失，竟然把指揮權交給護民官，這些人從來就沒有贏得勝利的頭銜。他指出從發生這件事可以看出氣數的重要，尤其在戰場上機運更能發揮威力。這群來自外國的野蠻侵略者，他們的征服行動就像一場烈火，結局是使所有一切都遭到破壞和毀滅，面臨生死存亡的關頭，明知會有危險還是要將他們驅逐出去。他特別提出保證，只要他們有勇氣和決心，就會把獲得勝利的機會交到他們的手裡，而且不會有一點危險。

當他發現這些年輕人贊同他的意見，就去見城市的官員和參加他們的會議，說服他們願意採取同樣的立場。他將所有能夠作戰的及齡男子集合起來，部署在城牆之內不讓敵人知曉。等到敵人接近，這時他們已經搜索四周的地區，帶來大批劫掠的物品和俘虜，行動非常的鈍重，於是在平原上面紮營，表現出粗心大意的模樣，到了夜晚開始酗酒作樂，後來整個營地寧靜下來。卡米拉斯從派出的探子獲得這些信息，就把阿迪人編成出擊的隊伍，深夜裡銜枚疾走，通過兩軍的中間地帶，到達營地的四周在工事前面停下來，然後指示他的號兵吹起攻擊的號角，所有人員發出吶喊和呼叫，使敵人感到膽顫心驚，再從四面八方衝殺進去；這時他們有的酒醉毫無知覺，或是剛從夢中驚睡行動不夠敏捷。僅有少數人從恐懼中驚醒過來，能夠排成隊形抵擋片刻，陣亡的時候手裡還拿著武器。絕大部分人員喪生在酒醉和睡夢之中，他們在驚慌之餘，來不及拿起武器就被殺死。還有很多人趁著夜暗的掩護離開營地，第二天發現他們四散逃走，或是在田野裡流竄，就用騎兵進行追擊行動，到處搜捕散兵游勇。

24 這次行動獲得的名聲很快傳遍鄰近的城市，激起年輕人從各處前來參加他的陣營，沒有人比那些從阿利亞會戰逃走的人員，更加關心這件事，還有那些留在維愛的羅馬人，他們為自己的處境不斷的悲悼哀鳴：

> 啊，老天爺，為什麼要奪走羅馬人的指揮官，現在他的行動為阿迪贏得榮譽；羅馬所養育和訓練出來一位偉大的將領，竟然就這樣的失去和離開，我們缺乏一位領袖只有困守在異地的城牆之內，坐在這裡一籌莫展，只有眼睜睜看著意大利化為一片焦土。來吧，讓我們派人去見阿迪人請他們將我們的將領送回來，或者是我們拿起武器到那裡去追隨他。現在他已經不再是被放逐的人，我們也不是市民，全部的國土一塊不剩，全都落在敵人的手裡。

他們全都同意這個建議，派人去見卡米拉斯，盼望他能負起指揮的責任。他的回答是必須接受卡庇多合法的指派，否則無法與在維愛的人員會師一起作戰。他認為留在卡庇多的官員，所作所為都是為了共和國，如果他們用元老院的名義要對他行使指揮的權力，他會服從他們的命令；即使不同意他們的做法，他也不會採取干預的行動[56]。當來人把他的答覆帶回去，大家對卡米拉斯的謙遜和器識極為欽佩。他們不知道怎樣去找一位信差，將這個消息送到卡庇多；實在說，在敵人已經占領整個城市的狀況下，要想派人進入那座堡壘，根本是不可能的事。

25 有一位名叫潘久斯‧康米紐斯(Pontius Cominius)的年輕人，雖然是普通市民出身，但是有追求榮譽的抱負，願意冒險犯難達成任務，身上沒有帶送到卡庇多的信函，以免他萬一被敵人截獲以後，知道卡米拉斯的意圖和打算。他的身上穿著一套窮人的衣服，裡面還襯著幾塊軟木，大部分的行程安排在白天，無所畏懼的趕路，來到城市的時候已經天黑，蠻族守衛橋梁使他無法過去。他於是脫下很輕便的衣服綁在頭上，把軟木墊在身體下面，游過河流進

---

56 李維提到維愛的羅馬士兵，在歸卡米拉斯節制之前，曾經要求留在卡庇多的元老院議員離開。雖然羅馬已經化為灰燼，這些勇士還是關心城邦的立法機構，實在說，每個平民都是愛國者。

入城市，根據燈光和聲音的狀況，能夠發現敵人沒有入睡，就趕快避開這些地區。最後他來到卡曼塔爾(Camental)門[57]，這裡是一片冷清極其寂靜，卡庇多山在這裡非常陡峭，到處是懸岩絕壁；雖然攀登的路線極為困難，他還是踩著岩層的凹處向上爬，在向守衛打過招呼和致意以後，就把自己的姓名告訴他們，被帶進去送到指揮官的前面，一位元老院議員很快召喚過來。他就把卡米拉斯獲得勝利的狀況告訴這些人，整個狀況他們毫無所悉，現在士兵所提的處理意見，是敦促當局批准卡米拉斯的指揮權責，所有在城市外面的市民同胞，現在只有他一個人可以倚靠。聽取事情原委和經過商議以後，元老院宣布卡米拉斯出任笛克推多，同時派潘久斯沿著原路回去。他經過敵人的區域沒有被發覺，同樣能獲得成功，把元老院的決定帶給外面的羅馬人。

26 他們全都很高興地接受這些信息。卡米拉斯在潘久斯回來以後，全部兵力已達到兩萬人，還有聯盟的部隊源源不絕地來到，他準備對敵人發起攻擊。

有幾個駐守羅馬的蠻族，在很偶然的狀況下，經過潘久斯在夜間爬上卡庇多的地點，看到附近有些地方出現腳跡和手印，那是他在抓住岩石和攀登時所留下，有些植物生長在懸岩的旁邊，發現樹木有折斷的痕跡，地面有殘留的枝葉；馬上跑去向國王報告，布倫努斯親自前來探視，當時沒有任何表示。到了夜晚，布倫努斯選出一些生活在山間的高盧人，不僅身手矯健而且善於攀登，於是向他們說道：

> 敵人向我們指出有一條路可以通到卡庇多，先前我們並不知道；現在已經有人越過這個天險，等於教導我們要這樣做不是沒有可能。任何一件大事要是功敗垂成，會給人帶來無比的羞辱；任何一個地點要是攻不進去，更不能放棄自認失敗。特別是敵人已經讓我們看到，運用這條路就可以占領目標；一個人從這裡可以輕易的爬上去，只要一個接一個的攀登，即使人數較多也不是很困難的事。不僅如此，等到很多人都克服這個障礙以後，相互之間的合作更能增強作戰的力量。每個人只要善盡責任完成任務，就會獲得最大的獎賞和最高的榮譽。

---

57 卡曼塔爾門在塞爾維安城牆的西邊，靠近台伯河正在卡庇多丘的下方。

27 等到國王講完這番話後，高盧人全都躍躍欲試，到了深夜有一群爬山高手集合起來，大家保持靜肅開始走向懸岩，依附在絕壁上面很艱辛地攀登，經過試探找出一條通路，看來沒有預期那樣困難，等到最前面的人到達山頂，然後大家依序全都爬上去。他們對幾個外堡發起襲擊，警戒哨在睡夢中被他們制伏，沒有一個人或一條狗發覺他們的行動。朱諾神廟附近養了一群神聖的鵝[58]，平時有豐盛的食物餵養它們，現在無論是穀類還是食物都極為缺乏，所以它們的處境非常惡劣。像鵝這種動物在平常的警覺性就很高，只要有一點聲音就會驚動，目前因為飢餓的關係保持在清醒和不安的狀況，立刻發現來襲的高盧人，上下不停地奔跑發出嘶啞的嘎嘎聲，使得整個營地全部驚醒。這時蠻族還在另一邊，知道已經被發覺就不再掩飾自己的企圖，在吶喊聲中衝殺過去，羅馬人盡力對付突發的緊急狀況，每個人抓起手邊的武器就去接戰，曼留斯(Manlius)曾經出任執政官的職位，不僅身強體壯而且驍勇善戰，最早在前面迎擊敵人，同時與兩位高盧人廝殺得難解難分，有一位正好舉起鋼刀要劈下去，被他用長劍斬斷右臂，接著轉過身去全力對付另外一位，被他砍傷從懸岩上面跌落摔死。接著他登上防壁，堅守在那裡拒止後續的援兵，並且將他們擊退，實在說，在開始的時候派出的人員並不多，等看到狀況不對，也就終止這個大膽的冒險行動。羅馬人倖免於這次大難，第二天早晨把負責警戒哨的隊長，連同敵人被砍下的頭顱，一起從懸岩上面拋擲下去。曼留斯的勝利獲得獎賞，實際上是榮譽重於利益，大家將一天的配給量送給他，等於每個人的禮物是半磅麵包和八分之一品脫的葡萄酒[59]。

28 從此以後，高盧人的處境隨著時間的過去愈來愈困難，缺乏糧草為了畏懼卡米拉斯不敢到四鄉去搜尋[60]，大批的屍首堆在一起沒有埋葬，以致引起疾病流行，他們居住在廢墟之中，到處是很厚的灰燼，烈日的曝曬颳起鬱悶的焚風，帶來乾熱和刺鼻的臭味，吸入肺中會摧毀健康的身體。主要原

58　從此以後鵝在羅馬受到大家的愛護，甚至由公家出錢飼養這些家禽，特別用黃金雕塑一隻鵝來紀念這件事，每年都會用异床抬著鵝，加上很多裝飾品參加遊行；羅馬人很討厭狗，每年會用白楊的樹枝削尖，對一條狗施以刺刑。

59　羅馬人現在處於圍城的狀況之下，每天的配給量當然很少，事實上，羅馬軍隊的主食是麥粒，用手磨成粉煮食，配以青菜、橄欖油和醋，很少食用肉類。

60　卡米拉斯控制整個地區以後，所有的道路配置強大的警戒部隊，對圍攻者施以反包圍。

因還是無法忍受天候和水土的改變，他們來自一個樹木青蔥和山嶺起伏的國度，在炎熱的季節獲得庇蔭和遮蓋；現在已是秋季，仍舊居住在地勢低濕和對健康極為不利的區域，除此以外，還要從事冗長而煩厭的圍攻作戰，他們頓兵在卡庇多的堅壁之下已有七個月之久。因而高盧人同樣遭到極其慘重的損失，喪命人數之多使生者來不及掩埋。

　　實在說，被圍者的狀況不見得有利，饑饉更增加艱困的壓力，聽不到卡米拉斯的信息使得士氣消沉，城市在蠻族的嚴密防守下，無法派人前去與他會面。雙方的情勢都處於極其悲慘的狀況，從外圍的哨所首先傳出談和的建議，因為他們之間有機會可以相互交換意見，後來也受到首腦人物的贊同，羅馬的護民官蘇爾庇修斯(Sulpicius)與布倫努斯談判，經過磋商雙方同意的條件，羅馬支付1000磅黃金[61]，高盧人收到以後立即離開城市和所屬的區域。協議確定以後雙方宣誓遵守，黃金全部帶出來，高盧人為了圖利自己，開始的時候在暗中使用假砝碼作弊，到後來公開將天平拉向他們那一邊，羅馬人非常氣憤提出抗議，布倫努斯表現出輕視和侮辱的態度，就把他的佩劍和皮帶解下來，丟在天平兩邊的秤盤上面，蘇爾庇修斯問他這是什麼意思，他說道：「我對被征服者所受的屈辱，難道不能表示悲哀？」以後，這句話成為眾所周知的格言。在這些羅馬人當中，有人極為憤怒要把黃金拿回去，情願再去忍受圍攻的困苦；還有很多人同意雙方的協議，對於國王的諷刺加以掩飾，忍得一時的羞辱總比全盤皆輸要好得多，基於當前的需要就是喪失榮譽也在所不惜。

29 當羅馬人彼此之間的爭議沒有解決，不知如何與高盧人進行交涉的時候，卡米拉斯率領軍隊來到城下，明瞭當前發生的狀況以後，對部隊的主力下令，擺出接戰的隊形在後面緩緩跟進，自己帶著一部選鋒向前趕路，很快就與羅馬人見面。所有人員都很尊敬地讓開路來，把他視為城邦唯一的官員，靜聽他的命令和處置。這時他從天平上面拿下黃金，交給隨護的扈從校尉，然後命令高盧人搬走他們的天平和砝碼趕快離開，告訴他們：「根據羅馬人的習慣，解救城邦靠兵器而不是黃金。」布倫努斯不禁怒氣衝天，說他不講信義違背

61　1000磅黃金照目前的價格來說，大約值3億5000萬新台幣，就那個時代而言已將羅馬的錢財搜刮殆盡。

協定，卡米拉斯答覆說，簽訂的條約違背法律的規定，沒有他的批准所有的條文無效，因為他是笛克推多，依法是唯一有同意權的官員；或許他們已經給予高盧人承諾，這種行為並沒有獲得他的授權。現在他已經來到，根據法律他擁有權力可以原諒對方的求饒，要是他們還不知悔改，可以懲治對方所犯的罪行。看到這種狀況，布倫努斯勃然大怒，馬上發生衝突，雙方拔出劍來打鬥，這間談判的大廳亂成一片，狹小的巷道和殘破的地區無法展開作戰的隊形。布倫努斯終於使自己保持冷靜，叫住他的人不要動手，雖然有少數損失，還是安然回到營地。他在夜間點起全部人馬，拔營離開城市，行軍大約8哩，在通往加貝伊(Gabii)的大道兩旁紮下營寨。等到天亮以後，卡米拉斯率軍跟進，全身披掛打扮得衣甲鮮明，他的士兵勇氣百倍信心十足。雙方發生激戰，勝負難分延續甚久，敵軍傷亡慘重終於被他擊潰，連營地都被他占領。高盧人戰敗逃走，很多人被追兵圍殲；大部分人員分散向各處奔逃，鄰近市鎮和鄉村出動人馬搜捕，幾乎被屠殺殆盡[62]。

30 羅馬的喪失很奇特，光復更是出乎意料之外，落在蠻族手中長達7個月，他們進城在7月的望日稍後不久，驅離是翌年2月的望日。卡米拉斯的功勳應該舉行凱旋式，不僅是國家的救星，根據大家的說法，他後來還保全整個城市。那些逃離在外的人員，帶著妻子兒女隨著他的車駕一齊進城，至於那些固守卡庇多的勇士，被圍在密不透風的孤城裡幾乎淪為可憐的餓殍，他們出去迎接卡米拉斯，遇到以後相互擁抱，高興得淚流滿面，雖然現在逢凶化吉，想起來真有隔世之感。侍奉神明的祭司和執事人員，將神聖的物品帶出來展示，有的是他們逃離時埋藏起來，還有一些被他們運走，現在公開表示全都安全無恙，市民看到以後至感欣慰，神祇也會再度返回羅馬。卡米拉斯向神明獻祭以後，按照宗教的規定和上天的指示，對城市進行淨化祈福的儀式。他修護尚未毀於兵燹的廟宇，又新建一座名叫「天籟」或「警音」的神殿，因為他從傳聞知道，馬可斯·西第修斯夜間在那個地點，聽到上天向他示警的聲音，預先告訴他蠻族的大軍即將兵臨城下。

---

62 這段歷史最後部分的實情如何，讓人感到懷疑倒是很有道理；蒲魯塔克因襲李維的記載，但是波利拜阿斯(Polybius)提到高盧人接受羅馬人的黃金，安全離開回到自己的國家，賈士丁(Justin)和蘇脫紐斯(Suetonius)都堅持這種說法，其至連李維都沒有否認，只是寫在《羅馬史》其他的部分，可以參閱第10卷第16節。

31 這是一件艱鉅的任務，要在這個殘破的廢墟上面，把垃圾全部清理乾淨以後，重新決定奉獻給神明的聖地。出於卡米拉斯的宗教熱誠，還有祭司團體的努力工作，最後終於完成神殿的興建。城市已經全部摧毀，民眾對於重建感到意氣消沉，特別是物質的缺乏使得進度緩慢；在目前這個時刻，過去的辛勞應該給予休養生息，不能再加上沉重的負擔，使他們耗盡精力以致灰心喪志。因此大家在不知不覺之間，將興趣再度轉向維愛，這個城市建設完備而且供應充分，使得譁眾取寵的政客大展如簧之舌，對他們的意見極力附和，讓他們傾聽煽動的演說一齊反對卡米拉斯。說他完全出於野心和自負，不讓他們前往一個接受羅馬人的城市，硬要大家住在殘破的廢墟裡面，還要把這堆燒過的遺跡再度整建起來。他不僅以唯一的首席官員和羅馬的將領自許，還要成為城市的奠基者，能與羅慕拉斯相提並論。

元老院生怕發生叛亂事件，雖然卡米拉斯有所表示，還是不願讓他在一年之內去職，通常笛克推多的任期為六個月。這段期間，他和元老院盡最大努力，用善意的態度和親切的言辭，來鼓勵和安撫民眾。他們將祖先的殿堂和墳墓指給大家看，要市民記得這些廟宇和聖地，都是羅慕拉斯、努馬和歷代國王奉獻和遺留的紀念物，妥善的保管是他們的責任。同時還提出最強烈的宗教論點，大聲疾呼反對遷移的做法，認為這不啻是身首異處的行動，要知道從卡庇多奠基開始，命中注定這個地方就是整個意大利發號施令的都城。自從戰爭結束以來，灶神處女再度點燃聖火；「我們要是離開這個屬於我們的城市，聖火的喪失和熄滅給我們帶來莫大的羞辱。難道要讓外鄉人和新來者到這裡來居住？難道要讓這裡成為放牧牛羊的荒野和草原？」

他們提出這些理由，無論是私下個人的接觸或在公眾的聚會，用說服和忠告的言辭力陳得失。至於反對的一方，他們用悲傷的語調和抗議，訴諸不幸的災難和無望的處境；他們特別提出懇求，現在雖然已經團聚，就像沉船以後的狀況，變得全身赤裸和一貧如洗，當他們還能找到一個安身立命的所在，就不必非要強制他們去整建這個殘破和毀損的城市。

32 卡米拉斯認為最好的辦法是要集思廣益，為了城邦他的發言非常的宏亮和熱誠，希望他們都能跟他一樣表態。最後，他們叫到盧契烏斯·盧克里久斯(Lucius Lucretius)的名字，根據他在元老院的地位是第一個投票

的人，卡米拉斯指示他上台舉起投票板，其餘人員隨著魚貫而上。全場一片靜肅，盧克里久斯正要開始投票，突然發生狀況，一位百夫長在日間警衛的陪同下，穿過大廳對掌旗手大聲叫道，停下把旗幟插起來，這個地點是最好的位置[63]。當他們對整個事件感到遲疑不決和焦慮難安的時候，正好及時聽到百夫長的幾句話，盧克里久斯用虔誠的態度感謝神明並且接受這個徵兆，其他人員全都很高興地表示贊同。甚至就是平民的情緒同樣產生不可思議的轉變，每個人發出歡呼的聲音同時與他的鄰人相互勉勵，大家都願意立即展開建設的工作，根本不要正常的規劃或施工的區隔，完全隨心所欲或是圖個方便就行。這些工程過於倉促草率，整個城區都是空間狹窄和設計錯誤的巷道，所有的房屋全都雜亂地擠成一堆[64]，據說不論是公家的城牆還是私人的建築，城市的重建工作在一年的期限之內完成。

卡米拉斯指派人員在極其混亂的狀況下，尋找並標定所有神聖紀念物的位置，他們在帕拉提姆四周查看，來到戰神馬爾斯的祠堂，發現跟其他建築物一樣全部被蠻族縱火燒掉。等到他們清理這個地點，運走所有破碎的磚瓦和廢棄的物品，突然發現羅慕拉斯用來占卜的手杖，埋藏在一大堆灰燼的下面，這根手杖的一頭成彎曲狀，所以稱之為lituus即「卜杖」，當他們由鳥類的飛行推算凶吉的時候，就用這根手杖指點出所經上空的區域，羅慕拉斯不僅是高明的術士而且經常使用。當羅慕拉斯在世間失蹤以後，祭司把它當作神聖的遺物，妥善保管避免受到褻瀆。等到他們發現所有的東西都已焚毀，只有這根手杖能逃過熊熊的烈火，開始對羅馬的未來懷抱美好的希望，認為這是安全和興旺的徵兆[65]。

33 現在他們解決困難好不容易獲得一點喘息的時間，又爆發一場新的戰爭。伊奎人、弗爾西人和拉丁人聯合起來進犯他們的疆域，托斯坎人圍攻蘇特瑞姆（Sutrium），這是一個與羅馬人聯盟的城市。軍事護民官負起指揮軍隊的責任，他們將營地設置在密修斯（Maecius）山附近，被拉丁人包圍得水洩

---

63 百夫長的發言代表軍方的意見，從這裡來看，軍人干政是自然之理。

64 羅馬火災之所以為禍甚烈，主要原因就是建築物的密集和雜亂，極易釀成巨大的災害，類似尼祿在位期間的大火幾乎每個世代都有發生。

65 大約在這個時候，護民官要檢舉奎因都斯·費比烏斯，說他違背萬國公認的法律，激怒高盧人把羅馬焚毀。他犯下滔天大罪，被馬久斯·魯蒂拉斯（Martius Rutilus）召喚到市民大會，就他出使的行為提出答辯。這位罪犯害怕受到最嚴厲的處罰，他的親人當眾宣布他暴斃的消息，事實上是自行了斷以免當眾受到更大的羞辱。

不通，陷入全軍覆滅的險境，派人前往羅馬求救，卡米拉斯第三度被選爲笛克推多。這一次的戰爭有兩種不同的記事，我先提那個非常奇妙的傳聞。

據說拉丁人（無論是出於杜撰或眞有其事，顯示這兩個民族在古老的年代就已發生密切的關係）派員去見羅馬人，希望能將一些有自由人身分的少女嫁給他們爲妻，當羅馬人爲此事而猶疑不決的時候（一方面是羅馬人害怕發生戰爭，因爲本身有很多問題沒有解決，遭受的損失也未恢復；另一方面是懷疑對方要求娶妻只是藉口，表面上要建立親戚和聯盟的關係，實際上是拿他們的女兒當作人質），有一個名叫圖圖拉（Tutula）的女奴[66]，也有人叫她斐洛蒂絲（Philotis），說服官員讓她和一些年輕美貌的女奴，穿上高貴處女的結婚服裝，把她們送過去，其餘的事交給她自會小心的處理。官員答應以後，盡可能多選她認爲有助於達成任務的女奴，用貴重的金飾和華麗的服裝來打扮，然後將她們送給拉丁人，這些拉丁人在離城不遠的地方紮營。到了夜晚，其他的女奴將敵人的長劍偷走，圖圖拉或斐洛蒂絲獨自來到山頂，抵達生長一棵野生無花果的地點，將一匹很厚用羊毛織成的布在她的後面拉展開來，然後對著羅馬搖動一把火炬。這是她和指揮官事先講好的信號，並沒有讓別的市民知道，所以他們從城市出發的時候才會亂哄哄吵成一團，軍官催促他們趕快前進，相互之間在呼叫著名字，發現很難保持作戰的隊形。他們還是克服壕溝和工事的障礙，敵人不是在睡覺就是沒有想到會有這種狀況，拉丁人在營地失守以後，大多數都被羅馬人所殲滅。

這件事發生在7月的初盈，所以稱爲昆蒂利斯（Quintilis），每年在這一天舉行的慶典，就是爲了紀念女奴所建立的功勞。等到了這一天，首先，是一大群人跑到城外去，他們很親密地大聲叫著該猶斯、馬可斯、盧契烏斯這些名字，就像當年他們在倉促之際出城作戰，彼此招呼能夠相互照顧一樣。其次，女奴穿著美麗的服裝到處奔跑，她們聚在一起遊戲和相互開玩笑，她們之間還會故意引起一些衝突和裝模作樣的打鬥，表示她們在激戰之中幫忙對付拉丁人。當她們用餐和吃喝的時候，坐在野生無花果樹的樹蔭下面，他們將這一天稱爲諾尼‧卡普羅尼（Nonae Caprotinae），有人認爲這個名字來自女奴在一棵野生無花果樹下搖動火炬，因爲羅馬人把這種果樹的名字叫做caprificus。

---

66 她與本書第一篇〈羅慕拉斯〉第29節那位女奴的名字完全相同，根據馬克羅庇斯的說法，有人叫她圖提拉（Tutela）。

還有其他人把這個慶典的一言一行，認爲都與羅慕拉斯的下落發生關係，因爲就在這一天，他離城以後突然消失在天昏地暗的暴風雨之中(有人的想法是這天發生日蝕)，所以把這個日期叫做諾尼·卡普羅尼，拉丁人的capra就是「一隻山羊」，而他失蹤的地點是在山羊沼澤，我們在他的傳記[67]裡也曾經提到。

34 大多數的史家對於這次戰爭贊同另一種記載，詳情有如下述：卡米拉斯第三次被選爲笛克推多，知道軍事護民官指揮的軍隊被拉丁人和弗爾西人圍困，現在所徵召的人員就兵役年齡來說，不是年事已長或是太過幼小。他率領這支部隊不讓對方發覺，走很大一個圈子繞過密修斯山，來到敵軍的背後，同時點燃很多支火把，讓人知道他已經到達；被圍的部隊看到以後士氣高昂，準備出擊參加會戰。拉丁人和弗爾西人害怕暴露在敵軍兩面夾攻之下，於是把部隊收攏用工事加以掩護，營地的兩側爲了增強防禦的力量，用巨大的樹木做成堅固的柵欄，決定等待本國派來更多的部隊，同時期望他們的盟友托斯坎人的援軍。

卡米拉斯識破對方的企圖，現在雖然他已經包圍敵人，擔心會被他們反包圍，他決定不要喪失目前的良機。等他發現敵人的防壁全用樹木建造，而且還觀察到每天早上日出的時候，會從山嶺向下颳起一陣強勁而又持久的烈風，他在準備大量易燃物質以後，天剛破曉就列隊出陣，命令一部分兵力大聲吶喊和投射箭矢，在另一面發起攻擊吸引守軍的注意；他自己到敵人營地這一邊等待機會，只要風像平日那樣颳起來就要實施火攻。當前哨戰鬥開打，太陽正從地平線上升起的時候，從山嶺吹起一陣強烈的風，他對這邊的部隊發布進攻的信號，把無數著火的材料投向敵方，充滿各處防壁的下緣，木頭柵欄和阻絕在著火以後燒得更爲激烈，被強風颳起蔓延到所有的帳篷。拉丁人事先沒有做防火的準備，現在既不能阻止更無法撲滅，當營地到處都是火焰的時候，他們被迫得退到很小的範圍之內，最後無路可逃只有落在敵人手裡，這時羅馬人在工事外嚴陣以待，除了少數人沒有喪失性命以外，大部分留在營地成爲大火的犧牲品，後來羅馬人爲了獲得戰利品，才開始撲滅這場大火。

67　還有傳說羅慕拉斯在伏爾康神廟被元老院的議員殺害，然後將屍體切成碎塊，每個人分別藏在懷裡帶走。

35 等到這裡的事情處理完畢，卡米拉斯將他的兒子盧契烏斯留在營地，看管俘虜和劫掠的戰利品，自己帶領軍隊通過敵人的地區，占領伊奎人的城市，使得弗爾西人聽命歸服，然後即進軍蘇特瑞姆。他沒有聽到蘇特瑞姆人戰敗的消息，以為他們正被托斯坎人圍攻處於危險的情況，急著趕去援救。然而，他們在糧盡援絕的狀況下，已經投降將城市交給敵人，他們在路上遇到卡米拉斯，每個人除了衣裳身無長物，領著他們的妻子兒女，在哀悼家破人亡的不幸遭遇。卡米拉斯大為感動對他們深表同情，看見他的士兵起了惻隱之心都在流淚，現在蘇特瑞姆人都在附近，全都依仗他為他們作主，於是下定決心馬上採取報復的行動。

他揣測敵人剛剛占領一個富裕和繁榮的城市，把居民全部趕走不讓他們留下一個人，在這種狀況下負責守備的單位，認為沒有人發現他們放棄職責，於是毫無戒心去享樂和休息。他的判斷果然正確無誤，不僅在進軍的途中沒有被人發現，就是他們接近城門和占領城牆，敵人也毫無動靜，根本沒有留下人來守衛，他們的部隊散開來住在房屋裡面，大家都在飲酒尋歡。不僅如此，等到最後他們發現敵人占領城市，沉醉在美酒佳餚之中無法動彈，只有少數人還能設法逃走；他們不是被殺死在屋裡，就是向征服者投降。蘇特瑞姆人的城市在一天之內易手兩次，雖然他們喪失擁有之物，得到卡米拉斯的援手，終竟還是物歸原主。

36 這些作戰行動使他能夠舉行凱旋式，比起前面兩次獲得更大的信任和榮譽；有些市民出於嫉妒的心理，把他的功勞歸於運氣和機會，根本不提他那英勇的性格和指揮的才華，然而從他最後這些獲勝作為，迫得他們要推崇他具有極其卓越的能力和精神。卡米拉斯所有的政敵當中，馬可斯‧曼留斯(Marcus Manlius)不僅地位顯赫而且羨慕他贏得的光榮。曼留斯在高盧人對卡庇多發起的夜間攻擊中大發神威，把侵入的敵人全部打下山去，因而獲得卡皮托利努斯(Capitolinus)的稱號。這個人有很大的野心，要在共和國成為首屈一指的人物，無法在元老院的推舉中勝過卡米拉斯的名聲，只能採取常見的手法去篡奪最高的權力，就是獲得民眾的支持，特別是那些欠債無力歸還的人。他在開始的時候為一些債務人辯護，利用民事案件大聲疾呼反對債權人，後來運用他的勢力去聲援另外的債務人，根本無視於法律的規定和裁決，因此在短期內受到大量貧苦民眾的擁護和支持，市民廣場造成的騷動和喧囂，使得城市這些重要的市民深

感恐懼。後來奎因久斯‧卡皮托利努斯(Quintius Capitolinus)被授與笛克推多的頭銜,大力鎮壓動亂和叛逆的行為,逮捕曼留斯關進監獄;人民立刻改換他們的服飾,這種表示絕裂的舉動[68],即使城邦發生再大的災難,從沒有出現類似的先例。元老院害怕暴亂無法收拾,下令釋放曼留斯。不過,當他獲得自由以後,並沒有改變作風,行動更加狂妄無禮,全市充滿黨派的傾軋和煽動的言論。

他們再度推舉卡米拉斯出任軍事護民官,指定一天要曼留斯就控訴的罪行提出答辯。曼留斯期望審判的場所能對起訴人造成最大障礙,最好是在可以俯視市民廣場的卡庇多,就是他在夜間與高盧人作戰的地點。他向天伸展雙手,聲淚俱下的申辯,呼籲大家記得他過去的行為,在眾目睽睽之下贏得人民的同情,法官無法可施只有讓審判延期,然而證據確鑿也不能讓他逍遙法外,只要他讓高貴的行動仍舊使人歷歷在目,法律的懲處就無能為力。卡米拉斯考慮整個情況,就將法庭設在城門外面的佩提利尼(Peteline)林地,從那裡看不到卡庇多,起訴人就指控的罪名提出證詞,所有的法官現在也記得他的罪行,表現出憤慨的神色。他的判決宣布以後帶到卡庇多,被拋下懸岩當場摔死。就在同一個地點,能夠見證他那極其光榮的戰鬥,也成為他那不幸結局的紀念物。除此以外,羅馬人把他的房屋夷為平地,建造一座祭祀摩尼塔(Moneta)女神的廟宇;同時元老院頒布敕令,今後不許貴族居住在卡庇多山[69]。

37 現在受到第六次軍事護民官的提名,卡米拉斯婉拒這份榮譽,除了他的年事已長,主要還是畏懼他人的猜忌和命運的變遷,使得一世英名付諸東流。抗拒公眾要求的藉口還是健康的狀況,他目前是多病之身。然而人民並不接受推託之辭,大家異口同聲叫道,他們並不期望他有強壯的身體,去

---

68 此處所述民眾的改變服裝和動亂,是指平民脫離運動,羅馬歷史上有三次平民脫離事件:第一次在494B.C.,因而設置護交官以保護平民的權益;第二次在449B.C.,第三次在287B.C.,確定市民大會的權力和職掌。

69 這個規定在於免得有人占領形勢險要的城堡,控制整個城市,產生登基稱帝的念頭;曼留斯被控的罪名就是覬覦君王的權力。他所遭遇的下場用來警告那些有野心的人,絕不可以趁著城市剛剛光復之際就想輕舉妄動。雖然曼留斯為400多個平民償還他們的債務;雖然他在單人決鬥中殺死30名敵人,贏得他們的胄甲當作戰利品;雖然他接受40多頂桂冠用來表彰他的榮譽;雖然他奮勇作戰使卡庇多不致淪入敵人手中,這些都無法使他獲得人民的寬恕和大赦。等他死後,羅馬發生瘟疫,說是朱庇特為他的逝世感到憤怒,因此降災懲罰羅馬人民。

服行騎兵或步卒的作戰任務，僅僅借重他的實戰經驗和用兵才能。因此逼得他只有接下指揮的責任，另外還有一位軍事護民官擔任他的同僚，立即率領部隊去接戰敵軍。這次是普里尼斯特人（Praenestines）[70]和弗爾西人作亂，軍隊的實力非常強大，入侵羅馬人的盟邦，蹂躪他們的國土。卡米拉斯指揮部隊進軍，快要接近敵人就停下來紮營，他的構想是要將會戰的時間延後，如果確有需要或是機會臨頭必須應敵，也要等他的身體復原，有足夠的精力再說。他的同僚盧契烏斯‧弗流斯，一心想要建立豐功偉業，無法抑制自己的個性，急著要與敵軍進行會戰，對於軍中的下級官員，他一再慫恿他們表現同樣的熱情。

卡米拉斯擔心別人說他出於嫉妒心理，不讓年輕人贏取功勳獲得殊榮，只有勉強同意他們出戰，他自己因為年老體衰，帶著少數隨從留在營地[71]。盧契烏斯沒有安排妥當，非常倉促發起衝鋒，結果被敵人擊潰；當卡米拉斯發現羅馬人放棄陣地向後逃走，他忍耐不住從床上一躍而起，帶著周邊的人員跑往營地的大門，制止那些潰敗後退的人潮，要他們站住抵擋衝過來的敵人。他自己堅定不退給大家樹立一個好榜樣，那些剛逃回營地的人立刻轉身回去迎戰，就是正在退卻的部隊都在他的周圍列陣，相互激勵絕不讓他們的將領受到傷害，就這樣才阻止敵軍的追擊行動。

翌日，卡米拉斯率軍排出會戰隊形，經過一番激戰他的主力獲得壓倒性勝利，在混亂之中緊追敵軍不放，趁勢奪取他們的營地，所有的守軍大部慘遭屠殺。這次會戰以後，傳來信息說是羅馬的殖民地薩特瑞孔（Satricum）被托斯坎人攻占，居民多是羅馬人死於力劍之下。軍隊的主力和重裝步兵被他遣返羅馬，率領最驍勇的輕裝步兵，對托斯坎人發起突擊；這時托斯坎人剛據有城市，很快被他制伏，殺死很多人再將餘眾驅散。

38 卡米拉斯帶著大批戰利品班師返回羅馬，證明羅馬人的智慧高人一等，即使明知卡米拉斯年長體弱，他們對他的勇氣和經驗深具信心，雖然他用生病作藉口加以婉拒，他們還是把他當成上選之材，不用極力謀求指揮

---

70 普里尼斯特是拉丁人的城市，在羅馬的東方約30公里，位於亞平寧山脈的下方，後來成為羅馬人的避暑盛地。

71 根據李維的記載，他率領的預備隊配置在高地，這是獲得會戰勝利的關鍵。

職位的年輕人。因此，等到傳來突斯庫隆人（Tusculans）叛變的消息，元老院下令給卡米拉斯要他負責敉平，可以從5位軍事護民官中選一位當他的副手，每個人都渴望謀取這個職位，出乎意料之外，他竟然摒棄其餘人員選用盧契烏斯・弗流斯；這個人最近還不聽卡米拉斯的指導，輕舉妄動所帶來的危險幾乎使會戰失敗，看來用他的目的，使他獲得帶罪立功和洗刷恥辱的機會[72]。

突斯庫隆人聽到卡米拉斯領軍前來平亂，精心安排諸般措施表現出毫無叛亂的意圖，他們的田野像平日一樣，到處都是耕種的農夫和牧人，城門大開可以自由出入，孩童照常到學校上課，各行各業的人員都在店舖裡面忙著各自的生意，地位較高的市民穿著日常服裝在公共場所散步閒逛，官員急著要為前來的羅馬軍隊準備營房，他們表現出沒有犯錯的樣子，所以根本不畏懼會有危險發生。這些伎倆還是無法讓卡米拉斯相信他們沒有犯下謀逆的罪行，然而他們的悔悟使他產生憐憫之心，於是命令他們派員前往元老院，說明一切以平息羅馬人的怒氣，他自己以調停人的身分為他們的行為加以辯護，終於使得城市贏得無罪的宣判，經過批准還能擁有羅馬市民的身分。這是他在第六次軍事護民官任內最引人注目的重大事件。

39 這些外部事件處理完畢以後，黎西紐斯・斯托洛（Licinius Stolo）在城內激起重大的動亂，帶領人民對抗元老院，極力主張兩位執政官要有一位從平民中選出，不能兩位都是貴族。護民官已經選出，執政官的選舉受到人民的妨礙和阻撓[73]，要是最高職位的官員一直無法產生，就會使得社會更為混亂。卡米拉斯第四次被元老院授與笛克推多[74]，然而違反人民的意願，使他備感

---

72 卡米拉斯選擇弗流斯的動機，與蒲魯塔克的說法並不盡然相同。弗流斯在上次的會戰中，由於指揮部隊過於莽撞吃到苦頭，卡米拉斯知道他獲得寶貴的教訓，以後在羅馬居於第一人的高位，就不會再犯類似的錯誤。

73 混亂的狀況延續五年之久，護民官一直掌握市民大會，用杯葛的行動來阻撓主要官員的選舉。出現這種情況完全是很小的意外所造成：費比烏斯・安布斯都斯將大女兒嫁給塞爾維斯・蘇爾庇修斯，一位貴族剛剛出任軍事護民官，小女兒許配給黎西紐斯・斯托洛，一位富有的平民。當年輕的妹妹拜訪姊姊的時候，蘇爾庇修斯從市民廣場回家，他的扈從校尉帶著權標把門打得砰砰作響。這位作客的妹妹聽到聲音感到害怕，姊姊笑她沒有見過世面，這樣一來使她很生氣。她的父親安慰她，勸她不要急，總有一天會在自己的家裡，讓她的姊姊驚奇得合不上嘴。

74 這年是羅馬建城388年即366B.C.。

痛苦也不符合他的立場。他毫無意圖要與那些人鬥爭，他們過去在他的麾下服務，戰場的生死與共總比他與政壇的貴族，更能建立深厚的感情。實在說，現在把他推向前台完全出於猜忌之心，如果他獲勝會使人民萬劫不復，倘若他失利會使自己粉身碎骨。

不過，他的構想是要排除當前的危險，等他知道護民官打算提出法案的日期，他發布公告指定那天實施點閱召集，通知所有人員要從市民廣場前往戰神教練場，抗命者要處以高額的罰鍰。在另一方面，護民官也對他大聲抗議和恫嚇威脅，說他要是妨礙人民行使投票的權利，處罰的金額高達1萬5000德拉克馬銀幣。不知道他是否畏懼第二次受到定罪和放逐，就他衰老的年齡和光榮的成就來說，都是致命的災難；或者他是否已經覺得無法抗拒民意的潮流，這股力量不僅強烈而且暴虐，他立即返家閉門不出，接著在稱病數日以後，還是辭去笛克推多的職位[75]。

元老院推選另外一位人士出任笛克推多，然而他卻指派斯托洛擔任騎兵將領，斯托洛是分離運動的領導人物，推動一件法案的制定和核准，那就是任何人擁有的產業不得超過500畝田地，使得貴族感到痛心疾首。斯托洛在獲勝以後聲望如日中天，過了不久以後，發現他的產業遠超過法律允許的範圍，受到懲處真是自食其果[76]。

40 選舉執政官的爭論現在還在繼續進行（這是政局不安和動盪的關鍵所在，也是元老院和市民大會形成分歧的主要原因），傳來確切的情報，高盧人離開亞得里亞海繼續前進，再度指向羅馬聲勢極為浩大。後續的報導接踵而至，行動非常明顯而且充滿敵意；所經的國土都受到蹂躪，逃走的居民無法在羅馬找到庇護，現在分散和藏匿在山嶺之中。戰爭的恐懼平息內部的動亂，貴族和平民、元老院和市民大會，一致選舉卡米拉斯第五次出任笛克推多。他現在已經年高齒尊將近80歲，然而考慮到城邦即將面對的危險和需要，不像過去那樣拿生病作藉口，或是自謙能力不足，立即負起責任開始徵召兵員。

75　卡米拉斯任職以後舉行鳥卜，藉口出現凶兆，所以辭職不幹。

76　這是7年以後的事，斯托洛為了逃避這條法令，將一千畝田地交給兒子，受到檢舉被波皮留斯・利納斯科（Popilius Laenas）處以1萬塞斯退司的罰鍰。

他知道蠻族作戰的主要武器是刀和劍，並不講究運用的方法和技術，只會猛衝上去對著對手的頭部和肩膀亂砍一氣。因此他盡量使大多數士兵裝備鐵製的頭盔，外表打磨得非常光滑，敵人的刀劍砍中以後，不是滑向一邊就是劍刃折斷；同時他將盾牌的邊緣包上青銅，要是全用木材製作無法抗拒利劍的奮力一擊。此外，他教導士兵在近接戰鬥的時候使用長矛，用來制伏敵人的刀和劍，發揮「以長剋短」的功效[77]。

41 高盧人已經逼近安尼奧(Anio)河一帶，後面還有面積很大的營地，無數的劫掠品增加他們的負擔。卡米拉斯率領軍隊出戰，配置在一個容易進出的小山上面，那裡有很多的凹地，可以將大部分人馬藏匿起來，同時盡量讓敵人認為他們畏戰，所以占領高處以掌握地形之利。為了加深高盧人的印象，就是他們出去搶劫和搜集糧草也不加以阻止，很安靜地躲在很堅固的營地裡面。卡米拉斯等到最後，發現部分敵人在四鄉大肆掠奪，留在營地的人員不分日夜都在痛飲狂歡。他在夜間將輕裝的戰士派遣出去，先要阻礙敵軍的行動，難以排成正規的作戰序列，當隊伍出發離開營地的時候，立即實施牽制性攻擊。

他在天明之前帶領主力出營，配置在低窪的地點排成會戰的隊形，兵力龐大而且士氣高昂，並不像高盧人預判那樣屈居劣勢，始終畏縮在營不敢出戰。開始發生的情況使高盧人的士氣受到打擊，敵人的作為完全出乎他們的意料，竟然採取主動成為攻擊者。其次是羅馬人的輕裝部隊，已經對高盧人發起突擊，使他們無法調動所屬的連隊，編成常用的會戰隊形和接敵行列，在一片混亂和受到壓迫之下，只有毫無章法的各自為戰。等到最後，當卡米拉斯的重裝兵團出現的時候，蠻族拔出刀劍非常英勇衝上去接戰，羅馬人用長矛與他們對陣，高盧人因而傷亡慘重；即使羅馬人受到他們的攻打，有鐵製的頭盔保護，反而使蠻族的刀劍不是

---

77 羅馬人早期的軍團作戰時成方陣配置，全部兵員約三、四千人，分為八列，前六列為重步兵，最後兩列為輕步兵，如同希臘方陣，沒有預備隊，只有少數騎兵支援。等到羅馬被高盧人焚毀後，卡米拉斯進行軍事改革，本來軍團的編成以區部為標準，現在改為按年齡分類，使每個人的能力和經驗得以充分發揮。他將軍團的主力重步兵分為三個部分，稱為青年軍、壯年軍和老年軍，仍舊保持按區部編成的輕步兵。作戰的時候，軍團形成三線大縱深的配置，青年軍在第一線，壯年軍次之，老年軍位於最後；前面兩種部隊每連為120人，老年軍為60人；每一個支隊包括每種部隊一個連，加上120名輕步兵和一個中隊的騎兵(30名)，一共450人；10個支隊組成一個軍團。

捲口就是折斷。高盧人的盾牌有的被砍碎，有的上面插著很多標槍，非常沉重無
法舞動。這樣一來迫得他們拋棄無用的刀劍和盾牌，盡量運用對手的武器，特別
是要搶奪他們的長矛。羅馬人看到敵人兩手空空沒有防身的器具，就開始用刀劍來
攻擊，不費片刻功夫將前列敵人屠殺殆盡，這時其餘人員潰敗逃走，散布在這塊平
坦的原野上面。卡米拉斯在開始要確保這些制高點，等到他有信心可以獲得勝利，
營地不留人看守全部出動追捕敵人，因為即使暫時喪失輜重，還是很容易從敵人的
手裡奪回來。

　　據說這場會戰發生的時期，是在羅馬遭到洗劫以後第13年[78]，從此以後羅馬
人深具勇氣和信心，克服內心對蠻族產生的憂慮。過去他們一直認為，敵人的失
敗在於遭到瘟疫和運氣太差，並不是自己在作戰的勇氣方面高人一等，實在說，
從前這種懼怕之心極其強烈，甚至制定一條法律：「祭司可以免除軍事服役，發
生高盧人入侵的狀況另當別論。」

　　42 這是卡米拉斯指揮之下最後一次軍事行動，至於維利特尼人
(Uelitrani)的城市自願歸順，成為附帶發生的狀況。羅馬城最嚴重的
衝突，以及最難處理的事件，仍舊在於人民不肯罷休，尤其從贏得勝利返鄉以後，
雖然違背現有的法律，還是堅持要從他們的團體中選出一位執政官。元老院表示
強烈的反對，不願卡米拉斯辭去笛克推多的職位，認為在他的名聲和權威的庇護
之下，有助於貴族政體爭取應有的權力。卡米拉斯坐在法庭裡面處理公務，護民
官派來一位官員，命令卡米拉斯站起來跟他走，他伸出手的樣子好像在抓人；出
現這種狀況，喧囂和吵雜的聲音像是從來沒有聽到過，充滿整個市民廣場，卡米
拉斯周圍的人把那位官員從法官席推下去，下面的群眾大聲叫他要把卡米拉斯帶
下來。處於這種困難的狀況下真不知道如何是好，然而他並沒有辭去現有的職
位，只有帶著元老院的議員一道進入議事廳，他在進入之前先向神明禱告，要是
這場動亂獲得圓滿的結果，他願立下莊嚴的誓言，要建造一座稱為「協和宮」
(Concord)的神殿。

　　元老院出現不同的意見發生激烈的爭論，最後還是溫和派占上風，接受市民

78　這場會戰發生的時間，是在高盧人奪取羅馬之後第23年的事。

大會的建議，兩位執政官當中一位由平民選出[79]。當笛克推多向人民宣布元老院
這項決定的時候，大家極其喜悅立刻與元老院和解再無芥蒂，好像這是理應如此
的事。大家護送卡米拉斯返家，一路上興高采烈高聲歡呼。次日再度召開市民大
會，根據卡米拉斯向神明的誓言，投票通過興建協和宮神殿，面對市民廣場成為
市民大會的會場。這個稱為「拉丁假日」[80]的節慶增加一天，一共有四天；特別
規定羅馬人在這段假期，頭上要戴著花圈參加祭典。卡米拉斯負責這次執政官的
選舉，貴族選出馬可斯‧伊米留斯(Marcus Aemilius)，平民第一位擔任執政官的
人是盧契烏斯‧色克久斯(Lucius Sextius)，這是卡米拉斯一生之中最後的重大成
就。

43 次年，羅馬瘟疫流行，除了大量平民喪生以外，很多官員跟著遭殃，
其中包括卡米拉斯在內；要是考量他的年齡以及卓越的貢獻，他的
亡故不能說是英年早逝，然而比起其餘病故的市民，大家還是感到無限的哀傷。

---

79 等到人民達成這個政治目標，恢復執政官的制度，軍事護民官的職能大幅減少，限於對外的
　作戰，數目增加到每個軍團有6位。這個時候，貴族獲得擔任法務官的特權。執政官是羅馬
　軍隊的統帥，也是主持司法審判的首長，由於經常領兵出戰，對於這方面的業務無法兼顧，
　就交由法務官來負責，使得法務官成為地位僅次於執政官的官員。羅馬建城501年，多指派
　一位法務官負責僑民和外國人的法律事務，等到西西里和薩丁尼亞成為行省，再增加兩位法
　務官，征服西班牙以後擔任這個職務的人數更多。
80 拉丁假日是朱庇特主神一年一度的祭典，在阿爾班山丘舉行，最早只有拉丁聯盟的人員可以
　參加，等到聯盟在338B.C.解散以後，祭典還是繼續流傳下去。這個大典通常由笛克推多或
　執政官親自主持。

第五篇

政略決勝者

第一章
伯里克利(Pericles)

495-429B.C.，雅典民主政體政治家和謀略家，
國勢臻於巔峰，建設雅典成為最偉大的城市。

1 凱撒(Caesar)[1] 看到羅馬一些家財萬貫的外國人，懷裡抱著小狗和猴子到處走動，當作寵物照顧得無微不至，他很自然的提出詢問，是否他們國家的婦女都不生孩子。這種帶著帝王口吻的訓斥，是在譴責那些把鍾愛和仁慈浪費在畜牲身上的人，因爲人類的天性是只能將這種感情用於同類。我們的心靈與生俱有的能力是形而上的探討和觀察，有些人無論眼之所視耳之所聽，都是毫無價值的東西，忽略美好和有益的事物，基於同樣的道理應該受到我們的數落。人類的感官對於事物的印象只能產生被動的反應，外來的景象或刺激不論有用還是無用，全都無法不予接納或注意。然而每個人對心智的運用，具備一種天生的本能，只要自己願意的話，就可以避開所有非特定的狀況，非常輕易地轉移到經過判斷認爲值得注意的事物上面。因此，對於最美好和最有價值的事物進行追求和獲得成就，應該當作每個人責無旁貸的使命。他不僅對這方面要仔細考量，還要從深思熟慮中獲得進益。人們提到適合眼睛的顏色，是指它具有鮮豔和舒適的本質，能夠刺激並加強人的視力；同樣，我們要使自己的心智帶有愉悅之感，運用於使它發揮功能和帶來裨益的事物。

這種事物就是美德的行爲，讀者也會在內心深有同感，經過激勵以後產生競爭的熱情，願意對美德的行爲加以效法。在其他的事物方面，即使稱讚和喜愛某樣東西，也不會立即產生製作或模仿的強烈欲望。不僅如此，很多時候會產生反效果；雖然我們對某些作品感到滿意，對製造的工匠或技師並不放在心上。例如，

1　大家認為這位凱撒是指奧古斯都。

我們對香膏和紫色染料非常看重，在我們的心目中，染工和香膏調製者是身分卑下微不足道的人。

我們認爲安蒂塞尼斯（Antisthenes）[2] 的講法並沒有什麼不對，有人向他提到伊斯門尼阿斯（Ismenias）是一位技藝高明的笛手。他說道：「非常可能，就因爲他是一個可憐蟲，才會成爲優秀的笛手。」

亞歷山大在一次宴會有很精采的演出，菲利浦（Philip）王用同樣的方式加以教訓：「兒子，你把樂器演奏得那麼好，難道不感到可恥嗎？」身居帝王的高位能夠找到閒暇去聽別人唱歌，已經是降尊紆貴；如果在旁人表演或比賽的時候，能夠撥冗蒞臨觀賞，也算是對掌管文藝的神明表達適當的尊敬。

2 常人忙於卑賤和瑣碎的工作，對於一無是處的事物花費很多的力氣，那就是非常明顯的證據，表示他對眞正的事業抱持疏忽和冷漠的態度。任何家世高貴和天性純樸的青年，絕不會看到比薩（Pisa）的朱庇特雕像，就想做一位菲迪阿斯（Phidias）；或是看到亞哥斯（Argos）的朱諾（Juno）神像，就想成爲另一位波利克勒都斯（Polycletus）；或是在欣賞詩人的作品以後，就自以爲可以成爲安納克里昂（Anacreon）、斐勒塔斯（Philetas）或阿契洛克斯（Archilochus）[3]。因而我們不能認定，優美的作品使人感到愉悅，製作的人士就值得欽佩；那些對於擁有者不能發揮作用或產生利益的東西，就是見到以後不能引起模仿的熱情，無法激勵我們做出類似行爲的願望。然而就美德而言，僅僅陳述這方面的行爲，就會對人類的心靈產生很大的影響，既要讚譽所作所爲的成效，也要效法貫徹實施的人員；財富的好處在於我們希望擁有和享用，美德的利益在於我們恆常實踐和篤行，我們願意從別人手裡接受前者，卻希望別人從我們身上體驗後者。德行最大的優點是具有實際的刺激作用，立即產生見賢思齊的衝動，不但見到這些榜樣會影響到我們的心靈和性格，即使是事實的記述，也可以對我們有所陶冶和教化。

因而我認爲值得花費時間和心血，寫出著名人物的傳記，在完成的第10卷作

---

2 安蒂塞尼斯是蘇格拉底的門徒，犬儒學派的創始人。

3 希臘人和羅馬人把戲劇和雕塑看成最高貴的藝術，只有他們的市民才能成爲最偉大的藝術家，所以不會用這種語氣來描述戲劇家和雕塑家。哲學家和詩人之間存在著「文人相輕」的嫉妒，從充滿哲學思潮的傳記學家看來，在柏拉圖學派的氣焰籠罩之下，詩人的作品顯得暗淡無光。

品中，包括伯里克利和費比烏斯‧麥克西穆斯(Fabius Maximus)的平生事蹟，費
比烏斯與漢尼拔曾經進行長期的戰爭。這兩個人的品德和才華非常類同，尤其是
心靈的素養、坦率的性格和爲人的態度，更是神似；最重要是能忍受同胞和同僚
頑固和執拗的脾氣，這種能力使他們兩位對國家的利益發揮極大的作用和貢獻。
至於敘述的對象是否能夠達成上述目標，留給讀者自行判斷。

3 伯里克利出身阿卡瑪蒂斯部落(Acamantis)，生於考拉古斯(Cholargus)小
鎮，無論父系或母系都是極其高貴的家世。他的父親詹第帕斯(Xanthippus)
在邁卡里(Mycale)會戰擊敗波斯國王的將領；詹第帕斯娶克萊塞尼斯(Clisthenes)
的孫女阿嘉里斯特(Agariste)爲妻，克萊塞尼斯曾經將彼昔斯特拉都斯(Pisistratus)
的兒子趕走，運用貴族的風格終止他們那種僭主式的篡奪，制定法律的體系，創
立調節良好的政府組織，增加人民的和睦與安全[4]。

他的母親在快臨盆的時候，夢到自己生下一頭獅子，過了幾天伯里克利呱呱墜
地[5]，這個小孩在各方面都長得很好，只是頭顱略長不大相稱。因爲這個緣故，差
不多所有的畫像和雕塑都戴著一頂頭盔，顯然是工匠不願將這個缺陷暴露出來[6]。
雅典的詩人將他稱爲Schinocrephalos 即「紅蔥頭」，schinos這個字就是「蔥」。有
一位喜劇詩人克拉蒂努斯(Cratinus)[7]在《契朗斯》(*Chirons*)一劇中告訴我們：

年老的克羅諾斯爲人所欺，
竟娶煽動鬧事的女皇爲妻；

4　詹第帕斯是479B.C.邁卡里會戰的雅典指揮官，他的妻子阿嘉里斯特不是克利昔尼斯
　　(Cliesthenes)的女兒，應該算是姪女；克利昔尼斯是阿爾克米昂family最知名的人物，510B.C.
　　他把彼昔斯特拉都斯的兒子希皮阿斯和希帕克斯驅出國門，後來進行一系列的政治改革，爲
　　5世紀B.C.的民主政體奠定基礎。

5　參閱希羅多德《歷史》第6卷第131節。

6　克里西拉斯(Cresilas)所保有的伯里克斯青銅像，後來翻製成很多的半身胸像，大英博物館
　　就有一尊。這些雕像都戴著頭盔，所以伯里克利的奇特頭型看不出來。後來出土的青銅里阿
　　西(Riace)像，伸長的頭顱表現出古人所說的特徵，還是戴上頭盔好看得多。

7　克拉蒂努斯是活躍在5世紀B.C.的喜劇家，也是「舊式喜劇」的領導人物，他的作品有九次
　　獲得優勝，現在僅知27齣喜劇的名稱以及若干片段，創作以抨擊時政和藉酒裝瘋知名於當
　　代。《契朗斯》是他最有名的喜劇，契朗斯和克羅諾斯(Chronos)都是劇中人物；據說伯里
　　克利的老師是契朗斯。

兩人生下舉世聞名的僭主，
神明譽為頭目而傲睨萬物。

還在另一齣《尼密西斯》（*Nemesis*）裡面，向他打招呼道：

喂！偉大的朱庇特，你是眾神之「首」。

另有一位詩人特勒克萊德（Teleclides），敘述他當時因政治問題無法解決，坐困愁城的狀況：

大頭大頭，如許悲愁，
鎮日昏沉，無以解憂。
想後思前，難以周全，
孤注一擲，全國騷然。

第三位詩人優波里斯（Eupolis）[8] 在他的喜劇《笛米》（*Demi*）裡面，對於從地獄回到陽世的民意領袖，請教一大堆問題，伯里克利是最後被點名的人物，這時詩人大聲喊道：

眾人之辭多自誇，
千言萬語一句話：
世間唯尊九頭鳥，
地獄裡面你最大。

4 他的音樂老師是戴蒙（Damon）（據說他的名字第一個音節要讀成短音），大家對這點都沒有意見；不過亞里斯多德告訴我們，伯里克利在音樂方面的成就來自彼索克萊德（Pythoclides）。戴蒙大概是位詭辯家，故意拿教授音樂

8　優波里斯是5世紀B.C.最著名的「舊式喜劇」作家，奧林匹克87會期第4年（即429B.C.）第一次贏得頭獎，他的作品現在僅有19齣知道劇名，還有大量的警語殘句存世。

作爲幌子，使民眾無法察覺他在其他方面的才華，於是他便在這種掩護之下照料伯里克利，像一位教練那樣訓練年輕的政治角力家。可是，戴蒙的七弦琴並沒有發揮應有的效用，竟被人民用貝殼放逐制判決他流放國外10年，罪名是危險的煽動者並且贊同專制政體。這樣一來使戴蒙成爲舞台上扮演的對象，像是喜劇作家柏拉圖(Plato)藉一個角色的口向他發問：

> 要是你像契朗斯一樣教過伯里克利 [9]，
> 那麼請告訴我爲什麼落到這步田地？

伯里克利受教於伊里亞學派(Eleatic)哲學家季諾(Zeno) [10] 的門下；這位大師論敘自然哲學，採行巴門尼德(Parmenides)的教授方式，他的辯論極富技巧常使對手啞口無言；正如弗留斯(Phlius)的泰蒙(Timon)有以下的描述：

> 就像季諾靠張嘴，
> 怎麼說都有道理；
> 無論對手多偉大，
> 他都能夠駁倒你。

克拉卓美尼(Clazomenae)的安納克薩哥拉斯(Anaxagoras)與伯里克利相處最久，使他養成高貴和莊重的見識，性格和意向昇華到更高的境界，拋棄譁眾取寵的低劣伎倆。當時的人將安納克薩拉斯稱爲諾斯(Nous)即「智慧」之意，就是爲了讚譽他在自然科學方面表現出極其卓越的天分，或許他是第一位哲學家，首先證明宇宙運行的原則並非基於命運或機會，也不是出於需要或強制，而是不摻雜任何物質極其純粹的智慧；能在一切混合和構建的品項中間發生作用，把不同的

9　契朗斯是半人半獸的怪物，博學多才，是希臘神話裡面很多神祇的老師；這裡的意義很含糊，好像是說你夠資格成為伯里克利的老師嗎？或是說伯里克利在這種老師的教導下，你難道能比他還更邪惡嗎？

10　伊里亞是意大利的城市，也是福西亞人建立的殖民地；不要將這位季諾與斯噶多學派的創始人季諾弄混淆。伊里亞學派的季諾鼓舞人民要推翻暴政，被僭主抓起來用泥灰將他壓斃，他的亡故激起人民的反抗，攻進王宮將僭主殺死。

成分加以區分，把同類的成分加以組合。

5 伯里克利對這位哲者格外尊敬和欽佩，自己逐漸充滿崇高和超然的意念，他不僅自然而然養成端莊文雅的談吐，遠非一般庸俗和低劣的強辯之士可以比擬，何況他的舉止非常穩重，神態極為安詳，聲調沉著有力，演講的時候不會受任何事物的干擾，此外還有其他很多優點，使得聽者為之心折。有天他在市民大會處理一些緊急的事務，一個無賴在那裡整天向他詬罵，咒詛的言辭不斷傳到耳中，他還是默默不語做自己的工作，到了傍晚若無其事地回家。那個傢伙還是跟在後面不放，用各種粗俗不堪的下流話對他橫加侮辱，等他走到家裡天已經黑下來，他吩咐僕人點著一隻火把，護送那個傢伙一路平安返家。

劇作家艾昂(Ion)曾經說過，伯里克利與人交往的態度過於傲慢無禮，從他的孤芳自賞之中表現出對別人的蔑視，這倒是確有其事；他卻讚譽西蒙(Cimon)在社交場合的平易近人和彬彬有禮[11]。不過，艾昂這種說法就像在悲劇的演出中，還要加上說教的喜劇情節[12]，因此我們也不必過分重視。有些人認為伯里克利像江湖騙子，故意擺出莊重嚴肅的矯情姿態，季諾勸他們不妨經常如此這般裝模作樣，因為只要肯下苦工仿效，就會在不知不覺中對高貴的習性，培養出真正的愛好和了解。

6 伯里克利結識安納克薩哥拉斯真是得益良多，除上面所述外，還有學識方面的啟迪，得以超越因無知而產生的迷信行為。舉例來說，一般人對上天之事毫無所知，熱中於超自然的現象，然而缺乏這方面的經驗容易產生激動的情緒；要是能對自然現象的起因獲得認知，就會用充滿希望和心志堅定的虔誠，來取代形式野蠻而又怯懦成性的迷信。

據說，伯里克利有次從鄉間的農場，給安納克薩哥拉斯帶來一隻長著獨角的

---

11 艾昂提到自己還是一個年輕人的時候，從開俄斯島來到雅典，有幸與西蒙共進晚餐，飯後向神明酹酒，客人請西蒙為大家高歌一曲，獻唱非常成功，一致認為比提米斯托克利要高明得多。

12 最早的悲劇出於一種合唱的形式，用來歌頌酒神巴克斯；演員打扮成半人半獸森林之神的模樣，舉止行動非常的詼諧，帶有任性胡鬧的意味。後來悲劇變得比較嚴肅，有的地方還保存著幽默的風格，對於這種形式的表演，我們稱為悲喜劇。悲劇發展到高峰的時期，主題著重歷史的人物和事件，不再出現悲喜劇混合的狀況；劇作家在創作三、四齣悲劇以後，為了讓觀眾換換胃口，好贏得更多的獎金，就會製作一齣帶諷刺意味的悲劇，像是優里庇德的《賽克洛普斯》(Cyclops)就是最好的例子，也是這種類型的悲劇唯一存世的作品。

公羊頭。占卜者朗潘（Lampon）看到那隻角從前額中央長出來，非常牢固而且強壯有力，因而據以推斷出結論：當時城市有兩個強勢的派系，分別是修昔底德派和伯里克利派，那麼在誰的田地或產業上面，出現這種命運的表徵或預兆，最後就會掌握政權。安納克薩哥拉斯卻將羊頭用刀劈開，向旁觀的人指出羊的腦髓沒有如同正常狀況那樣占滿整個腦腔，形狀像一個橢圓形的雞蛋，精血聚集之處就是獨角開始向上生長的位置。當時，對於安納克薩哥拉斯解釋爲何會長出獨角，大家讚不絕口。過不多久，修昔底德（Thucydides）遭到覆滅的命運，整個政權落到伯里克利手裡，朗潘的占卜受到人們的推崇[13]。

　　就我的看法，無論是自然哲學家還是占卜者都對，這也沒有什麼荒謬之處。前面一位很正確地發現產生那個現象的原因，另一位卻一語道破發生那個現象的目的。可以說那位哲學家的作爲在探知並說明一件事物何以產生，以及何以發展到目前的狀況；占卜者的作用是在預言一件事物產生的目的，以及所表現的意義或徵候。有些人認爲只要察明一件奇異現象的原因，就可以消除它的預兆作用，那是他們並沒有注意到這種情形，如果他們否定神明的驚人事物，等於同時也否定人爲的預兆和信號的作用，例如銅環的叮噹[14]、烽火的傳警以及日晷的投影；須知每種事物都有起源，基於因果關係和計畫圖謀而成爲另一種事物的徵兆。不過，這個題材更適合其他的著作，這裡就此打住。

　　7　伯里克利在年輕的時候，對於人民抱著芒刺在背的恐懼心理；因爲大家認爲他的容貌和體型很像僭主彼昔斯特拉都斯，有些年老的長者說他的聲音動聽，講起話來滔滔不絕，與彼昔斯特拉都斯簡直是一模一樣。他忖度自己擁有大量產業，出身貴族世家，交往極有勢力的朋友，非常害怕因爲這些條件被當成危險分子放逐國外，所以最初他絕不涉及政治事務，軍事方面倒是表現出大無畏的英勇氣概。等到亞里斯泰德（Aristides）不幸亡故以後，提米斯托克利（Themistocles）

13　朗潘是一位占卜人或預言家，像是休里埃的奠基和很多政治的重大事件，他都參與占卜的工作。這裡提到的修昔底德不是那位歷史學家，而是米勒西阿斯的兒子修昔底德，他是伯里克利最主要政敵，西蒙靠他的支持，能夠保有傳統貴族政體的特權，等到他在公元前443年遭到貝殼放逐以後，伯里克利失去有組織的反對陣營。

14　希臘人用銅環的敲擊聲當作軍隊的指揮口令；羅馬人拿來作為角力比賽開始的信號。

遭到放逐[15]，西蒙率領軍隊在國外遠征，長期離開希臘；伯里克利鑑於態勢有利便投身政治，他的策略是不站在少數富人這一邊，然而認同多數窮人[16]的立場，卻與他那絕不譁眾取寵的天性背道而馳。他生怕被人猜疑有專制的企圖，何況又看到西蒙主張貴族政體，獲得高階人士的愛戴；因此他只有參加人民的陣營，不僅可以保障自身的安全，還能獲得對抗西蒙的勢力。

他馬上開始新的生活方式和時間分配；除了前往會場和議事廳從不在街上走動，謝絕朋友之間的飲宴和所有的交際應酬，在他執行公務期間，從來沒有到朋友家中用過晚餐，只參加過一位近親優里普托勒穆斯(Euryptolemus)的婚禮，等到醉酒祭神的儀式結束，喜筵剛要擺開的時候，他就告辭離席；因為這種友誼的聚會很快消除故意做作的優越感，親切熟識的氣氛很難保持嚴肅的表情。禁得起考驗的優越在於能夠完全公開而被大多數人所承認；就一般人看來，品德高尚的人士真正值得欽佩的地方，在於普通的日常生活能獲得親朋好友的讚揚。

不管怎麼說，伯里克利不讓人民認為他很庸俗，或者對他產生厭煩的感覺，所以要隔段時間才在人民當中出現，不會對每個問題都表示意見，也不見得所有的會議全都參加；如同克瑞托勞斯(Critolaus)所說那樣，把自己像薩拉密斯(Salaminian)戰船[17]一樣保存起來，專供發生重大緊急事件之用；至於次要的一般性事務在他的指示之下，委派他的朋友或其他的官員去處理。我們認為伊斐阿底(Ephialtes)就是這類成員之一，這個人剝奪阿里奧帕古斯會議的權力，要是用亞里斯多德的說法，就是給予人民過分激進的自由，以致狂野不羈像是一匹無法駕馭的烈馬，誠如一些喜劇家的描述：

15　亞里斯泰德亡故於奧林匹克78會期第1年即468B.C.，提米斯托克利於472B.C.遭到放逐。

16　雅典的民黨盡最大努力不願讓貴族掌握權力，事實上，伯里克利無法控制貴族黨，因為西蒙無論是家世出身、生活習性和財產田地方面，都是他望塵莫及；西蒙自然而然成為貴族黨的領袖，在施政作為方面，他只能討好民眾。伯里克利對於減縮阿里奧帕古斯會議的權責，特別是司法審判權，一直不遺餘力，這也是他最自負之處，因為就整個城邦而言，只有這個會議支持貴族。這樣一來，很多案件要交給市民大會所設置的法庭來處理，容易獲得當事人的感激，可以說增加接受賄賂的機會，當然會使既得利益者食髓知味，這也是雅典共和國覆滅的主因；在那個時代，伯里克利基於個人的野心，當然要大力壓制貴族的勢力。

17　薩拉密斯戰船具有神聖的性質，專供前往斐爾德城向阿波羅神廟祭祀之用，或是作為出征將領的座艦。

> 這群戴奧米德的野馬完全不受約束，
>
> 嚼食優卑亞的人民踐踏美麗的島嶼[18]。

8 伯里克利經常藉助於安納克薩哥拉斯的才華，使他的言語談吐能與生活方式和崇高見解相互吻合；也就是說，他採納安納克薩哥拉斯的訓誨，用自然科學的色彩來修飾無礙的辯才。他有極高的天賦再配上學術的研究，誠如有若神明的柏拉圖所言，卓越的智慧和無上的權勢使他在演講的技巧方面占有上風，當時的演說家根本無法與他相提並論[19]。根據他們的說法，他之所以被人加上「奧林匹克山神」的綽號，就是因為他為城市建造美輪美奐的建築物，也有人認為他在公眾事務方面，擁有決定和平與戰爭的莫大權力所致；當然也可以說，他將各種卓越的品質集於一身，發揮難以抗拒的影響力，才能獲得這種令名。不過，在那個時代演出的喜劇，卻對他開些無傷大雅的玩笑，特別指出他靠著口才獲得那個稱號，當他向人民演說的時候，大聲疾呼的樣子就像雷公施威，他的舌頭發出可怕的霹靂。

根據記載，米勒西阿斯(Melesias)之子修昔底德(Thucydides)對於伯里克利的機智辯才，用詼諧的言辭做了一番敘述。修昔底德是一位家世高貴的傑出市民，也是伯里克利在政壇最主要的敵手。斯巴達國王阿契達穆斯(Archidamus)問到他和伯里克利兩人，誰是技術高明的角力手，修昔底德回答道：「每當我把他摔倒在地，他總是堅持說他沒有失手，反而勝我一籌，使得旁觀者相信他的話而不是自己的眼睛。」

可是，實際狀況並非如此。伯里克利對於演說的內容和方式非常審慎，每次上台講話之前先向神明祈禱[20]，不要從口裡溜出一句與當時的主題和場合無關的話。除了一些律令和裁示以外，他在身後沒有留下著作；他的話即使經過記載，也只有很少數能夠流傳後世。例如，他說伊吉納島的形勢對於派里猶斯(Piraeus)

---

18 優卑亞長久以來隸屬於雅典，446B.C.發生叛亂，後來被敉平。早在波斯戰爭以後，478B.C. 成立提洛聯盟，愛琴海所有的島嶼都參加，到次年組成雅典帝國。這首詩引用海克力斯第八大功業，要制伏戴奧米德的吃人馬。

19 柏拉圖在類似狀況下也提到，演說家就與醫師一樣，對於自然科學有豐富的知識。

20 昆提良(Quintillian)談及他的祈禱，沒有一個字會違反人民的意願；這倒是非常可能的事，因為他一定要先寫好演說稿，然後才在公眾的面前宣讀，保證不會信口開河，發生錯誤，這在那個時代只有他一個人可以做得到。

港口而言，就像眼睛上面長了膿瘡必須割除；再者，他說他看到戰爭從伯羅奔尼撒向著他們殺將過來。

還有一次，索福克利和他共同出任提督，他們兩人一起上船從事遠征[21]，索福克利對遇到的一位年輕人長得英俊而讚不絕口，伯里克利說道：「索福克利，身爲水師提督，眼睛和雙手要同樣保持乾淨。」司提辛布羅都斯告訴我們，伯里克利頌揚在薩摩斯(Samos)會戰陣亡的將士，就像神明一樣永垂不朽。伯里克利說道：「雖然我無法看到眾神，但是從他們所受的崇敬，以及他們賜給我們的恩惠，推斷他們萬古長存，那些爲國家犧牲奉獻的人，也要獲得同樣的尊榮。」

9 修昔底德將伯里克利的統治當成寡頭政體，假借民主政治之名，實際上卻任由一位權高勢大的人物主宰一切。另外還有許多學者的看法恰恰相反，國家土地的撥用、戲劇演出的津貼，以及公眾服務的報酬，這些惡例伯里克利率先創立，使得一般人民受到鼓勵和縱容；在行政措施的影響之下，那些嚴謹節儉和自食其力的人民，敗壞的習氣使他們的生活變得奢侈放蕩。現在讓我們根據實情把發生改變的原因加以檢討。

如同前面所述，最初他爲了能與西蒙的權勢相抗衡，確實要事事討好人民。他在財富和金錢方面無法與對手相比，因爲西蒙能夠運用這種優勢去照顧窮人，每天把沒有飯吃的市民請來用餐，將衣物送給年老的人，把自己田莊的圍籬拆除，任何人都可以進去拿走所需糧食。伯里克利發現在爭取民意方面已落下風，就像亞里斯多德所講那樣，他接受歐伊(Oea)[22]的達蒙尼德(Damonides)所提建議，把公家的財富用慷他人之慨的方式分配給市民：拿出錢來舉辦各種表演，出席法庭擔任陪審員給予報酬[23]，以及向人民提供形形色色的薪資和贈與，因而在很短期間將人民籠絡到他這一邊。

他利用民意的力量去對抗阿里奧帕古斯會議[24]，自己並非會議的成員，也沒

21　雅典征討薩摩斯島是在440-439B.C.。

22　歐伊是愛琴海賽克拉德斯(Cyclades)群島一個小島的名字，又稱愛阿斯(Ios)島，以荷馬的墳墓而知名於世。這個地點的原文有錯，可能是阿提卡地區一個自治市鎮奧伊(Oia)。

23　雅典有幾個負責司法審判的法庭，分別由相當數量的市民組成，通常每個人對審判的案件收取1奧波銀幣的酬金，政客爲了獲得民意的支持，有時會增加他們在這方面的收入。

24　阿里奧帕古斯會議是雅典最古老的會議，在這個時代的組成分子，不僅是蒲魯塔克所提的執政官，除此以外還有宗教執政官、軍事執政官和六位立法執政官中一位。伯里克利對這個會

有通過抽籤的方式，成為首席執政官、法務官、祭祀官或軍事參議官；自古以來，這些職位都是由抽籤決定，要是工作表現優異，才能進入阿里奧帕古斯會議。因此，伯里克利能夠結合民眾的利益鞏固自己的權力，竭力領導他的派系對抗阿雷奧帕古斯會議獲得很大的成效，過去歸會議處理的事務和案件，都被伊斐阿底用代理人的名義將審判權轉移過來。雖然西蒙就財富和家世方面，在雅典是首屈一指的人物，對蠻族的戰爭獲得好幾次光榮的勝利，使得全城充滿擄來的金錢和戰利品，現在被控偏袒拉斯地蒙人和憎恨國人的罪名，受到貝殼放逐制的流放外國[25]；有關的史實在他的傳記中都有記載。伯里克利從人民中間竟能獲得如此巨大的權力。

10 按照法律條文的規定，貝殼放逐的期限是10年；就在這個時間，拉斯地蒙的大軍侵略坦納格拉(Tanagra)地區，雅典人被迫起而對抗，流亡在外期限未滿的西蒙返國，和他的族人一起投效軍旅，要與同胞奮勇作戰洗刷徇私拉斯地蒙人的嫌疑。伯里克利的朋友聲氣相通，以放逐期限未滿為由逼西蒙退出；伯里克利也基於這個緣故在這次作戰中格外的努力，奮不顧身和冒險犯難的精神超過所有的將士，西蒙的朋友也都前仆後繼擁戰死沙場，過去這些人曾經受到伯里克利的指控，說他們和西蒙一樣偏袒拉斯地蒙人[26]。雅典人在邊界的會戰吃了敗仗，預料春天來臨敵人即將發動新的攻勢，聲勢浩大更為危險，他們在憂慮中懷念西蒙的能力，對於他的放逐感到懊惱和後悔。伯里克利發覺人民產生這種情緒，毫不猶豫和遲疑要滿足大家的意願，他自己提出建議將西蒙召回國門。西蒙返國之後促成兩個城邦簽訂和平條約，拉斯地蒙人對他懷有好感，就像他們痛恨伯里克利和其他人民領袖一樣。

然而有些學者提到，伯里克利是經由西蒙的姊妹艾爾萍尼斯(Elpinice)居中聯繫，等到雙方達成一項秘密協議以後，才建議發布命令召他返國。協議的內容是

(續)——

議的改革，無論是擴大成員的編組和性質方面，都引起很多的爭論，事實上會議的權限受到減縮或限制。

25 西蒙遭到放逐是在奧林匹克79會期第4年即461B.C.，這個時間是否正確無誤，以及蒲魯塔克所述，是否未滿10年就獲得赦免，還是引起很多爭論。

26 斯巴達出兵協助多里斯地區的城市爭取獨立，與雅典發生衝突，458B.C.在皮奧夏進行坦納格拉會戰，雙方犧牲慘重。修昔底德提到在雅典的反對派陰謀分子，希望運用斯巴達的勢力來終結民主政治。只有蒲魯塔克說西蒙在戰場與拉斯地蒙人對抗。

由西蒙擔任統帥，率領一支由200艘船隻組成的艦隊，前去征服波斯國王的領土；伯里克利掌握國內的軍政大權。據說，艾爾萍妮斯曾經爲了她的弟弟西蒙向伯里克利求情，因爲伯里克利是人民委派的委員會成員之一，負責檢舉西蒙這個可以處死的重大案件，所以特別請他高抬貴手從寬處理。當艾爾萍妮斯親自前來請託關說的時候，他笑著回答道：「啊，艾爾萍妮斯，像你這把年紀的老太婆，實在不適合做這種事情。」等到他出席委員會提出檢舉，爲了履行職責只起立發言一次，然後離開法庭，在所有的控訴者之中，對西蒙所造成的傷害最小[27]。

艾多麥紐斯（Idomeneus）曾經斥責伯里克斯犯下叛逆和背棄的罪行，爲了羨慕和嫉妒伊斐阿底顯赫的名聲，竟然謀殺這位深孚眾望的政治家，也是他的朋友和工作中最得力的助手，我們能相信他這種指控嗎？這位史家不知從何處爬梳市井傳聞，用來誹謗一位具有高貴氣質和視榮譽爲生命的人物，雖然他也犯下錯誤並遭到指責，但是在他的心中，絕不會存有諸如此類殘酷和野蠻的念頭。要是談到伊斐阿底的眞實情形，誠如亞里斯多德所述：因爲他是寡頭政體派的剋星，爲了維護人民的權利絕不妥協，任何人要是使公眾受到損害，他必定提出指責或檢舉，敵人懷恨在心伺機報復，最後藉坦納格拉人亞里斯托迪庫斯（Aristodicus）之手，暗中將他刺殺。

11 西蒙擔任水師提督的時候在塞浦路斯（Cyprus）過世[28]，寡頭政體派見到伯里克利成爲全城實力最強的頭號人物，還是希望有人出面與他抗衡，使他權力的鋒芒爲之頓挫，不致完全變成君主國家。阿洛披斯區（Alopece）的修昔底德爲人審愼又是西蒙的近親，受到推舉來領導反對伯里克利的派系；這個人的軍事才能雖然遜於西蒙，演說技巧和政治事務方面有過之而無不及，在全市加強嚴密的防備工作，步上講壇要與伯里克利一較高下，很短期間之內，兩個黨派在政局上可以平分秋色。

對於那些公認誠實而善良的人士（也可以說是有身價和聲望的人士），修昔底德不容許他們分散開來與普通民眾混雜一起，因爲不僅會消失在其中，而且削弱

27　西蒙爲了避免受到重罪的判決，願意付出50泰倫的罰鍰，僅獲得3票的多數逃過此劫。

28　西蒙逝世於奧林匹克82會期第4年即449B.C.，有人說他在塞浦路斯圍攻西蒂姆（Citium）期間因病亡故；還有一派人持另一種意見，他與蠻族發生一次小規模的戰鬥，受到致命的重傷而死。

並掩蓋他們具有的優越本質。他要把這些人挑選出來，組成合作無間的政治團
體，運用眾志成城的力量，造成平衡和均勢的局面。雅典的政體實在說在最早的
時候，就出現難以發覺的嫌隙，好像堅硬的鐵塊有了裂痕一樣，標示民主和貴族
兩種相異的政治趨勢。雙方公開的敵對和競爭使得裂縫加深，全城因而形成兩個
對立的派系即人民派和少數派。伯里克利在這個時候刻意放鬆對人民的控制，政
策的作為要投其所好，經常辦理盛大的表演和慶典，舉行宴會和遊行，用來取悅
群眾，把自己的同胞當成孩童一樣，拿各種娛樂活動加以誘哄，不管怎麼說，這
種做法倒是很有成效。

　　此外，他每年派遣60艘戰船出航，有大批市民上船，每人可以領到8個月的
薪餉，同時還可以學習和操練航海的技藝。再者，他派遣1000名市民到克森尼斯
（Chersonese）去做拓墾者，用抽籤的方式分配土地；又派500人和250人分別到納克
索斯（Naxos）島和安德羅斯（Andros）島，還有1000人到色雷斯與俾薩第人（Bisaltae）
居住在一起；此外還派一些市民前往意大利，正值西巴瑞斯（Sybaris）這個城市需
要充實人口的時候，後來將它改名為休里埃（Thurii）。他採取這些辦法是要減輕
城市的負擔，把游手好閒和滋生事端的群眾遣走，同時使貧苦的同胞獲得謀生和
賺錢的機會，阻嚇盟邦不要幻想產生異心[29]，這些殖民地就像派出守備隊一樣，
駐紮在他們的地區裡面。

12 雅典的公共和神聖的建築物受到眾人的欣賞，是城市最優美的裝
　　 飾，外國人見到以後不僅大聲讚嘆而且驚愕不已，現在成為希臘古
代的權勢和富裕並非傳奇或神話的唯一證據。可是，在他所有的施政作為之中，
大興土木這件事情，最受政敵的反對和抨擊。他們在市民大會中大聲疾呼，說是
雅典已經喪失信譽，在國外受到盟邦的唾罵，因為雅典人把全希臘共有財富，從
提洛（Delos）島移到自己的監控之下，當初提出理由充分的藉口是怕蠻族奪走，為
了保險起來放在安全的地方；現在伯里克利的做法使得所提的藉口完全失去效
用，根本無法交代。他們的指責是「全體希臘人為了戰爭的需要而奉獻的財富，

29　沒有任何證據說這些殖民地會揭竿而起，倒是可以看出雅典的水師非常活躍，除了上面所列
　　舉的地點以外，還遺漏幾個重要的城市和島嶼，像是赫斯提亞（Hestiaea）、夕諾庇（Sinope）、
　　阿米蘇斯（Amisus）、伊吉納和阿斯塔庫斯（Astacus）等地；俾薩提（Bisaltae）地區最可能的城
　　市是安斐波里斯，布里（Brea）倒是很少提到。

都被我們肆意浪費在自己的城市，像一個愛慕虛榮的女人全身都打扮起來，用貴重的寶石、雕像和神殿來裝飾[30]，把全世界的金錢花光爲止。」

伯里克利用另外的方式告訴全體人民，只要他們能夠保衛那些盟邦，不會受到蠻族的攻擊，就無須爲那些財富的運用向盟邦提出任何解釋；而且到那個時候，盟邦也不會供應一匹馬、一個人或一條船，或是一些錢來酬謝他們的服務。他說道：「那些錢財出於交付者之手，而爲收受者所擁有，只要他們履行收受的條件。」現在城市對戰爭需要的物質準備和儲存都很充實，多餘的財富應該用在各項建設，這是非常合理的方式；等到工程完成以後，會爲雅典帶來永恆的光榮，就是目前的進行期間，能夠供應居民富裕的生活；需要各種工匠和手藝的服務，無論是那一種行業都能大顯身手，可以說全城的人都受到雇用領取報酬；雅典能夠一舉兩得就是美化城市和維持生計。

身強力壯的年輕人投身軍旅，從外國的遠征得到國家豐厚的賞賜；那些留在國內未經訓練的工匠，也應獲得公眾的酬庸，絕不是不勞而獲坐享其成，他爲了達到這個目的，擬定巨大的工程設計，興建數量繁多的建築物，並且得到人民的認可。這些計畫要歷經長久的時間才能完成，使無數的行業得到工作的機會；居留在國內的人民如同那些在海上巡航、城市駐防或國外遠征的軍人，同樣有很好的機會和條件，從國家的財富中分一杯羹。建築的材料是石材、黃銅、象牙、黃金、黑檀和柏木，運用或加工這些建材的工匠或技師，有鐵匠和木匠、雕塑師、鑄工和銅匠、石匠、漂染工、金匠、象牙匠、畫家、刺繡工和陶器工；還要將這些材料運來，走海路需要商人、水手和船主；陸運方面需要修車匠、牲口供應商、車夫、製繩匠、麻匠、鞋匠、皮匠、修路工人和礦工；如同將領統率一支軍隊包含大量兵員一樣，每種行業也有一群所雇用的技匠和勞工，就像軍隊列陣出戰，他們也編成同心合力的隊伍，執行交付給他們的任務。因此，公共工程提供的機會和職位，各種年齡和身分的人都可以獲得一份財富。

13 這些傲世的工程都在興建之中，不僅雄偉壯觀而且富麗堂皇，工匠都竭盡所能，手藝和技術的優良和建材、設計的精美能夠相得益彰，最神奇之處還在進度的迅速和如期的竣工。他們本來以爲，整個建築群任何一項

30　這裡的神廟是指帕台農的密涅瓦神殿，建築的費用是1000泰倫。

工程的興建，都需要好幾代的時間和人力，事實上，卻在一個人執政的鼎盛時代，使得雅典的巍峨殿堂全部大功告成。他們提到畫家阿加薩克斯（Agatharchus）曾經吹噓，說是自己的作品都能快速而輕易地繳卷，朱克西斯（Zeuxis）回答道：「我可要很長的時間。」的確如是，輕而易舉和倉卒從事的手藝，不會爲作品帶來恆久的堅實和精緻的美感。

從另一方面來說，要是對於耗費心血的工作，能夠預先留下充分的時間，還是會產生極爲優美的成果。伯里克利的重大工程基於這個緣故，特別受到世人的讚譽，不僅施工極其快捷而且永垂萬世。所有的建築物在完成的時候顯得古意盎然，然而到今天看來，充滿生命的青春氣息，像是剛剛出自斧鑿。這種歷久長新的氣勢使得外形不受時間的影響，好像構建的成分之中包含著永存的精神和不朽的活力。

菲迪阿斯（Phidias）擔任督導長負責整個工程計畫的進展，還有一些建築師和工匠參與不同的部分[31]：像是凱利克拉底（Callicrates）和埃克蒂努斯（Ictinus）建造帕台農（Parthenon）神廟[32]。伊琉西斯（Eleusis）的內殿就是舉行神秘儀式的地點，是由科里巴斯（Coroebus）破土動工，在台基或底座上面樹起圓柱，再用柱頂過梁連接起來；等到他過世以後，塞克皮特（Xypete）的麥塔吉尼斯（Metagenes）完成詹壁、山花，和上層結構[33]。卡斯特（Castor）和波拉克斯（Pollux）神廟大殿的上層，考拉古斯（Cholargus）的色諾克利（Xenocles）修建穹隆式圓頂。從雅典到派里猶斯港的長牆[34]是由凱利克拉底負責，據蘇格拉底的說法，他親自聽到伯里克利向人

31 斐迪阿斯獲得千古不朽的大師名聲，在於兩座巨大的黃金和象牙製作的雕塑作品，就是帕台農神廟的密涅瓦像和奧林匹克的朱庇特像。僅在本章中提到斐迪阿斯除了雕塑，還擔任更重大的職務，負責伯里克利整個工程案的規劃。我們不知道蒲魯塔克的資料來源和可信度，但是也不要把蒲魯塔克的話信以為真，好像斐迪阿斯就是建築師和總工程師。事實上，蒲魯塔克在下面提到工程規劃的幾位建築師，都是大名鼎鼎的人物。

32 雅典衛城的帕台農神廟祭祀密涅瓦，始建於447B.C.，438B.C.竣工，431B.C.完成雕刻和裝飾，建築師是凱利克拉底和埃克蒂努斯，這個神殿是衛城的主題建築，雅典保護神的廟宇，戰勝波斯人的紀念堂。希臘本土最大的廟宇，外觀宏偉華麗，基座上方的建築長69.54公尺，寬30.89公尺，正面有8根石柱，側面有17根石柱，柱高10.48公尺。

33 帕台農的雕塑是西方世界最輝煌的鉅作，柱廊按多立克柱式規範，詹壁劃分為92塊，製成的浮雕分別是神與巨人之戰、亞馬遜人之戰、羊頭人身怪之戰和特洛伊戰爭；柱廊內側是愛奧尼亞式詹壁，長160公尺，題材是泛雅典娜節朝聖的場面；東西兩個山花是最偉大的雕塑作品，取材於希臘最著名的神話故事。

34 雅典位於內陸，有兩個出海的港口分別是西邊的派里猶斯和東邊的法勒隆，雅典人大約在

民提出興建的議案。克拉蒂努斯對工程進度的遲緩加以訕笑：

> 伯里克利光說不練，
> 巍巍長城毫無進展。

奧迪姆(Odeum)又稱音樂廳的內部排滿座位和成行的支柱，外部的屋頂成斜坡狀從中央向四周下降，據說構建的方式在模仿波斯國王的亭閣，完全按照伯里克利的指示辦理[35]。克拉蒂努斯又在他的喜劇《色雷斯女人》(*Thracian Women*)裡加以諷刺：

> 天神一嘆萬事休，
> 胸無成竹空留頭。
> 貝殼放逐令人愁，
> 建好圓頂便無憂。

熱愛榮譽的伯里克利通過一項法案，每年在泛雅典娜節(Panathenaea)慶典期間舉行一次音樂比賽，他本人被選為裁判，對於競賽者的歌唱和樂器的演奏，定出相關的規則和辦法。從那個時候開始，所有的比賽在這個音樂廳進行，公開讓人前來欣賞。

雅典衛城的propylaea或「山門」[36] 花了五年的時間才竣工，主要的建築師是尼西克利(Mnesicles)。施工期間發生一件很奇特的意外，說明雅典娜女神非但不反對這項工程，而且要從旁給予協助，使得能夠盡善盡美。有位動作敏捷而且技

457B.C.興建三條長牆，使得這三個地點連為一體，不致被敵人包圍或切斷，其中北牆和中牆完工，南牆有很大一段缺口；每條長牆的長度超過4哩(有人把長牆譯為長城，譯者認為還沒有到達那種標準)。

35　這個音樂廳的面積是長62.4公尺，寬68.6公尺，坐落在衛城的斜坡上面，旁邊就是戴奧尼休斯劇院，依照地形建為9層每層有10排，成為音樂比賽和表演的場地，也可以當做法庭使用。

36　雅典衛城的山門興建於437-432B.C.，建築師是尼西克利，位於西端的斜坡上面，整體建築分為東西兩半間五個門洞，中央大門洞鋪坡道，其餘四個門洞設三步高台階，加上踏步；山門的建築是多立克式，東西兩面都是6根石柱的柱廊，高度為8.81公尺，東面略低；作為衛城的大門，整個建築沒有雕飾，顯得更為莊嚴樸實。

術熟練的工匠，失足從高處摔下來，躺在那裡無法動彈，傷勢嚴重使得醫生束手無策，認為沒有痊癒的希望。伯里克利正為這件不幸感到煩惱的時候，雅典娜女神在夜晚向他託夢，教導他一種醫療的方法，就將那個人在短期內很快治好。後來才有這種說法，他們為了紀念這件神蹟，就在城堡的祭壇附近建立女神的銅像，並且加上「健康之神」的封號。

這座雅典娜女神[37]雕像是菲迪阿斯用黃金塑成，並且將名字刻在底座上面，讓人知道他就是作者。菲迪阿斯與伯里克利建立良好的關係，如同我們在前面所說，全部計畫和工程由他主持，所有的技師和工匠歸他調度；因而引起很多人的妒忌，也使他的靠山飽受誹謗。謠傳菲迪阿斯經常假藉參觀藝術作品為名，找那些淫蕩的婦女來與伯里克利幽會。城裡的喜劇家藉著這些傳聞軼事大事炒作，無所不用其極的攻訐不休，還杜撰一些莫須有的穢行，說他與門尼帕斯（Menippus）的妻子有染，門尼帕斯是他的好友，戰爭時期一直擔任他的部將。有一個人名叫庇瑞蘭匹斯（Pyrilampes）喜歡養鳥[38]，與伯里克利非常熟悉，他們捏造故事說他拿孔雀當禮物，去討好伯里克利的女友。

色雷斯人司提辛布羅都斯竟敢公然將難以置信而且極其羞辱的罪名，加在伯里克利的頭上，說他與兒媳發生亂倫；要是這種情形都能發生，有些人畢生致力於嘲笑和攻訐，為了迎合大眾嫉妒和藐視的心理，隨時可以犧牲偉大人物的聲譽和名望，所以他們製造大量的傳聞，這種事又何足為怪呢？歷史的著作要想每一件事物都能辦明真偽，這是非常困難的工作，一方面是因為後世的史家被漫長的時間遮斷他們的目光，另一方面是有關行誼和事蹟的當代記載，出於嫉妒和惡意，或是包庇和奉承，總是扭曲事實的真相。

14 那些傾向修昔底德一派的演說家，有次如同往常一樣對伯里克利大肆攻訐，說他任意浪費公帑，國家的歲入已經揮霍殆盡。伯里克利

37　這個雕像是由黃金和象牙製成，鮑薩尼阿斯有很詳盡的敘述：女神著長袍下垂到腳背，一手持神盾上有象牙的蛇髮女妖美杜莎頭像，胄甲的護心鏡有描述作戰勝利的浮雕；另一手執長矛，腳穿涼鞋及護膝，整體鏤刻成龍形，頭戴金盔上面有半獅半鷲的怪獸展開雙翼；整個雕像高達12公尺，用掉黃金40泰倫。

38　庇瑞蘭匹斯出使波斯歸國帶回來幾隻孔雀，轟動整個雅典。那個時代家禽就是備受歡迎的禮物，送一隻孔雀更是使人印象深刻。

聽了以後起立發言，詢問參與市民大會的成員是否認為他的用度太大，大家回答道：「實在太多了。」於是他說道：「如果這樣的話，這筆費用不要你們來負擔，全部算在我的頭上[39]；不過，這些建築物全都刻上我的名字。」當他們聽到這番話以後，不知是受到他那偉大的精神所感召，還是想要分享這些建築群的榮譽，大家高聲喊叫要他繼續動用公款，按實際需要盡量開支無須樽節，直到全部完工為止。最後，他與修昔底德的鬥爭已到「一山不容二虎」的地步，兩者之中必須有一個人受到貝殼放逐，他終於度過難關把對手流放國外，瓦解與他相抗衡的團體。

15 等到所有的分裂和傾軋告一段落，全城邁入寧靜與和諧的狀態，他把雅典和人民的事務全部納入自己的掌握之中：像是稅賦、軍隊、船艦、島嶼和海洋、遍及希臘人和蠻族的權力，以及藉由屬國的臣服、君王的友誼和盟邦的實力而日趨強大的帝國。從此以後他變了一個人，不再是過去的伯里克利，無須像從前那樣對於民意只會順從和討好，不必像一個舵手要順風行船那樣，一味逢迎和屈就群眾的喜愛和願望。他終止過去放縱和寬容的做法，因為在有些狀況之下，甚至到毫無法紀的地步；從而把融洽和睦的氣氛轉變為嚴苛緊迫的要求，表現出寡頭政體和君王統治的態勢。他能公正無私運用至高無上的大權，完全以國家最大利益為著眼；運用說服和勸導的方式，使得人民能夠心甘情願接受他的領導；有時會違背民眾的願望，不考慮他們同意與否，強制大家做攸關本身利益的事情。

從這方面來看他像是一位國手良醫，在治療症狀複雜的慢性病，要視病情的進展，有時不妨稍為讓病人放寬心胸，進行樂於接受的療程；有時須下猛藥才能治好病症，即使要病人吃苦受罪也在所不惜。在這樣廣大的區域擁有眾多的人民，當然會產生形形色色和錯綜複雜的情緒，伯里克利卻具有非常獨特的才能，像一位技術高超的大師，對每一個事例都能處理得有條有理。更難能可貴之處，是他把人民的希望和恐懼當作兩個船舵來運用：一個舵用來制止他們過於自滿的

39　修昔底德提到雅典的國庫儲存的金額達到9700泰倫，伯里克利用來建築的費用是3700泰倫。要是如同蒲魯塔克所述，他從父親那裡獲得的產業並沒有增加，那麼他向人民提出自行支付所需費用的話，又如何能夠兌現。伯里克利這種表示的方式完全是出於政治作用，因為他知道雅典人的虛榮心，無法容忍只將他的名字銘刻在這些建築物上面，把其他人全部排除在外。再不然就是他掌握表決的絕大多數票源，無論他隨心所欲說什麼話都沒有關係。

信心；另一個舵用來鼓舞他們積極向上的精神。同時他的所作所為可以證明，如同柏拉圖曾經說過，雄辯術是統治人類心靈的技藝，主要的作用是掌握人的嗜好和情緒，就像心靈這件樂器的琴弦和鍵盤，必須運用技巧和手法才能演奏出優美的旋律。

伯里克利能夠獲得極其卓越的成就，並非僅靠高超的演說才華，而是如同修昔底德所言，在於一生的聲望和名譽，那是品德所建立的信心，廉潔所創造的認同，以及視金錢如糞土的態度。雖然他使得原已偉大的雅典成為更為偉大和富裕的城市，雖然他的權力和利益已經超過許多國王和專制統治者，其中還有些人把自己的權勢遺留給兒女，可是伯里克利對於父親留給他的財產，終其一生沒有多加一個銀幣。

16 修昔底德倒是真把他那無上的權力做了很坦率的敘述，有些喜劇家用惡意的態度提到這方面的事，將伯里克利的夥伴和朋友稱為新彼昔斯特拉都派，現在他的聲望和地位已經高不可攀，很難合乎民主政體的要求，於是向他提出呼籲應該棄絕成為僭主的企圖。特勒克萊德的說法是雅典人對他已經五體投地完全降服：

> 城市的稅收和貢金連同本身的存亡繼絕，他可以隨心所欲處置；他可以為城鎮築起石牆，稍有不滿立即夷為平地；其他有關條約、聯盟、權勢、職位、戰爭、和平，以及他們的財富和成就，莫不如此。

這些都不是偶然產生的機運，也不是短促的施政作為曇花一現旋即沒落。他在40年的漫長時期[40]，處於伊斐阿底、李奧克拉底(Leocrates)、邁隆尼德(Myronides)、西蒙、托爾邁德和修昔底德這些政治家中間，始終擁有首輔的地位；尤其是在修昔底德競爭失敗遭到放逐以後，他連續獨自執掌軍國大權達15年之久[41]。他的職位要

40　這段期間是從469-429B.C.。

41　蒲魯塔克提到伯里克利在雅典主政，身為首腦人物未遇敵手有15年之久；在這段期間他始終保有將領的職務，每年選出10位，共同負起城邦的軍國大事，他運用這個位置來操控雅典的政局。只有蒲魯塔克持這種說法，我們不知他從那裡獲得15年這個數據；就是後面所說的40年，是指伯里克利從468B.C.起，成為雅典最卓越的政治人物，現代有幾位歷史學家認為這

每年重選都能連任，在職期間能夠保持清白無瑕的廉潔；當然就他照應個人的財務而言，也並不是置之不理或毫無打算；對於上一輩遺留合法歸他所有的產業，他做了適當的安排，不要因疏忽大意而造成荒蕪和浪費，同時他的公務繁忙，不可能因詳加照料而花費太多的精力和時間。

他採取一種管理的方式，自認最方便又最精確，那就是將整年的收成和產品一次出售變現，全家維持日常生活所需要的東西全部從市場購買。他的子女成年以後都不喜歡這種辦法，家裡的婦女因為支付的生活費很低，不斷抱怨他的管家方式。每一天的用度都有規定，經過精確的計算剋扣到最低的標準，不能像富有貲財的大家庭那樣，在各方面都綽綽有餘，遠超過一般人的生活水平。伯里克利認為所有的開支和收入，在運作的時候都要用準確的數據和度量；然而只有一位名叫伊凡吉盧斯(Evangelus)的僕人，單獨負責經管這方面的事務，可能是個人的才幹不足，或者是伯里克利疏於教導，跟其他的家庭相比並沒有出色的表現。

有關財產的支用與安納薩克哥拉斯的智慧完全無法調和，據說確有其事，他受到神意的啓發和出於崇高的理想，拋棄自己所住的房屋，田園廢耕一片荒蕪，像公地那樣任憑大家在上放牧羊群。我認為就個人的生活方式而言，沉思默想的哲學家與積極進取的政治家完全是兩回事；前者的睿智無需任何工具的幫助或外部物質的供輸，可以運用到美好和偉大的形而上目標；後者需要調整和供應他的美德為人類所用，富財對他不僅是必要的手段而且具有高貴的性質。伯里克利的狀況就是如此，他運用財富救濟無數窮困的市民。

不過，倒是有件事與安納薩克哥拉斯有關，伯里克利忙於處理公務，對年邁的安納薩克哥拉斯疏於照應，所以他用衣物將自己裹得很緊，打算餓死了事[42]。這種情形偶然傳到伯里克利耳邊，難免大為吃驚，馬上趕去規勸和乞求不能行此下策，如果他失去這樣一位顧問是無法彌補的損害，所以他哀悼安納薩克哥拉斯的處境，也為自己的不幸感到難過。安納薩克哥拉斯聽到這番話，就把裹住身體的長袍脫掉，形銷骨立的模樣是最好的回答。他說道：「伯里克利，即使那些只需要一盞燈的人，也要記得為它添油啊！」

個時間說得過早。

42　這是古代的習慣，當一個人決定要結束自己的一生，就會將臉孔掩蓋起來；無論是為了服務國家犧牲性命，還是個人衰弱不堪想與世界告別。

17 等到雅典的勢力大增，拉斯地蒙人爲之難以安枕以後，伯里克利更是火上加油，激勵人民發揚積極進取的精神，施展目標遠大的抱負。他提出一件法案，要召集各地方的希臘人，無論是在歐洲還是亞洲，無論來自大城還是小鎮，全都派遣代表團前來雅典舉行大會，協商和討論有關的問題：像是被蠻族焚毀的廟宇應該如何重建；當希臘人與蠻族作戰的時候，他們爲了希臘的安全立誓要向神明獻祭，這些祭品如何交付和處理；還有海上航行的問題，大家要能自由的通行、安全的貿易以及和平的相處。

爲了達成這項使命，於是有20位50歲以上的人員奉派出國：5位到亞細亞去邀請愛奧尼亞人和多里斯人（Dorians），還有列士波斯（Lesbos）島和羅得（Rhodes）島的島民；5位前去拜訪海倫斯坡（Hellespont）和色雷斯等地區的城市，一直到拜占庭（Byzantium）爲止；還有5位前往皮奧夏（Boeotia）、福西斯（Phocis）和伯羅奔尼撒，從那裡通過洛克瑞斯人（Locrians）地區，抵達鄰近的大陸，最遠要到阿卡納尼亞（Acarnania）和安布拉西亞（Ambracia）；其餘5位採取的路途是經過優卑亞（Euboea），到達厄提安人（Oetaens）居住的地方和梅利亞灣（Milian Gulf），以及亞該亞人（Achaeans）[43] 的賽歐蒂亞（Phthiotis）和帖沙利人（Thessalians）占有的地區。

這些人每到達一個地方就與該地的人民商談，勸他們前往參加會議，討論如何維護和平，共同處理希臘的事務。他的構想毫無成效可言，這些城市沒有如他所望派遣代表，據說是拉斯地蒙人[44] 的陰謀詭計作梗，首先在伯羅奔尼撒就遭到挫折令人感到失望。不過，我以爲提出這件事，可以證明伯里克利是個偉大的人物有崇高的理想。

18 他在軍事指揮方面以穩紮穩打、步步爲營著稱於世；絕不主動從事沒有把握或風險過大的作戰行動。那些輕率冒進因而獲得輝煌戰果的將領，無論別人對他們表示出極力推崇的態度，他既不羨慕他們的光榮也不認

---

43 我們從亞該亞人可以了解到希臘的狀況，特別是他們所寫的詩，提供更多的資料；還有就是住在伯羅奔尼撒半島特定區域的居民，不是只有他們才能稱為亞該亞人，那些住在帖沙利的人民也獲得這個稱呼。

44 拉斯地蒙人反對雅典的遠交近攻政策，這是不足為怪的事。自從雅典取代他們成為希臘的霸主以後，斯巴達始終心存芥蒂，實在說，這也不是雅典人一廂情願的做法，主要還是出於安斐特里昂聯盟的決議。

為值得仿效。他總是向全體市民提出保證，只要他掌權就會讓大家得到不朽的名聲和長存的生命。

托爾繆斯（Tolmaeus）之子托爾邁德（Tolmides）[45] 因上次的成功而食髓知味，作戰行動的榮譽使他得意忘形，雖然時機已經大不相同，竟然要大舉入寇皮奧亞，除了正規部隊以外，他還號召一些勇敢和積極進取的青年有1000人之多，用志願軍的名義投筆從戎。伯里克利看到這種狀況，便在市民大會發言反對，力勸托爾邁德放棄這個行動；當時他還說了一些值得深思的話，直到現在還在流傳：要是托爾邁德不願接受伯里克利的忠告，總該等待時機的轉變再動手，最明智的顧問是要禁得起時間的考驗。這些話在當時大家把它視為老生常談，過了幾天以後傳來信息，托爾邁德在科羅尼亞（Coronea）[46] 附近的會戰中戰敗被殺，許多勇敢的市民隨著他一起陣亡。這個時候人民對於伯里克利格外產生好感，不僅認為他明智過人而且對同胞充滿摯愛，獲得更高的聲譽[47]。

19 他親自領軍從事多次軍事行動，其中以克森尼斯的遠征[48] 最為人讚不絕口，因為能使居住當地的希臘人獲得安全保障。他不僅帶去1000名新到的雅典市民，為那些城市增加一批生力軍，而且在半島通往大陸的地頸上面，兩個海岸之間修築一道帶狀的防禦工事；色雷斯人散布在整個克森尼斯地區，可以用這道防線來阻擋他們的入侵。這個國度過去一直暴露在野蠻鄰居的騷擾之下，還有流竄的匪徒不斷入寇邊界，使得居民為之呻吟不已，能夠關閉這個半島對外的門戶，終止連綿不斷而又極其悲慘的戰爭。

伯羅奔尼撒半島的環航同樣受到推崇和讚譽；他從麥加拉（Megara）的帕吉（Pegae）或泉港率領100艘戰船出發，除了像托爾邁德那樣蹂躪海岸地區，還率領船上的士兵深入內陸，當地的部族懾於他的聲勢浩大，紛紛退避到城牆之內；只有西賽昂人（Sicyonians）守衛國土，他親率主力在尼米亞（Nemea）將對方擊潰，為

45　托爾邁德是一位將領，最著名的事蹟是在456-455B.C.，率領軍隊遠征伯羅奔尼撒半島。他和他的父親兩個人的名字都有tolm這個字根，有「勇敢」的含意，更加強蒲魯塔克對他的看法。

46　這場戰事發生在奧林匹克83會期第2年即447B.C.，也就是伯里克利逝世前20年。

47　雅典人在初期無往不利，然而447和446B.C.，兩次在科羅尼亞敗於皮奧夏人之手，從此喪失對皮奧夏的控制。

48　克森尼蘇斯的遠征是在447B.C.。

了紀念這次勝利特別建碑勒石。

　　亞該亞與雅典建立聯盟，於是他從盟邦手裡爲戰船獲得增援的兵力，然後率領艦隊開往大陸的西面，從阿奇洛斯（Achelous）河的河口向上溯航，洗劫整個阿卡納尼亞地區，厄奈阿迪人（Oeniadae）被圍在城內不敢出戰，他們的領土受到摧殘和蹂躪以後，伯里克利就啓碇返國。這次遠征獲得雙重成果，一方面使他的敵人知道他的戰力強大到無法抗拒，另一方面也爲國人帶來安全的保障和充沛的活力；整個航行期間在他指揮之下，沒有發生任何不幸的意外事件。

20 伯里克利率領一支陣容龐大和裝備精良的艦隊進入黑海（Euxine Sea）[49]，希臘城市想要獲得新的安排和意願，他都設法達成因而建立友善的關係。他對於蠻族的國王和酋長，顯示出雅典人的權勢極其強大，他們有絕對的信心和能力，可以航向任何想去的地方，把全部海洋置於控制之下。他爲夕諾庇人（Sinopians）留下30艘戰船，還有拉瑪克斯（Lamachus）指揮的部隊，幫助他們對抗僭主泰米西流斯（Timesileus）；等到他和他的黨羽被驅逐以後，伯里克利通過一項法案，派遣600名自願前往夕諾庇（Sinope）墾殖的市民，可以分享僭主和所有黨羽過去所擁有的房屋和田地。

　　在其他的軍國大事方面，像是雅典人過分自滿於強大的力量和成功的信念，急著再度侵犯埃及[50]，騷擾波斯國王沿海的領域，伯里克利不會屈從市民的輕率衝動，也不會迎合大眾的愛好而放棄自己的決定。不僅如此，當時還有許多人對西西里懷有非分之念，後來亞西拜阿德（Alcibiades）這一派的演說家，用煽動的言辭炒得更爲火熱；也有一些人對托斯坎尼（Tuscany）[51]和迦太基（Carthage）存有幻想，從雅典人疆域擴展的狀況，以及對外事務極其順利的情形來看，這些打算也

49　黑海的遠征是在436B.C.左右。

50　修昔底德的《伯羅奔尼撒戰史》第一卷，敘述雅典人據有埃及的狀況。他們後來被阿塔澤克西茲（Artaxerxes）的部將米加拜組斯（Megabyzus）驅離，時間是奧林匹克80會期第1年（460B.C.），然而七年後，伯里克利對伯羅奔尼撒的遠征贏得勝利，現在雅典正是國力處於巔峰的時期，所以才說他們只付出很少的損失，就在埃及立定足跟，大有發展的餘地。

51　將托斯坎尼和迦太基相提並論，看來是奇怪的事。我們知道托斯坎尼在西西里的東邊，而迦太基在西西里的西邊；因此，雅典人想要併吞西西里，當然希望接著向左右兩面發展，擴張征服的版圖。後來的皮瑞斯（Pyrrhus）王的狂妄野心，就是出於這種構想，要出兵占領西西里、意大利和阿非利加。

不是沒有成功的希望。

21 伯里克利抑制征服外國的激情，他用嚴苛的手段使人們打消那些開疆闢土過於一廂情願的念頭，要求大家把大部分力量拿來保護和鞏固已經到手的東西，就他的看法能夠一直讓拉斯地蒙人處於四面受敵的狀況，已經是一件極為吃力的事。他對拉斯地蒙人始終懷著水火不容的情緒，從很多事例中看得出來，特別是在聖戰時期[52] 的所作所為更為突出。福西斯人（Phocians）占領阿波羅神殿以後，斯巴達當局派遣軍隊到德爾斐，將神殿奪回歸還德爾斐人；等到拉斯地蒙人剛一撤離，伯里克利率領軍隊前往，把神殿再交給福西斯人。拉斯地蒙人從德爾斐人那裡得到特權，可以比其他的城邦優先請示神讖，他們將這種特權鑴刻在大殿前面一隻銅狼的前額[53]；伯里克利也照本宣科從福西斯人那裡取得特權，將它刻在銅狼的右脅。

22 從後來發生的事實獲得充分的證明，他把雅典人的努力限制在希臘這個範圍之內，的確是非常明智的做法。首先是優卑亞人（Euboeans）的叛變，他帶著軍隊渡海去鎮壓；緊接著傳來信息說是麥加拉人（Megarians）要與雅典為敵，拉斯地蒙國王普利斯托納克斯（Plistoanax）[54]，率領充滿敵意的軍隊進犯阿提卡（Attica）的邊境。伯里克利因而從優卑亞火速回師，來應付威脅到本土的戰爭；他並且沒有冒著失敗的危險，要與人數眾多而又英勇無比的軍隊一決高下。伯里克利知道普利斯托納克斯的年紀很輕，軍國大事要聽從克倫迪瑞德（Cleandrides）的意見和勸告，這是民選五長官有鑑於國王的閱歷不足，特別派他擔任監護人和助理。伯里克利在私下對克倫迪瑞德的廉潔加以試探，很快用金錢將他收買過來，說服他把伯羅奔尼撒人撤出阿提卡。

等到軍隊班師以後，全部解散回到所屬的城邦，拉斯地蒙人在眾怒難息的情

---

52 保護德爾斐免受侵略的聖戰共有四次，本章所提是第二次發生在448B.C.。

53 據說有一條狼咬死到廟宇來偷竊的賊人，並且引著德爾斐人前往存放贓物的地點，所以為它塑像放在祭壇的旁邊。

54 優卑亞和麥加拉的叛變以及斯巴達的威脅要入侵阿提卡，全都發生在446B.C.，蒲魯塔克採用修昔底德的敘述方式，在後面用埃弗魯斯的資料加以補充，提到雅典人對克倫萊達斯（Cleandridas）的賄賂，因為優卑亞的喪失和斯巴達的入侵，使雅典陷入極其危險的局面。

形下，對國王處以鉅額的罰鍰，普利斯托納克斯沒有能力支付，被迫離開拉斯地蒙；這時克倫迪瑞德趕緊逃走，經過缺席審判宣告處以死刑。捷利帕斯(Gylippus)是克倫迪瑞德的兒子，後來在西西里打敗雅典人；貪財好貨似乎是父子相傳的痼疾，捷利帕斯以後也犯下收賄的罪行，被逐出斯巴達。有關這件事情的始末，我們會在賴山德的傳記中詳加敘述。

23 伯里克利爲這次遠征行動提出報告的時候，其中有筆10泰倫的開支，僅說用於適合的項目，人民沒有提出詢問就全部認可，事後對這項秘密也不進行調查。有些史家很確鑿的提到，像是哲學家狄奧弗拉斯都斯就是其中之一，伯里克利每年私下將10泰倫送到斯巴達，贈給那些有權勢的官員以求避開戰爭，他花錢不是用來收購和平而是買到時間，可以獲得充分的準備，開戰以後居於有利的態勢。等到這件事解決以後，馬上轉移兵力去征討叛徒，他率領50艘戰船和5000名部隊，渡海前往優卑亞島，占領所有的城市，趕走稱爲Hippobotae即「養馬者」的卡爾西斯人(Chalcidians)，在當地居民之中這些人有財有勢；將所有的希斯提亞人(Histiaeans)全部處決，把遺留的產業交付給前來墾殖的雅典人。他採取這種前所未有的殘酷手段，因爲對方俘獲一條阿提卡的船隻，殺光船上所有的人員。

24 後來雅典和斯巴達簽署30年休戰協定，接著他提出的法案獲得公眾的通過，下令征討薩摩斯(Samos)島[55]，所持理由是他們沒有遵守命令，停止與米勒都斯人(Milesians)的戰爭行爲。

大家既然認爲他用這種方式對付薩摩斯人，完全是爲了取悅亞斯帕西婭(Aspasia)，看來我們應該研究一下，這位女士到底有什麼手腕或魅力，能夠迷住這位最偉大的政治家，就是哲學家也都經常拿她做話題，而不是一味地詆毀和指責。她是米勒都斯人[56]阿克奧克斯(Axiochus)的女兒，這是大家都知道的事。根據他們的說法，她可以與古代愛奧尼亞的交際花莎吉莉婭(Thargelia)[57]媲美，專

---

55 薩摩斯是提洛聯盟成員中防務最完備的城市之一，440B.C.反叛雅典，不願接受高壓統治，爆發一場艱困的戰爭，突現雅典強大的實力和堅決的意志。

56 米勒都斯是愛奧尼亞一座城市，產生許多舉世聞名的人物。

57 莎吉莉亞憑著美麗的容貌，擁有帖沙利的統治權，不過，還是難得善終，被她的一個愛人所

門周旋在權貴人物之間。莎吉莉婭是一位美豔動人的尤物，不僅嬌媚如花而且極其精明，很多希臘人拜倒在石榴裙下，凡是與她交往的人都會著重於波斯的利益，這些人都是有權勢和地位的人，藉著他們的力量在好幾個城市撒下黨派的種子，這個黨派以對米提人(Median)保持親善爲宗旨。

有些人表示，亞斯帕西婭擁有政治的智慧和才華，所以獲得伯里克利的追求和寵愛，蘇格拉底和一些熟悉的朋友去拜訪她，有時會帶著自己的妻子一起去聽他們的談論。她的職業不論怎麼說都毫無光彩可言，家裡還蓄養著年輕的青樓女子。伊斯契尼斯(Aeschines)告訴我們，黎昔克利(Lysicles)是一位羊販子[58]，出身低微而且個性卑鄙，伯里克利過世後與亞斯帕西婭同居，儕身爲雅典首腦人物。

柏拉圖在《米尼森努斯》(*Menexenus*)[59]一書中，雖然所述內容談不上莊重，但是很多都是事實；提到她的名聲非常響亮，不少雅典人拜她爲師學習演講術[60]。不過，伯里克利對她的傾心完全是熱烈的愛情。他的妻子原來是一位很近的表親，第一次的婚姻是嫁給希波尼庫斯(Hipponicus)，所生的兒子名叫凱利阿斯(Callias)綽號「富豪」；她給伯里克利生了兩個兒子就是詹第帕斯(Xanthippus)和帕拉盧斯(Paralus)。後來他們兩人感情產生問題，不願再過夫妻生活，伯里克利取得她的同意，將她讓與另外一位男子。自己得到亞斯帕西婭，眞是萬分的寵愛，每天他出門或從會場回家，都會很有禮貌的致意和親吻。

在一些喜劇裡面，亞斯帕西婭被稱爲新一代的歐斐利(Omphale)或迪俄妮拉(Deianira)，有時得到朱諾(Juno)[61]的稱號，克拉蒂努斯毫不客氣把她叫做妓女：

> 啊！朱諾！受頂禮膜拜的色慾女神，
> 是亞斯帕西婭這位寡廉鮮恥的神女。

　　謀殺。
58　這位黎昔克利後來的發展如何，倒是沒有記載。
59　柏拉圖與蘇格拉底的對話錄，只是他借用米尼森努斯之口，所以用這個名字當成書名。
60　說起亞斯帕西婭的滔滔雄辯眞是獨步一時，不僅用辭高雅而且言之有物，當時的雅典人都甘拜下風，就連蘇格拉底都讚不絕口；據說伯里克利在國葬典禮發表的演說，推崇在薩摩斯戰爭中陣亡的將士，就是出於她的手筆。
61　歐斐利是希臘神話中利底亞的女王，海克力斯受到懲罰成爲她的臣屬，她讓這位英雄人物紡織毛線；天后朱諾是朱庇特的配偶。這裡指伯里克利像海克力斯和朱庇特這樣偉大的神祇，還是要聽從女性的指使。

她好像也給伯里克利生了一個兒子，優波里斯在《笛米》一劇裡，伯里克利在問
他的兒子是否平安無事，以及邁隆尼德的答話：

> 問到兒子知道還活著已經長大成人；
> 那個身爲娼妓的母親對他包藏禍心。

　　據說，亞斯帕西婭的名聲遠播四方，就是那個爲爭奪波斯國王寶座，而與自
己的兄長阿塔澤克西茲(Artaxerxes)作戰的居魯士(Cyrus)，竟把最寵愛的姬妾密
爾托(Milto)改名亞斯帕西婭。密爾托是福西斯人赫摩蒂穆斯(Hermotimus)的女
兒，等到居魯士作戰陣亡，被俘交給國王，後來在宮廷有很大的影響力[62]。在我
撰寫這篇傳記的時候，有關她的傳聞軼事浮現在腦海之中，要是故意略而不提，
看來似乎有違情理。

25 伯里克利爲亞斯帕西婭蠱惑，偏袒米勒都斯人，在市民大會提議要
對薩摩斯開戰，使他受到相當多的指責。那兩個國家原來是爲了普
里恩(Priene)的主權而大動干戈，雅典要求雙方停戰願意出面仲裁，薩摩斯人當
時占有優勢，所以拒絕放棄動武。因而伯里克利率領一支艦隊前往薩摩斯，消滅
當地的寡頭政體，獲得50名首腦人物作爲人質，還加上如數的兒童，全部運到林
諾斯(Lemnos)島。據說，每一位人質送給他1泰倫，希望能夠維持現狀；還有一
些人害怕民主政體無法建立，也送給他很多貴重的禮物。此外，波斯國王的部將
披蘇什尼斯(Pisuthnes)，對於薩摩斯人懷有好感，送給他1萬金幣爲整個城邦求
情[63]。

　　他對這些饋贈一律拒絕接受，還是按照既定方針對待薩摩斯人，爲他們建立
民主政府，然後啓航返回雅典。薩摩斯人立即反叛，披蘇什尼斯在暗中將人質偷
運回去，並且供應戰爭需要的工具和補給。伯里克利再度率領一支艦隊前來鎮
壓，發現對方袪除怠惰和避戰的心理，表現大丈夫的氣概，決心爲爭取海上霸權

62　參閱色諾芬《遠征記》(*Anabasis*)第1卷第10節。

63　披蘇什尼斯是海斯塔帕斯(Hystaspes)的兒子，當時出任薩迪斯的總督，他所以出面爲薩摩
斯人斡旋，當然是基於波斯人的利益。

一較高下。經過特拉吉亞(Tragia)島一場激烈海戰以後，伯里克利獲得決定性勝利，他用44艘戰船擊潰敵人的70艘戰船，其中有20艘戰船上面裝載部隊。

26 他在獲勝以後發起追擊，占領港口將薩摩斯人包圍起來，斷絕他們與外面的連絡。對手還是冒險出擊，要在城牆外面與雅典人交戰。接著有一支規模更大的艦隊從雅典來到，薩摩斯人被包圍得密不通風。伯里克利率領原來的60艘戰船航向大海，如同大多數作者所述，意圖前去攔截腓尼基(Phoenician)的分遣艦隊，這些戰船是要來解救薩摩斯人，所以他要使接戰的地點盡量遠離薩摩斯島。根據司提辛布羅都斯的說法，他的構想是要駛往塞浦路斯，好像有點不大可能。然而，不管他的企圖何在都是嚴重的失策；因為等他率領艦隊離開，埃薩吉尼斯(Ithagenes)的兒子哲學家梅利蘇斯(Melissus)，當時是薩摩斯的將領，認為伯里克利留下的戰船實力微弱，或者是藐視雅典的指揮官缺乏經驗，說服他的同胞向雅典人發起攻擊。結果薩摩斯獲取勝利，俘虜很多人員也摧毀一些戰船，贏得海上的控制權，把戰爭所需的物品全部運回港口，有些是過去未曾有過的東西。亞里斯多德也提到，伯里克利在以往一次海戰中，曾經敗在這位梅利蘇斯的手裡。

薩摩斯人要用以其人之道還治其人之身的方式，對於所俘虜的雅典人，在他們的前額烙上貓頭鷹的記號，因為以前雅典人在薩摩斯俘虜相同部位，打著薩彌納(Samaena)的金字；薩彌納是一種船隻，船首低平很像長著一個獅子鼻，艙房寬敞向後延伸，可以載運大量貨物，行駛非常平穩。這種船所以獲得薩彌納的名稱，因為奉僭主波利克拉底(Polycrates)之命，最早一艘在薩摩斯建造。據說，亞里斯多法尼斯(Aristophanes)的一句詩，就是指薩摩斯人前額的烙印而言：

　　黥面蠻夷今識字！

27 伯里克利獲知他的軍隊戰敗，盡最大能力迅速趕去救援[64]，擊敗前來迎戰的梅利蘇斯，敵人不支退走以後，立即修建一道長牆將薩摩斯圍困起來。他決定用這種方式來奪取城市，要花費很多的時間和金錢，可以避免

64　伯里克利的回師，根據修昔底德的說法是獲得80艘戰船的增援，戴奧多魯斯說是90艘。

市民的犧牲和冒險。雅典人對長期的封鎖感到不耐，急著出戰解決僵持的局面，他無法獨斷專行抑制他們的情緒，就將全軍分爲八組拈鬮，拈到白豆的一組可以飲宴和休息，其餘七個組去作戰。據說，以後將尋歡作樂的日子稱爲「白豆日」，就是起源於這件事。

此外，史家埃福魯斯(Ephorus)還告訴我們，伯里克利在圍攻作戰中使用一種弩砲，這項發明受到大家的讚賞，技師阿特蒙(Artemon)親自在旁協助，跛足的緣故要用舁床抬著行動，前往工作需要他照料的場所，因此他被稱爲佩瑞弗里都斯(Periphoretus)。潘達斯人(Ponticus)赫拉克利德(Heraclides)引用安納克里昂(Anacreon)的詩，證明這個傳聞與事實不符，裡面提到阿特蒙‧佩瑞弗里都斯的時代，要比薩摩斯戰爭和有關的事件爲早，兩者相距好幾代的時間。他並且說阿提蒙是一個喜歡過太平日子的人，非常擔心會有危險發生，大部分時間靜靜待在家中，兩名僕人舉著一面銅盾保護他的頭，免得上面有什麼東西落下來把他砸傷。每逢他被迫非得出門不可，就用一張小吊床抬著他，位置盡量接近地面就是掉下去也沒有關係，因爲這個緣故被稱爲Periphoretus。

28 經過9個月的圍攻，薩摩斯人獻城投降，伯里克利拆除他們的防壁，扣押他們的船隻，處以鉅額的賠款，部分要即時支付，其餘款項在規定的日期繳清，並且要交出人質作爲擔保。薩摩斯人杜瑞斯(Duris)用這些史實作題材，寫出一部感人的悲劇，指控雅典人和伯里克利犯下殘暴的罪行。然而修昔底德、埃福魯斯和亞里斯多德的作品，都沒有提到這方面的事情；很可能杜瑞斯的敘述背離事實；例如，他說伯里克利將戰船的船長和士兵，帶到米勒都斯的市場，全部綁在木板上面達10天之久，這時他們已經到了彌留的狀況，他下令用木棍把頭打裂的方式處死，再將屍體拋棄在大街或田野，不准給予埋葬。不過，杜瑞斯的著作，即使不涉及到個人的情感，他的敘述也無法信守實情實報的原則，現在自己國家遭遇災難，當然更要誇大渲染，使大家對雅典產生反感[65]。

伯里克利征服薩摩斯以後班師回國，親自處理善後事宜，爲光榮陣亡的同胞舉行盛大的葬禮，按照慣例發表演說頌揚死者的風範，眞誠的言辭獲得大家的稱

---

65 然而西塞羅後來提到，認爲杜瑞斯是一位實事求是的史家，托勒密‧費拉德法斯(Ptolemy Philadelphus)在位時的知名學者，距離薩摩斯海戰已有200年之久。

許。當他步下講壇的時候，在場的婦女上前向他致意，握住他的手並且爲他佩戴花冠和飾帶，好像他是競技比賽獲得優勝的運動員。有一位名叫艾爾萍妮斯的婦女走上前去，對他說道：「伯里克利，你的所作所爲都很勇敢，眞是無愧於我們獻上的花冠。你使我們喪失很多優秀的市民，他們不像我的弟弟西蒙那樣，死於對腓尼基人和米提人的戰爭，而是在絕滅一個與我們有親屬關係的盟邦中含冤身亡。」艾爾萍妮斯講完這些話以後，據說伯里克利帶著微笑引用以下的詩句作爲回答：

> 老嫗生鵠面，
> 難尋幽香身。

艾昂提到伯里克利認爲征服薩摩斯是爲國家立下大功，感到非常的驕傲和得意，因爲阿格曼儂（Agamemnon）花10年時間才占領一個蠻族市鎭，而他只用九個月就平定和據有愛奧尼亞最大和最強的城邦[66]。實在說起來，他這樣的炫耀自己也不是沒有道理，戰事發展極爲凶險，勝負如何很難預料，如果修昔底德所言不虛，薩摩斯人的戰力不容輕視，稍有不愼雅典人就會喪失海上霸業。

29 等到上述事件告一段落以後，伯羅奔尼撒戰爭有如箭在弦上即將爆發，這時科孚人（Corcyraeans）受到科林斯的攻擊[67]，他力勸雅典人民要援助科孚（Corcyra），尤其是伯羅奔尼撒人已經開啓戰端，確保一個擁有巨大海上力量的島嶼，能夠投入自己的陣營，這事極其重要。市民大會接受他的建議，投票通過幫助和支援科孚的敕令，他派遣西蒙的兒子拉斯地蒙紐斯（Lacedaemonius）執行這個任務，只撥交10艘戰船，好像要藉這個機會加以羞辱[68]。

---

66 他們拿這場戰爭與特洛伊戰爭來比，實在是自視太高；然而就詩歌的頌揚和歷史的描述來說，這倒是很普通的事。就新近發現賽門尼德的《悲歌》殘卷中，也用這種方式來歌頌普拉提亞之戰。

67 這場戰事發生的原因，在於雙方爭奪伊庇當努斯（Epidamnus）的主權，這是科孚人在馬其頓建立的城市。

68 提出武斷的論點好像理由並不充分，根據修昔底德的說法，雅典不願對科孚人提供實質的援助，所以才派出很小一支分遣艦隊，採取觀望的姿態，任憑科林斯人和科孚人打個你死我活，他好收漁人之利。

西蒙家族和拉斯地蒙人之間保持親密和友善的關係，所以伯里克利只給拉斯地蒙紐斯爲數甚少的戰船，派遣他擔任毫無意願的任務，要是在執行的時候無法建立功勳，就會遭受指責或是讓人滋生疑竇，認定他爲了圖利拉斯地蒙人而欺騙政府和人民。這些事一點都不假，西蒙幾個兒子想要在政壇發展，都受到伯里克利無所不用其極的打壓。伯里克利說是從他們的名字就知道，根本不是本鄉本土和貨眞價實的雅典人，只能算是異鄉人或外國人；因爲西蒙的一個兒子名叫拉斯地蒙紐斯，另一個叫做帖沙利斯（Thessalus），第三個叫伊利烏斯（Eleus）；據說這三個兒子都由一個阿卡狄亞（Arcadian）母親所生。

人民對於伯里克利只派10艘戰船經常發出怨言：對於需要的友邦提供的支援太少，可以說是緩不濟急；反而讓抗議雅典進行干涉行動的國家，獲得有利的藉口得到很大的好處。伯里克利後來又派遣實力較大的艦隊前往科孚[69]，到達的時候戰爭已經結束。

科林斯人對於救援科孚的行動大爲憤怒，在拉斯地蒙公開譴責雅典人。麥加拉人加入他們的陣營，指控雅典違犯希臘和平盟約的共同權利和條款，說是不許他們進入雅典人控制的市場和港口，還要將他們從那裡驅逐出去。伊吉納人（Aeginetans）宣稱他們受到虐待和迫害，雖然他們還不敢公開向雅典提出質問，只能在暗中請求拉斯地蒙人鼎力相助。就在這個期間，過去是科林斯殖民地而現在由雅典統治的波蒂迪亞（Potidaea）發生叛變，立即受到雅典人的圍攻，這是激起伯羅奔尼撒戰爭的遠因。

雖然情況已經惡化，各城邦還是派遣使者到雅典，拉斯地蒙國王阿契達穆斯也都盡心盡力，想讓大部分的爭執和怨恨獲得公平的解決，對於友邦的情緒加以安撫和慰藉；要是雅典人願意聽從規勸，廢除仇恨麥加拉人的法令，雙方進行和解，不致有其他的紛爭當作口實將他們捲入戰爭。伯里克利反對拉斯地蒙人的做法，煽動人民堅持原有的企圖要將麥加拉人置於死地，所以他被認爲是發起戰爭的始作俑者。

69　這支艦隊有20艘戰船，用來阻止第二次的衝突，雙方早已完成作戰的準備。參閱修昔底德，《伯羅奔尼撒戰史》第1卷第50節。

30 根據他們的說法，使者爲了解決這件事從拉斯地蒙前往雅典[70]，伯里克利力言一項法律規定，劈碎或拋棄已經登錄律令的木牌是違法的行爲，有一位名叫波利阿西斯(Polyalces)的使者說道：「好吧！不要丟掉把它翻個面也行，我想法律不會禁止這樣做吧！」雖然這種講法可以讓人得到啓示，還是未能改變伯里克利的決心。所以會出現這種狀況，很可能是他對麥加拉人懷有秘密的憎惡或私人的仇恨；不過，爲了公報私仇起見還是提出冠冕堂皇的指控，說是在雙方的邊界有塊聖地[71]，他們擅自將其中部分土地據爲己有。他提出議案獲得通過成爲律令，派遣傳令官分別到麥加拉和拉斯地蒙，譴責麥加拉人的行爲；這種方式所顯示的態度，看來像是要對問題做公平和友善的解決。

後來，派往麥加拉的傳令官安塞摩克瑞都斯(Anthemocritus)死亡，大家認爲他被當地人謀害。查林努斯(Charinus)爲了實施反擊提案通過一項律令，宣布兩個國家處於絕不和解和永遠仇恨的敵對狀況，任何麥加拉人進入阿提卡地區就要處死，將領的效忠宣誓還要加上一條，每年應對麥加拉國土進行兩次侵犯行動。他們將安塞摩克瑞都斯葬在色雷斯門附近，現在這個地點稱爲Dipylon就是「甕門」之意。

從另一方面來說，麥加拉人完全否認他們謀害安塞摩克瑞都斯[72]，把整個事件歸咎於亞斯帕西婭和伯里克利，特別舉出《阿查尼人》(Acharnians)[73] 中著名

---

70 斯巴達派遣使者到雅典，提出要求的事項：第一是雅典要驅逐那些被神所詛咒的人（就是塞隆這一派的後代，伯里克利在母系方面有親屬關係）；第二解除波蒂迪亞之圍；第三讓伊吉納的居民獨立；第四是撤銷對麥加拉人的禁令，該律令禁止麥加拉人使用雅典的港口和市場。只要雅典人答應這些條件，戰爭就可避免。伯里克利向雅典人表示個人的意見：「不論拉斯地蒙人提出那些條件，都是遮人耳目的藉口，真正的理由是他們畏懼和憎恨雅典共和國的強盛和繁榮。所以我建議給他們以下的答覆：我們願意撤銷禁令讓麥加拉人使用我們的港口和市場，先決條件是斯巴達同時要對我們和盟邦，停止執行禁止外人入境的法令；我們同意盟邦獨立，只要他們在簽訂和約的時候具備獨立的地位，同時斯巴達也要允許他的盟邦獨立，各自擁有所意願的政府，而不是屈從於斯巴達利益的政府；我們願意依照和約明文規定，將雙方的爭執提交仲裁；最後，我們不會發動戰爭，但是會堅決的抵抗。」

71 這塊草地位於麥加拉和雅典的邊界上面，在伊琉西斯的神秘祭典中，奉獻給穀物女神德米特和祂的女兒珀西弗妮，因而視爲聖地。

72 修昔底德沒有提這位傳令官的事件，然而可以確定麥加拉人犯下謀殺的罪行，得到的懲罰延續很多代，哈德良皇帝給希臘城市的恩典和特權，都將麥加拉排除在外，這已經是五個世紀以後的事。

73 《阿查尼人》是雅典喜劇家亞里斯托法尼斯的偉大作品，完成於425B.C.，在黎尼亞(Lenaea)的競賽中贏得頭獎。

詩句爲證：

> 我國的惡少潛往麥加拉，
> 搶走該城的名妓希美莎；
> 麥加拉人的冒險更精采，
> 擄去娼家兩位佳麗抵債。

31 產生爭執的眞正原因已經很難查明，未能廢除仇恨麥加拉人的敕令，這筆帳應該算在伯里克利頭上；有些人提到他的斷然拒絕出於當前的需要，著眼於國家利益的崇高情操；因爲他認爲拉斯地蒙人的要求，在考驗雅典人的順從態度，稍有退讓便是示弱的表現，好像是不敢不遵從他們的指示。還有些人的看法，認爲他出於傲慢剛愎和好大喜功的心理，利用機會來藐視拉斯地蒙人，趁機表現自己的實力。

這次戰爭最惡劣的動機[74]，已經由很多的學者專家予以證實，大致狀況如下所述：前面提到雕塑家菲迪阿斯負責製作密涅瓦(Minerva)的雕像，他與伯里克利建立友好的關係深獲寵信，因而樹敵甚多遭到嫉妒和誹謗；於是他們拿菲迪阿斯作爲試驗品，想要知道涉及到伯里克利的案件，人民會有什麼反應和判決。他們收買菲迪阿斯手下一名工人門儂(Menon)，安排到會場提出陳情，要求在揭發和指控菲迪阿斯的時候，能夠由公家提供安全的保護。人民接受他陳述的案情，並且在市民大會進行審判程序，發現菲迪阿斯沒有犯下竊盜或中飽的罪行。因爲他打開始就聽從伯里克利的建議，雕像上面所使用的黃金，用非常巧妙的手法加以鑄造和鑲嵌，必要的時候可以全部拆卸下來，然後稱出確實的重量。現在伯里克利要原告按照這個辦法去測試，可以還被告一個清白。

菲迪阿斯的作品享有舉世的讚譽使他受到很多人的嫉妒，尤其是雅典娜女神的盾牌上面所雕塑的亞馬遜人(Amazon)之戰，他把自己的像也刻在上面，一個禿頭老人用兩手將巨石高高舉起[75]；還有伯里克利極其精美的浮雕正在與亞馬遜人

74　伯里克利看到他的朋友都受到檢舉和告發，害怕自己很快受到起訴，所以對伯羅奔尼撒人採取絕裂的行動，使得人民的注意力全部轉向戰爭。

75　他們對這個過於前衛風格的作品深表不滿，認爲不合於古老歷史的眞相，羞辱到雅典的榮譽，對奠基者帖修斯是一種冒犯。

作戰，運用巧妙的設計使他的手把長矛舉在前面，正好把臉孔遮蓋一部分，好像是存心要加以掩飾，但是從兩側看過去非常的清楚。

菲迪阿斯被關進監獄，後來因病亡故[76]；也有人說他被伯里克利的敵人毒斃，目的是讓人以為伯里克利在殺人滅口，使大家可以造謠生事，至少也使他受到猜疑。於是人民接受格利康（Glycon）的提議，告發者門儂可以免繳丁稅和關稅，命令將領給予保護不得受到傷害。

32 就在這個時候，亞斯帕西婭以褻瀆的罪名受到傳訊，原告是喜劇家赫米帕斯（Hermippus），同時還控訴她在家中招蜂引蝶[77]，找一些自由奴出身的婦女供伯里克利尋歡作樂。戴奧披昔斯（Diopithes）通過一項律令，凡是忽略宗教信仰或是對上界事物倡導新理論的人士，應該提起公訴，拿安納克薩哥拉斯作為幌子，把嫌疑直接指向伯里克利。人民受理這些控訴和請願，後來在德拉康泰迪（Dracontides）的動議之下，通過一項律令，伯里克利應將歷年花費的公款，在元老院的委員會中提出報告，這些審判官從阿里奧帕古斯會議的聖壇領出投票板[78]，要城市來審查和判決本案。哈格儂（Hagnon）將律令最後的條文刪除，要由1500位陪審員來審判本案，至於這個起訴的性質是侵占罪、受賄罪還是任何類型的瀆職罪，一概不予理會。

根據伊司契尼斯的說法，經過伯里克利的懇求，亞斯帕西婭得以無罪開釋。他在審問的時候流了很多眼淚，親自向陪審員代她求情拜託。他生怕安納克薩哥拉斯受到拖累[79]，所以安排他離開城市。整個菲迪阿斯案使他與人民的關係很緊張，非常害怕會受到彈劾，結果他把原來還在緩緩悶燒的衝突局勢，煽動成為舖

---

76 根據某些人士的說法，菲迪阿斯受到放逐的處分，他在流亡期間完成偉大的作品奧林匹克山的朱庇特神像。

77 有些學者懷疑是否會發生訴訟，很可能是赫米帕斯在他的一齣戲中提到這個問題，就被歷史學家認定確有其事。大家認為阿斯帕西婭的職業是賣淫或身為鴇母，不能夠參加宗教的祭典和儀式，違反者被控褻瀆神聖的罪名。

78 在一些特別重大的案件中，先要舉行莊嚴的儀式，然後陪審法官（身兼法官和陪審員的雙重職責）到祭壇去領投票板或選票，投入指定的大甕中，再根據多數決做出有罪或無罪的判定，有時用白豆或黑豆來表示。

79 安薩克拉哥拉斯主張「一神論」，認為唯有全智的神，才能使世界脫離混沌的狀況，昇華為美好的架構。這種論點能夠形成主流，最後的決定還在人民，伯里克利是他的學生，所以會反對那個時代的多神論。

天蓋地的熊熊戰火，希望借重戰爭的手段，消散這些怨言和指控，安撫他們的猜忌和疑慮。城市在緊急狀況下為了處理重大和危險的事務，人民總是將重責大任託付給他，完全信賴他的領導和指揮，因為只有他具有強大的權勢和堅定的意志。伯里克利基於這個緣故，不願雅典人同意拉斯地蒙人所提出的要求，至於這種說法的真實性如何，很難定奪。

33 拉斯地蒙人的打算很簡單，他們認為能把伯里克利弄垮，就可以對雅典人予取予求，如同修昔底德告訴我們那樣，拿來罷黜伯里克利的藉口，是說他遺傳母系方面的惡習。拉斯地蒙人傳達信息所獲得的結果與預料完全相反，雅典市民對於伯里克利不但沒有猜疑和責難，因為他是敵人最痛恨和畏懼的人，對他更加的信任和敬重。為了免得中了敵人反間之計，在阿契達穆斯率領伯羅奔尼撒人入侵阿提卡之前，伯里克利預先向雅典人提出說明，如果阿契達穆斯蹂躪全國所有地區，唯獨放過他的產業，並不是念及雙方的友誼或情分，而是為他的敵人炮製誹謗的口實；所以他要將全部產業包括土地和房屋，奉獻給國家充為公用。

拉斯地蒙人和盟邦組成的大軍，在阿契達穆斯王的指揮下侵入雅典的疆域，鐵騎所到之處全部化為焦土，進展迅速在阿查尼（Acharnae）[80] 紮下營寨，他們預料雅典人無法坐視，會為國家和個人的榮譽出兵決一死戰。伯里克利認為冒著國破家亡的危險，去與6萬全副武裝的伯羅奔尼撒人和皮奧夏人（Boeotians）對陣迎擊，是一件得不償失的事；就是兵力的懸殊才有第一次的入侵行動。他對於那些一心盼望作戰，以及不滿或憂心時局的人，只有極力的安撫，並且一直勸說：「樹木砍伐一空，短期栽種成材；國家百年樹人，損失無法彌補。」

他不再召集人民開會，怕他們逼他做出違背自己判斷的行動，但是，他像船上技巧高明的舵手，突然在大海遭到暴風雨，就會妥善安排所有的工作，督導完成索具和器材的緊定和繫牢，充分發揮自己的本領，照料船隻安全的行駛，對於暈船和畏懼的乘客所流下的眼淚和乞求，一概置之不理。因此，他將城門關閉，重要的位置部署守軍以策安全，一切作為遵照自己的理性和判斷；很多人高聲反對尤其是他的守勢作風引起大眾的憤怒，他完全視若無睹。雖然有很多朋友一直對他提出請求，許多政敵對他的做法不斷加以威脅和責難，還有很多人寫出歌謠和諷刺

80　阿查尼是個自治市鎮，離開雅典只有1500步。

的詩文，誹謗的辭句在全城各處流傳，譴責他用懦夫的態度來行使將領的職權，成
爲馴服的俘虜好把一切拱手讓給敵軍，然而他還是保持堅定的立場，不爲所動。

　　克利昂（Cleon）[81] 也是抨擊者之一，利用人民對伯里克利感到憤懣不平，作爲
爬升領袖地位的階梯，如同赫米帕斯的抑抑揚格詩句所述[82]：

> 牧神無意動干戈，
> 嘵嘵不休可奈何；
> 言辭激勵雖英勇，
> 行動退避惟怯懦。
>
> 英雄發誓不罷休，
> 沒齒難忘奪志仇；
> 鎮日磨礪壯士劍，
> 翻掌砍下惡賊頭。

34 伯里克利對於所有的抨擊絲毫不以爲意，很有耐性接受一切誹謗，
保持不予爭辯的態度，容忍人們的汙衊和反感。他派遣有100艘戰船
的艦隊前往伯羅奔尼撒，本人沒有統領軍隊仍舊留在後方，親自照料國內事務，
將全城置於嚴密的控制之下，直到伯羅奔尼撒人拔營退走。然而伯里克利爲安撫
人民在戰爭中所受的勞累和困苦，就將公家的錢財發給他們，並且規定對新占領
的土地要重新分配。伊吉納（Aegina）的居民全部被趕出家園，整個島嶼用抽籤的
辦法成爲雅典人的產業。他給敵人施加的報復也能帶來一些慰藉，那支駛往伯羅
奔尼撒的艦隊，蹂躪大片敵國的地區，掠劫許多鄉鎮和較小的城市。他親自領軍
從陸路入侵麥加拉人的國土[83]，大肆摧毀和破壞的行動。整個戰局非常明顯，伯

81　就是這位克利昂受到亞里斯托法尼斯的諷刺。克利昂在市民大聲疾呼，運用政治的勾心鬥
　　角，竟然任命自己爲統兵的將領。

82　克利昂在伯里克利過世後成爲顯赫的人物，極力鼓吹要對伯羅奔尼撒人發起戰爭，直到
　　422B.C.他在安斐波里斯亡故爲止；修昔底德不齒他的譁眾取寵，亞里斯托法尼斯對他的浮
　　誇、貪婪和莽撞，多方給予諷刺和嘲笑，特別在他的喜劇《武士》（*Knight*）有露骨的描寫。

83　拉斯地蒙人在秋天開始撤軍，伯里克利才發起入侵的行動，這年冬天雅典人爲第一次戰爭陣
　　亡的將士，舉行盛大的國葬典禮，伯里克利發表演說，全文登錄在修昔底德《伯羅奔尼撒戰

羅奔尼撒人從陸路給雅典人帶來災難，同樣要從海上接受雅典人的損害，這樣一來戰事不會拖很久；只要沒有超自然的力量橫加干涉再生枝節，誠如伯里克利最初的料想，混亂的局面很快就會結束。

首先是一場傳染病或瘟疫襲擊整個城市[84]，年輕的精英夭折殆盡使得國力殘破不堪。他們的身體非常虛弱，心靈受到刺激發生很大的影響，竟然如同瘋子用絕裂的態度反對伯里克利，像是精神錯亂的病人對自己的醫生或父親痛下毒手。他們聽取敵人的說辭，認為疾病發生的原因，在於大量農村居民湧入城市，到了氣候炎熱的夏季，以前他們生活在戶外純淨而舒適的環境之中，現在很多人擠在極其狹小空間，住處是簡陋而又令人窒息的房舍，每天過著懶散怠惰和足不出戶的日子。他們把這一切都歸罪於伯里克利，是他在戰爭開始的時候將大量人民遷入城內，像圍在獸檻裡的牲口過著無所事事的生活，沒有辦法改變大家的環境也不能使心身保持健康，彼此在相互傳染之中斷送性命。

35 伯里克利的意圖是要減少天災的損害，也要讓敵人無法過舒適的日子；完成150艘戰船的備便，上面裝載大批久經戰陣的步卒和騎兵，這支龐大戰力即將啟航，給雅典人民帶來戰勝的希望，也讓敵人為之震驚不已。等到所有的船隻完成人員的配置，伯里克利也登上他那艘戰船，突然之間發生日蝕，天昏地暗使得大家極為恐慌，這種狀況被視為極為不祥的凶兆。伯里克利看到舵手非常緊張以致手足無措，便拿著自己的斗篷蒙住他的面孔，讓他無法看到外面的東西，然後問他是否受到重大的傷害，或者是否會產生受害的感覺；舵手的回答是沒有。他說道：「除了造成黑暗的東西要比斗篷大得多以外，這兩種現象又有什麼不同呢？」這是哲學家向學生講述的傳聞軼事[85]。

不過，等到伯里克利出海以後，所獲得的成果無法滿足大張旗鼓的準備工

(續)————————————————————

　　史》第2卷。

84 修昔底德為這場瘟疫留下非常詳盡的記載，尤其對起因、現象、徵候、傳染、醫療、免疫和影響，根據第一手的資料，描述極其精確和客觀，可以參閱《伯羅奔尼撒戰史》第2卷：戰爭第二年；瘟疫及其影響。

85 按照修昔底德在《伯羅奔尼撒戰史》第2卷第28節的記載，發生日蝕的日期是431年8月3日B.C.，蒲魯塔克為了使時間能與伯里克利的指揮相吻，同時還杜撰斗篷的故事，所以將日蝕的時間改為430B.C.。事實上，蒲魯塔克從安納克薩哥拉斯的解釋，知道日蝕是月亮的陰影所造成，他之所以運用這種說法，表示伯里克利是天意所歸的領袖。

作，當他圍攻聖城伊庇道魯斯(Epidaurus)[86] 的時候，最初有希望接受的敵軍的投降，後來因為疾病流行以致功敗垂成。瘟疫不僅襲擊雅典人，只要與這支軍隊發生接觸的人都受到感染。經過這次的事件以後，他發現雅典人對他極為反感，不滿之情溢於意表，他也只有試著竭力給予安慰和鼓勵。他無法平息或緩和憤懣的情緒，或是用言辭來說服或打動他們，最後市民行使權利舉行投票做出裁定，罷黜他的職位並且課以大筆罰金，至於數額的大小大家說法不一，不會少於15泰倫，有人認為高達50泰倫之多。整個案件的起訴，按照艾多麥紐斯的說法是克利昂，狄奧法拉斯都斯說是西邁阿斯(Simmias)，然而潘達斯人赫拉克萊德認為是拉克那蒂達斯(Lacratidas)。

36 等到全案結束，公事所產生的困擾能夠平安過關，人民的情緒在審判中獲得發洩，就像螫人的毒刺已經留在傷口。他的個人狀況非常悲慘，許多親密的友人在瘟疫期間過世，他的家庭長久不和而且離心離德，詹底帕斯是最年長的兒子也是合法的繼承人，不僅生性奢侈而且娶了一位揮霍無度的妻子，就是伊庇利庫斯(Epilycus)之子泰桑德(Tisander)的女兒。他對伯里克利極為不滿，因為做父親的非常節儉，給他的費用數額很少而且要分幾次支付。有天他派人到一位朋友家中用他父親伯里克利的名義借錢，藉口是奉命行事。等到這個人前來索還欠債，伯里克利非但不願代為支付，反而採取法律行動。詹底帕斯是個沒有閱歷的年輕人，覺得個人受到不公平的待遇，於是公開詆毀自己的父親。首先用嘲笑的口吻，提到伯里克利在家中的言行態度，還有與來訪的詭辯家和學生弟子之間的交談狀況。

詹底帕斯曾經舉出一個例子，像是有位五項運動的選手，投擲標槍不幸擊中並殺死法爾沙利亞人(Pharsalian)厄庇蒂穆斯(Epitimus)；他的父親竟然花整天的時間與普羅塔哥拉斯(Protagoras)進行煞有其事的討論，要是按照最嚴謹和最正確的道理，究竟應該是這根標槍、還是擲標槍的選手、還是安排這項比賽的主持人，要負起不幸事件的責任。此外，根據司提辛布羅都斯的說法，詹底帕斯本人將涉及妻子的醜聞傳播出去，使得眾所周知。這位年輕人與他的父親之間的衝突和爭

---

86 這座城市位於亞哥斯地區，奉獻給醫藥之神埃斯庫拉庇斯(Aesculapius)，所以蒲魯塔克稱為聖城，拉柯尼亞有一個同名的城市，以示有所區別。

執，永遠沒有能夠和解，詹底帕斯在瘟疫流行期間因病去世。

伯里克利在這段時期還失去姊妹、大部分的親戚和朋友，以及那些協助他處理政務最有成效的人士。然而，這些厄運並沒有讓他感到消極或氣餒，崇高的精神和偉大的心靈也不會因而受到背棄或抑制；直到他失去唯一有繼承權的兒子為止，從沒有看到他流淚或哀悼，甚至不參加任何一位朋友或親戚的葬禮。雖然他為喪子的打擊所壓倒，還要竭力保持平素的態度，一種超然物外的寧靜和克制；可是，當他遵行喪禮的儀式，把花環戴在死者頭上的時候，見到情景使他難以自禁，高聲痛哭，涕泗滂沱，在他一生之中從未如此失態。

37 城市把將領的作戰指揮能力和政客的行政管理能力進行檢驗，發現沒有人像他那樣具備足夠的分量，可以負起重責大任，也沒有人像他那樣擁有足夠的權威，可以託付軍國之事；所以他們為了怕失去伯里克利而後悔，於是再度請他出山，擔任最高職位負起決策和執行的責任。不過，他還是留在家中心情極為悲傷和沮喪；這時亞西拜德斯和一些朋友勸他出現在人民的面前，大家看到他以後，就為過去固執和偏頗的態度向他致歉，於是他願意重新主持政務。等到他被選為將領以後，提出建議廢除有關子女不具市民身分的法律，以免他的姓氏和家族因缺乏合法的繼承人而絕滅；然而這項法律是過去在他的建議下制定。

經過的情形有如下述：很多年以前，伯里克利在政壇獨掌大權的時期，還有幾位可以合法繼承的兒子，於是他提案制定一項法律，真正的雅典市民應該是生他的父親和母親都是雅典人[87]。後來，埃及國王贈送雅典4萬蒲式耳小麥，這項禮物應該分配給全體市民，於是依據那項法律對很多人提出控訴，說他們不具備合法市民的身分；有關這類問題在過去並不注意，一旦重視使得很多人受到偽證的指控。結果是有將近5000人受到定罪被出售為奴[88]，經過召集通過鑑定，視為真正的雅典人保有市民身分的數目，一共是1萬4040人[89]。

87　按照蒲魯塔克在第四篇〈提米斯托克利〉開始的敘述，有關市民出身的法律制定的時間是在伯里克利之前。不過，伯里克利在執行的時候比過去更為嚴格，主要的目的為了對付西蒙，因為他的子女都是半血統的身分。

88　非婚生子女的身分倒不至於將一個人貶為奴隸，他的法律地位只能算是外國人。

89　雅典人真是膽大包天，憑著這麼少數量的市民，就敢到海外拓展殖民地，冒犯四周的鄰邦，

事情看來很奇怪，一項曾對很多人嚴格執行的法律，現在竟被制定者所廢止。伯里克利在家庭生活所受的痛苦和不幸，能夠排除一切反對的意見，雅典人對他瀰漫著憐憫之情，認爲他過去的傲慢和蠻橫，在目前的損失和災禍中付出足夠的代價。他們覺得這種慘痛的遭遇應該給予撫慰，甚至要爲他發出氣憤的呼聲；他的要求雖然是一人提出卻得到眾人的贊同，允許他的兒子列名家譜，擁有他有姓氏取得合法的身分。後來這位繼承人在阿吉紐西(Arginusae)海戰中大展身手，擊敗伯羅奔尼撒的艦隊，然而連同其餘的將領都被市民大會處死[90]。

38 伯里克利就在他的兒子得到合法身分的時候，好像已經感染到瘟疫，不像別人那樣來勢洶洶，是一種拖延時日的慢性病，經常出現各種變化，逐漸耗損他的體力，就連崇高的心靈也都受到影響。狄奧弗拉斯都斯在他的著作《論道德》(*Ethics*)裡面，討論人類的本質是否會隨著環境而改變，以及道德的習性受到病骨支離的困擾是否會背離美德的法則，特別提到伯里克利在患病的時候，曾經將婦女掛在他頸上的符咒指給一個探病的朋友看。狄奧弗拉斯都斯表示的意思，是說伯里克利的病情很沉重，所以才屈從於愚蠢的迷信。

就在伯里克利彌留之際，雅典的首腦人物和那些倖存的友人圍坐在他四周，讚譽他那偉大的德行、無上的權威、卓越的功勳和輝煌的勝利，他擔任主將征討敵人，爲雅典建立的凱旋紀念碑就有九座之多。大家在談論這些事情的時候，以爲他已經神智模糊，無法理解或是聽不清楚他們所說的話；然而，他一直在聆聽，對他們說出的話一句都沒有遺漏。伯里克利大聲向他們說道，他感到非常奇怪，爲什麼他們對一些風雲際會的虛名，始終沒有忘記稱讚，其他的將領都可以創造這樣的事功；反而對他最卓越和最偉大的成就，不是沒有提到就是置之不理。他說道：「沒有一個雅典人因爲我犯下錯誤而白白犧牲性命。」

（續）

　　侵略外國的領域，甚至還要建立萬國景仰的君主國。

90　雅典有10位將領參加這次海戰，他們在獲得勝利以後接受審判，8位被判有罪，6位立即處死，自然包括伯里克利的兒子在內，起訴的罪名是作戰中拯救落水人員不力，以及未埋葬陣亡者的屍體。色諾芬(Xenophon)在他的《希臘史》中用很長的篇幅說明此一事件的來龍去脈；發生的時間是凱利阿斯(Callias)出任執政官之年，即奧林匹克93會期第2年(407B.C.)，伯里克利逝世後第24年。哲學家蘇格拉底當時任五百人會議常務委員，爲了此事拒絕履行應盡的職責。

39 他真是一位值得舉世讚譽的人物，不僅能在公務繁忙和怨謗叢生之際，始終保持公正而寬厚的作風；特別是具有崇高的精神和靈性，從而產生一以貫之的榮譽，就是在行使巨大權力的時候，不會受到嫉妒或憤怒這類激情的影響，更不會把反對他的人當作永難和解的仇敵。我個人認為基於這種特質，使得原本視為幼稚和倨傲的頭銜具有恰如其分的含意，他的從政處於權勢最高和地位最隆的時期，表現出實事求事的習性和純潔無私的人格，對於「奧林匹亞山神」的稱呼，的確可以當之無愧。我們將這些神明譽為宇宙的主宰，一般人的概念認為他們是「諸惡不作，眾善奉行」。那些詩人的看法可能有所不同，他們用無知的幻想來迷惑世人，何況寫出的詩文和傳奇還充滿矛盾。詩人說奧林匹克天神的住處是一個安詳和寧靜的地方，沒有絲毫的危險和動亂，遠離風雲變幻的襲擾，接受純淨光輝的普照；好像只有這樣的天庭，才能適合永垂不朽的神性；然而在另一方面，他們描述那些神明充滿煩惱、仇恨、憤怒和種種極其暴烈的激情，任何世間有識之士都不會落到那種地步。這方面的問題不宜在這裡討論，應該留在別處再談。

伯里克利逝世以後，公共事務的處理很快受到明顯的影響[91]，人民對這種損失難以忘懷。有些人覺得他生前位高權重，相形之下大為失色，難免心生不滿，等到他謝世以後，再驗證其他的政治人物和民意代表，大家一致對他佩服得五體投地，認為國家處於高度危險的狀況，他能表現出溫和與自制的節操；國家在四海昇平的時候，他能保持自己的尊嚴和意念。唯我獨尊的絕對權力，過去他們稱之為君王或僭主，現在視為公眾安全的主要保障；可以用來約束各種罪行，保持在影響甚微或不引人注目的狀況，阻止放肆和縱容到達難以收拾的極致[92]；不像後來隨著他的過世，貪污腐化風行一時，各種罪惡極其猖獗，風氣敗壞到不堪聽聞的局面。

91　伯里克利死於伯羅奔尼撒戰爭第三年，奧林匹克87會期第4年即429B.C.秋天。

92　伯里克利在世的時候，共和國在痼疾纏身之餘，經過他的治療能夠緩和下來，但是他拿金錢來賄賂人民，以及過分抑制政府的公權力，終於自食惡果。

第二章

費比烏斯‧麥克西穆斯(Fabius Maximus)

275-203B.C.，第二次布匿克戰爭羅馬將領，
對抗漢尼拔，運用持久戰確保羅馬安全。

1 伯里克利平生讓人懷念的事蹟敘述完畢，我現在要著手撰寫費比烏斯的傳記。據說第一位費比烏斯是海克力斯和山林仙女的兒子，有人說他的母親是本地女子，在台伯河畔把他生了下來，成為後裔眾多而且名聲顯赫的費比烏斯家族的始祖[1]。有些學者認為這個家族最早的稱呼是Fodii[2]，那是因為當初的族人喜挖掘陷阱捕捉野獸，一直到現在，拉丁文的fodere意義是「挖掘」，而fossa就是「壕溝」；後來將中間的字母加以改變，他們的姓氏就成為Fobii。這些傳說是對是錯姑且不論，談起這個家族產生很多偉大的人物，倒是千真萬確的事。第一個為家族獲得麥克西穆斯光榮姓氏的族人是費比烏斯‧魯拉斯(Fabius Rullus)[3]；我現在所提的費比烏斯是第四代的後裔。

他有個綽號叫做維魯科蘇斯(Verrucosus)，因為他的上唇長了一個「疣」，童年時候還有一個暱稱奧維庫拉(Ovicula)即「羔羊」，因為他的性情極為委婉。他說話的語調非常遲緩，學習的過程漫長而吃力，就是與別的兒童一塊遊戲也都小心翼翼，無論與任何人相處都很順服聽命，好像自己從來沒有主張，很多與他沒有深交的人認定他愚蠢遲鈍，一無是處；只有少數人看出這種慢條斯理出於穩

---

1 這個家族在羅馬歷史中最著名的事件，是他們單獨對維愛人發起戰爭，有360名族人參加征討，中伏以後全部陣亡。費比烏斯家族的成員在羅馬居有最高的地位，有兩位各擔任七次執政官，成為膾炙人口的軼事。

2 根據普里尼的說法，Fabii這個字來自Fabis，意為「種豆者」，羅馬人中間有很多家族的命名與農耕有關；實在說，最早的英雄就是那些自己用手開墾土地的人。

3 費比烏斯‧魯拉斯曾經五次出任執政官，對於薩姆奈人、托斯坎人和其他部族的作戰，贏得七次重大的勝利。他獲得麥克西穆斯的稱號，不在於指揮官的軍事才華，而是執政官的品格風範。羅馬從建城以後，不斷有其他的部族參加，他把錯綜複雜的來源合併為四個部族，讓市民大會擁有最高權力。

重，進而發覺他有開闊的心胸和剛強的意志。等到他從事公務，這些優點很快表現得到發揮：過去大家總認爲他欠缺積極進取的活力，事實上是他的作爲不受情緒的影響；他的一言一行經過再三斟酌，完全是出於審愼恐懼的要求；他的行動不夠敏捷反應遲鈍，卻能讓人感覺到沉著和堅毅。

生存在偉大的國家，處於強敵環伺的局面，他憑著個人的智慧，認爲要拿軍事操作鍛鍊強壯的身體(這是天賦給羅馬人民的武器)，加強口才的訓練，建立與自己的生活和習性相符的風格，用公開演講說服民眾。他的雄辯沒有譁眾取寵的虛矯和言之無物的手法，內容極具見地，態度堅定有力，用詞發人深省，能與修昔底德的風範一較高下。現在還存有他的一篇葬禮頌辭，擔任執政官的兒子在任內過世，他在民眾面前發表的演說。

2 費比烏斯曾經五度擔任執政官[4]。他在第一次執政官任內，戰勝黎古里亞人(Ligurians)[5]獲得舉行凱旋式的榮譽；在決定性的會戰中擊敗這個強敵，把他們趕進阿爾卑斯(Alps)山在那裡獲得庇護，從此不再出來寇邊或掠劫鄰邦。等到後來，漢尼拔進軍意大利[6]，剛剛入境就在特里比亞(Trebia)河畔打贏一場重大的會戰[7]，獲勝的軍隊穿越托斯坎尼(Tuscany)地區，蹂躪四周的國土，使得羅馬人極爲驚慌恐懼。除了打雷閃電的平常現象以外，還出現一些前所未聞極其怪異的徵兆，使得民眾人心惶惶不可終日。

據說有些圓盾上面滲出鮮血；安廷姆(Antium)[8]這個地方，人們收割小麥的時候，發現很多麥穗像是浸在血液裡面一樣；火紅的石頭從空中如雨降落；法勒

4　費比烏斯第一次擔任執政官是在羅馬建城522年即232B.C.，第五次出任執政官是在第二次布匿克戰爭(218-201B.C.)第10年，即羅馬建城546年即208B.C.。

5　黎古里亞位於意大利北部，臨熱那亞灣，與法蘭西相鄰。

6　羅馬建城536年即218B.C.春天，漢尼拔率9萬名步兵和1萬2000名騎兵離開新迦太基城，先向厄波羅(Ebro)河前進，在加泰隆尼亞留下守備部隊，越過庇里牛斯山到達山外高盧，渡過隆河再從聖貝納德(St. Bernard)附近越過阿爾卑斯山，等到進入山南高盧平原，只剩下步兵2萬人和騎兵6000人。

7　218年12月B.C.，漢尼拔在特里比亞河岸，引誘森普羅紐斯接受會戰，先在正面加以牽制，然後使用騎兵主力繞過側翼，打擊在敵人的背面，羅馬軍大敗潰逃。雙方兵力：迦太基人是步兵2萬8000人，騎兵1萬人；羅馬人為步兵3萬6000人，騎兵4000人。

8　安廷姆現名安濟奧(Anzio)，位於羅馬南方約40公里，瀕臨第勒尼安海(Tyrrhenian Sea)，是一個重要的港口。

瑞人(Falerians)看見天門打開,飄下許多卷軸[9],有一個上面很清楚的寫著:「戰神要動手了!」執政官弗拉米紐斯(Flaminius)對這些奇特的現象,根本不予理會。這個人的性格急躁脾氣暴烈,最近違反元老院的敕令和同僚的勸告,與高盧人作戰獲得出乎意料的勝利,使他心雄萬丈,要與迦太基人一決高下。另外一方面,費比烏斯認為這個時機不宜與敵軍接戰:並不是他在乎那些異聞怪事[10],雖然聽到以後使人深感驚懼,過於荒誕超出理解能力之外,反而不必妄加推測;主要在於他發覺迦太基軍隊在兵力劣勢,以及金錢和補給不足的狀況下,身為主將的漢尼拔想要率領久歷兵戎的隊伍,達成速戰速決的目標。他認為不應主動迎擊敵軍,而是盡力援助盟邦,切實控制所屬各個城市的活動,讓漢尼拔的力量像燃燒的火焰,由於燃料供應不繼而自動熄滅。

3 這些強有力的理由無法說服弗拉米紐斯,他公開宣稱絕不容許敵軍迫近都城,更不能像過去的卡米拉斯(Camillus)那樣,在城垣之內為保衛羅馬而奮戰到底。他下達命令要護民官集結軍隊進入戰場,當他領軍出發的時候,剛剛騎上馬背,不知什麼原因那匹馬受到刺激驚惶不已,猛烈跳動把他頭朝下摔在地面[11]。他還是不以為意,按照原定計畫出兵,進軍去與漢尼拔交鋒,當時迦太基軍隊部署在托斯坎尼的特拉賽米尼(Thrasymene)湖[12]附近。

兩軍正在接戰的時候,正好發生一場強烈地震,有些城鎮受到摧毀,河流改道,高崖塌落,然而戰鬥部隊對於這場天災,好像沒有任何感覺。弗拉米紐斯在這場會戰中,雖然能夠表現出堅強的意志和英勇精神,最後還是戰死沙場;軍隊裡面最勇敢的戰士也都陣亡在他的四周,被殺的官兵有1萬4000人,還有同樣的

---

9 蒲魯塔克在這裡留下15年的空白,實在說,費比烏斯的一生之中,這段時期沒有什麼建樹。漢尼拔進入意大利是在羅馬建城536年,他在特里比亞會戰擊潰森普羅紐斯之前,先在泰昔努斯會戰打敗西庇阿。

10 費比烏斯不為怪異之事所動,並不是他對這些不可思議的現象,抱著藐視的心理,就像他的同僚那樣,誠如李維所言,既不畏天命也不聽人言。費比烏斯的打算是希望這些怪異的事會激起神明的憤怒,使它對羅馬人不要產生任何不利的作用。

11 從馬上摔下來是不吉利的凶兆,接著另外有一個徵候也表示厄運。掌旗手要拿起插在地上的隊標,帶著隊伍開始行軍,他怎麼用力還是拔不出來。根據西塞羅的說法,馬匹受驚是常見之事,隊標用力打進地面,身體不夠強壯的掌旗手拔不出來,也沒有什麼可以大驚小怪的地方。

12 現在的名字叫做佩魯吉亞湖。

人數成為俘虜[13]。漢尼拔對弗拉米紐斯犧牲的精神非常欽佩，要為他舉行光榮的葬禮，遍尋遺體沒有找到，屍首的下落如何無人知曉。

前一次與漢尼拔在特里比亞河的接戰，無論是撰寫報告的將領或是傳送信息的專差，都不敢開誠布公的直言本末，只提到與一般會戰無異，雙方的損失大致相當。這次的狀況大不相同，法務官龐波紐斯（Pomponius）接到通知，馬上召開市民大會，對於事實絲毫不加掩飾或隱瞞，源源本本告訴大家：「啊！同胞們！我們吃了一個大敗仗，執政官弗拉米紐斯戰死沙場；請大家要想一想，為了維護安全應該怎麼辦。」這個信息像是在平靜的海面突然颳起暴風，他使全城的民眾立即陷入混亂之中，大家是如此的驚慌以致無法冷靜和沉著的思考對策；災難臨頭的危險最後還是將國人從夢中喚醒，經過合理的判斷和正確的決定，要選出一位笛克推多，運用職務所賦予的獨斷權力，配合個人的智慧和勇氣，妥善處理軍國大事。人民在一致贊同之下推舉費比烏斯負起重任：他的品格符合這個崇高的職位；他正當名聲顯赫的盛年，已經獲得豐富的經驗，尚未喪失積極進取的精力；他有強健的體魄足以執行竭盡心血智慧的計謀；尤其是他的性格是自信和審慎極其圓滿的組合。

4 費比烏斯出任笛克推多的職位以後，首先是委派盧契烏斯‧米努修斯（Lucius Minucius）出任騎兵指揮官[14]，然後向元老院提出請求，允許他在作戰的時候可以騎馬，按照羅馬古代的法律，將領不可以使用馬匹，一方面是羅馬人的主力是步兵，所以主將表示同甘苦起見，應該和大家一起步行，另一方面是讓統兵的將領知道，無論他們擁有多大的權勢，人民和元老院還是高高在上的主人，就這件事而言還是要得到他們的同意。費比烏斯為了樹立職務的權威，不僅要讓人民看到還要他們順服和從命，每次外出有二十四名扈從校尉攜帶權標列隊護衛[15]，

13　217年4月B.C.，漢尼拔率領軍隊到達特拉賽米尼湖的北岸，故意將營地設立在塞維留斯和弗拉米努斯兩軍之間，採用各個擊滅的方式，先設伏對付前者，然後再奇襲後者，幾乎使他全軍覆沒。據說只有1萬人逃出戰場，大多數帶傷，只有少數人能返回羅馬；有兩位母親很意外發現自己的兒子回到家中，但是很快氣絕身亡。

14　根據波利拜阿斯和李維的說法，米努修斯的名字不是盧契烏斯而是馬可斯，他不是費比烏斯所挑選，出於市民大會的指派。

15　扈從校尉擔任執政官或有軍事指揮權的將領的護衛，攜帶權標和斧頭，象徵有打殺的權力。扈從人數為12人，因為早年的伊楚斯坎有12個城市，每城派遣一位執法員為執政官服務。現

那位大難不死的執政官要來會晤，費比烏斯派人傳話給他，要摒除自己的扈從和權標，以私人身分前來相見。

他運用笛克推多獨斷專行的權力，第一件最重要的工作放在宗教事務方面：他向人民提出訓誡，羅馬最近慘遭敗績，並非士兵缺乏作戰的勇氣，而是將領忽略神聖的儀式。因此他勸告大家不要畏懼敵人，應該格外尊敬神明獲得上蒼賜予的恩典。他這樣做並不是出於迷信的心理，而是藉著宗教信仰來提升士氣，激發共同的理念，明瞭神明會保佑他們，減少對敵人的恐懼。他為了達成這項企圖，特別派人查閱《西比萊神諭集》裡神秘的讖言，尋找其中各項預測可以應用到當時的狀況和態勢，除了用來供自己參考以外並不向外面宣布。笛克推多當著人民的面發出莊嚴的誓言，要把全意大利無論高山或平原，下一季所生產的牝牛、山羊、豬和綿羊，全部當作祭品奉獻給神明；並且要舉行音樂遊行慶典，費用的金額應該正好是33萬3333塞斯退司加333又1/3笛納，換算希臘錢相當於8萬3583德拉克馬另2奧波。至於這個數目具備何種神秘性質，已經很難推斷，也許是為了顯示「3」這個數字的完美，第一個奇數和第一個複數之和，因而具備其他數字所有的性質。

5 費比烏斯運用這種方式使得人民相信神明的庇護，對未來充滿樂觀的希望；在另一方面，他自己建立很堅定的信心，認為神明將勝利和福氣贈給具備勇氣和智慧的人。等到做好這些準備工作以後，他出發去對抗漢尼拔。他的意圖不是交戰：藉著時間的拖延和持久，來消耗和磨損漢尼拔的鬥志和實力；用豐裕的資源來打擊缺乏給養的對手；用優勢的兵力來對付人數有限的敵軍。他懷著這種戰略目標，總是在地勢最高的位置紮營安寨，使得敵人的騎兵無法接近。他始終擺出亦步亦趨糾纏不放的態勢，敵進則進，敵止則止，維持不會被迫作戰的安全距離，使敵人處於高度警戒的狀況，無法獲得休養生息的機會。

採用遲滯作戰在營地引起猜疑，大家認為他缺乏戰鬥的勇氣；至於漢尼拔的軍隊對他的風評更是不堪入耳。只有漢尼拔一個人沒有上當受騙，不僅明白他運用的手段還清楚他策劃的戰略。他認為必須採取一切方法和力量，使得費比烏斯願意與他會戰，否則的話，迦太基人無法發揮占有優勢的戰具和士氣，又要不斷

(續)────────────────────────

在他擔任笛克推多擁有獨裁的權力，所以扈從人數是執政官的兩倍。

損耗居於劣勢的兵力和財富，最後必將難逃失敗的命運。漢尼拔決心運用戰術的作為和手法，打破費比烏斯所形成的僵局，迫得他出兵接戰；就像一個技藝高明的角力手，不放棄任何可能的機會，近身搏鬥制伏對手。他不時發起攻擊行動，或是轉移費比烏斯注意的目標，或是將他引到不同的方向，竭盡一切努力要誘使他放棄「全軍為上」的策略。

　　所有這些計謀，雖然對於笛克推多堅定的判斷和信心毫無影響，可是對於普通的士兵，特別是那位騎兵指揮官，卻發生極大的作用。米努修斯膽大包天信心十足，明知時機不對還是急著要採取行動，遷就士兵不能忍耐的心理，給他們帶來狂野的激情和空幻的希望，然後用譴責費比烏斯來發洩不滿。他們把他稱為漢尼拔的「聽差」[16]，只會跟著行走隨侍左右，除此以外一事無成。大家讚揚米努修斯是唯一夠資格率領羅馬軍隊的將領，使得原本喜愛虛榮而又自負的米努修斯更為驚悍不馴，非常侮慢的嘲笑費比烏斯在山頭紮營的舉動，說他像是坐在戲院一樣，觀賞烽煙四起和滿目瘡痍的國家。米努修斯有時會故意去問主將的朋友，不斷帶著他們在山區裡面兜圈子，是否最後是想把全軍領到天上(因為留在人間已經沒有希望)，還是藏在雲霧裡面，好讓漢尼拔的軍隊找不到？等到友人向笛克推多轉述這些話，並且勸他要與敵人接戰，才能平息這些可恥的閒言閒語。費比烏斯回答道：

> 要是我害怕這些一無可取的責怪之辭，就放棄原本堅持的信念，比起他們對我的風評，豈不是變得更加膽小如鼠。為了國家的安全，心懷戒慎恐懼而步步為營，並不是可恥的行為；但是為了聽取別人的意見，順從外來的責備，接受不辨是非的強辯，背離自己既定的方針，那就表示這個人不夠資格擔當重責大任。因為身為笛克推多的使命是要掌控全局，改正錯誤，不能成為受人支配的奴隸。

6 過了沒有多久，漢尼拔出現一次嚴重的失誤。他為了使馬匹在良好的牧地獲得生養休息的機會，同時要讓軍隊能與敵人拉開較遠的距離，下令給嚮導將他們帶到卡西隆(Casinum)地區[17]。那些嚮導聽錯不正確的發音，引導全

16　有人諷刺費比烏斯是漢尼拔的冬烘老師，只會跟在旁邊搖頭擺尾，慢條斯理邁著方步。

17　漢尼拔蹂躪桑尼姆(Samnium)，搶劫賓尼文屯(Benevetum)周邊地區，這裡是羅馬的殖民地，

軍到達位於康帕尼亞（Campania）邊界的卡西利隆（Casilinum）城[18]，整個地區被洛斯龍努斯（Lothronus）河劃分爲兩個部分，羅馬人將這條河稱爲弗爾土努斯（Vulturnus）河。這片國土四周群巒圍繞，只有一道山谷通向海濱，氾濫的河水形成沼澤地帶和很高的沙堤，河流在險惡而崎嶇的海岸注入大洋。當漢尼拔向著那個地區進軍的時候，費比烏斯熟悉路徑，繞道走在他們的前面，派遣4000名選鋒占領山谷的出口，把漢尼拔的大軍堵住無法行動，並且將其餘的部隊部署在鄰近的山頭，處於非常有利的地位；同時派出一支輕裝部隊，前去襲擊漢尼拔的後隊，整個行動獲得很大的成功，殺死800名敵人，使得迦太基全軍陷入混亂。漢尼拔發現錯誤而且明瞭面臨的危險，馬上將這些嚮導處以磔刑；現在敵人占據有利的陣地，他發覺沒有突圍的希望；這時他的士兵開始沮喪和畏懼，面對無法克服的難關，已經被敵人緊密的包圍。

　　陷入絕境的漢尼拔運用死中求生的計謀，下令將營地的2000條牡牛集中，綁火把或乾柴在兩隻牛角上面，到了夜晚下達命令，將火把點燃起來，趕著大群的牛隻朝向高地進軍，這些制高點可以控領山谷的出口，上面配置著敵人的崗哨；等到一切按計畫執行，他率領全軍在黑暗之中很輕鬆地跟著牛群前進。那些牛隻開始能保持隊形用緩慢的步伐行走，火光照耀之下像一支在深夜行進的大軍，四周山上的牧人看到以後非常驚奇。等到火焰從牛角向下燒到皮肉，牛隻不能維持正常的步伐，劇烈的疼痛使得牠們獸性大發無法控制，開始四散奔逃，不斷搖幌牛頭把火爐抖落到身上，所到之處連樹木都在燃燒。高地擔任警戒的羅馬軍隊，看到這種景象難免大爲吃驚，那些火光像是行進的人手持的火把，以爲敵軍從各方面逼近，就要將他們包圍起來。於是他們撤離配置的陣地，放棄所控制的關隘，倉皇退到山上的營地。等到他們離開以後，漢尼拔的輕裝部隊馬上按照他的命令占有制高點，過不一會，全部軍隊和輜重也都到達，從隘口安全的通過。

（續）

　　　接著圍攻位於亞平寧山麓的城市泰勒西亞（Tilesia）；他發現採取報復行動還是攻占城市，都無法讓費比烏斯放棄位於高地的營寨，主動派軍救援或尋求接戰。漢尼拔施展欺敵作爲，率軍進入意大利最富裕的地區康帕尼亞，在笛克推多的注視之下，破壞整個地區的田園和鄉鎮，希望用這個強烈的誘餌，激起費比烏斯的決戰行動。如同蒲魯塔克所述，出於嚮導的錯誤沒有到達卡西隆平原，把他們領入卡西利隆的狹窄隘道，地形不利於後續的作戰。

18　卡西利隆位於卡普亞北方約20公里，拉丁納（Latina）大道和阿皮安（Appian）大道在此交會，是意大利南部兵家必爭之地。

7 費比烏斯在天還沒有亮之前就已發現漢尼拔的詭計，因為有些牛隻落到他的手中；害怕敵軍在黑暗中設下埋伏，整夜按兵不動在營地保持警戒，等到天明以後，馬上前去攻擊敵人的後隊，雙方在崎嶇的地面發生局部的接觸，混亂的態勢本來可以發展成全面的戰鬥，漢尼拔從前鋒調來一隊西班牙兵，身手極為敏捷靈活，攀登高山如履平地，施展犀利的攻勢襲擊甲冑鈍重的羅馬軍隊，殺死不少人馬，迫得費比烏斯不敢再追躡敵軍的行動。這樣一來，笛克推多更是受到大家的輕蔑和詬罵；事實非常清楚，不僅在作戰的勇氣方面，誠如他們在過去所說那樣差對方很多，就是他自以為可以結束戰爭的指揮、謀略和將才，也遠不如他的敵手。

漢尼拔為了使羅馬人增強對費比烏斯的憤恨情緒，向著他的產業所在地區進軍，下令焚毀和破壞所有的田園和房舍，不許損毀這位羅馬將領的財產，還要派兵加以保護。等到這些消息傳到羅馬以後，人民的反應發生漢尼拔所希望的效果。護民官受到梅泰留斯(Metilius)的慫恿，拿這件事來大作文章；梅泰留斯這樣做不是仇恨費比烏斯，而是基於他和米努修斯的友情，特別他們還有親戚關係，認為壓制費比烏斯就可以提高米努修斯的聲望。元老院這方面也為他與漢尼拔的換俘協議所激怒；雙方所訂的條件先是一對一交換，剩餘的俘虜每一名要付250德拉克馬銀幣的贖金[19]，在一個對一個換完以後，漢尼拔的手裡還有240名羅馬戰俘，元老院不僅拒絕付出贖金，同時指責費比烏斯簽訂協議，是違背國家的榮譽和利益，因為他要贖回的人，完全是出於怯懦才落到敵人手中。

費比烏斯聽到這個信息，拿出打落牙齒和血吞的忍讓態度；當時他的手裡雖然沒有足夠的錢財，還是下定決心要履行對漢尼拔的諾言，更重要是他不願放棄那些戰俘；他派自己的兒子到羅馬去賣掉田地，把所得的價款帶來充作贖金。他的兒子準時無誤辦完交代的事情，費比烏斯將俘虜從對方手裡贖回，其中有很多人後來想把支付的錢還給他，一律受到婉拒。

8 這段時間過去以後，費比烏斯被祭司召回羅馬，按照職務的規定協助辦理有關獻祭的事宜，只有把軍隊交給米努修斯指揮，在離開之前，不僅委派米努修斯擔任主將，同時還向他提出要求，就是在費比烏斯本人離職這段期

---

19 原文是兩磅半的白銀，羅馬鎊(用英鎊表示)相當於1邁納或100德拉克馬。

間，不要與漢尼拔交戰。米努修斯對於他的命令、請求和忠告全都置若罔聞，等到他轉身離去，新上任的將領馬上找機會攻擊敵人。米努修斯獲得斥候的報告，漢尼拔將大部分的軍隊派到外面去搜尋糧草，於是他進攻其中一支分遣部隊，結果大有斬獲，把他們全部趕回原來的營地，引起其餘部隊的驚慌，生怕羅馬人衝進去大事掠奪。等到漢尼拔將分散的隊伍召回營寨，米努修斯毫無損失地安全撤離[20]，作戰的成功使他增加倨傲和自負的心理，就是士兵也表現出極其狂妄的態度。

這個信息傳到羅馬，費比烏斯聽到以後表示，他最怕的事情就是米努修斯的躊躇滿志。羅馬人民在興高采烈之餘，前往市民廣場聆聽護民官梅泰留斯的演說。他對米努修斯的英勇大事讚揚，攻訐費比烏斯不遺餘力，指控他不僅缺乏勇氣而且有違忠貞之道。除了費比烏斯以外，他對其他重要和顯赫的人物也大肆抨擊，說是他們把迦太基人引進意大利，企圖用來絕滅人民的自由權利。他們為了達成目標，就把國家最高權柄交付在一個人的手裡，然而那個人的行事緩慢和一味拖延，使得漢尼拔有暇在意大利鞏固自己的地位，迦太基人民獲得充分的時間和機會，派出生力軍增援他的需求，得以完成征服的計畫。

9 費比烏斯走到人民的面前，對於護民官的指責毫無辯駁的意圖，僅是提出說明，要求盡速辦理獻祭的事宜，使他能夠趕快回到軍中去懲處米努修斯，因為米努修斯膽敢違背他的命令與敵人交戰。說完這番話以後，馬上使得人民相信米努修斯有喪失性命的危險，笛克推多擁有大權可以將人下獄或處以死刑。他們知道費比烏斯的個性溫和，平時不輕易動怒，一旦脾氣發作起來，恐怕很難安撫。當場沒有人敢出頭表示反對，只有梅泰留斯擁有護民官的職位，獲得法律的保障可以隨心所欲表達意見（笛克推多進行獨裁統治期間，僅僅護民官能夠保有原來的職權）。

他為了米努修斯大膽向人民請命，說是費比烏斯現在懷恨在心，他們不能讓米努修斯成為犧牲品，更不能讓他像孟留斯・托夸都斯（Manlius Torquatus）的兒子一樣，落到身首異處的可恥下場。想當年那位兒子違命出戰，雖然獲得大勝，意氣風發的歸營，仍舊被父親斬首示眾[21]。梅泰留斯向人民大聲疾呼要罷黜費比

20　據說米努修斯損失5000人馬，雖然敵軍的傷亡較重，比起他多不到1000人。

21　這件事發生在拉丁戰爭時期，大約是羅馬建城414年或340B.C.。

烏斯，剝奪他身為笛克推多的絕對權力，託付給更值得出任這個職位的人士，為著全民的利益而善盡個人的才能和職責。

這些意見在人民中間引起共鳴，要說完全免除費比烏斯獨斷專行的大權，還是無法到達那種地步。他們通過提案下達敕令，賦予米努修斯具有笛克推多同等的權威，用來指揮軍隊的作戰。這種方式在當時還沒有前例可援，雖然過了不久，坎尼（Cannae）會戰慘敗以後再度施用。當時出任笛克推多的馬可斯‧朱尼烏斯（Marcus Junius）正在軍中，人民在羅馬推舉費比烏斯‧布提奧（Fabius Buteo）為笛克推多，負責安排新任元老院議員，用來補充大量作戰陣亡所留下的位置；等他上任把空缺補足以後，馬上解散他的扈從校尉，沒有在旁護衛的隨員，置身群眾之中在市民廣場很安詳的走動，處理自己的事務。

10 費比烏斯的政敵擢升米努修斯給予同等的權力，認為已經給予費比烏斯很大的打擊，現在只有俯首聽命的分。他們對這個人的性格根本不了解：因為就費比烏斯的看法，政敵的愚行對他而言沒有造成任何困擾，就像戴奧吉尼斯（Diogenes）所持的態度，聽說有些人在譏嘲他時所做的回答：「笑罵由人笑罵，好事我自為之。」他的意思是侮辱要發生作用，才是真正的侮辱。費比烏斯的神色非常鎮靜，絲毫不放在心上，對於逆境甘之如飴，可以拿來證明哲學家一個論點：深明大義之士不計毀譽。他唯一感到煩惱的地方，是擔心這個極其惡劣的處理方式，會給米努修斯帶來機會，施展不計後果的軍事野心，因而損害到公眾的利益。

唯恐米努修斯的輕舉妄動馬上會陷入災難之中，他毫不聲張迅速趕回營地，竟然發現米努修斯為了新的職位趾高氣揚，共同的權力還不能讓他感到滿足，竟然要求輪流指揮全軍每人負責一天。費比烏斯斷然拒絕這項建議，同意將軍隊區分為兩部，認為每位將領全權指揮一半的軍隊，總比輪流指揮全軍要好得多。於是他把第一和第四軍團劃分給自己，第二和第三軍團交給米努修斯，協防軍和輔助部隊也由兩人平分。

米努修斯感到極為得意，不禁大肆吹噓，說是只有他能抑制笛克推多至高無上的權力。費比烏斯用溫和的言語提醒他，如果他還有一點智慧，應該知道鬥爭的對象是漢尼拔而不是費比烏斯。即使他想與同僚比個高下，也要用在羅馬這個城市上面，看看誰的服務更為勤奮和竭盡心力，免得將來受到批評，說是一個備

受人民厚愛和關懷的寵兒，奉獻國事的績效還不如遭到貶抑和屈辱的對手。

11 年輕的將領聽不進這番諍言，認爲不過是老年人謙沖爲懷的場面話。他立即率領所屬軍隊離開，自行另找位置紮營[22]。漢尼拔對於這些狀況瞭如指掌，一直在注意觀察，等待有利的機會。一個小高地位於漢尼拔和米努修斯兩軍之間，看來像是有利的位置，不難占領用來作爲營地；從遠處看過去，四周的田野非常開闊平坦，雖然有些不引人注意的溝渠和窪坑，肉眼很難分辨出來。漢尼拔只要願意，可以很容易占領那個地點，但是他一直讓它留下當作誘餌，預備在適當的時機，引誘羅馬軍隊出兵作戰。等到米努修斯和費比烏斯分手以後，他認爲有利的時機已經來到，就在夜晚派出相當數量的兵員[23]，配置在那些溝渠和窪坑裡面，清晨來臨以後卻派出少數分遣部隊，在米努修斯可以看到的狀況下，前去占領那個小高地。

果然不出所料，米努修斯上了大當，他首先派出輕裝部隊，然後又增加一些騎兵，要將前面的敵軍趕走。最後，當他看到漢尼拔親自出陣支援手下人馬的時候，便率領全軍到平原去列陣。米努修斯與高地上的敵軍接戰，忍受各種投射武器的襲擊，雙方的戰鬥在相當時間內維持勢均力敵的局面。等到漢尼拔發覺米努修斯全軍，已經落入他所布置的陷阱，背後正對著藏在低地的伏兵，於是他發出號令，埋伏的人馬從各處衝殺出來，喊聲震天在後背攻擊米努修斯的軍隊。這場奇襲帶來重大的傷亡，全軍陷入驚慌和混亂之中，米努修斯本人也失去信心，眼看手下一個一個部屬，全都無法面對危險奮戰到底，打算趕快脫身撤退。不過，要想安全離開已非易事，努米底亞(Numidia)騎兵部隊大獲全勝，正在這片平原上面縱橫飛馳，到處追殺落單逃亡的人員。

12 費比烏斯知道羅馬軍隊會遭到危險，從米努修斯的魯莽衝動和漢尼拔的詭計多端，早已預料會有事故發生。他一直使部隊處於全副武裝的狀況，隨時準備應付事態的變化；而且不信賴旁人，親自在營地前面觀察戰況的進展。當他看到米努修斯的軍隊被敵人圍得水洩不通，從他們的舉止驚措和

22　離開費比烏斯的營地大約是1500步（大約2公里多一點）。
23　埋伏的兵力是步兵和騎兵各5000人。

改變陣式得知，已經沒有抵抗的決心而是要脫離戰鬥。這時費比烏斯深深地嘆口氣，用手拍了一下大腿[24]說道：「啊，海克力斯！可悲的慘劇怎麼比我預料的來得更快；就他的性格來說，這種後果是遲早的事，米努修斯終究走上毀滅之路！」然後他下令擺出他的儀仗在前面引導，全軍隨著出發。他對大家說道：「我們必須趕快去援救米努修斯，他是一個英勇的戰士，熱愛自己的國家，他是為了急於作戰而深陷敵陣，雖然行事過於衝動，以後我們再勸他也不遲。」

費比烏斯率領軍隊向著敵人前進，首先清除平原上面的努米底亞騎兵，然後再去攻打那些從背後襲擊羅馬部隊的敵軍，殺死那些奮勇抵抗的步卒，對其餘的敵人喊話要他們趕快逃命，不然的話就如同先前的羅馬人一樣被包圍。漢尼拔看到戰局突然發生變化，費比烏斯根本不考慮已經老邁的年紀，發揮難以置信的精力，從陣列中打開一條血路向著山坡突進，要去與米努修斯會合。這位迦太基人的將領保持謹慎的作風，盡量克制自己的情緒，下令退兵，領著手下的人馬回到營地，讓羅馬人能夠安全撤走。據說，漢尼拔在這個時候用開玩笑的口吻向友人說道：「這片一直籠罩在山頭的烏雲，終究會變成襲擊我們的暴風雨，我不是早就說過這話嗎？」

13 費比烏斯在他的手下將戰場的戰利品收拾完畢以後，便回到自己的營地，沒有對他的同僚說過一句指責的重話。米努修斯把他的部隊集合起來，向他們說道：

> 辦理軍國大事而從不犯錯幾乎是人力所無法達到的要求；品德高尚的有識之士應盡的本分，是領受錯誤的教訓而謀求改進。我有理由埋怨流年不利，但是我更要感謝所遭遇的厄運，能在短短的幾個時辰之內，糾正我長期以來的過錯，給我一個難忘的教訓，不要做一個「既不能令，又不受命」的人。對於那個掌握勝利契機的長者，我們只有奉命不應抗拒；因此，從今而後，無論任何事情都唯笛克推多馬首是瞻；只有在對他表示感激這件事，我才是你們的領導者，除此以外，我永遠是第一個聽命從事的人。

24　荷馬提到希臘人在遇到麻煩的時候有拍打大腿的習慣，我們從聖經裡看到東方人也是如此。

說完這些話以後，他下令高舉軍團的鷹幟在前面引導，全軍隨著他前往費比烏斯的營地。當他走進營門的時候，士兵都為這個非比尋常的景象感到驚愕，不知道他的來意何在。等他快要走近笛克推多的帳幕，費比烏斯出來迎接，於是他馬上把鷹幟放在費比烏斯的腳前，高聲稱呼他為父親，他的手下也向費比烏斯的士兵致敬，稱他們為「恩主」，這是解放奴對贈給他們自由的人所用的尊稱。等到整個場面安靜下來以後，米努修斯說道：

> 啊！笛克推多，你今天贏得兩場會戰的勝利：一場是你靠著英勇的行動和領導的才能戰勝漢尼拔，另一場是你用智慧和仁慈贏得同僚全心的順服。前面這場勝利你保全我們的性命，後面這場勝利你使我們獲得教訓。我們從漢尼拔那裡遭到可恥的失敗，但是我們很高興輸在你的手裡，因為從而恢復我們的榮譽和安全。我稱你為仁慈的父親，除此我想不出還有更高尚的稱呼，即使是父親的賜與，也比不上從你那裡所獲得的恩惠。我的父親給了我個人的生命，你保全我和全體部下的生命。

他說完以後，就投入笛克推多的懷抱，雙方的士兵也都相互擁在一起，大家極為興奮流出歡欣的眼淚。

14 過了不久以後，費比烏斯辭去笛克推多的職位，按照從前的方式選出兩位執政官[25]。他們接替職務以後還能遵守原來的策略，指導戰爭的遂行：避免與漢尼拔展開正式的會戰，僅僅對盟邦提出援助，不讓那些城鎮倒向敵人的陣營。特倫久斯・瓦羅（Terentius Varro）[26] 的家世雖然清寒，膽大包天而且深受人民的喜愛，到了後來等他出任執政官，輕率衝動和愚昧無知的個性，以及孤注一擲的賭徒心理，使國家陷入危險的處境。他總是在市民大會中發表演

---

25 依據李維的記載，費比烏斯在6個月後結束笛克推多的職位，把軍隊的指揮權交給當年的執政官塞維留斯（Servilius）和阿提留斯（Attilius），後者是接替弗拉米紐斯的空缺，弗拉米紐斯在戰場被殺。蒲魯塔克採用波利拜阿斯的說法，執政官的選舉時間將近，羅馬人提名伊米留斯・包拉斯和特倫久斯・瓦羅為下一年的執政官，笛克推多解除原來的權責。

26 瓦羅是屠夫的兒子，年輕時候在父親的手下做事，等到發跡以後，拋棄這個身分低下的行業；他為了討好人民，支持護民官的暴亂行為，因而獲得執政官的職位。

說，羅馬要是還繼續派用費比烏斯之類的將領，戰爭將永無結束之日；而且大言不慚的宣稱，無論他在何處見到敵軍，當天就可以將他們一舉肅清，意大利再也見不到外人的蹤影。這些承諾產生很大的影響力量，竟能用來建立一支出征的大軍，人數之眾多爲羅馬前所未見，總共徵召8萬8000名戰鬥人員[27]；然而人民所表現的信心，只會讓見多識廣和深具經驗的人士感到驚慌，尤其是費比烏斯更加如此。要是這支由羅馬青年的精英所組成的隊伍，一旦葬身在戰場，就再也找不到足夠的人力用來保衛羅馬。

他們去同另一位執政官伊米留斯・包拉斯(Aemilius Paulus)商談。這個人的作戰經驗很豐富但是聲望不足，過去受到指控和處分因而對市民大會懷有畏懼之感，所以必須對他多方鼓勵，才會願意出頭反對同僚過於莽撞的行動。費比烏斯告訴他，如果他想貢獻一己之力報效國家，那麼反對瓦羅愚昧無知的求戰，較之抗拒漢尼拔處心積慮的挑釁更爲重要，因爲這兩件事的目標相同，都想用一場會戰來決定羅馬的命運[28]。費比烏斯對他說道：「談到有關漢尼拔的問題，照理說你應該聽我的意見，而不是讓瓦羅牽著鼻子走。我可以告訴你，如果今年還是拒絕開戰，漢尼拔的軍隊不是自行瓦解，就是他要主動率軍離開。當前的狀況看得很清楚，即使迦太基人獲得多次勝利，意大利的城邦或市鎮沒有一個投向他的陣營；據我所知，他們的兵力現在已經不到當初的三分之一。」

據說包拉斯在聽完這些話以後，對這群來人說道：「就我個人來說，寧可與漢尼拔決一死戰，不願再次忍受同胞的投票處分，因爲羅馬人民都在熱切期望你們所不贊成的行動；然而，這件事關係著全城的生死存亡，我對於戰爭的遂行和指揮，一定會遵照費比烏斯的意思來辦理，至於其他人的看法如何只有置之不理。」

15 雖然包拉斯的心中自有打算，還是不敵瓦羅的剛愎自用[29]。當他們兩人都留在軍隊的時候，瓦羅堅持全軍的統一指揮，兩位執政官輪流

---

27 羅馬通常每年召集4個軍團，每個軍團包括5000步兵和300騎兵，在緊急狀況之下，聯盟的拉丁城邦召集數量相等的部隊，所以總兵力到達4萬2400人；今年要加倍徵召，就是8個軍團，作戰部隊超過6萬人。

28 瓦羅認為最好的行動方案是消耗戰，極力延長戰爭的時間；漢尼拔的兵力居於劣勢，再拖下去會更加衰弱，在作戰經驗和士氣占優勢的狀況下，他竭盡諸般手段於求戰。

29 羅馬人根據行之多年的規定，兩位領軍出征的執政官，隔日輪流擔任作戰總指揮的職務。

負責一天，輪到瓦羅總領兵符，就把軍隊部署在漢尼拔附近，奧菲杜斯(Aufidus)
河岸一個名叫坎尼(Cannae)的村莊[30]。他在天剛亮就將一件猩紅上衣掛在帳篷上
面，這是發起會戰的信號。執政官的勇敢行動，以及人數龐大的羅馬軍隊，具有
兩倍的優勢兵力，使得迦太基人爲之驚愕難安。

漢尼拔還是下令全軍備戰，自己帶領少數人員，騎馬前往不遠處一塊高地，
觀察正在布陣的敵軍。他的隨員之中有一位名叫基斯科(Gisco)，是出身同等階層
的迦太基人，向他提到敵軍的數量如此龐大，眞是令人大吃一驚。漢尼拔帶著嚴
肅的神色向他說道：「基斯科！還有一件更令人驚異的事，你怎麼沒有注意到！」
基斯科問他是什麼事，漢尼拔回答道：「好在我們前面這一大群敵人當中，沒有
一個人的名字叫做基斯科，否則的話怎麼得了！」將領所講這個出乎意料的笑
話，使得大家爲之捧腹不已，當他們從山上向下走的時候，就把這件事告訴他們
遇到的人，又引起一場大笑，幾乎沒有人能夠禁得住。軍隊看到漢尼拔帶著隨員
從觀察敵陣回來，一路上笑聲不絕，使他們獲得深刻的印象，那就是當面的敵軍
不堪一擊，才使得他們的將領表現出觀樂的心情。

16 漢尼拔按照一貫的作風，運用能夠發揮優勢戰力的策略：首先，他
在排列陣式的時候保持在上風的位置，當時的風勢猛烈，掠過大片
沙質平原，在迦太基軍隊的頭上揚起陣陣的塵土，向著羅馬人迎面吹襲過去，使
他們的戰鬥受到很大的干擾。其次，他把軍中戰力最強的人員部署在兩翼，訓練
最差和最弱的單位排列在中央較爲突出的部分。他特別交兩翼的部隊，當敵軍大
舉進擊中央的突出部隊，他們抵擋不住就會被迫後退，羅馬人一定向前追擊，會
深入到兩翼的正面之內，這時他們應該從左方和右方向中央席捲，同時攻擊敵軍
的翼側，盡全力將他們包圍起來[31]。這種戰術運用的方式成爲羅馬人失敗的主因。
漢尼拔的正面受到壓力只有逐漸後撤，整個部隊構成半月形的連續陣線，負責指

30　根據李維、阿皮安和弗洛魯斯的說法，坎尼是一個貧窮的村莊，後來因為附近這場會戰而知
　　名；波利拜阿斯在世的年代接近第二次布匿克戰爭，他說坎尼是一個城市，羅馬軍隊在此戰
　　敗以後的次年，將這個城市夷為平地。希留斯‧伊塔利庫斯(Silius Italicus)同意波利拜阿斯
　　的論點，經過重建以後，普里尼將它列入阿普利亞(Apulia)的城市。

31　500名努米底亞騎兵假裝向羅馬投誠，正在會戰最激烈的時候，他們對羅馬軍的後衛發起攻
　　擊。

揮兩翼選鋒的將校獲得最好的機會，攻擊羅馬部隊的左右兩個翼側，迦太基人在後方會師切斷退路，把未及逃出包圍圈的敵軍全數殲滅。

據說，羅馬騎兵犯了一個不可思議的錯誤，也跟這場慘劇有很大的關係；包拉斯的馬受傷將他摔落在地面，執政官左右的人員都下馬給予協助，羅馬騎兵部隊看到他們的指揮官丟下坐騎，認爲已經發出命令要大家下馬，對敵人實施徒步戰鬥。漢尼拔看到這種情形，說了一句話：「根本不要我們操心，他們是在自取滅亡。」有關這場會戰的細節，讀者可以參閱敘述詳盡的戰史[32]。

執政官瓦羅帶著少數人員逃到維奴西亞(Venusia)[33]；伊米留斯‧包拉斯無法制止手下人員的逃走，也沒有力量抵擋戰勝敵人的追擊；身體布滿傷口，心靈痛苦不堪，坐在一塊石頭上面，期待死亡給他帶來解脫。他的臉孔受傷已經毀形，渾身滿是血污，連他的朋友和奴僕從旁邊經過都無法辨識，最後，一位出身貴族的年輕人高乃留斯‧連圖盧斯(Cornelius Lentulus)認出他來，立即跳下馬背，要將坐騎讓給包拉斯，請他趕快離去，好爲國家的安全保存一分元氣，危險的關頭特別需要經驗豐富的將校。無論如何他都不願接受這番好意，含著眼淚要年輕的連圖盧斯騎上自己的馬匹，然後站起來握著他的手，吩咐他去告訴費比烏斯‧麥克西穆斯，伊米留斯‧包拉斯直到最後一刻，都遵照他的指示，從來沒有違背兩人所商議的辦法。他的時運不佳，開始受制於瓦羅，後來敗於漢尼拔之手。等到他把這件任務交付給連圖盧斯以後，他找到雙方搏鬥最爲激烈的地方，投身於敵人的刀鋒之上，求仁得仁，不戀所生。在這次會戰中，據說有5萬羅馬人被殺[34]，被俘的人數在戰場是4000人，還加上兩個執政官營地的1萬人。

32　我們要是對漢尼拔在意大利的特里比亞、特拉賽米尼和坎尼三場會戰，進行分析和比較，可以知道迦太基人獲得勝利，完全歸功於漢尼拔卓越的用兵和高明的指揮，何況羅馬人的戰爭思想已經落後，使得他的天才可以爲所欲爲，無往不利。羅馬人認爲每一個公民從小習於軍事訓練，都可以成爲優秀的將領，誠如蒙森(Monnsen)在《羅馬史》所言：「羅馬人面臨生死存亡的戰爭，將領的人選每年要用投票方式決定，真是不可思議的怪事。」

33　維奴尼亞位於意大利南部的亞平寧山區之內，也是最偏僻的地區。

34　根據李維的記載，羅馬有4萬步兵和2700騎兵被殺；波利拜阿斯說是羅馬有7萬人陣亡，迦太基的損失不到6000人。據說迦太基人在戰後洗劫死者財物的時候，發現一個羅馬士兵的屍體下面有個努米底亞人還活著；這個羅馬士兵在激戰中被砍去雙手，還用牙齒把敵人的耳朵和鼻子咬下來。

17 漢尼拔的友人都很誠摯地勸他乘勝發起追擊，跟在逃亡的潰軍後面進入羅馬城，保證只要五天的功夫就可以在卡庇多神殿用晚餐；漢尼拔基於何種考慮因素所以未能那樣去做，到目前已經無法得知[35]。他之所以如此猶豫或遲疑，似乎出於超自然或神明的力量加以干預。有位名叫巴卡斯（Barcas）的迦太基人，用憤慨的口氣對他說道：「漢尼拔，你知道在軍事上獲得勝利，但是不知在政治上加以運用。」[36] 然而他打贏這場會戰，原來的處境發生極大的變化；過去他無法擁有任何一個城市、市場或海港，不能維持和供應軍隊的給養，只能靠著每天的掠奪和搶劫，既沒有藏身之所也缺乏作戰的基地，像一大群強盜在他的率領之下到處流竄。現在成為意大利最好行省和許多城市的主人，像卡普亞（Capua）[37] 這個僅次於羅馬最富裕和繁榮的大城，都降服在他的權威之下[38]。

優里庇德說過這麼一句話：「一個人到了要考驗朋友情分的時候，表示他的處境已經糟不可言。」同樣的道理，一個國家證明他們缺乏高明的將領，整個局勢必然不堪設想。羅馬人的情形正是如此：坎尼會戰之前，他們把費比烏斯的建議和行動貼上怯懦和畏縮的標籤，現在則趨向極端，認為那些建議和行動都是超凡入聖的睿智，只有神明的慧眼才能如此高瞻遠矚，做出與常人判斷完全相反的預測，產生的結果連身歷其境的人都難以置信。

他們將所有剩餘的希望全部寄託在他的身上，把他的智力當作聖壇和神殿，想在那裡找到安全的庇護；完全是他的主張而不是任何其他的原因，大家才不會像過去高盧人占領羅馬那樣，紛紛逃離城市分散到鄉村去避難。過去羅馬人自認

---

35 漢尼拔為何不向羅馬進軍？根據現代歷史學家的考證，認為他正在構想一個新戰略：準備運用迦太基的全部力量，使戰爭擴展到新的地區，將羅馬人逐出西班牙，奪回薩丁尼亞和西西里，可以包圍意大利，迫使羅馬求和。事實上，只要攻陷羅馬，其他的地區不費一兵一卒，全部會落到他手裡；漢尼拔並不認為新戰略最好，在缺乏攻城工具和技術的狀況下，面對羅馬的金城湯池，也是無可奈何之事。

36 諾納魯斯（Zonarus）曾經提到，漢尼拔後來知道，沒有乘勝追擊犯下大錯，處在逆境的時候常常舉手向天大叫：「啊！坎尼！坎尼！」在另一方面，羅馬人願意用防禦作戰對付漢尼拔，因為漢尼拔的優勢在於騎兵部隊，沒有進行圍攻的能力。

37 卡普亞位於那不勒斯的東邊，共和國時期是全意大利名列第二的城市，僅次於羅馬，貴族和富豪都在此廣建別墅和莊園。

38 漢尼拔到215B.C.占領卡普亞，使得意大利南部大部分納入他的掌握，就應該組成一支攻城縱列，加強人員的訓練，前去奪取敵人的政治和軍事中心。然而後來的四年戰爭成為互有輸贏的行動，等到211B.C.弗爾維攻陷卡普亞，漢尼拔只能渡過阿尼奧河，立馬科林尼門前，揮動佩劍表現英雄姿態而已。

處在順境的時候，他們將費比烏斯視為膽小如鼠之輩，現在到處充滿著無邊無際的混亂和沮喪，卻只有他一個人沒有顯示出恐懼的模樣，還是用穩重和鎮靜的神情在街道上走動，到處與市民同胞交談，規勸過分哀慟的婦女，對於那些要公開發洩憤怒的人們，他出面阻止他們舉行集會。他提出議案要元老院召開會議，激發官員的士氣，實際上他成為全城所有職責的靈魂人物和主導力量。

18 他在全城各處城門配置衛兵，阻止驚慌的群眾逃離羅馬；對於市民哀悼死難親友的時間和地點，全都加以規定和限制，下達命令要大家在自己家裡舉行喪禮的儀式，守喪的時期不得超過一個月，全城在這個期間之內完全淨化，展現新生的氣象。那個時候正值西瑞斯(Ceres)節慶即將來臨[39]，他下令暫時停止舉行祭典，唯恐參加儀式的人數過少，大家都帶著悲傷的神色，使得人民感受到災禍的慘重[40]；何況，只有獻祭的人員帶著歡欣的心情，神明才樂於接受他們的崇拜。懇求天神息怒的儀式，獲得吉利的徵候和預兆，在占卜官的主持之下，用戒慎恐懼的態度按規定實施。費比烏斯‧皮克多(Fabius Pictor)是麥克西穆斯的近親，派到德爾斐去請示神讖；就在這個時候，發現有兩位灶神女祭司違犯守貞的規定，其中一位自殺身亡，另一位按照慣例處以活埋的極刑[41]。

就這件事來說，我們對於羅馬人所表現的崇高精神和鎮靜態度，應該給予格外的敬佩。當執政官瓦羅因為處置乖張和行動錯誤，以致被敵人擊敗，滿懷羞愧和屈辱之情，逃離戰場回到家園[42]的時候，全體元老院議員和人民還是到城門口去迎接，用尊重和恭敬的態度表示慰勉之意。等到熱鬧的場面安靜下來，高階官員和元老院的資深議員，包括費比烏斯在內，全都當著人民的面前公開予以讚揚，遭遇這樣重大的損失之後，他對於國家的前途沒有感到絕望，仍舊回來主持

39　祭祀西瑞斯的節慶稱為西瑞利亞(Cerialia)祭典，舉行的時間是4月12至19日。

40　羅馬人並沒有停止舉行祭典，這是蒲魯塔克認為在大敗之後的「想當然耳之事」；特別是法律規定守喪期間不得參加宗教活動，這個時候幾乎沒有一個家庭不在辦理喪事。事實上，等到喪期過後，還是按照傳統舉辦各種節慶。

41　努馬為灶神女祭司制定法規，她們要宣誓保持30年的童貞，完成全部期限以後還俗，可以合法結婚；相關細節見本書第二篇〈努馬‧龐皮留斯〉第10節有詳盡記載。

42　根據華勒流斯‧麥克西穆斯的說法，元老院和人民要將笛克推多授與瓦羅，羞恥之心人皆有之，他拒不接受。可見羅馬人對於戰場的指揮官非常仁慈，即使喪師失地還盡量不讓他們受到羞辱；迦太基則不然，即使將領本人沒有犯下過失，只要戰敗就會被很殘酷的處死。

政府的事務，執行法律的規定，幫助同胞解救未來的苦難。

19 漢尼拔經過這次會戰，率領部隊向意大利其他的地區進軍，等到這個消息傳來，羅馬人的士氣才逐漸恢復，開始把將領和軍隊派遣出去。其中最爲顯赫的主將就是費比烏斯・麥克西穆斯和克勞狄斯・馬塞拉斯（Claudius Marcellus）；雖然兩位都極負盛名，個性卻大相逕庭。馬塞拉斯誠如我們在他的傳記中所述，是一位行動積極而又心靈高尚的人，膽大心細而且機警敏捷，隨時完成出擊的準備，就像荷馬在詩歌中描述的英雄人物，不僅凶狠無比而且喜愛戰鬥。他的將才表現在戰術的創意和用兵的特質之中，勇敢豪邁和冒險犯難足以與漢尼拔相提並論。費比烏斯仍舊堅持原訂的策略，只要緊纏著漢尼拔而不與他交戰，他的軍隊最後會因精力衰竭而自行絕滅，正如一個鬥志激昂急著取勝的角力士，體力在過度用盡的狀況下很容易突然敗北。

波塞多紐斯（Posidonius）告訴我們，羅馬人稱馬塞拉斯爲他們的「劍」而費比烏斯是他們的「盾」；結合前者的積極進取和後者的保守穩重，必然可以拯救羅馬於危亡之中。漢尼拔從多年的經驗得知，他與馬塞拉斯的交戰就像遭遇一條奔騰的激流，強大的力量把他的軍隊驅退，會給他們帶來相當的傷亡；費比烏斯雖然平靜毫無聲息從旁邊掠過，卻在不知不覺中受到蠶食最後消耗殆盡。因此，對他而言，最可怕的情況，就是馬塞拉斯的運動戰和費比烏斯的消耗戰。

這次戰爭整個期間，他始終要與這兩位將領或其中之一鏖鬥不休，因爲他們都曾經五度擔任執政官，或者以法務官、代行執政官或執政官的身分，總是在軍隊中負起指揮和管理的責任，直到最後，馬塞拉斯落入漢尼拔爲他所設的羅網之中，在第五次執政官任內被殺[43]。漢尼拔所有的神機妙算對費比烏斯都不能發揮作用，僅僅有一次費比烏斯差點落入他所設的圈套，那是他收到梅塔朋屯（Metapontum）[44]的重要人物送來僞造的信函，要求他率領軍隊前往，他們就會獻城投降，並且表示他們完成準備期待他的到達。這樣的安排讓他感到動心，決定率

43　馬塞拉斯在盧卡尼亞中伏陣亡，時爲羅馬建城546年即208B.C.，另外一位執政官克瑞斯皮努斯（Crispinus），因傷勢過重幾天後亡故，這是一場極其巨大的災難，羅馬的歷史從未在一次接戰中損失兩位執政官。

44　梅塔朋屯是意大利南部最古老的希臘城市之一，位於貝森多（Basento）河口，當時的海運中心，原來是亞該亞人的殖民地，390B.C.被戴奧尼休斯一世占領，後來爲盧卡尼亞人所擁有。

領部分軍隊向該城進軍，為此舉行鳥卜發現不利的凶兆，才臨時改變主意。不久以後，才發現那些信件出自漢尼拔的授意，在那座城市附近設置埋伏，要等待他自投羅網。他之所以逢凶化吉，就我們的看法，只能歸於神明的恩惠而非本人的智慧。

20 為了使其他的城市和盟邦不致出現背叛的狀況，不要使用嚴酷高壓的手段，而是待之以公正和藹的態度，更不能因為稍微發生一點徵候，就產生懷疑和猜忌的心理，就這一方面而論，費比烏斯的作為獲得豐碩的成就。據說某次有人向他報告，說是有位作戰英勇而且出身良好的馬西人（Marsian）[45]，暗中與幾位士兵商量要逃亡降敵。費比烏斯沒有採取任何卑鄙的伎倆，只是將他叫來坦誠相告，說是知道他建樹的功勞和卓越的服務受到忽視，這完全是身為上官的錯誤，因為他們對部下的獎賞，不是按功績而是出於個人的喜愛。費比烏斯說道：「從今天起，你要是有任何不滿，如果不來見我而與別人商量，那就是你的過失。」說完這些話以後，送給他一匹駿馬和其他的禮物。從此以後，全軍再也找不到一位比他更為忠誠可靠的人。

費比烏斯的說法非常合於理性，他認為那些訓練馬匹和獵犬的師傅，為了除去畜牲的野性和暴怒，通常要給予溫和的撫慰，不能一味靠著虐待和鞭笞；那麼領導統御的原則是運用人性和善意來維持秩序和紀律，不應該像園丁對待野生植物那樣，採用割刈和焚毀的方式來殘害部下，即使那些野菜受到妥善的照料，也會逐漸純化能夠供人類食用。

某次幾位軍官向他報告，有個士兵經常擅離守備位置在夜間外出，他問起該員的狀況，大家都說他是盧卡尼亞人，平日的表現非常優異，特別列舉過去他所立下的戰功。費比烏斯經過嚴密的調查，發現他時常做出違犯法紀的勾當，是為了去會晤一位他所戀愛的少女。費比烏斯私下派人找到那位女郎，很秘密地安置在自己的帳篷裡面，然後將那位盧卡尼亞士兵叫到身旁，說已經知道他為何時常在夜間離營外出，按照軍隊紀律和羅馬法條，這種罪行可以處死刑，姑念他作戰勇敢立下功勞，願意赦免他這項過錯，為了使得他以後能表現良好的行為，決定派一個人在旁監督，並且要對他的行為負起責任。費比烏斯說完這些話以後，就把那位少女叫出來，士兵對眼前的奇遇感到無比的恐懼和驚愕。他於是對這兩個

45　李維提過這件事，那位將領是馬塞拉斯；蒲魯塔克用在費比烏斯的身上。

人說道：「過去的一切都是爲了這位少女；可以根據將來的表現，知道你在夜間外出，究竟是爲了愛情，還是懷有其他不良的企圖。」

21 還有一件事情，性質與上述的狀況都很類似，結果使他能夠光復塔倫屯(Tarentum)[46]。他的軍隊裡面有一位年輕的塔倫屯人，這位青年有一個感情很好，對他非常信任的姊妹，還居住在被敵人占領的故鄉。他聽說在漢尼拔手下擔任守備部隊指揮官的布魯提姆人(Bruttian)，深愛著他的姊妹，於是心裡懷抱希望，要使這種關係有利於羅馬。一開始就將他的計畫報告費比烏斯，表面上看來他是一個逃兵，離開軍隊回到塔倫屯；過了幾天，那個布魯提姆人都沒有來看他的姊妹，因爲他們還不知道她的兄弟已經明瞭兩人的戀情；這位年輕的塔倫屯人找到機會問他的姊妹，聽說一位有權勢和地位的男子正在追求她，希望她能告訴他那個人的狀況，這位兄弟說道：「如果他是一個勇敢而且名聲顯赫的人，至於談到籍貫倒是沒有多大關係；因爲現在已經運用武力將各民族混合在一起，大家獲得平等的地位；任何事情在強迫之下都變得合理；在目前這個毫無正義可言的時代，要是有人用和藹的態度對待我們，這也算是莫大的幸福。」於是那個婦人便將她的朋友找來，介紹她的兄弟與他相識。從此以後，她對這位愛人比過去還要體貼，隨著這種親密的關係，他與她的兄弟雙方的友情跟著增長。到了最後，這位塔倫屯人認爲布魯提姆軍官已經沒有問題，可以接受他的建議，何況那位軍官還是一位傭兵[47]，使得事情更加容易，現在又正在熱戀之中，一定願意接受費比烏斯承諾的大筆報酬。總而言之，這場交易已經談妥，他答應把塔倫屯獻給羅馬軍隊。

這是一般流行的傳說，還有幾位作家對這個故事有不同的記載，他們說那個引誘布魯提姆軍官出賣城市的女人，不是塔倫屯人而是布魯提姆人，並且是費比烏斯所蓄養的滕妾，因爲她與布魯提姆的總督是同鄉而且相識，所以費比烏斯暗中派她前去策反。

---

46 塔倫屯現在的名字是塔蘭托(Tarento)，瀕臨意大利南部的塔蘭托灣，是意大利主要的海軍基地。

47 這些部隊可能是在意大利徵召人員編成；主政者應該記取歷史的教訓，不能將城市的防務交到這些人的手裡，古往今來這種叛逆事件真是層出不窮。

22 這個計謀正在進行的時候，爲了轉移漢尼拔的注意力，費比烏斯對雷朱姆(Rhegium)[48]的守備部隊下達命令，要他們前去蹂躪和掠劫布魯提姆地區，包圍考隆尼亞(Caulonia)[49]盡全力加以猛烈的攻擊。接受命令的部隊有8000人，只能算是羅馬軍隊最沒有價值的單位，大部分是馬塞拉斯從西西里解送回國的逃兵[50]，就是全部損失也不會引起羅馬人悲痛之情。所以費比烏斯把這批兵力當作誘餌投出去，轉移漢尼拔對塔倫屯的注意。漢尼拔很快上了當，率領他的軍隊趕往考隆尼亞；在這個同時，費比烏斯卻已兵臨塔倫屯的城下，在圍城的第6天，年輕的塔倫屯人在夜間從城裡溜出來；他對布魯提姆指揮官按照協議，要放羅馬軍隊進城的地點，事先已做過仔細的檢查，現在要把整個情形向費比烏斯做詳盡的報告。費比烏全認爲完全依靠這計謀，還是不夠安全和穩妥，除了暗中安排的地點以外，下令給其他的軍隊經由陸海兩路，從另一面對城市發動總攻。這一切都按照他的計畫進行，當塔倫屯的守軍趕往受攻擊的一面來保衛城市的時候，費比烏斯接到布魯提姆人發出的信號，用雲梯登上城牆，在毫無抵抗的狀況下進入城市。

就這件事而論，我們認爲費比烏斯的私心太重[51]。他爲了使世人以爲他能夠占領塔倫屯，完全是憑著部隊的驍勇善戰和個人的指揮能力，並不是暗中的招降和反正；於是他命令部下先要將所有的布魯提姆人殺死滅口，可是這樣做並沒造成所期望的印象，反而得到背信和殘酷的惡名。許多塔倫屯人被殺，還有3萬人被出售爲奴，全城受到軍隊的洗劫，搜刮到3000泰倫送回國庫。當他們把一切財物視爲戰利品運走的時候，負責開列清單的官員向他請示，如何處理神明的圖畫和雕像，他回答道：「讓我們把憤怒的天神留給塔倫屯人吧！」[52] 雖然如此，他們還是將海克力斯巨大的雕像搬走，安放在卡庇多神殿裡面，旁邊還爲自己立了

48　雷朱姆是現在的雷久(Reggio)，與西西里的墨西拿(Messina)隔著墨西拿海峽遙遙相對。

49　考隆尼亞是7世紀B.C.中葉，亞該亞人在意大利南部建立的殖民地，387B.C.受到戴奧尼休斯一世的洗劫，後來成爲洛克瑞斯人的屬地。

50　這些人員是被他的同僚利維努斯(Laevinus)遣送回來，不是馬塞拉斯。

51　李維沒有提到費比烏斯下令殺人滅口之事，他在《羅馬史》的記載：「城破以後很多布魯提姆人被殺，有些是在混亂之中無法分辨身分，有些是因爲羅馬人與他們之間存有宿怨藉機報復，還有就是怕他們擁有實力再度叛變。」

52　羅馬人在攻城之前，會向該城的保護神許願，放棄對城市的保護，奪取以後答應讓祂繼續享受祭祀，或是將這個保護神迎進羅馬的神殿。

一個騎馬的銅像[53]。他的作風在這些事物方面與馬塞拉斯大不相同，對比之下，馬塞拉斯顯得更爲仁慈寬厚，正如他的傳記所述。

23 據說，漢尼拔得到塔倫屯陷落的消息，那時他已抵達那座城市不到5哩的距離。他公開說道：「羅馬現在擁有費比烏斯這號人物；我們怎麼奪取塔倫屯，也就怎麼失去。」他私下卻向親信透露，憑著手上的兵力想要成爲意大利的主人，過去雖然知道是很困難的工作，現在首次認爲是不可能的事情。在這次的勝利以後，費比烏斯獲得在羅馬舉行凱旋式的榮譽，場面比起第一次要盛大得多；大家把他看成是一位優秀的勇士，知道如何應付他的對手，現在已經很容易識破漢尼拔的伎倆，讓他那極其高明的技巧無法發揮作用。實在說，這個時候的迦太基軍隊，一方面是因爲連年作戰而疲憊不堪，另方面是因爲過分的富裕和奢侈[54]，不僅變得虛弱而且荒淫放蕩。

馬可斯・利維烏斯（Marcus Livius）是塔倫屯的總督，出現背叛和通敵將城市獻給漢尼拔以後，他就退到城內的要塞裡面，一直堅守到費比烏斯率軍收復該城爲止。他對費比烏斯所獲得的榮譽和名聲不以爲然，有一次他在元老院公開宣布，塔倫屯能夠光復，他的抵抗比起費比烏斯的進攻貢獻更大。費比烏斯聽了以後，帶著笑容回答道：「你說得很對，要不是馬可斯・利維烏斯失去塔倫屯，費比烏斯・麥克西穆斯就沒有收復它的機會。」

24 人民除了表示推崇和感激以外，選出費比烏斯的兒子出任次年的執政官[55]；就在他的兒子出任這個職務沒有多久，正在討論戰爭的供應有關問題的時候；身爲父親的費比烏斯不知是年老體衰，還是要試試兒子的氣勢魄力，竟然騎著馬向他走過去。這位年輕的執政官老遠注意到不尋常的舉動，吩咐一位扈從校尉前去命令他的父親下馬，告訴他如果有事要見執政官，應該步行前往。旁觀者看到這種情形非常不滿，覺得這個做兒子的人，不該用蠻橫傲慢的態度對待年高德劭的父親，大家都把眼光默默轉向費比烏斯。然而，費比烏斯遵

53　這座雕像是黎西帕斯的作品。

54　216-215B.C.之間，漢尼拔占領意大利最富裕的城市卡普亞，在那裡實施冬營。

55　早在費比烏斯攻占塔倫屯前四年，他的兒子已經擔任執政官，時爲羅馬建城541年即213B.C.。

命立即下馬，張開雙臂用跑步的方式，走向前去擁抱他的兒子，說道：

> 很好，我的兒子，做得很對，你已經知道所擁有的權柄以及如何運用，
> 我們和祖先使羅馬達到崇高的地位，就是靠著這種方式；須知國家的
> 尊榮和奉獻的精神，較之父母和兒女的親情更爲重要。

據說確有其事，我們現在所提到的費比烏斯，他的曾祖父[56]雖然就名聲和權勢而言，都是當代最偉大的人物，曾經五度出任執政官，戰功彪炳使得人民爲他舉行好幾次凱旋式；等到他的兒子出任執政官[57]指揮軍隊的時候，願意充當部將隨著他去作戰。後來，當人民爲他的兒子舉行凱旋式，這位老人以隨員的身分，騎馬跟隨在他的凱旋戰車後面；即使他在名義上和事實上都是羅馬最偉大的人物，並且對兒子擁有充分的父權，可是他仍舊要服從國家的法律和官吏，就他的看法認爲這是最光榮的事。

費比烏斯值得讚譽之事，還不限於這些。他後來有喪子之痛，還能保持謙沖之情，合乎一個慈愛的父親和明智的哲人所應有的態度。按照羅馬人的習俗，地位顯赫的知名之士過世之後，他的親人要在舉行葬禮的時候公開演講[58]，現在費比烏斯自己負起這件工作，在市民廣場向民眾發表悼辭，用書面文字記錄下來流傳後世。

25 到了後來，高乃留斯‧西庇阿（Cornelius Scipio）[59]被派到西班牙，他打了很多場勝仗，把迦太基人驅離那片國土，爲羅馬獲得許多城市

56　他的曾祖父是費比烏斯‧魯拉斯。

57　他的兒子費比烏斯‧格吉斯（Fabius Gurges）後來被薩姆奈人（Samnites）擊敗，連帶喪失執政官的職位，他的父親再也沒有機會在第二次遠征中擔任他的部將。

58　西塞羅在他的《論老年》中，用極其高明的措辭談到費比烏斯，還有他在自己兒子的葬禮發表的演說：「費比烏斯的兒子對國家有很大的貢獻，還擔任過執政官的職位，不幸英年早逝，費比烏斯在他兒子過世的時候，表現出自制和沉潛的風範，比起他一生的豐功偉業，令我們這些後生小子更加緬懷不已；他在葬禮上面發表追悼的演說，我這裡還保留一份文稿，當我讀過以後，認為那些深受推崇的哲學家，比起來也是自嘆不如。」

59　218B.C.，高乃留斯‧西庇阿奉命率領一支軍隊，從馬賽登陸接著前往厄波羅河，拒止漢尼拔東進，因為到達已晚未能攔截，繼續前進攻擊漢尼拔在西班牙的基地，到211B.C.西庇阿連遭慘敗，在戰場被害；他的兒子後來尊為西庇阿‧阿非利加努斯（Scipio Africanus），漢尼拔的征服者。

和民族的資源和人力，在返國的時候受到人民前所未有的歡呼和喝采；大家爲了
表示對他的感激，推選他擔任下一年的執政官。西庇阿知道人民對他懷著很大的
期望，因此他認爲在意大利與漢尼拔爭勝，僅是老年人不思進取的作爲，他的打
算是要使迦太基成爲戰場，阿非利加充滿兵刀之災變成飽受蹂躪的地區，漢尼拔
無法繼續侵略其他國家，逼得撤回軍隊去保衛自己的故鄉。他運用自己所有的影
響力，促使人民接受他的主張；在另一方面，費比烏斯竭盡全力加以反對，要激
起整個城市的恐慌心理，並且告訴大家這樣做沒有一點好處，只有一個急於功利
的年輕人，過於魯莽才會向全城灌輸這種極其危險的主意。他運用言語和行動不
擇手段的防止這個計畫實現，元老院採納他的說辭[60]。一般民眾認爲他嫉妒西庇
阿的盛名，擔心年輕的征服者會完成偉業獲得殊榮，能夠將漢尼拔驅出意大利，
甚至結束雙方的戰爭；然而這場戰事卻被費比烏斯拖延多年，始終未能解決。

　　說老實話，費比烏斯最初反對這個計畫，或許是出於審愼和穩健的作風，考
慮的著眼點在於公眾的安全和國家可能遭遇的危險；當他發現人民對西庇阿的尊
敬與日俱增，基於個人的抱負和敵意，杯葛的行動更加激烈，表現出勢不兩立的
態度，許多攻訐都是對人不對事。費比烏斯甚至去找與西庇阿共同擔任執政官的
克拉蘇（Crassus），勸他不要把指揮權全部交給西庇阿，如果克拉蘇願意接受這個
任務，不妨由他率領軍隊去征討迦太基[61]。費比烏斯多方加以阻撓，不讓西庇阿
得到戰爭所需的經費，逼得他要用自己的信譽和利息向伊楚里亞（Etruria）的城市
籌款，這些地方是支持最力的擁護者[62]。從另一方面來看，克拉蘇的性格是厭惡
爭強鬥勝，挑撥的言辭不會使他出面反對，個人也不願離開意大利，何況他身兼
大祭司，宗教的職責不容他置之不理。

26 因此，費比烏斯又試著用其他的辦法來反對這項計畫，他抵制軍隊
的徵集，還在元老院和市民大會發表演說，公開批評西庇阿不僅要

60　李維在《羅馬史》第28卷，對這場爭執有詳盡的敘述，讀者可以參閱。

61　克拉蘇身爲祭司長，按照法律規定不得離開意大利，所以費比烏斯才會慷他人之慨。

62　西庇阿獲得元老院授權，可以向盟邦要求建造和裝備一支新艦隊所需的物質，很多行省和城
　　市自願徵收和供應穀物、鐵塊、木材、織物和帆布，使他在砍伐船材以後，不過4天的時間，
　　建造出30艘新船，加上原來的船隻，足夠運輸和作戰之用。他們還派遣7000名協防軍，參加
　　對阿非利加的遠征行動。

在漢尼拔的面前逃亡，還要用盡力氣將意大利的部隊全部帶走，拐騙這些年輕人到外國去作戰，丟下自己的父母妻子和都城，成為家門口這個強敵的俎上之肉。他的言論使得民眾大為緊張，直到最後只允許西庇阿率領駐防西西里的軍團前去作戰[63]，西班牙與他共事的軍隊最得他的信賴，特別同意他可以從中挑選300人。從這些事情的處理方式可以知道，費比烏斯還是不改穩健審慎的風格。

　　就在西庇阿抵達阿非利加以後，勝利的信息不斷傳到羅馬，提到那些令人驚異的功勳和成就，像是努米底亞的國王被俘，大量敵軍遭到屠殺，以及兩個敵軍的營地受到縱火和摧毀，包括很多的武器和馬匹在內；後來運回國的戰利品證明確有其事。迦太基人不得不派遣使者去見漢尼拔，放棄在意大利毫無希望的戰事，立即回國去保衛迦太基城[64]。西庇阿立下這些豐功偉業，使得羅馬的人民對他極口讚譽，然而就在這個時候，費比烏斯大聲疾呼要派人去接替他的職位，提出古老的理由是「得意不可再往」，一個人不可能永遠有好運道。這番話觸怒很多人，認為他完全是片面之辭而且充滿惡意，可能是年紀老邁變得怯懦，或許是過度畏懼漢尼拔的才華所致。不僅如此，就是漢尼拔率領軍隊上船已經離開意大利，費比烏斯還是抱著反對的態度，使得羅馬歡樂的氣氛都大受影響。他對當前的局勢深感憂畏不安，告訴人民說是羅馬面臨前所未有的危險，漢尼拔在迦太基城下會成為比在意大利更為強大的敵人，羅馬人完全沒有戰勝的希望；想當年他們的軍隊殺死那麼多的羅馬將領、笛克推多和執政官，現在血跡未乾餘威仍在，西庇阿要是與那支勝利的軍隊接戰，會給羅馬帶來致命的傷害。羅馬人民聽到這些抨擊之辭，慢慢也有人相信，漢尼拔走得愈遠而他們的危險愈近。

63　西庇阿遠征阿非利加的兵力是2個軍團和召募的協防軍，一共有2萬5000人，40艘戰船和400艘運輸船；此時，哈斯德魯巴爾（Hasdrubal）回到非洲以後，又編成一支迦太基部隊，共有2萬名步兵、6000名騎兵和140頭戰象。

64　漢尼拔在克羅頓（Croton）接到返國的命令，將不能帶走的馬匹殺死，203年6月23日B.C.在休戰條約的保護下，軍隊登船，兵力大約是1萬5000到2萬人，抵達阿非利加在理普提斯（Leptis）登陸，漢尼拔接著向內陸前進，到處搜集馬匹，盡快編組騎兵部隊；迦太基人知道他到達的消息，拒絕批准和約，拘禁羅馬的使臣，雙方的關係再度破裂。

27 雖然如此，西庇阿不久以後與漢尼拔交鋒，徹底將他擊潰[65]，迦太基人受到大軍的踐踏驕焰全熄，使得羅馬的同胞喜出望外歡呼不已：

> 驚濤駭浪之巔沛兮終將停息。

不過，費比烏斯·麥克西穆斯未能活著見到這場戰爭極其有利的結局，以及漢尼拔最後的覆滅，也未能享受到國家重建幸福和安全的愉悅；大約就在漢尼拔離開意大利的時候因病逝世[66]。伊巴明諾達斯（Epaminondas）在底比斯（Thebes）亡故，景況非常貧困要靠公家出錢埋葬；據說身後在他的家裡只找到一個小鐵幣[67]。費比烏斯雖然不致落到這種地步，每個市民都捐出最小面額的銅幣，大家共同出錢來辦理他的喪事。他們所以要這樣做，並不是費比烏斯家族需要他們的救濟，而是藉此表示大家的愛戴，把他視為眾人共同的父親，臨終的典飾要配得上一生的榮名。

---

65 202B.C.西庇阿與漢尼拔展開最後的對決，雙方投入主力部隊發起查瑪會戰，迦太基軍戰敗損失2萬人，羅馬軍陣亡1500人，現在戰爭已經延續16年，羅馬方面疲憊不堪，簽訂和約能確保戰勝者的利益。

66 費比烏斯亡故於羅馬建城551年或203B.C.，參閱李維《羅馬史》第30卷第26節。

67 有的史家認為鐵幣的說法不正確，因為底比斯不使用這種通貨。

第三章
伯里克利與費比烏斯・麥克西穆斯的評述

1 我們從上面兩篇傳記中，無論談到文治武功都能獲得大量的事蹟，首先將這兩位大人物的軍事才華做一比較。伯里克利主持政事處於國家極其繁榮富裕的時期，戰力強大不斷擴充軍備，所以我們可以說，他只要有普通的成就和運道，能夠使國家免於任何的覆滅或災難。費比烏斯在國勢陵夷和局面險惡的時期接掌政權，他的身上負著重責大任，並非對一個承平已久的城邦，繼續保全和維護它原已建立的幸福生活；而是要振興和支持一個殘破飄搖陷入垂危之境的國家。

就雅典的狀況來說，無論是西蒙的勝利、邁隆尼德和李奧克拉底的凱旋、以及托爾邁德無數的功勳，伯里克利並沒有用來擴展和鞏固他的帝國，只是使得城市充滿飲宴的祭典和莊嚴的儀式。費比烏斯執掌軍國大權，眼前出現一片悲痛的景象，羅馬軍隊被敵人殲滅，將領和執政官慘遭殺害，原野和森林布滿屍體，河水被同胞流出的鮮血染紅；然而他能憑著成熟而周詳的見解，堅定而穩健的決心，一肩支撐著搖搖欲墜的國家，從其他當政者的過錯和虛弱之中再度崛起。當然，治理一個飽經憂患而且已經破落和馴服的城市，應該是容易得多，他們迫於危險和需要，不僅抑制任性和魯莽的行為，而且願意聽從明智的指導；不像伯里克利擁有統治大權的時候，雅典人因為長期的安定繁榮，受到縱容而變得桀驁不羈。不過再說回來，羅馬人民在那個時代受到無窮無盡的災難，全部陷入呻吟不絕和屈從命運的地步，費比烏斯並沒有受到驚嚇而懷憂喪志，可以證明他有超乎尋常的勇氣和毅力。

2 我們可以拿塔倫屯的光復與伯里克利在薩摩斯的勝利做一比較；從優卑亞的征服和康帕尼亞各城鎮的占領來看，兩人的功績倒是不相上下，雖

說卡普亞是執政官弗爾維斯(Fulvius)和阿庇斯(Appius)所攻取。費比烏斯除了對黎古里亞人的戰事，人民為他舉行凱旋式以外，我不知道他在任何一場正式會戰中獲得勝利；然而伯里克利卻為海上和陸地無數次的大捷，獲得建立九座戰勝紀念碑的榮譽。伯里克利的作為沒有一項可以與救援米努修斯的行動相比，費比烏斯把他和他的軍隊從危亡之境解救出來，表現大無畏的勇氣、智慧和德行。在另一方面，費比烏斯曾為漢尼拔的火牛陣所騙，伯里克利從未為他的敵人所乘。費比烏斯的敵人出乎意料之外落入他的手中，卻容對手在黑夜裡溜走，等到天明又被敵軍擊敗，他在穩操勝券的時候反被敵人搶得先機，使得戰局為敗軍之將所掌握。

如果說一位優秀的將領，不僅要考量當前的情勢務求萬全，更要為未來的發展有先見之明，伯里克利在這方面要略勝一籌；他曾經對雅典人多方規勸，事先提出警告，要是靠著戰爭奪取的領土超過所能控制的範圍，就會難逃戰敗覆滅的命運。等到費比烏斯向羅馬人民指責西庇阿，說是他的作戰將會使國家帶來毀滅的災難，所做的預測完全談不上準確。所以，伯里克利就帶來災害的成就做出正確的推斷，費比烏斯卻對極其有利的成就做出錯誤的結論。一位將領要是因舉棋不定而喪失戰機，所犯的過錯，不下於因欠缺先見之明而陷入危險。這兩種過失雖然性質相異，都是出於同一根源，就是缺乏判斷的能力和實戰的經驗。

3 就他們的國家政策而言，大家把發動戰爭的責任歸咎於伯里克利，因為拉斯地蒙人提出的和平條件，他全都不願接受；不過說真的，我認為費比烏斯同樣不會對迦太基人做任何讓步，寧可冒最大的危險，也不願讓羅馬帝國的威信受到損傷。費比烏斯對他的同僚米努修斯非常仁慈寬厚；相比之下，伯里克利竭盡全力去非難和指責西蒙和修昔底德，終於使那兩位品格高尚和出身貴族的人物受到貝殼放逐的處分。伯里克利在雅典所擁有的權勢，遠較費比烏斯在羅馬所授與者為大；因此對其他官員出於差錯或能力所造成的失敗，伯里克利比較容易加以防止；只有托爾邁德能夠擺脫他的控制，違背他的意願去與皮奧夏人交戰，結果被殺身亡。伯里克利擁有強大的影響力，所有人員都遵從和依循他的判斷；費比烏斯雖然自己穩健堅定，缺少廣泛而普遍的權力，未能防止其他官員的失誤；如果他擁有更大的權限將是羅馬人民的福氣，我們預判他們可以少吃點苦頭。

　　說起不謀私利的慷慨和奉獻公眾的精神，伯里克利最令人稱道之處在於不接
受任何人的餽贈；費比烏斯拿出自己的錢財去贖回士兵，雖然數額沒有超過6泰
倫。伯里克利比起任何人都有更多的發財機會，當時有很多的國王、君主和盟邦
向他送禮，但是沒有人比他更爲廉潔。他用雄偉的神殿和公共的建築來裝飾整個
國家，不僅富麗堂皇而且氣勢豪邁，大家都會承認，直到幾位凱撒統治的時代爲
止，羅馬的市容和建築就規劃的恢宏和費用的浩大而論，都無法與伯里克利在雅
典的建樹相比。

第六篇
離邦去國者

第一章
亞西拜阿德(Alcibiades)

450-404B.C.，雅典將領，展現作戰的膽識和勇氣，
表達指揮的才華和素養，平生行事最富爭議。

1 亞西拜阿德(Alcibiades)的家世從父系這方面來說極爲古老而顯赫，出於埃傑克斯之子優里薩西斯(Eurysaces)；母系來自阿爾克米昂家族(Alcmaeon)[1]。他的母親狄諾瑪克(Dinomache)是麥加克利(Megacles)的女兒。他的父親克萊尼阿斯(Clinias)自己出錢裝備一艘戰船，阿提米修姆海戰獲得極大的榮譽[2]，後來雅典與皮奧夏發生戰爭，克萊尼阿斯在科羅尼亞會戰爲國捐軀[3]。詹第帕斯的兒子伯里克利和亞里弗朗(Ariphron)是他的近親，成爲亞西拜阿德的監護人。據稱蘇格拉底的友誼使亞西拜阿德獲得很大的名聲，這種說法也不是沒有道理。就拿與他同時代的知名之士，像是尼西阿斯(Nicias)、笛摩昔尼斯(Demosthenes)、拉瑪克斯(Lamachus)、福米昂(Phormion)、色拉西布拉斯(Thrasybulus)、瑟拉米尼斯(Theramenes)等人來說，沒有作者提到他們的母親，然而我們卻知道亞西拜阿德的保母，是一個名叫阿明克拉(Amycla)的拉斯地蒙人，佐庇魯斯(Zopyrus)是他的家庭教師。安蒂塞尼斯(Antisthenes)在著作中提到

---

1 阿爾克米昂是雅典最古老的貴族世家，始終掌握城邦的政治優勢。奧林匹克37會期第1年即632B.C.，雅典貴族賽隆(Cylon)在參加僭主和親友的支持下，試圖稱王，他們占領衛城，阿爾克米昂家族的麥加克利(Megacles)出任執政官，下令將叛徒全數誅殺。後來，賽隆家族得勢，指控阿爾克米昂家族褻瀆神明，整個家族在602B.C.被逐出雅典；570B.C.梭倫當政，阿爾克米昂家族重回雅典，成爲三大貴族派系之一，領導海岸派，從此一直操縱雅典的政局。

2 埃傑克斯是特洛伊戰爭的英雄人物，率領的部隊來自薩拉密斯島，亞西拜阿德所屬的優帕特瑞茲部落是他的後裔，沒有列入雅典十大部落。

3 亞西拜阿德的父親克萊尼阿德參加447B.C.與皮奧夏的戰爭，不幸陣亡，當時亞西拜阿德僅3歲。有人說克萊尼阿德是他的伯父，因爲這兩個會戰相隔33年之久。

其中一位，另外那位柏拉圖也曾談起過。

　　要是不提亞西拜阿德英俊的面孔和優美的身材，總是有意猶未盡之感，他是當時最知名的美男子，無論在幼年和青年時代或成人以後，都能永保迷人的容貌和氣質，每一個見到他的人都為之傾心不已。優里庇德有詩為證：

> 其人如玉樹臨風，
> 年華則春容秋茂。

雖然亞西拜阿德具備這方面的優越條件，對少數特定人士而言，還是他那天生的英勇和歡樂的氣質，使人感到更為心折。

　　有人說他講話的時候口齒不清，這樣一來對他反而更有好處，快速的聲調呈現寬厚和誠摯的個性，使他的表達更具說服力。亞里斯托法尼斯特別注意到這一點，說是狄奧魯斯(Theorus)有首詩裡面的一句是：「他真像一隻烏鴉」，取笑亞西拜阿德在朗誦的時候，把烏鴉這個字corax唸成colax。所以特別寫出：

> 汝即使缺舌之音，
> 吾聆聽何其悅耳！

阿契帕斯(Archippus)[4] 也用一首詩來取笑亞西拜阿德的兒子：

> 虎父何如有犬子，
> 縱欲過度無力氣，
> 長袍後襬拖泥地，
> 說話垂首欠清晰。

2 亞西拜阿德的行為呈現前後矛盾和變化多端的特色，與他的命運所經歷的興亡枯榮配合得絲絲入扣，這也是非常自然的道理；真正的性格表現出強烈的激情，尤其以豪氣萬丈的野心和優越過人的自負，使他用鶴立雞群的姿

4　阿契帕斯是5世紀B.C.的喜劇作家，是當代最顯赫的人物，他的劇本沒有傳世。

態，在當代人物之中顯得更爲突出。他在兒童時期的幾件軼事，說起來眞是膾炙人口。

　　他在一次角力比賽被緊抓不放，生怕掀翻以後制壓在地，就用嘴用力咬對方的手好讓它鬆開，於是對方說道：「亞西拜阿德，你怎麼像婦女那樣用嘴咬人。」他回答道：「不對，我咬起人來就像獅子。」

　　有一次他與其他的兒童在街道上賭博，輪到他擲骰子的時候有一輛載重的大車駛過來。他的骰子正好擲在車輛要行經的路面，於是他叫車夫先將車停下來，這個人不理他車子還是繼續前進，其他的兒童急忙四散逃開，只有亞西拜阿德面對著大車，躺在地上伸展身體，吩咐那位車夫只要他願意可以駕車壓過來，那個傢伙大吃一驚，趕快向後拉緊馬匹不讓前進，所有看到的人都緊張得大聲叫喚，跑去把亞西拜阿德從地上拽起來。

　　當他開始上學的時候，用恭敬的態度服從老師的教導，唯獨拒絕學習吹奏笛子，認爲這件事很低賤，不是一個擁有自由權利的市民應有的舉動。他的說法是演奏琵琶或豎琴，不會損害到一個人的身體或面孔，然而一個人要是在吹奏笛子，即使是很親密的朋友也不能讓他看見。此外，演奏豎琴的同時還可以說話或歌唱，吹奏笛子要用嘴，使得自己無法發出其他的聲音，阻止與別人的溝通。他說道：「因此，讓底比斯的年輕人去吹奏排簫，他們不知道和何用語言來表達。要是拿我們這些雅典人來說，祖先曾經告訴我們，密涅瓦是我們的奠基者，阿波羅是我們的守護神，他們有一位將笛子扔掉，另外一位剝去吹笛者的皮。」[5] 因此，出於他的嘲笑和認眞，亞西拜阿德除了自己也不讓別人去學，年幼的兒童都在談論這件事，說亞西拜阿德自己瞧不起吹奏笛子，還去取笑那些學習的人。由於這件事的影響，產生有意的疏忽，使得這門技藝不列入學習的課程。

3 安蒂奉(Antiphon)[6] 寫出很多抨擊的文章咒罵亞西拜阿德，說他還是一個小孩，就從監護人的家中逃出來，跑到德謨克拉底(Democrates)那裡，

5　雅典娜吹笛子的時候，水面反映出鼓著腮幫子的模樣，看在眼裡覺得不美觀，就把笛子丟棄；馬西阿斯(Marsyas)是一個半人半羊的薩悌，在音樂比賽中激怒阿波羅，阿波羅把他的皮活活剝掉。

6　安蒂奉(480-411B.C.)是阿提卡演說家，後來在雅典進行寡頭政治的篡權行為，組立四百人會議。他的演說辭還有3篇流傳至今，主要作為法庭辯護之用，是此類文體中最古老的存世作品。

這個人對他非常寵愛；亞里弗朗和伯里克利是他的監護人，要是伯里克利出面無法圓滿解決，讓德謨克拉底將他送回來，亞里弗朗就要為這件事發布一份公告，意思是說：如果亞西拜阿德不幸逝世，公告以後只要一天大家就會知道真相；如果他很安全，那麼他的一生都會受到譴責。安蒂奉同時也提到，亞西拜阿德在西拜久斯(Sibyrtius)的角力訓練場，曾經用手杖打死自己的僕人。對於這種事情或許我們不會完全相信，可能是他的敵人故意杜撰出來，達成中傷和誹謗的目的。

4 亞西拜阿德憑著驍勇的性格和英俊的容貌，吸引很多出身名門的人士，想要成為他的同伴，不斷對他表示愛意和大獻殷勤，甚至陷入迷戀不能自拔的地步。唯有蘇格拉底關懷他的心靈，認為這個兒童有高貴的氣質和純真的性格，實在說，蘇格拉底對他的內在美和外在美都查得清清楚楚，經常聽到大家談起他有龐大的財富和高貴的門第，大量的外鄉人和雅典人在奉承他和取悅他，最後總會使他敗壞墮落。蘇格拉底決定要盡可能阻止這種情形的發生，就像一種植物存在的最大希望，要使美麗的花朵結出豐碩的果實。

從來沒有一個人像亞西拜阿德那樣獲得命運的垂青：世俗的財產始終滿坑滿谷，哲理的武器始終給予保護，個人的弱點始終獲得防衛；他從人生的開始就暴露在眾人的諂媚之下，這些都是為了尋求他的喜悅，久而久之使他喪失自信，厭惡聽取逆耳之言，不再接受明師的指導。他的才華給他帶來的幸福，能夠辨識蘇格拉底與其他人員完全不同，這時他會將財主和貴族趕走，即使他們對他百般示愛，只對蘇格拉底表示景仰和欽佩。他們在很短的期間內變得非常熟悉，現在他所聽到的語言，再也不帶裝扮出寵愛的聲調，那些毫無男子漢氣概的習性，以及愚蠢可笑的誇耀，全部都一掃而空；他發現蘇格拉底在讓他探索心靈的缺陷，抑制虛榮和低能的傲慢，使得他：

> 酷似怯戰公雞，
> 低垂征服雙翼[7]。

7　這首詩描寫鬥雞的狀況，作者是弗里尼克斯(Phrynichus)，用這個名字的劇作家有兩位，一位擅長悲劇而另一位是喜劇大師。

事實上，他認為蘇格拉底致力的工作有如神明運用的手段，在於照顧和保全年輕人。

因此他不再妄自菲薄，全心全意推崇他的朋友，讚譽他的智慧、仁慈使他感到愉悅，他的德行使他產生敬畏之心。他自己在不知不覺之中，內心形成一種自省的理念，覺察到真愛的存在，如同柏拉圖所說，能夠摒棄邪惡的情慾。大家看到他經常與蘇格拉底在一起用餐和運動，還住在同一頂帳篷之內，都不禁嘖嘖稱奇。

然而他對那些向他討好或獻殷勤的人，言語之間非常粗魯，行動舉止還是同樣的無禮。特別是對一個極其喜愛他的人，就是安塞米昂（Anthemion）之子安尼都斯（Anytus）[8]；他舉行宴會招待一些外鄉人，刻意邀請亞西拜阿德參加。亞西拜阿德拒絕接受，還與一些同伴在自己家裡痛飲美酒，然後再到安尼都斯那裡去搗亂。安尼都斯和客人都在房間裡飲宴，他在門口看到餐桌上面有很多金銀器皿和酒具，就命令他的僕人拿走一半帶回自己家裡[9]，而且他不進去打個招呼，根本不給主人一點面子；等到東西拿走他就離開。參加宴會的人都非常氣憤，紛紛提出指責，說他的行為不僅粗魯而且對主人極為無禮，不過，安尼都斯倒是有不同的看法，認為他拿去一半已經很夠意思，因為他有權全部帶走。

5 他都是用這種方式對待那些奉承他的人，只有一位外鄉人[10]得到他另眼相看。據說這個人不過是小康之家，把全部產業賣掉得到100司塔特（Stater）銀幣[11]，他把這筆錢當成禮物送給亞西拜阿德，用非常誠懇的態度請求他接受。亞西拜阿德帶著笑容對這件事感到很高興，就邀請他前來晚餐；豐盛的款待以後，將黃金贈送給他，交代他不要錯過第二天的機會，城邦的租稅要公開發

8　安尼都斯是5到4世紀B.C.雅典的水師提督，409B.C.未能從斯巴達人手裡光復皮洛斯，後來在他的協助之下推翻三十僭主的統治，399B.C.成為蘇格拉底的三位指控者之一，這位大哲學家因而被處死。

9　根據阿廷尼烏斯（Athenaeus）的說法，亞西拜阿德沒有將這些東西據為己有。安尼都斯是有錢人，雙方有很深的交情，所以才去拿他的東西；色拉西布盧斯很窮，就將這些金銀具送給他。

10　雅典為了振興經濟加強對外的貿易，歡迎外國的商人和工匠前來定居，同時由有勢力的家族擔任他們的庇主，雖然不能獲得市民權，在很多方面可以享受優待。

11　司塔特是一種錢幣，重量相當於四個阿提卡德拉克馬銀幣，分為金幣和銀幣兩種，金幣的價值是銀幣的5倍。

包[12]，他應該出高價去競標。這個人聽了以後就懇求原諒，因爲這個合約包括很多的項目，要支付很多泰倫的壓標金，亞西拜阿德那個時候正好對現任的承包商不滿，於是威脅這個人，如果他拒絕就會遭到一頓毒打。

這位外鄉人在第二天早晨來到公共會場，提出的標價比現在的承包金額要多1泰倫，這些租稅承包人大怒，一起商量對策，要他說出幾位保證人的名字，他們在盤算以後認爲他一個人都找不到。囊空如洗的外鄉人聽到這個要求大吃一驚，準備撒手退出，亞西拜阿德站在一段距離之外，大聲向那裡的官員叫道：「把我的名字寫下來，這個人是我的朋友，我願意爲他擔保。」當其他的投標人聽到他開口，就知道所有的圖謀都被他打敗，按照他們的做法是用第二年的利潤來支付前一年的租金，這樣一來，他們找不到任何辦法來解救當前所遭遇的困難。他們開始乞求這位外鄉人高抬貴手，願意支付給他一大筆錢。亞西拜阿德的要價是一分錢都不能少，等到他們付出以後，他就要這位外鄉人解除承包的租約[13]。

6 雖然蘇格拉底有很多對手要把亞西拜阿德搶走，都是一些有權勢的人；亞西拜阿德具備天賦的優異特質，蘇格拉底獲得他的敬愛，可以爲他當家作主。蘇格拉底的言辭對他產生很大的影響，不僅會使他流出感動的眼淚，也使他的靈魂爲之激動不已。然而他有時還是任憑自己落在奉承者的手裡，聽從他們的誘惑去尋歡作樂，就會把蘇格拉底丟在一邊。蘇格拉底這時就會緊追不放，把他看成一個浪跡天涯的奴隸。亞西拜阿德眼高於頂極爲自負，除了蘇格拉底幾乎不尊敬或畏懼任何一個人。後來哲學家克利底斯(Cleanthes)[14]曾經對追隨他的門人談起，蘇格拉底只能控制亞西拜阿德的耳朵，他的對手占有他的身體其他部分；亞西拜阿德很容易沉溺於聲色犬馬之中，這是毫無問題的事；修昔底德對他的生活方式有詳盡的描述，提到那些不知節制和過分奢華的習性，都會讓人深信不疑。

那些盡力要使亞西拜阿德敗壞和墮落的人，由於他的虛榮和野心使他們具有

---

12 希臘和羅馬都是將國家的稅收交由租稅承包商負責徵收，稅率按照財產的估值來計算，中間有很大的彈性，造成極其嚴重的弊端，給人民帶來苦難，租稅承包商也是普遍受到痛恨的對象。

13 根據普羅克盧斯(Proclus)的說法，這個人送給亞西拜阿德100司塔特銀幣相當於200德拉克馬，最後租稅承包商付給他20泰倫。而1泰倫等於6000德拉克馬，所以他獲得600倍的利潤。

14 克利底斯(331-231B.C.)是雅典的哲學家，追隨西蒂姆(Citium)的季諾(Zeno)學習，成為斯多噶學派的一代宗師。

優勢，相信他會毫無理由就會從事冒險的行動，而且盡力說服他，那就是只要他開始關心公共事務，不僅使得其他的將領和政客大為失色，還會超越伯里克利在希臘世界獲得的權威和名聲。蘇格拉底認為還有類似的教育方式，就像一塊鐵經過烈焰的冶煉化作繞指柔，加以淬火成為百鍊鋼。因此，蘇格拉底經常看到亞西拜阿德為奢侈或驕傲所誤導，不斷用談話和言辭來規勸他和矯正他，為了使亞西拜阿德養成謙恭和辭讓的德行，經常把他在各方面所犯的缺失指出來，同時讓他知道距離至善至美的境界，還有多麼遙遠的一段路途要走。

7　當亞西拜阿德在幼年的時候，曾經到一所文法學校去就讀，有次問老師一本荷馬的作品，回答是他對荷馬一無所知，亞西拜阿德給了老師一拳就離開這所學校。另外有一位老師告訴亞西拜阿德，說他曾經修改荷馬作品裡的錯處，亞西拜阿德說道：「怎麼可能？他們不是請你來教兒童誦讀？你要是能校正荷馬的謬誤，那就應該去教成人才對。」

有一天，亞西拜阿德有事要跟伯里克利談一談，於是就去拜訪，會面以後伯里克利告訴他現在很忙，正在考慮給雅典人報告些什麼才好，所以沒有閒暇與他談話。他在離開以後，對人說道：「伯里克利最好多考慮一下，盡量不要向雅典人提出報告。」

當他年紀很輕的時候，從軍參加討伐波蒂迪亞(Potidaea)[15]的遠征行動，那時就與蘇格拉底住在一頂帳篷之內，會戰的位置在相鄰的隊列。有次遭遇非常激烈的前哨戰鬥，兩個人的表現都很英勇，亞西拜阿德受了傷，蘇格拉底擋在他的身前給予保護，在全軍注視之下，從敵人的手裡救出他的性命和武器，不論從什麼標準來看，他的行為可以獲得英勇的獎賞，這些將領都很熱心，判定這個榮譽應該授與亞西拜阿德，完全出於階層和地位相同的緣故。雖然蘇格拉底志不在此，他渴望更為高貴的光榮，亞西拜阿德還是挺身而出為他作證，強迫將領把桂冠戴在他的頭上，要求他們將全副鎧甲贈送給他。

後來兩人參加迪利姆(Delium)會戰，雅典人吃了敗仗[16]，蘇格拉底和少數人

15　波蒂迪亞位於希臘北部的卡夕得西 (Chalcidice)地區，控制德密(Therme)灣和帕利尼(Pallene)半島，位置極為重要，最早是優卑亞的殖民地，後來成為雅典和斯巴達爭奪的戰場，波蒂迪亞戰役發生在432-431B.C.。

16　柏拉圖引用拉奇斯(Laches)的說法，要是人人都像蘇格拉底那樣守分盡責，迪利姆會戰希臘

員徒步後撤，亞西拜阿德騎著一匹馬，看到這個狀況就留下來，雖然敵人在後面緊追不捨，很多人被殺，他在危險的時候給予掩護，一直到蘇格拉底獲得安全為止。只是這件事發生在相當一段時間以後。

8 他曾經摑了希波尼庫斯(Hipponicus)[17]一個耳光；希波尼庫斯是凱利阿斯(Callias)的父親，憑著他的出身和家財擁有很高的聲望和權勢。他們之間沒有發生摩擦或爭吵，他這樣做完全無緣無故，只是向他的同伴表示他敢開這種惡意的玩笑。很快全城都知道這件事情，人民為無禮的舉動所激怒。第二天早上亞西拜阿德到他的住處去敲門，獲准進入以後就脫下外面的衣服，露出赤裸的身體，請求他盡量給予鞭打和責罰。這種知錯能改的行為使希波尼庫斯感到欣慰，不僅原諒他的過失還把女兒希帕里特(Hipparete)許配給他。

據說當事人不是希波尼庫斯而是他的兒子凱利阿斯，後來還是凱利阿斯同意希帕里特和亞西拜阿德的婚事，還加上10泰倫的嫁妝；當她為他生了一個小孩，拿事先答應的條件作為藉口，他強迫凱利阿斯再給他10泰倫。凱利阿斯生怕亞西拜阿斯謀害他的性命，當著市民大會所有成員宣布，要是他死後沒有兒女，他的房屋和財產全部捐給城邦。

希帕里特是一位賢慧能幹的妻子，對丈夫這種暴虐的行為還是失去耐心。他始終與一群娼妓打得火熱，不論她們是異鄉人還是雅典人。於是她就離開自己的家去投靠兄弟。亞西拜阿德表現出漠不關心的態度，仍舊過著奢侈豪華的生活。在這種狀況下她請求離婚，根據法律的規定不得委託代理人，要親自向執政官提出陳情。她在前往訴願的時候被亞西拜阿德趕上來，抓住她經過市民大會的會堂帶回家，沒有人敢出面阻止或主持公道。此後她還是與亞西拜阿德住在一起，沒過多久就過世了，那時他正在前往以弗所的途中。

用這種方式對待自己的妻子，當時並沒有人認為非常粗暴或是缺乏應有的風度。女子要想離婚就得當公眾的面前提出，法律的規定要給丈夫一個機會，可以與她當面進行磋商或是盡力使她打消前議。

(續)

　　人就不會吃敗仗。這個會戰發生的時間是奧林匹克89會期第1年即424B.C.，波蒂迪亞會戰後第8年。

17　希波尼庫斯和他的兒子凱利阿斯是雅典最有錢的富翁；根據安多賽德的陳述，希波尼庫斯死於421B.C.，或是在424B.C.的迪利姆會戰中陣亡。

9 亞西拜阿德花70邁納買一條狗[18]，不僅體型碩壯而且毛色漂亮，尤其是長了一條美麗的尾巴，所以才有這樣高的身價；他竟然將這條尾巴給剁掉。他的朋友對他的做法大爲驚奇，特別前來告訴他，說是全雅典的人都爲這條狗感到可惜。這時他高興的笑起來，說道：「我就是希望如此，這樣他們在談到我的時候，不會說我比不上一隻畜生。」

10 有人說他能夠從政進入市民大會，靠著他給市民送出大筆金錢，這樣做完全是機緣巧合事先沒有預謀。有次他在外面走動聽到很嘈雜的聲音，經過查問才知道有人發錢給城裡的市民，於是他也帶錢到那裡去散發給大家。因此群眾齊聲向他歡呼，讚譽慷慨的義舉，使他感到格外的興奮和得意，竟然忘記他的長袍裡面揣著一隻鵪鶉[19]，吵鬧的聲音使它受驚飛走。看到這個狀況，群眾的歡呼更爲熱烈，很多人開始去追捕這隻鳥兒，有一位名叫安蒂阿克斯（Antiochus）[20]的領航員，抓到以後送還給他，從此以後亞西拜阿德對他另眼相看。

他從事公職有很多占優勢的地方，像是顯赫的家世、龐大的財產，參加歷次戰爭的功勳、以及無數的朋友和親戚，可以說，進入仕途這一切都爲他大開方便之門。他從市民大會獲得權力，除了靠自己的口才他不願依賴其他的關係；他是精通演講藝術的大師，這些喜劇家都可以爲他作證；當時有位擅長煽動群眾的名嘴[21]，從他反對米迪阿斯（Midias）的講辭得知，說亞西拜阿德是那個人才輩出的時代，最有成就的演說家。不過，要是我們相信狄奧弗拉斯都斯，這位哲學家最喜歡追根究柢探索事物，同時也是一位歷史的愛好者，我們就會更了解亞西拜阿德，那就是他有極其卓越的創造力和洞察力，面臨任何狀況，都認爲自己會採用

18　這條狗的價錢是70邁納，相當於7000德拉克馬或4萬2000奧波銀幣，當時一個水手或士兵的薪資是每日3奧波銀幣，所以這條狗的價值等於40個水手或士兵的年薪。當然，我們這個時代，動輒身價幾百萬的「名犬」也不是沒有。

19　當時盛行飼養鵪鶉的風氣。柏拉圖提到一件事，說是蘇格拉底認爲亞西拜阿德應該努力學習，這樣才能勝過敵軍的將領，有人用諷刺的語氣說：「啊，亞西拜阿德，不必！不必！他只要學到在飼養鵪鶉方面贏過米迪阿斯就好了。」

20　捉到鵪鶉的人與後面提到那位部將的名字完全相同，要不是有這個淵源，亞西拜阿德就不會在離營的時候，將艦隊交給他來指揮；結果他不自量力，抓住機會就出戰，兵敗被殺。

21　這位人士就是笛摩昔尼斯（不是那位偉大的演說家），不過，他在這方面的名氣倒是很普通，演說辭所以能夠流傳下來，就是裡面提到亞西拜阿德的緣故。我們在修昔底德的《伯羅奔尼撒戰史》中可以讀到節錄的部分。

正確的方法，來達成所望的目標。他對所有問題不僅掌握重點而且說得頭頭是道；他特別重視遣詞用字，經常會在談話中突然暫停下來，爲的是要找到一個適當的字眼，大家就保持安靜讓他去思索，考量如何表達最爲有效。

11 他爲了養育參加競賽的馬匹和維持數量很多的比賽用車輛，這方面的花費之大引起眾人的側目。沒有人能像他那樣派出七輛賽車[22] 參加奧林匹克運動會，就是富豪或國王都無法辦到。根據修昔底德的說法，他得到第一、第二和第四名的優勝，優里庇德說連第三名也是他的，這種表現眞是前無古人後無來者。優里庇德讚譽他的成就特別有詩爲證：

> 大家歌頌克萊尼阿斯後裔，
> 贏得希臘前所未有的勝利；
> 包辦賽車的冠軍亞軍季軍[23]，
> 傳令官三次宣布得主榮名[24]。

12 希臘有幾個城邦競爭與他建立良好的關係，他們的代表團搶著送給他禮物，使得他的勝利呈現出錦上添花的場面。以弗所人爲他架設一個帳篷，裝飾得富麗堂皇；開俄斯島的城市提供馬匹的秣草，還有大量牲口拿來作爲祭品；列士波斯人供應酒類和食物，他用來舉行很多次盛大的宴會；然而

22　亞西拜阿德在市民大會發表演說：「希臘人以爲我們的城邦已經爲戰爭摧毀，所以我參加奧林匹克賽會，特別擺出豪華壯觀的場面，才獲得其他國家的重視，估計我們的力量超出實際狀況之上，有利於外交和貿易的活動；當時我以七輛雙輪馬車參加競賽，贏得第一、第二和第四名，這是前所未有的勝利。」

23　可能是在奧林匹克第89次或91次運動會贏得賽車的前三名；據說後來他又贏了兩次。

24　安蒂塞尼斯是蘇格拉底的弟子，據他的記載，說是開俄斯人負責給亞西拜阿德飼養馬匹，西茲庫斯人供應獻神的祭品。我們從安蒂塞尼斯的著作裡，知道亞西拜阿德很多軼事，包括參加奧林匹克運動會，各種遠征的作戰行動，以及旅行的狀況。他說道：「亞西拜阿德訪問四個聯盟的城市，當地的官員就像僕人一樣，伺候得非常周到。以弗所搭起比波斯人還要豪華的帳篷，開俄斯運來馬匹的秣草，西茲庫斯供應獻神的祭品和餐桌的食物，列士波斯獻上美酒和家用物品。」等到亞西拜阿德贏得賽車的前三名以後，他要給朱庇特獻上非常豐富的祭品，擺出盛大的場面招待各方的親友和來客，協助聯盟的城邦參加比賽的事宜，全都由富裕的城市負責所需的費用。

所有這些炫耀的方式，都使他無法逃避外來的譴責，主要的原因在於敵人的惡意或自己的過失。

　　據說有個雅典人名叫戴奧米德(Diomedes)，是個正派人物也是亞西拜阿德的朋友，很想在奧林匹克運動會獲得獎牌，聽到亞哥斯的城市有一輛比賽的車輛要出售，知道亞西拜阿德在那裡有很大的影響力，也有很多的朋友，戴奧米德就請他幫忙代自己買下來。亞西拜阿德後來是買了這輛車，但是說他自己要用，使得戴奧米德火冒萬丈，甚至不惜發誓賭咒，要求神明和世人為欺騙的行為主持公道。這件糾紛後來引起訴訟，有篇留存到現在的演說提到賽車的事，出自伊索克拉底(Isocrates)[25]的手筆，為了給亞西拜阿德的兒子辯護之用；只是這個案子的原告是泰西阿斯(Tisias)而不是戴奧米德。

13　亞西拜阿德在年紀很輕的時候就投身政壇，不僅頭角崢嶸而且使得前輩大為失色，只有伊拉西斯特拉都斯(Erasistratus)之子斐阿克斯(Phaeax)和尼西拉都斯(Niceratus)之子尼西阿斯能夠與他一比高下。尼西阿斯那時已進入中年，是當代備受讚譽的名將。斐阿克斯像亞西拜阿德一樣是旭日東升的政治家；他的出身是古老的貴族世家，據有各方面的優勢，唯有口才自嘆不如。亞西拜阿德所擅長的說服能力，在於私下的折衝樽俎而不是當眾的爭論辯駁，所以優波里斯(Eupolis)說他：

　　毫無濟世之才，
　　徒逞口齒之利。

現存一篇斐阿克斯所寫的演說[26]，對亞西拜阿德大肆抨擊，說他在餐桌上面日常使用的金銀器具，原來都是共和國的財產，被他據為己有。

　　有位名叫海帕波拉斯(Hyperbolus)[27]的雅典人，是佩瑞昔迪區(Perithoedae)

25　伊索克拉底(436-338B.C.)是雅典最重要的演說家，不參加實際的政治活動，主要是撰寫講辭和法庭的辯護，他在雅典設立學院，門人弟子遍布希臘世界，後來都成為各學派的領導人物，他在教育方面所獲得的名聲，相當於中國的孔子，現存的作品包括6篇講辭和9封書信。

26　安多賽德的演說中提曾經提到這段過節，實際上是子虛烏有之事，斐阿克斯被人故意栽贓。

27　海帕波拉斯是雅典的群眾領袖，421B.C.克里昂逝世後，他在市民大會擁有極大的勢力，

的公民，修昔底德提到他說他是個品德很差的壞蛋，經常成為當代喜劇作家諷刺和嘲笑的對象。這個傢伙根本不知好歹，毫無是非和羞恥之心，他的個性極其卑鄙而且魯莽，有些人卻視為無畏和英勇。雖然他是個人人討厭的傢伙，市民大會用他當作工具，打擊或誹謗城邦的權勢人物。那個時候的人民被他說服，準備運用貝殼放逐制度，拿出排除異己的手段，對共和國位高權重的公民施以10年的流放，這種譁眾取寵的行為並非出於對權勢的畏懼，而是出於對富貴的嫉妒。就當時的狀況來說，貝殼放逐完全針對斐阿克斯、尼西阿斯和亞西拜阿德三個人，毫無問題會落在其中之一的頭上。亞西拜阿德組成聯盟的黨派進行暗中活動，他的構想得到尼西阿斯的支持，反而使海帕波拉斯得到放逐的處分。

有人說，亞西拜阿德合作的對象是斐阿克斯，基於相互的利益獲得他的協助放逐共同的政敵，這件事完全出乎海帕波拉斯的意料。過去從來沒有一個卑劣或寒微的人物會落得這種下場。喜劇作家柏拉圖(Plato)提到海帕波拉斯，有這樣一種看法：

> 混帳傢伙活該倒楣，誰說不對？
> 可憐得到放逐懲處，地位不配！
> 雅典人民手拿貝殼，交給我們，
> 目標不應針對著他，奴隸身分！

我們會對這件事就所知的狀況再做詳盡的敘述[28]。

14 雅典的敵人對尼西阿斯非常推崇，加上他在城邦所受的尊敬，給亞西拜阿德帶來不少困擾。亞西拜阿德家族與斯巴達有深遠的關係，拉斯地蒙人來到雅典由他出面接待，皮洛斯(Pylos)[29]的俘虜都受到特別的照應；

(續)

417B.C.舉行貝殼放逐表決，想藉機除去尼西阿斯或亞西拜阿德，反而被敵手聯合起來將他流放，他轉往薩摩斯島定居，被支持寡頭政體的激進分子殺害。他被迫離國以後，大家將貝殼放逐制度視為排除異己的工具，從此廢止不再援用。

28 雅典人運用貝殼放逐制度來對付那些有權有勢的人士，所以考拉古斯人希帕克斯，由於是僭主的親人成為第一位犧牲者，等到出現目前的狀況以後，雅典人廢止這項規定，海帕波盧斯可以說是最後一位受害者。

29 皮洛斯位於伯羅奔尼撒半島的西端，原是梅西尼人的領地，425B.C.雅典派一支艦隊前往西西里，途中遇風開進皮洛斯附近的港灣，就在那裡建立一個要塞，引起斯巴達人的不滿，發

等到尼西阿斯大力促成雙方的和平和釋放俘虜以後，斯巴達人對他表示出乎尋常的器重和關切。根據希臘人一般的說法，伯里克利發起的戰爭在尼西阿斯的手裡結束；特別把雙方簽訂的協定稱之爲「尼西阿斯和平條約」[30]。亞西拜阿德對這件事感到苦惱，完全是嫉妒心作祟，他極力要破壞雙方的關係。當他知道亞哥斯人畏懼和痛恨拉斯地蒙人以後，弄清楚雙方之間的特殊關係，私下給予秘密的保證，雅典願意與亞哥斯建立聯盟。同時他派人或用信函，與該城市民大會的首腦人物建立聯繫，鼓勵他們不要畏懼拉斯地蒙人，無須做出任何讓步，同時請他們等待片刻，注意雅典人的行動，因爲他們現在後悔與斯巴達簽訂和平條約，很快就會放棄失去約束雙方的效用。

後來拉斯地蒙人與皮奧夏人結盟，沒有按照條約的規定，將潘納克屯(Panactum)原封不動交給雅典，何況他們把所有的防禦工事全部拆除殆盡，使得雅典人民大爲惱怒。亞西拜阿德掌握機會火上加油，嚴厲譴責尼西阿斯，指控他涉及所有的事項：諸如他在出任將領的時候，對那些留在史法克特里亞(Sphacteria)島未能退走的敵人，沒有盡力去搜捕[31]；當這些人成爲其他將領的俘虜之後，他讓他們獲得釋放並且將他們遣回斯巴達，這些做法完全是在討好拉斯地蒙人。亞西拜阿德還進一步強調，說是尼西阿斯與拉斯地蒙人有深厚的關係，沒有用來阻止他們與皮奧夏人和科林斯人的結盟；在另一方面，任何一個希臘城邦想要與雅典建立聯盟和友誼，如果引起拉斯地蒙人的不滿，他就盡力加以阻撓不予接受。

尼西阿斯受到這些伎倆的打擊，在市民大會失去人民擁戴的時候，斯巴達派

(續)————————————————————

　　生皮洛斯的攻防作戰。

30　「尼西阿斯的和平條約」在421B.C.簽約，主要的條款有18項，像是雙方撤回派出的守備部隊、歸還占領的市鎮和捕獲的俘虜，到神廟抽籤的方式決定最先交出的一方；有效期間是50年。可以參閱修昔底德《伯羅奔尼撒戰史》第5卷第18節。

31　拉斯地蒙人失去位於梅西尼亞(Messenia)的皮洛斯要塞以後，就在對面的史法克特里亞島，留下一支320人的守備部隊加上相當數量的希洛特人，由摩洛布魯斯(Molobrus)之子伊庇塔德(Epitades)負責指揮。雅典派當時的主將尼西阿斯，率領一支艦隊前去征討，他提出很多藉口不願成行。後來克利昂與笛摩昔尼斯聯合起來，共同前往攻打，經過很長時期的激戰才占領這個島嶼，有些守軍被殺，俘虜送回雅典。這些戰俘之中有120個斯巴達人，經過尼西阿斯的說項被釋放。後來，拉斯地蒙人光復皮洛斯要塞，安尼都斯奉派率領一支分遣艦隊前去救援，遇到頂風只有回航雅典，市民大會按照慣例判處他死刑，不過，在他付出一大筆罰金以後，獲得緩刑的宣告，這也是前所未有的事。

遣的使節正好來到雅典，他們剛一來到就信心滿滿地宣布，政府授與全權處理發生爭執的事物，願意訂立公正和平等的條款。政務委員會接到他們的建議，次日召開市民大會給予使節正式的觀見。亞西拜阿德一直擔心這件事會圓滿達成任務，運用計謀先與使節很秘密進行協商，在見面以後他說道：

> 你們這些斯巴達人到底有什麼打算？政務委員會通常對使節都很親切而且尊重，但是市民大會充滿野心和圖謀，難道這些你們都不知道？因此，如果你們讓市民大會知道已經賦予全權，就會提出無理的條件要求強迫你們答應。各位，務必審慎從事，如果想從雅典人那裡獲得對等的條件，不受他們的勒索而違背自己的意願，開始的時候就要用理性的陳述對待他們的人民，絕對不能公開承認自己擁有全權大使的身分。我完全基於對拉斯地蒙人的善意，才盡力幫助各位。

他願意立下誓言履行承諾，這樣一來他們不去找尼西阿斯，依賴亞西拜阿斯出主意打點一切，他所表現的常識和智慧使他們感到欽佩。

到了次日，亞西拜阿德將使節介紹給市民大會以後，用最客氣的態度請他們說明，他們的出使擁有那些權力？回答是他們沒有具備全權大使的身分。這時亞西拜阿德提高音聲，好像是受到侮辱而且自己沒有過錯，指責他們是毫無誠信的搪塞者，說他們的到來根本一無是處，不能提出任何意見也不能解決任何問題。政務委員會全被激怒，市民大會的氣氛極其緊張，尼西阿斯被蒙在鼓裡，現在也陷入不知所措的處境，對於拉斯地蒙人改變原有的說法，同樣感到驚愕和羞辱[32]。

15 使節的建議遭到拒絕，亞西拜阿德成為公認的將領，他表示雅典要與亞哥斯、伊里亞和曼蒂尼（Mantinea）聯合起來，大家共同組成一個盟邦[33]。沒有人願意運用這種鬼祟的伎倆，亞西拜阿德卻能發揮最大的效果，

---

32 亞西拜阿德的權謀和詭計，產生很大的作用，迫得尼西阿斯要到斯巴達去說明和扭轉不利的態勢，等到鎩羽而返，引起民眾的不滿，所以才選擇亞西拜阿德出任將領。

33 他與這幾個城邦簽訂的聯盟是在420B.C.，後來延續的時間長達百年之久，修昔底德在《伯羅奔尼撒戰史》第五卷有詳盡的敘述。古代希臘的條約非常的完善而且明確，與我們現在的條約相比，沒有多大差別。條約到底能夠發揮多大的作用很難說，像是雅典和斯巴達簽訂的

他在政治上建立莫大的成就，使得伯羅奔尼撒半島的基礎動搖，幾乎造成分裂的局面，不到一天的功夫就在曼蒂尼城的前面，聚集這麼多全副武裝的人員高舉義幟反對拉斯地蒙人；他讓戰爭和危險遠離雅典的邊界，過去差一點打贏敵人變成勝利的征服者，目前在兵臨城下的狀況被擊敗，斯巴達本身已經沒有安全可言。

　　亞哥斯人在曼蒂尼會戰之後[34]，經過挑選有1000名成員的既得利益團體[35]，想要推翻亞哥斯由人民組成的政府，好讓自己在城市裡當家做主，他們獲得拉斯地蒙人的支援要廢除民主政體。亞哥斯的人民再度武裝起來，擁有莫大的優勢，亞西拜阿德大力援助，他們終於獲得全勝，接受勸告要建造一道長牆[36]，用這種辦法將城市和海洋結成一體，在任何狀況下都可以確保雅典兵力的到達。為了貫徹這個目標，他從雅典派出技師和工匠，他們的服務展現出極大的熱誠，使得他自己比起在雅典共和國，贏得更大的權勢和榮譽。他同樣說服佩特里(Patrae)[37]的人民，修建長牆保護城市到海上的通路。有人向他們提出警告，說是雅典人最後會藉機吞併，亞西拜阿德回答道：「或許有這個可能，只是雅典人會慢條斯理從腳開始品嚐，不像拉斯地蒙人抓住腦袋就囫圇吞棗一口吞下去。」

　　他勸告雅典人不要忽略在陸地所能獲得的利益，不斷讓年輕人記得他們在阿格勞洛斯(Agraulos)[38]神廟所立下的誓言，主要的內容是要他們把賴以為生的小麥、大麥、葡萄和橄欖，視為阿提卡整體不可分割的部分，教導他們要堅持這片土地的主權，才能從事耕種獲得收成。

16 不論他的一言一行，表現出卓越的智慧和出眾的辯才，在他那暴飲暴食和靡爛淫蕩的生活中，摻雜著極度的奢侈和放縱。他像一個女

(續)

　　和約還不是很快就破裂。

34　雅典和亞哥斯簽訂條約後第三年發生曼蒂尼會戰，時間是418B.C.。

35　這個團體由貴族出身的人士組成，利用曼蒂尼會戰失敗後，人民普遍產生的憤怒情緒，拉斯地蒙人樂於支持，使得這些人能夠當家作主，原則是要廢除民主制度，改為像他們一樣的貴族政體。

36　亞哥斯的狀況與雅典很類似，位於內陸到海有一段距離，雖然雅典人願意支援人力物力，即使修築一道長牆，也難以發揮成效，主要是沒有優良的港口，以及它的位置離斯巴達太近。

37　佩特里位於伯羅奔尼撒半島北端的亞該亞地區，面臨科林斯灣，控制進出的水道，形勢非常險要，建造長牆的時間是419B.C.。

38　阿格勞洛斯是昔克羅斯(Cecrops)的女兒，為了國家的利益願意犧牲自己的生命；因此，雅典的年輕人到這個神廟來宣誓，就是要他們見賢思齊，不要忘記自己的責任。

人穿起紫色的袍服，經過市民大會會場的時候，長長的衣襬竟然拖在身後。他的臥床不能架在甲板上面，爲了睡得很軟就用繩索吊起來，長度不夠竟然把戰船的船板鋸斷。他的盾牌花很多錢鍍金，不用雅典人常見的章紋[39]，畫出一個飛翔的愛神（Cupid），手裡拿著閃耀的雷電。所有的言行舉止看在城邦那些上等人士的眼裡，全都感到厭惡和憎恨，甚至還害怕未來會產生不良的後果。大家指出他那藐視法律和怪誕奇特的行爲，反映內心深處篡權亂政的企圖。亞里斯托法尼斯（Aristophanes）[40]的詩很能表現人民對他的感情：

> 愛也罷！恨也罷！
> 就是不能沒有他！

用下面的比喻更能強烈的顯示：

> 養虎成患兮噬臍莫及，
> 恩感並濟兮勳業可期。

　　實情就是如此，提到他的慷慨解囊，他在運動會的表現，還有他對民眾的一擲千金，幾乎都是無人可及，再加上他有光榮的家世和祖先，演說的口才所發揮的力量，英俊的面貌和強壯的身體，作戰的驍勇和軍事的才華，在在使得雅典人默認他那過分的行爲，對很多事情抱著寬容的態度，按照他們的習慣對他的過失盡量低調處理，只能歸咎於他的幼稚和抱負。
　　例如，畫家阿加薩庫斯（Agatharcus）[41]是一位俘虜，亞西拜阿德要他在自己的家裡作畫，然後拿釋放他當成報酬。陶里阿斯（Taureas）舉辦公開的戲劇演出反

39　城市和個人的旗幟、裝具和武器都很古老，因為密涅瓦是雅典的保護神，通常就用貓頭鷹或橄欖枝作為圖案；不可以把人像繪在盾牌上面，除非這個人立下大功才獲得這種特權，在那個時代他們的盾牌都是白色。亞西拜阿德在他使用的裝具上面，表現出英俊的面貌和勇敢的行動。通常也可以加上題銘，例如卡佩紐斯（Capaneus）在盾牌上繪著一個手持火炬的人，題銘是「我要燒掉敵對的城市」。

40　亞里斯托法尼斯是當時最著名的喜劇作家，這裡引用的詩句可能是出自晚期的作品《普盧都斯》（*Plutus*）。

41　這位畫家認識亞西拜阿德的妻子。

對亞西拜阿德，還要與他在比賽中競爭名次，結果陶里阿斯被他當眾毆打。亞西拜阿德看上一位被俘的米洛斯(Melos)婦女，這位女士為他生了一個兒子，長大以後受到良好的教育。這件事使得雅典人讚許他的仁慈，然而米洛斯島[42]上成年男性全部遭到屠殺，就是出於他的主謀，後來他推說是要遵守城邦下達的敕令。

亞里斯托奉(Aristophon)畫出尼米亞(Nemea)[43] 將亞西拜阿德抱在懷裡的那幅作品，群眾帶著歡樂的情緒蜂擁前去欣賞，年長的市民極其不悅甚為厭惡，把這件事視為十惡不赦的罪行，認為他有篡奪權力成為暴君的意圖。就是阿奇斯特拉都斯(Archestratus)並不把它當成胡鬧之舉，認為希臘人不會再支持一位像亞西拜阿德這號人物。

有次當亞西拜阿德發表成功的演說以後，整個市民大會異口同聲的讚譽不已；厭世者泰蒙(Timon)倒是對他另眼相看，沒有避開不理他像對其他人那樣。這位老兄別有用心的接近他，握著他的手說道：「加油！小伙子！爭取人民的信任，我認為你總有一天你會讓他們吃盡苦頭。」有人對這種說法加以嘲笑，也有人辱罵泰蒙，不管怎樣每個人對這件事都有深刻的印象。就是因為亞西拜阿德的性格不僅矛盾百出而且有違常情常理，所以對他的判斷有時會「差之毫厘而失之千里」。

17 甚至就是伯里克利在世[44]的時候，雅典人已經對西西里投以渴望的眼光，一直到他過世，都沒有採取任何行動。然後，對於受到敘拉

42　米洛斯島位於賽克拉德斯群島的西端，是拉斯地蒙人的殖民地，亞西拜阿德在奧林匹克90
　　會期第4年即417B.C.對它發起攻擊，次年才全部占領。修昔底德在《伯羅奔尼撒戰史》第5
　　卷記載米洛斯人被殺的狀況，並沒有提到雅典的敕令。

43　尼米亞是伯羅奔尼撒北部的城市，每兩年舉行一次賽會向宙斯致敬，該地的神廟有女祭司，
　　後來衍生出很多的娼妓，所以尼米亞成為「色情」的同義字。可以參閱鮑薩尼阿斯《希臘風
　　土記》第1卷第22節。

44　伯里克利運用他的智慧和權威，對於雅典人過度擴張的野心加以抑制；他死於奧林匹克87
　　會期第4年即429B.C.，也就是伯羅奔尼撒戰爭第3年。兩年以後，雅典人派遣一些船隻到雷
　　朱姆，救援受到敘拉古攻擊的李昂蒂尼(Leontini)。次年派的船隻數量較多，兩年以後他們
　　裝備一支艦隊，實力比前幾次更為強大。西西里受到赫摩克拉底(Hermocrates)的勸說(他
　　的演說摘錄在修昔底德的《伯羅奔尼撒戰史》第四卷)，即將結束分裂和對立的局面，就將
　　他們的艦隊打發回去，雅典人為這些將領沒有征服西西里而怒氣衝天，彼索多魯斯
　　(Pythodorus)和索福克利(Sophocles)遭到放逐的處分，優里米登(Eurymedon)要支付很重一
　　筆罰鍰。他們對過去的事情一直耿耿在懷，認為自己的軍隊到那裡就會所向無敵。

古人壓迫的城市，藉口幫助盟友利用這個機會派遣援軍，接著還準備運用這種方式增加兵員，編組成戰力較強的部隊。亞西拜阿德煽動民眾的激情到無法遏阻的程度，說服大家不要再採用暗中進行的方式，也不以局部的地區為滿足，經過逐步的發展以後，他們決定派出一支實力強大的艦隊，立即使自己成為控制整個島嶼的主人。他給人民帶來莫大的希望，自己的內心存有更崇高的念頭，西西里的征服雖然可以滿足其他人的野心，在他而言不過是達成最初的願望罷了。

尼西阿斯想盡辦法要轉移人民的遠征行動，在提到這件事的時候，就說攻占敘拉古是非常困難的工作。亞西拜阿德的夢想不僅是征服迦太基和利比亞，後續的軍事行動會使自己很快成為意大利和伯羅奔尼撒的統治者，所以在他看來西西里不過是供應戰爭所需的倉庫[45]。年輕人很快滿懷希望躍躍欲試，非常高興傾聽年老的前輩，談起他們到過的奇異國度，以至於你可以見到很多人坐在角力場地和公共場所，在地上畫出島嶼的形狀以及利比亞和迦太基的位置[46]。

據說哲學家蘇格拉底和占星家梅頓(Meton)都提到，這次戰爭對共和國沒有任何好處：前者認為隨之而來的預兆，從他的睿智得知神明會橫加干預；後者不僅很理性的考量整個計畫，而且還運用占星術的技巧，對它的結局表達出畏懼的感覺，甚至裝瘋點燃火炬要把自己的房屋燒掉。根據傳聞，梅頓的行為並不像一個瘋子，雖然他在夜晚暗地放火燒自己的房子，到了早晨就在市民大會提出陳情，說他遭到這樣大的災難，應該得到一些安慰，於是他們就放他的兒子回家，受到豁免不要參加遠征行動。他用這種伎倆欺騙自己的同胞，達成所望的企求。

18 尼西阿斯授與將領的職位，這件事完全違背他的意願，所以盡量避免指揮部隊，就這方面而言，與亞西拜阿德擔任同僚不是沒有關係。雅典人知道亞西拜阿德自由奔放的個性，不願接受任何束縛，如果用尼西阿斯的慎審來節制他的熱情，認為戰爭一定會很順利地進行。他們的選擇基於主動積極的著眼，第三位將領是拉瑪克斯(Lamachus)，雖然他的年齡較長，有多次參加會

45　古代的三大穀倉是埃及、西西里和北非，不僅在於土地肥沃和氣候溫和，更重要是位置適中和交通便利；羅馬帝國稱霸世界，就是擁有這三個地區使然。

46　雅典人受到誘惑產生超出能力的雄心壯志，他們不認為占領西西里就會結束戰爭，而是將這個地區變成他們的前進基地和司令部，接著要與迦太基人對陣，直到據有阿非利加和海克力斯之柱以內全部海域。

戰的經驗，火爆的脾氣和衝動的性格，比起亞西拜阿德未遑多讓。他們開始考慮派遣兵力的數量和糧食供應的方法，尼西阿斯還是反對出兵的計畫，阻止戰爭的發生。亞西拜阿德極力加以反駁，並且在市民大會中提出他的看法和論點。有一位名叫笛摩斯特拉都斯(Demostratus)的演說家，建議賦予將領絕對的權力，從事各項準備工作以及整個戰爭的運作，現在就應下達敕令明確律定[47]。

　　當所有的事物整備妥當可以發航的時候，出現很多不利的徵兆。遍及全城的阿多尼斯(Adonis)祭典[48]即將到來，婦女帶著死者的遺像參加遊行的行列，前往墓地的途中唱出哀傷和悲悼的輓歌，然後舉行莊嚴的葬禮。除此以外，發生破壞麥邱利雕像[49]的事件，神像的面孔在一個夜晚全都遭到損毀，即使那些平時認為這種事無足輕重的人，在目前的情勢之下全都感到驚愕和敬畏。有人宣布說是科林斯人幹的好事，因為敘拉古過去是他們的殖民地，出現這種預兆會使雅典人延期或放棄這場戰爭。人民並不相信這種傳聞，有些人不認為這樣做會帶來任何凶兆，更是抱著不以為然的態度。他們僅僅把它看成放縱的行為，是一群誤入歧途的狂野少年無意中的惡作劇。然而有人要用激怒和恐懼來擴大整個事件，認為是一批陰謀分子藉此製造社會的動亂，政務委員會和市民大會在經過幾天的集會以後，對於所有涉嫌的情況進行嚴密的調查。

19 就在偵辦期間，有位名叫安德羅克利(Androcles)的政客，從奴隸和外鄉人取得證詞，指控亞西拜阿德和他的朋友，運用同樣的手法損毀雕像的面孔，而且還在酒醉的聚會中，施展褻瀆的動作舉行聖潔的神秘儀式。他們之中有位名叫狄奧多魯斯(Theodorus)的人擔任傳令官，波利蒂昂(Polytion)是執炬者，亞西拜阿德自稱是大祭司，其餘的人員是參加入會式的來賓，獲得新會員的名銜。所有這些事實都包括在口供的細目之中，西蒙之子帖沙盧斯(Thessalus)挺

47　參閱修昔底德《伯羅奔尼撒戰史》第6卷第25-26節及本書第十四篇〈尼西阿斯〉第12節。

48　希臘的城市在阿多尼斯祭典都要表現出哀悼的氣氛，家家戶戶門口擺著棺材，抬著維納斯和阿多尼斯的像參加遊行，將一些水罐裝滿泥土，裡面種著穀物、草藥或萵苣，就把這些東西稱為阿多尼斯的花圃，等到祭典完畢以後，將這些花圃丟到河裡或海裡。這個祭典在希臘和埃及流行一時，就是猶太人也難免，到後來才視為偶像崇拜受到取締；可以參閱《舊約‧以西結書》第8章第14節：「誰知，在那裡有婦女坐著，為搭模斯(Tammuz)哭泣。」這裡所說的搭模斯指的是阿多尼斯。

49　雅典人為了祈福在家門口豎起麥邱利的立像，是用石材雕刻而成。

身而出，指控亞西拜阿德嘲笑和藐視西瑞斯（Ceres）女神和普羅塞派尼（Proserpine）女神[50]，犯下褻瀆神聖的罪行。

這些控訴引起人民的反感，對亞西拜阿德大為憤怒；他的政敵當中以安德羅克利最為毒惡，現在開始將他的朋友都扯進去，使得他們感到不知所措，案情也急遽擴大。當他們發覺所有的海員擺出要與他一起前往西西里的姿態，就是士兵也這樣的表示，還有就是亞哥斯人和曼蒂尼人的輔助部隊，全副武裝的士兵有1000人，公開宣布他們為了追隨亞西拜阿德，才參加路程這樣遙遠的海上遠征行動，如果他受到不公平的待遇，所有的人員就會打道回府。這樣一來使得亞西拜阿德和他的朋友都恢復勇氣，他們的情緒非常熱烈，要運用這個機會來為自己辯護。現在他的政敵感到氣餒，害怕市民大會考慮現實的需要，會對整個案子從寬處理。

因此，為了防範會有這種狀況發生，他們私下與其他的演說家進行密謀，這些人表面看來不是亞西拜阿德的仇家，然而痛恨他的程度並不遜於公開的政敵。他們在市民大會提出建議，所秉持的說法：

> 這件事情極荒謬，特別是亞西拜阿斯已經授與將領的職位，擁有指揮部隊的絕對權力，就在軍隊已經完成編組，盟軍全數到達的時候，處理他所涉及的案子，就會喪失作戰的時機，特別是市民大會還要抽籤決定法官，指定時間來聽取案情的敘述。因此，我們的意見是讓他立即發航，他也因此獲得好運；等到戰爭結束以後，他再按照法律的規定為自己提出辯護。

亞西拜阿德發覺整個案子拖延下來是極其毒惡的陰謀，前往市民大會表示自己的意見，當他在受到指控和誹謗的時候，派他指揮這樣龐大的一支軍隊，對他而言實在是非常驚異的事。如果他不能洗刷別人安插在他身上的罪名，情願接受死刑的處分；他現在所要做的事是要證明他的無辜，只有能夠免於偽證的指控所帶來的迫害，然後才能興高采烈趕赴戰場去打仗。

---

50 普羅塞派尼是羅馬的穀物女神，相當於希臘的帕西豐尼（Persephone），是宙斯主神和耕作女神德米特的女兒，後來成為冥王哈得斯（Hades）的妻子和冥后。

20 雖然如此，他還是無法說服市民大會，只有聽從命令立即發航[51]。他與其他的將領同時離開，率領將近140艘戰船、5100名重裝步兵、1300名弓箭手、投石手和輕裝步兵，以及相當數量的糧食和用品。大軍到達意大利海岸就在雷朱姆(Rhegium)登陸，亞西拜阿德提出他的看法，認為處於目前的狀況下，應該毫不猶豫展開全面的作戰行動。尼西阿斯反對他的論點，然而這個方案得到拉瑪克斯(Lamachus)的贊同。他們向西西里發航，奪取卡塔那(Catana)[52]作為基地。他正在全力推展工作的時候，接到命令要立即趕回雅典面對法庭的審判。

我們前面說過，這件案子發生之初，亞西拜阿德雖然受到懷疑，只是出於某些奴隸和外鄉人的指控，證據非常薄弱，等到他離開以後，政敵趁著他不在國內藉機大肆攻擊，把破壞麥邱利石像和神秘祭祀的瀆神事件混淆在一起，使得大家相信這是改變體制和推翻政府的陰謀活動[53]。市民大會下令採取行動，所有受到指控的人只要有一點涉及本案，根本不聽他們的辯白就收押在監獄裡面。他的政敵了解整個情況，考慮案情的重大，為了使他得到最嚴厲的判決，在各種證據齊全之前，不想立刻讓亞西拜阿德接受法庭的審判。等到他的親朋好友全部落網以後，整個城邦憤怒的氣氛高漲，市民大會認為只有從嚴處置才不會節外生枝。

修昔底德沒有提到告發者的名字，也有人說是戴奧克萊德(Dioclides)和圖瑟(Teucer)，因而弗里尼克斯(Phrynichus)的喜劇裡面，有幾句詩可以為證：

> 啊！敬愛的赫耳墨斯！小心！
> 現在不必顧慮沒有存身之處；
> 要是這位新來的戴奧克萊德，
> 不斷說謊就會讓你受到驅逐。

麥邱利用兩向話來答覆：

51　遠征西西里的時間在奧林匹克91會期第2年即415B.C.的夏天，即伯羅奔尼撒戰爭第17年。
52　卡塔那在古代又稱艾特納(Aetna)，位於西西里島東海岸的中央位置，離下方的敘拉古約50公里，有非常良好的港口，最早是優卑亞人的殖民地。
53　這個時候正好斯巴達有一支軍隊進至地峽，要處理他們與皮奧奧之間的糾紛。亞西拜阿德的敵人把這件事套在他的頭上，說他陰謀出賣城邦；同時說他還勸亞哥斯人起來響應。

他的忘恩負義使我心情焦急，
不會將更多的資料供給圖瑟。

事實上，這些告發者提出的證據並不充足，有的論點非常薄弱。其中有一個人被問到，他怎麼認得出破壞石像的歹徒，回答是靠著夜間的月光看得很清楚，這種錯誤的陳述非常明顯，那天晚上是當月最後幾天，正是新月初升光度暗淡[54]。這樣一來使得了解實情的人，大聲反對這種無中生有的謊言；民眾還是激動萬分，願意接受更多的指控，他們最初對這個案件所抱持的熱情，並沒有因不實的陳述而趨於緩和，任何人員只要涉案，就會受到逮捕和下獄。

21 其中有一位演說家名叫安多賽德（Andocides），關在監獄準備接受法庭的審判；他是史家赫拉尼庫斯（Hellanicus）的後裔，祖先可以追溯到尤利西斯。安多賽德一直痛恨民主政治，大力支持寡頭體制；懷疑他破壞神像最主要的理由，就是最大一尊麥邱利雕像，位置正好在他的住宅附近。這座神像是伊傑斯（Aegeis）部族最古老的紀念物，保存得非常完整受到大家的重視，成為絕無僅有的藝術傑作。因為有這樣的淵源，後來得到「安多賽德的麥邱利神像」的稱呼，雖然雕刻的題銘並非如此，所有的人提到它還是用這個名字。

這件案子之所以發生問題，是因為安多賽德在獄中認識同案受押的泰密烏斯（Timaeus），這個人的名望和身分雖然較他為低，但是機警過人而且膽大包天，他們很快結交成為知心好友。泰密烏斯說服安多賽德和少數幾個人擔起這個罪行，這時他們縱使沒有做這件事也都承認所言不虛，認為自行招供可以獲得人民的原諒，總比否認別人對他們控訴而提出審判來得安全，而且他們害怕這些指控者都是地位顯赫的人。他們認為最好的辦法還是用不實的陳述來自保，因為萬一他們其中真有人犯下這種罪行，到時大家都難逃羞辱的死刑。如果他關心城邦的利益，那麼只犧牲少數幾位嫌疑重大的人，能夠把很多優秀的人士從人民的憤怒中拯救出來。安多賽德為這番大道理所說動，承認自己的錯誤並且指控有些人犯下罪行，後來他在下達的赦令中獲得赦免，除了少數幾位逃走沒有喪失性命以外，

---

54 希臘曆法每月起始於盈甚的次日，相當於我國陰曆的25日，所以每月月終的月色暗淡，但也不至於完全漆黑絲毫不見亮光。

其餘被他指名道姓的人全都遭到處死。他爲了讓自己的招供能夠取信於人，甚至將他的僕人都牽連在裡面[55]。

雖然如此，人民的怒氣還是沒有完全平息下來，不再注意那些破壞石像者，在閒談之餘把所有的憤恨發洩在亞西拜阿德的身上。最後的決議是派薩拉密斯號聖船將他接返國門，對於負責的官員下達的指示，不得使用暴力或逮捕的行動，用溫和的語氣向他說明，當局要他跟著他們的船隻歸國，在法庭對著人民提出自辯。他們這樣做是怕在敵人的領域，引起軍隊的抗命和叛變，如果亞西拜阿德存有這種念頭，在他來說是輕而易舉的事。他的離去打擊部隊的士氣，他們預判未來戰事會曠日持久；只有亞西拜阿德發生激勵的作用，等到這股力量消失，在尼西阿斯的指揮之下必然會錯失戰機。拉瑪克斯雖然是一位驍勇善戰的軍人，貧窮的家世使他在軍中無法獲得權威和尊敬[56]。

22 就因爲亞西拜阿德的離開[57]，墨西拿(Messena)[58] 沒有落到雅典人手裡；有些人想要背叛好把城市交給雅典人，亞西拜阿德非常清楚這個狀況，就將這個情報通知他在敘拉古的友人，使得敵軍先行破獲賣國的陰謀活動。等到他抵達休里埃(Thurii)[59]，登岸以後就隱匿起來，逃過雅典人的搜捕。有一個認識的人問他，爲什麼他這樣不相信自己的祖國，他回答道：「其他任何事情我都相信，唯獨性命交關的時候，我連自己的母親都不抱希望，難免她會發生差錯，應該投白豆她竟然投了黑豆。」後來，有人告訴他說是市民大會對他宣布死刑的判決，他說道：「我一定要讓他們知道我還活得好好的。」

這份通告用下述的形式發布：

---

55 有人認爲要安多賽德出面招供是他的外甥查米德(Charmides)，並不是泰密烏斯；至於泰密烏斯是何方神聖，根本沒有人知道。

56 等到亞西拜阿德離開以後，西西里戰爭全部交由尼西阿斯負責，可以參閱本書第十四篇〈尼西阿斯〉第15-27節。

57 他回國是在415年9月B.C.，事前已經採取預防措施，乘坐自己的船隻不搭薩拉密斯號聖船。

58 墨西拿位於西西里島的東北角，隔著墨西拿海峽與意大利的雷朱姆遙遙相對，是古代進出西西里的門戶，優卑亞人建立的殖民地。

59 休里埃在古代又稱西巴瑞斯(Sybaris)，位於意大利半島南端的塔蘭托(Taranto)灣西岸，最早是亞該亞人建立的殖民地。

西蒙之子帖拉盧斯(Thessalus)是拉西亞區(Lacia)的公民公開宣布這
份通告：克萊尼阿斯之子亞西拜阿德是斯卡波尼迪區(Scambonidae)
的公民，他在自己的住處對著他的同伴，施展不敬的言行嘲弄聖潔的
神祕儀式，犯下褻瀆西瑞斯(Ceres)女神和普羅塞派尼(Proserpine)女
神的罪行。他們在該地穿上大祭司專用的袍服，擅自舉行神聖的祭祀
大典。他本人充任大祭司，波利蒂昂(Polytion)擔任執炬者，菲吉亞
區(Phegaea)的狄奧多魯斯(Theodorus)擔任傳令官，將其餘的同伴稱
為新會員[60]和見習生，所有的行為違犯優摩帕斯家族(Eumolpidae)[61]
和伊琉西斯神廟的傳令官和祭司制定的法條和規定。

他的抗傳拒不出庭宣告有罪確定，家產全部充公，下令給各級祭司和女祭
司，舉行莊嚴的典禮對他發出詛咒之辭。其中有一位女祭司名叫第安諾
(Theano)，阿格勞勒區(Argule)公民門儂(Menon)的女兒，拒絕接受這種命令，
說她身負神聖的職責，是向神明祈禱求福而不是賭咒害人。

23 雅典的命令和判決對亞西拜阿德是極其嚴厲的打擊，這時他已從休
里埃渡海前往伯羅奔尼撒半島，在亞哥斯暫作停留。目前的狀況很
擔心政敵採取的行動，因為他們知道自己已經毫無歸國的打算。他派人到斯巴達
提出要求給予庇護，保證在他的鼎力協助之下，未來採取任何行動的時候，不會
再發生過去以他為敵時所犯的錯誤。斯巴達人同意給予他所望的安全，表示他們
已經準備好接待的工作，他抱著愉悅的心情前往。到達以後他提出第一點建議，
就是勸他們馬上派軍救援敘拉古，不得有任何遲疑或緩延，經過他極力的呼籲和
鼓舞，他們立即派遣捷利帕斯(Gylippus)趕赴西西里，粉碎雅典滯留在那裡的部
隊。第二點建議是要斯巴達重新將戰爭帶往雅典本土；第三點最關緊要，就是加

---

60 「新會員」稱mystoe有一年的學習期間，舉行祭典的時候不能進入廟宇的大廳，等到這段期
間終了獲得epoptoe即「教友」的資格，除了保留給祭司專用的儀式，其他的祕密祭典都可
以參加。

61 優摩帕斯(Eumolpus)是第一位制定西瑞斯祕密祭典和儀式的人，後來就由他的後裔負責保
管，等到他的世系斷絕以後，凡是傳承這項職能的人士都稱為優摩帕斯家族的成員。

強迪西利亞（Decelea）[62]的防務和工事，這個地點鄰近雅典，成為他們的心腹之患，可以發揮最大的牽制和威脅作用[63]。

這些策略和計謀使亞西拜阿德在斯巴達獲得公眾的敬仰，就是他的生活方式和作風也引起大家的讚許，他穿著斯巴達人的服裝更是贏得群眾的認同，使人一見難忘：看到他把頭髮齊根剪短，洗浴全用冷水，吃粗糙的飲食，喝味道很怪的黑肉湯，甚至不敢置信他會在院子裡養一隻公雞，會在他的家中遇到一位香水商，會看見他穿著一件米勒都斯的紫色斗篷。根據他的說法，這種特殊的才華和伎倆有助於他贏得人們的喜愛，他可以立即適應當前的狀況，能將自己投入和融合到他們的習性和模式，改變之快就是變色蜥蜴也瞠乎其後。他們提起變色蜥蜴說它不會只採用一種色彩，特別是不會顯出白色；亞西拜阿德根本不論是非對錯，只會迎合團體的狀況，使得自己能夠無往不利。

在斯巴達的時候，他全力從事體育活動和訓練，過著節儉的日子而且行為非常保守；等到住在愛奧尼亞，四周一切都是奢華、淫亂和怠惰；他在色雷斯靠著酗酒度日；到了帖沙利鎮日留在馬背不肯下來；當他與波斯省長泰薩菲尼斯（Tisaphernes）同住一城的時候，擺出華麗和壯觀的排場，使得波斯人自嘆不如甘敗下風。這不是說他的天生習性容易改變，或者他的真正性格是錯綜複雜。或許他有那種感覺，要是還繼續堅持自己的意念，就會觸怒持反對意見的人，因此他能依據需要而轉換形象，適應環境而調整姿態，處處都能隨遇而安，自求多福。要是有人在拉斯地蒙看到他，僅僅憑著外表就會說道：「亞西拜阿德不是阿奇里斯的後代，他就是阿奇里斯！」這種人的確是萊克格斯心目中理想的模範，真實的感情和行動會激起大家的讚賞：「啊，這位花樣年華的女人。」[64]

當埃傑斯王離開宮廷，率領軍隊到外國去作戰的時候，亞西拜阿德勾引國王

62　迪西利亞在雅典的正北約20公里，是該地區的制高點，控領前往皮奧夏和優卑亞的道路，威脅雅典周邊最富裕的農村和平原。斯巴達在413B.C.的春天占領，建造成為堅強的要塞。

63　斯巴達國王埃傑斯率領由拉斯地蒙人、科林斯人和伯羅奔尼撒半島其他城邦組成的大軍，入侵阿提卡；他們聽從亞西拜阿德的建議，據有和加強迪西利亞的防務，這個要塞位於雅典和皮奧夏邊界之間，使得雅典人喪失銀礦的收入、土地的租稅和友邦的援軍。從戰爭開始到當前為止，最大的災難發生在西西里，他們在那一年不僅無法達成征服的目標，連帶他們的艦隊、軍隊和將領損失殆盡，多年建立的聲譽全部化為烏有。

64　優里庇德的《歐里斯底》（*Orestes*）一劇中，這句台詞是對赫邁歐尼（Hermione）這個城市的讚譽之詞，意思為經歷多年的憂患，仍能保昔日的繁華和優美。

的妻子泰密婭(Timaea)，還使她爲他生了一個兒子。她甚至毫不否認這件事，當她從床上把兒子抱出來，當著公眾的面前稱他爲李奧特契德(Leotychides)，私下在密友和侍女的圍繞之下，低聲輕喚亞西拜阿德這個名字，她的迷戀和愛慕已經到無法自拔的地步。據說在他那方面，還是抱著虛榮和自負的神情，認爲他之所以這樣做，不是出乎惡意的無禮，也不是激情的滿足，只是期望他的後代有一天成爲拉斯地蒙人的國王。很多人向埃傑斯報告這件事，只要推算時間就可以得到最確鑿的證據，埃傑斯在發生一場地震，上天提出示警以後，就離開自己的妻子，沒有相處一起的時間已經在10個月以上，李奧特契斯的出生超過他在家的受孕時間。因此他不承認這個兒子，後來李奧特契斯沒有獲得繼承王位的權利。

24 雅典人在西西里慘敗之後[65]，開俄斯、列士波斯和西茲庫斯立即派遣使節到斯巴達，要求給予幫助讓他們脫離雅典的控制，皮奧夏人關切列士波斯特別代他們求情，法那巴蘇斯(Pharnabazus)支持西茲庫斯；拉斯地蒙人由於亞西拜阿德的說項，選擇開俄斯比其餘兩地先行出兵[66]。他自己也隨著出航，幾乎使整個愛奧尼亞都高舉起義的旗幟。他與拉斯地蒙的將領合作，給雅典人帶來最大的損害。埃傑斯對於亞西拜阿斯玷辱他的妻子，憤恨難消將他看成勢不兩立的仇人，當然無法容忍他獲得光榮的事蹟，然而現在每一項功勳和成就，都歸於亞西拜阿德的指導和調度。還有就是斯巴達人中間那些最有權勢和深具抱負的人士，全都對他產生猜忌和羨慕，最後還是說動當局派人帶著命令到愛奧尼亞，要駐防當地的將領趕快除去這個罪魁禍首。

不過，亞西拜阿德也獲得這方面極其機密的信息，因爲他擔心會自食惡果，所以始終與拉斯地蒙人保持聯繫，了解政府所有的事務，並且行動非常小心，不要讓自己進入他們的勢力範圍之內。最後他向波斯國王的省長泰薩菲尼斯請求庇護，獲得承諾保證他的安全，很快成爲最具影響力的外國人士。這位蠻族本人不講信義，所以喜愛權謀和詐術，對於亞西拜阿德的談吐和機智讚不絕口。實在說，他的談吐高雅又風趣，任何人都無法抗拒而且深受感動，甚至會給畏懼或嫉妒他

---

65 亞西拜阿德逃離希臘以後，雅典軍隊這兩年在西西里的戰狀，本章就略而不提，本書第十四篇〈尼西阿斯〉第15-30節有詳盡的敘述。
66 斯巴達出兵先支援開俄斯島，主要是泰薩菲尼斯的要求，還有就是開俄斯有強大的水師和眾多的船艦，利於斯巴達向海上的發展。

的人帶來喜悅，那些來看他的人和與他作伴的人，都會從他那裡獲得仁慈和撫慰。就拿泰薩菲尼斯來說，在波斯人中間他的性格最殘酷無情，非常痛恨希臘人，然而亞西拜阿德只要幾句奉承話，就贏得他五體投地的佩服；他對亞西拜阿德的讚譽之辭只有過之而無不及。他的園林最美麗，裡面有流水潺潺的小溪和樹木青蔥的草原，到處建著樓台亭閣，裝飾得有如皇家的宮殿，各種擺設都有很高的品味，特別將它取名為亞西拜阿德，一直到現在還沿用這個稱呼。

25 亞西拜阿德不再維護斯巴達的利益，對他們完全喪失信心，特別是他害怕埃傑斯的報復，所以盡力讓斯巴達的官員行事發生錯誤，同時他運用各種手段來影響泰薩菲尼斯，一方面不要過於支持斯巴達人，另一方面也不要對雅典人追盡殺絕，這樣一來使得斯巴達對泰薩菲尼斯產生憎惡之心。根據他的建議，泰薩菲尼斯原本應該供應斯巴達人的需要，只是經費方面非常的慳吝，不斷的調動使部隊疲勞不堪，在不知不覺中消耗他們的實力。等到斯巴達人和雅典人相互激戰不休，人員和船艦產生重大的損失，這時國王坐收漁翁之利，使得這兩個城邦拱手稱臣[67]。泰薩菲尼斯對他的策略佩服得五體投地，公開表示喜愛和讚許他所給予的幫助，亞西拜阿德受到希臘兩個對立陣營的重視，雅典人在厄運連連的打擊下，對於用嚴厲的判決置亞西拜阿德於死地，現在已經感到後悔莫及。就亞西拜阿德這方面而言，如果共和國被完全摧毀，最讓他關心和害怕的事，不能落在拉斯地蒙人的手裡，因為這些人對他懷有深仇大恨。

雅典人在那個時候把全部兵力投入薩摩斯島[68]。他們的艦隊先維持基地的安全，再從大本營出發去平定叛亂的城鎮，保護其餘的領土不受侵犯；除此以外仍舊有其他的圖謀，要從海上兵分幾路對敵人發起進軍。他們對泰薩菲尼斯和腓尼基的艦隊極為忌憚，據稱這個艦隊有150艘船，已經發航即將來到；等到這支強大的兵力到達，雅典共和國根本沒有破敵的希望。亞西拜阿德了解全盤的狀況，派人暗中去見雅典的首腦人物，這時他正好在薩摩斯島，說是可以讓泰薩菲尼斯成為共和國的朋友，這樣才給他們帶來一線光明。他很委婉地表示，這樣做不是為了雅典的人民，因為他對他們已經喪失信心，完全是為了那些正直的貴族階

67　參閱修昔底德《伯羅奔尼撒戰史》第8卷第46-48節。
68　這段時間是412-411B.C.的冬天。

層；如果他們眞是勇敢的戰士，就應該遏止市民大會的蠻橫無禮，把政府掌握在自己的手裡，這樣才能拯救城邦免於毀滅的命運。

在薩摩斯島的雅典官員，除了迪拉德區(Dirades)的公民弗里尼克斯(Phrynichus)以外，所有人員全都贊同亞西拜阿德的建議。弗里尼克斯懷疑他的眞正企圖，認爲他根本不關心政府是民主政體還是寡頭政體，只是竭盡諸般手段想要回到自己的祖國，爲達成目的他對市民大會大肆抨擊，用來獲取貴族階層的好感，暗示他完全認同他們的意見。等到弗里尼克斯發現他的建議遭到大家的否決，自己成爲亞西拜阿德公開的敵人，私下派人將這個信息通知敵方的水師提督阿斯提奧克斯(Astyochus)，要他特別注意亞西拜阿德，盡快將他當作兩面討好的騎牆派給抓起來，從這個叛賊口裡可以破獲其他的謀逆活動。然而阿斯提奧克斯一直想要討好泰薩菲尼斯，提到亞西拜阿德的時候，就說自己對他非常信任，同時還將弗里尼克斯告訴他的消息，源源本本透露讓亞西拜阿德知道。亞西拜阿德立刻派遣信差到薩摩斯島，指控弗里尼克斯的賣國行動。事情的發展到這種地步，所有的指揮官感到氣憤塡膺，大家對弗里尼克斯抱持反對的態度，他看到大事不妙，爲了解除面臨的危險，即使犯下更大的罪行也在所不惜。他派人前去見阿斯提奧克斯，對於出賣他的做法提出譴責，並且說他願意讓這位水師提督立下大功，會在同個時候將雅典的軍隊和艦隊全部交到波斯人手裡。

出現這種情勢倒是沒有對雅典人造成損害，因爲阿斯提奧克斯再度背叛，把他的計謀告訴亞西拜阿德。弗里尼克斯料想到亞西拜阿德會對他提出第二次的控告，所以及早做了防範措施。他事先勸告雅典人，敵軍很可能出航對他們發起突擊，因此要加強營地的防禦工事，人員上船完成備便。就在雅典人全力投入守備工作的時候，接到亞西拜阿德的來信，勸他們要防備弗里尼克斯的行動，說他的計謀是要將軍隊和艦隊出賣給波斯人。他們不再相信這些消息，認爲亞西拜阿德了解敵人的會議和準備，有關前來攻打的事一個字都不提，僅僅運用那些可以發揮作用的資料，強使他們接受對弗里尼克斯不實的指控。後來[69]，等到弗里尼克斯在市民大會會場被短劍刺殺死亡，兇手是擔任衛士的雅典人名叫赫蒙(Hermon)，經過深入調查這個案件，委員會發表嚴正的聲明，譴責弗里尼克斯叛逆的罪行，

69　411B.C.的夏季，弗里尼克斯在薩摩斯的指揮權遭到免除，表示強烈支持雅典四百人會議的各項改革行動。

下令獎賞赫蒙和他的同謀[70]。

26 現在亞西拜阿德的友人在薩摩斯島占據有利的態勢，派遣平山德 (Pisander)到雅典，企圖改變政府的體制，鼓勵有貴族身分的市民以城邦的興亡為己任，只要同意推翻民主政治的條件，亞西拜阿德會使他們獲得泰薩菲尼斯的友誼和聯盟。諸如此類的說法只是這些人拿來當成掩飾和藉口，真正的目標是要使雅典成為寡頭政體。貴族很快占了上風，政府的事務全部掌握在他們的手裡，表面上運用五百人會議(事實上，這個會議的成員只有四百人[71])的名義；他們對亞西拜阿德抱著藐視之心，從事戰爭少了幾分霸氣；一方面是他們不敢相信雅典的市民，因為大家私下憎惡政體的改變；另一方面的想法，就是他們認為拉斯地蒙人對寡頭政體比較友善，會向他們提出有利的條件。城市的人民受到恐懼的威脅只有順從，很多大膽的人公開表示反對，都被「四百人」會議判處死刑。那些在薩摩斯島的人士，聽到傳來的信息感到十分氣憤，恨不得立即開航回到派里猶斯。他們派人去見亞西拜阿德，共同推舉他為將領，在他的領導之下前去敉平暴政。

在這種狀況之下，無論任何人在突然之間受到一群人的重用和擢升，他為了表示感恩圖報，都會順從他們的意見；特別是亞西拜阿德身為難民和流犯，授與將領的職位，來率領一支軍隊和指揮一個艦隊，更不應該提出異議。他就像一個偉大的領導者那樣，反對他們在暴怒之下做出倉促的決定，雖然看起來是為了拯救共和國，實際上卻犯了絕大的錯誤。要是他們向著雅典返航，整個愛奧尼亞包括所有的島嶼和海倫斯坡，毫無抵抗地落到敵人手裡。這時雅典人會陷入內戰之中，彼此在城牆的狹小範圍裡面拚個你死我活。只有亞西拜阿德盡全力阻止大家不要給城邦帶來災難，他不僅要說服全軍，指出危險之所在，還要自己出面一個一個規勸，有的人他用乞求的方式，還有一些人就使用強迫的手段。不過，司蒂

70　這個名字有問題，很可能被人張冠李戴，修昔底德在《伯羅奔尼撒歸史》第8卷第92節，提到赫蒙這個人，說他是慕尼契亞的守備部隊指揮官。

71　最初的建議是要淘汰低劣的階層，不讓他們參與民主政體，然後將權力授與城邦最有錢的5000名市民，以後由他們組成名副其實的市民大會。等到平山德和他的夥伴發現這個派系所具有的實力，同意他們的主張：原來的政治體制應該廢除，選出5位政務委員(會議主持人)，再由這5位政務委員選出100人，這100人每人推薦3人共300人，這些人組成四百人會議擁有城邦最高的權力，只有他們認為適合或必要的案件，才提交5000人的市民大會進行討論。

里亞區（Stiria）的色拉西布拉斯（Thrasybulus）[72]對他的幫助很大，我們在前面說過，這個人在雅典就以嗓門大出名，只有他隨著亞西拜阿德到處去拜訪，要是有人想到回去，他就大聲吼叫表示反對。

亞西拜阿德第二件重大的貢獻，就是他向雅典人提出保證，腓尼基艦隊會來幫助雅典人，否則的話這個艦隊根本不會出現；然而拉斯地蒙人卻一廂情願的認定，波斯國王派遣這個艦隊參加他們的陣營。他採取快迅的行動去完成這個任務，泰薩菲尼斯聽從他的勸告，這個艦隊最遠到阿斯平杜斯（Aspendus）[73]以後就不再前進，拉斯地蒙人因而上當受騙。波斯人之所以產生政策的轉變，雙方全都相信這是亞西拜阿德的影響力所促成。特別是拉斯地蒙人對他提出指控，說他勸蠻族在一邊袖手旁觀，任憑希臘人在那裡拚個同歸於盡，因為腓尼基的艦隊只要加入任何一方，都可以贏得全面的勝利，這樣至少可以保全一方的實力。他們說這就是最有力的證據。

27 過不多久，四百人會議的篡奪者都被清除[74]，獲得亞西拜阿斯的朋友全力協助，他們很快建立受到全民擁戴的政府。現在城市的人民不僅懷著希望，而且他們下達命令，亞西拜阿德免於放逐盡速返回國門[75]。不過，對於人民出乎仁慈和憐憫的赦罪，他並不抱感激之情，雖然接受這番善意，必須要有一番作為，才能載譽而歸。他懷著這種念頭，率領幾艘戰船從薩摩斯島出發，前往尼杜斯一帶海面巡弋，到達考斯（Cos）[76]島附近接到情報，斯巴達水師提督密達魯斯（Mindarus）率領全部兵力航向海倫斯坡；雅典人追隨在後面跟進。他急忙返航去增援雅典的指揮官，神明賜給他好運，帶著18艘戰船正在最緊要的關頭

72　這位色拉西布拉斯是大名鼎鼎的指揮官，他是黎庫斯（Lycus）的兒子，不是本章第36節那位同名的人物。

73　阿斯平杜斯位於龐菲利亞地區，距離愛奧尼亞尚有很大一段海程，表明波斯人沒有參戰的意願。

74　這個組織就在設立的同一年遭到廢止，時間是奧林匹克92會期第2年即411B.C.，讀者必須小心的分辨，四百人的黨派與梭倫的四百人會議（由4個部族各推派100人組成）有所不同；前者就是從後者之中衍生，只是掌權的時間只有幾個月而已。

75　修昔底德沒有提到亞西拜阿德的歸國，或許他沒有機會在生前看到這一幕，因為他在該年逝世。色諾芬續修這部史書，直到公元前362年為止，曾經提到後面發生的狀況。

76　考斯島靠近卡里亞的海岸，位於斯坡拉德斯（Sporades）群島的中央，波斯戰爭時是屏障小亞細亞的門戶。

趕到。

　　雙方的艦隊在阿布杜斯附近接觸，激戰一直延續到夜暗，一方在右翼占有優勢，另一方在左翼贏得上風，可以說是勢均力敵互有勝負。等到亞西拜阿德的船隻出現，兩軍都是大吃一驚，敵軍霎時士氣大振，雅典人感到渾身冰冷。亞西拜阿德在他的座艦突然升起雅典的旗幟，馬上向伯羅奔尼撒的戰船發起攻擊，他們占有全面的優勢開始轉變整個態勢。亞西拜阿德很快把他們打得大敗而逃，跟在後面緊追不捨，迫得他們航向岸際，有些船隻被岩石撞成碎片。這時法那巴蘇斯從陸地上給予幫助，要在海岸給他們提供保護；水手根本不理會他的努力，棄船以後跳進海裡泅水逃生。最後，雅典人擄獲30艘敵人的船隻，原來被奪去的船隻都找回來，他們就在海岸建立一個戰勝紀念碑。

　　獲得這樣光榮的勝利以後，他的虛榮心作祟想要在泰薩菲尼斯的面前炫耀一番，於是他帶著很多禮物和贈品，乘坐一輛合於身分的馬車前去拜訪。事情的發展出乎他的想像，長久以來拉斯地蒙人一直懷疑泰薩菲尼斯，現在他生怕國王發現他與雅典人勾結的狀況，不僅官位不保甚至丟掉性命。因此，亞西拜阿德的自投羅網，對他而言是天大的喜事，馬上將他逮捕送進薩迪斯的監獄，認為用這種不講信義的行為，可以洗刷過去所犯的過失。

28 然而過了30天以後，亞西拜阿德從囚禁他的地點逃走，騎著一匹馬跑到克拉卓美尼(Clazomenae)。他為了報復起見要增加泰薩菲尼斯的罪過，就公開宣布是這位波斯省長給予他自由。他從該地乘船抵達雅典人的營地[77]，獲得情報說密達魯斯和法那巴蘇斯都在西茲庫斯，兩支軍隊已經聯合起來。他集合部隊發表演說，托天之福他們經歷海戰和陸戰，現在要攻擊堅強守備的城市，必須眾志成城全力以赴，除非他們所到之處都能征服，否則就拿不到應許的報酬。他盡快讓部隊裝載完畢，急忙趕到普拉柯尼蘇斯(Proconnesus)島，下達命令要扣留所有遇到的小船，不讓敵人知道他到來的消息，使得實力居劣勢的艦隊擁有安全的保障。

　　突然發生一場暴風雨，隨伴著閃電和黑夜同時而來，他要從事冒險的軍事行

77　早在西茲庫斯會戰之前，雅典的軍隊已經抵達卡迪亞(Cardia)，這是色雷斯·克森尼斯地區一個城市。

動可以獲得掩蔽。實在說，不要說是敵軍沒有發覺，就是雅典人也一無所知，因
爲他出乎大家的意料，突然下令要部隊登船，還來不及注意將要到達的地點，所
有的船隻已經開航。這時天氣開始晴朗，可以看到伯羅奔尼撒的艦隊，在西茲庫
斯港口前方的海面上錨泊。亞西拜阿德擔心對方發現他的船隻在數量上居有優
勢，就會退到海岸由陸上的部隊給予保護，他下令給船長要他們緩行，留在後面
跟進，他自己率領40艘船向前行駛，讓敵人看見以後引誘他們出來接戰。敵軍果
然上當，認爲他們的實力不足爲懼，自己可以穩操勝券，立即完成準備發起戰鬥。
正當雙方開始接觸，他們發現艦隊其餘的部分衝了過來，大驚失色只有趕緊逃走。

　　亞西拜阿德看到這種狀況，率領20艘戰力最強的船隻從中央實施突破，火速
趕到岸邊卸下戰鬥人員，對棄船逃上陸地的敵人發起攻擊，很多人慘遭殺害。密
達魯斯和法那巴蘇斯前來救援，全都被他打敗。密達魯斯作戰極其驍勇，最後在
戰場陣亡；法那巴蘇斯爲了保命只有不戰而逃。雅典人殺死大量敵軍，贏得很多
戰利品，所有的船隻都被他們擄獲[78]。他們在法那巴蘇斯棄逃以後占領西茲庫斯，
殲滅伯羅奔尼撒人的守備部隊，不僅可以確保海倫斯坡地區，進而全面清除拉斯
地蒙人在海上的勢力。他們截獲一些送給五長官的信件，上面用簡短而精鍊的辭
句，報告全面潰敗的情勢：「面臨絕望處境，密達魯斯被殺，大家都在挨餓，已
經毫無辦法。」

29 追隨亞西拜阿德奮戰到底的士兵，他們爲勝利而趾高氣揚，感到十
　　　分驕傲，認爲自己的部隊已經所向無敵，瞧不起那些吃敗仗的單位，
不願與他們並肩作戰。過了不久發生一件事，色拉西盧斯（Thrasyllus）在以弗所附
近被敵人擊敗，以弗所人在得勝之餘，爲了羞辱雅典人，就用青銅製作戰勝紀念
碑[79]。亞西拜阿德的士兵叱責色拉西盧斯指揮的部隊和造成的災難；同時還誇耀
自己的戰功和將領的才華。他們不願與戰敗者一起操練，甚至拒絕同住在一個營
地。很快出現新的狀況，色拉西盧斯的部隊正在阿布杜斯附近地區，進行蹂躪和

78　410B.C.的西茲庫斯會戰，雅典水師獲得重大的勝利，使得雅典能夠恢復民主政體。這一次
　　的會戰和406B.C.的阿金紐西會戰，到底發生在那一年，還是引起很多學者的爭論。
79　這場會戰發生在410B.C.夏天，雅典人在西茲庫斯獲勝後沒有多久的事。戰勝紀念碑一般都
　　是用木料製作，以弗所人要用青銅當材料，是想讓雅典人所受的羞辱垂諸久遠；亞西拜阿德
　　的士兵看到這種狀況，難掩心頭怒火，群起譴責色拉西盧斯。

破壞的時候，法那巴蘇斯率領大量步兵和騎兵對他們發起攻擊。亞西拜阿德趕快前來救援，擊潰法那巴蘇斯的部隊，然後與色拉西盧斯共同進行追擊直到夜晚。兩支隊伍在這次作戰行動中通力合作，大家一起回到營地，人人歡笑言開相互祝賀勝利。

　　他們在次日建立一座戰勝紀念碑，然後對法那巴蘇斯統治的行省，進行搶劫和縱火，把整個區域化爲一片焦土。他們爲所欲爲沒有人敢出面抵抗，後來俘虜很多不同教派的祭司和女祭司，沒有要求支付贖金就全部釋放。他下一個準備攻擊的目標是卡爾西頓(Chalcedon)[80]，這個城市不僅背叛雅典，而且接受拉斯地蒙人派來的總督和守備部隊。這時亞西拜阿德獲得情報，說他們將收成的穀物和田地的牲口，全部運到俾西尼亞人(Bithynians)那裡去保管，因爲雙方有深厚的友情。於是他率領軍隊來到俾西尼亞邊界，然後派遣一位傳令官前去譴責他們的行爲，俾西尼亞人畏懼大軍的壓境，把存放的東西當成戰利品交出來，答應成爲雅典的盟邦。

30 然後他再開始圍攻卡爾西頓，在位於海岸的城市修建一道木牆，將它包圍得有如金桶。法那巴蘇斯率軍前來解圍，總督希波克拉底(Hippocrates)將全部兵力列陣，對雅典人發起攻擊。亞西拜阿德將軍隊區分爲兩部，立即在兩個方面迎戰敵軍，不僅逼得法那巴蘇斯喪盡顏面的敗逃，而且擊潰希波克拉底的部隊，總督和大部分士兵陣亡在戰場。

　　等到善後處理完畢，他向海倫斯坡發航，海岸地區的城鎮向他繳納貢金。他在攻占塞萊布里亞(Selymbria)的時候，行動過於魯莽陷入極其危險的處境。有些人想要出賣這個城市，把它原封不動交到他的手裡，約好在午夜用火炬當作動手的信號。有一個謀逆分子感到後悔，其他人員害怕被發覺，在指定的時間之前發出信號。亞西拜阿德剛一看到高舉的火炬，雖然他的部隊還沒有完成出擊的準備，就馬上向著城牆跑過去，只有30幾個人跟在他身邊，這時他派人對其他的部隊下達命令，要他們用最大速度盡快隨著前進。當他來到城牆前面發現城門大開，就帶著30個人進去，這時有20多個輕裝的謀逆分子加入他們的隊伍。等到他

80　卡爾西頓在亞洲海岸，與拜占庭隔著博斯普魯斯海峽相望，控制黑海和地中海的航運，也是
　　歐亞之間的交通要點。圍攻卡爾西頓是在409B.C.的春天。

們進到城內，立刻發現塞萊布里亞人全副武裝，對著他們攻打過來。要是他停下來迎戰，因為實力懸殊，根本沒有活命的希望。

從另一方面來看，直到那天為止他的指揮都能獲得成功，所以無法忍受戰敗和逃走。他用號角吹出要求大家保持安靜的信號，然後大聲宣布：塞萊布里亞人不應該拿起武器反抗雅典人。居民聽到以後冷靜下來，凶狠的戰鬥意志馬上瓦解，他們認為敵人現在全都進城，很多人懷著希望，趁著戰事未起可以和平解決。就在他們自己的意見不同，還在爭論不休的時候，亞西拜阿德的軍隊全部進入城內。亞西拜阿德的推測非常正確，塞萊布里亞人有意和平，然而害怕色雷斯人趁機洗劫整個城市。色雷斯人直到最後才以志願軍的方式，大量加入雅典人的陣營，特別是為了追隨亞西拜阿德本人。面對這種情況，他將色雷斯人全部派到城外，塞萊布里亞人願意投降。他使整個城市免於最大的災難，只要求他們奉獻一大筆貢金，留下雅典人的守備部隊以後，全軍拔營離開[81]。

31 就在這段期間，圍攻卡爾西頓的雅典軍方首長，他們與法那巴蘇斯簽訂和平協定，主要的條款如下：支付相當金額的費用；卡爾西頓回歸到雅典的統治之下；雅典人不得入侵法那巴蘇斯出任總督的行省；雅典使節晉見波斯國王，法那巴蘇斯要負責他們的安全。等到亞西拜阿德回到卡爾西頓，法那巴蘇斯要求他發誓遵守協定的條款；他的意見是法那巴蘇斯要同時比照辦理，否則他拒絕接受。

等到簽訂的條約經過雙方宣誓以後，亞西拜阿德前去鎮壓拜占庭人，因為他們背叛雅典，軍隊到達就繞著全城修築一道對壘線[82]。當他從事圍攻準備的時候，安納克西勞斯（Anaxilaus）、萊克格斯（Lycurgus）和另外一些人士，願意背叛當局將這個城市交到他手裡，要他提出保證維護居民生命和財產的安全。隨後有個消息很快傳出去，說他接到一個緊急報告，好像是愛奧尼亞發生非常意外的狀況，使得他只有解圍而去。據說他的艦隊白天在眾目睽睽之下離開，在同天晚上又回來，所有人員全副武裝登岸，保持安靜在無人發覺狀況下向著城牆疾行而去；就

---

81 塞萊布里亞位於普羅潘提斯海的北岸，色諾芬的《希臘史》記載這個城市是在408B.C.落到
雅典人手裡；有一份敕令批准與塞萊布里亞所定的條約，還保留在一個石碑上面，包括亞西
拜阿德決定的事項。

82 雅典圍攻拜占庭是在409-408B.C.的冬季。

在這個時候，他的船隻用槳划向港口，表現出粗暴和怒氣衝天的樣子，到處都是吶喊和呼叫的聲音。拜占庭人在驚惶和緊張之下，全部急著趕去守衛他們的港口和船隻，對那些贊同雅典的人士而言，這是一個很好的機會，讓他們很安全把亞西拜阿德接進城市。

雖然如此，整個事件沒有經過戰鬥還是不能解決。對於伯羅奔尼撒人、皮奧夏人和麥加拉人而言，不僅逼得要下船待命，現在又要再度登船，在聽到雅典人在另一面進入城市，趕緊發布命令前去迎戰。雖然如此，經過幾場激戰以後，亞西拜阿德和瑟拉米尼斯(Theramenes)還是贏得最後的勝利，前者指揮右翼而後者負責左翼；倖存的敵人有300人成爲戰俘。

會戰以後，沒有一個拜占庭人被殺，或是受到逐出城市的處分；完全按照原來的協定將城市交到他手中，居民的生命和財產沒有受到任何損失。只有安納克西勞斯後來受到拉斯地蒙人的指控，說他犯了謀叛的罪行。他對於這些認爲羞辱的行爲，抱著既不否認也不承認的態度，只是極力辯稱：

> 他不是拉斯地蒙人而是拜占庭人，現在只看到拜占庭而不是斯巴達，已經陷入極其危險的局面；城市受到嚴密的封鎖得不到糧秣的供應，伯羅奔尼撒人和皮奧夏人負起守備的任務，可以食用過去儲存的軍需，拜占庭人和他們的妻兒子女只有挨餓的份。因此，他並沒有將城邦出賣給敵人，而是解救他們免於戰爭的災難。他這樣做是拿拉斯地蒙人當中最受尊敬的人士做榜樣，他們認爲沒有一件事比起造福國家更爲崇高，拯救人民於水深火熱之中，也是最符合正義原則的行爲。

聽到他的辯護之辭，拉斯地蒙人表現出尊敬的態度，撤銷所有控訴的罪名。

32 這個時候的亞西拜阿斯很想見到故鄉的家園，更大的心願是要讓同胞看到他載譽歸來。這支艦隊向著雅典回航[83]，所有的船隻裝飾著盾牌和各式各樣的戰利品，把從敵人手裡擄獲的戰船拖在後面；還有大批旗幟和飾物來自擊沉和燹毀的敵船，總數算起來有200艘之多。

83　亞西拜阿德返回雅典是在奧林匹克93會期第1年(408B.C.)的春季。

發生很多令人難以置信的事，像是薩摩斯島的杜里斯（Duris），竟然公開承認自己是亞西拜阿德的後裔；此外，皮提亞（Pythian）運動會[84]獲得優勝的克里索哥努斯（Chrysogonus），在戰船上吹著笛子，好讓划槳手的動作能配合音樂的節奏；知名的悲劇演員凱利彼德（Callippides），穿著官靴和紫袍一副劇中人的打扮，在甲板上面對著所有的乘員口唸台詞；水師提督的座艦在進入港口的時候竟然掛起紫帆。雖然狄奧龐帕斯、埃弗魯斯和色諾芬這些人都沒有提到這件事；說起一個人遭到長時間的放逐和經歷很多的苦難，托天之福能夠回到自己的家鄉，竟然荒謬到在同胞的面前，擺出參加酒宴完畢後那種狂歡者的模樣，實在使人難以置信。從另一方面來看，他懷著戒慎恐懼之心進入港口，近鄉情怯到甚至不敢登岸，始終站在甲板上面，直到他看見堂兄優里普托勒穆斯（Euryptolemus），以及很多來接他上岸的朋友和故舊，知道無事才安下心來。

等到他登岸以後，從來沒有一個軍方的首腦遇到過這樣的情景，群眾都來迎接亞西拜阿德，用高聲的歡呼向他致敬，大家一直跟在後面，那些能接近他的人把花冠戴在他的頭上，還有很多人無法近身就在遠處觀看，老年人把他指出來讓年輕人認清楚。雖然場面非常熱鬧，歡樂的氣氛中摻雜著一些傷感，回想起過去忍受的災難，使得目前的幸福為之失色不少。大家一致有這種想法，要是當年讓他負責西西里的戰事，指揮所有的軍隊，或許不會出乎意料之外，遭到極其不幸的慘敗。現在正是他可以大顯身手的時候，雅典人被迫從海上撤離，他們在陸地就連城市的郊區都難以防守，何況還處於黨派傾軋的悲慘情勢；即使城邦處於沮喪和悲慘的狀況之下，他能提振起高昂的士氣和奮戰的精神，不僅在海上恢復權力所及的古老疆域，還能在陸地打敗所有的敵人贏得勝利。

33 卡黎司魯斯（Callaeschrus）之子克瑞蒂阿斯（Critias）[85] 提出建議，市民大會通過一個敕令，將他從放逐的處分中召回，就像在他的《悲歌》

---

84 皮提亞運動會希臘人為了崇敬阿波羅在德爾斐舉行的賽會，從582B.C.起從每八年改為每四年一次，時間是奧林匹克會期第3年，有很多的體育和文藝的競賽項目。

85 這位克瑞蒂阿斯是柏拉圖的舅公，柏拉圖在《對話錄》中提到他的名字和行誼。雖然他是亞西拜阿德的朋友，為了追求權力而斷絕關係，現在成為勢不兩立的敵人，除非能夠消滅亞西拜阿德，否則會給他帶來致命的威脅。後來色拉西布盧斯把雅典從暴政中解救出來，克瑞蒂阿斯還是難逃被殺的命運。

(*Elegies*)中所描述那樣，要讓亞西拜阿德記得他的情分：

> 我的建議才會出現赦免的公告，
> 使你從漫長的放逐中凱歌高奏；
> 公眾的表決主要在於我的動議，
> 正義的呼籲使得敕令蓋上印璽。

城邦召開市民大會[86]，亞西拜阿德全程參加，他在開始的時候，哀悼和悲傷自己所受的苦難，用溫和的語氣抱怨對他的處理方式，這一切只能歸於臨頭的霉運，還有隨伴而來的邪惡精靈；然後他高談闊論讚譽他們的成就，勉勵大家鼓起勇氣滿懷希望。市民大會賜給他金冠的榮譽，授與將領的職位，無論在海洋還是陸地都有絕對的權力。同時他們通過律令發還充公的家產；雖然根據市民大會的判決，經過莊嚴的宣告，現在全部撤銷作廢，優摩帕斯家族和神聖的傳令官，不得對他發出詛咒之辭。當所有的人都遵守這些規定的時候，只有大祭司狄奧多魯斯提出辯白：「我從來不會詛咒清白無辜的人。」

34 雖然亞西拜阿德的事業順利，獲得光宗耀祖的榮譽，有些地方仍舊美中不足，拿他抵達雅典的時間來說，就是帶來厄運的凶兆。他進入港口那天是普林特里亞(Plynteria)節慶[87]要祭祀密涅瓦女神，這個風俗一直保持到現在。每年Thargelion月第25天（5月25日），普拉克塞吉迪(Praxiergidae)舉行神秘儀式的時候，密涅瓦神像的飾物全要取走，廟宇的這一部分都要用布縵很嚴密的遮蓋起來。居住在阿提卡的雅典人把這一天視為大凶之日，不能夠著手進行任何重要的事務，他們認為仁慈的女神不願接受亞西拜阿德，也不賜給他恩典，所以祂將面孔掩住表示拒絕之意。然而，他處理每件事情都能稱心如意；帶回的100艘船已經完成備便即將發航，他出於宗教的熱誠暫時後延，等到神秘的儀式

86　召開市民大會是在408B.C.的初夏。

87　到了節慶這一天，先把密涅瓦的雕像洗刷乾淨之後，就用細繩將廟宇圍繞起來，表示已經完全封閉，只要遇到大凶之日，習慣上都要如此。他們在遊行的行列中帶著乾的無花果，這是他們食用橡實以後，最先成熟的水果。

舉行完畢再啓碇[88]。

自從拉斯地蒙人占領迪西利亞以後，敵人控制雅典到伊琉西斯的道路，進香的隊伍只能採用海上的船運，談不上盛大的排場和莊嚴的行列，他們迫得要減少祭品的分量和舞蹈的人數，就是神聖的儀式和祭典都受到影響，當他們過去抬著伊阿克斯（Iacchus）巡行的時候，通常在進香的途中就要大做法事。因此，亞西拜阿德經過研判，如果他派出軍隊護送進香的隊伍，再度採用陸路在敵人面前非常安全地通過，能夠使得祭典的儀式恢復古老的光輝，這不僅是極其榮譽的行動也是敬仰神明的表現，可以獲得民眾的讚許和推崇。等到亞西拜阿德採取這個行動以後，如果埃傑斯王不表示反對，那麼他的權威受到打擊，影響到他在國內外的聲譽；要是埃傑斯運用武力制止，那麼亞西拜阿德基於宗教的虔誠，為了維護聖潔和莊嚴的祭祀，可以發動一場神聖的戰爭，就在城邦的通視範圍之內，英勇的行為使得全國同胞都能夠為他作見證。

等到他決定按計畫行事以後，馬上將狀況通知優摩帕斯家族和傳令官，在山頂配置哨兵，拂曉前派出探子和斥候。然後帶著祭司、入會者以及引導人，四周圍繞著士兵，要求他們要遵守命令和保持靜肅，組成一個莊嚴和可敬的進香隊伍，在這種狀況之下，大家慶幸有他這樣一位人物，可以履行祭司和將領的職務。敵人不敢對他們採取任何行動，使他能把所有人員安全帶回城市。完成這件任務，他為自己的構想和計畫感到極為得意，也使得大家產生共同的認知，只要把軍隊交給他指揮，可以達成無堅不摧和所向無敵的要求。他獲得低賤和貧苦的民眾全力的擁戴，他們抱著熾熱的理念盼望他能以「僭主」自任，有些人毫無顧忌向他表示這種論點，勸他不要讓人因嫉妒而產生競爭之心，廢除市民大會制定的法律和擁有的特權，壓制那些放言高論的政客，不能讓他們的怠惰和無知，給城邦帶來損害和毀滅。他一定要採取積極的行動，把軍國大事掌握在自己手裡，堅定立場不畏懼任何人的指責和非難。

35 談到他懷著篡權竊國的念頭已經涉入到何種程度，這方面倒是無人知曉，城邦的重要人物全都害怕成為事實。他們為了使他盡快登船

88　西瑞斯和普羅塞派尼的節慶延續9天的時間，第6天要抬著巴克斯的神像，參加前往伊琉西斯進香的行列，他們認為巴克斯是朱庇特和西瑞斯的兒子。

發航，同意他所選擇的副手，滿足他提出的任何要求。因此他率領有100艘船的艦隊出海[89]，抵達安德羅斯島以後，發生海戰打敗當地的居民和支援他們的拉斯地蒙人，不過，他沒有趁勝奪取城市，後來成爲政敵用來指控他的罪名。

的確如此，也只有像亞西拜阿德這樣的人，才會做出自取滅亡的事。不斷的成功使他建立一種信念，認爲自己的勇氣和謀略確實高人一等，要是他負責的工作發生任何閃失，只能歸之於一時的疏忽，沒有人相信他會缺乏這方面的能力。只要願意全力以赴，對他而言天下沒有難事。雅典人每天抱著幻想，會聽到征服開俄斯島和平定愛奧尼亞的消息，沒有迅速獲得所望的戰果，他們全都感到焦急難耐。他們從來沒有考慮到亞西拜阿德處於缺乏經費的狀況，不像他們的敵人有偉大的國王做後盾，可以充分供應所需的金錢和物質；迫得他要離開營地，到外面尋找錢財和給養來維持士兵的生計。這時發生的狀況使他的政敵獲得機會，成爲用來指控他的最後一項罪名。

拉斯地蒙任命賴山德(Lysander)爲水師提督指揮一支艦隊，居魯士(Cyrus)供應大量經費，支付每名水手每天4奧波銀幣，比起過去要多發一個；這給亞西拜阿德帶來很大的困擾，因爲他的財力只能發3奧波銀幣。亞西拜阿德要到卡里亞去籌款，他在離開的時候將艦隊留給安蒂阿克斯(Antiochus)照應，這個人是經驗豐富的水手，個性衝動而且行事魯莽，亞西拜阿斯特別當面交代，即使敵人激將挑釁也不許應戰。他根本不理會這些指示，甚至到膽大妄爲的程度，駕著自己的座船在另一艘戰船的隨伴下，開往敵人艦隊停泊地以弗所，他領頭衝過去用文字和行動激怒敵人。賴山德開始只派幾艘船去追趕，雅典所有的船隻全來支援安蒂阿克斯。賴山德率領整個艦隊出擊，贏得一次決定性的勝利，安蒂阿克斯被殺，俘虜很多人員和船隻，建立一座戰勝紀念碑。亞西拜阿德聽到戰敗的信息，馬上回到薩摩斯島，出動整個艦隊要與賴山德進行會戰，這時賴山德爲確保到手的成果，留在港內不爲所動。

36 軍中有很多人痛恨亞西拜阿德，色拉森(Thrason)之子色拉西布拉斯更是他的仇敵，蓄意趕回雅典對他提出控訴，策動城市的政敵共同展開反對活動。他在市民大會發表演說，提到亞西拜阿德的敗軍誤事和艦隊被

89　亞西拜阿德出航是在408B.C.的10月底。

殲，完全是過於狂妄自大和疏忽職責。安蒂阿克斯所以得到他重用，由於經常在
一起飲酒和講些下流的笑話，等到他離營就將軍隊交給他負責。他到處遊玩以搞
錢爲能事，縱情酒色樂不思歸；當敵人的水師就在附近出現的時候，他的身邊還
有愛奧尼亞和阿布杜斯的娼妓陪伴。他在色雷斯的俾桑第（Bisanthe）附近修建一
座城堡，作爲退休以後的安全住所，像這樣一個人竟然不願生活在自己的城邦。
雅典人相信這些指控，大家都非常憤怒和厭惡，爲了表達反對的態度就另外選出
一些將領[90]。亞西拜阿德聽到這些消息以後，害怕安全會出問題，於是馬上離開
軍隊。他召集一批傭兵，憑著自己的好惡就對色雷斯人發起戰爭，說他們否認國
王要爭取自由。他用這種伎倆累積相當龐大的財富，然而也就在這個時期，他全
力拒止蠻族的入侵，確保希臘人邊區的安寧。

　　這時幾位新上任的將領泰迪烏斯（Tydeus）、米南德（Menander）和埃迪曼都斯
（Adimantus），帶著雅典人留下來的所有船隻，配置在伊哥斯波塔米（Aegospotami）[91]，
加強該地的防務。他們通常會在早晨出海去向賴山德挑戰，賴山德的艦隊停泊在
蘭普薩庫斯（Lampsacus）附近。雅典人看對方沒有反應就回航，整天其餘的時間
在無聊中打發過去，他們輕視敵人，四周的警戒不夠嚴密，下達的命令也無人遵
守。亞西拜阿德就在鄰近地區，了解到他們即將面臨的危險，覺得應該讓他們知
道。他騎馬去見這些將領[92]，告訴他們現在所選的位置非常不便，停泊的港口不
能提供安全的保障，離開任何一個市鎮都有相當路程，使得他們要派船到塞斯托
斯（Sestos）[93] 這麼遠的地方，去領取他們所需的糧食。他還指出他們沒有管好士
兵，聽任這些人上岸以後到處遊蕩，然而敵人的艦隊在一位將領的指揮之下，嚴
格要求下屬服從命令和遵守紀律，何況他們配置的地點就在眼前；因此，他建議

90　根據色諾芬的記載，他們一次指派10位將領。
91　蒲魯塔克在這裡跳過3年（407-405B.C.）的時間沒有記載：諸如伯羅奔尼撒戰爭第25年的重大
　　事件；第26年的戰事，包括雅典人在阿金紐斯（Arginusae）會戰的勝利；以及出於瑟拉米尼
　　斯這位同僚微不足道的指控，使得10位將領中有6位被處死；第27年除了提到雅典人在年底
　　航向伊哥斯波塔米以外，其餘的事全部略過；至於他們在那裡遭到慘重的打擊，倒是沒有遺
　　漏。
92　希臘人把率領軍隊和水師的官員，有時稱爲將領，有時稱爲提督，通常他們的指揮權不限於
　　海上或陸地。
93　塞斯托斯與阿布杜斯控制海倫斯坡海峽的入口，前者位於歐洲海岸，405B.C.的伊哥斯波塔
　　米會戰的戰場就在附近。

整個艦隊要移防到塞斯托斯。

37 這些將領對他所說的話根本不予理會，泰德烏斯用無禮的態度叫他離開，現在是他們在指揮這些軍隊，跟他已經沒有關係。亞西拜阿德受到這種待遇，懷疑他們之中有人在搞鬼，告別以後告訴那些隨他離開營地的朋友，如果不是這些將領用藐視的態度使他感到難堪，即使拉斯地蒙人一百個不願意，他在幾天之內逼得他們要與雅典人在海上決戰，不然的話只有棄船逃走。有人認爲他這種說法只是吹牛，也有人覺得大有可能，他已經從陸地上帶來大量色雷斯的騎兵和弓箭手，可以攻擊和騷擾拉斯地蒙人的營地[94]。

後來發生的事件，很快證明他的判斷非常正確，雅典人犯下很大的錯誤。賴山德出乎他們的意料發起突然的攻擊，只有康儂(Conon)在憤怒之中帶著8艘船逃脫[95]；其餘的200艘船被他擄獲帶走，還要加上3000名俘虜，後來都被殺害。過了沒有多久，賴山德攻占雅典[96]，把發現的船隻全部付之一炬，所建的長牆被他拆除。

從此以後，拉斯地蒙人成爲海洋和陸地的主宰，亞西拜阿德在畏懼之餘只有退到俾西尼亞。他將所有的錢財全部運走，除了隨身攜帶一部分，其餘的存放在以前他住過的城堡。他在俾西尼亞喪失大部分財富，被居住在那裡的色雷斯人搶走。於是他決定前往阿塔澤克西茲的宮廷，要求給予庇護。他認爲國王在試用以後，一定會發現他的能力要優於提米斯托克利，此外推薦他還一個更有利的原因，他不會像提米斯托克利那樣，用服務國王來對付他的同胞。他會在國王的支援下對抗波斯的敵人，防守他們的國土。亞西拜阿德經過推斷獲得的結論，認爲法那巴蘇斯會給予妥善的安排和照應，於是前往弗里基亞去與他見面，在那裡住了一段時間，受到他的尊敬和殷勤的接待。

---

94 一支艦隊有時會停留在特定的地點，通常會配屬陸上部隊，或者抽調部分水手，在岸上設立營地來保護船隻的安全。

95 第9艘逃走的船隻名叫帕拉盧斯(Paralus)，帶著戰敗的消息回到雅典；康儂和他的船隊退往塞浦路斯。

96 賴山德占領雅典是奧林匹克94會期第1年(404B.C.)，伊哥斯波塔米會戰後不過8個月。

38 雅典人喪失帝國的權柄和疆域陷入悲慘的境地，等到賴山德剝奪他們的自由，受到三十僭主暴政的壓迫，遭受的痛苦更是生不如死。等到一切都損失殆盡，連最起碼的安全都無法獲得，這時他們不僅明瞭也悔恨過去的錯誤和失策，認為最不可原諒的事就是對亞西拜阿德的苛求，尤其是第二次出問題以後，不給他補救前愆的機會。他自己並沒有犯任何錯誤，只是他的部將指揮不當，喪失幾艘戰船引起大家的怒氣；他們竟然藉此罷黜共和國最勇敢和最有成就的將領，真是讓人感到慚愧不已。雖然國內外的情勢都處於極其惡劣的狀況，他們仍舊擁有一線光明的遠景，只要亞西拜阿德安然無恙，雅典共和國就不致陷入絕望的深淵。他們拿過去的事實來說服自己要有信心，想當年亞西拜阿德在放逐之中，不甘雌伏過著無所事事的生活；現在的需要較之往日更為迫切，他只要發現任何有利的機會，絕不會忍受拉斯地蒙人的無禮和三十僭主的暴政。

三十僭主非常焦急在打聽他的現況，想要知道他的行動和企圖，那麼人民的心裡存著他東山再起的念頭，也不能說是無中生有的事。最後，克瑞蒂阿斯（Critias）告訴賴山德，除非雅典的民主制度完全絕滅，否則拉斯地蒙人無法安全擁有希臘人的疆域。雖然雅典的人民現在看起來很平靜，能夠忍受寡頭政體的統治，只要亞西拜阿德還活在世上，事實將會告訴我們，目前所默許的狀況不會保持很久。不過，這些論點並沒對賴山德發生任何作用，後來還是接到斯巴達的官員送來機密的命令[97]，要他除掉亞西拜阿德。採取這樣的手段，可能是害怕他積極的行動和英勇的精神，會激勵人民的起義帶來危險，也可能是要滿足埃傑斯王的報復心理。

39 賴山德派信差將命令轉交給法那巴蘇斯去執行。法那巴蘇斯要他的弟弟馬格烏斯（Magaeus）和叔父蘇薩米什里斯（Susamithres）去完成這個任務。亞西拜阿斯這個時候居住在弗里基亞一個小村莊，泰曼德拉（Timandra）成為女主人在身邊照應。他在睡覺的時候做了一個夢：他穿著女主人的衣服，被泰曼德拉抱在懷裡，她將帽子戴在他的頭上並且在他的臉上化粧，讓他看起來像一個女人。還有人說，他夢到馬格烏斯把他的頭砍下來，將他的身體燒成灰燼。不管怎麼說，這是他死前不久所見到的幻象。

97　他們派特使到賴山德那裡去宣達敕令。

　　那些派去殺害他的兇手沒有勇氣進入屋內，他們先包圍他的住處，然後開始縱火。亞西拜阿德發現狀況不對，把很多的服飾和家具堆積在手邊，投過去壓熄火焰阻止它向四周蔓延，然後將斗篷包住左手，右手執著出鞘的長劍，他在衣服著火之前，安全從火場逃出來。蠻族很快發現他已經脫困，全都退下去沒有人敢留在原地，或是前去與他接戰。他們保持在一段距離之外，用標槍和箭矢將他射殺。蠻族在他死後離開，泰曼德拉用她所穿的長袍將遺體包裹起來[98]，就當時所容許的狀況，盡量給予體面和適當的安葬。

　　被稱爲科林斯人的拉伊斯(Lais)是當時很有名的人物，雖然她是一個俘虜，從西西里一個名叫海卡拉(Hyccara)的小鎮帶出來[99]；有人說拉伊斯是泰曼德拉的女兒。有些人在很多方面都認同亞西拜阿德的死亡方式，只是慘案發生的原因，不能算在法那巴蘇斯、賴山德或拉斯地蒙人的頭上。他們說他將一位貴族家庭的年輕女子留在身旁，雙方發生淫亂敗德的行爲，她的兄弟無法忍受這種羞辱，夜間在他所住的房子四周縱火，等他忍受不住從火焰中逃出來，就被他們用標槍刺殺，誠如前面所說那樣[100]。

---

98 泰曼德拉把他葬在一個名叫梅利沙(Melissa)的小鎮，阿廷尼烏斯提到他的墓碑還保存得很好，因為他到現地去看過。哈德良皇帝為了紀念這位偉大的人物，特別將他的雕像安置在那裡，而且這座雕像使用波斯大理石製成，同時命令每年要用一頭公牛當祭品。

99 尼西阿斯率領艦隊繞著西西里航行，始終與敵軍保持最大距離，對手以為他畏戰而士氣大振，最後他僅僅摧毀蠻族一個名叫海卡拉的小鎮，接著就撤退到卡塔納。

100 戴奧多魯斯·西庫拉斯(Diodorus Siculus)敘述亞西拜阿德之死，引用歷史學家埃弗魯斯的說法，蒲魯塔克雖然說是抄自戴奧多魯斯的記載，內容完全不同。根據戴奧多魯斯的記載：亞西拜阿德發覺小居魯士有起兵造反的企圖，就通知法那巴蘇斯，要他將這個信息報告國王；法那巴蘇斯嫉妒亞西拜阿德，會因此獲得更大的好處，就派自己的親信去見國王，把一切功勞據為己有。這件事引起亞西拜阿德的懷疑，設法買到總督呈送國王的文書，法那巴蘇斯知道以後怕國王惱怒，就雇人去謀殺亞西拜阿德。他在46歲(450-404B.C.)的英年去世。

第二章
馬修斯·科瑞歐拉努斯(Marcius Coriolanus)

5世紀B.C.，羅馬將領和元老院領導人物，討伐鄰近城邦，
引起內部的爭執和傾軋，求助敵國被殺。

1 馬修斯家族(Marcii)是羅馬的貴族世家，曾經產生很多在歷史上知名的人物，像是努馬的外孫安庫斯·馬修斯(Ancus Marcius)，後來成為國王稱為屠盧斯·賀斯提留斯(Tullus Hostilius)；巴布留斯·馬修斯(Publius Marcius)和奎因都斯·馬修斯(Quintus Marcius)興建輸水渠道，給羅馬帶來極其豐富而便利的用水；還有申索瑞努斯(Censorinus)兩次當選監察官，後來他勸市民大會制定法律，任何人不得再次出任該職[1]，這件事一直讓人津津樂道。

我們現在所寫的該猶斯·馬修斯(Caius Marcius)，母親是寡婦把他撫養成人，就這個例子來說，幼年喪父雖然帶來很多不利的因素，倒是不會妨害到一個人養成優良的德行，發揮過人的才華，在世間獲得卓越的成就和不朽的名聲；雖然有些人品低劣的壞蛋，樂於用未成年時期的不幸遭遇和疏於照應，作為他們墮落和腐敗的藉口。就羅馬人的理論而言，馬修斯是一個眞實的見證，他們認為慷慨和高貴的天性要是沒有適當的訓練，就像肥沃的土地沒有經過耕耘一樣，即使種植適當的作物，收穫的成果還是有很多的瑕疵和缺失。雖然馬修斯的心智充滿活力和勇氣，凡是從事的工作保持不屈不撓的毅力，使得他陸續完成很多重大的建樹；在另一方面，他的情緒非常暴烈而且率性而為，對於地位和職務比他高的人，雖然仍舊固執己見，有時還會勉強自己顧全大局，經過調停願意讓步；至於他對

1　羅馬共和國的民選官員，無論是執政官、法務官、財務官、市政官、軍事護民官、平民護民官任期全是1年，笛克推多以6個月為限；只有監察官的任期是5年，所以不得再度出任也很合理；後來蘇拉修法，規定執政官的再任中間要有10年的間隔，看來限制更為嚴屬。

其餘的人士，缺乏溝通和協調的能力。

　　馬修斯的作為受到很多人的欽佩，證明他的性格可以抗拒歡樂和金錢的誘惑，也不怕工作和任務的辛勞，受到尊敬的名聲在於節制、剛強和公正，這方面可以讓人確信不移；至於就市民和政治家的生涯看來，他的態度非常嚴峻而魯莽，帶著專制、傲慢和蠻橫的習氣，不會受到人民的推舉反而引起大家的憎惡。教育和學習以及對文藝的喜愛，對於某些全力追求的人而言，比不上人性和文明的經驗教訓，指導我們的本質和稟賦，能夠順從被理性所規範的限制條件，避免趨於極端的粗野作風。那個時代的羅馬推崇在軍事方面建立的功勳，拉丁文的virtue即「德行」這個字就是很好的證據，它的意思是「大無畏的勇氣」[2]；英勇就是武德，他們用這個普通的名詞來稱呼特別卓越的的成就。

2 馬修斯激起更大的熱情，比起同年齡的人更嚮往戰爭的洗禮；因此，他從幼年時代開始就投身軍隊報效國家。他認為那些偶然獲得的工具，虛有其表的軍備所發揮的作用不大，不是編制之內和經常習用的武器，沒有經過安排和準備，軍隊用起來也不能得心應手。他不斷練習和操演各種戰鬥動作，四肢靈活而敏捷，像賽跑員一樣輕快，接近以後再用角力的體能和技巧來制伏敵人，鮮有對手能夠輕易逃脫他的掌握。他在國內的比賽中，即使對手非常英勇還是甘拜下風，一般人都承認自己的體力不足，談起馬修斯來說他愈戰愈勇，不知勞累疲倦為何物。

3 在很年輕的時候馬修斯就參加第一次戰役[3]，正是塔昆紐斯・蘇帕布斯（Tarquinius Superbus）[4]在位的時代。國王被市民驅離以後引起不斷的鬥爭，現在已經是最後的掙扎，要克服萬難把王國的命運孤注一擲。大量拉丁人和意大利其他的部族參加他的陣營，一齊向著羅馬進軍，要達成復位的企圖。不過，

2　我們一般將virtue這個字譯為德行、德性、德操或武德，從拉丁文的字源vir來看，等於英文的man，與「道德」的關係不大，含有「男子漢氣概」的意味，表現出個人的功業、才華和長處，要是與我們的「三達德」來比較，這個德行的重點在於「勇」。

3　這一年是奧林匹克71會期第4年，羅馬建城261年或493B.C.。

4　塔昆紐斯・蘇帕布斯是出身於伊特拉斯坎人的羅馬王族，在位期間534-509B.C.，被推翻後始終為復位而奮鬥不息，羅馬從此進入共和時代。

這些外來的隊伍並非為著服務塔昆（Tarquin）[5]，而是畏懼和嫉妒羅馬的實力日趨強大，渴望加以抑制或阻止。雙方軍隊遭遇以後引起一場決定性會戰[6]，對馬修斯一生的興衰榮枯發生很大的影響。馬修斯的戰鬥極其英勇，笛克推多在場親眼目睹。他附近有一位羅馬士兵被敵人擊倒，馬修斯看到以後衝上去，擋在這位弟兄的前面殺死攻擊者。將領在獲得勝利以後，肯定他英勇的行為把他排在第一位，授與橡葉編成的公民冠[7]。

按照羅馬人的習俗，只有拯救市民性命的人，才獲得這種裝飾當作榮譽的表記。他們的法律特別推崇橡樹，可能是為了紀念阿卡狄亞人[8]，神讖上面將他們稱為「食橡實者」[9]；或許是因為易於獲得，幾乎所有的地方都種植橡樹；還有一種可能，朱庇特是城市的保護神，橡葉冠是奉獻給祂的神聖之物，很適合作為英勇救人的獎勵之用。此外，在所有野生的樹木當中，只有橡樹生產大量果實而且富於養分，經過人工的栽培以後生長更為強健。橡實是早期人類賴以維生的主要食物，從樹上找到的蜂蜜可以作為飲料[10]。我也可以說，它給飛禽和其他的動物提供美味的口糧，樹上生長的檞寄生可以提煉鳥膠，用來捕捉在樹上覓食的鳥類[11]。

據說卡斯特和波拉克斯那個時候曾經出現戰場，會戰完畢以後有人在羅馬看到祂們兩人，就是那座廟宇旁邊的噴泉，祂們的坐騎渾身流汗口吐泡沫，等於將大捷的信息告訴市民廣場的民眾，以後每年7月15日[12]視為勝利紀念日，成為奉

---

5 這是指羅馬王政時期的塔昆王族，一共產生兩位國王：一位是塔昆紐斯・普里斯庫斯，又稱塔昆一世，在位期616-579B.C.；第二位就是上面的塔昆紐斯・蘇帕布斯，又稱「傲慢者」塔昆二世。

6 羅馬建城258年即496B.C.，羅馬人在雷吉拉斯（Regillus）湖會戰擊敗拉丁人的聯軍部隊。

7 就羅馬人而言，公民冠是很多特權的基礎，任何人獲得以後可以經常戴著，每逢重大的公眾盛會，元老院議員看到戴公民冠的人，應該起身表示尊敬。安排的座位靠近元老院議員的席次，可以帶著父親、祖父坐在一起，這些人的父親也有資格獲得同樣的特權。鼓勵大家建立這種功勳，可以發揮很大的作用，而且城邦不必花很多錢。

8 阿卡狄亞人是最早遷移到羅馬地區的部族，他們的酋長是伊凡德（Evander）。

9 拉斯地蒙人強大以後，希望能征服伯羅奔尼撒半島中部的阿卡狄亞地區，派人前往德爾斐求取神明的指示，阿波羅祭司給予神讖，說是阿卡狄亞居住以橡實為糧食的男子，所以不能答應他們的要求，但是可以向亞該亞人發起攻擊。可以參閱希羅多德《歷史》第1卷第66節。

10 這是用蜂蜜、麥芽、酵母、香料和水所釀成的酒。

11 古人用橡樹當作造船的材料，也不是每個地方都如此；有位英國歷史學家寫出一篇對橡樹讚揚備至的頌辭，就是蒲魯塔克看到也會自嘆不如。

12 羅馬的曆法在那個時代非常紊亂，說是7月15日，實際上的季節而言要延後三個多月，相當於現在的10月24日。

獻給神聖的孿生兄弟莊嚴的假期。

4 經常有人提到，缺乏遠大抱負的人士，要是過早獲得顯赫的令名，就會很快喪失追尋榮譽的熱情，滿足於現有的成就。還有一些人具備高貴的目標，可以使深邃和充實的心靈獲得改進更爲明亮耀目，就像一陣狂風迫得他們向前追逐光榮的權柄。他們注視這些武德所獲得標誌和證言，就不再抱著接受報酬的想法，如同他們立下誓約一樣，爲未能達成公眾的期望而感到羞愧，因此他們願意盡最大努力，用行動來超越那些沒有志氣的人士。馬修斯有恢宏的氣度，他經常努力自我超越，心中一直在思考前人的豐功偉業，使自己獲得新穎的知識和見解，成就的建樹能更上層樓，獲得更爲豐碩的戰利品。這些指揮官之間的競爭要是視爲確有其事，那麼後來的將領對前輩存著嫉妒之心，認爲自己應該獲得更大的榮譽和更高的頌揚。在這段期間，參加過多少次的戰爭和衝突，馬修斯幾乎沒有一次不帶著桂冠和酬勞凱旋歸來。

有別於其他人創造光榮在於炫耀自己，馬修斯獲得榮譽的極終目標是要取悅母親，聽到讚許他的言辭，看到他戴上桂冠的模樣，就會使她滿心歡喜，流出高興的眼淚將他擁在懷裡，要讓他產生這種想法，自認是全世界最光榮和最幸福的人。據說伊巴明諾達斯(Epaminondas)[13]承認自己有相同的情懷，認爲一生最大的幸福，是讓父母還活在世上的時候，聽到他發揮將領的才華贏得琉克特拉(Leuctra)會戰的勝利[14]。實在說，他在這方面眞是占盡便宜，雙親都能分享他的榮譽和好運。馬修斯確信自己要把對父親的感激和責任，全部放在母親弗倫尼婭(Volumnia)的身上，只要他活在世上一天，對她的孝順和尊敬要竭盡全力履行。他娶的妻子完全按照她的意思，即使他們有了兒女以後，仍舊與他的母親生活在一起。

---

13 伊巴明諾達斯是底比亞的將領和政治家，371B.C.與皮奧夏議和以後，擊敗斯巴達的入侵，接著率軍進入伯羅奔尼撒半島，瓦解斯巴達的勢力，使被壓迫的城邦獲得自由，362B.C.贏得曼蒂尼會戰的勝利，因傷重而逝世。

14 底比斯人在伊巴明諾達斯的領導下，371B.C.的琉克特拉會戰擊敗斯巴達人。這次會戰底比斯人運用新戰術，來阻止傳統的的正面衝擊，使得敵人的方陣發生混亂；底比斯人排列的陣式不與斯巴達的正面平行，而是組成一個斜行的戰門序列，左翼領先而右翼後退，同時在左翼加強兵力，縱深增多到50列，來對抗斯巴達的12列，同時控制一個預備隊，用來迂迴敵人的右翼；會戰結果，結束斯巴達人的霸業。

5 他憑著廉潔和英勇的名聲在羅馬獲得相當的影響力和權勢，就在這個時候，元老院偏袒富有的階層，開始與普通民眾發生齟齬，因為放高利貸的債主用嚴苛和殘酷的手段對待平民，引起他們的不滿和抱怨。很多人的財產成為擔保物或者受到拍賣的處分被剝奪一空，那些落到赤貧狀況的債務人，在無力償還的狀況下，被打入公家的監獄或受到私人的囚禁，雖然身上的刀疤和傷痕，顯示出他們為了保衛城邦從事很多次的戰鬥。在最後一次對薩賓人的遠征行動中，有錢的債權人同意在未來給他們更大的好處，元老院給執政官馬可斯・華勒流斯下達敕令，要他保證貫徹執行。等到他們英勇戰鬥，打敗敵人獲得勝利以後，債務沒有獲得減輕或緩延，元老院宣稱他們不記得有簽訂協議這回事，看到他們還是像從前一樣，當成奴隸拖走，財物受到侵占，仍舊擺出事不關己的樣子。平民在城市發起公開的暴動和危險的聚會；敵人知道他們的內部混亂不安，開始侵略和蹂躪他們的國土。

執政官鑑於情勢的危急，下令所有及齡男子要入營服役，等到他們發現沒有人理會徵召的命令，政府有關部門討論應變的措施，官員表示不同的意見：有人認為最有效的辦法，不妨對窮人施以小惠，過度限制的權利應予放鬆，極端嚴苛的法律應予廢止；另外一派人拒絕接受這種建議。特別是馬修斯表示出強烈反對的態度，認為雙方發生金錢的糾紛不是問題的關鍵所在，力言這種非法的處理方式等於鼓勵大家公開違背法律，一個明智的政府要在事態未惡化之前及早採取阻遏的行動。

6 整個元老院在很短的期間內多次舉行會議，由於處理的問題極為困難，無法做出明確的決定。貧窮的民眾發覺他們所受的冤屈沒有獲得補救，突然之間聚集起來成為一支人數龐大的隊伍，相互勵勉要堅持他們的決定，就是大家有志一同拋棄並且離開城市，據有位於安尼奧（Anio）河[15]邊一座現在名叫聖山的山丘。他們並沒有發生暴力和破壞的行為，僅僅在出走以後宣稱，造成現在的情況，長久以來是富人運用殘酷的手段，逼得他們無法在城市生存，只有一走了之；意大利總可以提供一個安身立命和老死埋骨的地點。要是他們還留在羅馬，唯一獲得的權利，是為保護他們的債權人在戰爭中負傷或陣亡。

---

15 這條河流離開羅馬城只有5公里。

　　元老院非常害怕所發生的後果，就派最穩重和人緣最好的成員去與他們磋商。明尼紐斯‧阿格里帕(Menenius Agrippa)是最主要發言人，誠懇向平民提出演說的要求，很率直的表達元老院的意見，最後，他的結論幾乎成爲著名的寓言。他說道：

　　　　曾經發生這麼一回事：有個人的「肢體」對「腸胃」表達不滿，指控它的怠惰和無用，是整個身體最沒有貢獻的部門，大家辛勞工作都用來供應和服侍它的食慾；不過「腸胃」卻嘲笑「肢體」的愚蠢無知，說它自己雖然接受這麼多的養分，最後還是大公無私的分配給大家。市民們，你們與元老院之間所發生的問題就如同這個比喻，當局根據賦予的職責應該確定主張和採取行動，供輸並確保大家獲得適當的福利和贊助[16]。

　　7 雙方經過調停以後，元老院給予市民大會的承諾，同意他們就需要救濟和協助的事項，每年選出五位保護者，現在把他們稱爲平民護民官[17]，最早選出的兩名是朱尼烏斯‧布魯塔斯(Junius Brutus)[18]和西辛紐斯‧維盧都斯(Sicinnius Vellutus)，他們是平民脫離運動[19]的領導人物。城市在修復裂痕以後又聯合起來，民眾願意執干戈以衛社稷，追隨他們的指揮官用最敏捷的行動參加戰爭。

　　就馬修斯而言，雖然他看見平民占得上風而感到苦惱，元老院議員也提出充

16　可以參閱李維《羅馬史》第2卷第32節和哈利卡納蘇斯的戴奧尼休斯《羅馬古代編年史》第6卷第86節。

17　護民官的人數最早是5位，過了一段時間以後又增加5位。人民在離開聖山以前，通過一項法律，任何人當選護民官具備神聖不可侵犯的身分，他們唯一的職責是保護平民，不受上官或階層較高人士的欺凌。他們用干預的方式反對法律的制定和官員的行為，只用很簡單的一句話Veto意為「我禁止」。他們的座位通常設置在元老院的門口，不許他們參加各項討論，除非執政官就平民的利益有關事項要詢問他們的意見，才允許他們進入會場。

18　這位護民官的名字叫做盧契烏斯‧朱尼烏斯(Lucius Junius)，因為盧契烏斯‧朱尼烏斯‧布魯塔斯(Lucius Junius Brutus)將城邦從國王的暴政中解救出來，是共和國的元勳享有盛名，所以他僭用這個名字，自大的舉動看來真是讓人啼笑皆非。

19　羅馬歷史上發生三次平民脫離事件：第一次在羅馬建城260年即494B.C.，結果是設置平民護民官以保護平民；第二次是449B.C.；第三次是287B.C.，確立市民大會的權利。本篇所指的平民脫離運動是第一次。

分理由，他提及很多貴族對於他們的讓步而心懷不滿。於是他告誡這些貴族，現在為城邦服務的時候，至少要比平民表現出更大的熱誠和績效，證明自己不僅具有權力和財富的優勢，就是功勳和地位也是他們望塵莫及。

8 羅馬人與弗爾西人（Volscian）[20] 建立的國家發生戰爭，執政官康米紐斯（Cominius）率軍圍攻主要的城市科瑞歐利（Corioli）[21]。弗爾西人害怕這個重要的地點被敵人奪取，從各地集結兵力前來解救，他們的計畫是要與羅馬人在城外決戰，可以從兩個方面夾擊敵軍。康米紐斯為了避免陷入不利的態勢，就將全軍區分為兩部，自己率領主力前去迎戰即將來到的弗爾西人。提圖斯·拉爾久斯（Titus Lartius）是那個時代最驍勇善戰的羅馬人，指揮留下的一部繼續實施圍攻作戰。科瑞歐利城內的守軍現在對兵力薄弱的羅馬軍隊，抱著輕視的心理，開城列隊出擊，初期占了上風，追逐敵人迫近營地前面的塹壕。

馬修斯領著他的連隊飛奔出來，兵員雖少還是將首先接戰的敵人殺得潰不成軍，使得後續的攻擊部隊全都減緩進攻的速度。這時他大聲喊叫，要羅馬人重新排出會戰隊形。加圖認為一個士兵最重要的本領[22]，不僅是手臂有力一擊之下可以取人性命，而且他的吶喊和形象使敵人產生畏懼之心，看來馬修斯的表現符合這個要求。現在所有的部隊在整頓以後前來支援，敵軍陣式大亂火速後撤，馬修斯看到他們退卻覺得意猶未盡，緊咬對方的後衛不放，迫得他們盡快逃向城門。他發現所有的人停止追擊，這時從城牆上面投擲標槍和發射箭矢，也沒有人想要尾隨敗逃的隊伍進入城市，因為城裡都是好戰的群眾，他們都已全副武裝準備隨時戰鬥。

然而他激勵大家的鬥志繼續再戰，大聲叫道：「科瑞歐利的城門大開，給征服者帶來大好機會，敵軍將死無葬身之地。」只有少數勇敢的士兵願意追隨，他還是從敵人中間殺出一條血路，跟著衝進城去，這時沒有一個人敢挺身出來阻擋。當市民看到只有少數敵軍進入城中，他們的士氣大振，全部圍過來攻打，戰鬥激烈到無法描述的程度，馬修斯不僅手臂有力、腳步敏捷而且頭腦冷靜，與他

---

20 居住在弗爾西的伊特拉坎人稱為弗爾西人，這個城市位於羅馬的西北方約100公里，5世紀B.C.一直是羅馬的宿敵。

21 李維《羅馬史》第2卷第33節敘述羅馬人攻擊科瑞歐利，首次提到馬修斯的名字。

22 本書第九篇〈馬可斯·加圖〉第1節。

交戰的人都被他制伏，逼得敵人到處報尋找庇護，逃到城市人煙稀少的位置，其餘人員拋下武器投降。使得拉爾久斯刀不血刃，帶領所有的部隊安全進城，非常容易占領所有的地區。

9 科瑞歐利受到奇襲被羅馬人攻取，大部分士兵進行搶劫和搜集戰利品，馬修斯非常氣憤加以譴責，認為執政官和其餘的同胞還在與弗爾西人作戰的時候，他們這種舉動是可恥的行為，特別是浪費時間去搜尋戰利品，或是不怕危險去到處搶劫，使得他們無法完成出發的準備，影響後續的會戰。只有少數人願意聽他的話，於是他率領這些人趕快出發，使用執政官進軍的道路，鼓勵這些同伴不要放棄自己的職責，也向神明祈禱賜給他運氣，能在戰鬥沒有結束前趕到戰場，及時支援康米紐斯，參加這個危險的作戰行動。

那個時代的羅馬人有個習慣，當部隊開始調動排成會戰隊形，拿起自己的小圓盾，把衣服用帶子束緊的時候，大家同時立下遺囑也可以說是口頭交代，說出遺產繼承人的名字，只要三或四個弟兄或戰友聽到，就是合法而有效的證明。馬修斯在這個最關緊要的時刻趕到，敵人的隊伍已經在眼前出現。他的出現帶來一陣不小的混亂，看到他全身都是血和汗，只有一小隊人馬相隨。他帶著愉快的面容急著去見執政官，伸出雙手行禮以後報告城市奪取的狀況，當大家看到康米紐斯擁抱他並且向他致謝，全軍頓時之間士氣高昂，那些近處的人聽到所說的話，就是有一段距離的部隊看他們的姿態，可以猜出來有重大的事情發生。

所有的士兵高聲喊叫，要馬修斯領著他們列陣出戰。不過，他首先要想知道弗爾西人的部署狀況，以及戰力最強的人員配備的位置，得到的答覆是安廷姆人（Antiates）的部隊在中央，這些戰士是他們的主力，作戰經驗豐富極為勇敢。馬修斯說道：「請你給我這個光榮的機會，將我部署在他們的對面。」執政官答應他的要求，對於他的英勇讚不絕口。

會戰開始雙方投擲標槍以後，馬修斯一馬當先帶著隊伍，向中央的弗爾西人衝殺出去，很快突破敵軍的戰線，從中間打開一條通路，這時兩翼的敵軍想要將他包圍殲滅，執政官看到他陷入險境，馬上派出精選的勁卒前去救援，激烈的戰鬥在馬修斯的四周持續進行，狹小的地區到處是狼藉的屍體，羅馬軍隊奮不顧身的攻擊，逼得敵人最後只有放棄陣地逃離戰場。當勝利在望即將獲得重大成果的時候，他們向馬修斯提出請求，大家已經精疲力竭，為避免慘重的傷亡，應該收

兵回營。他的回答是征服者永不疲憊。接著集合部隊立即發起追擊。弗爾西人的部隊潰不成軍，很多人遭到屠殺，捕獲不少的俘虜[23]。

10 第二天，馬修斯和全軍都在執政官的中軍大帳前面集結，康米紐斯登上將壇，首先感謝神明的恩惠能夠贏得這次大捷，接著用感情豐富的頌辭，極力讚許馬修斯立下不世的功勳，提到他的英勇有些是自己親眼目睹，還要加上拉爾久斯的證詞。然後康米紐斯宣布，要將戰利品包括錢財、馬匹和俘虜在內的十分之一，交到他的手裡；其餘的部分再分給大家。除此以外，他要把一匹鞍具齊備和裝飾華麗的駿馬當禮物送給他，用來獎勵他英勇善戰的行為。全軍聽到大聲歡呼，同意執政官的指示。

不過，馬修斯站出來向大家宣布，他對執政官的嘉許表示感謝，願意接受這匹駿馬當作禮物，對於其他的東西，因為他作戰是為著爭取榮譽而不是獲得金錢，所以必須婉拒，情願與大家一樣分享應得的報酬。他說道：「我僅僅提出一項要求請各位成全，弗爾西人中間有一位對我很友善的朋友，為人清廉正直而且仁慈為懷，現在成為我們的俘虜，即將失去財產和自由去過奴役的生活。他已經遭受不幸的打擊，希望在我的求情之下，不要把他像奴隸一樣出售。」

馬修斯對戰利品的拒絕和對俘虜的請求，獲得高聲的歡呼表示贊同。大家對他那慷慨的心胸能夠抵抗貪婪，較之於戰場的英勇能夠克服敵人，更能獲得眾人的稱譽。還有一些人帶著嫉妒和輕視的眼光看待他的殊榮。他們自己做不到但也會承認，建下大功拒絕報酬比起坦然接受的人，當然要高貴得多。他的德行可以視金錢如糞土，勇敢的行為造就光榮的頭銜，卻給他帶來最大的喜悅。用財較之用兵可以獲致更高的成就，不戰而勝才是最高的境界。

11 等到贊同和嘉許的聲音逐漸停息下來，康米紐斯接著說道：

各位弟兄，一個人要是不願接受這些禮物，就是強迫也發生不了作用。因此，讓我們送給他一件他無法拒絕的東西，要是他在科瑞歐利

23　參閱戴奧尼休斯《羅馬古代編年史》第6卷第94節。

的英勇行爲，大家認爲配得上這個名字，那麼經過在場的人投票通過，以後就稱他爲科瑞歐拉努斯(Coriolanus)[24]。

從此以後，科瑞歐拉努斯成爲他第三個名字。

這樣一來非常清楚，第一個名字該猶斯是他的小名，第二個名字馬修斯是他的姓，代表著家庭或家族；羅馬人的第三個名字非常特殊，表示他的特徵、運道、功勳或德行。古代的希臘人有時會增加一個名字：表示在某方面的建樹，例如索特爾(Soter)是「保護者」，凱利尼庫斯(Callinicus)是「勝利者」；個人有某些特徵，例如菲斯坎(Physcon)是「肉瘤」，格里帕斯(Grypus)是「鷹鉤鼻」；或是出於優良的德性，例如優爾吉底(Euergetes)是「恩主」，費拉德法斯(Philadelphus)是「仁慈的兄弟」；還有是好運道，例如優迪蒙(Eudaemon)是「興旺」，貝都斯(Battus)是指「一個家族第二號的人物」。有些君王獲得表示譏諷的稱呼，例如安蒂哥努斯(Antigonus)被稱爲多森(Doson)[25]，意爲「言而無信」，托勒密(Ptolemy)被叫做拉特努斯(Lathyrus)，說他是個「鷹嘴豆」[26]。

下面這些稱呼在羅馬人中間經常見到：梅提拉斯家族(Metelli)有位知名之士綽號叫做戴德瑪都斯(Diadematus)，因爲他經常步行很長的時間，綁著繃帶來掩蓋額頭上面一個傷疤；同個家族另外一個人被稱爲塞勒(Celer)，他的父親過世不過幾天，就在葬禮上面安排角鬥士表演，大家讚許他的辦事迅速又有效率[27]。還有一些人是在出生之際，出現意外事件或徵兆而得名；要是這個小孩出生的時候父親離開家就稱爲普羅庫盧斯(Proculus)；如果是遺腹子就叫做波斯吐穆斯(Postumus)。如果是孿生子，一個在出生的時候逝世，倖存那位稱爲弗披斯庫斯(Vopiscus)。還有就是身體的特徵，不僅蘇拉(Syllas)是指「面赤者」，奈傑(Nigers)是指「黑黝的人」，而且西昔留斯家族(Caeci)是「瞎子」，克勞狄斯家族(Claudii)

24　羅馬人習慣將征服的地方或城市當作名字，贈給凱旋歸國的大將，像是西庇阿・阿非利加努斯就以征服阿非利加而得名，這是眾所周知的例子。

25　這是指馬其頓國王安蒂哥努斯三世多森，在位期間229-221B.C.。

26　托勒密王朝的埃及國王托勒密九世綽號「鷹嘴豆」，意為「無足輕重的窩囊廢」，這是他先後與他的姊妹克麗奧佩特拉三世和四世共同統治的關係，在位期間116-107B.C.。

27　羅慕拉斯殺死他的兄弟雷摩斯，有人說是他的同伴塞勒(Celer)下的手，等到這個傢伙發現惹出大禍，趕快逃到托斯坎尼，以後羅馬人將腳程很快的人物稱為塞勒里斯(Celeres)，就是國王的衛士也用這個稱呼。

是「跛子」。人民習慣於這種稱呼，並不表示他們真的喪失視力或是身體有缺陷，毫無藐視或看不起的意思，回答的時候也不會感到羞愧，好像真有那麼回事一樣。有關這個問題以後還要進一步的討論。

12 羅馬與弗爾西人的戰爭剛剛結束，獲得民眾支持的演說家又在國內鬧事，激起叛離的行動，沒有發生新的原因和爭執，並非出現不公和受到冤屈的事件，只是拿過去與貴族的抗衡作為藉口，無可避免的不幸又開始舊事重演。絕大部分可以種植穀物的田地，全都廢耕沒有人理會，戰時缺乏運輸工具和充分時間，不容許他們從國外進口糧食，現在供應不足的狀況非常嚴重[28]。然後護民官在市民大會提出質詢，現在市場買不到糧食，即使還能繼續供應，一般民眾也沒有那麼多的錢去購買，接著開始誹謗羅馬的富人，根據謠言和耳語，說他們是災難的始作俑者，這次的饑饉完全是用來對付平民的陰謀活動。

就在這個時候，維利特里人（Velitrani）派來一位使者，提出建議要將城市交給羅馬人，他們最近遭到一場瘟疫的肆虐，當地的土著大量死亡，倖存的人員僅有整個社區的十分之一，希望羅馬派遣居民去補充所需的人口。所有那些稍有見識的羅馬人，認為就城邦目前的狀況，維利特里（Valitrae）[29]的迫切需要，給羅馬及時提供有利的機會；減少城市的人數來緩和缺糧的狀況，將那些愛用暴力和懷恨在心的黨徒遣走，希望能夠同時肅清正在進行的謀反活動。如同他們的說法，可以藉此除去城邦致病和作亂的因素。因此，執政官挑選一些市民前往維利特里，田園荒蕪的處境可以獲得改善。他對留在城邦的民眾特別注意，準備進軍去對付弗爾西人，這樣的處置完全是基於政治的考量，要用對外的用兵來消弭內部的紛爭，同時希望把富人和窮人，平民和貴族混合起來，留在一支軍隊和一個營地裡面，共同出力報效城邦，彼此之間就會相互諒解建立友誼。

13 擁有民意基礎的演說家西辛紐斯（Sicinnius）和布魯塔斯（Brutus）出面干預，大聲疾呼說是執政官懷有惡意，用建立殖民地這類溫和而

---

28 平民離開羅馬撤到聖山是在秋分以後，直到冬至才與貴族講和達成協議，這個時候已經過了播種的季節。而且羅馬派到其他國家採購糧食的代理人，沒有達成任務。

29 維利特里是拉丁人的城市，位於羅馬東南約50公里，在338B.C.獲得羅馬公民權。

好聽的理由，掩飾全世界最殘酷和野蠻的行動，簡直是要把貧苦的民眾投進毀滅
的陷阱，那裡是散布疾病的國度，遍地是死亡的屍體，受到陌生和邪惡的神明管
轄，他們將落入最慘悲的地步。運用飢餓的方法不能滿足他們的恨意，就用瘟疫
當作解決的手段。要是這些伎倆還不足以懲罰那些市民，他們拒絕成為富人的奴
隸，就發起一個毫無必要的戰爭，把他們全部涉入這場災難之中。人民聽到這些
話覺得很有道理，沒有人接受執政官的召喚為戰爭辦理徵兵登記，同時對新成立
的移民提案抱著反對到底的態度，使得元老院無法解釋也不知怎麼辦是好[30]。

　　馬修斯現在有很高的地位，過去的行動使他感到更有自信，受到各方的讚譽
自認是羅馬最重要和貢獻最大的人，公開站出來領導大家反對譁眾取寵的政客。
派往維利特里的殖民團體已經抽籤決定，拒絕離開的家庭要給予高額的罰鍰。當
他們堅決反抗市民的徵召，不願在軍中服役以及參加弗爾西的戰事，他就把自己
的部從集結起來，很多人經過說服願意加入，編成一支軍隊侵入安廷姆人的領
土，找到大批穀物也搜尋到很多戰利品，都是牛隻和俘虜。他沒有在暗中把這些
東西據為己有，全部安全運回羅馬，收穫是如此的豐碩，當眾分給參加這次行動
的人。那些留在家中的市民看在眼裡，非常懊惱自己的固執，羨慕那些幸運的同
胞，對馬修斯更為不滿，用敵意的神色對待他那日益高漲的聲望和權勢，害怕他
會拿出來反對人民的利益。

14 不久以後他成為執政官候選人[31]，民眾在開始的時候懷著寬容與溫和
的心情，覺得排斥和觸怒像這樣出身和德行的人是羞辱的行為，尤
其是他對國家有這樣大的貢獻更要特別優待。習慣上最高職位的候選人要在公共
廣場，用委婉的言辭懇求市民給予支持，身上是一襲長袍不穿外衣，不僅表示生
活的樸素讓人產生好感，也便於露出身上的傷口，這是作戰英勇的標誌。市民也
不會懷疑這些競爭者會行賄，規定他們在請求支持的時候，不得解開長袍或是避
免穿著內衣；過了很久或是多少代以後，才偷偷在選舉中發生買賣的行為，錢財
成為操縱投票的主要手段，繼承這種敗壞公德的習氣，法庭和軍營都難以倖免，

30　參閱戴奧尼休斯《羅馬古代編年史》第7卷第13節。

31　這是他獲勝以後第二年，羅馬建城266年即488B.C.，馬修斯成為執政官候選人，希望元老院
　　能助他一臂之力，結果反而激怒平民對他表示不滿。

連武力都成爲金銀的奴隸，城邦的主人被迫讓位，共和政體變成君主國家。有人提出非常正確的說法：那些贈給人民恩典和賞賜的人，到後來就會剝奪他們的自由。

這種惡習在羅馬是暗中溜了進來，慢慢經過相當時間被大家接受，開始的時候沒有人發覺和注意。無人知道誰是第一個賄賂市民或收買法庭的人，據說雅典的安塞米昂（Anthemion）之子安尼都斯（Anytus），正當伯羅奔尼撒戰爭的末期，皮洛斯（Pylos）[32]要塞落在敵人手裡，接受審判就送錢給法官，成爲有史以來首位行賄的人物。那時正是純潔的羅馬人運用市民廣場當做法庭的黃金時代。

15 當馬修斯像一般候選人那樣，顯示身體上面仍然清晰可見的刀疤和傷痕，這是他17年獻身軍旅，參加許多次激烈戰鬥的成果；據說大家對他建立的功勳深受感動，一致認同應該選他爲執政官。等到選舉的那一天，他在元老院議員的陪同下，擺出盛大的陣容出現在市民廣場，所有的貴族都非常關心，表達前所未見的努力和熱情，與往日的狀況大不相同。民眾的情緒開始有所變化，原來對他的厚愛已經消失不見，憤慨和猜忌取而代之，他們心存畏懼更是火上加油，如果一個人如此強烈的維護元老院的利益，在貴族中間產生這樣大的影響力，要是把執政官的職位和權柄授與他的手裡，人民仍舊保有的自由權利就會受到他的剝奪和侵害。

結果他們拒絕接受馬修斯，另外兩位人士當選，元老院的議員深感羞辱，他們比起馬修斯更爲憤憤不平。就馬修斯這方面來說，他沒有耐性容忍群眾對他個人的冒犯。他喜歡率性而行，認爲人性之中存有高傲和好鬥的因素，這是高貴而且慷慨的氣質；就是理性和紀律也無法陶冶他成爲一位政治家，具備實事求是和自反而縮的精神。他從來不知道一個人投身政治所應該具備的風範和修養，是在與所有的人打交道的時候，首先要避免固執和剛愎。正如柏拉圖所說，這種個性來自獨善其身的家庭，他們很少與人來往；還有就是要面對現實，對於不利的結局要一笑置之。

馬修斯是一個坦率而直爽的軍人，擁有的理念是把擊敗和克服所有的反對當成眞正的勇敢，從來沒有想到這是他個性中的弱點和罩門所在，等到執政官的選

---

32 《伯羅奔尼撒戰史》在1758年譯成法文，使得這個要塞的名字成爲Pyle，希臘人絕不會同意一個地名使用這種字尾。

舉落選以後，憤怒之氣像腫瘤一樣爆發開來，帶著狂暴和苦澀的行動來與人民作對。年輕的貴族也產生類似的現象，對於高貴的家世感到極爲驕傲而且充滿自信，他們通常會爲他的利益而獻身，現在已經追隨他的行動。這種忠誠對馬修斯而言並沒有任何好處，他們表示的氣憤和安慰，只會增加他對人民的憎恨。馬修斯已經成爲他們的百夫長，教導他們學習戰爭藝術的老師，在遠征行動開始以後，他們拿他當成模範都有優秀的表現，每個人的英勇創造一番成就，不會引起嫉妒和羨慕，團結的精神受到大眾的讚揚。

16 就在社會動亂不安的時候，大量穀物運到羅馬，部分來自意大利，還有就是敘拉古的統治者傑洛(Gelo)贈送的禮物。很多人現在懷抱希望，藉著這個機會讓城市從缺糧和紛爭的困境中脫身。元老院立即召開會議，民眾聚集在外面，急著想要知道商議的結果，盼望市場的糧價因而滑落，不要居高不下帶來痛苦的生活；此外，還能將贈與的穀物免費發給大家。這時有人將大家的意見帶進去，建議給元老院參考辦理；馬修斯站起來厲聲指責，說他們討好群眾，不僅是這些賤民的應聲蟲，而且背叛身爲貴族應有的立場，同時用幸災樂禍的態度宣稱，他們這樣做是在人民當中撒布狂妄和暴躁的種子，會給自己帶來很大的傷害，所以要藉著這個機會防患於未然；不能同意護民官擁有過多的權限，使得平民的實力成長得更爲強大。

實在說，當前他們在城邦形成尾大不掉的局面，就是過度縱容的結果；他們那種爲所欲爲的意願一直沒有加以抑制，所以才會拒絕服從執政官的指示，推翻所有的法律規定和官府權責，把私人黨派的領導者加上職稱和頭銜。他說道：

當整個事件送進來讓我們通過，好頒布律令把恩典和賞賜發給他們，就像希臘的狀況一樣，人民擁有最高的絕對權力；如果眞的如此，那我們豈不是支付和維持不服從的人士，讓自己陷入毀滅的絕境？他們不能將慷慨的贈與視爲服務國家應得的報酬，因爲他們知道自己經常置身事外；雖然脫離運動沒有完全成爲事實，卻已公開承認要放棄羅馬。他們別有用心不斷懷著鬼胎，拿大量的中傷和誹謗來抹黑元老院；即使我們願意達成結論把這些恩典賜給他們，在沒有其他可見的原因和理由的狀況下，被他們認爲我們是出於畏懼和討好；他們還是

不願讓不服從的行為受到約束，更不願停止騷動和反叛的活動。讓步僅僅是一種喪失理性的舉動，如果我們有智慧和決心，應該採取相反的措施，把從我們那裡強索去的護民官權力全部廢除[33]，不達目的絕不罷休。因為護民官的設置在於顛覆執政官的職權，是造成城邦分裂的主要因素，永遠不能恢復統一的局面。直到今天，大家所公認的狀況是分裂沒有結束，傷口也沒有復原。他們不讓大家同心同德，不斷製造社會的不安，更不願中止大家的苦難[34]。

17 馬修斯基於這個目標發表大聲疾呼的演說，激起年輕人狂熱的情緒，呼籲有錢人站在同一陣線；他們讚譽他是唯一的羅馬人，不會受到威脅利誘而且占有優勢的地位。還是有些年邁的元老院議員表示反對，懷疑會產生不利的後果；事實上他們預判非常正確。在場的護民官聽到馬修斯提出的建議，就跑到群眾當中大聲抗議，呼籲平民前來參加給予支持。市民大會召開以後情勢一片混亂。他們將馬修斯講話的要點提出來向群眾報告，激起更為暴怒的氣氛，大家準備衝進元老院。護民官出面阻止，把一切過錯推到科瑞歐拉努斯的身上，他們派出執達員通知他到市民大會為自己辯護。當馬修斯用藐視的態度將召喚他的官員趕走以後，護民官帶著市政官或市場督導一起前去，決定在必要時採取強制的手段，因此就將他抓住不放。貴族馬上伸出援手，他們不僅將護民官推開，同時動手毆打市政官，於是大家發生爭吵，一直到夜晚來臨才結束這場混戰。

等到第二天天亮以後，執政官見到人民處於極度憤怒的狀況，陸續從各地趕到市民廣場，他們害怕整個城市已經遭到波及，趕緊在元老院重新召開會議，希望能聽取大家的意見，如何用公正的談話和寬大的律令，安撫和平息暴怒的群眾。要是他們很明智的考慮城邦的狀況，就會發現已經喪失時機，無法維護榮譽的條件，有些只是保持顏面的細節而已。在這樣一個險惡的政局之下，需要溫和的方式以及節制和仁慈的建議。元老院的多數派只有屈服，執政官盡其可能用最好的方式去處理善後，非常友善的答覆他們提出的責難和控訴，表示處理要依照

---

33 護民官後來通過一條法律，任何人干擾或打斷他們對人民的演說，應該給予懲罰。

34 蒲魯塔克刪去科瑞歐拉努斯講話中最令人反感的部分，他建議保持目前的糧食價格，甚至可以更高一些，用來逼使人民就範。

元老院的決定，對於他們的警告和譴責，也都保持包容和忍讓的態度。有關糧食的價格，願意接受護民官的意見不會有什麼爭議。

18 當大部分民眾冷靜下來以後，大家都能遵守秩序，表現出和平的行為，知道他們聽從勸告，安撫已經發揮效用。護民官的態度還是非常強硬，他們用市民大會的名義宣稱，樂於見到元老院採取沉著和理性的行動，願意聽從公正和平等的處理方式。然而他們堅持馬修斯對以下的指控提出答覆：

> 難道他能否認曾經教唆元老院推翻政府的體制和廢止人民的特權？其次，要求他到市民大會說明整個事件，他為什麼沒有服從召喚的命令？最後，他之所以毆打和公開冒犯市政官，難道不是為了要引起一場內戰？

提出這些罪狀就是要用來羞辱馬修斯，好讓他表示順從；如果他能克制自己的脾氣，就會向人民乞求給予寬恕。如果他還是不改傲慢的性格，這是他自絕於羅馬人民，那麼只有對他進行審判。

他來到市民大會，人民相信他有道歉的誠意，同時會澄清一些問題，於是保持安靜聽他說話。他開始講話那種語氣，不僅坦率到無禮的程度，似乎他是在控訴而不是道歉，完全不像預期那樣，會表示順從和悔意；而且他的音調高昂加上嚴厲的面容，帶著藐視一切和不屑為之的神色。全體民眾看到這種狀況無不怒氣衝天，非常明顯擺出難以容忍和極其厭惡的樣子。護民官西辛紐斯的個性暴躁，與他的同僚私下稍為商議以後，就站起來很莊嚴向著大家宣布，人民的護民官經過授權判處馬修斯死刑，吩咐市政官將他帶到塔皮安山的絕頂，不准耽誤時間立即把他從懸崖上面拋下摔死。當他們開始動手抓他的時候，這個行動嚇壞很多平民，貴族在震驚之餘，大聲叫喊跑過來救援，把馬修斯圍在中間，一部分人出面干涉阻止逮捕，還有一些人看到那麼多的眾群知道無法可施，只有伸出雙手乞求，不要一時的氣憤走上絕路。

最後，護民官的朋友和親友也知道問題非常棘手，在目前的狀況下要懲處馬修斯，就會引起流血的衝突，一定有很多貴族死於非命。他們規勸雙方不要採取任何行動引起更大的反感，馬修斯的案件要經過正常的審判程序，現在不會動粗

來殺害他，所有的問題都交由市民大會投票決定。西辛紐斯停了一會情緒緩和下來後，就質問貴族，人民決定要處懲馬修斯，他們插手干預到底是什麼意思；貴族提出另一個問題代表答覆：「你們強行拖走對羅馬貢獻最大的市民，未經審判處以野蠻和非法的死刑，請問你們基於何種心態和出於何種意圖？」西辛紐斯說道：「很好！市民大會同意你們的請求，你們的黨徒會得到公平的審判，這樣就沒有藉口在人民的面前怨聲載道爭吵不休。」然後轉向馬修斯說道：「馬修斯，我們規定你在隨後的第三個市集日，來到市民大會為自己辯護，只要你清白無辜就會讓人民滿意，然後用投票來決定審判的結果。」

19 貴族對於這個協議感到滿意，起碼可以爭取到緩延的時間，非常高興能帶著馬修斯安全離開，然後大家一起回到家裡。在指定的這段期間之內（羅馬人每九天有一次市集，後來因為這個案子的緣故，把這一天稱為滌罪日）與安廷姆人爆發戰爭[35]，起因還是繼續過去的糾紛。這種狀況給一些人帶來希望，好讓馬修斯的審判不了了之。根據他們的想法，人民因為戰爭的關係，變得較為聽話也容易指使，要是敵軍和戰爭的問題，一直在他們的心頭縈迴，間隔這麼久以後，原來的憤慨之情就會減少或消失。情勢的發展出乎意料之外，他們很快與安廷姆(Antium)[36]的人民取得協議，軍隊班師回到羅馬，貴族再度感到惶恐不安，經常聚會商議處理的辦法，既能保全馬修斯，又讓護民官無法滋生事端[37]。

阿庇斯‧克勞狄斯(Appius Claudius)是元老院議員，極力反對為人民謀取福利，經常在事先發出嚴正的宣告，要是縱容平民擁有權力，可以藉著投票來反對貴族，那麼所有的制度都會受到破壞，元老院將自取滅亡。只是年事已高和討好民眾的元老院議員[38]仍舊維持原議，他們認為人民不會過於魯莽和嚴厲。還有一

---

35 羅馬突然接到報告，說是傑洛的使者所乘坐的船隻，在回航西西里的途中被安廷姆人劫持，搶走所有的商品和財物，使者受到囚禁。於是他們派出軍隊去懲罰安廷姆人，完全降服才能滿足報復的心理。

36 安廷姆位於羅馬南方約40公里，瀕臨第勒尼安海，現在名叫安齊奧，二次大戰英美聯軍在此登陸，完成意大利的略取。

37 後來重新立法，護民官可以行使否決權，使元老院的敕令無效，防止通過令人厭惡的議案。護民官對笛克推多不能進行否決，而且「元老院最終敕令」提出，護民官不得行使該項權力。

38 這些人以華勒流斯為首，一直強調內戰會帶來極其悲慘的後果。

些人抱著一廂情願的想法，認為只要在權力方面對他們稍做讓步，護民官就會變得比較溫和也會更有人情味。他們不會對元老院抱著輕侮的態度，而是他們認為自己受到元老院的歧視；審判的特權和投票的定讞是他們僅有的榮譽，他們很快會感到滿意，就會將憎恨的敵意擺在一邊。

20 馬修斯看到元老院為他的案子煞費苦心而又拿不定主意，有些人要盡力幫忙，也有人怕得罪民眾。他很想知道護民官在法庭前面，陳述指控的罪名以及起訴的主旨，使他能夠據以提出抗辯。他們說要檢舉他企圖篡權奪國，證明他犯下陰謀建立專制政體的罪行[39]，以及諸如此類的事項。馬修斯說道：「讓我到市民大會就起訴的罪行證明我的無辜，我拒絕沒有經過法庭的審判就定我的罪，你們所作所為都是在欺騙元老院，現在無法對我提出任何指控。」於是他願意就護民官贊同的條件，前往法庭接受審訊。

等到人民集合起來以後，首先是護民官拒用過去的審判方式，強制召開平民大會投票定罪，而不是百人連大會[40]，這樣的改變已經毫無榮譽和公正可言。平民大會[41]有很多貧窮和黨派的賤民，投票完全以人數為準；不像百人連大會按財富和地位分類，所屬成員曾經服役參加戰爭。其次是護民官更換起訴的罪行，原來指控馬修斯企圖推翻政府成為僭主，沒有證據只有放棄，還是力陳在他元老院發言反對降低糧價，以及廢除護民官的職權，除此以外，還增加新的檢舉項目，那就是他在占領安廷姆以後，奪得的戰利品和掠奪品沒有解繳國庫，擅自分發給

39　從來不知道有人想要奪權出任僭主，好與貴族聯合起來對付平民。很可能是平民用這種陰謀來指控貴族。馬修斯在為自己辯護時說道：「除此以外，你們可以看到我為了拯救市民的性命，在身上留下的傷疤。現在讓護民官也亮出來給大家看一看，這就是非常明確的證據，他們指控我有叛國的圖謀，全是子虛烏有之事。」

40　從塞維鳥斯‧屠流斯(Servius Tullius)當政開始，都是用百人連大會來匯聚和反映市民的意見。執政官願意遵守古老的慣例，使馬修斯的案子獲得滿意的解決，因為百人連大會按照財產分為六個階級，騎士和最有錢的富人占有多數決的優勢，只要在193個百人隊中獲得97票，就可以贏得投票的結果。工於心計的護民官，說是本案關係到全民的福利，每位市民的票應該擁有同等的價值，所以要用平民大會來表達他們的意見。

41　百人連大會由選舉單位「百人隊」組成，每個百人隊以多數決代表一張選票，全部人員按財產的多少區分六個階級，愈富有的人分到的百人隊愈多，所以富人比平民掌握更大的權力。平民大會或公民大會的選舉單位是「區部」，全體羅馬市民分屬於35個區部，這是一種地域性的劃分，區部也是一個投票單位，用多數決來顯示投票的結果，這種方式每位市民的權力完全相等。

追隨他作戰的士兵[42]。據說馬修斯原來是成竹在胸，現在對最後這項指控非常擔心，因爲這個問題出乎他意料之外，突然問到生怕不能提出讓人滿意的答覆。因此他爲了要有藉口，對於參加這次作戰行動的人員，開始誇大他們的功勞。留在家中的人員，比起出征的士兵，在數量上要多太多，用大聲反對的叫囂干擾他的答辯。

經過投票表決以後，結論是護民官獲得三個區部的多數判決馬修斯有罪，接受的懲罰是永久的放逐[43]。定罪的判決宣布以後，人民帶著得意的神色離開會場，喜悅的面容像是戰勝敵人獲得大捷。元老院是一片悲傷大家感到極其沮喪，遭到民眾的侮辱比起任何痛苦都更難以忍受，他們懊惱現在竟會面臨這樣的處境，任憑對手隨心所欲展現所擁有的權力。現在不用看一個人的服飾或其他的特徵，就可以分辨出身分，喜氣洋洋就是平民，反之，那些愁苦悲哀的人必定是貴族。

21 只有馬修斯毫無驚惶的神情也沒有屈辱的感覺，無論是舉止、姿態和面容，呈現出泰然自若的樣子；當所有的朋友都如喪考妣的時候，好像只有他一個人沒有遭到不幸。他不會接受現實的教訓，更不會屈從自己的個性，所有的羞辱只會使他痛心疾首，誠如他們所說，熾熱的激情使他將痛苦轉化爲憤怒，把沮喪和柔弱一掃而空，表現出強大的活力；然而心靈所遭受的創傷，不像身體的疾病只是心悸、腫脹和發炎而已，從他以後的行動可以明顯的分辨出來。

他回到家中向母親和妻子致意，這時她們嚎啕痛哭淚流滿面，就勸她們用包容的心情接受他帶來的災難。他立即離家前往城門口，所有的貴族隨伴在旁，沒有採取任何行動，或是要求與他同行。他離開羅馬的時候，只有三、四位部從願意與他共患難。他花了幾天的時間在鄰近的鄉村過著離群索居的生活，懷著憤怒和憂傷的心情不斷在思索各種問題，除了要報復羅馬人獲得滿足，其他一切他已經毫不在意。他決定要在最接近羅馬的地區，激起一場慘烈的戰爭，初步行動是

---

42 護民官狄西阿斯（Decius）說道：「他有邪惡的圖謀，這就是明確的證據，他把公家錢財散發給他的部從和衛士，還有那些支持他篡奪權位的人；讓他出面澄清這點，是否獲得授權來處置戰利品而沒有違犯法律？讓他回答這條罪狀，難道他沒有用他的榮冠和傷疤所造成光榮的形象來迷惑我們，或是用類似的手法來欺騙市民大會？」

43 根據戴奧尼休斯的說法，在35個區部中，投票的結果，只有16個認爲馬修斯無罪應該開釋，但是有19個區部認定他有罪。

試探弗爾西人的意願，他知道這個民族不僅作戰勇敢，而且人力和財力資源都非常豐富。他認爲他們的部隊沒有減少，實力也沒有降低，特別是上次被羅馬人打敗以後，更增加他們的恨意和怒氣。

22 安廷姆有個人名叫屠盧斯・奧菲狄斯(Tullus Aufidius)[44]，無論是財富、英勇和家世在弗爾西人中間都是首屈一指，獲得像國王一樣的尊敬和特權，馬修斯知道這個人特別仇視自己，在所有羅馬人之上。他們在戰場上相互的威脅和挑戰，爲了達成輕視對方的目的，煽動年輕的士兵投身在火熱的戰場，使得國家之間的對立和敵意增添私人的仇恨。雖然如此，考慮到他的個性非常慷慨，也沒有一個弗爾西人像他那樣，一直找機會想讓羅馬人遭到他們施加在別人身上的災禍。馬修斯做這些事有詩爲證：

　　憤怒的內鬥慘烈且實力懸殊，
　　余願用生命換取報復的樂趣。

他換上衣服經過打扮以後，不論遇到那個人都無法辨識他的身分，就像尤利西斯一樣[45]：

　　他的心中坦然自若無所畏懼，
　　昂首進入那死敵據有的城市。

23 到達安廷姆已經是傍晚，在街上遇到很多人都不知道他是誰。他進入屠盧斯的家裡，沒有人發現他的身分，就一直走到爐灶的旁邊[46]，蒙著頭坐在那裡不說一句話。全家看到這種情形都感到奇怪，他的姿態和沉默表現出莊嚴的氣氛，沒有人敢叫他顯出面目或向他問話。他們向正在用晚餐的屠盧

44　李維和戴奧尼休斯把他稱為屠盧斯・阿蒂烏斯(Tullus Attius)，在一份未具名的手稿上面，也用這個名字。

45　是指尤利西斯回到自己的都城，打扮成乞丐的樣子，以免被那些求婚者將他認出來，後來這些人全被他用弓箭一一射死。

46　爐灶通常供奉家神視為神聖的地點，所有的懇求者在這裡可以獲得安全的庇護。

斯，敘述這個陌生人的狀況，聽到馬上起身走出去，問他是何人來此有何貴幹。
馬修斯把頭蓋揭起等待片刻，他說道：

> 屠盧斯，如果你已經不記得我，或者不相信還能親眼看到我，那麼迫
> 得我要成為揭發自己的人。我是該猶斯・馬修斯，給弗爾西人帶來災
> 難的始作俑者，雖然我想否認這一點，賜給我的名字科瑞歐拉努斯，
> 卻讓我無話可說。在經歷所有的艱辛和危險以後，這個使我成為你們
> 世仇大敵的頭銜，卻是我唯一獲得的報酬，也是我僅能保有的東西。
> 我所有一切包括權威和地位，被羅馬人民的嫉妒和暴行所摧殘和剝
> 奪，那些官員和與我同一階層的人員，出於怯懦和背叛竟然噤若寒蟬。
> 他們把我當成流犯趕出國門，在你的爐灶旁邊成為一個謙卑的乞求
> 者，為了向逐驅我的人尋求報復，已經不在意安全和保護(要是我怕死
> 還敢到這裡來嗎？)。我認為在向你伸出雙手的時候，已經獲得你的首
> 肯。因此，要是你的心裡存著向敵人攻擊的念頭，那麼可以利用我的
> 痛恨來幫助你的偉大事業，讓我個人的不幸給弗爾西人帶來福氣；實
> 在說，我現在幫你作戰比起過去與你作戰，更能發揮服務的功效；因
> 為我據有全盤的優勢，對於要加以攻擊的敵人，他們的機密我瞭若指
> 掌。如果你放棄戰爭的想法，我覺得再活下去也沒有意義，就是你也
> 不必保留一個仇敵，特別是他向你提供的服務已經毫無是處的時候。

屠盧斯聽到這番話感到極其快慰，向他伸出右手高聲說道：「起來，馬修斯，
鼓起幹勁不要氣餒，你給安廷姆帶來天大的運道，在這裡你自己也會獲得幸福，
期望弗爾西人萬事順遂。」然後安排宴席請他用膳，對他的接待在各方面都非常
禮遇，接著幾天都在一起商量有關戰爭的事宜[47]。

24 正當報仇策略開始形成的時候，羅馬產生很多的困難和騷動，元老
院和市民大會處於相互仇視的立場，這些還是馬修斯受到懲處出現

47　李維只說弗爾西人對他很友善，願意收容他，並且讓他與屠盧斯住在一起。這與戴奧尼休斯
　　的記載很相近。

的後遺症，目前對立的狀況正在升高。除此以外，術士和祭司甚至一般人士，報告讓人不能忽視的奇聞和徵兆，其中一位的陳述如下：提圖斯‧拉蒂努斯(Titus Latinus)[48]是位普通市民，個性穩重而且誠實不欺，從來沒有迷信的行為，毫無虛榮和誇大的習氣，居然有一位幽靈在他的夢中出現，像是朱庇特吩咐他要告訴元老院，祭祀的遊行隊伍前面，竟然出現褻瀆的舞者，冒犯到祂令人無法接受。他說第一次看到幻像根本沒有放在心上，但是在第二次和第三次都不予理會以後，他竟然喪失一位前途光明的兒子，就是自己也受到中風的打擊。他只能坐在舁床上面抬到元老院，等到將這件事報告完畢，馬上發現他的腿已經復原有了力氣，不需要幫助能自己走回家。

　　元老院議員都感到非常驚奇，對整個事件進行詳盡的查證。他的夢境在暗示一件慘劇：有些市民犯下嚴重的罪行，他們將一位奴隸交給他的同伴，先在市場當眾鞭笞然後處死；這些奴隸執行命令，開始抽打這位可憐蟲，極端的痛苦使他不斷扭曲身體，現出各種奇特和怪異的動作，正在這個時候，祭祀朱庇特的莊嚴隊伍接著出發[49]。實在說，有幾位旁觀者看到這種情況非常憤慨，然而沒有一個人出面干涉，採取的行動頂多是譴責和詛咒那位主人，說他不應施以如此痛苦的懲罰。那個時代的羅馬人對待奴隸非常仁慈，無論是工作、勞動和生活都在一起，大家的關係融洽而且和睦，一個奴隸犯錯接受最嚴屬的懲罰，是把他掛在支撐車輛轅桿的叉架上面，豎立在附近地區示眾。一個奴隸對這種處分感到羞辱，看在家人和鄰居的眼裡，就不再受到他們的信任和器重，羅馬人把受到這種處分的人稱為furcifer即「刑架犯」，拉丁文的furca是指「支撐的叉架」[50]。

25 拉蒂努斯敘述他的夢境以後，元老院議員一直在考量，誰是那位姿勢不雅而又違背神意的舞者，他們的心裡浮現那位可憐的奴隸，受到極其嚴酷的懲罰，當街鞭笞再被處死。元老院與祭司商議以後，肯定他們的臆測不會有錯，奴隸的主人受到高額的罰鍰，下令重新舉行祭典擴大遊行的隊伍，

48　李維把他叫為提圖斯‧阿蒂紐斯(Titus Atinius)。

49　根據戴奧尼休斯的說法，主人下達的命令是要在遊行隊伍的前面懲罰這位奴隸，使得褻瀆神聖的行為更是罪大惡極，嚴重冒犯到祭祀的儀式和神明的榮譽。

50　拉丁文的fueca是指「杈、枷、支撐和叉架」；furcifer又稱「死囚或叉架犯」，功能如同釘「十字架」，更像我國的「站籠」，掛上去以後穩死無疑，本篇的說法可能太過於輕描淡寫。

用來推崇神明的恩典。

　　一般而言，努馬用明智的眼光設立宗教的體制，他的指示非常的正確，那就是要求人民保持關懷和有禮的態度，當官員或祭司舉行敬神的宗教活動，有一位傳令官走在前面，很大聲地宣布：“Hoc age!”（靜肅！迴避！）警告大家要重視他們正在從事神聖的工作，不容許任何世俗的行業給予干擾和妨害[51]，大家的注意力也要從一般事務中轉移過來，必要時得以強制執行。不僅發生上面所說的重大事件，即使有任何微不足道的理由，羅馬人都會重新安排他們的供神祭品、遊行行列和演出節目。要是拖曳Tensae即「迎神車」的馬匹，出現膽怯吃驚或躊躕而行的樣子，表示神明不予同意要求更換；如果駕車的御者用左手執韁繩，整個隊伍都要整頓以後重新開始。等到後來更是變本加厲，同一項祭品有時要來回折騰達30次之多，只是因為服務人員出了差錯或產生意外。從這裡可以看出羅馬人對宗教事務的尊敬和重視。

　　26　馬修斯和屠盧斯以及安廷姆的首腦人物，正在暗中討論他們的計畫。他勸他們趁著羅馬人內部不和之際發起入侵的行動。他們怕被人責難破壞條約，所以不願接受他的建議，因為他們在立誓以後，與羅馬人簽署為期兩年的停戰協定。羅馬人倒是很快提供毀約的藉口，出於一些猜忌或誹謗的傳聞，說他們宣布在盛大的表演節期，所有前來參觀的弗爾西人，應該在日落之前離開城市[52]。有人非常肯定地指出是馬修斯的陰謀[53]，他私下派人去見執政官，提供不實的指控，說是弗爾西人打算在盛會期間，對羅馬人發動攻擊，同時會在城內縱火[54]。

　　公開的侮辱激起而且增強他們對羅馬人的敵意，屠盧斯明瞭這種狀況，為了獲得有利的態勢，特別加深人們對事實的認知，激起敵愾同仇的憤怒[55]，最後還

51　Hoc age的原意為「快來參加」，接著勸告在場人員要保持肅穆和寧靜。

52　羅馬十二銅表法第8表第26條規定：「人們不得於夜間在城內集會。」可見從古以來羅馬人對城市的安全有嚴密的防範措施，所以要弗爾西人在日落以前離開城市，不完全是針對他們這個部族。

53　對照本篇第三章第2節對馬修斯的批評文字。

54　按照李維的說法，是屠盧斯自己去見執政官，透露馬修斯完成縱火的準備工作。

55　屠盧斯說道：「在羅馬所有的部族當中，只有我們不夠資格參觀各種表演和比賽。只有我們像是最邪惡的壞蛋和歹徒，在普天同樂的節慶被他們趕走。好吧，讓我們告訴所有的城市和

是說服大家同意派遣使者到羅馬，要求羅馬歸還占領的部分領土，以及在上次戰爭中從弗爾西人手裡奪走的市鎮。當羅馬人聽到這個信息的時候，他們非常氣憤地回答，弗爾西人先拿起武器來挑釁，最後還是被羅馬人擊敗。這個答覆帶回來以後，屠盧斯召開弗爾西人市民大會，投票通過發起戰爭，他提議邀請馬修斯參加會議，先把過去的積怨放在一邊，保證可以得到他像朋友和同盟的服務，不僅不會遭到當他是敵人的時候，給他們帶來的傷害和損失，反而可以增加他們的實力和成功的公算。

27 馬修斯按照預先的安排接受他們的召喚，進入會場對人民發表談話，無論是他的指揮才能和作戰技術，以及他提出的建議和大無畏的氣勢，全都獲得與會人員的好評，就是從他後來的作為來看，能夠證明他的言行相符。他們把將領的職位授與他和屠盧斯，擁有指揮部隊從事戰爭的全部權力。他擔心弗爾西人進行準備要花費很多時間，喪失現在採取作戰行動的大好機會，於是將官員和其他重要人物留在安廷姆，負責編成部隊和其他必需的工作。他並沒有徵召人員，只率領一批志願軍，出乎羅馬人的意料之外，突然侵入他們的領土。他奪得大批戰利品，弗爾西人發覺無法全部運走，就是留在營地使用也嫌太多。他搜集大量糧食，這些掠奪品對敵人所造成的損害，在他的遠征行動所占的分量不重。就他的看法認為最重要的事項，是要引起平民對貴族的猜疑，以及貴族與平民的交惡。當他在蹂躪整個國土的時候，特別注意要放過貴族的田地，絲毫不讓士兵侵犯或拿走屬於他們所有的東西。因此平民和貴族之間相互抨擊，重新爆發新的爭執比起以往更為激烈。

元老院議員指責民眾，將目前發生的事件歸罪於他們對馬修斯的不公；平民堅持他們的立場，毫不遲疑指控貴族出於藐視和報復，才會教唆馬修斯採取冒險的軍事行動。因此，就平民看來，貴族採取的伎倆使其他人陷入戰爭的慘境，他們卻像旁觀者漠不關心而且坐視不理，在大敵當前的狀況下，只會將警衛設置在城外的田莊保護自己的財產。馬修斯的侵略和戰功給弗爾西人帶來很大的利益，他們經過訓練變得更為堅強，產生藐視敵人的心理，馬修斯率領他們出戰都能安然返營[56]。

(續)─────────────────────

鄉村，羅馬人竟然這樣對待我們。」

56 李維的敘述不僅提到開始的寇邊行動，還說他們在大舉入侵的時候，放過貴族的田地不予蹂

28 弗爾西人的軍隊無論是編成和集結都非常迅速而敏捷，徵召的兵力相當龐大，除了留下守備部隊保衛他們的城市，其餘單位進軍對抗羅馬人。馬修斯兵分兩路，要屠盧斯選擇所要指揮的人馬，他個人不會有任何意見。屠盧斯的答覆是他對馬修斯有很深的認識，兩個人的英勇不分軒輊，但是馬修斯的運道較他爲佳，應該全權負責指揮整個戰局；至於他本人留守全心關注城市的防衛，供應軍隊在外作戰所需的糧草和補給[57]。馬修斯獲得增援以後實力大增，首先向著羅馬的殖民地色西姆（Circaeum）前進，接受他們的投降對居民秋毫無犯，通過該地以後進入拉丁人的國度，開始大肆燒殺擄掠。拉丁人和羅馬結盟，過去經常派遣軍隊前去救援，馬修斯預判先要迎戰羅馬的援軍。

羅馬的人民對於服行兵役報效國家抱著冷淡的態度，執政官的任期即將結束，他們不想冒險進行會戰，就將拉丁人的使者打發回去，沒有給予任何承諾。馬修斯發現沒有敵軍的阻擋，就迅速向著他們的城市進軍，用武力攻占托勒里亞（Toleria）、拉維西（Lavici）、披達（Peda）和波拉（Bola），凡是有抵抗的地點，不僅搶劫所有的家庭還將居民出售爲奴。這個時候，他對前來投效的人員表示特別的關懷，生怕他們受到任何損害，使得他的企圖無法得逞，設置營地保持較遠的距離，盡量不讓士兵接觸到他們的田地和財產。

29 等到他成爲波拉的主人，這個市鎮離開羅馬不到10哩，他在這裡找到很大一筆財富，幾乎所有的成年人都遭到屠殺，在這種狀況之下，那些奉命在後方保衛城市的弗爾西人，聽到前方部隊的成就和好處，全都心急如焚不願留在家中，匆忙趕往馬修斯的軍營報到，說只有他才是他們的將領也是唯一的指揮官。他那驍勇善戰的名聲已經傳遍整個意大利，大家都很驚奇，一個人的得失和進退竟然影響到兩個民族的命運，使他們之間發生急速而劇烈的變化。

羅馬全城陷入無法控制的混亂之中，他們全都反對作戰，所有的時間浪費在爭執上面，雙方結黨組派攻訐不休。直到傳來消息敵軍已經把拉維尼姆（Lavinium）[58]

（續）

蹂。戴奧尼休斯的說法是他們兵分兩路，屠盧斯帶領一部進入拉丁人的地區，馬修斯向著羅馬進軍，他們帶回極爲豐碩的戰利品。

57 屠盧斯留下馬修斯單獨指揮是很不智的做法，他過去是敵人現在也只能說是表面上的朋友，還要率領部隊在他自己的國家之內作戰，這時屠盧斯應該統率另外一支兵力向羅馬進軍。

58 拉維尼姆位於羅馬南方約20公里，伊涅阿斯逃離特洛伊以後，在海上漂流到達意大利，就在

圍得水洩不通，這裡是伊涅阿斯（Aeneas）在意大利第一個建立的城市，成為整個
民族的發源地，存放著保護神的雕像和神聖的器物。人民聽到噩耗會扭轉他們的
觀念和傾向，這到是很常見的事；貴族的態度也有劇烈的改變，卻讓人難以置信。

　　市民大會現在願意撤回他們對馬修斯的判決，免於流放可以回到城市。然而
元老院在開會討論敕令內容的時候，不僅反對而且拒絕接受市民大會的建議；一
方面是出於矛盾的心態，只要是人民想要做的事，不分青紅皂白加以反駁；再方
面是他們認為這個恩惠，應該由元老院賜給馬修斯，否則就沒有讓他回國的意願；
或者是現在表示貴族對馬修斯的不滿，因為他給羅馬帶來巨大的災難。他僅受到部
分市民的迫害，卻使自己成為整個城邦的公敵。他應該知道羅馬最受尊敬的團體對
他極為同情，同時也受到他的牽累。元老院公開宣布他們的決定[59]，這時平民無法
可施，雖然他們有權力投票選舉官員或制定法律，然而頒布敕令卻是元老院的權責。

30 等到馬修斯聽到這個信息，憤怒之情更甚於往日，放棄圍攻拉維尼
姆[60]，有如狂濤洶湧向著羅馬急進，在一個名叫克祿利安（Cluilian）
溝的地點設置營地，離開城市大約有5哩路。他的迫近帶來恐懼和憂慮，然而卻
可結束目前的內部紛爭。無論是執政官還是元老院議員，對於人民要撤銷放逐馬
修斯的策略，再也不敢表示異議。看到城市的婦女像是大難臨頭一樣在街道上面
四處奔走；每座廟宇都有老年人灑著眼淚在向神明祈禱賜給恩惠；總而言之，他
們不僅缺乏作戰的勇氣，更無法用智慧來保障大家的安全。這時他們才承認人民
的做法很對，就是要盡力與科瑞歐拉努斯修好；元老院犯了很大的錯誤，在可以
盡釋前嫌的時候，竟然與他發生心結反目成仇，所以他們現在要想出辦法對他進
行安撫。所有的派系一致同意派出使者，告知他已經撤銷放逐可以回國，期盼他
能讓城邦免於戰爭的恐懼和災禍。

　　元老院選出的擔任使者的議員都是他的親戚和知交，希望他看重親誼友情，
在第一次的商談中給予善意的接待；不過，這方面他們的判斷錯誤。等到他們領
進營地，發現馬修斯坐在大群弗爾西的首腦人物中間，表現出一副倨傲粗暴的樣

（續）─────────────────

　　　附近的海岸登陸，在此地建立第一座城市，後來才向羅馬發展。

59　元老院現在拒絕接受市民大會的建議，可能是要洗刷他們與馬修斯暗中保持聯繫的嫌疑，或
　　者是要表示出處變不驚的胸襟，明知戰爭會帶來不利的後果，還要讓羅馬人反對和平。

60　他留下一部兵力繼續進行封鎖。

子。他吩咐使者說明他們派來的目的，他們用很溫和的語氣和誠摯的態度，向對方提出要求。他們說完話以後，馬修斯像是過去受到羞辱仍舊餘怒未息，用毫不通融的語氣給予嚴峻的回答，他拿出弗爾西將領的身分，要求歸還在上次戰爭中被羅馬人占領的城市和土地，獲得與拉丁人同樣的權利和尊重，雙方要基於公正和平等的條件，才能確保穩固和長遠的和平。他同意給予30天的時間去考慮和答覆。使者離開以後，他把軍隊撤出羅馬的領土[61]。

31 弗爾西人中間有些人士，長久以來嫉妒他的名聲，更無法容忍他對人民所發揮的影響力；現在第一次抓住機會對他提出控訴。雖然屠盧斯也是其中一位，事實上馬修斯本人並沒有冒犯到他，完全是人性的弱點所致。現在弗爾西人把屠盧斯看成無關緊要，他為逐漸失去光榮的事業而羞辱不堪。弗爾西人事奉新的領袖言聽計從，認為其他的軍事人員能夠得到他的允許，獲得部分的權力就應該感到滿足。這些人在暗中散布怨言和指控，相會的時候每個人都非常氣憤表示不滿，就把他的撤退安上違抗命令的罪名。雖然他並沒有背叛城邦和軍隊，卻讓人產生很壞的印象，在關鍵的時刻沒有掌握機會採取行動，羅馬人就會因而一蹶不振；現在給了他們30天的時間，可以在戰爭中獲得喘息的機會，以後有什麼變化真是很難預料。

馬修斯並沒有浪費時間無所事事，他攻擊敵人的盟邦[62]，在他們的領土上面四處掠奪，短短的期限之內占領七個人煙稠密的城鎮。這時的羅馬人心驚膽戰不敢派出援軍，就像身體遭到中風的打擊，喪失知覺和行動的能力，已經一籌莫展，鬥志盡失。30天的期限轉眼已到，馬修斯率領全軍再度出現。元老院第二次派出使者，懇求他心平氣和不要生氣，先將弗爾西的軍隊撤走，然後再提出他認為對兩個國家都有利的建議；羅馬人不能在威脅之下讓步，只要弗爾西人答應不動武，即使有什麼很特殊的要求，只要他認為合理，大家可以商議盡量給予滿足。馬修斯回答道：「我是弗爾西人的將領，對於你們的問題不予答覆；基於過去曾經身為羅馬市民，願意給你們提出忠告，對這件事不可等閒視之，三天之內要同

---

61 李維的《羅馬史》沒有提到本章敘述的撤軍行動。

62 可以防止羅馬從盟友那裡得到援助，同時他知道有些弗爾西人反對他，要是他奪取敵人的城市，他們失去指控他背叛的藉口。

意我上次提出的條件，如果仍舊滿口不負責任的空話，下次進入我的營地不保證你們的安全。」

32 元老院接受使者帶回來的報告，有鑑於整個城邦即將受到暴風雨的侵襲，掀起如山的巨浪要將他們淹沒，就像我們所說那樣已經處於極端危險的境地，迫得他們要啓動神聖的安全措施。敕令下達以後，整個祭司階層以及舉行神秘儀式的執事人員，根據城邦古老的任務賦予，從事飛鳥占卜以定吉凶，擺出大祭司的儀仗和盛大的行列去見馬修斯，每個人穿上代表宗教職能的服裝，手裡拿著各種法器，懇求他退兵避免引起戰爭，使得他的同胞與弗爾西人簽訂和平條約。他讓代表團進入營地，沒有答應任何要求，態度也不是很溫和，對於羅馬的神明，沒有屈服或退讓的現象。最後他對代表團的吩咐，狀況發展到這個地步，是戰是和要做一選擇，古老的和平條款裡面沒有第二條路可走[63]。

等到莊嚴的隊伍沒有發揮作用，祭司全都無功而返，羅馬人決定留在市內，提高警覺嚴密防守城牆的安全，他們的意圖是要擊退敵人的進攻，把希望寄託在局勢的轉變和機會的來臨。他們知道自己無能爲力解決當前的困境，整個城市陷入混亂和恐懼之中，各種不祥的謠言到處流傳。最後，荷馬當年提到的事件像是再度重現，雖然言之鑿鑿一般民眾並不願接受。在極其重大而且不常見的情勢之下，我們可以用他的詩句爲證：

把眼睛塗藍的女神鼓舞他的鬥志；

再就是：

那些不朽的神祇逼得我心意改變，
要看其餘的人對這件事有何高見。

接著說：

---

63 參閱李維《羅馬史》第2卷第39節，和戴奧尼休斯《羅馬古代編年史》第8卷第38節。

這是自己的想法還是神明的指使[64]？

　　人民批判和輕視這些詩句，認爲所表示的含意只是一些虛無縹緲的神話；就人類的所有行爲而言，他們說荷馬否認這些行爲出於審愼的思考，也不同意人類有選擇的自由。至少我們可以這樣說，要舉出荷馬作品裡的案例，不論獲得的結論是出於普通的道理、可能的行爲、或是習慣的做法，一般來說還是歸於自己的認定。他的確這樣說過：

　　我靠著自己偉大的心靈打定主意。

或是在另外一段：

　　阿奇里斯聽到他說的話極其悲痛，
　　空有強壯的胸膛竟然會憂心忡忡。

還有就是在第三段[65]：

　　智慧女神雅典娜憑著無敵的武器，
　　難以取勝伯勒羅豐的正義和勇氣[66]。

在奇特和怪異的事物中，需要一些超自然的刺激和熾熱的動作，來描述有關的情節。
　　荷馬從來不會用神明剝奪人類追求自由的意願，反倒是激發這方面的勇氣。他並沒有賦予我們某些神奇的力量，只是提供想像來加以鼓勵；想像並沒有能耐產生本能性動作，毋寧是給予出現自發性動作的機會，從感覺到自信和希望從而

64　這四句詩的第一句和第四句分別出自荷馬《奧德賽》第18章第158行和第9章第339行。第二句和第三句並非出自荷馬的作品。

65　這五句詩的第一句出自荷馬《奧德賽》第9章第299行；第二和第三句出自《伊利亞德》第1章第188行，第四和第五句出自《伊利亞德》第6章第161行。

66　伯勒羅豐（Bellerophon）是希臘神話中的英雄人物，荷馬在《伊利亞德》中曾經敘述這個科林斯的傳奇故事，說起伯勒羅豐的功勞和被殺。

獲得幫助和支持。至於我們如何去做，要是探討它的因果關係和起源問題，難道我們非得要摒除和排斥神意的影響？或是我們表明能用另一種方式，難道說一定可以獲得神明的幫助與合作？這一點非常明確，那就是神明不能轉動我們的身體，或是指揮我們的手和腳去做一些事情，甚至是祂認為正確的事情。有些非常明顯的說法，神明可以運用某些最初的時機，或是想像中出現的幻覺，激勵我們天性裡面實質和抉擇的因素，在我們的心靈中產生思想和理念，從而進行、轉換或拒止任何特定的行為模式[67]。

33 如同我所敘述那樣，整個城市已經不知所措；羅馬婦女到各處廟宇去祈禱，朱庇特神殿的祭壇到的人最多，特別是地位最高的貴婦。這群懇求者當中有一位是華勒麗婭（Valeria），她是波普利柯拉（Poplicola）的妹妹。波普利柯拉是羅馬的偉大人物，無論平時戰時對城邦有卓越的貢獻，現在雖然過世，前面在他的傳記中都有記載[68]。華勒麗婭還活在世上，受到羅馬人的尊敬和推崇，她的為人處世真可說是無忝所生。她突然之間出於直覺或是發自內心的情緒，也許是神明的感召而靈機一動，產生非常正確的權宜之計，使得她吩咐這些婦女，一起隨著她前往馬修斯的母親弗倫尼婭[69]的家裡。

她們到達以後看見弗倫尼婭和她的媳婦坐著，懷中抱著年幼的孫兒，華勒麗婭在女性同伴的環繞下，代表她們說出這段話：

> 啊！弗倫尼婭，還有你，維吉莉婭（Vergilia）！我們這次前來完全基於女性之間的關懷，並沒有奉到元老院的指示和執政官的命令，也不是其他官員的恩惠[70]。大家相信神明聽到禱告產生憐憫之情，特別囑咐我們一起來拜訪你，懇求你去做一件事情，不僅使我們和其他的市民得到安全，而且你會比薩賓人的女兒獲得更高的榮譽；她們曾經讓

---

67 蒲魯塔克描述神明給予援手是一種精神影響力，出於理性的動機使他們占有優勢，那些表現卓越的基督教神學家，同樣運用類似的方式。

68 在第三篇〈波普利柯拉〉中並沒有提到他的妹妹華勒麗婭。

69 戴奧尼休斯和李維都說他母親的名字叫做維圖里婭（Veturia），而他的妻子是弗倫尼婭。

70 李維提到這群羅馬的貴婦人去見馬修斯的母親，可能是她們出於畏懼之心，也可能是出於公眾的要求，真正的動機無法確知。

自己的父親和丈夫袪除雙方的仇恨，建立兩個部族的友誼與和平。請和我們一起到馬修斯那裡去，參加這支懇求的隊伍，你要爲城邦的行爲提出眞誠而公正的證詞，雖然他爲大家帶來很多災難，城邦始終沒有傷害過你們，即使在群情憤怒的狀況下，從來沒有人想到會用惡意對待你們。雖然城邦獲得更好的條件，就目前的狀況來說機會不大，我們還是很安全的將你們交到他的手裡。

華勒麗婭的話獲得其他婦女熱烈的支持。弗倫尼婭回答道：

各位同胞！我和維吉莉婭與各位一樣忍受當前普遍降臨的災難，而且我們在喪失馬修斯的功勳和名聲以後，看到他受到敵軍的護衛而不是拘禁，更增加我們的痛苦和悲傷。我認爲這是羅馬最大的不幸，實力竟然衰弱到這種地步，城邦的事務要依靠我們出面來解決。過去他認爲國家要重於自己的母親、妻子和兒女，現在他對城邦置之不顧，很難想像他還會考慮我們的處境。不過，只要你們願意領我們去見他，我還是會盡心盡力報效國家，如果不能發揮任何作用，爲了羅馬就是氣絕在他的面前也心甘情願。

34 弗倫尼婭帶著孫兒和維吉莉婭[71]，隨著她們一起來到弗爾西人的營地。那種悲傷的情景連敵人都受到感染，他們抱著安靜而尊敬的神色在一旁觀望。馬修斯正好坐在將壇上面，四周都是主要的官員，看到一群婦女向著他們前進，心中感到奇怪不知發生什麼事情。雖然他一直保持著冷漠的態度，對人不假辭色，等到發現他的母親走在最前面，雖然在看到的一刹那心中惶恐不安，但是親情的感受勝於一切，他無法坐在那裡等待她們的來臨，匆忙離開將壇去迎接，首先向母親致敬再擁抱很長的時間，然後是他的妻子和兒女，大家流出眼淚接受彼此的撫慰，他在這個嚴峻的局勢之下，表達出衝動和猛烈的感情。

---

71 華勒麗婭最早是向執政官提出這個辦法，執政官建議元老院採用，經過長時間的爭論以後，在幾位資深議員的支持下獲得批准。然後弗倫尼婭和羅馬地位最顯赫的婦女，坐著執政官準備的車輛，送她們到敵人的營地。

35 當他的情緒獲得滿足等到平靜下來以後，發現他的母親弗倫尼婭有話要講，就把弗爾西人的軍事會議成員召喚過來，聽她說明來此的目的何在：

兒啊！即使我們什麼都不說，僅從現在的衣著和外表的狀況，你就知道，自從你受到放逐離開羅馬以後，我們一直在家過著孤苦無依的生活。當命運已經改變，昔日受到世人讚譽的光榮事蹟，現在成爲可怕的災難；當弗倫尼婭看到她的兒子，維吉莉婭看到她的丈夫，在他土生土長城市的前面，設置一個充滿敵意的營地，是否我們還不算是最不幸的婦女，這點你可要自己思考一下。其他人在遭到厄運和苦難的時候，可以獲得最大的安慰，我的意思是指向神明祈禱，這在我們而言是辦不到的事情，不可能在乞求賜給國家勝利的同時，還能獲得上天的恩典保全你的性命。你還不如行爲最惡劣的敵人，起碼我們可以在神前立誓報復，用惡毒的言語盡情的詛咒。你的妻子和兒女不是看到城邦的毀滅那就是你的敗亡，至於我不可能目睹這場被命運所決定的戰爭。如果我無法讓你用友情、和諧來取代爭執和對立，無法使你成爲雙方的恩主而成爲毀滅一方的惡徒，那麼我可以向你提出明確的保證，除非你先踐踏親生母親的屍體，否則就無法進入這個城市。我可不想在世上等到那麼一天，看見我的兒子被他的同胞當作俘虜牽進城裡，或是看到他得意洋洋征服羅馬。我請求你拯救我們的城邦免於弗爾西人的摧毀，兒啊！我承認這件事很難解決，給自己的同胞帶來滅亡是卑鄙的工作，背叛那些信任你的人是不義的行爲，要是這樣的話，我們認爲這一切在於對雙方採取權宜的辦法[72]；弗爾西人在武力方面占有優勢，應該獲得更多的榮譽和尊敬，由他將和平與友誼當成最大的祝福賜給我們，然後他們也得到我們的回報。如果我們獲得這些善意，大家因爲你的促成而心懷感激；要是他們不同意，必須由你單獨負起雙方的指責。發生戰爭的機會都很難確定，然而現在的情勢很明確，完全在你一個人身上，如果你征服羅馬，你就成爲民族的罪

72　她的要求是簽訂一年的停戰協定，用這段時間來解決有關問題，以便獲得穩堅而長遠的和平。

人；如果弗爾西人在你的指揮下被打敗，那麼世人就會說，你爲了滿
足報復的私欲，給你的朋友和恩主帶來最大的災難。

36 馬修斯在他的母親說話的時候，靜靜地聆聽沒有回嘴；弗倫尼婭講
完以後等了一會，看他啞口無言於是繼續說道：

我兒，你爲何保持沉默？難道你把一切責任都付諸所受的委屈，不願
滿足一位母親所提出的要求？一個偉大人物的習性難道只記得別人
對他的傷害，就把兒女從父母所得的恩情置於腦後，豈不知一個偉大
和高尚的人，要把榮譽和尊敬歸於自己的雙親？我認爲你鐵下心來要
對忘恩負義的人施加懲罰，難道你就漠不關心那些對你有情有義的
人？你準備要處治你的城邦，卻沒有償還我的養育之恩。像我這樣極
有價值而又公正無私的陳情，還是得不到你的首肯，無論就情理和宗
教而言，都是說不過去的事；倘若你要執意如此，那麼我們無路可走，
只有請你結束我們的生命。

說完以後，她帶他的妻子和兒女投身在他的跟前，馬修斯看到這種情形，大
聲叫道：「啊，母親，你爲什麼要這樣對我！」就把她從地上扶起來，很用力抓
住她的右手說道：「你贏了！羅馬人眞是走運，就這樣把你的兒子毀掉[73]。沒有什
麼好說的，我已經被你打敗！」然後，他與母親和妻子私下談了一會，遵照她們
的意思將她們送回羅馬。

次日清晨，他拆除營地，率領弗爾西人返回家園，這種做法引起議論紛紛；
有些人不僅抱怨還譴責他；也有人傾向於和平解決，認爲他的做法沒錯；還有部
分人士雖然不滿意他的處置方式，也沒有把他看成叛徒，只是處於親情的壓迫之
下失去反抗的能力，最後的屈服倒是值得原諒。沒有人抗拒他的指揮，大家服從
他的命令隨著他撤退，看來與其是尊敬現在的權勢，不如說是欽佩他的德行[74]。

---

73 這種討好敵人的做法當然會引起猜忌，他有先見之明，知道弗爾西人會對他下毒手。
74 整個事件的處理過程和產生的結局，李維和戴奧尼休斯都有不同的敘述，蒲魯塔克採用戴奧
  尼休斯的說法。

37 羅馬人民認爲戰爭會延續下去，始終處於畏懼和危險的壓迫之下，一旦解除威脅，他們的態度像是如釋重負。城牆上的守軍通知弗爾西人拆營離去，他們馬上打開所有的廟宇，蜂擁而至的人群戴著花冠準備祭品，好像接到獲得重大勝利的信息。全城陷入歡樂和興奮的氣氛之中，最讓人注意的事項是元老院和市民大會全都同意，要把城邦的榮譽和親情的熱愛授與他們的婦女，大家都認同她們是公眾獲得安全的要件，沒有任何人表示異議。

　　元老院通過一項律令[75]，無論她們提出任何要求和建議，爲了推崇她們的榮譽都會同意，並且交付執政官盡速辦理。她們的請求很簡單，就是建造一座名爲「幸運女神」的廟宇，所有的花費她們願意募捐自行支付，城市只要負責提供祭品，其他有關推崇神明的各種裝飾，應該由國庫統籌所需的款項。元老院發揮公共服務的精神，要用公費來興建廟宇和雕塑神像[76]；婦女還是用她們的捐款修建第二座幸運女神之像，羅馬人在上面銘刻的題辭：「啊！婦女！接受神明永恆的賜福，羅馬獲得最佳的禮物。」[77]

38 他們公開宣稱聽到空中兩次傳來這句話的聲音，這種不可能的事好像希望我們能夠相信。至於說到雕像會出汗或是淌眼淚，血紅的顏色就像露水一樣，這倒是可能的事。木頭和石材經常會收縮產生細微的粉屑，也會受潮出現一層水氣，表面會形成不同的色彩，可能是材質本身產生或來自外部的空氣。要說神明用這個來預先提出警告也很合理，因爲對雕像而言這種痕跡並非荒謬不經。雕像有時也會發出嘆息或呻吟的雜音，可能是內部的斷裂或摩擦所造成，要說從無生命的物體中發出不自然的聲音，能夠表示字句，就像說話一樣的清晰、確實和精準，就我的判斷而言沒有這種可能。無論是人類的靈魂還是神明本身，要是沒有發音的器官和結構，還是無法發出口腔的聲音和語言。然而，不論那個國家的歷史都斷言很多事情，在很多可信的證人所提出的證據之前，使得我們不得不屈服。

---

75 元老院的敕令是對這群貴婦人的頌辭，後來刻在一個公共紀念碑的上面。

76 這座廟宇興建在拉丁大道的旁邊，離開羅馬大約有4哩，弗倫尼婭就是在這個地點說服固執的兒子。華勒麗婭建議的代表團獲得極大的成功，後來她受任爲這座廟宇的首任女祭司，羅馬婦女經常前來參拜。

77 參閱戴奧尼休斯《羅馬古代編年史》第8卷第56節。

我們經過推斷知道有些意念發生的作用如同感官，使得想像力受到影響，我們就會相信一些事物，就像在睡夢中一樣，我們能夠聽所未聽而見所未見。有些人對宗教和神明有強烈的感覺，有關這方面的事物幾乎無法拒絕，他們相信神擁有不可思議和無法理解的能力，無論是性質、作用、模式和強度，人類的能力根本無可比擬；如果神能做的事而我們無法做到，而且對我們產生的影響又不切實際，那麼在理性方面也就不會產生矛盾：雖然祂在各方面都超越我們，但是在祂與我們之間的差異和距離，祂的所作所為遠超過我們所能相信的標準。赫拉克萊都斯(Heraclitus)說得好：「神鬼之事，信其有則有，信其無則無。」

39 當馬修斯回到安廷姆以後，屠盧斯對他既痛恨又畏懼，進行陰謀活動要立即將他殺死，要是不現在趕緊下手，以後再也無法找到這樣好的機會。他要集合和收買一些反對他的黨羽，要求馬修斯辭去他的職位，並且就軍隊的事務向弗爾西人提出報告。這時屠盧斯保有將領的職位，在他的同胞中間掌握最大的權力；馬修斯擔心他的個人因素會帶來危險，於是回答說他已準備好要放棄授與的職權，只要接到當局的指示，無論在任何地點都會給安廷姆人提出滿意的報告，特別有關軍隊指揮這個部分，如果他們認為有這個必要，他一定會知無不言，言無不盡。

因此，他們召開市民大會，一些演說家已經有所準備，盡力煽起民眾的不滿和憤怒。當馬修斯站起來答覆，有些難以控制和囂鬧不已的群眾，也都突然的安靜下來，大家出於對他的尊敬，至少在他發言的時候沒有出現混亂的場面。那些對他表示好感的人民，滿足於和平的獲得，表現的行為就是最好的證據，很專心的聽他說話，願意用平等的原則，通過他們的判決然後加以宣布。屠盧斯非常害怕馬修斯能夠進行有利的辯護，因為他是一個受人讚許的演說家，他對弗爾西人的貢獻有目共睹，不能拿現在的行為把他一筆勾消，何況大家都對他懷有好感。實在說，指控的本身就是他立下大功的證據，因為人民從來沒有抱怨，更沒有人說他犯下錯誤。特別是羅馬還沒有落到他們的手裡，僅僅是有了他這個有力的工具，他們才有奪取的可能。

基於上述理由，要在暗中除掉他的人士經過研判以後，認為最明智的做法是不能再有任何拖延，也不必考量民眾會有什麼情緒反應。那些最大膽的黨徒高聲叫喊，他們不要聽一個叛賊的片面之辭，也不能讓他繼續保有職位，好在他們中

間扮演暴君的角色。這群兇手衝上前去將他殺死在現場[78]，民眾之中沒有一個人挺身而出，願意對他提供保護[79]。很快知道這個行動沒有得到大多數弗爾西人的同意，大家很快從幾個城市趕過來，對他的遺體表示敬意。他們對馬修斯的逝世提供很體面的葬禮[80]，用武器和戰利品裝飾他的墓地，紀念一位高貴的英雄和著名的將領。羅馬接到他死亡的消息以後，並沒有表示推崇或憎恨的態度，只是很單純的接受婦女的請求，同意她們為他守制10個月，一般都是用來追悼她們的父親、丈夫和兒子。就努馬‧龐皮留斯制定的法律而言，這是合乎規定最長的喪期，前面在他的傳記裡已經提過[81]。

　　馬修斯剛剛過世不久，弗爾西人感覺到他的協助不可或缺。他們最早是就聯軍部隊指派將領一事，與同盟兼朋友的伊奎人（Aequians）[82] 鬧翻，相互的爭執終於釀成流血和屠殺的事件；然後在一場決定性的會戰中被羅馬人擊敗，不僅盧斯喪失性命，就是整個軍隊的精英分子全都遭到屠殺，以至於被迫降服接受和平，訂出非常羞辱的條款，只有委曲求全成為羅馬的臣屬[83]。

78　戴奧尼休斯說馬修斯在會場中被石塊擊斃。

79　李維說他是在撤軍的途中喪失性命，有關細節已經無法查明。

80　他的遺體穿著將領的袍服，放在裝飾華麗的屍架上面，在盛大的送喪行列中，由戰功彪炳的年輕軍官抬著前進，陳列著奪取敵人的戰利品，以及他獲得的各種冠冕，行經他所攻占的平原和城市。到達指定的地點，把遺體放在高大的火葬堆上，殺死幾個犧牲用來推崇他在世間建立的功勳。等到火葬完畢以後，他們撿拾遺骨埋在現地，同時建立一個堂皇的紀念碑。馬修斯在奧林匹克73會期第4年，或羅馬建城269年或485B.C.被殺，是他參加第一次戰役以後第八年。要是按照這個資料加以計算，那麼他可以說是英年早逝；李維告訴我們，根據一位古代作家費比烏斯的說法，馬修斯到年歲非常老邁才過世，他在晚年曾經說道：「放逐的生活非常艱苦，特別以老年人為甚。」不過，我們不認為馬修斯在弗爾西人當中，能夠壽終正寢，要是如此的話，弗爾西人在他的指導之下，不會遭到敗亡的命運。

81　努馬規定服喪的期限，按照死者的年齡有所區別：3歲以下的幼兒沒有喪期，年齡較大到了10歲，有幾歲就服幾個月的喪，最長的喪期無論任何人都不得超過10個月，最長的期限是為死去丈夫要繼續守寡的婦女而定，如果喪期未滿再醮，要向神明獻祭一條懷有小犢的牝牛。

82　伊奎人是伊特拉斯坎人的一支，居住在意大利中部的部族，300B.C.左右被羅馬人征服。

83　參閱李維《羅馬史》第2卷第40節。

第三章
亞西拜阿德與馬修斯‧科瑞歐拉努斯的評述

1 我們對這兩位偉大人物的生平事蹟，就值得紀念的部分詳細敘述，說到他們在軍事方面的豐功偉業，兩個人倒是旗鼓相當不分軒輊。他們在很多場合展現出士兵的膽識和勇氣，以及將領的才華和素養。亞西拜阿德在陸地和海上的會戰贏得多次大捷，成為當代名氣最大的指揮官。只要他們在各自的城邦擁有指揮權，仍然當作保衛國家的支柱，等到他們受到放逐的處分，都為城邦帶來致命的危險，可以說他們與國家的命運息息相關。

所有正派的市民都討厭暴躁的脾氣、低俗的奉承和卑鄙的誘騙，亞西拜阿德在公眾生涯中，允許自己表露出這些缺失，還是贏得民眾的支持和擁戴。在另一方面，馬修斯的粗野、高傲和寡頭政治的驕縱，展現出來以後受到羅馬民眾的厭惡。一個人用譁眾取寵來達到權力的頂峰，固然是可恥的行為，即使用無禮和壓迫的作風來追求權力，不僅令人感到羞辱而且毫無正義可言。

2 馬修斯的性格就普通的概念來看，毫無疑問是非常的簡樸和率直；亞西拜阿德像一個公眾人物那樣無所忌憚而且虛偽不實。後者玩弄下流和陰謀的手段，特別受到當代人士的譴責，像是修昔底德就提到他欺騙拉斯地蒙的使者，後續的和平被他所破壞。亞西拜阿德的策略是要使城邦繼續從事戰爭，所以要竭盡努力，引誘亞哥斯和曼蒂尼加入聯盟，能夠處於實力大增和穩贏不輸的地位。科瑞歐拉努斯也如法炮製，按照戴奧尼休斯的說法，運用不正當的伎倆，杜撰的消息限制前來羅馬參觀盛會的人士，引起羅馬人和弗爾西人的戰爭。要是把這兩個人的行為加以比較，就動機來說科瑞歐拉努斯更為惡劣，雖然毫無事實根據，就像其他很多狀況一樣，完全是出於政治的猜忌、口角和競爭。

如同艾昂(Ion)所說的狀況，沒有人像他那樣，所有的報復僅為了滿足忿怒的

情緒，他使得整個意大利地區陷入混亂的局面，許多無辜的城市成為他反對自己國家的犧牲品。實在說，亞西拜阿德同樣給他的城邦帶來巨大的災難，等到他發現他們的心意改變，自己也會跟著產生憐憫之情。不僅如此，他遭到第二次放逐以後，對於這些指揮官所犯的錯誤和疏忽，並沒有抱著幸災樂禍的心理，當他們陷身危險的境地，他也沒有漠不關心置之不理。他的作為就像提米斯托克利當年的行動，曾經受到亞里斯泰德的讚揚，親自去見那個視他為仇寇的將領，指出他們應該採取的措施。

　　然而在另一方面，科瑞歐拉努斯卻不分青紅皂白，對所有的同胞全部加以攻擊，雖然僅有部分的平民對他懷有惡意，那些出身高貴和家境較好的人士，不僅對他表示同情還受到他的牽累。後來，羅馬人出派無數的使者和盡力的懇求，想要使他受到的委屈和傷害獲得滿足，他用固執的態度加以抗拒，不願接受安撫和說服，決心要用戰爭的手段，不是為了恢復或重建他的國家，而是給予徹底的摧毀和破壞；特別還要激起弗爾西人苦澀而且絕不和解的敵意。因此，可以看出這兩個人的區別所在。據說斯巴達出於畏懼和痛恨的誘因，害怕亞西拜阿德再度回到雅典，所以他在斯巴達人中間並不安全，隨時有喪命的危險。

　　馬修斯的背棄弗爾西人卻無榮譽可言，因為他們對他非常友善，獲得他們的信任把軍隊全部交給他指揮。這與亞西拜阿德所受到的待遇有天淵之別，拉斯地蒙人沒有多大意願接受他的服務，運用一段時間以後就捨棄不予理會。過著顛沛流離的生活，在城市裡面難以安枕，在軍營當中無法容身，到最後不得不讓自己落到泰薩菲尼斯的控制之下，我們認為他討好波斯人是為了達成一個目標，就是防止自己的國家遭到毀滅，否則他沒有道理不返回自己的家園。

3 談起金錢方面的問題，大家都說亞西拜阿德經常犯下貪污的罪行接受賄賂，任意浪費過著奢侈和放蕩的生活。科瑞歐拉努斯在他的上官堅持之下，即使視為榮譽還是婉拒應得的財物；後來之所以引起民眾的反感，在於他對債務的處理所持的立場，並非完全著眼於金錢的關係，大家認為他用傲慢和無禮的態度，盡情踐踏窮困的平民。

　　亞里斯多德逝世後，安蒂佩特（Antipater）在書信中提到這位哲學家：「不僅才華出眾，特別具備說服別人的能力。」這是馬修斯在性格上的缺陷，即使那些受過他恩惠的人，對於他一生偉大的成就和高貴的素質，仍然無法接受。柏拉圖說

過：「性格孤僻的人必定傲慢而自私，經常受到排斥和非難。」亞西拜阿德倒是
適得其反，他有本事讓每個人都讚同他的觀點，所有的成就都伴隨著大眾無上的
喜悅和光榮，這也是無足為怪的事；他在那個時代犯下重大的錯誤，仍舊讓人產
生感激，也給大家帶來幸福。他對城邦經常造成重大的傷害，市民始終對他信任
有加，不斷授與他各種職位和軍隊指揮的責任。科瑞歐拉努斯對國家有卓越的貢
獻，照理應該獲得執政官的職位，結果還是徒然。科瑞歐拉努斯不應受到同胞的
痛恨，同樣亞西拜阿德也不應獲得市民的愛戴，但是從後來發生的狀況來看，完
全實得其反。

4 可以這麼說，科瑞歐拉努斯的最大成就，不是來自擔任城邦的將領，而
是搖身一變成為國家的敵人。亞西拜阿德為雅典服務，始終擁有士兵和
將領的身分。只要他留在雅典，就可以掌控大局，所有的政敵都會懾服，等到他
離開以後，誹謗的言辭才會產生作用。科瑞歐拉努斯人在羅馬一樣受到譴責；後
來還被弗爾西人所殺，這與個人權利或公理正義沒有多大關係，到是自己的行為
提供可以下手的藉口。

等到公開拒絕接受和平的條件以後，他在私下對一個女人的懇求讓步，將戰
爭的大好機會拋棄，最後還是沒有得到和平。實在說，他應該在撤退之前，對於
那些相信他的人，要先獲得他們的同意，強烈的責任感在於考慮弗爾西人的權利
和要求。如果說他發起戰爭是為了洩憤，現在感到滿足所以放棄，根本不考慮弗
爾西人的立場，也不能因為母親的緣故而寬恕整個城邦，尤其是他的母親和妻子
都陷入圍城的狀況下，應該是先公後私，先國後家。馬修斯毫不講情面趕走公開
的懇求，就是使者的規勸和祭司的祈福，後來的同意成為私下對母親的賞賜，這
樣做不會為母親帶來榮譽，反而羞辱到城邦的顏面，因為城邦之所以逃過一劫，
完全出於對一個女人的同情。這種恩惠就兩個陣營看來都毫無理性可言，徒然引
起怨恨和反感。他的撤離沒有聽從對手的要求，也沒有詢問朋友的同意。

根本的問題出於他那不擅合群、難以交往和目空一切的習性；無論從那一方
面來看，都會觸怒到大多數的人民，一旦與激情摻雜起來，表現出絕對的野蠻和
冷酷。貴族出身的人通常不會向民眾要求賜予恩惠，公開宣稱從他們那裡沒有任
何需要，一旦真正得不到就會感到憤怒。梅提拉斯、亞里斯泰德和伊巴明諾達斯
這幾位，的確沒有向群眾乞求給予好處，因為他們對人民團體既能授與又能拒絕

的禮物，並不覺得有多大的價值。他們一再被放逐趕出國門，選舉中嘗到落選的
滋味，或是司法的審判受到定罪的處分，對於同胞根深柢固的惡習不會表現出憎
恨的態度，只要能返回家園就會感到滿足，當這些市民願意改變心情的時候，他
們很高興能夠和好如初。任何人要是對人民的服務超過應有的限度，就會產生不
正常的想法，把微小的傷害視為莫大的侮辱要施加報復。如同我們對榮譽的追求
不要抱著太大的希望，否則一旦失望就會帶來更大的憤怒。

5 亞西拜阿德從不否認，給予禮遇使他感到愉快，受到冷落就會表示不
悅；因此，他對所有遇到的人士都能善意以待。科瑞歐拉努斯的性格過
於高傲，對於那些使他飛黃騰達的人，也無法表達關懷之意；然而他喜愛獲得眾
人的推崇和讚譽，一旦被人忽略就會感覺到委屈而憤恨不已。這是他性格上最大
的缺陷，就整體而言堪稱高貴的人物。他的自制、廉潔和公正與最重視德操的希
臘人相比毫不遜色；亞西拜阿德就這方面來說，無法相提並論，因為他是一個放
蕩不羈的浪子，根本不受世俗禮法的約束。

第七篇

揚威異域者

第一章
泰摩利昂（Timoleon）

4世紀B.C.，科林斯將領，獻身西西里的獨立戰爭，
領導敘拉古的民眾，擊敗僭主和入侵的迦太基人。

　　我開始著手爲英雄豪傑寫作傳記的目的爲了娛樂他人，等到陷身其中不能自拔，才知道所有一切完全是嘉惠自己。這些偉大人物的德行對我而言就像一面鏡子，以人爲鑑主要是指點我們的人生道路。實在說，我們只有在日常作息和親朋交往方面，能與他們一較長短；因而對於這些功成名就的貴賓，我們檢驗的重點如同讚譽阿奇里斯的詩句，在於：

　　　君子之風，
　　　山高水長。

爲了敘述他們的言行舉止和生平事蹟，全都經過特別的挑選，不僅高貴而且值得流傳廣爲人知。使讀者打內心油然而起：

　　　當若是也！
　　　不亦悦乎[1]？

況且，吾人必以風行草偃，日以精進爲功。德謨克瑞都斯（Democritus）[2]要我們經

1　這兩句詩出於索福克利的六音步抑揚格〈山花之歌〉。
2　德謨克瑞都斯是5世紀B.C.的哲學家，生於色雷斯的阿布德拉（Abdera），曾遊歷亞洲和埃及各地，後來到雅典定居，受教於安薩克拉哥拉斯，著作多達六十餘種，涵蓋哲學各學門和學派，卒年不詳，據說享有高壽。

常祈禱，希望名人的幽靈能在我們的四周出現，這種做法對我們來說是出於善意，讓我們自然而然認同他們的美德，不要刻意去強調他們的惡行和帶來的災難。然而這種做法過於裝模作樣，等於打著哲學理論作爲幌子，只能引領我們從事沒完沒了的迷信行爲。

我的方法與他完全相反，重點在於歷史的研究，要求精通寫作的方法，訓練自己記憶的過程，把古往今來偉大人物的形象深印在腦海之中。即使我出於工作的需要，不得不經常接觸那些有關的史實，還是要盡力避免描述下流、無恥和可憎的事蹟，不要感受容易傳染的惡習和劣行。最好的辦法是掌握思考的對象，保持平常心和責任感，拿高貴的人物作爲敘述的模範和榜樣。科林斯人泰摩利昂和包拉斯‧伊米留斯是合於條件的人物，寫出他們的傳記也是我目前的工作。這兩位人士無論是德性和成就都同樣的名滿天下，建立豐功偉業在於掌握機會和運道，更在於個人的才華和能力[3]。

1 泰摩利昂派往西西里之前，敘拉古的政局已經非常混亂：狄昂(Dion)驅逐僭主戴奧尼休斯(Dionysius)以後，很快有人起而叛變將他暗殺[4]；原來協助他拯救敘拉古的人員，現在組成派系產生分裂。整個城市一直在更換統治者，每個人都帶來災禍，使得大家幾乎要放棄自己的家園[5]。西西里有很多地方經過連年的戰爭，現在已經人煙絕滅成爲一片赤土，仍舊留存的城市落在蠻族和士兵的手裡，他們無糧無餉，抱著對任何型態的政體都擁護的態度。

狀況惡化到這種程度，給戴奧尼休斯製造機會，放逐10年[6]以後獲得傭兵部隊的幫助，趕走奈薩烏斯(Nysaeus)再度成爲敘拉古的主人，將一切恢復舊觀，所有事物全部置於他自己的嚴密控制之下；過去他像任何一位僭主那樣，所能擁有

---

3 在很多抄本中，本章這一段序文是本篇第二章〈伊米留斯‧包拉斯〉第1節。

4 狄昂被弒是在奧林匹克106會期第3年即354B.C.，本書第二十二篇〈狄昂〉第57節對整個事件有翔實的記載。

5 凱利帕斯謀害狄昂篡奪最高權力，過了10個月受到罷黜，被同樣那把插在他朋友胸部的佩劍所殺。戴奧尼休斯的兄弟希帕瑞努斯(Hipparinus)率領一支實力龐大的艦隊到達，據有敘拉古整個城市，統治的時間也不過兩年而已。敘拉古和西西里分爲很多黨派，彼此攻訐不休，戴奧尼休斯二世被趕下寶座，後來他運用混亂的局面獲得優勢，召募相當數量的外國軍隊，擊敗敘拉古總督奈薩烏斯(Nysaeus)，復位以後繼續實施統治。

6 戴奧尼休斯二世的復辟是在奧林匹克108會期第3年即346B.C.。

的絕對權力，在非常奇特的狀況下，竟然被一個人數很少的黨派篡奪，後來情勢
發生轉變，他在放逐和惡劣的處境之下，原來罷黜他的市民擁戴他奪位，再度成
為他們的統治者。仍舊留在敘拉古的人士都要聽命於這位僭主，即使處於順境就
是一個性情粗暴的人，最近遭到這樣多的災難和挫折，怒火中燒之下更是蠻橫無
比。富有和顯赫的市民及時逃到李昂蒂尼(Leontini)[7]，在統治者希西提斯(Hicetes)
的領土獲得庇護，一旦發生戰爭大家推選他為將領。希西提斯再好只不過尚未公
開承認自己是僭主而已，他們可沒有選擇的餘地，唯一讓大家具有信心就是他出
身敘拉古的世家，擁有兵力可以與戴奧尼休斯抗衡。

2 就在這個時候，迦太基人實力強大的水師出現西西里的海面，尋找最適
當的地點和時機好對這個島嶼發動一次襲擊。西西里人畏懼艦隊的到
來，準備派遣使者到希臘，請求科林斯給予援助。他們特別信賴科林斯人不僅是
有親戚關係[8]，而且科林斯人反對暴政，支持人民的自由權利。過去科林斯人為
了協助希臘城邦的獨立，並非建立帝國或擴張領土，從事很多次立場非常高貴的
戰爭。希西提斯願意挺身而出負起指揮的責任，不是要將敘拉古人從暴政中解救
出來，而是讓自己有奴役他們的機會。暗中他已經與迦太基人進行秘密的磋商；
表面上他贊同敘拉古這些部從的意見，派遣使者隨著他們一起前往伯羅奔尼撒。
他認為科林斯不願像過去那樣，會給希臘人帶來困擾引起內部的紛爭，因而拒絕
他們的要求，就不可能派出援軍。他抱著希望在倒向迦太基人一邊的時候，不要
遭遇外來的困難，這樣他可以利用外國的野心分子，當成打擊政敵的工具和鞏固
政權的支持力量，一旦發生狀況，能夠用來對付敘拉古人或戴奧尼休斯。他雖然
打著如意算盤，然而很快露出馬腳。

3 科林斯人在使者到達和了解西西里人的要求以後，由於他們非常關心殖
民地和希臘移民的狀況，特別對敘拉古還有香火之情，國內安寧無事一
切都很順利，難免靜極思動，市民大會一致表決通過同意給予支援。當他們慎重

7　李昂蒂尼坐落在敘拉古的西北方約40公里，正好位於卡塔納和敘拉古的中途，是優卑亞人建
　　立的殖民地。

8　敘拉古是科林斯人阿基亞斯建立的殖民地，時間是奧林匹克11會期第4年即733B.C.。腓尼基
　　人和其他的蠻族也都向西西里移民，據希臘人的說法要比他們早300年。

考慮要爲遠征行動選出一位指揮官的時候，官員都在推薦聲望顯赫的候選人，在座有一位站起來提名泰摩德穆斯（Timodemus）之子泰摩利昂。他已經很久沒有從事公職，不僅喪失爭取意願也放棄指派的權利。看來神明在冥冥之中讓這個人產生這種想法，泰摩利昂的運道使自己贏得這次選舉，從此發揮英勇的氣概，一帆風順，無往不利。

泰摩利昂的父親泰摩德穆斯和母親笛瑪瑞斯特（Demariste），出身科林斯的名門世家。他最讓人稱道之處是熱愛國家，性格溫和謙虛有禮，然而嫉惡如仇，極爲痛恨暴君和奸佞。他對於戰爭有天賦的才華，早期發揮少年老成的特性，從事冒險行動非常審慎，等到年邁體衰之時，反而大膽急進勇猛過人。泰摩利昂有一位兄長名叫泰摩法尼斯（Timophames），各方面都與他大相逕庭，個性魯莽而衝動，受到朋友和外籍士兵的包圍和影響，想要擁有絕對的權力。泰摩法尼斯在軍中服役的時候，是個膽大妄爲的傢伙，對於危險甘之如飴，使得他的同胞對他有很高的評價，認爲他是驍勇善戰的武士，獲得各種職位和不次的擢升；泰摩利昂在旁給予協助，盡量掩飾或減少他的差錯，使他獲得更多的讚譽，同時用自己的長處來襯托他的優點。

4 科林斯與亞哥斯和克利奧尼（Cleonae）[9] 發生戰爭，雙方的軍隊投入一場會戰，泰摩利昂在步兵單位服役；這時泰摩法尼斯指揮騎兵隊，已經陷入極爲危險的處境，他的坐騎受傷把他掀翻在地，落在敵方的包圍之中，部分戰友在驚慌之餘，立即分散逃走，只有少數幾個人留在他身旁，面對無數敵軍的攻擊，盡力維持抵抗的力量。泰摩利昂發覺出現意外狀況，馬上趕過去拯救他的兄長，用他的盾牌掩護墜馬的泰摩法尼斯，後來發現擋下無數的標槍，他的身體和胄甲也被長劍砍中幾處，最後終於歷盡艱辛逼得敵人退卻，安全帶著他的兄長返回自己的戰線。

科林斯人不願自己的城市像上次那樣，由於盟邦的關係再度落在敵人手裡[10]，通過一份律令維持400人的傭兵部隊，用來保障城市的安全，將指揮權授與泰摩

---

9 這場戰事發生在368-366B.C.，克利奧尼是位於希臘北部卡夕得亞（Chalcidice）地區的城市。

10 科林斯、皮奧夏、亞哥斯和雅典得到波斯的支持，與斯巴達進行長達10年的科林斯戰爭，後來科林斯因亞哥斯人的背叛而落到斯巴達人手裡，發生在393B.C.。

法尼斯。這樣一來他將榮譽和正義棄如敝屣，立即要實施他的計畫，擁有最高權力和眾人之上的地位。那些對他的企圖產生阻礙的市民，都是城邦知名之士，未經審判和定罪就逕行處死；他公開宣稱自己是科林斯的僭主。這種邪惡的行為使得泰摩利昂極為痛苦，他的兄長不僅會受譴責而且還會帶來災難。泰摩利昂用理性的態度對他進行說服，勸他放棄這種狂妄和罪惡的野心，要他仔細的考量，如何讓科林斯人通過修正案，採取一些權宜措施，來彌補或矯正他犯下的愚行。

　　泰摩利昂單獨對他的規勸受到拒絕和嘲笑，於是就與伊斯啓盧斯(Aeschylus)和薩特魯斯(Satyrus)一起做第二次的努力。伊斯啓盧斯是他的親戚也是泰摩法尼斯的妻兄；占卜家薩特魯斯是他的朋友，狄奧龐帕斯(Theopompus)[11]的史書裡有記載，伊弗魯斯(Ephorus)[12]和泰密烏斯(Timaeus)卻說這個人的名字叫做奧薩哥拉斯(Orthagoras)。過了幾天以後，泰摩利昂和同伴到泰摩法尼斯那裡去，三個人圍著他就同樣的問題不停的勸說，希望他很理性的聆聽，最後能夠改變心意。等到泰摩法尼斯訕笑他們過於簡單，接著大發脾氣加以拒絕以後，泰摩利昂走到他身旁，眼裡含著淚水把他的頭蒙住，其他兩位拔出劍來，當場將他殺死[13]。

5 這件事情很快傳播開來，那些有見識的科林斯人對泰摩利昂讚揚不已，說他雖然個性溫和而且熱愛家人，想起對國家的責任更強於血緣的關係，善行和公正遠勝於個人的利益和好處，所以才會本著良知良能大義滅親。他的兄長為國家英勇戰鬥，等到災難臨頭他會去救援；現在背叛國家奴役人民，他只有除掉自己的手足。那些不重視民主政體的人，根本不知道過著自由的生活是多麼的可貴，他們只會一味討好權貴，雖然對僭主之死裝出歡天喜地的樣子，卻

11　狄奧龐帕斯(377-320B.C.)是來自開俄斯島的歷史學家，他和他的父親達瑪西斯特拉都斯支持斯巴達人，334B.C.被亞歷山大大帝放逐，獲得赦免以後逃到托勒密一世的宮廷，在埃及逝世。他的歷史著作極為豐富，傳世多為殘卷，以《伯羅奔尼撒戰史》續篇最為知名。

12　伊弗魯斯是4世紀B.C.來自小亞細亞賽麥城的歷史學家，平生事蹟不為人知，著有30卷的《希臘和小亞細亞城邦史》，對後來的學者產生很大的影響。

13　戴奧多魯斯敘述的情節與蒲魯塔克有所不同。根據他的說法，泰摩利昂在市民大會會場親手殺死他的兄長，市民發生暴動，當時的狀況極為混亂。就是為了安撫動亂才召開市民大會，正在爭執最激烈的時候，敘拉古的使者到達，請求科林斯人選派一位將領。大家一致同意泰摩利昂，同時讓他知道，如果他能夠善盡職責，人民承認他殺死一位僭主；否則的話他是謀殺兄弟的兇手。

在暗中辱罵泰摩利昂，指責他犯下可憎的惡行，這種態度使得他感到憂鬱和沮喪。等他知道自己的母親忍受比他更大的痛苦，對他發出強烈的抱怨和可怕的詛咒以後，他前去向她說明原委，希望能安撫她的心情，平息她的恨意。這時他發現她對看他一眼都無法忍受，交代奴僕關起大門不讓他進來，從此以後再也不肯與他見面。

他爲親情的斷絕而哀傷不已，情緒極其紊亂陷入無望的處境，決心要禁絕一切食物，隨著生命的消失終結所有的困惑和煩惱。他的朋友對他非常關懷，盡心盡力照料他的生活，他們的懇求加上強制的手段，終於讓他打消愚蠢的念頭。最後他表示要離群索居，在孤獨之中繼續艱苦的活下去。從他第一次開始隱退，很長的時間告別世俗的事務和親朋的聯繫，再也沒有回到科林斯，到處不停的飄泊，內心充滿焦慮和苦悶，歲月都浪費在荒蕪的曠野，遠離社會和人群的交往。這種自我放逐的決定，如果不是出於理性的認知和明智的心靈，根本不可能有強大的毅力堅持下去，很容易受到外在的引誘和情感的需要，找出很多理由來改變心意，將過去的決定棄之不顧。

6 人類的行爲並不完全取決於本身的公正或合理，主要的原則在於動機和持續的過程，這些性質完全來自個人的主觀認定。否則的話，我們難逃人性的弱點，無論從事任何競爭都充滿哀傷和懊惱，即使獲得完美的概念像是用榮譽和武德來引導，一切還是徒然無益。就像一個貪吃的老饕，狼吞虎嚥以後，對於美食也會胃口不振。人只要是起了悔恨之心，即使是盡善盡美的行爲也會枉自菲薄，鑑於目標的決定根據知識和理性，這方面不會改變，然而他們偶爾還是會因成功而感到失望。雅典的福西昂（Phocion）[14] 抱著大無畏的精神，經常反對李奧昔尼斯（Leosthenes）的諸般舉措[15]，雖然李奧昔尼斯給人民帶來比他預想還要多的好處；當他看到雅典的人民準備祭品，爲著李奧昔尼斯的勝利[16] 而張燈結彩的

---

14 福西昂生卒的年代是402-319B.C.，雅典的軍人和政治家，371-319B.C.被人民選爲將領達45次之多，參加多次戰役建立很大的功勳，亞歷山大大帝逝世後，不願雅典參與反馬其頓聯盟，被控犯下叛國罪處死。

15 本書第十八篇〈福西昂〉第23節對有關細節記載極其詳盡。

16 323B.C.亞歷山大大帝逝世後，希臘聯軍在李奧昔尼斯的領導之下，擊敗安蒂佩特的馬其頓軍隊，這次的反抗行動稱爲拉米亞戰爭；聯軍雖然獲得勝利，接著翌年被馬其頓人在克拉隆打得大敗而逃。

時候，他就對大家說道：「我很高興李奧昔尼斯有那麼高的成就，看來我的反對還是發揮相當的效果。」

洛克瑞斯人(Locrian)亞里斯泰德(Aristides)是柏拉圖的好友，戴奧尼休斯一世向他提出請求，要娶他的女兒爲妻，根據記載他回答的措辭非常激烈。他向戴奧尼休斯說道：「我寧可看到這位少女埋葬在黑暗的墳墓，也不願她生活在暴君的宮殿。」戴奧尼休斯受到冒犯以後，大怒之下將他的兒子殺死。他還是抱著像拒絕女兒婚事的情緒，給予無禮的答覆。他的回答：「我對所說的話絕不後悔，你那殘酷的行爲根本不會傷害到我。」只有崇高和偉大的德行才能使用這種表達的方式。

7 不過，泰摩利昂的悲憤在於他自己的所作所爲，無論是來自兄長遭遇的命運，還是出於他對母親的尊敬，使得他的心靈受到打擊和損傷，幾乎長達20年的時間，他不願接受公職或從事重要的活動。當他被推舉爲將領，民眾用選票表示很高興接受，這時特勒克萊德(Telecides)向他提出規勸，希望他現在的行爲要像一位男子漢，證明自己有高貴的身分和過人的英勇。特勒克萊德在那個時代，是科林斯最有權勢的顯赫人物，他說道：「如果你擔任這個職位能夠驍勇善戰，我們就會相信你把人民從暴君的手裡拯救出來；否則的話，你也不過是殺死自己的兄長而已。」

當泰摩利昂完成發航的準備工作，徵召士兵開始登船的時候，科林斯人接到希西提斯的信函，很明顯的宣示他的反對和背叛。就在他的使者派往科林斯之後，公開加入迦太基的陣營，經過協商獲得他們的援助趕走戴奧尼休斯，趁著僭主不在成爲敘拉古的統治者。他害怕科林斯的軍隊很快抵達，使得自己喪失機會，就寫出一封勸告的信函，火速送達來阻止他們開拔。信的內容是告訴科林斯人不必爲著他的緣故，這樣出錢出力大費周章，還要冒著遠航西西里的危險；特別是迦太基人已經與他聯盟，就是因爲他們的行動遲緩，迫得他要與迦太基人聯手驅逐戴奧尼休斯；現在迦太基人反對科林斯人的行動，一支實力龐大的艦隊正在等待，要向他們發起攻擊。來信在市民大會公開宣讀，原來那些對於遠征行動，態度冷淡和漠不關心的人，全都受到激怒要對付希西提斯，願意供應泰摩利昂所需要的一切物品，大家同心合力讓他能夠盡速成行。

8 船隻正在進行裝備，士兵完成各項工作之際，普羅塞賓娜(Proserpina)的女祭司在夢中看到祂和祂的母親西瑞斯(Ceres)顯靈[17]，祂們都穿著旅行的服裝，說是要與泰摩利昂一同到西西里去。科林斯人為此特別建造一艘神聖的戰船奉獻給祂們，將這艘戰船命名為「女神號」。泰摩利昂親自前往德爾斐向阿波羅獻祭，當他走到放置神讖的地方，正好發生非常神奇的事件。一條飾帶上面繡著勝利的場面和人物，是奉獻的禮物掛在神殿的上面，突然滑落正好掉在他的頭上，好像是阿波羅給他戴上成功的冠冕，保證他能夠完成征服凱旋歸來。

他帶著10艘船出海[18]，其中科林斯人有7艘，科孚人有2艘，另外1艘由琉卡斯人(Leucadians)[19]提供。啟碇的時候已經是深夜，乘著一陣順風進入航路。突然之間天空像是裂開一樣，發射出明亮的光線籠罩在船隻的上方，如同在神秘的儀式中所使用的巨大火炬[20]，開始引導他們的航行，整個船隊跟著前進，保持正確的方向，抵達意大利預想的海岸。預言家非常肯定的表示，異象和夢境都來自神聖的婦人，現在可以看到這位女神已經參加遠征，所以從天上用光線照亮前面的航路。西西里對普羅塞賓娜而言是聖地，根據詩人的說法祂在這裡被劫走，所以整個島嶼是祂與普祿托(Pluto)[21]結婚的嫁粧。

9 神明很早就展現賜與的恩惠使得全軍的士氣大振，他們盡可能加快速度越過開闊的海洋，很快就沿著意大利的海岸前進。西西里傳來的信息使泰摩利昂感到困惑，士兵聽見為之沮喪難安。因為希西提斯在戰場打敗戴奧尼休斯[22]，占領敘拉古大部分區域，將他圍困在稱為「小島」(Island)的要塞[23]。戴奧

17　西瑞斯是羅馬神話中的穀物和耕種女神，相當於希臘的德米特女神，祂是泰坦神克羅努斯和雷亞所生；普羅塞賓納是德米特的女兒，羅馬神話中司種子發芽的女神，也是陰府的冥后。

18　泰摩利昂前往西西里是在奧林匹克109會期第1年即344B.C.。

19　琉卡斯位於希臘西部海岸附近，亞得里亞海的一個島嶼，長久以來是科林斯的盟邦。

20　很可能是靜電現象，經常在船上或戰場見到，尤其是暴風雨的天候之下，又稱為聖艾爾摩(St. Elmo)之火。

21　普祿托是冥王或地府之神，希臘神話稱為哈德斯，是宙斯的兄弟，普羅塞賓娜的丈夫；同時普祿托這個字有「財富」之意，因為所有的金銀財寶均來自地下。

22　希西提斯發現自己缺乏糧草，撤收敘拉古之圍開始退卻，戴奧尼休斯趁勢出兵攻擊他的後衛。希西提斯回師擊敗追兵，殺死對方3000人，將他們趕回去並占領部分的城區。作者在後面提到敘拉古是幾個區域組成的城市，中間有堅固的城牆加以分隔。

23　這個「小島」稱為奧提吉亞(Ortygia)島，是敘拉古的內城，建有堤道與大陸相連，南北各

尼休斯逃到那裡當作最後的避難所，現在已經插翅難飛。根據雙方的協定，迦太基人的任務是要阻止泰摩利昂，不讓他在西西里的港口登陸；等到科林斯人被趕走以後，他們再慢慢瓜分這個島嶼。迦太基人爲了達成企圖，派遣20艘戰船到雷朱姆，載運希西提斯派往泰摩利昂的幾位使者，帶著的指示倒是吻合他的處理方式，全都是陳腔濫調的說辭和似是而非的傳聞，用來修飾和掩蓋帶有欺騙意味的圖謀。他們特別提供泰摩利昂一個台階，只要他願意可以成爲希西提斯的顧問，共同分享征服的成果，先決條件是要將船隻和軍隊遣回科林斯。戰爭幾乎宣告結束，迦太基人已經堵塞海上的航道，決心使用武力阻止他們向西西里海岸的進軍。

科林斯人在雷朱姆遇到使者，接受他們帶來的信函，看見腓尼基人的船隻在海灣拋錨，面臨的威脅和羞辱使他們產生深刻的印象，對於希西提斯激起憤怒的敵意，同時爲西西里的希臘移民擔心。因爲在目前的態勢之下，這些移民很可能成爲希西提斯的反叛所能獲得的報酬和補償，另一方面是經過雙方的協議，也可能成爲迦太基人統治下的順民。現在僅就迦太基人排列在科林斯人前面的船隻，數量有兩倍之多，要想將他們驅逐或擊敗幾乎是不可能的事。何況還要征服希西提斯在敘拉古贏得勝利的部隊；原來的構想是在完成這段航程以後，將他們的軍隊納入科林斯人的指揮之下。

10 出現這些狀況以後，泰摩利昂與希西提斯的使者和迦太基的船長開會商議，告訴他們說他願意接受提出來的建議（拒絕他們的好意又能達成什麼目的呢？），但是他希望在回到科林斯之前，能夠私下從他們的船隻中間通過，前往雷朱姆在市民大會前面正式宣布，因爲這是一個希臘人的城市，也是雙方的好朋友。他的說法是這樣做可以保障他返國的安全和任務的達成，同時他可以成爲敘拉古人的代表，會嚴格檢查雙方所訂協議的條款，而且只要他們在場就會有很多證人。泰摩利昂的企圖是要轉移他們的注意力，找到機會能從迦太基人的艦隊中間偷偷溜走。

雷朱姆所有重要人士都與聞或參加這件陰謀活動，他們期盼西西里的事務能在科林斯人的控制之下，而且害怕以後會有一個野蠻的鄰居。因此召開市民大會將大門全部關起來，不讓市民離開去處理自己的私事，發言者連續到前面向人民

（續）

有一個港灣，南邊那個稱為大港，雅典人在大港吃了一大敗仗。

提出冗長的報告，每一項事務無法獲得結論，這樣做只是在拖延時間，好讓科林斯的船隻全部離開港口，迦太基的指揮官被羈絆在裡面，倒是沒有產生懷疑，泰摩利昂仍舊留在會場，隨時會做出手勢要他上台發表演說，暗中通知他留下接應的船隻已經準備開航[24]，現在只在等他一個人，雷朱姆人都希望他能安全而迅速的離開。

他在他們的幫助和掩護之下，花很大力氣從人群中溜出來，很快跑到港口，上船以後趕緊發航，追上其他的船隻以後，平安抵達西西里的陶羅米尼姆（Tauromenium）[25]。他們早就接到邀請，現在受到城邦統治者安德羅瑪克斯（Andromachus）友善的款待。安德羅瑪克斯是史家泰密烏斯的父親，那個時代西西里擁有統治實力的權貴當中，他可以說是最高尚的人士，品德和操守都有無以倫比的名聲，用法律和正義來管理城邦的市民，公開宣示他厭惡而且敵視所有的暴君。他特別讓泰摩利昂留下來集結他的部隊，把整個城市當成戰爭的後勤基地，呼籲居民武裝起來參加科林斯人的軍隊，協助他們達成解放西西里的目標。

11 等到市民大會解散以後，留在雷朱姆的迦太基人到這個時候，才發覺泰摩利昂竟然不告而別，看到他機智過人都感到很頭痛，不管怎麼說，主要還是雷朱姆人在玩花樣。雷朱姆人對於腓尼基人抱怨受到欺騙，什麼都不說只是笑笑而已。迦太基人派一個信差乘快船趕到陶羅米尼姆，用蠻族極其無禮的方式大聲恫嚇。他們威脅安德羅瑪克斯，如果他不將科林斯人遣走的話，就伸出雙手讓手掌向上，接著翻轉手掌向下，說是毀滅他們的城市易如反掌。安德羅瑪克斯面露笑容，沒有做出任何回答，只是比照他們的姿勢，伸出手來先朝上再朝下，要他們趕快離開，否則他們的船隻就會遭到這般不幸的命運。

希西提斯聽到泰摩利昂已經安然通過，極為焦慮以後的發展，特別將他的意願通知迦太基人，要他們派遣大批船隻到海岸去守備，事先採取預防措施。現在敘拉古人看到迦太基人據有港口[26]，希西提斯成為市鎮的主人，戴奧尼休斯仍舊控制堡壘，他們對於城邦的安全感到絕望。泰摩利昂只不過在西西里有一個立足

24　科林斯的9艘船能夠離開，迦太基人認為獲得兩派官員的同意，留下第10艘是要將泰摩利昂運送到希西提斯那裡去。

25　陶羅米尼姆在敘拉古的北方約100公里，瀕臨西西里的東海岸，是優卑亞人建立的殖民地。

26　迦太基的兵力是150艘戰船、5萬名步卒和300輛戰車。

點，位於邊緣或國境附近，就是陶羅米尼姆人的小城，擁有的實力不足所以成功的希望不大，最多只有1000名士兵，糧食和金錢的供應並不充裕，僅能維持現狀應付目前的需要。西西里其他的城市對他沒有信心，不僅會陷身於暴行和迫害之中，而且會引起刀兵之災，如同凱利帕斯(Callipus)和費拉克斯(Pharax)[27] 所發起的叛亂行動，使他們受到池魚之殃。凱利帕斯是雅典人而費拉克斯是拉斯地蒙一位船長，兩個人宣稱要為西西里人爭取自由，推翻專制的僭主。後來這些外來者的暴虐行為，要是與以前那些壓迫者的統治做一比較，感覺他們過去生活在黃金時代，以至於西西里人認為死在奴役制度之中，比起活在自由陰影之下更為幸福。

12 他們認為科林斯將領的解救行動沒有多大利益，僅僅都是一些老掉牙的花招，拿未來的希望和美好的承諾作為誘餌，把他們當作臣民事奉新的主子。所有的城邦除了亞德拉隆(Adranum)的人民以外，對於用泰摩利昂名義的勸說抱著懷疑的態度，拒絕推翻專制政府的要求。亞德拉隆是一個小城，奉獻給亞德拉努斯(Adranus)[28] 而得名，這位神祇在西西里受到民眾的崇拜和祭祀。城邦的居民發生齟齬，一派請求希西提斯和迦太基人給予援助，另外一派向泰摩利昂提出建議。雙方派出的協防軍盡力趕路想要占先一著，結果機緣湊巧同時到達；希西提斯帶來的部隊至少有5000人，泰摩利昂的兵力不超過1200人。泰摩利昂離開陶羅米尼姆，行軍到亞德拉隆的距離大約是340弗隆[29]，第一天的動作很緩慢，走了很短一段行程就開始宿營。他在次日加快步伐，通過地形非常崎嶇的區域，快到傍晚接到信息希西提斯剛剛抵達亞德拉隆，就在市鎮的前面紮營。根據這個情報他手下的隊長和軍官要前衛暫時停止前進，部隊稍作休息恢復疲勞，再用高昂的士氣迎擊敵軍。

泰摩利昂急著向前趕路，不願部隊有任何停頓，理由是要盡最大可能奇襲敵人，因為他們結束行軍正在忙著架設帳篷和準備晚餐，很可能陷入一片混亂之中。他把任務分配好下達命令以後，馬上拿起盾牌走到隊列的前面，領導他們贏

27　費拉克斯是斯巴達的將領，被派到西西里協助戴奧尼休斯一世，後來成為敘拉古駐雅典的大使，在370B.C.過世；他的孫子與他同名，為戴奧尼休斯二世服務。

28　這位神祇從祂的紋章和旗幟看來，就是後來經常提到的戰神馬爾斯；祂的廟宇用很多條猛犬來守衛。

29　每一弗隆為1/8哩，全程約68公里。

得必然到手的勝利。英勇的領導者使得追隨他的部隊奮不顧身保證使命的達成，現在他們離亞德拉隆不到30弗隆的路程，到達以後馬上對敵人發起攻擊，對方立即亂哄哄不知所措，看到他們來到就開始退卻，結果是稍做抵抗就全軍敗逃，使得被殺的士兵不到300人，俘虜的數目多出一倍，營地和輜重全部落到他們的手裡。亞德拉隆人看見泰摩利昂擊敗敵軍，馬上開城迎接並且加入他的陣營，他們混合著驚怖和讚譽的神色，向他敘述一件奇蹟，說是雙方戰鬥最激烈的時候，廟宇的大門突然自動打開，城市的保護神握在手裡的標槍正在抖動，臉孔不斷流下汗水。

13 奇特的朕兆不僅預告勝利的來臨，等於在此地拉開序幕，顯示未來的勳業更是無比的輝煌和偉大。現在鄰近的城市和擁有權勢的人物，接二連三派出代表團前來尋求友誼，表示願意提供他們的服務。卡塔納（Catana）[30]的僭主瑪默庫斯（Mamercus）是作戰經驗豐富的戰士，也是家財萬貫的君王，願意與泰摩利昂建立聯盟關係，這件事到現在都發生重要的作用。戴奧尼休斯已陷入絕境，幾乎就要被迫投降，但是他看不起希西提斯，過去是手下的敗將，讚譽泰摩利昂的英勇，透過關係說是願將他本人和城堡交到科林斯人手裡。泰摩利昂很高興的接納這個意想不到的好處，派遣優克萊德（Euclides）和特勒瑪克斯兩位科林斯隊長，率領400名士兵去占領和控制這個堡壘，要他們化整為零偷偷地溜進去，絕不能公開排著隊伍去接收，包圍的敵人就會提高戒備加以阻止。他們據有這座要塞和戴奧尼休斯的宮殿，還有他用來維持長期作戰的庫存和軍備，包括大量馬匹、無數投射器具和標槍，以及可以供7萬人使用的武器裝備（有座倉庫在古代就已經設立），除此以外還有2000士兵，可以為泰摩利昂效命。

戴奧尼休斯將財產裝上船帶著少數友人，趁著希西提斯被蒙在鼓裡，發航離開投奔泰摩利昂的營地。他在第一次會面的時候穿著平民服裝[31]，過沒多久就用一艘船將他和數額不大的錢財運到科林斯。戴奧尼休斯出生在高貴的宮廷，接受通識教育，擁有絕對的君權，父親過世後在位有10年之久[32]，狄昂的遠征使他被

---

30 卡塔納是一個海港，位於西西里東海岸的中央，在敘拉古的北方約60公里，是優卑亞人建立的殖民地。

31 戴奧尼休斯從出生就擁有絕對的權力，這是他的父親戴奧尼休斯一世所授與，大部分僭主都如此；只有少部分從低卑的位階擢升上來。

32 戴奧尼休斯二世開始統治的時間是奧林匹克102會期第2年即367B.C.。狄昂起兵反對他是在

廢逐出國門，經過12年的奮鬥發起不斷的戰事和爭執，感受到興衰榮枯的命運。他在統治期間草菅人命殘害忠良，很快大禍臨頭身受惡報，親眼看到幾位兒子在英年戰死，女兒也在如花似玉的年華慘遭蹂躪，他的姊妹和妻子受到凌辱和虐待，被一群無法無天的士兵所摧殘，當著她們的面將所有的兒女殺死，屍體丟進大海。這段非常奇特的情節會在後面的〈狄昂〉的傳記中有詳盡的敘述。

14 等到戴奧尼休斯在科林斯上岸的消息傳出來，每個希臘人都帶著好奇心，想要與這位權勢薰人的過氣僭主見見面說幾句話。有些人不知是出於藐視還是痛恨，對他所遭遇的苦難感到幸災樂禍，認為他受到厄運的打擊和踐踏完全是罪有應得。還有很多人看到他的生活發生劇變，難免在情緒上產生同情的心理，說是脆弱的人類在世間所有的事務，冥冥之中自會受到神明的大能所施加的影響。那個時代任何值得注意的事件，無論出於自然的趨勢或人為的安排，都要接受命運的擺布。

這個人不久以前還是西西里最有權勢的君王，現在竟然在魚市場裡閒逛，坐在小店前面喝酒館買來加過水的淡酒，和街頭的婦女在打情罵俏，裝出行家的模樣教劇院的歌女，還煞有其事與樂師爭執應該如何演奏[33]。他的行為遭到不同的批評，有人認為他之所以從事毫無值的消遣，完全出於個性的好逸惡勞、優柔寡斷和放蕩淫亂；也有人抱持不同的看法，說他出於策略的需要，可鄙的行為使得科林斯人放鬆防範和猜忌之心，認為他不想再改變現況，完全放棄東山再起的機會；醇酒美人和裝聾扮傻，才可以免於生命的危險。

15 雖然如此，他的名言和諺語還是流傳下來，像是要用泰然自若的神情面對當前的磨難。從這件事可以看出他純真的一面，琉卡迪亞（Leucadia）如同敘拉古都是科林斯的殖民地，抵達以後[34]他向市民說道，他就像犯錯的小孩，看到父親會感到慚愧，還是願意與自己的兄弟一訴衷情。他說他很樂意住在他們的島上，然而科林斯同是他們的故土，應該落葉歸根才對，只是心

356B.C.。他把城堡交給泰摩利昂和放逐科林斯是在343B.C.。

33　有些作者告訴我們，戴奧尼休斯後來的生活非常窮困，迫得他在科林斯開辦一所學校，學生都在抱怨他仍舊是一個暴君，不過以前統治成人而現在是孩童。

34　戴奧尼休斯二世從敘拉古到科林斯的航行途中，曾經在琉卡迪亞停靠。

中一直敬畏有加，難免引起反感。

他在科林斯的時候，有次一位外鄉人用粗魯而輕視的態度，嘲笑他經常與哲學家聚會，身為一個國君竟然會有這種嗜好，最後問他落到這種地步，柏拉圖的智慧和學識又能發揮什麼作用。他回答道：「如果他的哲學沒有讓我獲得裨益，你想我能忍受命運的無常和世事的變幻？」音樂家亞里斯托克森努斯(Aristoxenus)[35]和另外一些人，很想知道柏拉圖怎麼會冒犯到他，使他感到鬱鬱不歡。他的回答是身為擁有大權的統治者，很容易率性而行犯下重大的過失，那些自命為朋友的人卻沒有一個敢直言不諱，這也是君王最大的不幸，基於這種原因他無法與柏拉圖建立友情。

另外一次，那時他還是掌握生殺大權的僭主，有個深得他歡心的友伴，想要表現小聰明開他的玩笑，進入房間故意解開衣袍，表示裡面沒有藏著武器，戴奧尼休斯看到以後展開反擊，要這位友伴在離開的時候也要如法炮製，不能讓他把財物偷偷放在懷裡帶走。馬其頓(Macedon)的菲利浦(Philip)[36] 在狂歡痛飲的場合，對戴奧尼休斯用戲謔的口吻，提到他的父親所寫留給他的詩篇[37] 和悲劇，故意裝出很詫異的樣子，說他在軍國大事繁忙之際，怎麼會有時間去精心推敲這些作品，戴奧尼休斯的問答非常得體，說道：「只要你我和那群快活的朋友經常舉杯痛飲，你的父親就有閒暇舞文弄墨。」

柏拉圖沒有機會在科林斯見到戴奧尼休斯，在他抵達之前已經行將就木[38]；

35　亞里斯托克森努斯是希臘世界最偉大的音樂家，也是一位哲學家，4世紀B.C.生於意大利南部的塔倫屯，傳世的作品有《和聲的理論和原則》（*Principles and Elements of Harmonics*）、《節奏的基本原理》（*Elements of Rhythm*）、《論音樂》（*On Music*）、《論調性》（*On Melody*）、《畢達格拉斯的哲學理論》（*Pythagorean Maxims*）。

36　這位馬其頓國王應該是指菲利浦二世，生卒年代383-336B.C.，在位時期359-336B.C.。

37　戴奧尼休斯一世對自己寫的詩評價很高，把世界第一流的詩人都不放在眼裡；斐洛克森努斯(Philoxenus)是擅長詩文的學者，看不慣他這種態度就向他說些不入耳的貶語，僭主老羞成怒將他送到採石場去做苦工；只不過隔了一天就放他回來，仍舊給予重用。戴奧尼休斯又要人把他的詩送給斐洛克森斯，期望獲得他的唱和，這位文士看過以後，轉頭向旁邊的警衛很幽默地說道：「你還是把我押回採石場吧！」雖然如此，戴奧尼休斯的詩作在奧林匹克賽會中贏得優勝，頒獎的時候大家都在噓他，還把他所蓋一個非常華麗的涼亭，全部推倒打得粉碎。然而他在雅典獲得極大的成就，寫的詩在慶祝巴斯克的祭典獲得首獎，高興之餘參加宴會飲酒過量，以致頭痛如裂，找來醫生開藥讓他能夠休息，結果就此長眠不醒。

38　柏拉圖亡故於奧林匹克108會期第1年即348B.C.，戴奧尼休斯到科林斯是在343B.C.，已經是5年以後的事。

夕諾庇(Sinope)的戴奧吉尼斯(Diogenes)[39] 第一次在街上遇到他，用含糊籠統的言辭向他致意：「啊！戴奧尼休斯！你現在竟然這樣落魄！」戴奧尼休斯聽到停下來回答道：「戴奧吉尼斯，謝謝你給我的安慰。」戴奧吉尼斯說道：「安慰你！可別會錯了意，恰恰相反，我對你以前過著奴隸不如的生活，一直感到懊惱不已。如果你還在盡你的責任，就會像你的父親一樣，孤苦伶仃老死在暴君的寶座上面，難道還能像現在這樣逍遙自在的度日？」

要是拿來與菲利斯都斯(Philistus)[40] 的悲慘故事做一比較，主題是列普廷(Leptines)[41] 的女兒經歷的遭遇，作者用充滿同情的呻吟語調，說她在享盡榮華富貴以後，竟然落到不幸的處境過著貧窮的生活；就我看來她也不過像一個普通婦女，在哀傷失去化粧品、衣物和手飾而已。

我認為戴奧尼休斯的傳聞軼事，不應該讓我這個外國人寫進傳記之中；同時對有些讀者而言也不太適合，要是他們讀的時候過於倉促，或是匆忙到有其他考量的話，那也怪不到我的頭上。

16 如果說戴奧尼休斯乖戾的氣數是極其少見的特例，那麼泰摩利昂的好運讓人感到奇怪也不是沒有道理。他在登陸西西里的15天之內，奪取敘拉古的城堡，將戴奧尼休斯放逐到伯羅奔尼撒半島。順利的開始激起科林斯人的雄心壯志，他們下令增援2000名步卒和200名騎兵，援軍到達休里埃以後，打算繼續航向西西里，發現前面的海域滿布迦太基的船艦，要想越過是不切實際的冒險，只有困守在那裡等候機會。他們倒是抓住時機展現深受讚譽的行動。休里埃人出兵與他們的宿敵布魯提姆人作戰，就將城市的防務託付給外來的科林斯人，他們盡心盡力像是守衛自己的國土，等到戰爭結束把所有一切交還原來的居民。

在這段時期，希西提斯繼續圍攻敘拉古的城堡，截斷海上的運輸不讓科林斯的守備部隊獲得所需的給養。同時他找來兩名外國的刺客，大家都不認得他們，

39　戴奧吉尼斯(400-325B.C.)是哲學家也是犬儒學派最主要的人物，他的生活方式和憤世嫉俗的態度對後世產生極大的影響。

40　菲利斯都斯(430-356B.C.)是敘拉古的歷史學家和政治家，協助戴奧尼休斯一世登基成為僭主，雙方發生爭執受到放逐，後來被戴奧尼休斯二世召回，放逐狄昂成為水師提督，最後在一次海戰中被狄昂擊敗憤而自殺。他的作品有《西西里史》38卷，為這個題材提供最原始和最重要的史料。

41　列普廷是阿波羅尼亞的僭主，下面會提到他的事蹟。

派到亞德拉隆去暗殺泰摩利昂。這位將領沒有常設的衛隊布置在身旁，不會對個人的安全有任何懷疑，要與市民一起向神明舉行慶典的儀式。這兩位刺客得到消息，知道泰摩利昂要奉獻祭品，將匕首藏在寬袍裡面，步行前往廟宇擠在人群的中間，慢慢向著祭壇移動。

當他們正好使出眼色準備動手的時候，出現第三者用劍砍在其中一位刺客的頭上，還沒來得及行刺已經倒在地上，無論執劍殺死刺客的兇手還是被殺者的黨羽，現在都藏身不住。一位拿著被血染紅的劍拚命逃走，後來還是懸岩的高處被捕；另外那位刺客抱住祭壇，懇求泰摩利昂饒恕他的性命，願意將全部的陰謀源源本本吐露出來。同意給予赦免以後，承認自己和被殺的死者奉派前來下手行刺。當這位刺客在招供的時候，殺人的兇手也從山頂上帶了下來，大聲抗議說他並沒有犯罪，因為這位刺客在李昂蒂尼謀殺他的父親[42]，他是為了復仇所採取的正義行為。當時就有人挺身而出證實確有其事，他的申辯所言不虛。大家這時對命運的安排真是讚嘆不已，動機和目標完全不同的事項，竟然會錯綜複雜的摻和在一起，變得環環相扣，產生不可思議的結局；可以說整個事件從頭到尾，冥冥之中自有定數。

科林斯人認為這位殺人犯立下大功，不僅無罪還發給他10邁納的獎金。守護神借用他人的憤怒來保護泰摩利昂的安全，事實上這股怒氣已經保存很久，在命運的安排之下適時發洩，使得私人的報復能達成最大的功效。泰摩利昂非常幸運能夠逃過刺客的暗殺，使得科林斯人對他有更高的期許，特別是他們看到西西里人現在所表現的尊敬態度，把他當成神聖不可侵犯的人物給予嚴密的保護，認為他是神明派遣的使者，拯救他們於水深火熱之中，讓他們所受的冤屈得以平服。

17 希西提斯的企圖失敗以後，看到更多的西西里人投向泰摩利昂的陣營，認為這些問題產生是他本人的錯誤，雖然有大量的迦太基部隊掌握在手裡，在運用的時候投鼠忌器，不是少數人員偷偷摸摸的秘密行動，就是出於羞愧的心理不願被人所知，所以實際發生的作用不大。他要求迦太基人派遣主將瑪果（Mago）率領全部艦隊，用僱人的陣容占領港口，到達的船隻有150艘之多，還有6萬人的部隊登陸，將營地設置在敘拉古的城市之內。每個人看到這種

---

42 湊巧的情節可以說完全是托天之福，歷史上很難找到類似的例子。

狀況，就想起古代盛傳的說法，蠻族的洪流總有一天會淹滅整個西西里，這種情景目前已經出現。迦太基人在這個島嶼發起很多場的戰事，過去從來沒有能夠攻下敘拉古，希西拉斯接受他們的援軍，等到蠻族在那裡建立一個營地，整個城市已經落在他們的手中。科林斯人仍舊占領城堡，發現自己陷入極其危險而困難的處境，除此以外，缺乏糧草和各種補給品，因為港口有嚴密的守衛，海上的航運全部被截斷。他們被迫在城牆上面進行激烈和持續的戰鬥，敵人用各種投射器具和攻城縱列發起突擊，逼得他們要派兵固守各處以致備多力分。

18 泰摩利昂還是竭盡諸般手段給予支援，他用漁船和小艇從卡塔納運送糧食，通常是利用暴風雨來襲的時機，找到空隙就從敵人的艦隊中穿過。瑪果和希西提斯很快了解這個狀況，決定占領卡塔納，這樣被圍的守軍才無法獲得糧食的供應。他們派出實力最強的部隊，登上船隻從敘拉古發航。科林斯人李奧負責指揮城堡的守備，在高處觀察位於背後的敵軍，警戒非常的鬆懈，根本不重視防衛的工作，趁著他們兵力分散的時機，突然從城堡中出擊，殺死若干圍城的士兵，其餘人員一哄而散，獲得一個名叫阿克拉迪納（Achradina）的城區，過去就有堅強的防務，至少現在可以免除敵人的威脅，對於敘拉古人而言，光復這個城區才能算是完整的市鎮[43]。李奧在這裡發現大量糧食和金錢，決定保有獲得的成果，所以不退回城堡，立即加強阿克拉迪納四周的工事，要把新的工程與城堡的防務連為一體。

瑪果和希西提斯現在快要接近卡塔納，從敘拉古派出的騎兵送來阿克拉迪納失守的信息，他們受到這個突如其來的打擊，只有火速回師，不僅無法達成所期望的目標，還不能保有原來的所擁有的優勢。

19 軍人的成功不僅要掌握機運還得智勇雙全，他們卻把後續的事件完全歸之於運氣。科林斯的部隊畏懼迦太基的艦隊，困在休里埃無法動彈。他們的指揮官漢諾（Hanno）觀察對方艦隊運動的狀況，同時得知海上一連

43　敘拉古整個城市分為四個區域：島區或城堡，位於兩個港口之間；阿克拉迪納是靠近城堡的區域；泰克（Tyche）這個稱呼來自幸福女神廟；還有尼阿波里斯（Neapolis）就是新城區。蒲魯塔克增加一個區域稱為伊庇波立。

幾天都有暴風雨的侵襲，決定採取陸上進軍的方式借道布魯提姆人（Brutians）[44]
的國土，靠著說服的技巧和展示的實力，很順利通過蠻族控制的地區，然後全軍
兵薄雷朱姆的城下，這時海面仍舊浪濤洶湧。迦太基的水師提督認為即使艦隊沒
有在旁監視，科林斯人還是龜縮城中不敢出航。瑪果自認擬定受到世人讚譽的計
謀，下令所有的水手戴上花冠，戰船都用希臘人和腓尼基人的盾牌裝飾起來，然
後向著敘拉古開航。當他們到達港口以後，在靠近城堡的地方高聲歡呼，表現出
喜氣洋洋的樣子，說是科林斯的援軍在海上掙扎前進，正好與他們遭遇，已經完
全被殲滅。

　　他希望運用這種伎倆，使得被圍的守軍受到恐懼的打擊。就在他如法施為的
時候，科林斯人已經奪取雷朱姆，像是出現奇蹟，整個海岸地區是晴空萬里，在
微風吹拂之下，海面水波不興而又適於航行，他們將找得到的三桅帆船和漁船都
裝滿部隊，渡過海峽安全抵達西西里，平靜的狀況甚至用韁繩牽著馬匹，讓它們
在船邊隨著游泅。

20　他們登岸就加入泰摩利昂的指揮序列，立即奪取墨西拿（Messina）[45]，
然後擺出堂堂的行列向著敘拉古進軍，主要還是依靠運氣而非實力，
因為他們的部隊不到4000人。等到最早的信息傳到以後，瑪果感到非常的困惑同
時也提高警覺，由於出現下面的情況，使他覺得整個事件都很可疑。敘拉古的四
周都是沼澤[46]，從附近陸地的流泉、河川和湖泊容納大量的淡水，匯聚以後再流入
大海；有大量的鰻魚在此繁殖，提供豐富的漁產資源讓人捕捉。雙方陣營服務的
傭兵利用空閒時間，大家放下武器到此地垂釣；他們都是希臘人，作戰的時候會
勇敢的搏鬥，因為彼此沒有私人的仇恨，等到休戰大家的相聚和談話都非常友善。

　　就在這個期間，如同過去那樣趁著捕魚大家開始交談，有人表示他們還是羨
慕在海那邊的日子，說來說去還是故鄉好；也有人說起他們的城市，無論是各種
建築物和公眾的紀念堂，是多麼的舒適和寬敞，有一位科林斯方面的士兵抓住機

44　4世紀B.C.居住於意大利南部卡拉布里亞半島的土著稱為布魯提姆人，這個地區的主要城市
　　是佩特利亞（Petelia）和康森提亞（Consentia）。

45　墨西拿在古代稱為墨薩拿（Messana）。

46　敘拉古周圍有兩個很大的沼澤，一個叫做黎西米利亞（Lysimelia），另外一個稱為敘拉科
　　（Syraco），城市的名字來自後面這個沼澤。這個城市的濕氣很重，影響到居民的身體健康。

會，就向其餘的人員說出他的看法和意見：

> 你們這些在希臘出生的人，背井離鄉來到此地，拚命奪取一個偉大的
> 城市，自己享受不到多大好處，交給那些蠻族去治理，讓市民陷入萬
> 劫不復的處境。迦太基人在你們的幫助之下，遷移到這裡以後能夠成
> 長茁壯，這個卑劣和嗜血的種族，豈不是離我們的城邦更爲接近？爲
> 什麼你們不讓迦太基和希臘人之間，保留很多西西里人作爲緩衝之
> 用。一支大軍來自遙遠的海克力斯之柱和大西洋，冒著莫大的危險只是
> 爲著援助希西提斯復位，這種話難道你們會相信？要是希西提斯像一位
> 將領，能夠有深思熟慮的智慧，就不應該拋棄他的祖先和城邦的奠基
> 者，引領敵人進入自己的國土，讓他們達成鳩占鵲巢的目的。他要是同
> 意泰摩利昂和科林斯人的作爲，才能享有應得的尊榮和統治的權勢。

希臘人將這番話一五一十告訴希西提斯，營地裡面引起很大的爭吵，使得瑪
果覺得他的懷疑很有道理，實在說他一直在尋找離開的藉口，那麼這就是背叛的
陰謀事件。雖然希西提斯懇求他要留下來，特別是他比敵人有更爲強大的兵力。
瑪果認爲泰摩利昂遠道而來，表現的勇氣和獲得的運道使他心折，數量上的優勢
已不足恃，立即登船啓碇返回阿非利加。他的離開除了給自己帶來羞辱毫無道理
可言，倒是使得西西里能夠逃脫他的魔掌。

21 瑪果離開的次日，泰摩利昂來到在城市的前面列出會戰的隊形，他
和戰友這時聽到對手突然逃走的消息，看到碼頭全部空空如也，大
家對於瑪果的怯懦禁不住高聲大笑起來，同時帶著嘲諷的口吻向城市宣布，要是
有誰知道迦太基艦隊躲到那裡，只要提供消息就發給獎金。希西提斯還是決心單
獨戰鬥到底，不會放棄他擁有的城市，要確保他已經占領的地區，加強工事使得
易守難攻。

泰摩利昂兵分三路展開攻勢，他親自指揮靠近安納帕斯（Anapas）河的左翼，
接敵路線有堅固的工事形成障礙，前進非常困難；科林斯的艾西阿斯（Isias）副將
率領配置在阿卡拉迪納的部隊，對當面之敵發起攻擊；丁納克斯（Dinarchus）和笛
瑪里都斯（Demaretus）帶著剛從科林斯來的援軍，形成右翼準備奪取稱爲伊庇波立

(Epipolae)的城區。同時在各個戰線產生的現象,就是希西提斯的部隊全面潰散敗逃,城市在一次突擊之下,敵人根本沒有進行任何抵抗,就落到他們的手裡。講句公道話,這要歸功於攻擊部隊的英勇和將領的指揮;何況在這次的作戰行動中,沒有一位科林斯人被殺或受傷。

泰摩利昂的好運像是更勝他的功勳一籌,雖然這種競爭出於他的全力以赴,受到上天的眷顧使得世間的辛勞自嘆不如,任何人要是聽到他這些高貴的行為,就會羨慕他的成功何其幸運,並非讚美他的作戰有多大的成就。他的名聲傳遍西西里和意大利各地,希臘是在幾天以後宣布偉大的戰績,科林斯人還不知道增援部隊在島嶼登陸的狀況,同時傳來安全和勝利的信息。遠征的事務進行得如此順利,執行的過程是如此的快速,再加上托天之福,有如獲得新的裝飾品把民族的光榮襯托得如此輝煌華麗。

22 泰摩利昂成為城堡的主人就要避免犯下狄昂同樣的錯誤[47]。他毫不珍惜那些建築的雄偉和奢華,更不能讓人民有一點猜疑之心,狄昂就是因此慘遭殺身之禍。他派出一位公設傳呼員通知所有的敘拉古人,要他們帶著鶴嘴鋤和撬棍以及其他的工具,幫助他去摧毀僭主的城堡。當他們齊心合力著手這項工作的時候,知道這一天真正為人民的自由權利奠定基礎。他們不僅將要塞夷為平地,連帶附近的宮殿和紀念碑全都推倒,不讓過去的暴君存留在他們的記憶之中。很快把那塊地整理完畢以後,他蓋了一座法院,用這種方式經過市民的准許,在暴君的廢墟上面建立起民主政治。

他所光復的城市人煙稀少,很多民眾死於內戰和叛亂,加上逃走免於暴君的迫害,甚至過去的鬧區敘拉古市場,雜草叢生成為放牧牲口之地,有些馬夫躺在那裡休息,任憑馱獸去自行覓食。其餘的市鎮除了少數例外,幾乎成為無主的荒原,到處繁殖著麋鹿和野豬,閒暇之餘在郊區甚至城牆的下面就可以行獵。任何人只要擁有城堡或是在領地上面配置守衛,無論是誰的勸說,不會放棄現有的住處,或是接受邀請回到城市。他們對於市民大會的名義、政治體制的架構和公開發表的演說,都抱著畏懼和憎惡的態度,大部分篡奪者都因而產生,然後僭用統治的權力對他們進行壓迫。

---

47 本書第二十二篇〈狄昂〉第53-57節敘述狄昂被殺事件的來龍去脈。

　　泰摩利昂和敘拉古人認為目前人力缺乏的狀況極其嚴重，想要靠當地移民供應根本無法解決問題，最適當的做法是寫信告訴科林斯人，請求他們派遣大量希臘人來補充敘拉古的需要。特別是土地不能任其荒廢以致毫無收成，何況他們還要應付來自阿非利加的戰事。傳來消息瑪果已經自殺身亡，迦太基人惱怒上次遠征出師不利，完全是指揮不當所致，因此將他的屍體釘在十字架上示眾，現在開始徵集大量兵員，準備在次年夏天對西西里發起襲擊。

23 泰摩利昂的信函送達科林斯，敘拉古的使節同時來到提出懇求，照應這個貧苦殘破的城市，再度成為他們的保護人和奠基者。科林斯人沒有任何貪婪的念頭，想要利用這個大好機會為自己謀求利益。他們也不願將這個城市掌握在自己的手裡，首先他們趕赴希臘人視為神聖的賽會，並且參加人數眾多的宗教活動，派出傳令官公開向群眾宣布，科林斯人摧毀敘拉古的篡奪政權，僭主已經受到放逐的處分，邀請敘拉古流亡在外的人士以及其他的希臘移民，返回原來的城市去定居，他們在自行制定法律之下享有充分的自由，可以獲得公平分配的土地。科林斯人知道很多西西里的難民，分散開來居住在亞細亞和很多島嶼上面，派出使者到這些地方勸他們前往科林斯，然後由科林斯人出資安排船隻和負責指揮的人員，將他們安全運送到敘拉古。慷慨的義行傳播開來，科林斯人受到舉世的欽佩和讚譽，說他們解救城邦免於暴君的壓迫和蠻族的蹂躪，最後還讓他們恢復擁有者的權利。

　　後來等到他們在科林斯集結，發現參加的人數遠不如想像那樣的踴躍，乞求科林斯人還要另外補充人員，歡迎其他城市的希臘人都能共襄盛舉，使得徵召的人數到達1萬人，排成浩浩蕩蕩的陣容向著敘拉古發航。就在這段期間，成群結隊的意大利人和西西里人投奔泰摩利昂的陣營，根據阿薩尼斯（Athanis）的報導，這個團體目前的總數到達6萬人。他把整個領域的土地分給大家，僅僅出售房屋就獲得1000泰倫。他將處理這兩項資產的權責，授與古老的敘拉古人好讓他們有能力贖回自己的家產，同時當成一種工具用來為社區籌措一筆資金，當時他們在各方面都很窮困，甚至只有很少的能力可以供應戰爭所需。他們拋棄所有的雕像並且將它們出售，制定一項處理程序，經過多數決通過拍賣的方式，好像它們是接受審判的罪犯，據說在這種狀況之下，在所有被定罪的雕像當中，只有古代的篡奪者傑洛（Gelo）得到豁免，因為他在希米拉（Himera）河會戰擊敗迦太基人，獲

得光榮的勝利而備受讚譽[48]。

24 敘拉古的光復是莫大的幸事，來自各處的居民匯聚以後使人口獲得補充，泰摩利昂現在要對其他的城市伸出援手，將他們從昔日的桎梏中解救出來，最後要讓西西里的專制政體完全絕滅。爲了達成此一目標，他向這些地區進軍，逼著希西提斯首先宣布要與迦太基的利益脫離關係，接著拆除他所擁有的要塞和堡壘，最後以平民的身分與李昂蒂尼人生活在一起。列普廷是阿波羅尼亞（Apollonia）[49]和其他小城鎮的僭主，經過一陣抵抗以後，發覺會危及到自身的安全就放下武器投降，泰摩利昂饒他一命，派人將他押回科林斯，這不僅增加本國的聲望，也讓希臘人看看西西里暴君的下場，像被放逐的流犯落在卑賤的處境。泰摩利昂回到敘拉古以後，就有空閒的時間來制定一部新的法規[50]，獲得西法盧斯（Cephalus）和戴奧尼休斯的協助，這兩人特別是從科林斯禮聘過來，決定修法所應掌握的重點。在這個時候，他對於雇用的士兵始終憂慮不已，生怕他們犯下不法的罪行，認爲他們要想致富就應該去掠奪敵人的財物，他派遣丁納克斯和笛瑪里都斯率領一部分兵力，侵入西北部的迦太基屬地，使得當地有些城市背叛蠻族，不僅可以將很多士兵安置在那裡，戰事的進展使得他們能夠滿載而歸。

25 這個時候，迦太基人在利列賓（Lilybaeum）[51]海岬登陸，200艘戰船裝載著7萬名兵員，還有近1000艘船隻運送投射器具、戰車、糧食和其他軍用物資，他們的打算是不再像從前那樣從事局部戰爭，一舉要將所有的希臘人全部逐出西西里。實在說他們的力量足夠制伏爲數眾多的希臘移民，雖然這些西西里人已經聯合起來，不像過去那樣因內鬥而虛弱不堪。當迦太基人聽到屬地受到傭兵部隊的蹂躪，大家感到極爲憤怒，在阿斯德魯坡（Asdrubal）和哈米卡

---

48 迦太基人哈米卡（Hamilcar）率領30萬人在西西里登陸，結果敗於傑洛之手，是在奧林匹克75會期第1年即480B.C.。

49 阿波羅尼亞是西西里內陸靠近北方的城市，西塞羅在「控訴維里斯」的演說中提到這個城市。

50 除了建立一些明智的制度，他每年指派一位首席官員，敘拉古人稱爲朱庇特的最高神祇官，這個職位具備神聖的性質，首任最高神祇官是康庇尼斯（Commenes），以後成爲習慣用他的名字來紀年，繼續到奧古斯都統治爲止，共有三百多年之久。

51 利列賓位於西西里的西端，從布匿克戰爭開始後，成爲羅馬人進攻阿非利加的前進基地和後方兵站。

(Hamilcar)兩位將領的指揮下，大軍向著科林斯人占領的地區前進。

　　有關敵軍實力和進展的報告很快傳到敘拉古，市民聽到以後爲之膽顫心驚，雖然有數以萬計的及齡男子，只有不到3000人敢執干戈參加泰摩利昂的軍隊。外籍傭兵部隊整個不到4000人，其中有1000膽小氣餒之輩，不願隨著泰摩利昂進軍對抗敵人，認爲他已經瘋狂或是神智不清，根本不顧慮他們的生命，想用5000步卒和1000騎兵抗拒7萬大軍。當他們應該保全實力用來防衛城市的時候，竟然要進行8天的行軍去迎擊敵人，設若他們在野戰中失敗，即將陷入死無葬身之地的絕境。然而泰摩利昂認爲本身具備相當優勢，有些是在會戰前已經浮現在他的眼前，於是他鼓勵大家的士氣，全速向著克瑞米蘇斯(Crimesus)河前進，有人向他報告說是迦太基人即將接近。

26 當他爬上一座小山，到了頂端向下觀望，敵人的營地和實力一目了然，這時正好遇到幾匹載運芫荽的騾子，他的士兵認爲這是極爲不祥的凶兆，因爲這些香草經常種來裝飾埋葬死者的墓地，同時還有一句諺語：病危只有芫荽最管用。泰摩利昂爲了不讓迷信行爲引起大家的驚慌，命令部隊暫時停止前進，利用這個機會向大家講話，特別提到凱旋式所用的花圈會給大家帶來好運，每個人拿在手裡就會同心協力，預告勝利的來臨。科林斯人把芫荽編成的花冠視爲神聖之物，戴在地峽運動會優勝選手的頭上；現在尼米亞(Nemean)[52]的競技大會比照辦理，地峽一帶的居民還是把芫荽視爲勝利的象徵，直到不久之前才被松枝所替代。泰摩利昂率先爲士兵做出示範，就用芫荽做一個花冠戴在頭上，他的副將和友伴也都如法炮製。這時占卜者看到兩隻老鷹展翅向著他們飛過來，一隻老鷹的爪子抓著一條蛇，另外一隻發出清越的鳴聲，在飛行中表現出英勇無畏的精神；立即向全軍宣布，神明已經接受他們的懇求，會顯靈助他們一臂之力。

27 這個時刻正是Thargelion月(5月)[53]底，距離夏至還有一段時間，炎熱的夏季已經開始[54]。從河床升起的濃霧瀰漫整個平原，轉瞬之間，

52　希臘人爲了向宙斯致敬，從573B.C.開始，每逢奧林匹克會期第2和第4年，在伯羅奔尼撒半島的尼米亞舉行賽會，有各種體育競賽和表演節目。

53　希臘人將Thargelion月視爲不祥之月，諸事不宜，有如中國人之看待陰曆七月。

54　這是奧林匹克110會期第2年即339年6月B.C.初發生的戰況。

白茫茫一片使得敵軍的營地無法辨識，只有低沉的嗡嗡聲和零亂的嘈雜聲遠遠傳到山頂，讓人知道有數量龐大的群眾在運動和呼叫。等到科林斯人爬到山頂就停下來，大家把盾牌放下，好喘口氣休息休一會兒；這時太陽逐漸升起曬乾下面的水氣，濃霧蒸發凝結爲山間的白雲，下方所有的景色歷歷在目，克瑞米蘇斯河又在眼前出現，他們可以看到敵人正在渡河，走在最前面是四匹馬拖曳無堅不摧的戰車，然後是1萬名步兵背負著白色的盾牌，從光輝耀目的兵器和裝具，步伐緩慢和秩序井然的行軍隊伍，預判這些都是迦太基人，其他民族組成的部隊跟在後面，爭先恐後的樣子就像一群烏合之眾。

泰摩利昂發現那條河流給他帶來唯一的機會，即使敵人的數量占有優勢還是要發起攻擊。他特別向士兵指出，敵軍目前處於被河流分離的狀況，有些部隊已經過河，主力仍在半渡之際，命令笛瑪里都斯率領騎兵部隊攻擊迦太基人，使他們陷入混亂之中，不讓他們及時排成會戰的隊列。接著他帶著步兵進入平原，用西西里人組成左翼和右翼，並且夾雜一些外籍士兵，把當地的敘拉古人部署在中央位置，加上他視爲心腹極爲驍勇的傭兵單位。他先等候片刻用來觀察騎兵部隊的行動，這時發現迦太基人把戰車控制在手裡，只讓它們在軍隊的前緣來回馳行，所以他們不僅受到戰車的阻礙，而且在突破敵人戰線的時候，被迫避開這些戰車再重新發起衝鋒。他把盾牌舉在頭頂，大聲呼喚步兵追隨他的行動，叮囑他們作戰英勇要有信心，這種腔調極爲高亢，像是從丹田發出宏亮的聲音，顯示出內心的憤慨要攻擊當面的敵人，然而有很多人表示，神明藉著他的口宣布祂的指示。士兵很快給予雷鳴的呼聲，要求他領導大家前進不要再有任何耽擱，於是他給騎兵下達命令，越過隊列前面的戰車去攻擊敵軍的側背，然後率領他的前衛形成方陣，人與人相連盾牌與盾牌相接，吹響號角的聲音，向著迦太基人直衝過去。

28 迦太基人用堅毅的精神忍受第一次的衝鋒，他們穿著鐵製的胸甲和青銅的頭盔，用很大的盾牌掩蓋全身，很容易擋住希臘人長矛的挺刺。等到要用刀劍進行決死的搏鬥，一切都要依靠戰士的技術而非蠻力。突然之間從山頂爆發轟隆的雷鳴和耀目的閃電，黑雲從山頂向下方蔓延開來，把兩軍籠罩在狂風、暴雨和冰雹的襲擾之下。飛砂走石從希臘人的背後呼嘯而來，迎面向著蠻族痛擊，夾雜著傾盆大雨使得他們的眼睛都張不開來。天候的突變給蠻族帶來莫大的禍害，過去沒有這方面的經驗，使得他們更是難以適應，特別是雷聲的

轟鳴以及雨點和冰雹打在冑甲上的響聲，使他們無法聽到軍官下達的命令。除此以外，泥濘不堪的地面對迦太基人造成極大的不便，因為他們不是輕裝部隊，如同我前面所說，全部穿著鈍重的鎧甲，等到他們的內衣濕透以後，可以摺疊的袍服兜著滿懷的雨水，使得戰鬥的動作非常累贅而笨拙，很容易被希臘人摔倒在地，當他們倒下去以後，手裡要是拿著武器加上沉重的衣物，不僅無法起身更難以脫困。降雨使得克瑞米蘇斯河的水勢高漲，加上無數的人員車馬渡河造成的阻塞，使得洪流溢過堤岸，鄰近的田野有很多山溝和低窪的地面，集滿了雨水成為小河和急流，而且很難分辨出確實的河床位置，迦太基人行走其間就會蹣跚或沖倒，給他們的行動帶來更大的困難。

總而言之，在暴風雨吹襲下，希臘人殺死前列的敵軍400人，其餘的軍隊大敗潰逃，很多人在平原被他們趕上喪生於刀劍之下，還有一些士兵轉身投向河流，發生彼此互撞的狀況，不是被水流帶走就是當場淹死。大部分敵軍想逃到山上當作避難所，遭到輕裝部隊的攔截最後還是被殲滅。據說在戰鬥以後還有1萬人死亡，至少有3000人是迦太基的市民，對他們的同胞而言是巨大的損失和慘痛的悲悼。這些人無論出身、財富和地位都是市民之中佼佼者，過去從未在一次會戰中有如此眾多的迦太基人陣亡。他們的戰爭大量運用利比亞人、西班牙人和努米底亞人，要是會戰失利，不知有多少外鄉人為他們流血犧牲。

29 希臘人從極其豐富的戰利品很容易得知敵軍的傷亡狀況，他們在搜集這些物品的時候，黃銅和鐵器都是有用的金屬，數量多得無法計算，就是金銀器具也變得非常普遍。等到渡河以後，他們把敵軍的營地和輜重全部據為己有。士兵偷偷運走或私下賣掉的俘虜為數不少，還有5000人在處理和發售以後，得到的價款供公家運用；他們擄獲的戰車有200輛之多。泰摩利昂的中軍大帳呈現出華麗和壯觀的景象；堆集和懸掛各式各樣的戰利品和軍隊的紋章旗幟，其中有1000副精美罕見的胸甲和1萬面盾牌。勝利者在龐大的戰利品當中現在搜集到手的僅是小部分，會戰以後第3天他們建立戰勝紀念碑，這時才發現他們所獲得的財富是何等龐大。

泰摩利昂將戰勝的信息送到科林斯，附上擄獲的精美武器作為佐證。他們在城邦的廟宇裡面裝飾從蠻族和敵國擄獲的戰利品，上面鐫刻光榮的銘文，用來頌揚征服者的英勇和公正：「科林斯人民和他們的將領泰摩利昂，將居住在西西里的

希臘人從迦太基人的壓迫下解救出來，對於神明賜予的恩典，特別表達虔誠的崇敬之心」。等到大家看到這些奉獻不是來自希臘的戰利品，沒有沾染同胞和親友的鮮血，就會獲得希臘各城邦的讚許，使得自己的祖國成爲世人競相效法的榜樣。

30 等到會戰的後續事項處理完畢以後，他將雇用的士兵留在敵人的國度，向著迦太基的屬地進行全面的掃蕩和清除，自己率領其餘的軍隊返回敘拉古，對於會戰開始背棄職守的1000名傭兵，發布公告逐驅出境，限在日落之前離開城市。這批人乘船前往意大利，雖然布魯提姆人事先公開保證安全，後來還是全數遭到屠殺，這就是背叛者獲得的下場，天意如此也是無可奈何之事。卡塔納的僭主瑪默庫斯還有希西提斯，他們對於泰摩利昂光榮的戰功感到嫉妒，害怕他不遵守協定的承諾，無法與僭主建立和平共存的關係，因此他們與迦太基人聯盟，迫逼盟友要派遣一支新的軍隊和指揮的將領，否則就要冒著喪失西西里整個島嶼的危險。這種狀況所產生的後果，就是派遣基斯科（Gisco）率領有70艘船的艦隊[55]。他還花錢召募大批希臘傭兵，希臘人用這種方式爲迦太基人服務還是第一次，好像迦太基人對他們讚譽有加，說他們是全人類之中所向無敵的戰士。

迦太基的軍隊到達墨西拿的領地，獲得市民的同意殺死泰摩利昂派來的400名士兵，然後成爲迦太基的屬國。這些傭兵部隊接受琉卡斯人優特穆斯（Euthymus）的指揮，在一個名叫海理（Hierae）的地方中了敵人的埋伏，全部被殲。不過，提到這一次的意外事件，使得泰摩利昂的好運更爲出名。優特穆斯和福西斯人斐洛米盧斯（Philomelus）以及歐諾瑪克斯（Onomarchus）等人，用暴力闖入德爾斐的阿波羅神廟，犯下褻瀆神聖的大罪[56]，受盡眾人的痛恨和排斥，像是遭到天譴在伯羅奔尼撒半島四處飄泊。泰摩利昂需人孔切，很高興他們的投效參與西西里的遠征行動，在他的指揮之下無役不興，歷盡艱辛立下很大的功勞。現在所有的危險都已過去，帶著自己的部隊派出去防守一些要點，在全軍無事的狀況

---

55 迦太基人再度出兵西西里是在338B.C.的春天。

56 這件事引起神聖戰爭。福西斯人劫掠賽拉斯（Cyrrhus），安斐克提昂聯盟認為這個地區奉獻給阿波羅，譴責福西斯的人民並且處分大筆罰鍰，等到他們付不出錢來，就判決他們犯下褻瀆神聖的罪行。斐羅米盧斯將民眾集合起來，說服大家前去搶奪德爾斐神廟的金庫，等錢財到手就有能力雇請傭兵來守衛自己的國土，結果引起長達六年的戰爭，所有犯有褻瀆神聖罪行的人員，全部未能逃過被殺的命運。

下，只有他所率領的一部，在離主力不遠之處被敵人殲滅。神明的報復已經命中注定無可逃避，但是對泰摩利昂的好運卻大有助益，使得仁人志士不會受到惡徒的危害和懲處，以至於神明的厚愛賦予他的恩澤和慈善，在於獲得重大的成就，僅僅只要付出微小的代價。

31 敘拉古人最感苦惱的事就是受到僭主的羞辱和嘲笑，可以拿瑪默庫斯作為案例，他將自己寫的詩篇和悲劇當成送給人民最有價值的禮物，有次他殺死一個傭兵，就把奪得的盾牌當作祭品奉獻給神明，為了吹噓自己的勝利，在盾牌上面刻上有侮辱意味的詩句：

> 盾牌用黃金和象牙製成貴重無比[57]，
> 我們捨命保護窮人奮戰得以贏取。

到了後來，正當泰摩利昂進軍圍攻卡勞里亞(Calauria)，希西提斯藉機侵入敘拉古的邊界，獲得相當數量的擄掠物，給當地的民眾帶來災難和破壞，回師的時候經由卡勞里亞這條路線，對於泰摩利昂和實力不大的部隊極為藐視。泰摩利昂帶著容忍的態度，讓希西提斯的大軍在他們的面前通過，接著用騎兵和輕裝步兵在後面追躡，希西提斯發覺立即渡過戴美瑞阿斯(Damyrias)河，然後擺出迎戰的勢態，這條通路有河川形成障礙，部隊的運動非常困難，兩邊的河岸不僅高聳而且陡峭，使得他占有地形之利而充滿自信。

　　這個時候，泰摩利昂的軍官發生爭執，即將發起的戰鬥受到短暫的延誤，因為大家互不相讓都想率先攻擊敵軍，每個人都列舉理由維護自己的權利，渡河的地點亂成一片毫無秩序可言，僅僅只有將領能維持在最前列的位置。泰摩利昂採用抽籤解決爭執，每位副將交出一個指環，放在自己的斗篷裡面，首先中籤的人感到好運臨頭，就像戰利品上面已經打上自己的印記。他在大家注視之下發歡欣的呼叫，不願等下去看其他副將的機會，帶著手下的人馬用最大速度衝過河去，對當面的敵人施以猛烈的攻擊。他們沒有能力抵抗奮不顧身的衝鋒，全部丟下武器轉身逃走，有1000人被當場殺死。

57　這面盾牌是德爾斐神廟的掠奪品。

32 過沒多久以後，泰摩利昂向著李昂蒂尼人的城市進軍，活捉希西提斯和他的兒子優波勒穆斯(Eupolemus)，騎兵統領優特穆斯(Euthymus)被手下的士兵綑綁送交出來。希西提斯和那位年輕小夥子以暴君和叛徒的罪名遭到處決。優特穆斯是一位作戰驍勇的猛將，被控用誹謗的言辭羞辱科林斯人難逃一死。當年科林斯人首次派遣軍隊到西西里，據說他在李昂蒂尼公開告訴大家，不要為這個消息感到驚慌，更不必害怕會有危險發生，因為：

> 彼科林斯嬌妻，
> 慣常不安於室[58]。

侮慢的言語比敵對的行動引起更大的反感和恨意，這種說法真是所言不虛。他們覺得羞辱較之傷害讓人更難忍受；戰爭的狀態無法預判會產生何種結局，帶來災禍和不幸的行為有時會得到敵人的諒解。惡毒和傲慢的言辭只能表達不必要的恨意，這也是積怨過深所致。

33 當泰摩利昂班師回到敘拉古的時候，市民將希西提斯的妻兒子女交付公開審判，定罪以後宣布死刑。這就泰摩利昂平生行事而言，可以說是白璧微瑕；要是他出面說項，可憐的婦女能夠獲得一條生路。顯然他不肯管這個閒事，寧願交給市民去處理。敘拉古的人民對於狄昂所受的冤屈，非常熱中於報復行動；狄昂因為放逐戴奧尼休斯的關係，就是這位希西提斯將狄昂的妻子阿里特(Arete)、妹妹亞里斯托瑪琪(Aristomache)，以及未成年的兒子，全部活生生丟在海裡淹死。這在後面第二十二篇〈狄昂〉有詳盡的敘述[59]。

---

58 這句詩的意思是說科林斯人拿自己的老婆都沒有辦法，還算得上什麼男子漢大丈夫？出於優里庇德的悲劇《米狄亞》。

59 狄昂和泰摩利昂都是外來的將領，基於兩者的個性和作風迥異，而且後者能以前者為鑑，所以泰摩利昂能安享天年。

34 接著他向卡塔納進軍對付瑪默庫斯，兩軍在阿波盧斯(Abolus)河[60]附近會戰，瑪默庫斯戰敗以後餘眾潰散，損失2000人馬，包括相當數目的腓尼基部隊在內，這是基斯科派來的援軍。迦太基人經過這次失利以後開始謀和，同意的條件是雙方以黎庫斯(Lycus)河[61]為界，想要遷回敘拉古區域的居民，應該允許他們帶著全家和所有的財產離開；最後迦太基人只有公開否認與僭主所訂的任何協議。

瑪默庫斯現在已經喪失成功的希望，下令船隻開往意大利，企圖誘使盧卡尼亞人(Lucanians)[62]出兵對付泰摩利昂和敘拉古的人民。水手使得船隻轉向回航西西里，開城將卡塔納奉送給泰摩利昂，逼得他逃到墨西拿向僭主希波(Hippo)尋求庇護。泰摩利昂立即出兵，從海上和陸地包圍整座城市，希波害怕這件事無法善了，想盡辦法溜到一艘船上，墨西拿的人民為他的臨陣脫逃感到驚愕不已，他被抓住以後，就將他們的小孩從學校帶到劇院，欣賞暴君受罰極其壯觀的場面，先公開鞭笞然後處死。

瑪默庫斯親自向泰摩利昂投降，獲得的條件是他在敘拉古受審，泰摩利昂不得對他提出控訴。因此他出庭在人民的面前為自己辯護，使用準備很久經過仔細推敲的講稿。他在發言的時候受到吵鬧和喧囂的干擾，從他們的神色和舉止看來，市民大會顯示出冷酷無情的氣氛。他脫掉上衣，拚命跑過劇院用頭猛撞座次下方的石頭，企圖自殺了此殘生，運氣不佳還是難逃活罪，當成強盜受盡痛苦而亡[63]。

35 泰摩利昂為了撲絕暴政進行一段期間的戰爭，當他從到達西西里開始，發現整個島嶼成為蠻荒之地，當地的土著飽受災難和折磨充滿仇恨。他要從事教化和重建的工作，提供機會給每一個願意前來定居的人士，甚至就是外鄉人現在經由海上來到此地，任何城鎮和地點都讓他們居住，這些土地

---

60 托勒密或其他人士將這條河流的名字稱為阿拉布斯(Alabus)河、阿拉比斯(Alabis)河或阿拉班(Alabon)河，位於卡塔納和敘拉古之間，離開海布拉(Hybla)很近。

61 蒲魯塔克可能從戴奧多魯斯的作品中，知道這條河流的名字，其他的歷史學家將它稱為哈利庫斯(Halycus)河。

62 盧卡尼亞人是居住在意大利南部多山地區的土著，包括早期的厄諾特里亞人(Oenotrians)、刻尼斯人(Chones)和奧索尼亞人(Ausonians)在內，後來又遷入康帕尼亞人(Campanians)和薩姆奈人(Samnites)，這個地區還有很多希臘的殖民城市。

63 古代對強盜罪的處罰極為殘酷，可以施以碟刑、車刑或活活燒死。

是原來的市民放棄以後，成爲荒廢無人的曠野。阿格瑞堅屯(Agrigentum)[64]和傑拉(Gela)[65]是兩個很有名氣的城市，阿提卡戰爭以後受到迦太基人的摧毀，已經破落不堪，後來採取各種措施補充人口，麥吉拉斯(Megellus)和菲瑞斯都斯(Pheristus)從伊里亞(Elea)[66]前往阿格瑞堅屯，戈爾吉斯(Gorgus)從西奧斯(Ceos)島遷到傑拉，部分是新移民，部分是分散各地現又聚集起來的原居民。

泰摩利昂經歷一場艱苦的戰爭以後，對這些新來的人員不僅提供安全和平靜的居留區，而且非常熱心給予協助和支援，他以能夠成爲城市的創始者爲榮。不僅如此，所有的西西里人都有這種感覺，過去他們的和平遙遙無期，法律亟需改革，土地應該分配，政府無法運作，現在他們認爲一切都已好轉，不但要借重他爲總建築師的能力，完成和裝飾這件偉大的工程，更要用他自己的手建立新的風格，使得人類和神明都備感愉悅。

36 那個時代的希臘產生很多偉大的人物，他們的建樹受到舉世的推崇，像是泰摩修斯(Timotheus)、亞傑西勞斯、佩洛披達斯(Pelopidas)和伊巴明諾達斯(泰摩利昂主要仿效的對象)等人，然而就他們最佳的軍事行動而言，重大的損失和工作的勞累使獲得的光輝失色不少，甚至還因而受到譴責和感到遺憾。說起泰摩利昂爲了制止兄長的野心痛下毒手，他們之中沒有一個人可以做得到；泰密烏斯曾經提過，這件事倒是不適合引用索福克利的感嘆之辭：

縱使神明慈悲意！
奈何凡夫名利心？

安蒂瑪克斯(Antimachus)[67]的詩和戴奧尼休斯(Dionysius)[68]的繪畫，在科洛奉(Colophon)的藝術家之中極爲出名，他們的作品充滿陽剛之氣，要是與奈科瑪

---

64 阿格瑞堅屯位於西西里的南海岸，距敘拉古約100公里，早期是希臘人建立的貿易據點。

65 傑拉與阿格瑞堅屯同為與阿非利加進行貿易的重要港口。

66 伊里亞是位於意大利的希臘城市，福西亞人建立的殖民地。

67 安蒂瑪克斯是一位抒情詩人，在蘇格拉底和柏拉圖時代享有盛名，他有一本詩集名叫《底比斯人》(*Thebaid*)，根據昆提良(Quintilian)的評論，風格高雅氣勢雄偉，當代的文法學家認為他是僅於荷馬的大詩人；事實上，這是過譽之辭。

68 戴奧尼休斯是一位肖像畫家。

克斯(Nicomachus)[69]的人像和荷馬的韻文做一比較，顯得生硬而且過於雕鑿，而且後者表現力和美的平衡，像是不費吹灰之力達到生動自然的功效。

　　無論伊巴明諾達斯或是亞傑西勞斯的遠征或作戰，顛沛困苦到難以爲繼的地步，比起泰摩利昂的輕快自若，達成高貴和光榮的功勳，眞是不可同日而語；我們還是要保持大公無私的立場，不能將泰摩利昂的成就全部歸功於氣數，而是他的作爲和德行創造出建立豐功偉業的機運。

　　雖然他自己經常把個人的成功歸於好運，無論是寫給科林斯友人的書信，或是對敘拉古人民的講話，始終提到他要感謝上天的厚愛，神明決定要使西西里獲得拯救，就把解救者的頭銜和名義賜給了他，這也是他一生之中最大的榮譽。於是他在自己家中蓋一所祠堂來祭祀幸運女神[70]，同時還把整所房屋奉獻給聖潔的守護神，因爲他蒙受這些神祇的保佑。這所房屋位於全市風景最美麗的地點，是敘拉古人特意選來贈送給他，用來酬謝和紀念英勇無敵的功動。他的妻子和兒女從科林斯搬過來，住在這裡享受私人的生活，從此以後沒有重返故土。他毫無意願涉及希臘的紛爭和動亂，更不希望受到公眾的猜忌(那些偉大的將領不斷追求榮譽和權勢，難以逃脫致命的災禍)，經過明智的選擇要在西西里渡過他的餘生，這樣他就能享用自己建立的德澤，那是經過他的努力給無數城市創造的繁榮，給數以千計的人民帶來的幸福。

37 誠如賽門尼德所言：「夜鶯都會長毒舌」，民主政體必定出現惡意的告發人，敘拉古同樣無法倖免。有兩位譁眾取寵的政客名叫拉菲斯久斯(Laphystius)和笛米尼都斯(Demaenetus)，他們用言辭誹謗泰摩利昂。前者要求他提出保證，願意答覆所有指控者所舉發的問題，人民對這種要求感到憤怒，不同意採用類似的法律程序。泰摩利昂不願因而引起騷動，他的答覆是他所以冒著危險和克服困難，在於達成「法律之前，人人平等」的目標。笛米尼都斯在市

69　根據普里尼(Pliny)的說法，奈科瑪克斯作畫既迅速又優美，到他那個時代留存的作品已經
　　價值連城。西賽昂(sicyon)的僭主委託他作畫，同意給予相當長的時間去構思和完成這副傑
　　作，但是他一直不動手，等到僭主知道延誤的狀況，揚言要給予嚴屬的處分，這時沒有剩下
　　幾天時間，結果還是如期完成，而且深獲各方的好評，使得僭主感到極爲滿意。

70　古人要是把任何事件歸之於「運道」，認爲這就完全出於神明的意思，人爲的計謀和權力全
　　都派不上用場；要是把任何事件歸之於「機會」，表達的意思是否認理性的作用，無論出於
　　人爲或神意亦然。

民大會的群眾面前，公開指控他擔任將領的時候，在指揮上犯了很多錯誤。他並沒有答覆這些控訴，只是說他感激神明賜給他所期望的請求，在活著的時候看到敘拉古人能享受言論自由，從現在的作爲可以知道，他們已經當家作主。

大家承認泰摩利昂的所作所爲，比起當代的希臘人更爲偉大和高貴。只有他受到演說家和哲學家異口同聲的讚譽，他們在本國的市民大會上面，發表長篇大論的演講和頌辭，用來鼓勵和激發希臘人向他效法和學習，說他在內戰的災禍中，從來沒有仗著運道的優勢來取勝，手上也沒有沾染同胞和無辜者的鮮血；古代的希臘人只要涉及權勢，無不罪孽深重。同時可以獲得充分的證據，他用明智的指揮和無畏的英勇，處理有關蠻族和暴君的問題，如同他用公正的精神和仁慈的情懷，善待所有的希臘人和他的朋友。他從事的會戰贏得勝利，能夠奪取大量戰利品，無論是敘拉古或科林斯的市民，都不必爲此付出代價；在8年的時間之內[71]，他將西西里從積怨已深和騷動不已的局勢中拯救出來，讓當地的居民享有自由和平等。

等到他年事已高，發現視力衰退，後來眼睛完全瞎掉，他從來沒有怨天尤人或是自憐自艾[72]，認爲這只是天生的缺陷或遺傳的問題，據說他的家人或親戚都有這種隱疾，到了時間就會慢慢發作，最後就像他一樣目盲不能視物。史家阿薩尼斯告訴我們，他在征討希波和瑪默庫斯的期間，營地設在邁立（Mylae），就發現他的眼睛裡面長著白翳，視力開始逐漸衰退，顯然對於他從事圍攻和進行戰爭並沒有什麼妨礙，直到他制伏這兩位暴君回到敘拉古以後，提出解除指揮權的要求，告訴市民原諒他無法再爲大家服務，何況所有重大事件已得到圓滿的結局。

38 他能夠忍受這些不便並沒有感覺困難，這也是很自然的事；等到他全盲以後，敘拉古人所表現的尊敬和感激的態度，確實值得我們欽佩。他們通常會成群結隊前去拜訪，所有旅行經過此地的外鄉人，都被帶到他的住處與他相見，使他們有幸瞻仰高貴的恩主。在他建立這麼多英勇和幸運的功勳以後，應該凱旋回到希臘接受更高的榮譽，即使大家做好歡迎的準備還是拒絕成

71　8年的征戰期間是344-336B.C.。

72　蒲魯塔克暗示一種在異教徒中極爲流行的觀念，認爲一個人處於順境的時候，應當經常遭到若干挫折，才不致遭到神靈的猜忌。

行，情願餘生在西西里終老，大家對他這種情懷更是無比的高興和欣慰。泰摩利昂接受很多的榮譽，我覺得有一件事特別值得提出報告，市民大會投票通過，以後只要與外國發生戰爭，他們必定會任命一位科林斯人擔任將領。

他們在重要的會議中處理政務，同樣會對泰摩利昂表示尊敬，日常的事務他們會自行決定，每逢軍國大事就會與他商量。遇到這種狀況，就會用舁床將他從市場抬到劇院，進來的時候大家會呼叫他的名字向他致敬，一直到就位爲止。然後他會答禮，暫停一會兒等感激和祝福的聲音平靜下來，他開始聽取各方的議論，最後發表自己的意見。等到表決定案以後，他的僕人將他用舁床從會場抬回家中，人民在歡呼聲中把他送出去，接著繼續處理其他的公務。

39 他在老年的禮遇就像受到尊敬和孝順的父親，後來身體稍有不適經過調養一陣子，還是安然逝世[73]。使得敘拉古人有充分的時間準備他的喪事，鄰邦的居民和外鄉人都前來參加，整個葬禮的排場極爲盛大而隆重。安放遺體的抬棺用戰利品裝飾得無比華麗，特別選出一隊年輕人負責運送和護衛，人數之多站滿整個廣場，過去這裡是戴奧尼休斯的宮殿和堡壘，被泰摩利昂夷爲平地。數以千計的男女老幼戴著花冠穿起白色的喪服，慟哭和眼淚混合著對死者的讚頌，不僅表現出他們極度的推崇和敬仰，對於死者那種如喪考妣的哀傷，全民奉獻出眞誠的摯愛。最後將抬棺放在巨大的木堆上面舉行火葬，德米特紐斯是聲音最宏亮的傳呼員，向大眾宣布這份文告：

> 敘拉古的市民大會頒布特別的律令，用來安葬泰摩德穆斯之子科林斯人泰摩利昂，全部費用是200邁納，爾後每年舉行盛大的賽會，包括音樂、體育和賽車等各種表演和競賽的項目，用來紀念他的豐功偉業，諸如推翻暴政、擊退蠻族、充實人口、繁榮城鎮，爲西西里人制定法律和賦予自由權利。

除此以外，他們將他的墓地設在市場，後來還建造一座圍繞的柱廊，年輕人可以在這裡從事體育活動鍛鍊身體，將這個地方稱之爲泰摩利昂屯(Timoleonteum)。

73　泰摩利昂死於奧林匹克111會期第3年即334B.C.。

他們繼續沿用他所建立的城邦體制、施政方針和法律規章，使得人民長期享受繁榮和幸福的生活[74]。

---

74 城邦的繁榮延續30年之久，阿加索克利（Agathocles）的暴虐統治帶來毀滅性的打擊。

第二章
伊米留斯‧包拉斯（Aemilius Paulus）

229-160B.C.，羅馬將領，以寡擊眾贏得皮得納會戰的勝利，
成為馬其頓征服者，羅馬從此躍升為世界性的強權和帝國。

2¹ 幾乎所有史家都同意伊米留斯家族（Aemilli）是羅馬最古老的貴族世家之一，哲學家畢達格拉斯兒子用非常高興的口吻，說起這個家族的始祖是努馬的兒子瑪默庫斯²，使用他的綽號伊米留斯作為家族的名稱。同時他用極其肯定的語氣告訴我們，努馬國王是畢達格拉斯的弟子。這個家族有很多族人³所以能擢升高位建立功勳，都是因為他們獲得很好的運道；甚至就是盧契烏斯‧包拉斯在坎尼會戰陣亡，也能證明他的睿智和英勇果真名不虛傳。他力勸同為執政官的瓦羅不要從事危險的會戰，沒有產生效果，雖然他反對這個決定，還是挺身而出奮戰不息，沒有像同僚一樣逃走保命。恰恰相反，瓦羅的錯誤陷軍隊於絕境，結果自己離開，留下包拉斯在戰場被殺⁴。這位伊米留斯家族的包拉斯有位女兒，後來嫁給西庇阿大將為妻，生下一位兒子也叫包拉斯，就是這篇傳記的傳主。

1　第1節已用來放在本篇第一章的開始當成序言，因而從略。

2　努馬有四個兒子，名字分別是龐波（Pompo）、派努斯（Pinus）、卡爾帕斯（Calpus）和瑪默庫斯（Mamercus），每個人都有子息，是龐波紐斯家族（Pomponii）、派納流斯家族（Pinarii）、卡爾帕紐斯家族（Calpurnii）和瑪庫默斯家族（Mamerci）的始祖，繁衍綿延成為羅馬四個高貴而顯赫的世家。

3　從盧契烏斯‧伊米留斯在羅馬建城271年即483B.C.擔任執政官，討伐弗爾西人，到包拉斯‧伊米留斯的父親盧契烏斯‧包拉斯於216B.C.在坎尼戰死，這段期間有很多伊米留斯家族的成員，立下赫赫戰功，獲得凱旋式的榮譽。

4　羅馬早期與敵人作戰，都是兩位執政官同時出征，每人率領兩個軍團，隔日輪流擔任總指揮的職務。包拉斯雖然聽從費比烏斯的勸告，最後還是受制於瓦羅的剛愎自用，戰敗以後不願逃走，總算是求仁得仁，無忝所生。

羅馬在崛起的初期人才鼎盛[5]，伊米留斯可以說是非常特殊的人物，不像那個時代的年輕人，努力讀書求知踏著先人的足跡前進。他不願成為投身政治的演說家，去為上訴的案件絞盡腦汁，或是委屈自己的身分討好和巴結平民，運用各種伎倆獲得民意的支持。他並不是沒有能力從事這些工作，然而卻選擇另外的道路，用英勇、公平和正直換取不朽的榮譽。他擁有這些德行，很快超越同儕出人頭地。

3 他渴望的第一個重要職位是市政官[6]，當時的競爭對手有12位之多，這些人到後來都升到執政官的階級。接著他的選擇是成為祭司出任占卜官[7]，這是羅馬人非常重視的職務，觀察鳥類的飛行和天象的異常，經過查明和推算定出事件的吉凶。他極為細心學習城邦古老的先例，深入明瞭祖先創設的宗教；過去大家把這個職位當成榮譽的頭銜，僅僅作為後續授職的踏腳石[8]，經過他的努力成為升到最高位階的重要條件，有一些哲學家認為「宗教是向神明頂禮膜拜的藝術」，他肯定這個定義視為顛撲不破的原則，當執行這方面職責的時候，會運用最熟練的技巧和最審慎的態度。只要他參與的宗教活動，不會省略任何一項儀式，也不會增添缺少的環節，就是對相同階級的同僚不僅堅持到底，甚至還要指出考慮不夠周詳之處。當時的羅馬人認為神明容易安撫，忘記粗心大意所產生的過失；然而他有不同的看法，覺得任何放肆的行動都非常危險，因為這筆帳會算在共和國的頭上；沒有任何人可以惡性違犯法律，擾亂城邦的安寧；然而要是不注意瑣碎的細節，就會產生怠忽重要職責的先例。

他要求大家嚴格遵守羅馬保持長久的軍隊紀律，一旦他出任軍隊指揮的職

---

5 羅馬初期像是森普羅紐斯家族(Sempronii)、阿比努斯家族(Albini)、費比烏斯·麥克西穆斯家族(Fabii Maximi)、馬塞拉斯家族(Marcelli)、西庇阿家族(Scipios)、弗爾維斯家族(Fulvii)、蘇爾庇修斯家族(Sulpitii)、西第古斯家族(Cethegi)和梅提拉斯家族(Metelli)，都出了很多鼎鼎大名的人物。

6 他出馬競選市政官是在羅馬建城562年即192B.C.。

7 占卜官是正式的官職，負責觀察雷電、飛鳥、家禽和牲口的覓食和行動，以及其他種種徵候，用以得知神明的旨意；後來將檢視犧牲的內臟和詳夢等列入。羅馬人遭遇重大災難或做出重大決定之前，都要舉行占卜、鳥卜或腸卜以定吉凶，同時表示能獲得神明的應許和保佑。

8 羅馬人遇到重大的軍國事件，無論是執政官或是主將，都要舉行鳥卜，所以占卜官擁有很大的權勢，可以拿解釋預兆作為工具來左右政局和公共事務。

務，不會用譁眾取寵的方式去迎合士兵，雖然在那個時代已經成為風氣[9]，經由大家的捧場和支持，可以一個職務接一個職務的晉升上去。他訓誡士兵要聽命於軍紀的規定，就像一個祭司那樣，用小心翼翼的態度教導宗教的儀式，還有令人感到敬畏的神秘祭典；必要時用嚴厲的手段制裁那些違犯和藐視法律的人。他要維持國家始終處於偉大的狀態，市民經過適當的訓練和管教以後，勝利不過是他們應得的附屬品。

4 羅馬和安蒂阿克斯大帝(Antiochus the Great)的戰爭[10]，使得最有經驗的指揮官都使用在東方[11]，後來西部又出現問題，西班牙發生大規模的起義行動[12]。伊米留斯當時擔任法務官，奉到派遣領軍前去平亂，隨護在旁的扈從校尉，人數不是規定的6位而是12位，說明他享有執政官的身分和尊榮。他在兩次決定性的會戰[13]中擊敗蠻族，有3萬人被殺，勝利主要歸功於將領的智慧和指揮，他運用高明的手段來選擇有利的地形，趁著敵人半渡之際發起攻擊，使他的部隊贏得輕易的大捷；很快成為250個城市的主人，當地的居民主動開城降服，願意宣誓效忠。他在綏靖整個行省以後班師回到羅馬，沒有利用戰爭使自己獲得一個德拉克馬的好處。實在說，他不屑於搞錢圖利，雖然他靠著自己的產業過著自由自在的生活，而且他的為人非常慷慨，說起來還是恰得其分不會有逾越之處，到他過世以後，留下的財產還不及他妻子帶來的嫁粧。

5 他的第一位妻子帕皮里婭(Papiria)是前執政官瑪索(Maso)的女兒，他們的婚姻生活維持很長一段時間，雖然她生了幾個非常優秀的兒女，就是舉世聞名的西庇阿和費比烏斯·麥克西穆斯，使他成為受人尊敬的父親，最後還是離異分手；到底是什麼原因，至今還是沒人知曉。好像真實的狀況是另外一位

9　那個時代的羅馬士兵都是市民，無論是政府或軍隊的重要職位，全部經由選舉產生。
10　安蒂阿克斯大帝是敘利亞國王，他與羅馬的戰爭發生在建城562年即192B.C.，坎尼會戰之後24年。
11　羅馬的執政官格拉布里歐(Glabrio)出任統帥，後來由兩位西庇阿接替；年長的一位願意在他的弟弟手下擔任副將。可以參閱李維的《羅馬史》第37卷。
12　西班牙已經被西庇阿·納西卡征服，伊米留斯以執政官的頭銜派去平亂是在191B.C.。
13　李維的《羅馬史》第37卷中，只提到一次會戰，包拉斯·伊米留斯挖壕溝圍困西班牙人，後來將他們殺死1萬8000人，只有300人成為俘虜。

羅馬人與妻子離婚，他就將自己的妻子讓給這個人，認爲這是更適合的婚姻。他因而受到朋友的責備，大家異口同聲說道：「難道她不貞節？難道她不漂亮？難道她不生育？」這時他把鞋子拿起來讓大家看，然後問大家：「難道這雙鞋子不是新的？我穿起來難道不好看？然而，誰知道這雙鞋會夾我的腳。」確實如此，夫妻之間有些情節重大或眾所周知的缺失，反而不會造成雙方的絕裂，倒是一些細微的瑣事，不斷產生的煩惱，特別是個性的衝突所引起的厭惡之感，帶來的疏遠和反目，使得兩造都無法容忍，以致多年的配偶不能再生活在一起。

伊米留斯休掉帕皮里婭以後，娶了第二位妻子，從她那得到兩個兒子，帶到自己家裡撫養，就把前妻所生的兩個兒子，讓給羅馬最顯赫和最高貴的家庭，年長的哥哥被五次出任執政官的費比烏斯·麥克西穆斯收養，因爲西庇阿·阿非利加努斯之子是伊米留斯的表親，就把年幼的弟弟送給他當養子，得到西庇阿這個名字。伊米留斯的女兒，一位嫁給加圖的兒子，另外一位成爲伊留斯·圖貝羅（Aelius Tubero）的妻子。

伊留斯·圖貝羅是潔身自愛和安貧樂道的羅馬人，整個伊留斯家族（Aelii）的近親有16人，靠著一處田產過日子，包括他們的子女和妻子在內，所住的地方是很小的房舍，伊米留斯的女兒與他們生活在一起，雖然她的父親兩次出任執政官，獲得兩次凱旋式的殊榮，她對丈夫的窮貧絲毫沒有羞愧之心，而且以他的胸懷磊落備感驕傲。那個時代兄弟和親戚，他們所繼承的產業，除非中間有別人的土地，或是被河流或城牆所分開，因而保持相當的距離，否則的話會經常發生爭執，這種事屢見不鮮。對於這種狀況的處理方式，從歷史上能找到很多事例，可以供有心人參考或運用。

6 後來，伊米留斯當選爲執政官[14]，發起對黎古里亞人（Ligurians）的戰爭，這個部族又稱爲黎古斯廷人（Ligustines），他們的國土靠近阿爾卑斯山。這群黷武好戰的勇士，從成爲近鄰的羅馬人那裡熟悉作戰的技巧。他們據有的區域是意大利遙遠的邊疆，以阿爾卑斯山爲界的部分瀕臨托斯坎海，正好面對阿非利加，整個海岸地區混雜著高盧人和伊比利亞人（Iberians）。除此以外，這段時期他們的念頭轉向海洋，使用適合需要的輕型船隻，航行的距離最遠到達海克力斯

---

14 伊米留斯在出任執政官的次一年，領軍前去討伐黎古里亞人。

之柱，在這個範圍之內的所有行業，都受到他們的劫掠和摧殘。他們的兵力多達4萬人，以逸待勞等候伊米留斯的到來，然而他的部隊不到8000人，當他們接戰的時候，敵軍占有五比一的優勢。伊米留斯在戰場擊敗黎古里亞人，迫得他們退回有城牆圍繞的市鎮，提出公道的條件使雙方獲得和解。

　　羅馬人的政策是不能完全消滅黎古里亞人，因為高盧人對意大利虎視眈眈，需要在邊境有一個部族擔任守衛和屏障。伊米留斯獲得他們的信任，黎古里亞人將市鎮和船隻全部交到他的手裡；這時他只將對抗羅馬人的工事拆除，然後再將市鎮還給他們，留下不大於三排槳座的船隻，其餘全部帶走，同時將他們從海上和陸地所抓來的俘虜，無論是外鄉人還是羅馬人，全部釋放讓他們獲得自由。這是他擔任第一次執政官任期內，最有成就值得大加讚揚的作戰行動。

　　後來他不斷暗示想要第二度出任執政官，終於獲得推舉成為候選人，在集會中沒有獲得通過而落選，從此他放棄從政的念頭，善盡占卜官的職責，同時竭盡全力教育他的子女，不僅如同他當年那樣接受羅馬古代的紀律，而且用極大的熱誠運用希臘人的學習方式。為了達成這個目標，他花錢請老師講授文法、邏輯和修辭，還有一些專家教導雕塑和繪畫，以及馬匹、獵犬的調教和管理，再加上各種體育活動的教練，這些人全從希臘聘僱。他在公務繁忙之際稍有餘暇，就會與兒女一起從事學習，或者進行各種體能的訓練，可以說是全羅馬最疼愛孩子的父親[15]。

7 就在這個時候，羅馬與馬其頓國王帕修斯(Perseus)爆發戰爭[16]，公眾對派遣的將領極為不滿[17]，不僅缺乏作戰的經驗和勇氣，所有的軍事行動讓人感到羞愧，相比之下，他們較敵人受到更大的損失和傷害。現在這幾位執政官根本不能與前人相比，過去出征的將領迫著安提阿克斯大帝放棄亞細亞其餘的

15　伊米留斯採行希臘的教育方式，可能是在168B.C.擊敗帕修斯以後的事。波利拜阿斯擔任過他兒子的家庭教師，根據他的說法，西庇阿‧伊米利阿努斯獲得帕修斯的獵犬和馬匹以後，才開始從事狩獵的活動。

16　羅馬與帕修斯的第三次馬其頓戰爭，在172-168B.C.，羅馬人在168年6月22日的皮德納會戰擊敗馬其頓人。

17　這次戰爭前面幾位將領都由執政官擔任，他們是黎西紐斯‧克拉蘇(Licinius Crassus)、賀斯提留斯‧馬西努斯(Hostilius Mancinus)和馬久斯‧菲利帕斯(Martius Philippus)，進展非常緩慢，引起人民的憤怒。

地區[18]，退過陶魯斯（Taurus）山脈把國土限制在敘利亞，樂於花1萬5000泰倫從羅馬人手裡購買和平[19]。他們同樣無法像在帖沙利制伏菲利浦國王一樣[20]，讓希臘人從馬其頓的桎梏之下獲得自由。羅馬人在消滅漢尼拔以後，格外推崇菲利浦的膽識和權勢，遠優於所有的國王；所以他們才會藐視帕修斯，認為他根本沒有資格成為羅馬的敵手，即使用最適合的條件來從事戰爭，也不過是他父親被擊潰的部隊所留下的殘兵敗將。這幾位執政官根本不知道，菲利浦接受失敗的教訓，馬其頓的軍隊在實力和紀律兩方面，較之以往都有顯著的改進。我在詳述整個事件的始末之前，追本溯源略提一二。

8 亞歷山大大帝的部將和繼承人當中，安蒂哥努斯（Antigonus）[21] 擁有最大的權勢和實力，為自己和子孫獲得國王的頭銜；接位的兒子名叫德米特流斯（Demetrius）；傳給孫子與他同名也叫安蒂哥努斯，有一個稱號叫做戈納塔斯（Gonatas）；戈納塔斯的兒子名字又叫德米特流斯，統治很短的期間，死後將王位傳給年幼的兒子菲利浦。馬其頓的首腦人物擔心國王未成年，會給國家帶來混亂，召請去世國王的表兄弟安蒂哥努斯進入宮廷辦事，並且讓他娶寡后也就是菲利浦的母親為妻。開始的時候朝臣和貴族稱他為攝政，擁有將領的職權，等到大家發現他治理國家經驗豐富，不僅政通人和而且國勢大振，於是擁戴他登基正式成為國王。他有一個稱號叫做多森（Doson），意思是「言而無信」。

菲利浦接位稱王，雖然年輕卻充滿朝氣，勵精圖治帶來遠大的希望，有朝一日他會成為偉大的國王，恢復馬其頓帝國昔日的繁榮和顯赫的地位；羅馬崛起有併吞世界的野心，他要向世人證明只有他能力挽狂瀾。他與提圖斯・弗拉米紐斯（Titus Flaminius）在史科圖薩（Scotussa）[22] 附近，雙方展開一場決定性的會戰，吃

---

18 奧林匹克146會期第1年即190B.C.，羅馬入侵小亞細亞，馬格尼西亞會戰擊敗安提阿克斯大帝。

19 根據李維的說法共1萬2000泰倫，分12年支付，每年1000泰倫。

20 這件事是指奎因都斯・弗拉米紐斯（Quintus Flaminius）在帖沙利擊敗菲利浦，殺死8000馬其頓人，俘虜5000人，贏得勝利以後，派傳令官到地峽運動會上宣布，希臘的城邦從此得到自由和獨立。

21 這是指安蒂哥努斯一世（382-301B.C.），他曾經殺死攸門尼斯（Eumenes），從塞琉卡斯（Seleucus）手裡奪取巴比倫，等到他的兒子德米特流斯（Demetrius）在塞浦路斯擊滅托勒密的艦隊，他就加冕稱王，成為亞歷山大大帝第一位繼承人。

22 史科圖薩是帖沙利地區的城市，位於菲里西方約30公里。

了敗仗瓦解他的雄心壯志，只有向羅馬人討饒不要趕盡殺絕，對於只要支付少數貢金就能逃過一劫，感到十分滿意。然而，後來他再度鼓起勇氣，無法容忍失敗的羞辱，不能像一位奴隸那樣過著討好別人的生活，他要憑著大丈夫的氣概，使他的王國享受征服者的喜悅，就把他的全副心思用在戰爭方面，竭盡諸般手段在暗中進行準備，盡可能運用計謀來欺騙敵人。

　　為了達成這個目標，那些位於通衢大道和海岸旁邊的城市，根本不留置任何守備部隊，幾乎任其殘破荒廢，使得敵人對他藐視認為他已經無足輕重。就在這個時候，他把大部分的軍隊集結在內陸地區，無論是哨所、據點或城鎮，加強各種工事和設施，配置武器、金錢和人員，適合他們所賦予的任務。他用這些來供應戰爭的需要，同時保持準備工作的充分和隱密。他的部隊有全身配備鎧甲的士兵3萬人，在防衛嚴密的地點興建糧倉，儲存800萬蒲式耳的穀物，他的財力可以用來維持1萬人的傭兵部隊，守衛他們的國家達10年之久。

　　菲利浦在將所有的計畫付諸行動，使得圖謀達到成效之前，因為聽信讒言將長子德米特流斯處死[23]，事後發現他清白無辜，就在憂傷和痛苦之中逝世。帕修斯是唯一在世的兒子，繼承菲利浦的王國和對羅馬人的仇恨，卻沒有能力去執行他的構想，雖然他缺乏勇氣而且行事怪異，關鍵所在是他的貪婪成性，可以說把萬惡之源集於一身。何況還出現一種狀況就是他的血胤發生問題，菲利浦國王的妻子在他剛出生的時候，把他從他的母親納特尼昂(Gnathaenion)(一位亞哥斯的婦人，她的職業是女裁縫)身邊抱走，獲得菲利浦的認同將他視為己出。這也是德米特流斯遭到謀害的主要原因，帕修斯對家族有合法的繼承人感到憂心不已，無法保證他這種類似私生子的身分不會洩漏。

9　即使有這些狀況發生，雖然他的氣質是如此的低劣，性格是如此的卑賤，他仍舊對於自己擁有的實力和資源充滿信心，發起對羅馬人的戰爭，持續相當長的時間，擊退甚至打敗一些帶著執政官頭銜的將領，加上為數甚眾的軍隊和水師。巴布留斯‧黎西紐斯(Publius Licinius)是第一位入侵馬其頓的羅馬將領，在一次騎兵部隊會戰中被擊潰[24]，2500名訓練精良的士兵慘遭屠殺，

23　楊博士(Dr. Young)在他的悲劇《親兄弟》(The Brothers)裡面，將這個故事描寫得淋漓盡致。
24　李維在他的《羅馬史》第42卷的末尾，特別敘述這次的行動。帕修斯願意與被打敗的敵手談

600名成爲俘虜。羅馬在歐倫斯（Orens）碇泊的艦隊受到奇襲，帕修斯奪得20艘裝滿各種貨物的船隻，其餘載運糧食的運輸船全部擊沉，除此以外，還成爲4艘五排槳戰船的主人。這時帶著執政官職稱的賀斯提留斯（Hostilius），率領軍隊從伊米利（Elimiae）這個地方進犯他的疆域，雙方遭遇展開第二次會戰，帕修斯迫使羅馬軍隊撤退。賀斯提留斯後來企圖偷偷從帖沙利發起入寇行動，受到帕修斯的挑戰，竟然心生畏懼不敢接受。

不僅如此，帕修斯爲了對羅馬人表示藐視，認爲這次戰爭還沒有完全展現出實力，就對達達尼亞人（Dardanians）發起遠征，殺死1萬蠻族的人民，帶回數量龐大的戰利品。高盧人（又稱巴斯特尼人〔Basternae〕）是一個喜愛戰爭的民族，特別擅長於騎兵作戰，他們居住的地區靠近多瑙河，帕修斯私下懇求他們給予援助。同時與伊里利亞人的國王琴修斯（Genthius）建立關係，利誘伊里利亞人參加他們的陣營，聯手與羅馬人決一勝負。據說這些蠻族受到勾引答應給予豐碩的報酬，經由亞得里亞海的海岸，通過山內高盧地區，對意大利著手大規模的進犯行動[25]。

10 等到羅馬人獲得這些信息，認爲他們選擇將領不應出於利益或情面，經過提議要推舉有智慧和能力的將領，負責攸關國家尊榮的重大任務。包拉斯・伊米留斯已經是將近60歲的老人，仍舊氣勢豪邁有如往昔，他的兒子和女婿都是心雄萬丈的人物，除此以外還有爲數甚眾深具影響力的親戚和朋友，這些人聯合起來勸他接受人民的好意，大家認爲執政官的職位非他莫屬。他在開始的時候，面對民眾仍有腼腆之感，擺出率直的態度拒絕他們不斷的強求，表示沒有興趣接受徵召。他們還是每天來到他的門前，用大聲的呼叫和喧囂的吵鬧要他參加選舉，面臨這種壓力之下只有接受他們的請託。等到他來到戰神教練場，在這群候選人中出現，看起來不像是要大家惠賜一票，而是他要把勝利和成功帶給大家。全體市民帶著充滿希望和愉悅的神情，毫無異議選他第二次出

（續）————————————————

　　　和，提出的條件好像他是在求饒，羅馬人加以拒絕；元老院有這樣的規定，就是不在吃敗仗的狀況下簽署和平條約。堅持這種原則可以證明羅馬人是一個睿智的民族，一般而言很難做得到。

25　帕修斯用同樣的手法邀請俾西尼亞國王攸門尼斯出兵，也派使者去見敘利亞國王安提阿克斯，說羅馬人是所有國王的敵人，大家應該同心合力將他們消滅；攸門尼斯提出的條件是付給1500泰倫，這樣一來就談不下去。不過，出現這種狀況以後，羅馬人和攸門尼斯之間無法維持原來的友誼，以致反目成仇，雙方的敵意對於帕修斯並沒有什麼幫助。

任執政官；也沒有像以往那樣用抽籤的方式，決定執政官所掌管的行省[26]，立即下達敕令由他負責指揮馬其頓戰爭。

　　據說當他擔任將領出兵對抗帕修斯的使命發布後，在大群民眾的簇擁之下回到家中，發現最小的女兒特爾夏(Tertia)在啼哭，就叫她過來問她為什麼流淚，小女兒抱著他的頸脖親吻他，說道：「啊，父親，難道你不知道帕修斯死了嗎？」這是一條送給她的小狗取了這個名字；伊米留斯回答道：「乖女兒，真走運，我接受這個好彩頭。」演說家西塞羅在他的書中提到這個故事。

11 當選的執政官按照習俗在一個裝飾著鐵爪的講壇上面，對人民發表演說，感謝大家的厚愛。伊米留斯這次在市民大會的講話，提到他第一次選執政官，是為了給自己爭取榮譽和地位；現在他參加第二次的選舉，因為他們需要一位將領，所以他沒有必要來感謝那些選他的人。他們如果認為還有任何人，對於戰爭的指導比他更為稱職，那麼他會毫無怨言的讓賢；要是大家對他信任有加，那麼就要放手讓他去做，不要把自己當成是他的同僚，或是聽信流傳的謠言，任意批評他的軍事行動。大家所要做的就是靜靜閉上嘴巴，供應他進行戰爭的支援和需求。如果市民大會還是如同過去那樣企圖左右他們的將領，這一次的遠征行動得到的下場會比上次更為荒謬。他的講話使他贏得大部分市民的尊敬，對於未來的勝利抱著更大的信心。大家都很高興，覺得過去受到候選人花言巧語的擺布，現在總算找到一個有智慧和勇氣的指揮官，最重要一點是他願意對大家講真話。羅馬人民能夠服膺真理和聽命武德，所以才會君臨天下成為世界的主人。

12 伊米留斯動身前往戰地，一路的行程非常順利，迅速而安全的抵達營地，對於這些我可以說是托天之福。當我考慮到戰爭在他的指導之下，能夠獲得美滿的結局，應該歸功於他有大無畏的戰鬥精神、正確的用兵策略、良好的行政支援，以及處於極端危險狀況下適切的措施和處置。我無法將他最重要和最突出的作戰行動(我對於其他的將領倒是可以如此)，用來恭維他有很好的運道，才能獲得這麼偉大的成就；除非我們把帕修斯的貪婪和慳吝，也看成伊米留斯獲得好運的根源。馬其頓有很大的希望能夠贏得戰爭的勝利，實在說，

26　李維的說法與這個完全相反，一切還是按照既有的規定來辦理。

就是帕修斯害怕花錢，才將完美和偉大的戰爭準備，從基礎上面給予徹底的摧毀。根據他們原來的計畫，需要巴斯特尼人提供1萬名騎兵[27]，以及同樣數量的步卒。這些部隊能保持同樣的前進步速，在狀況發生意外的時候能夠相互支援。巴斯特尼人都是職業軍人，他們對於耕種、航海和放牧都一竅不通，唯一的專長和行業就是戰鬥，能把當面所有抵抗的敵人全部消滅殆盡。當他們來到密迪卡（Maedica）地區，就與國王的士兵混雜起來，住在同一個營地裡面[28]。他們有雄偉的身材和強健的體魄，不斷吹噓自己的訓練能耐和作戰技術，用威脅的口氣大聲談論他們的敵人。他們的言行給馬其頓人帶來信心和勇氣，竟然產生這種想法，蠻族可怕的面容和敏捷的動作，看起來是如此的驚人和無可抗拒，使得羅馬人不敢面對他們的挑戰。

　　帕修斯這樣做可以激起臣民作戰的勇氣，帶來勝利的希望，這時蠻族提出要求是每一個百夫長的酬勞是1000金幣。他對如此巨大的額度感到驚異因而抓狂，完全出於痛心財物的損失就將他們打發回去，以致失去他們的支援。好像他要作戰的對象不是羅馬人，而是那些給他理財的管家，他們把戰爭的額度很準確地告訴他，因而讓他心痛不已。非但如此，他還將仇敵看成家庭教師，對他們的話言聽計從，好像他能省錢就是統治國家的第一要務。除此以外，他們原來的準備還包括徵召10萬人，編組軍隊用來作戰，然而他反對運用這樣龐大的一支隊伍，認為維持目前的數量就能應付戰爭所需。素來如此，他對於財務問題一直斤斤計較，從來捨不得打開自己的錢袋，生怕被別人占了便宜。

　　不管怎麼說，他並不是出身於利底亞或腓尼基的商賈家庭，好歹總能與亞歷山大大帝和他父親腓力扯上一些親戚關係，應該感受或薰陶他們所具備的美德。一個征服世界的人，靠著花錢建立帝國而不是拿帝國去換錢。有一句很有名的諺語：腓力用黃金的力量打開希臘所有城市的城門[29]。亞歷山大大帝遠征印度，發

27　李維在《羅馬史》第44卷對巴斯特尼人騎兵和步卒的協同作戰，有很詳盡的描述，他說道：「1萬騎兵和人數概等的步卒，攻擊前進的步伐保持同樣速度，任何一位騎兵喪失馬匹，就納入步卒編成的隊列繼續戰鬥。」凱撒對同樣一個民族也有類似的說法，他在《高盧戰記》第1卷，提到阿里奧維司都斯（Ariovistus）的軍隊，也用這種方式作戰。帕修斯很快得知巴斯特尼人到達的消息，他派安蒂哥努斯去迎接他們的國王克倫迪庫斯（Clondicus）。國王提出要求，如果不付錢就不會再前進一步，帕修斯的貪婪和小氣，讓這群蠻族拂袖而去。

28　設置在密迪卡的營地，位於馬其頓的西北部地區。

29　亞歷山大大帝的父親腓力或稱菲利浦，奧林匹克105會期第4年即357B.C.占領斯台蒙河的安

覺在波斯奪取數量龐大的戰利品，成為馬其頓人行軍的累贅，首先將自己的行李燒得乾乾淨淨，然後說服其餘人員效法他的榜樣，這樣才能獲得行動的自由，後續的戰事不致受到妨礙。帕修斯富有資財，只要拿出部分就可以保護他的家庭和王國，然而他所選擇的方式是自己不用，寧願讓人將它全部攫走，好像他要向羅馬人表示，他是為著他們節約和保存的巨大財物。

13 他不僅犯下大錯將高盧人打發走路。他原來答應給予300泰倫的報酬，引誘伊里利亞國王琴修斯在戰爭中給予他支援，當著派來的信差面前計算這些錢財，然後裝在袋子裡封存起來。琴修斯很想獲得這樣大一筆財富，使出邪惡而卑鄙的伎倆，竟然逮捕羅馬人派來的使者投入監獄。帕修斯到這個時候，認為不必花錢就使得琴修斯成為羅馬的仇敵，因為他的作為違背正義的原則，使得自己陷入戰爭之中。帕修斯用300泰倫欺騙這位不幸的國王，對他和他的家人遭遇的災難也置之不理。羅馬人派盧契烏斯‧阿尼修斯(Lucius Anicius)[30]率領一支軍隊採取報復的行動，在很短的期間之內，琴修斯的王國有如覆巢，所有的親友無一倖免。

伊米留斯的到來是將帕修斯當成真正敵手，雖然他對帕修斯本人抱著藐視之心，還是稱許他們的戰爭準備和作戰實力。帕修斯有4000名騎兵和用來編組方陣的4萬名重裝步兵，營地設置在海邊，靠近奧林匹克山的山麓[31]。這個地點可以說是易守難攻，何況他在四周用大根木頭製成柵欄和阻絕，安全可以獲得絕對的保障，想用持久戰來損耗伊米留斯的兵力和資源。伊米留斯這個時候一直在思考，權衡所要遭遇的問題和攻擊的方式；他知道士兵在前任的指揮之下，過分放任需要軍紀的約束，同時他們對於戰爭的拖延不決已經失去耐心。於是他運用各種機

(續)

斐波里斯，這是雅典的殖民地，還有潘格亞斯(Pangaeus)的金礦，這個金礦使得他獲得極大的經濟利益，才能繼續後來的征戰。

30　最早在皮格修斯(Pighius)的編年史裡提到阿尼修斯‧蓋盧斯(Anicius Gallus)，羅馬建城506年出任護民官，另外一位護民官是奎因都斯‧阿尼修斯，在羅馬建城508年獲得普里涅斯特(Praenestinus)的頭銜，李維雖然讚許盧契烏斯‧阿尼修斯在馬其頓的功蹟，獲得凱旋式的榮譽，但是在羅馬最高貴的名門世家中，阿尼修斯家族的地位要低人一等。

31　奧林匹克山或稱奧林帕斯山有兩處，一在小亞細亞，即今土耳其的烏盧‧達格(Ulu Dag)山，標高2543公尺；另一處在希臘北部的馬其頓和帖沙利交界，標高2917公尺，是全世界知名的聖山。本書所指是後面這座。

會教導大家要善盡自己的責任，時常訓誡他們對於自己無關的事務不要去瞎操心，全力從事戰爭的準備工作，等到時機來臨指揮官對他們下達命令，要像一個羅馬人那樣用自己的刀劍與敵人拚個死活。他甚至於下達命令，夜間派出的哨兵在負責警戒的時候不能攜帶長矛[32]，這樣一來要是敵人發起攻擊就沒有適當的防衛武器，處於這種毫無安全保障的狀況下，使得他們要提高警覺不至於倒在地上睡覺。

14 軍隊感到最大的痛苦來自飲水的缺乏，溪流的水量很少而且非常骯髒，就是海邊的泉水都是涓滴之流。伊米留斯認為奧林匹克山高峻而且林木青蔥，他們現在位於山麓，地下應該有泉水流過才會使植物的生長極其茂密，就沿著山腳挖掘很多深洞和水井，從地層的空隙裡面湧出潔淨的清水。雖然早先有人認為，不可能有大量的水源儲存在看不見的位置，地下也沒有泉水流過，否則就會噴流到地面。同樣有人提出相反的意見，認為地下水經過壓縮和冷卻成為氣體，可以在地下流動，等到壓力解除產生液化作用，就會產生很多的清水。就像婦女的乳房不能看成裝著奶汁的容器，隨時可以從裡面將液體倒出來，但是這些養分在乳房裡面發生變化，從而產生奶汁，要經過擠壓才會流動。

出於同樣的道理，有的地方比較寒冷而且泉水很多，地底下不可能隱藏著巨大的水體，或是裝滿水的空間，就像地面的湖泊一樣，可以對溪流和河川提供充沛的水量；而是靠著空中的水蒸氣經過壓縮或凝結，才能轉變成為水這種物質。這些地方只要開挖就能除去壓力，飽含水分的氣體開始流動，提供更多的水源（如同婦女的乳房用吮吸可以得到奶汁一樣）；鑑於地面沒有開挖或閒置不用就無法產生水，所以需要物質的運動才能引起液化作用。這些論點有時讓人發生懷疑引起爭議，還有一個理由就像活生生的動物，身上不會流出血來一樣，必須皮膚破裂形成傷口，然後元氣或是肉體化為血液向外流出。再者，有人根據事實加以反駁，說是人們在挖坑道的時候，無論是為了圍攻作戰還是獲得礦物，就會遇到暗流，水勢不像出血慢慢淌流（他們進行這種工作，必要的條件是泥土很快能夠運

---

32 李維提到伊米留斯不讓哨兵帶盾牌，因為羅馬人使用長盾，在站崗的時候可倚靠著睡覺。然而伊米留斯下令凡是擔任警戒的士兵，中午的時候可以休息，不像過去要服行整天的勤務，所以受到士兵的歡迎。

走），而是頃刻之間暴漲起來；有時鑿穿一個岩層，也會傾流出很大的水量，然而會很快停止。我想這方面的事情敘述得夠多了。

15 伊米留斯很多天都在伺機而動，有人說從來沒有兩支大軍的營地距離這麼近，還能保持相安無事的狀況[33]。當他在深入思考和規劃所有可行方案的時候，有人向他提供消息，經由阿波羅神廟和奧林匹克山頂峰穿越佩里比亞(Perrhaebia)，敵人在這條路線沒有派遣守備部隊；雖然路途崎嶇要克服險阻總比衝破防衛森嚴的守備兵力，較能獲得更大的成功公算。他為了集思廣益特別召開軍事會議，參加會議的人員當中，西庇阿的綽號叫做納西卡(Nasica)[34]，是西庇阿・阿非利加努斯的女婿，後來成為元老院最有權勢的人物，首先起來發言願意指揮所屬部隊，要對敵軍實施包圍攻擊。其次是伊米留斯的長子費比烏斯・麥克西穆斯，雖然非常年輕充滿戰鬥的熱情。伊米留斯很高興將這個任務賦予他們兩人，兵力沒有像波利拜阿斯所說那麼多，倒是納西卡曾經在寫給一位國王的短信中，提到這次遠征的狀況，使我們知道有關的情形，他的部隊是3000名意大利的聯軍其中不包括羅馬人，還有5000人組成左翼。加派給納西卡120名騎兵，以及哈帕拉斯(Harpalus)派出的單位，是由200名色雷斯人和克里特人混編而成。

納西卡率領這些部隊向著海洋的方向行軍，在靠近海克力斯神廟[35]的地點紮營，好像他們的打算是要登船，用海上行動繞過去包圍敵軍，等到士兵用完晚餐天黑以後，他讓手下的百夫長明瞭他的意圖，整夜採取與海洋相反的方向行軍，一直到達阿波羅神廟，下令給部隊占領附近的要點。奧林匹克山在這個地點的高度已經升到天際[36]，有位詩人在一首短詩中有獨到的描述：

33　本章第15-21節，敘述序戰和168年6月22日B.C.的皮德納會戰，可以參閱李維《羅馬史》第44卷第33-46節。富勒將軍認為皮德納會戰是影響世界歷史的決定性會戰之一，特別在他的《西洋世紀軍事史》中有詳盡的說明和評述。

34　這位西庇阿的全名是巴布留斯・高乃留斯・西庇阿・納西卡・科庫隆姆，162B.C.和155B.C.的執政官、159B.C.的監察官以及147B.C.和142B.C.的首席元老。

35　屋大維烏斯指揮的艦隊就停泊在岸邊，執政官宣布要全軍上船，前去蹂躪馬其頓的沿海地區，逼得帕修斯只有離開營地。

36　奧林匹克山的高度是9570呎或2917公尺。要是按照本書說是高10弗隆加96呎，應該是6636呎或2010公尺，比起實際高度將近低了三分之一。

> 奧林匹克山高聳有如飛龍，
> 阿波羅神廟位於絕頂巔峰，
> 從地平線算起有十個弗隆。
> 據說還要加上九十六英尺，
> 色納哥拉斯曾經登臨至此，
> 別了！國君，他寫下此詩。

雖然如此，根據地理學家的說法，無論是山嶺的高度或是海洋的深度，都沒有超過10弗隆，可能是色納哥拉斯（Xenagoras）並沒有經過度量，只是用藝術的手法加強描繪的效果。

16 納西卡在此過夜。一位克里特人趁著行軍混亂之際，逃亡到敵人那裡，把羅馬人要包圍他的企圖全盤向帕修斯托出。帕修斯原來看伊米留斯一直按兵不動，以為對手不會有什麼打算，現在聽到這個情報使得他提高警覺，然而他並沒有讓部隊採取任何行動，只是派出1萬名傭兵和2000名馬其頓人，在米羅（Milo）的指揮之下，火速前往占領通往後方的隘道。波利拜阿斯曾經提到，羅馬人發起攻擊的時候，發現敵人還在睡覺；納西卡說他們在山頂經過一場慘烈的戰鬥，他自己迎戰一位色雷斯傭兵，被他用標槍戳穿身體以後再用刀殺死。敵人不支被迫退卻，米羅棄甲丟盔很可恥的逃走，這時納西卡尾隨敗軍，絲毫無損率領全軍向著敵人的國土前進。

等到這件事發生以後，帕修斯現在感到芒刺在背，大局已經毫無希望，營地的遷移成為十萬火急之事，他馬上要決定下一步的行動方針：一個就是在皮德納（Pydna）[37] 之前停下來，冒險與敵軍進行會戰；否則採用備案，就將兵力分散到各個城市[38]，等到戰事的發展到達自己的國土以後，敵人要想驅逐守軍，就要付出慘重的代價。帕修斯聽取幕僚贊同第一方案的意見，說是他們的兵力仍舊占有優勢，人們要是為了保護自己的妻兒子女而戰，一定會勇氣百倍，特別是他們

---

37 皮德納瀕臨德密灣形勢極為險要，是進入馬其頓的門戶。

38 帕修斯的好友勸他用訓練最好的部隊去守備那些戒備森嚴的城市，延長作戰的時間，表示馬其頓人有決心防衛自己的國土，不會讓羅馬人輕易得逞。可能是他選來居住的市鎮最早受到圍攻的關係，基於懦怯的個性對這些建議加以拒絕。

的所作所爲都看在國君的眼裡，何況還要與他們同生死共患難，更會激勵起奮戰到底的決心。帕修斯就將營地安頓完畢，準備與敵軍接戰，他先巡視整個地區，然後下達命令，他的打算是等羅馬人到達，不讓對方有喘息的時間，立即發起攻擊。作戰地區適合於方陣的運用，地形平坦沒有阻障，前緣有連綿的山丘，無論是前衛的退卻、輕裝部隊的進擊或者斥候的局部戰鬥，都非常有利。地區有伊森（Aeson）河和琉庫斯（Leucus）河橫亙其間，雖然河水並不太深，由於時間正好是在夏末，看來會給羅馬人增加相當程度的困難。

17 伊米留斯很快與納西卡會師，採用會戰序列向著敵人前進。等到他發現帕修斯的陣地配置和兵力狀況，對於敵軍的作爲表現出欽佩和驚奇，很快停止前進，考量自己的因應之道。年輕的指揮官一心想要作戰，根本不顧敵情狀況，最好不要有任何的耽擱，特別是納西卡的部隊，還沉醉在奧林匹克山獲勝的興奮之中。伊米留斯對他們的請求只是報以微笑，說道：「我要是在你們那樣的年紀也會有這種打算，經過很多次的勝利讓我獲得經驗教訓，稍有不愼就會被敵人打敗，特別是在長途行軍勞累之餘，不能與以逸待勞之敵展開會戰。」接著他下達命令，第一線的部隊與敵人保持通視，完成接戰的準備，後衛開設營地挖掘壕溝加強工事，然後他使得後面的部隊開始輪換，將過分勞累的單位撤收下來，整個行軍序列慢慢解散，軍隊在平靜和安寧的狀況下完成宿營。

當天夜間，晚餐以後所有人員開始睡覺和休息，到達中天的滿月，突然光度開始暗淡下來，外形也慢慢改變，最後出現月全蝕的現象[39]。羅馬人按照他們的習俗，把銅鍋敲得　啪作響，同時高舉火把和火炬，祈求月亮恢復原來的光輝。馬其頓人的狀況完全是兩回事，全軍都感到驚惶和恐懼，謠言在整個營地裡流傳，這次月蝕是國王未來命運的徵兆。伊米留斯對這些事情非常老到，月蝕的異象他不是不明白其中的道理，只是月球運行的軌道偶爾進入地球的陰影之中，等到經過這段黑暗區域，就會再度反射太陽的光芒。然而他要做一個信仰虔誠的人，滿足宗教的要求應該獻祭和占卜，立即祈求月亮重現盈日的光明，他情願用

39　這次月蝕發生的時間是168年6月21日B.C.。李維提到有位名叫蘇爾庇修斯‧蓋盧斯（Sulpicius Gallus）的軍事護民官，預先測知會出現月蝕，首先報告執政官再通報全軍，等到天候出現變化，把無知所產生的恐懼一掃而空，士兵對官員的智慧和學識全都讚揚不已。

11頭牝牛作為祭品。第二天破曉他對海克力斯奉獻犧牲，一直都沒有被神明所接受，等到第21個牲口送上祭壇，腸卜的檢視終於出現徵候，他們會打敗敵軍贏得勝利[40]。他對海克力斯立下誓言，大捷以後要舉行百牲祭和莊嚴的競技比賽。接著他下令部將完成會戰的準備工作，發起的時間到等到太陽升起開始偏西，以免早晨的陽光直射士兵的眼睛造成目眩。他打開帳幕正對著敵軍紮營的平原，留在裡面消磨攻擊前的時光。

18 有些人告訴我們，伊米留斯等到快近傍晚，才運用計謀引誘敵軍發起戰鬥，說是他把一匹馬鬆掉韁繩，派一些羅馬人去抓它，追趕這匹牲口引起兩軍的會戰。還有人提到色雷斯人在名叫亞歷山大的傢伙指揮之下，攻擊羅馬人用馱獸裝載秣草回營的隊伍，為了不讓他們得手，馬上派出700名黎古里亞人前去保護，引起激烈的前哨戰鬥，雙方派遣增援部隊，最後是主力的接戰。伊米留斯像一位明智的舵手，在引起兩軍決戰的動機和意志以後，預判接著而來是極其劇烈的暴風雨；他馬上離開帳幕在軍團的前面展開巡視，激起士兵高昂的鬥志。納西卡這個時候正趕往前哨戰鬥的地點，看到敵軍全部對著這個位置發起襲擊。

根據他的說法，走在最前面的色雷斯人讓他感到最為懼怕，他們的身材都很魁梧，身穿黑色的戰袍，手裡執著閃閃發亮的盾牌，腳上綁著護脛，他們在運動的時候，筆直的長矛安裝著鐵製的矛頭，從每一列士兵的右肩上方伸出，在他們的前面不斷地揮舞。跟在色雷斯人後面是傭兵部隊，配備著不同型式的武器，他們也與皮歐尼亞人（Paeonians）混雜在一起。接著前進是他們英勇過人的選鋒，組成戰線的第三部分，都是土生土長正在壯年的馬其頓人，全身披掛著耀目的胄甲和腥紅的外衣。等到這些隊伍各就戰鬥位置以後，稱為Brazen Shields即「青銅盾牌」的部隊從營地出來組成方陣[41]，整個平原閃爍著兵器和甲胄的光芒，四周的

---

40 我們可以看到伊米留斯善於運用占卜官的身分，讓部隊順從他那明智的決定，雖然士氣高昂急著要出戰，他很審慎研判當前的狀況，為了對付馬其頓方陣，需要保持冷靜掌握戰機和延後作戰的時間，因此假借神明的要求防禦才能獲得勝利的說法，使得羅馬人能維持作戰的勇氣和紀律。伊米留斯延後作戰時間還有個重要的理由，根據蒲魯塔克的說法，不讓早晨從東方升起的太陽，照耀到羅馬士兵的眼睛。

41 馬其頓的方陣現在從縱深20列改為16列，每人攜帶的長矛則由過去的14呎增加到21呎，前五列和最後一列由充分訓練的人員組成，中間夾著臨時加入或訓練不足的人員，隊形非常密集，只能向前推動，正面的每個長矛手為右方的戰友用防盾掩護，前五列的長矛伸出到隊列

山丘發出喝采一樣的叫喊，他們按照這個戰鬥序列，擺動勇敢而快速的步伐向前挺進，第一位被殺士兵倒下的地點，離開羅馬軍的營地約兩個弗隆[42]。

19 會戰開始以後，伊米留斯向著第一線前進，發現馬其頓的方陣用長矛抵住羅馬人的長盾，使他們沒有辦法接近敵人用利劍進行近身搏鬥，同時他也看到馬其頓人從肩上取下掛著的圓盾，非常緊密的靠在一起，採取齊一動作，用長矛向著羅馬人的長盾衝擊。這時馬其頓人的圓盾就像一面毫無空隙的防壁，向前伸出有如林立的武器帶著無堅不摧的氣勢，令人感到無比的驚愕和警惕，好像已經沒有可以抗衡的力量。後來他經常提起他看到的景象和自己的感覺；即使如此，他騎著馬沒有穿起胸甲和頭盔，經過自己的軍隊鼓舞士氣，臉上裝出一副沉靜和喜悅的神色。波利拜阿斯的敘述跟這個大不相同，說是會戰剛一開始，馬其頓國王非常可恥地退回皮德納城內，藉口是要向海克力斯獻祭[43]，這樣一位豪邁千古的神明，不會願意享用極其怯懦的祭品，更不會履行未經認可的誓約。要是帕修斯自己都沒有盡力去追求這項獎賞，實在說很難獲得老天的恩准；他對於逃離會戰已經感到喜氣洋洋；更不願冒著危險去獲得勝利，邪惡的人不會萬事順遂。神明願意傾聽伊米留斯的訴求，他為勝利祈禱的時候手裡握著劍，只有親身參加戰鬥才懇請神明的援助。

有一位名叫波賽多紐斯(Posidonius)[44]的人後來為帕修斯寫出這段歷史，自稱生長在那個時代，親身經歷所有的事件，否認帕修斯曾經離開戰場，無論是出於恐懼或藉口獻祭，都是後人杜撰之辭。然而在發生戰鬥的前一天，他的大腿被一匹馬踢到受了重傷，雖然已經不能騎馬，所有的朋友都在勸阻，他還是下令將坐

(續)───────────────

　　的前方，在平坦的地面，這種方陣無法從正面加以攻擊，要是地形崎嶇很容易散裂，因為長
　　矛太長要用雙手才能揮動，一旦正面的秩序混亂，很容易被機動的羅馬軍團所擊敗。

42　這樣看來馬其頓人渡過兩軍相隔的琉庫斯河，向著羅馬軍位於歐洛克魯斯(Olocrus)山麓的
　　陣地前進。

43　馬其頓國王認為海克力斯是他們的祖先，會給他們帶來額外的幫助；就是伊米留斯為了獲得
　　他的恩賜，也要向他獻祭。

44　這位作者不會是阿帕米亞(Apamea)的波賽多紐斯，他曾經為波利拜阿斯的歷史著作寫出續
　　篇。本書提到的波賽多紐斯是馬塞拉斯任執政官那年到達羅馬，時間是這次會戰的118年以
　　後；而且蒲魯塔克把他看成一個騙子，所以把他稱為一位名叫波賽多紐斯的人，據他自己的
　　說法，是會戰那個時代的人物。

騎牽過來，在無法披上鎧甲和攜帶武器的狀況下進入戰場。無數的標槍和箭矢從四面八方投射過來，有根鐵製的長矛從他的身邊一閃而過，雖然沒有命中目標，卻撕裂他的內衣留下瘀傷的痕跡，很久都沒有消失。波賽多紐斯提出這種說法來為帕修斯的名譽辯護。

20 羅馬人無法對馬其頓方陣打開一個缺口，薩留斯(Salius)是佩利格尼亞(Pelignians)部隊[45]的指揮官，他拿起連隊的隊標投到敵人中間，佩利格尼亞人奮不顧身向著這個地點衝進去(意大利人認為失去連隊隊標是身為軍人最大的恥辱，也是嚴重的罪行)，接著發生激烈的搏鬥，雙方的傷亡都非常慘重。羅馬人用利劍砍斷已經分散開來的長矛，用盾牌猛擊馬其頓人的後背，或是用手將他們從方陣的隊列中推出去。然而在另外一方面，馬其頓人用雙手緊握住長矛，猛刺接近敵人有胄甲保護的身體，即使盾牌和胸甲也無法抵擋這種武器的威力[46]。佩利格尼亞人和馬魯西尼亞人(Marrucinians)一頭衝了進去，就像憤怒的野獸，最後的下場只有戰死；前列士兵都被砍倒，後面各列逼得只有退卻，不能說他們在逃跑，只是向著歐洛克魯斯(Olocrus)山[47]後撤。根據波賽多紐斯的記載，伊米留斯看到這種狀況，氣得把衣服全都撕破。他的士兵有部分準備逃走，其餘的人員不願與方陣接戰，因為他們打不開一條通路，就像在四周圍上柵欄一樣，不僅無法進出也難以接近，密集成排的長矛在各個方向迎戰攻擊者，使他們無法得逞。

雖然如此，崎嶇的地面和擴張的戰線不容許他們的圓盾緊密連接成一體，因而伊米留斯發覺馬其頓方陣出現很多的空隙和裂口，根據戰鬥人員發揮不同的功能和效果，通常大部隊的運用都會產生這種狀況，有些單位作戰英勇跑到前面成為第一線的部隊，另外一些人員受到壓迫落在後面的行列。他掌握這個機會，盡最大速度收容分散的人員，重新編成支隊，命令他們突入敵軍戰線的間隙，盡量

45　佩利格尼亞人和馬魯西尼亞人都是意大利中部的民族，以作戰驍勇知名於世，召募到羅馬軍隊中服役。

46　這段話表示長矛這項兵器比寬劍在作戰時占有優勢，當然也要看運用的地形而定，古人有言：「兩陳相近，平地淺中，此長戟之地也，劍楯三不當一；萑葦竹蕭，中木蒙籠，支葉茂接，此矛鋋之地也，長戟兩不當一。」

47　歐洛克魯斯山位於琉庫斯河的西岸，瞰制著四周的平原地區，羅馬人的營地設在山腰，會戰開始的時候在山麓列陣。

擴大這個缺口，同時不對敵人發起全面的攻擊，而是將他們區隔開來，再加以各個擊滅。伊米留斯將這種作戰方式親自交代給所有的部將，再由他們轉告全體士兵，很快他們衝進正面的空隙[48]開始分割敵軍。接著他們開始攻打敵軍沒有掩護的兩翼，還有一些人繞過去夾擊完全裸露的側背，方陣的功能靠著緊密的合作和齊一的動作，在這種攻擊方式之下逐漸瓦解。現在會戰的過程成為個人的肉搏或小部隊的近戰，馬其頓用他們的短劍，遇到羅馬人堅固的長盾無法發生作用，而他們比較輕巧的圓盾，抵擋不住羅馬人沉重利劍的威力，能夠戳穿他們的冑甲使他們的身體受到重傷，最後他們只有轉身逃離戰場。

21 雙方的行動形成頑強持久的拉鋸戰，馬可斯(Marcus)是加圖的兒子和伊米留斯的女婿，在不幸失去他的佩劍以後，表現出不可思議的勇氣。這位年輕人受到良好的教育和訓練，因為父親是舉世聞名的顯赫人物，所以極為注重自己的名譽和武德，情願死去也不願讓個人的武器成為敵軍的戰利品。他急著到處奔走，只要遇到朋友或同伴就訴說他的運氣乖戾，請求他們給予援手，相當數量的勇士在他身邊聚集起來，大家同心合力追隨他們的領袖殺進敵人的戰線，經過一場犧牲慘重的搏鬥，敵軍終於被擊退，留下這片放棄的陣地，羅馬人經過困難的搜尋，最後還是在死人堆裡找到他的佩劍。

大家為事情的圓滿解決而歡欣若狂，高唱勝利的歌曲掀起熱烈的激情，再度向固守陣地未經摧破的敵軍發起突擊，結果這3000名馬其頓的選鋒，死守不退勇敢奮戰，全部被羅馬人殺死。其餘的部隊看到大事不妙，為了保命只有趕快逃走。平原和四周的小山到處布滿屍首，羅馬人要到會戰次日才渡過的琉庫斯河，河水被鮮血染成紅色。據說敵軍損失2萬5000人，波賽多紐斯的記載是羅馬人有100人陣亡，要是按照納西卡的說法只有80人[49]。

22 這場會戰的規模很大但是很快決定勝負，從雙方開始接戰到下午3時大勢已定，不到4時敵人戰敗潰不成軍，這天其餘的時間用來追擊逃

---

48 等到戰況發展到這種態勢，帕修斯用騎兵部隊對羅馬人進行反擊，戰鬥非常的激烈，應該對步兵下達隨伴攻擊的命令，他留下來保護自己的安全，以致喪失戰機。

49 如果考慮整個戰場的狀況，就知道這是絕不可能的事；李維對這部分的敘述已經遺失。

走的殘兵敗卒，尾隨不捨有13或14哩之遠，直到深夜才返回營地。他們的奴隸打
著火把出來迎接，大家喜氣洋洋興高采烈回到帳篷，裡面燈火通明，馬上就用常
春藤和月桂葉編成的花冠[50] 把自己裝扮起來。將領本人陷入悲痛之中；他有兩個
兒子在他的麾下服務參加這次戰爭，現在年齡最小的兒子作戰失蹤，這位幼子不
僅勇敢而且孝順，比起那些兄長最受他的鍾愛；具有英勇和熱誠的性格，看來還
是一位少年人[51]。伊米留斯認為他的幼子缺乏經驗，過於輕敵以致喪失性命。全
軍都感受到他的憂慮和恐懼，手下的將士連晚餐都顧不得享用，打著火把跑出
來，有些人到伊米留斯的帳幕裡去慰問，還有一些人到壕溝裡去搜尋，發起攻擊
以後最早戰死的屍首都拋棄在裡面。整個營地都很哀傷，平原上面回響著呼叫西
庇阿的聲音，因為他非常年輕成為大家稱讚的對象，他具有天賦的才華，無論是
領導和計畫都比同儕高出一籌。

　　最後時間已經非常晚，大家都已感到失望，他才從追擊的行動中返回營地，
身邊只有兩三個同伴，衣甲和武器沾滿敵人的鮮血，就像一隻優良出身的獵犬，
為第一次的勝利沖昏頭腦，連自己的安全都置之不顧。這位西庇阿後來毀滅迦太
基和努曼夏(Numantia)[52]，在那個時代的羅馬人中間，無論是功勳和權勢都找不
到可以抗衡的對手。幸運女神即使有不滿和忌恨，延展到下一次的成功再表示出
來，現在且讓伊米留斯享受勝利的歡欣，沒有絲毫的遺憾和缺陷[53]。

23 帕修斯帶著幾乎毫無損失的騎兵部隊，從皮德納逃向佩拉(Pella)[54]，
當敗走的步卒趕上他們的時候，大家異口同聲譴責他是懦夫和賣國
賊，將他從隨護的騎兵中間逐走，並且要飽以老拳。帕修斯畏懼遭到這些暴民的

50　月桂和長春藤對於阿波羅和巴克斯分別是神聖之物；我們有時把巴克斯看成海克力斯一樣，
　　是位英勇的戰士，讀到他遠征印度的事蹟。羅馬人的習俗是用長春藤裝飾勝利者的帳篷，起
　　於更簡單的原因，那就是把它看成巴克斯所喜愛的植物。凱撒在《內戰記》第3卷，提到他
　　在龐培的營地，看到連圖盧斯(Lentulus)和其他人員的帳幕，上面覆蓋著長春藤，表示他們
　　肯定可以獲得勝利。

51　西庇阿的年齡只有17歲。

52　這位西庇阿就是巴布留斯・高乃留斯・西庇阿・伊米利阿努斯(Publius Cornelius Scipio
　　Aemilianus)，146B.C.在阿非利加將迦太基夷為平地，133B.C.討征西班牙的叛亂，圍攻並摧
　　毀努曼夏。

53　李維《羅馬史》第44卷第36-41節，對皮德納會戰有詳盡的記載。

54　佩拉據有馬其頓的中央位置，是交通的樞紐也是地區內主要的城市。

傷害，離開平常使用的道路，爲了免得被人發覺，將紫袍脫下包起來放在馬背，取下王冠拿在手裡，甚至下馬將坐騎讓給朋友，好讓他們到時候爲他美言掩護。在他四周的人員當中，有一位停下來藉口鞋帶鬆了要綁緊，另一位說是讓他的馬匹飲水，第三位說他自己口渴，盡量落在後面，就這種狀況來說等於把他遺棄。他們認爲帕修斯的殘酷比起敵人更爲可怕，一旦他爲不幸的命運所激怒，就會把所有怨氣發洩在別人的身上。

　　帕修斯在夜間抵達佩拉，兩位司庫前來晉見，對他的倒行逆施有所指責，同時提出他聽不入耳的建議和勸勉。他老羞成怒竟然拔出佩劍將兩人殺死；從此以後，除了克里特人伊凡德(Evander)、艾托利亞人阿奇迪穆斯(Archedemus)和皮奧夏人尼昂(Neon)，再也沒有人敢留在他身邊。那些追隨他的普通士兵都是克里特人，這些人並非出於好意，就像蜜蜂緊隨蜂房不放一樣，是爲了垂涎他的財富。他隨身帶著大量金銀財寶，被他們拿走杯盞之類名貴器具，還有船隻上面裝載的黃金和白銀，價值達到50泰倫。

　　當他經過安斐波里斯(Amphipolis)，繼續行程到達蓋勒普蘇斯(Galepsus)[55] 後，逐漸減輕畏懼之感，再度犯了慳吝這個天生的老毛病，一直埋怨他的幕僚，如此疏忽竟然讓亞歷山大大帝使用過的金盤，落到克里特人的手裡，同時流著眼淚向物主提出請求，說是願意用金錢將它換回來。那些了解他的人都知道，他是道高一尺魔高一丈的騙子[56]，克里特人相信他就歸還金盤，但是他一個錢也不付給他們；非僅如此，他還運用手法從朋友的手裡騙走30泰倫(過沒多久全部奉送給敵人)。最後他乘船抵達薩摩色雷斯(Samothrace)[57]，逃到卡斯特和波拉克斯的神廟尋求庇護[58]。

55　安斐波里亞位於提薩洛尼卡的東邊，蓋勒普蘇斯是更東面的海港。
56　出自古老的諺語：「克里特人都是騙子。」聖保羅從凱利瑪克斯(Callimachus)那裡引用這句話。從這些狀況看來，這位國王讓克里特人自嘆不如。
57　薩摩色雷斯是距色雷斯海岸約50公里的島嶼，控制海倫斯坡海峽的入口。
58　帕修斯帶著將近價值2000泰倫的財物。

24 通常認爲馬其頓人非常敬愛他們的國王[59]，現在國家的棟梁已經折斷，他們只有連根將它拋棄，全民向伊米留斯投誠歸順，在兩天之內讓他成爲整個國家的主子。似乎更能肯定一個論點，所有的作爲全部要歸功於他的好運。同時在安斐波里斯出現的徵兆帶有不可思議的特性。當伊米留斯獻祭的時候，神聖的儀式剛剛開始，突然之間，一個閃電擊中祭壇，使得木頭燃燒起來，奉獻的犧牲立即成爲神明享受的祭品。

最特異的事件可以呈現出超自然的力量，就是流傳他獲得大捷的謠言。帕修斯在皮德納大敗而逃的第四天，羅馬的人民正在觀看賽車的時候，從劇院的進口突然傳出一個信息，伊米留斯在一次定性的會戰中贏得勝利，整個馬其頓已落入他的掌握之中。人民聽到以後興高采烈的相互奔告，全城到處響起歡呼和慶賀的聲音。後來才發現這個信息的來源沒有依據，每個人聽到隨意散布，根本沒有官員想到要去查證，一直到幾天以後，確實的報告才傳到[60]，雖然知道前面的傳聞完全出於杜撰，因爲後來的事實的確如此，就把它當成一個奇蹟。

25 有人提到類似的狀況，意大利人在沙格拉(Sagra)河附近會戰[61]的信息，在同一天之內傳到伯羅奔尼撒半島；就像希臘人在邁卡里(Mycale)擊敗米提人，迅速傳到普拉提亞再度贏得會戰一樣[62]。當羅馬人戰勝塔昆和拉丁人的聯軍以後，過不一會兒就在羅馬看到兩個身材修長而又英俊的男子，自稱從營地帶來信息，人們推測這兩位是卡斯特和波拉克斯。第一位在羅馬廣場的噴泉附近遇到他們的人，說是看到兩匹坐騎口吐泡沫滿身是汗，他們正在刷洗好讓馬匹恢復精力，這個人對於他們提到的大捷感到非常驚奇，他們兩位只

---

59 當帕修斯留在安斐波里斯的時候，害怕居民把他抓起來交給羅馬人，於是帶著他的兒子菲利浦登上講壇，對著人民演說想要獲得他們的支持，即使他聲淚俱下，發現毫無作用，他下了講壇要伊凡德(Evander)爲他美言幾句，等到伊凡德上台開始說話，人民對他非常痛恨，拒絕接受並且大聲叫喊：「快滾！快滾！我們決定不再爲你賣命，還是趕快逃走算了，我們自己會去跟征服者談條件。」伊凡德是殺害攸門尼斯的兇手；帕修斯下令將他派到薩摩色雷斯，後來害怕受到伊凡斯的指控，說他才是這件謀殺案的主使人。

60 伊米留斯派出的專差計有費比‧麥克西穆斯、伊米留斯、連圖盧斯和梅提拉斯等人，他們到達羅馬是在會戰的12天以後。

61 這是洛克瑞斯人和克羅頓人之間發生的會戰，時間是6世紀B.C.。

62 479B.C.斯巴達人在邁卡里焚毀波斯艦隊，接著希臘聯軍在普拉提亞擊潰波斯軍的主力，會戰的日期可能是當年的8月27日。

是笑一笑，就用手輕輕撫摸黑色的鬍鬚，立刻變成金黃色。大家都相信這個人的報導，同時給他取一個名字，叫做阿亨諾巴布斯(Ahenobarbus)即「黃銅鬍鬚」之意。

　　還有一件事發生在我們這個時代，大家都深信不疑。想起當年安東紐斯(Antonius)起兵背叛圖密善皇帝[63]，羅馬陷入驚懼之中，預判日耳曼地區將有重大的戰事。突然出現重大的變化，沒有人明瞭發生的原因，人民自動傳播勝利的謠言，這個消息很快變得舉城俱知，說是不但安東紐斯本人被殺，幾乎整支軍隊遭到殲滅，只有少部分叛徒逃走；不僅如此，大家言之鑿鑿確信無疑，很多官員特別奉獻祭品感謝神明的保佑。等到後來要追查造謠的人，大家都互相推諉說是風聞其事，信息逐漸消失在數量龐大的群眾裡面，有如淹沒在大海之中不見蹤跡；沒有根據的傳聞難以取信於人，在城市裡面流傳很短的期間再也沒有人提起。雖然如此，圖密善率領軍隊出征平亂，遇到信差送來的函件提到這次勝利[64]，發現謠言所說的時間就是得信的當天，然而相隔的距離有2500哩。我們那個時代的人幾乎全都知道有這麼一回事。

26　言歸正傳，格耐烏斯‧屋大維烏斯(Cnaeus Octavius)與伊米留斯負起共同指揮的責任，他的艦隊就在薩摩色雷斯下錨，出於對神明的尊敬，允許帕修斯享有避難的權利，只是小心的看管不讓他有機會從海上逃走。即使如此，帕修斯還是說動一艘小船的船主，是位名叫歐羅安德(Oroandes)的克里特人，將他和他的錢財偷偷運走。這位老兄倒是不愧克里特人之名，他將錢財收下以後，囑咐帕修斯帶著家人和必要的隨員，夜間到西瑞斯神廟附近的港口上船；但是他在傍晚就開船高飛遠走。帕修斯當時的處境非常可憐，他要帶著妻子和兒女，爬過一個很狹小的窗子，再從城牆上面吊下去，他們對於艱苦的逃亡生活一點都不習慣。當他們在海岸上來回跋涉的時候，有個人告訴他們，說是他看到歐羅安德的船已經在汪洋大海，這個消息真是讓他們陷入痛不欲生的地步；何況現在已經是大白天，再也沒有逃脫的希望。他們趕快跑回城牆，到達之前已經被羅馬人看見。他們將兒女交給艾昂，這是一位受到信任的寵臣，現在證明他是

63　88A.D.，羅馬駐上日耳曼的軍事長官盧契烏斯‧安東紐斯‧薩都尼努斯，為所屬兩個軍團擁立稱帝，次年叛亂被蕩平；從此圖密善一反過去的作風，變得極度的殘酷無情。

64　安東紐斯無法獲得的日耳曼輔助部隊的支援，被阿庇斯‧諾巴努斯擊敗，這時圖密善正在行軍的途中。

一個賣主求榮的人。帕修斯只能投身在敵人的權勢之下，這是毫無選擇的主要原因（就是一隻野獸當牠的幼獸被捕獲以後也會如此）。

帕修斯對納西卡最有信心，認為他會以禮相待，聽到他不在此地，也只有悲悼自己的時運不濟，看到大勢已無可挽回，開城向屋大維烏斯投降[65]。特別從這裡可以知道，他的品格極其惡劣和卑鄙之處，不是慳吝成性而是貪生怕死，非但無法獲得別人的同情，即使他抱著否極泰來的想法，這一切都無濟於事。經過要求終於帶到伊米留斯面前，這位將領在朋友的陪同下，從座位上起身迎接，而且眼睛裡面含著淚水，對於神明的憤怒和敵手的不幸，就像一位偉大的人物那樣有身受之感。

帕修斯竟然投身到伊米留斯的跟前，抱著他的膝蓋苦苦哀求，在大家鄙夷的眼光之下，伊米留斯難以忍受這種尷尬的局面，卻又不能不傾聽對方的陳情。他在看帕修斯的時候帶著悲傷和憤怒的神色，非常坦誠地說道：

> 可憐的人哪！過去你一直處於順境，落到現在的地步可以說全是自食其果，為什麼你要把所有的災難都推到不幸的命運？你為什麼一定要證明自己是懦夫，是一個各方面都不如羅馬人的敵人，因而貶低我勝利的成就，使得我的征服無光彩可言呢？英勇的挑戰者遭到不幸會獲得人們的欽佩，即使敵人也會投以讚譽的眼光；雖說懦夫偶爾也有成功的時候，卻會受到羅馬人的藐視。

27 雖然這番指責非常嚴厲，他還是親手將帕修斯扶起來，然後將他交給圖貝羅看管。這個時候，他要他的兒子、女婿和高階人員，特別是年輕的一代，全部到他的帳幕。他坐在那裡很長時間都沒有講一句話，使得大家都感到非常奇怪。最後，他談起造化的作弄和人事的無常，感慨萬千的說道：

> 任何一個人都會為巨大的成就感到無比的驕傲，要是能征服一個城

---

65 屋大維烏斯在國王向他投降以後，馬上將他和所有的財富裝船立即開往安斐波里斯，事先派出專差向伊米留斯報告所發生的狀況。伊米留斯得知消息就派他的女婿圖貝羅和高階人員去迎接帕修斯；身為執政官下令向神明獻祭，大家感到喜氣洋洋像是新獲得一次勝利，整個營地的人員都跑出去看這位皇家的俘虜，他披著一件黑色的斗篷，單獨進入伊米留斯的大帳。

市、一個地區或一個王國，當然會洋洋得意欣喜若狂，難道這個人就不去考量他的命運以後會發生變化嗎？所有的武士應該重視帕修斯這個例子，看成是我們最脆弱的罩門，因而獲得經驗和教訓，那就是沒有一件事情能持泰保盈。我們贏得勝利卻迫得自己更爲畏懼命運，究竟要選擇那種時機才認爲已經獲得安全呢？因爲沒有考慮到事物轉換的規律，所有表面的現象都極其倉促，再加上每個人的立場都會改變，難免在興高采烈的時候出現憂傷的一面。你們都知道亞歷山大大帝到達權勢的巔峰，統治全世界最大的帝國，然而他的家族何其悲慘，只要短短一個時辰就被我們踐踏在腳下；當你們看到一位國王曾經率領龐大的軍隊，現在要從征服者的手裡接受施捨的食物來維持生活，難道這時仍舊相信我們擁有的東西能保持長久，就不會像他所面臨的狀況一樣發生無法預料的後果？大可不必如此自負，你們這些年輕人，應該拋棄勝利所帶來的驕傲和誇耀，那些都是鏡花水月的東西；抱著謙沖的胸懷面對將來要發生的變故，須知爾後可能出現日中則昃的結局，神明的降罪會在頃刻之間將我們的幸福全部化爲烏有。

據說伊米留斯就這個題材講了很多話，特別要求年輕人保持適度的謙虛，他用身教和言教來訓誡和抑制他們的高傲和驕縱。

28 他把這些事項處理完畢以後，派遣軍隊到各地擔任守備任務，讓他們獲得休養生息，然後自己遊歷希臘，只花了很短一段時間紓解雙方緊張的關係，羅馬人獲得榮譽的報酬而希臘人得到仁慈的待遇。他盡量運用各種方式減輕人民的痛苦，改善政府的施政作爲，同時將最需要的民生物質送給大家，國王倉庫裡儲存的穀物和食油，據說發現的類量相當龐大，分發和申請的數量很少，要想很快耗盡是不可能的事。他在德爾斐看到一個白色大理石的基座，原來的計畫是要將帕修斯的黃金雕像樹立在上面，馬上下令用自己的雕像來取代[66]，戰敗者讓位給征服者是天經地義的事。據說在奧林匹克山的神廟裡面，大家聽到他講

66　命運的無常和人事的滄桑，就勝利者而言不過是一番感慨而已，可以說是「其辭若有憾焉，其心實竊喜之」，所以他有這種舉動，也不足為奇。

出這句話：「只有菲迪阿斯才有能力雕塑出荷馬心目中的朱庇特天神。」[67]

當十人委員會[68]從羅馬抵達當地的時候，他把國家和城市都交還給馬其頓人，同意他們享有自由權利，一切按照本國的法律，只要每年付給羅馬100泰倫貢金，繳納給國王的數額比起這個要多一倍。然後他舉辦大規模的表演和競賽，向神明奉獻祭品，大開宴席招待各方人士，他在這方面非常慷慨，所有的費用全用國王的金庫支付。他對賓客的身分和地位都瞭如指掌，接待的方式和安排的座次都符合他們的階級和職務，完全正確絲毫沒有錯誤，希臘人感到很奇怪，發覺他抱著歡欣的心情，事無鉅細他都小心翼翼毫不馬虎，雖然他全神貫注軍國大事，對於瑣碎雜務還是躬親檢視。舉行宴會的準備工作盛大而周到，給他帶來最大的滿足，他讓受到款待的人都有賓至如歸的感覺。有些人對他這種好客和誠摯的精神讚不絕口，根據他的說法是「治大國如烹小鮮」，迎賓待客和用兵作戰都是同一番道理[69]，一個是要使敵人甘拜下風，另一個是要使朋友稱心如意。

伊米留斯具備各種美德，特別以大公無私和氣度恢宏最為世人稱道，沒有一個羅馬人能像他那樣，從皇宮裡面找到如此大量的金銀財寶，他把這一切都交給財務官，全部納入國家的金庫。他的兒子喜歡研究學問，才讓他們拿走國王的藏書。他為了獎勵女婿伊留斯‧圖貝羅作戰英勇，就賜給他一個重五磅的銀碗。我們在前面提到圖貝羅和16位親屬住在一起，靠著小農莊維持生活，據說這個碗是伊留斯家族第一件名貴的餐具，不僅是榮譽也是德行的報酬，以前他們的妻子從來沒有使用過金銀器皿。

---

67 波利拜阿斯《希臘史》第30卷第10節和李維《羅馬史》第45卷第28節，對於伊米留斯自大的行為都有記載。

68 十人委員會的成員都是執政官位階的人士，他們前來協助伊米留斯建立一個新的政府體制；馬其頓人對於應許的自由權利，並沒有表示出高興的神色，因為他們知道這方面不可能獲得好處。元老院的敕令跟羅馬人的說法完全矛盾，雖然他們提到可以保留原有的法律，但是增加很多新的規定，甚至威脅還有更多。羅馬人將王國劃分為四個地區給他們帶來極大的困擾，整個民族產生分裂，從此再也無法結合在一起。

69 法國國王亨利四世（Henry IV）認為除了這兩項以外，還要把「與女人作愛」加上去。

29 等到所有的政務全部安排妥當[70]，伊米留斯要離開希臘，行前剴切告誡馬其頓人，要記得羅馬人把自由權利授與他們[71]，一定要遵守法律的規定，大家能夠和睦相處；然後向著伊庇魯斯進發。元老院給他下達一道敕令，在他手下與帕修斯作戰的士兵，可以把伊庇魯斯的城市當成他們的戰利品。他為了完成這個任務，一定要用奇襲和突擊的方式，不讓對方事先知道一點風聲，於是他要每個城市派10名最重要的居民到他這裡報到，指示他們在一個指定的日期，每個城市要將家庭和廟宇所能找到的金銀，全部集中起來準備交給羅馬人。然後他對每個城市派出一位百夫長和擔任警衛的一隊士兵，藉口是要搜尋和接收這些貴重的金屬。就在那一天他們逮捕居民，接著進行掠奪和搜查的行動，在一個時辰之內有15萬人成為奴隸，70個城市遭到洗劫。然而即使羅馬人對整個地區從事大規模的破壞和搶劫，每位士兵所能分到的錢財不過是11德拉克馬。人類只能運用戰爭的手段才能衍生如此戰慄的後果，整個民族的財富對特定的個人而言，經過分配也只能獲得很少的利益和好處[72]。

30 伊米留斯一反過去溫和與仁慈的作風來執行這件工作，然後抵達歐瑞庫斯(Oricus)，全軍登船駛回意大利。他乘坐國王有十六排划槳的戰船，沿著台伯河溯航而上，整艘船用擄獲的武器裝飾得華麗無比，他身穿紫袍和深紅的外衣，當槳手全力划著槳緩慢前進的時候，羅馬人群集在河岸迎接，看起來像是凱旋式的預演。

士兵用渴望的眼光盯著帕修斯的財富，等到預先的期望無法達成，暗中滋長憤怒的情緒，認為完全是伊米留斯在中間作梗。他們公開表示不滿，只是歸咎其他的理由。他們說他的指揮方式過於嚴厲，表現出對宗教不夠虔誠的行為，因此

70　審判程序結束以後，艾托利亞人安德羅尼庫斯和皮奧夏人尼奧(Neo)受到斬首的處分，他們是帕修斯的好友，一直追隨到最後都沒有離開。從這裡也可以看出征服者所標榜的公理和正義，有的地方也不過是掩人耳目而已。

71　羅馬人不斷吹噓要把好處賜給馬其頓人民，事實上不過說說罷了。他們將這個國家分為四個地區，不同地區的居民不可以通婚、貿易或土地的買賣，否則都是非法的行為。他們也不可以輸入食鹽，或是將造船的木材賣給鄰近的蠻族國家；貴族的子女年齡超過15歲，就要送到意大利接受教育成為人質；馬其頓的最高統治權力掌握在羅馬元老院的手裡。

72　蒲魯塔克說每人只分得11德拉克馬，的確是太少了一點；李維卻說每個騎兵分到400德拉克馬，步卒可得到200德拉克馬。當然這裡還不算個人私下得到的好處。

他們不想讓他稱心如願舉行凱旋式。塞維烏斯‧伽爾巴（Servius Galba）在他的麾下服務，出任軍事護民官[73]的職位，因為個人之間有宿怨，等到了解整個狀況，大膽站出來很坦率的表示，不應該同意他擁有舉行凱旋式的權利。士兵之間傳播各種誹謗之辭，更增加大家的敵意。

情勢的發展還不僅如此，他向護民官提出延期的要求，因為當天只餘下四個時辰，在大家爭相發言的狀況下，沒有充分的時間指控伊米留斯的罪行。護民官只讓他一個人發表意見，不管講什麼都可以，因此他滔滔不絕地厲聲譴責，用完所有的時間，等到天黑護民官解散市民大會。士兵聽到這番講話以後更是聲勢高漲，他們全部擁護伽爾巴的主張，大家商量抗議活動，第二天一大早就去包圍卡庇多，因為護民官指定次日的市民大會在那裡舉行。

31 到了投票那天，第一個區部[74]得到的結果就是反對舉行凱旋式，這個消息很快傳到市民大會和元老院，實在說民眾對於伊米留斯遭到這種羞辱都感到傷心，不過他們只能私下說說，對他並沒有什麼幫助。元老院的主要人物公開表示異議，認為這是很卑劣的行動，相互之間加以鼓勵要制止士兵的魯莽和無禮，不能讓時間拖下去，變得群情激昂更加無法掌控[75]，這樣一來就會同意剝奪伊米留斯舉行凱旋式的權利。現在群眾愈聚愈多，他們費很大力氣從中間擠過去，要求護民官緩延投票的時間，等他們向大家說明白再繼續表決。所有的事情全都暫時停頓下來，要求全場保持肅靜。馬可斯‧塞維留斯（Marcus Servilius）挺身而出，他曾經出任過執政官，接受單人決鬥的挑戰殺死的敵人多達23名[76]，發表以下的談話：

> 我現在才知道伊米留斯是一位極其偉大的指揮官，因為他統御的軍隊
> 充滿叛逆的風氣和卑劣的習性，還能完成舉世聞名的功勳。對這件事

---

73 軍事護民官和護民官是截然不同的職位，每個軍團有六員，階級較副將為低，擔任一般參謀的職務，也可以指揮一個或數個支隊，率領分遣部隊負責獨立任務，海上作戰指揮單艦戰鬥，通常由市民大會推舉，或由賦予軍事指揮權的將領指派，可取得進入元老院擔任議員的候選資格。

74 全體羅馬市民分屬於35個區部，區部與血統無關，只是一種地域性的劃分，是一個投票單位，用多數決表顯示投票的結果；選舉官吏和通過法律要獲得超過半數18個區部的贊同。

75 帝制時代這種狀況變本加厲，使得羅馬成為暴民之都，所有的皇帝對此都束手無策。

76 馬可斯‧塞維留斯是參加過漢尼拔戰爭的老兵，202B.C.出任執政官，這已經是35年前的事。

我倒不覺得有什麼驚異之處,一個對於戰勝伊利里亞人和黎古里亞人
願意賜予榮譽的民族,當然可以表現出嫉妒的心理,不願看到被活捉
的馬其頓國王,就是腓力和亞歷山大所有獲得的榮耀,現在全部置於
羅馬的權勢之下,也表示出不屑一顧的態度。即使對你們來說這也不
是奇怪的事,很多次聽到捕風捉影的謠言,都是在偶然的狀況下傳回
城市,說是羅馬人獲得勝利,大家馬上獻祭向神明要求看到可以證實
的報告。現在執政官帶著真正的勝利返回國門,如果他那英勇行為的
偉大建樹使你們感到害怕,或是你們的決定是要赦免羅馬的敵人,這
些難道不是在欺騙神明的榮譽和剝奪人民的歡樂嗎?實在說,如果大
家出於同情的心理,那還以不舉行凱旋式為妙,作為一位將領與其得
到大家的憐憫,還不如被大家嫉妒。最過分的事在於大家帶著惡意來
到此地,一個人從來沒有受過傷,在家裡過著太平日子,怎麼敢在眾
人的面前討論戰爭的得失,怎麼能夠擁有決定凱旋式應否舉行的權
力。只有像我這樣在戰場流過血,獲得豐富的經驗,才有資格判斷你
們的指揮官,他從事戰爭的膽識和能耐。

　　說完以後,他脫下外衣,把胸膛上面無數的傷疤展示給大家,然後轉過身去,
把不雅之處毫無掩蓋地暴露出來,接著他對伽爾巴說道:

　　你可以訕笑我的行為,然而我很榮幸能在同胞的面前發表個人的意
　　見。當我接到這個消息以後,日以繼夜的騎馬趕來,為的是要對城邦
　　盡一份心意。現在開始收集選票吧!我要一直留在這裡,注意那些行
　　為卑鄙和忘恩負義的人,他們的選擇不在乎將領在指揮方面的優劣,
　　而是要求對他們的討好和奉承。

32 根據他們的說法,這番講話使得士兵啞口無言,他們的心意也跟著
改變,所有的區部同意伊米留斯有舉行凱旋式的特權,應該按照規
定辦理[77]。人們在廣場和圓環搭起看台,他們將這些建築物當成賽車場,使得全

77　167年11月B.C.舉行這次凱旋式。

市每個地點都能很清楚看到盛大的演出。觀眾穿著白色的袍服，所有的廟宇全部開放，人人身上掛起花圈，空氣中充滿芬香的氣味。街道打掃得乾乾淨淨，保持暢通無阻的狀況，派出很多官員和扈從校尉維持秩序，將擁擠的人群向後面趕，不讓他們任意穿越通衢大道。

這次的凱旋式要連續舉行三天。第一天好像沒有什麼看頭，都是從敵人那邊獲得的雕塑、圖畫和巨大的神像，一共要用250輛戰車來裝載。第二天有很多輛大車裝滿馬其頓人精美和名貴的武器裝備，都是黃銅和鋼鐵製品，全部新近經過打磨和擦亮，陳設和擺置的時候都經過精心的安排，看起來像是不經意的堆積在一起，頭盔放在盾牌的上面，胸甲靠在護脛的旁邊，克里特小圓盾、色雷斯大圓盾、箭囊和各式馬具層層疊起，出鞘長劍的劍尖從裡面伸出來，中間還夾雜著馬其頓長矛。所有的兵器都很鬆散的綑綁，相互發生撞擊而且很容易抽出來，讓人聽到刺耳和示警的雜聲，即使是被征服敵人的戰利品，親眼目睹難免產生畏懼之心。載運兵器的大車後面跟隨3000人，四個人一組抬著裝滿銀幣的大桶，共有750個之多，每桶的重量是3泰倫。還有人抬著各式各樣銀製的酒具，用非常別緻的方式陳列出來，不僅尺寸大小各有不同，精工製作的浮雕更是讓人大開眼界。

33 第三天的活動從一大早就開始，首先進場是鼓號樂隊，他們演奏的曲目不適合遊行隊伍或宗教行列，而是下令羅馬人衝鋒陷陣、振奮作戰勇氣的從戎樂；後面隨著一群年輕人，身穿長袍有華麗的滾邊，他們領著120頭供作犧牲的公牛，雙角全都包著金箔，牛頭裝飾彩帶和花圈，還有一些手拿金盆和銀盆的兒童，他們邊走邊做出醮酒的動作。接著是抬金幣的隊伍[78]，每個大桶重3泰倫，運送的方式與銀幣雷同，一共有77個。伊米留斯特別製作一個奉獻給神明的大銀杯[79]，重量達到10泰倫，外面鑲嵌著名貴的寶石。然後可以看到安蒂哥努斯和塞琉卡斯（Seleucus）使用的酒杯，全是瑟瑞克利安（Thericlean）的精品，還有帕修斯餐桌上面擺出的金盤。後面跟著帕修斯乘坐的戰車，上面放置他的鎧甲和冕旒。

78　按照蒲魯塔克的算法，一共有價值2250泰倫的銀幣和231泰倫的金幣；華勒流斯·安提阿斯（Valerius Antias）認為沒有這麼多，要是根據李維的估計金額還要龐大。佩特庫盧斯（Paterculus）的說法很有道理，自從獲得馬其頓人數代的庫藏以後，羅馬人有125年之久無需繳稅。

79　一個泰倫的重量單位是57磅，所以這個奉獻給朱庇特的銀杯重達570磅。

　　行列中斷片刻讓大家休息，接著是國王的子女率領成群的俘虜，這個隊伍裡面有他們的隨從、師傅和教員，全都流著眼淚，向觀眾高舉雙手，同時還教國王的小孩做出討饒的樣子，好贏得大家的同情。帕修斯有兩個兒子和一個女兒，幼小的年齡僅能隱約感受到巨大的災難，處境的改變使不懂事的他們落到更爲悲慘的下場。羅馬人同情的眼光注視在三位幼童身上，踽踽獨行的帕修斯幾乎沒有人理會。國王的子女在他們的面前經過的時候，有很多人忍不住流出眼淚，大家的觀望混合著哀傷和喜悅的神情。

34 帕修斯步行在他的子女和那些隨員的後面，穿著一身黑色的服裝和本國樣式的靴子，在遭受重大不幸的打擊之下，外表看來像是神智不清，一副行尸走肉的模樣。跟著是一大群他的幕僚和寵臣，全部裝出愁眉苦臉的面容，紅腫的眼睛仍然注意君王的一舉一動，像是對旁邊的觀眾證明，他們落到這個地步完全是身不由己，唯一能夠做的事只有哀悼他那不幸的命運。帕修斯親自向伊米留斯提出懇求，不要讓他在凱旋式中出現，免得在大庭廣眾的場合丟人現眼。伊米留斯對他的怯懦和貪生怕死感到極爲不屑，很不客氣的答覆，無論過去或現在，他都有自行了斷的權力；讓他明瞭只有一死才能逃過凱旋式的羞辱。這個人缺乏男子漢的氣概，我認爲他還抱著求生的希望，只有讓自己成爲展示大公眾之前的戰利品。

　　後面是400頂金冠，所有的城市都派代表團送這個禮物給伊米留斯，慶賀他贏得最後的勝利。然後是他乘一輛裝飾華麗的戰車(一個人即使不能大權在握，這種排場還是會讓他感到唯我獨尊)，穿著用金線織成的紫色官服，右手拿著一根帶葉的月桂樹枝，所有的士兵都和他一樣，手裡拿著和平的象徵，遵照建制排出連隊的行列，跟隨在指揮官的戰車後面，按著當時的習俗唸著帶有嘲諷意味的打油詩[80]，還有人唱著凱旋的歌曲用來讚揚伊米留斯的作爲。伊米留斯受到大家的尊敬和讚譽，沒有一個正人君子會對他產生猜忌之心。只有天上的神明要減少他的福份，他享受的恩典實在多得驚人，這些都混雜在世間的俗務之中，沒有一

80　羅馬的凱旋式有一個傳統，參加遊行的士兵可以用諷刺的言辭來嘲笑他們的主將，凱撒戰勝返國一連舉行四次凱旋式，士兵在隊伍中高聲喊叫：「市民們！請注意！好色的禿子回來了！大家快把老婆藏起來。」凱撒聽到只有苦笑，後面幾天靠著花錢讓他們閉嘴。

個人能免於災難和逆境。我們從荷馬的作品[81]裡讀到，世人應該知道命運都是苦樂參半、順逆槪等。

35 伊米留斯有四個兒子，前面提過的西庇阿和費比烏斯，被其他的家庭收養；另外兩個是第二任妻子所出，現在年紀很小，留在家中自己撫育。這兩個兒子接著過世，一位是14歲在他的父親舉行凱旋式前五天，另一位是12歲在遊行完畢後第三天。所有的羅馬人都爲他的悲痛深受感動，面對殘酷的命運渾身戰慄不已。它毫不顧忌就將這麼多的憂愁帶到他的家中，用來補充幸福、歡樂和祭祀，在勝利和凱旋的歌聲之中混雜著哭泣和抽噎。

36 不過，伊米留斯的觀念非常正確，世人所需要的勇氣和毅力，不僅在於抵抗刀劍槍矛，還要能夠禁得起命運的打擊；力求適應目前混雜不堪和對比強烈的環境，用個人的德行戰勝罪惡，對公衆的考量重於家庭。在任何狀況下他不願意喪失高貴的屬性，不容許玷污勝利的尊嚴。他立即埋葬過世的長子(前面已經提到)接著舉而凱旋式，次子幾乎就是死在這個盛典之後，因此他召集市民大會，公開對大家發表演說，他自己並不需要別人給他安慰，生怕他的同胞感受到他的苦難而懷憂喪志，特別加以開導。

伊米留斯說道：

81　蒲魯塔克在荷馬的《伊利亞德》第24章，引用阿奇里斯對普利安(Priam)所說的話：

　　朱庇特寶座前面有兩個大甕，
　　已把惡與善的美酒裝在其中；
　　祂把福份或苦難按命運安排，
　　加滿在凡夫俗子的人生之杯。
　　絕大部分好壞參半悲喜混合，
　　受到詛咒的人必然吞下苦果。
　　即使幸運和名聲能隨伴一生，
　　也不過是白駒過隙轉眼成空。

柏拉圖對這方面加以指責，要說神明賜給不幸和災難，完全是一種褻瀆的論點，他認為神不會創造出「惡」。不過，荷馬的譬喻可能借用東方的表達方式，《舊約》的〈詩篇〉說得好：「耶和華手裡有杯，其中的酒起沫，杯裡滿了摻雜的酒，祂倒出來，地上的惡人必都喝這酒的渣滓，而且喝盡。」參閱〈詩篇〉第75篇第8節。

我對於世間的事物雖然毫不擔憂，還是像缺乏信心和生性易變的人一樣，對於命運女神所主宰的天意感到畏懼。這次戰爭祂讓所有我經手的事務都能一帆風順，我卻希望遭受若干橫逆和挫折。我從布林迪西（Brundisium）渡過愛奧尼亞海到科孚只花一天的時間，爲了到德爾斐獻祭也不過用去五天，然後再趕五天的路抵達在馬其頓的軍營，接著舉行部隊的齋戒和祓除的儀式，前後一共只用15天的時間完成行程和交接，負起戰爭的全部職責。我在戰事的發展極爲順利的時候，即使能夠免於敵人的危害獲得自由和安全，始終沒有忘記命運女神有著妒忌之心。我最害怕祂在我返家的海上翻臉，龐大和勝利的軍隊，數量驚人的戰利品以及一位成爲俘虜的國王，頃刻之間會淪爲波臣。不僅如此，當我安全回到故鄉，看見洋溢著歡樂、感激和祭品的城市，仍舊抱著疑懼的念頭，知道命運女神賜給凡人重大的福份，從來不會沒有混雜或附帶物盛則衰的波折。我的內心充滿焦慮，經常料想會有禍害降臨這個城市。等到巨大的災難打擊到我的家庭，這時我才不再爲共和國擔心。就在舉行凱旋式的幾天之內，我將兩個上蒼賜與的兒子，也是我僅有的繼承人，一個接著一個爲他們辦理喪事。因此，現在我已脫離危險獲得安全，至少我不必再爲此耽憂害怕。命運女神妒忌我的成就已經獲得滿意的祭品，祂的不滿可以宣洩，我相信祂會把仁慈和運道繼續賜給大家。人類的權勢是如此的薄弱和渺小，可以從這個例子獲得明證，勝利的將領和被俘的國王都在領著凱旋式前進，唯一不同之處，戰敗者帕修斯仍舊享受天倫之樂，征服者伊米留斯卻要強忍喪子之痛。

37 伊米留斯用開闊的胸襟對人民發表演說，他的講話非常坦誠直率，完全發自內心沒有一點誇張和做作。雖然他同情帕修斯的處境，願意盡他的能力給予照應，讓他獲得的優待也不過是從普通的監獄，轉移到比較乾淨和安全的住所，據說他在嚴密的看管之下自己絕食而亡。有人提到他的死亡非常奇特，根據看管他的士兵供稱，出於某些原因對他不僅輕視而且痛恨，於是採用最殘酷的方式就是不讓他睡覺，當他閉上眼睛休息就施以毒打，運用極不人道

的刑具讓他保持清醒，最後讓他耗盡體力衰竭斷氣[82]。他的子女之中有兩位跟在後面很快過世，最小的兒子名叫亞歷山大，據說是一位優秀的藝術家，善於製作和塑造小型雕像，後來成爲官員手下的錄事[83]，對於本身的業務非常精通而熟練。

38 大家認爲伊米留斯征服馬其頓給羅馬人民帶來莫大的利益，他將巨額的錢財注入國庫，直到赫久斯（Hirtius）和潘沙（Pansa）出任執政官，市民無須繳稅，這已經是安東尼和屋大維第一次發生戰爭的時代[84]。另外有件事對伊米留斯而言非常特別而且引人注目，即使他受到人民的愛戴和推崇已到前無古人的地步，始終還是站在貴族這一邊，當然他對群眾從來沒有說過或做過任何忘恩負義的事。有關政治的事務，伊米留斯始終維護貴族階層的利益。

後來，有一次西庇阿・阿非利加努斯因而受到阿庇斯（Appius）的奚落。那個時候這兩位是羅馬最顯赫的人物，都要出馬競選監察官的職位。後面這位站在貴族和元老院這邊，阿庇斯家族（Appii）一直投靠掌握權勢的黨派；前者雖然與貴族階層有根深柢固的利害關係，仍舊獲得平民的擁護和愛戴。因此，當阿庇斯在會場看到西庇阿，被一群階層很低的人員所圍繞，其中還有新近受到釋放的自由奴，這些人都有拉派結黨的能力，影響群眾進行各種爭執和騷動。阿庇斯用很響亮的聲音說道：「可悲呀！伊米留斯・包拉斯，你要是在墳墓裡面知道現在發生的事情，一定會死不瞑目。你的兒子渴望當上監察官，竟然靠公設傳呼員伊米留斯和黎西紐斯・斐洛尼庫斯（Licinius Philonicus）來給他拉票。」

西庇阿經常用滿懷善意對待民眾，不斷爲他們謀取福利；伊米留斯雖然始終與貴族的立場一致，但是他盡量運用各種方法保持良好的關係，尋求民意的支持並且獲得他們的擁護。因此，在共和國的體制之中，認爲只有伊米留斯具備出任監察官的資格，這是非常明確的事，大家同意授與他最神聖和權力最大的職位[85]，涉

---

82 這種說法是來自戴奧多魯斯・西庫拉斯的記載。據說菲利浦死在他父親的前面，真正的詳情已經無從得知，因為李維和戴奧多魯斯・西庫拉斯有關這個年代的著作，都已經失傳。

83 這個案例可以證明羅馬元老院的傲慢自大，將被征服國王的兒子當作政府的小職員；然而俾西尼亞國王普魯西阿斯（Prusias）的兒子奈科米德（Nicomedes），這個時候正在羅馬接受教育，生活奢侈擺出盛大的排場，那是因為他的父親被共和國視為在東方的柱石。

84 43B.C.，屋大維奉元老院之命，前去討伐馬克・安東尼，在穆蒂納附近兩次會戰中擊敗對手，然而執政官赫久斯和潘沙戰死。

85 伊米留斯出任監察官是在羅馬建城590年即164B.C.。

及的範圍很廣，可以對市民的一言一行進行嚴格的調查。監察官有權罷黜一位元老院議員，更可以提名最適當的人選來接替這個空缺，生活腐化的年輕人會受他的懲處，通常沒收他們的馬匹並且逐出騎士階級；除此以外，他們對每一位市民的產業進行評估，決定所擁有的價值作為列入百人連層級的依據；同時登記市民的數量。經過伊米留斯進行的人口普查，羅馬市民的總數是347,452人。他宣布馬可斯‧伊米留斯‧雷比達（Marcus Aemilius Lepidus）擔任元老院首席議員；雷比達保有這個尊榮的高位已有四次之多。經他罷黜的元老院議員只有三位，都是言行過於不檢點所致。他和他的同僚馬修斯‧菲利帕斯（Marcius Philippus）都是謹言慎行的人，經常會召集騎士階級的人員進行檢閱。

39 他的工作繁重而忙碌，一度染病幾乎不治，後來經過調理能夠脫離危險，病情複雜無法根治，聽從醫生要求休養的建議，乘船到意大利南部的維利亞（Velia），很長一段時間居住在海邊，享受寧靜無為的生活。就在這個時候，羅馬人渴望他能返回久違的城市，經常在劇院裡表示思念之情，大家都希望再見到他一面。不久以後要舉行莊嚴的慶典，需要他親自主持，這時他也自認身體還很硬朗，於是打起精神回到羅馬，與全體祭司一起奉獻神聖的儀式，旁邊有無數的民眾圍觀，大家向他問候祝賀他平安歸來。次日為他的身體康復向神明獻祭，儀式完畢以後他回到家中坐下午餐，突然之間在沒有任何徵兆之下，陷入狂亂發作的休克狀況，很快失去意識和神智，第三天過世，可以說是壽終正寢[86]。

他的葬禮非常隆重而且場面盛大，受到當代人士的注目和讚許。崇高的德行因出喪時採用莊嚴和適當的儀式更加生色，沒有拿黃金和象牙來製作明器，各種準備工作也不講究奢華和壯觀，這一切都充滿善意、榮譽和愛心，不但自己的同胞，就連他的仇敵也是如此。很多西班牙人、黎古里亞人和馬其頓人[87]都參加這個嚴肅的大典，體格強壯的年輕人抬著他的棺架緩緩前進，年長的人跟隨在後面，把伊米留斯稱為他們國家的恩主和保護人。在那個時代，不僅只有他的征服

86　伊米留亡故於160B.C.，舉行凱旋式後第七年。

87　這個時代有很多馬其頓貴族住在羅馬。根據華勒流斯‧麥克西穆斯的說法，這些貴族前來抬棺像是伊米留斯在舉行第二次的凱旋式，用征服這個國家來裝飾他的葬禮。事實上，這種做法比他獲得凱旋式更為光榮，因為證明他對待敵人的仁慈和友善。

行動，能夠體現出仁慈和寬恕；就是他的一生當中，對人不斷流露善意和關懷，好像大家全都是他的知己和親戚。

據說他留下的產業倒是不少，整個估算起來價值37萬德拉克馬銀幣。立下遺囑由兩個兒子共同繼承，身爲弟弟的西庇阿爲阿非利加努斯這個最富有的家族所收養，就把所有的遺產都送給他的兄長[88]。以上所述就是伊米留斯平生的事蹟和行誼。

---

88 他的兒子西庇阿經常說起他的名言，值得提出來讓大家深思。他說：「一位優秀的將領，除非確有必要或是態勢極爲有利，絕不要輕易與敵人會戰。」

第三章
泰摩利昂與伊米留斯・包拉斯的評述

1 從這兩位偉人的平生事蹟進行比較，好像大同小異沒有顯著的差別。他們的對手分別是馬其頓人和迦太基人，都擁有聲勢驚人的陣容，然而他們卻把戰爭帶到敵人的國度，獲得輝煌的成就。一位從安蒂哥努斯第七個繼承人的手裡征服馬其頓；另外一位從篡奪的僭主統治之下解放西西里，讓整個島嶼重獲以往的自由權利。

當然，伊米留斯占上風的地方，是他能用全副力量來對抗帕修斯，率領的人馬是經常獲勝的羅馬人。泰摩利昂和戴奧尼休斯作戰陷於不利的狀況，他的處境非常險惡；從另一方面來看，泰摩利昂卻力言邀天之幸，能夠制伏幾位僭主，打敗聲勢強大的迦太基人。泰摩利昂的人馬兵力有限是由不同的單位拼湊而成，都是傭兵和不習於戰陣的人員，領導和管理都相當困難；不像伊米留斯的軍隊有訓練精良的士兵，富於作戰經驗，習慣服從命令。雖然他們運用的方式和手段各有不同，作戰的行動同樣獲得光榮的成就，付出的代價和損失減到最低限度，這一切都要歸功於將領的才華和德行。

2 他們肩負重責大任贏得公正和廉潔的名聲。伊米留斯有利之處在於他從小習慣城邦的規定，能夠奉公守法執行所有的業務和職責；泰摩利昂完全是憑著良心做事。那個時代所有的羅馬人都能精誠合作服從命令，尊重法律和自己的同胞，這已經是眾所周知的事；然而所有在西西里負責指揮的希臘將領，除了狄昂之外都無法保持潔身自愛，有人還存著幻想要在這裡建立一個王國，運用斯巴達的統治方式。泰摩利昂告訴我們，捷利帕斯指揮軍隊過於貪財和慳吝，喪失所贏得的名聲，遭到敘拉古人驅逐很羞辱的返國。

很多史家提到斯巴達人費拉克斯和雅典人凱利帕斯邪惡和奸詐的行為，他們

把自己視爲西西里的國王。這兩位怎麼會有實力讓他們在心裡轉著這些念頭呢？當戴奧尼休斯放逐以後，費拉克斯成爲他的追隨者；凱利帕斯受到狄昂的雇用，成爲步兵部隊的隊長一起來到西西里。泰摩利昂並不想追求權勢，在敘拉古人的懇求之下，受到城邦的派遣成爲將領。後來他靠著這個頭銜組成一支軍隊，能夠牢牢掌握在自己手裡，很快使得西西里脫離壓迫者的控制獲得自由，這時他非常願意交出權力功成身退。

我們最爲推崇伊米留斯的地方，是他征服像馬其頓這樣偉大和富裕的王國以後，並沒有爲自己謀求一個銅板的好處；雖然他對別人非常慷慨，有關錢財的事，不僅不沾甚至連看都不看一眼。不過，敘拉古人贈送國內的房屋和產業，我對於泰摩利昂的接受毫無指責之意；接受並不會給他帶來羞辱，拒絕可以獲得更大的榮譽，最高貴的德行在於對任何美好的事物毫無所求。

毫無疑問，只有最強壯和健康的身體，才能適應極熱和極冷的季節變化。只有最堅定和寧靜的心靈，不會處於順境產生自滿，遇到挫折感到沮喪。就這個方面來說，伊米留斯顯然要高人一等，雖然連續遭受喪子之痛，還是像贏得最偉大的勝利和凱旋式一樣，保持泰然自若的神色和高貴的態度。泰摩利昂對他的兄長用正義的手段採取制裁行動，眞正表現出英雄人物的風格，他不拿這個理由來安慰自己的悔恨，陷於莫大的悲哀和痛苦之中，有20年的時間不願在公衆之前露面，拒絕參與共和國所有的職責和事務。憎恨和避免去做任何卑劣的事確實值得讚許；光明正大的行爲還害怕別人的指責和非難，那就不是一個英雄人物應有的氣概。

第八篇

奮戰殞身者

第一章
佩洛披達斯（Pelopidas）

410-364B.C.，底比斯將領，光復城邦的自由權利，
率領聯軍直逼斯巴達城下，建立千古的英名。

1 老加圖（Cato Mjor）[1]聽到有些人讚譽一位市民，作戰的時候衝鋒陷陣奮不顧身，於是說道：「仁義之勇迥異於暴虎馮河。」真是千古名言。據說安蒂哥努斯（Antigonus）[2]有位部下是個天不怕地不怕的傢伙，只是身體狀況很差，看起來氣色不佳，國王交代御醫看診，盡全力將他的病治好；等到他痊癒以後，戰場的表現再也不像以前那樣勇敢，失去冒險犯難的精神。安蒂哥努斯知道以後感到非常奇怪，譴責他竟然一改過去英勇的習性。這個士兵認為他並沒有不可告人之處，就老實說道：「陛下，過去我坐困愁城所以毫不珍惜生命，是你讓我脫離苦海，反而使自己成為一個懦夫。」有位西巴瑞斯人（Sybarites）提到斯巴達人也有類似的論調，說他們的工作辛勞而且處境悲慘，看來真是生不如死，難怪斯巴達人在戰爭中隨時準備為國捐軀。

西巴瑞斯人[3]是一個軟弱和放蕩的民族，才會認為斯巴達人痛恨塵世的生

---

1 老加圖（234-149B.C.）或稱監察官加圖即馬可斯·波修斯·加圖（Marcus Porcius Cato），在政治和軍事方面有光榮的經歷，也是當代知名的歷史家。迦太基自羅馬建城552年即202B.C.查瑪會戰失敗後，已經恢復過去的繁榮；老加圖不斷在羅馬城發出危言聳聽的論調，他的壽命很長，到了晚年只要出席元老院，不管討論什麼問題，最後的結論他總是說：「迦太基非滅不可。」

2 馬其頓以安蒂哥努斯為稱號的國王有三位：「獨眼龍」安蒂哥努斯一世，在位時期319-301B.C.；安蒂哥努斯二世哥納塔斯，在位時期277-239B.C.；安蒂哥努斯三世多森，在位時期229-221B.C.。本章所指應該是哥納塔斯。

3 西巴瑞斯是希臘人的殖民地，古老的時代建立在塔倫屯（Tarentum）灣，擁有非常優越的位置，財富和權勢使他們享受奢華的生活，從諺語中經常可以見到，雅典人對他們的優雅和精緻讚不絕口。最早城市的名字來自從城邊流過的河川，後來稱為休里姆（Thurium）或休里埃（Thurii）。

活，所以對死亡毫不畏懼，並不是爲了追求德行和榮譽。事實上，拉斯地蒙人認
爲無論是生前死後，只有武德可以保障他們的幸福，正如我們在墓碑上讀到的一
首詩：

> 彼等拋頭顱灑熱血，
> 自認死有重於泰山。
> 往者已矣來者可追，
> 庶無愧於舉國之讚。

　　一個人只要不是苟且偷生之輩，盡量避免犧牲也是無可厚非之事；如果對生
命產生厭棄之心，即使赴湯蹈火也不算是英勇的美德。因此荷馬筆下的英雄人物
和豪傑之士，進入戰場的時候都是全身披掛小心翼翼[4]。希臘的立法者懲罰那些
拋棄盾牌的人，要是他們失去刀劍和長矛倒不會追究；暗示自身的防衛比起攻擊
更是個人應盡的責任。特別是城市的總督或軍隊的將領更要抱持這種看法。

2 伊斐克拉底（Iphicrates）[5] 有很好的比喻：輕步兵是雙手、騎兵是雙足、
重步兵是軀體，將領是頭顱；當一個將領讓自己陷入險境，不僅本人蒙
受其害，更重要是他身繫全軍的安危；反之亦然。因之，凱利克拉蒂達斯
（Callicratidas）[6] 雖然是偉大的人物，當一位腸卜官向他提出建議的時候，他的回

4　荷馬在《伊利亞德》中，提到英雄人員的出戰，對他們的裝束和兵器有詳盡生動的描述，跟
　　我國的章回小說的手法極其相似。在第3章的〈休戰和決鬥〉中，「帕里斯穿上美麗的盔甲，
　　先將精緻的脛甲綁在腿上，用銀夾裹住足踝，再穿上胸甲，因為是他兄弟利卡昂（Lycaon）
　　的裝備，所以要加以調整。他將一把青銅劍佩在背後，劍柄上有銀製的雕刻當作裝飾，肩上
　　掛著一面大而厚重的盾牌，頭戴一頂華美的盔，馬鬃編成的纓不停的搖動，最後他拿起一根
　　沉甸甸的槍，很輕鬆地握在手裡。」

5　伊斐克拉底是一位雅典將領，活動的時間是390-355B.C.，曾參加科林斯戰爭，後來擔任色
　　雷斯國王科提斯（Cotys）的傭兵指揮官，並且娶他的女兒為妻。雅典派他到埃及與波斯對陣，
　　建立卓越的名聲；返國後率軍增援科孚抗拒斯巴達的入侵。奧林匹克106會期第年即356 B.C.
　　指揮艦隊攻占開俄斯島，失利後受到指控，後來被判無罪。

6　凱利克拉蒂達斯是雅典的政治家和演說家，活動時間是391-361B.C.，底比斯崛起後，他力
　　言要與斯巴達簽訂和平條約，366B.C.底比斯人奪取歐羅帕斯（Oropus），逼使雅典當局將他
　　放逐，返國後被害。

答顯然犯了錯誤。這位腸卜官有鑑於犧牲的內臟顯示凶兆，勸他要特別小心，否則會危害到自己的生命。他說道：「斯巴達並不在乎少我這個人。」事實上，他只要在任何人的指揮之下，無論從事海戰或陸戰，都能一馬當先奮勇接敵；等到他授與將領的職位以後，必須考慮到他與全軍成為一個生命共同體，自己要是有所閃失就會危及到多數人的性命。

據說安蒂哥努斯老王對這方面較為開明，他在安德羅斯（Andros）[7] 快要開戰之前，有人向他說道：「敵人的船隻比我們要多。」他回答道：「那麼你認為我們要有多少才夠？」暗示一位作戰勇敢和經驗豐富的指揮官，首要的職責是不輕易涉險以維護全軍的安全，這也是將道的最高標準。因此，查里斯（Chares）說起他的盾牌被敵人的長矛貫穿，向雅典人展示身上傷口的時候，我特別推崇泰摩修斯（Timotheus）[8] 的表現非常得體。他對大家說道：「我在圍攻薩摩斯島的時候，一不小心暴露自己的位置，竟然讓一根標槍從我的身邊擦過，這種行為像無知的兒童而不是指揮大軍的將領，真是感到非常慚愧。」

實在說，將領上陣殺敵要想獲得名聲完全取決於結局，如果他必須親冒矢石之險，那就要把某些法則置之不理；譬如人們常說一位將領如果不能壽終正寢，至少也要死於老年。須知將領的武藝即使再高明，憑著匹夫之勇所能獲得的優勢終歸有限，一旦自己喪失性命會給全軍帶來莫大的損失；迫得指揮官非要冒著生命危險去衝鋒陷陣，難道一個普通士兵就不能獲得這一點點成就，那又何必非要一位將領不可？

我在為佩洛披達斯和馬塞拉斯立傳之前，先把這個觀念當成「前提」拿出來說明清楚。這兩位都是偉大的人物，也都由於自己的魯莽衝動而喪生沙場。他們指揮的軍隊與可怕的敵人從事戰爭，作為英勇的戰士，分別從各自的城邦贏得無上的榮譽和莫大的名聲。前一位根據歷史的記載，曾經戰勝舉世無敵的漢尼拔；另一位在決定性的會戰中打敗拉斯地蒙人，然後在海上和陸地稱霸一時。就在國家最需要像他們這樣的人物和指揮官的時候，終於因輕敵涉險而不慎喪失性命。他們的性格作風非常類似，死亡過程也都大同小異，這是我將他們的傳記放在一

7　安德羅斯是愛琴海上一座面積較大的島嶼，位於雅典西方約100公里。

8　泰摩修斯是康儂（Connon）之子和伊索克拉底（Isocrstes）的門人，也是凱利克拉蒂達斯同時代的人物，378B.C.被選為十員將領之一，曾經率領傭兵為波斯服務，返國後參加很多戰役，攻占開俄斯島失利被處以100泰倫的罰鍰。

起進行評述的主要原因。

3 佩洛披達斯（Pelopidas）和伊巴明諾達斯（Epaminondas）一樣，出身都是底比斯的世家子弟。佩洛披達斯是希波克盧斯（Hippoclus）的兒子，生長在富裕的環境，幼年時期就繼承大片值錢的產業。他盡量扶貧濟困做好事，後來落到衣食不全的地步，可以說是一位「役於財富而不爲財富所役」的達者。如同亞里斯多德的論點，在這些繼承萬貫家財的人員當中，有的是標準的守財奴，有的任意揮霍先人的血汗；要想永久保有這些財富，還得要使盡各種辦法。很多人接受佩洛披達斯的恩惠，感激他的慷慨和仁慈，但是在他的朋友當中，只有伊巴明諾達斯不願分享他的財富。不過，他願意與友人一起過貧窮的生活，仍舊不改其樂，同樣穿著破舊的衣服，維持簡陋的飲食，平時從事辛勞的工作，戰時驍勇大膽的出擊，就像優里庇德的劇中人卡佩紐斯（Capaneus）：

> 人生在世貴開懷，
> 千金散盡無復來。

佩洛披達斯不願比最貧窮的底比斯人花更多的錢在自己身上，如果有人對他抱著不予苟同的看法，他認爲這是對他的一種侮辱。伊巴明諾達斯沒有繼承家業，他的性格開朗豁達，一直保持獨身，所以能夠過著安貧樂道的生活。佩洛披達斯則不然，他娶的妻子有良好的家世，還要養兒育女，然而他不爲自己的家庭打算，把全部時間奉獻給公眾，連家業也被他花光散盡。他的朋友提出規勸，要讓他知道錢財是必要之物，不能視之如糞土。他的答覆：「你們說的完全正確，奈柯迪穆斯（Nicodemus）更需要錢財。」他指的這個人是瞎眼的跛子。

4 他們兩人都擁有天賦的優良習性，只是佩洛披達斯的興趣是鍛鍊身體，伊巴明諾達斯喜歡研究學問；所以一位把時間花在狩獵和角力上面，另一位去聽課和參加學術的討論。縱使他們擁有很多的長處，最受到世人推崇之處，在於雙方維持不變的友誼和共同的利益，無論是遠征行動、公共事務和施政作爲，都能互不侵犯彼此的職權和責任。要是有人拿亞里斯泰德和提米斯托利、西蒙和伯里克利、尼西阿斯和亞西拜阿德之間的作爲進行比較，發現後面這

幾位的關係怎麼會如此的混亂、嫉妒和猜疑[9]？然而人們要是把眼光投到前面兩個人的身上，就可以看到佩洛披達斯非常尊敬伊巴明諾達斯，雙方建立友善的交往。他們也會承認這才是在政府和軍隊中對待同僚的正確態度，不像後面那幾對顯赫的人物彼此為敵，想盡辦法要把對方加以制裁或打倒。真正的原因出於這兩位底比斯人擁有的德行，不管怎麼說，他們的行動不是著重個人的榮譽或財富，否則的話就引起無窮無盡的猜忌；他們兩位打開始就相互勉勵，要竭盡全力完成神聖的使命，尋求國家的光榮和獨立，為了達成這個目標，已經習於將對方的成就和長處視為自己所有。

很多人抱著這種看法，認為這兩個人建立特殊的親密關係，可以追溯到曼蒂尼(Mantinea)會戰[10]，底比斯派出援軍到斯巴達，當時兩個城邦之間，保持非常友善的聯盟關係。佩洛披達斯和伊巴明諾達斯都在步兵單位服役，與阿卡狄亞人發起接戰行動，他們參與斯巴達軍組成的一翼，在戰鬥中被迫放棄陣地，很多人敗退逃走，他們兩個人將盾牌靠在一起抵抗攻擊的敵軍，佩洛披達斯有七處傷口，全部都在身體的正面，倒在成堆被殺的友軍和敵人之中，伊巴明諾達斯明知局勢無法挽回，還是衝上去防衛他的兵器和身體，並且與成群的敵人接戰，下定決心情願戰死，也不放棄毫無希望的佩洛披達斯。現在已經處於最危險的關頭，他的胸部被長矛刺傷，手臂也被刀劍砍得鮮血淋漓。好在斯巴達國王亞傑西波里斯(Agesipolis)[11]從另一翼派來援軍，兩人終於獲得拯救。

9　所提幾位人物都是雅典人，彼此之間都是水火不容，雅典之偉大或敗亡可以說是其來有自，讀者請自行參閱本書第九篇〈亞里斯泰德〉、第四篇〈提米斯托克利〉、第十三篇〈西蒙〉、第五篇〈伯里克利〉、第十四篇〈尼西阿斯〉和第六篇〈亞西拜阿德〉有關內容。

10　我們要仔細分辨不要發生混淆，曼蒂尼另外還有一場重要的會戰，伊巴明諾達斯因而陣亡，發生在362B.C.；那場戰鬥是為了反抗拉斯地蒙人，不像這次是來幫助他們。據說這次會戰發生的時間，是奧林匹克98會期第4年即385B.C.。當然，早在奧林匹克95會期第3年即418B.C.，雅典聯軍與斯巴達在曼蒂尼打了一場會戰，斯巴達人獲得勝利。

11　斯巴達以亞傑西波里斯為名的國王共有三位：亞傑西波里斯一世，在位時期395-380B.C.；亞傑西波里斯二世，在位時期371-370B.C.；亞傑西波里斯三世，在位時期219-215B.C.。根據會戰的時間推算，這位國王應該是亞傑西波里斯一世。

5 從此以後，拉斯地蒙人與底比斯人成為聯盟，裝出友情深厚的模樣[12]，實際上抱著猜疑之心看待這個城邦的圖謀和權勢，關鍵所在是他們痛恨伊斯門尼阿斯（Ismenias）和安德羅克萊德（Androclides）所組成的黨派；佩洛披達斯加入成為中堅人物，目標是要為民眾爭取自由權利，改善目前的政治狀況。基於這種緣故，阿基亞斯（Archias）、李昂泰達斯（Leontidas）和菲利浦（Philip）這些寡頭政體的主要分子，以及富有的人士，他們懷著掌權的野心，唆使斯巴達人菲比達斯（Phoebidas）率領實力相當強大的部隊，在他們的引導下通過市區，用奇襲方式奪取卡德密（Cadmea）這座城堡，放逐反對黨派，建立寡頭政體，底比斯人就會屈服於斯巴達的最高權力[13]。

菲比達斯接受他們的建議，西瑞斯（Ceres）節慶[14]期間在毫無預警的狀況下，拉斯地蒙人對底比斯發起攻擊，很快奪取卡德密控制整個城邦，伊斯門尼阿斯被逮捕送到斯巴達，沒過多久受到謀殺。佩洛披達斯、菲里尼庫斯（Pherenicus）、安德羅克萊德以及很多人逃走，當局公開宣布他們是不受法律保護的放逐者。伊巴明諾達斯留在家中，因為他研習哲學而且生性澹泊，加上家境貧窮，倒是沒有引起旁人的注意。

6 拉斯地蒙當局免去菲比達斯的職務，施以罰鍰10萬德拉克馬的處分，然而仍舊在卡德密保持一支守備部隊，所有的希臘人對這種自相矛盾的處理方式感到百思不解，因為他們懲治犯下惡行的人，卻又贊同他的侵略行為。底比斯人喪失原有的體制，受到阿基亞斯和李昂泰達斯的奴役，不僅沒有希望從暴政之下獲得自由，同時他們看到斯巴達用整個軍事實力加以護衛，除非能從海上和陸地驅逐控制的力量，否則沒有辦法解脫所受的桎梏。

---

12 整個伯羅奔尼撒戰爭期間，斯巴達認為底比斯是忠誠的盟邦，在斯巴達人的支持之下，恢復對皮奧夏地區的控制，洗刷他們投靠波斯人的羞辱。後來底比斯國勢強盛，表現出倨傲不遜的態度，拒絕在安塔賽達斯的和平協定上簽署，費很大的心血動員聯盟的力量，勉強讓底比斯人從命。實在說，我們從波利拜斯的記載可以知道，雖然拉斯地蒙人在簽訂和平條約以後，公開宣布所有希臘城市獲得自由權利，他們並沒有撤走所派出的守備部隊。

13 菲比達斯進軍討伐奧林蘇斯（Olynthus），李昂泰達斯或李昂蒂阿德（Leontiades）是兩位軍事執政官之一，出賣底比斯的城鎮和堡壘。這件事發生在奧林匹克99會期第3年即382B.C.，本書第十六篇〈亞傑西勞斯〉第23節有詳盡的敘述。

14 婦女在卡德密的城堡裡面舉行西瑞斯的祭典。

　　李昂泰達斯和他的黨羽，知道居留在雅典的流亡分子受到民眾的擁戴，無論是個人的德行和長處都占優勢，於是要用陰謀手段取他們的性命，有些不知情的兇手受到金錢的收買，只有安德羅克萊德遭到殺害，其餘人士倒是沒有遭到毒手。除此之外，斯巴達當局給雅典發出信函，提出警告不得收容或贊助這些流亡分子，要把他們當成聯盟的敵人加以逐驅出境。雅典人有待客友善的傳統，同時也希望與底比斯重建過去的關係，所以願意盡全力協助他們恢復民主政體；公開制定一項法律，要是有任何雅典人全副武裝經過皮奧夏去推翻暴政，無論皮奧夏人是看到還是聽見有這回事，都不能對雅典人和底比斯人帶來阻撓或損害。

7 佩洛披達斯雖然年紀很輕[15]，不僅私下鼓舞每位流亡人士，同時還在集會時發表意見。他認為：

> 整個城邦受到敵人的奴役和占領，使得大家蒙受羞辱也是褻瀆神聖的行為，現在所以一事無成，在於僅考慮自己的生命與安全，一切都要聽命雅典的律令，還要討好這些口若懸河的演說家，生怕他們在雅典的人民面前說他們的壞話。因此，他們不能這樣下去，一定要冒險才能贏得重賞，要把色拉西布拉斯（Thrasybulus）[16]大膽英勇的作為當成效法的對象，就像他從底比斯出發去粉碎雅典僭主的權勢一樣，大家應該從雅典進軍去解放底比斯。

　　等到佩洛披達斯用這種方式說服大家以後，就在暗地裡派遣人員去見留在底比斯的朋友，讓他們知道這些流亡人士的打算。卡戎（Charon）是當時最為顯赫的人物，他們的計畫獲得他的認同，並且提供房舍作為接待之用。阿基亞斯和菲利浦出任軍事執政官的職位，菲利達斯（Phillidas）設法成為他們的秘書。伊巴明諾

15　有關這件事的處理方面，色諾芬提到佩洛披達斯的地方不多，主要原因是偏袒心目中的英雄人物亞傑西勞斯，不願佩洛披達斯和伊巴明諾達斯，使得他的令名受損；特別是色諾芬對後者更少談到。

16　色拉西布拉斯是雅典將領，三十僭主當政時代被放逐到底比斯，403B.C.重建雅典的民主政體，發起遠征光復失去的領土和屬地，388B.C.在阿斯平杜斯（Aspendus）被殺。參閱色諾芬《希臘史》第2卷第4節。

達斯激起年輕人反抗的情緒，爲此他在體育活動中鼓勵大家與斯巴達人舉行競賽和角力，當他看到他們因勝利和成功而充滿傲氣的時候，用非常尖銳的語氣告訴他們：「屈身聽命於實力不如自己的人，是世界上最可恥的儒夫行爲。」

8 發起行動的日期已經決定[17]，流亡人士同意菲里尼庫斯與其餘人員留在色萊西亞（Thriasian）平原，還有一些初次體驗危險的年輕人，機會來到他們要竭盡所能掌控整個城市。要是舉事人員一旦被敵人逮捕，應該有人留下來照顧他們的兒女和父母；佩洛披達斯第一個願意負起這方面的責任。還有像是梅朗（Malon）、達摩克萊德（Damoclides）和狄奧龐帕斯（Theopompus）這些人，雖然他們出身於貴族家庭，相互之間親愛精誠團結合作，爭著要參與光榮和勇敢的復國大業。這批冒險犯難的人員一共有12名，他們擔任身先士卒的使命，派一位信差到卡戎那裡，說他們即將前往。大家穿著輕便的服裝，帶著獵犬和各種器具，像是一群在原野活動的獵人，免得在路上遇到人引起猜疑。

等到信差到達卡戎家中，讓他知道他們即將來臨的消息，卡戎看到隨之而來的危險未改初衷，還是信守承諾提供房舍給他們使用。有位人士名叫希波昔尼達斯（Hipposthenidas），不僅熱愛自己的國家也是這些流亡人士的朋友，雖然不是沒有原則的人，只是缺乏行動的勇氣和毅力，突如其來聽到他們即將舉事的消息，就感到頭暈眼花難以自理。他打開始就擔憂害怕，僅僅依靠流亡人員極其薄弱的力量，竟然要執行不可能的任務，奪取政權和推翻斯巴達的控制力量。他私下來到卡戎家中告知此事，派遣一位朋友去見梅朗和佩洛披達斯，希望他們目前暫時容忍一下，回到雅典等候更好的時機。

這位信差的名字叫做克利敦（Chlidon），急忙趕回家中牽出他的坐騎，發現沒有韁轡，他的妻子也不知道在那裡，等到處都找不到以後，才告訴他已經借給一個朋友，開始的時候他們相互指責，然後彼此大聲咒罵。他的妻子因而認爲這次出行，對自己的丈夫和派遣的人都大爲不利。克利敦非常熱心以致引起口角浪費大半天的時間，後來把這個偶發的狀況當成一個徵兆，就將外出旅行的念頭丟在一邊，去料理其他的事務。這個偉大和光榮的圖謀，如果不是出現這樣的狀況，很可能在一開始就胎死腹中。

---

17 舉事的日期是在奧林匹克100會期第2年即379B.C.的冬天。

9 佩洛披達斯和他的同伴穿著看起來都像當地人，趁著白天的時光分批進入城中不同的區域；正好是刮風的日子，天空開始飄落雪花[18]，惡劣的氣候使得大多數人都留在家裡，有利於他們隱匿身分。那些關心這件圖謀的人士，出來接應把他們帶到卡戎的家裡，流亡者和當地參加的舉事人員一共有48位。

僭主方面的狀況大概如此：我在前面提到的秘書菲利達斯，不僅是同犯而且全程參與流亡人員的陰謀活動，事先邀請阿基亞斯赴當天的宴會，痛飲美酒還可以與城中一些婦女見面，目的是把他們灌醉，或是趁著尋歡作樂的時候，好將他們交給陰謀分子處理。就在這時，阿基亞斯還沒有盡興就接到一份報告，說是流亡人員暗中躲在城裡，消息雖然正確但是內容含糊也沒有證實，菲利達斯一直想要轉移這個話題，阿基亞斯還是派一個警衛去見卡戎，叫他立刻前來見面。時間已到傍晚，佩洛披達斯和他的朋友正在準備，全身打扮得非常利落，每個人穿上胸甲，長劍已經出鞘；突然聽到敲門的聲音，就叫一個人去打探信息，從派來的官員那裡知道狀況，卡戎奉命要去見軍事執政官，回來告知引起一陣混亂，大家推測事機已經敗露，可能開始搜捕行動，大家會在展現英勇作為之前，寡不敵眾慘遭毒手。然而大家還是同意讓卡戎遵守行軍事執政官的命令，前去會面以免認為他也涉嫌其中。

實在說，卡戎是臨危不懼的英勇之士，然而在這種情況之下他非常擔心，為了免得被人懷疑是叛徒，把這麼多英勇市民的死難的責任算在他的身上；當他準備離開家中的時候，就把他的兒子從婦女住的房間帶出來；這個小孩的長相非常可愛，身體比同年齡的兒童看起來更為強壯，就將他交給佩洛披達斯並且說道：「如果你們發現我是叛徒，就把這個小孩當作敵人，毫不客氣下手處置。」大家看到卡戎的顧慮周詳不禁感動得流出淚來；好像他們之中有那一位對於目前的危險，顯示儒怯鬼祟和驚惶失措的樣子，看來對他有所懷疑和指責，使得他不僅侷促不安還得表明立場。於是大家請他收回成命，不要把他的兒子牽連進去，免得受到傷害。或許他可以逃脫暴君的魔掌，留得性命來為國家和朋友報仇。卡戎拒絕將他的兒子帶走，並且說道：「生命也罷！安全也罷！難道有比與父親以及如

---

18 斯巴達人奪取卡德密大約是在盛夏，年分前面已經提到，失去的時間是初冬，奧林匹克100會期第1年即378B.C.。

此慷慨的同伴一起勇敢赴義更爲光榮的事？」說完以後，向神明懇求給予保佑，然後對大家祝福和鼓勵一番再離開，盡量使自己的聲音和面容平復下來，看起來就像沒有發生一點事情。

10 當卡戎來到門口，阿基亞斯和菲利達斯出來見他，並且說道：「卡戎，好像剛剛來到一批外地的陌生人，聽說躲在城市裡面，有些市民已經與他們見過面。」卡戎開始感到很緊張，只有追問：「他們是誰？躲在那些人的家裡？」發現阿基亞斯並不了解整個狀況，卡戎推測所有參與陰謀的人士當中，沒有任何人向官方通風報信，於是說道：「你不必爲捕風捉影的謠言感到煩惱，不過，我會特別注意，有關這方面的報告一定審愼處理。」菲利達斯在旁邊一直讚許他說得很對，然後陪著阿基亞斯回到屋裡繼續飲酒，還在盼望會有婦女參加，使得他們可以尋歡作樂，於是一直延長宴會的時間。等到卡戎回到家中，發現這些人已經完成準備，他們對個人的安全和舉事的成功並不抱任何希望，即使英勇陣亡也要多殺幾個敵人。卡戎告訴佩洛披達斯和他的朋友說他見過軍事執政官，因爲有其他的人在房間裡，沒有提到阿基亞斯告訴他的事，就爲這個情況編出一些說辭[19]。

正巧在這場風暴要發作的時候，他們非常幸運地避過災難；雅典的祭司阿基亞斯派信差送來一封信，給他的朋友和受到款待的貴賓，就是底比斯同名的阿基亞斯，信裡面沒有寫任何臆測或懷疑的字句，完全根據過去出現的狀況，把整個企圖源源本本揭發出來。這封信送給阿基亞斯的時候，他已經喝了很多酒有相當的醉意，信差交信向他說道：「寫信的人希望你立即過目，整個事件非常緊急。」阿基亞斯笑著答覆道：「今朝有酒今朝醉，事大如天且罷休。」接過信以後放在枕頭下面，然後轉回去與菲利達斯談起這件事，這句話成爲有名的諺語，在希臘一直流傳到今天。

---

19 這種表達的方式毫無必要，也可能是為了不要增加起義人員的心理負擔，實在說，蒲魯塔克的陳述並不贊同蘇格拉底的論點。根據蘇格拉底的說法，卡戎帶著高興的神色回到這批愛國分子那裡，告訴他們一切都沒有問題，也沒有隱瞞任何事情。

11 現在是適合行動的時機，他們分成兩個組下手：佩洛披達斯和達摩克萊德負責行刺李昂泰達斯和海帕特（Hypates）[20]，因為這兩個人住得很近。卡戎和梅朗對付阿基亞斯和菲利浦，他們就在胸甲的外面穿著婦女的服裝，用樅樹和松枝製成厚重的花冠，可以用來遮住面孔，打扮好一進大門之後，宴會的來賓鼓掌發出歡呼的聲音，他們期待的婦女終於來到。等到陰謀分子在房間裡張望，很仔細的辨識所有接受款待的人員，他們拔出佩劍，撲向坐在餐桌兩旁的阿基亞斯和菲利浦，這時等於揭露出他們的身分，菲利達斯說服少數來客仍舊坐著不要動，有些人想要起來盡量保護軍事執政官，酒醉的狀況下無能為力，這兩個人很輕易被他們殺死。

佩洛披達斯這一組的任務比較困難，他們所要殺害的李昂泰達斯，為人沉著冷靜而且身強力壯，等他們到達他住的地方發現大門已經關上，正準備上床安眠。他們敲了很久的門沒有人答應，終於有一個僕人聽到，出來拉開門閂，他們等大門打開立即衝了進去，看到人就砍翻在地，全體急忙奔向李昂達斯的寢室。李昂達斯聽到發出的雜音和腳步聲，知道大事不妙，急忙從床上跳下來拔出佩劍，但是忘記吹熄燈火，要是這樣就會讓他們在黑暗中被他一個一個的解決，有了燈光很容易發現他的位置，只有第一個進入的西菲索多魯斯（Cephisodorus），在寢室的門口被他刺死，等到氣絕倒下以後，他迎擊的下一位是佩洛披達斯，進口非常狹窄加上橫臥在地上的屍體，這場搏鬥是既凶狠又險惡，最後還是佩洛披達斯占了上風將李昂達斯擊斃。接著他與同伴前去解決海帕特，用同樣的方式進入他的家中，這時海帕特發現他們的圖謀，逃到鄰居那裡尋求庇護，他們還是追過去將他抓出來殺害。

12 他們完成任務以後與梅朗會合在一起，派人去催促留在阿提卡的流亡人員趕快前來，同時呼籲市民維護他們的自由權利[21]，把掛在門廊的戰利品全部取下來，打開附近出賣鎧甲的店舖，裝備那些前來幫助和支援的人

---

20 菲利達斯沒有邀請這兩個人參加飲宴，因為阿基亞斯要與一位高貴的婦女幽會，所以來賓經過他的挑選。

21 佩洛披達斯派菲利達斯到城市的各處監牢，釋放那些勇敢的底比斯人，他們受到斯巴達人的羈押和囚禁。

員。伊巴明諾達斯[22] 和高吉達斯（Gorgidas）來到時已經全身披掛，隨伴著一隊英勇的年輕人，還有一些久經戰陣的年長者。現在整個城市陷入空前的激動和混亂之中，到處是嘈雜的聲音和慌張的神色，每所房屋燈火通明，人們匆忙的進進出出，民眾倒是沒有聚集起來，大家對這些行動都感到非常驚愕，還不了解整個事件的真相，一直要等到天明才見分曉。斯巴達的官員犯了很大的錯誤，沒有立即出兵蕩平動亂，他們的守備部隊有1500人，除此以外還有很多投奔的市民，嘈雜的聲音、明亮的燈火和進出的民眾，使他們感到驚惶，只有很安靜的留在卡德密城堡裡面。

天明以後，流亡人員全副武裝從阿提卡來到，順利召開市民大會，伊巴明諾達斯和高吉達斯簇擁佩洛披達斯和他的黨徒，四周圍繞著祭司，手裡拿著花圈，勉勵民眾要為他們的城邦和神明戰鬥到底；市民大會在他們進場的時候，大家異口同聲發出歡呼的叫喊，把他們稱為救星和恩主。

13 佩洛披達斯接著當選為皮奧夏的總隊長[23]，立即與梅朗和卡戎對城堡進行封鎖，從四面八方發起突擊，要在斯巴達派來解救的援軍到達之前，急著要將拉斯地蒙人驅逐出去，光復卡德密這個控制城市的要塞[24]。他們接受投降的條件以後讓斯巴達人離開，這次的成功真是萬分僥倖，返鄉的部隊在麥加拉遇到克利奧布羅都斯（Cleombrotus），他率領一支實力相當大的兵力向著底比斯進軍。赫瑞披達斯（Herippidas）和阿西蘇斯（Arcissus）是派駐底比斯的總督，受到嚴厲的譴責以後遭到處決，另外一位總督是黎薩諾瑞達斯（Lysanoridas），逃到伯羅奔尼撒以後，受到的處分是很大一筆罰鍰[25]。

---

22 伊巴明諾達斯沒有立即參加他們的行動，害怕很多無辜的市民被牽連進去，以致在動亂中喪失性命。

23 底比斯的軍隊在職位上使用隊長和總隊長等稱呼，表示平等和民主。

24 佩洛披達斯擁有的力量極其弱小，不可能在一天之內站穩腳跟，完成各項工作。我們必須運用戴奧多魯斯·西庫拉斯（Diodorus Siculus）和色諾芬的記載，根據他們的說法，底比斯人奪取整個城市以後，雅典人在次日早晨派來的援軍是5000名步卒和2000名騎兵，還有其他的部隊來自皮奧夏的各個城市，這部分的兵力超過7000人，佩洛披達斯開始圍攻卡德密城堡，斯巴達人經過數日的抵抗，最後因缺乏糧食而投降。

25 這是斯巴達人應該遵守的準則，主將要與奉命守備的城市共存亡。

這次行動[26]與色拉西布拉斯光復雅典有異曲同工之妙,無論是執行的勇氣、遭遇的危險、迎戰的敵軍、驚人的成就都非常類似,所以希臘人將這兩次行動稱為「姊妹作」。我們很難找到另外一個案例,這麼一小撮力有不逮的流亡組織,僅憑著百折不回的勇氣,能夠以寡擊眾推翻占盡優勢的強敵,給他們的城邦帶來光明的遠景。爾後整個情勢的變化,使得這次的行動更為聞名;所引起的戰爭摧毀斯巴達的特權,不能在希臘世界負起領軍和指揮的責任。佩洛披達斯這12人在夜間來到一個私家住宅,他們的襲擊不僅是攻入和占領堡壘、城堡或是要塞,而是結束斯巴達人在海上和陸地的霸業。如果我們用比喻來說明事實,斯巴達的控制和束縛,過去看起來像是固若金湯,現在已經發生動搖。

14 接著發生的狀況是拉斯地蒙人派出一支大部隊入侵皮奧夏,險惡的局勢對雅典人造成威脅,公開否認他們與底比斯的聯盟關係,懲罰那些維護皮奧夏人利益的人士,有些人被判處死刑,其餘人員不是放逐就是罰鍰;底比斯因而陷於盟友斷絕孤軍奮戰的處境。佩洛披達斯和高吉達斯仍舊在皮奧夏擔任隊長的職位,他們想要使拉斯地蒙人和雅典人發生爭執,就從這方面進行陰謀活動。斯巴達人司福德瑞阿斯(Sphodrias)以作戰驍勇聞名於當時,缺乏判斷的能力,遇事過於樂觀產生虛幻不實的野心,他率領一支軍隊留在帖斯庇伊(Thespiae)[27],用來支持和救援那些底比斯的變節分子。

有一位商人是佩洛披達斯和高吉達斯的朋友[28],他們就派他帶著錢去見司福德瑞阿斯,這樣他的勸告才能發生效用。這位商人建議他做轟轟烈烈的大事,成為頂天立地的人物,那就是趁著雅典人目前缺乏軍隊的保護,發起立即的入侵行動,用奇襲的方式先奪取派里猶斯;作為一個斯巴達人,沒有任何行動比占領雅典,更能引起眾人的感激。何況雅典人現在把底比斯人視為可恨的叛徒,處於這種狀況之下,底比斯人當然會袖手旁觀,不會給予任何援助。司福德瑞阿斯最後

26　達西爾(Dacier)認為摩納科(Monaco)王子將西班牙的守備部隊驅出自己的城市,可以與這次行動相提並論。

27　帖斯庇伊是皮奧夏地區的城市,位於底比斯西方約20公里,控制進出德爾斐和科林斯灣的隘道。

28　這種論點比戴奧多魯斯‧西庫拉斯的說法更有可能,那就是克利布羅都斯沒有從五長官那裡獲得指示,所以才私下說服司福德瑞阿斯奇襲派里猶斯。

被說服，率領部隊在夜間進軍阿提卡，最遠到達伊琉西斯[29]，然而他的士兵喪失作戰的信心，要是他的計畫暴露讓人知道，會使斯巴達涉入危險的戰爭，因而被迫撤回帖斯庇伊[30]。

15 雅典人接受這次的教訓，用無比的熱誠供應底比斯的需要，派出艦隊航向各處，只要當地的希臘人願意背棄斯巴達，就給予支持和保護。就在這段期間，底比斯人單獨在皮奧夏與斯巴達人展開無數次的前哨戰鬥，也打了幾次會戰，雖然沒有多大的必要，卻可以用來加強訓練的效果，教導指揮的才能，提升部隊的士氣，獲取實戰的經驗，砥礪官兵的武德，以至於我們在前面提到過，亞傑西勞斯帶著傷從皮奧夏返回以後，有位名叫安塔塞達斯(Antalcidas)的斯巴達人對他所說的一段話：「你教導底比斯人戰爭的技術，所以獲得這種代價，真是活該倒楣。」[31]

雖然話是這麼說，事實上亞傑西勞斯並非他們的師傅，是那些生性謹慎的將領讓底比斯人獲得這些機會，就像狗把式在調教幼小的獵犬，讓牠去攻擊敵人，等牠嘗到戰鬥勝利和解決問題的甜美滋味以後，又能很安全地帶牠離開。在所有的領導人物當中，佩洛披達斯應該獲得最高的榮譽，後來他們首次選他出任將領，當他在世時每年都負起軍事指揮的責任，同時還是神機隊的隊長，並且不斷擔任皮奧夏的總隊長。

雙方在普拉提亞和帖斯庇伊有兩次接戰，斯巴達人被打得大敗而逃；菲比達斯在突擊卡德密的戰鬥中被殺；一支實力強大的部隊在坦納格拉(Tanagra)[32]作戰失利，他們的統帥潘索伊德(Panthoides)陣亡。這些交戰行動固然可以提升勝利者的士氣，戰敗者並沒有完全喪失鬥志，因為這些都不是決定性的會戰，也不是正

29　他們希望在夜間抵達派里猶斯，等到天亮以後，發現還沒有走到伊琉西斯，司福德瑞阿斯認為已經走漏消息，撤退的時候在雅典人的地區大事劫掠一番。拉斯地蒙人召回司福德瑞阿斯，五長官對他採取軍法處置，亞傑西勞斯受到其子的說項，饒他一命。

30　司福德瑞阿斯有攻略派里猶斯的企圖，是要切斷雅典人的海上交通路線，目標雖然明確，運用的手段無法配合。

31　斯巴達人有一項諭旨，規定他們對於同一個敵國，不能實施經常和長久的作戰，免得對手習慣於自衛獲得戰爭的教導和訓練；很久以後，亞傑西勞斯因此飽受譴責，大家認為他不斷侵略皮奧夏，把底比斯人鍛鍊成可以媲美拉斯地蒙人的強敵。

32　坦納格拉位於皮奧夏和阿提卡的邊界，在底比斯東方約20公里，是南下進入雅典的門戶。

規的軍事行動，僅僅是斯巴達人在占有優勢狀況下的入寇，按照當時的情勢，底比斯人會發起突擊，有時會撤退甚至遭到追擊。

16 特基里(Tegyrae)的作戰行動，可以說爲琉克特拉(Leuctra)會戰拉開序幕，佩洛披達斯贏得舉世的讚揚；沒有一個指揮官可以分享那天的榮譽，敵人也沒有藉口可以掩飾他們的羞辱。奧考米努斯人(Orchomenians)的城邦[33] 加入斯巴達的陣營，接受派遣的兩個連擔任警衛；佩洛披達斯一直注意這件事，等候下手的機會。聽到這支守備部隊調到洛克瑞斯(Locris)的消息，發現奧考米努斯(Orchomenus)毫無防禦的能力，給他帶來很大的希望，帶著神機隊和少數騎兵立即進軍。當他快要接近城市的時候，得知增援的守備部隊從斯巴達出發，正在行軍的途中。他在山腳下面繞了一個圈子，率領這支小部隊通過特基里，這是撤退唯一可以運用的通道。默拉斯(Melas)河的水勢突然暴漲，泛濫成爲沼澤和要船隻才能渡過的水池，使得整個平原地區無法通行。

沼澤下方不遠之處矗立特基里的阿波羅神廟，它的神讖聞名於世，直到米地亞(Median)戰爭[34] 還盛極一時，愛契克拉底(Echecrates)曾經是這裡的祭司；就是不久之前開始沒落，現在已經被人遺忘。據說阿波羅在此地出生，鄰近有座稱爲提洛(Delos)的山嶺，默拉斯河繞個圈子流回來以後，再注入另外一條水道。廟宇的上方有兩道清泉，形成的溪流因水質的甜美和水勢的充沛清澈受到眾人的讚譽。一道泉水稱爲斐尼克斯(Phoenix)即「棕櫚」，另外一道稱爲伊利亞(Elaea)即「橄欖」，這個名稱甚至沿用到今日；所以盧西那(Lucina)的得名，是說它位於兩道清泉之間而不是兩棵樹之間[35]。這個地方稱爲托姆(Ptoum)[36]，那是因爲一隻野豬突然出現，使得那位女神受到驚嚇；就是皮同(Python)和泰提烏斯(Tityus)的傳聞[37]，也可以與這個地點扯上關係。還有很多可以引起爭論的事蹟我就略而不提了。我們的傳統並沒有將阿波羅的位階在開始時列入低等，到後來才成爲不朽的

33　奧考麥努斯是皮奧夏最大和形勢最險要的市鎮，拉斯地蒙人始終在這裡配置守備部隊。

34　米地亞戰爭即492-479B.C.的波斯戰爭，因為希臘人自古以來將波斯人稱為米提人。

35　在提洛人的傳說中，這個地點是阿波羅和阿提米斯的誕生之地。

36　科佩斯(Copais)湖的東南方有一道山嶺，托姆位於山腳下面，興建的神廟使來人可以獲得阿波羅的庇護。

37　皮同是一條惡龍而泰提烏斯是一個巨人，分別為阿波羅和阿提米斯所殺。

神明，如同海克力斯和巴克斯那樣，憑著他們的德行超越死亡和感官的限制。如果我們對這件事感興趣，願意蒐集相關的資料，就會發現古代的賢德之士，對這個題材有大量的作述，因而知道阿波羅並不是凡人所生的神祇[38]。

17 底比斯人從奧考米努斯向著特基里撤退，就在這個時候，斯巴達人從洛克瑞斯的進軍正好與他們遭遇。正當通過地峽兩軍迎面相望，有人馬上向佩洛披達斯說道：「糟了！我們落在敵人的手裡。」他回答道：「怎麼不是敵人落在我們的手裡？」立刻指揮他的騎兵從後衛趕上來，準備發起衝鋒，同時他把300人的步兵[39]編組成密集隊形，希望用形成重點的攻擊方式，對優勢的敵軍能夠突破他們的戰線。斯巴達人的兵力是兩個團（每個團的編制定員，根據埃弗魯斯[Ephorus]的說法是500人，凱利昔尼斯[Callisthenes]說是700人，其他人像是波利拜阿斯[Polybius]說是900人）[40]，他們的首領戈爾果利昂（Gorgoleon）和狄奧龐帕斯深具信心，向著底比斯人的戰線推進。

雙方的攻勢極其慘烈，主要是他們的指揮官能身先士卒，斯巴達的隊長接戰佩洛披達斯最先被殺；那些在方陣附近的敵人都遭到不幸，全軍因而氣餒喪失鬥志，等於給底比斯人開放一條通道，讓它穿過戰線，沒有人敢攖其銳鋒。佩洛披達斯衝進去以後，轉過來攻擊他們的陣地，經過一番血戰，打得斯巴達人大敗而逃。他們的追擊並沒有維持很久，因為擔心鄰近的奧考米努斯人會出擊，還有就是來自拉斯地蒙的增援部隊。即使如此，他們已經在一場戰鬥中強行突破敵軍的戰線，並且把兵力占優勢的對手打得潰不成軍。

他們豎立一座戰勝紀念碑，收集被殺者的武器裝備當成戰利品，全軍喜氣洋

---

38 阿波羅是宙斯和勒托（Leto）的兒子，宙斯是奧林匹克的主神而勒托是泰坦神（Titan）之一，而且他有個孿生姊妹是月神阿提米斯（Artemis），所以不能說阿波羅像宙斯另外幾個兒女一樣，也是凡人所生。

39 這個單位的編制雖小，卻是底比斯軍隊的選鋒，獲得神機隊稱呼而知名於世，這支隊伍忠於底比斯城邦，而且成員之間非常友愛。有些傳聞提到他們之間的親密關係，我們只能推論這些成員都是勇敢的年輕人，彼此曾經立下生死與共的重誓，願意為友情流出最後一滴血；因此，這個隊伍最適合於艱苦而危險的遠征行動。

40 斯巴達軍隊在波斯戰爭時候的編組，最基本的單位是一個排（enomotia）36位重裝步兵，兩個排編成一個連（pentekostyes）是72人，兩個連編成一個營（lochos）是144人，四個營編成一個團（mora）是576人，六個團編成一軍或軍團（army）總數到達3456人，會戰時全部成為12列縱深。從這個編制人數來看埃弗魯斯的說法比較合理。

洋凱旋回到城市。拉斯地蒙人參加過去所有的戰爭，無論是對希臘人還是蠻族，只要是兵力占優勢或對等的狀況下，從沒有在一場決定性的會戰中吃過敗仗；長此以往，大家認爲他們的英勇可以說是天下無敵，擁有的名聲在會戰之前就已征服敵人，所有的對手即使在相等的條件之下，對於斯巴達人也只有甘拜下風。這次會戰希臘人認清事實，不是僅有優羅塔斯河或是巴比卡(Babyca)和納西昂(Cnacion)之間的地區[41]，才能培育出驍勇善戰和意志堅強的軍人；任何一個地區的年輕人，他們對於落到低賤和卑微的地位感到羞辱，願意爲公理正義冒險奮鬥，重視榮譽絕不規避危險，那麼這些英勇的人就成爲斯巴達人無法擊敗的敵手。

18 按照某些人的說法，最早是高吉達斯精選300人組成Sacred Band即「神機隊」，用來守衛城堡。他們由城邦負責供應糧食和訓練所需的所有物品，因爲古代的城市就是這些堡壘，所以他們也稱爲城防隊。有人說年輕人基於相互愛慕，爲了彼此永不分離才編組成這支隊伍[42]。龐米尼斯有種很受用的說法一直流傳到現在，荷馬的尼斯托(Nestor)並不清楚軍隊的編制，他向希臘人建議，把部族和部族以及家庭和家庭，按照彼此的親屬關係編排在一起，俗語說得好：

> 打虎最好親兄弟，
> 上陣還得父子兵[43]。

高吉達斯依照這種構想把同性戀的愛人組織起來，他的看法認爲即使是同一個部族或家庭的成員，面臨生命交關的時候還是只顧自己，無法發揮相互救援的精神；然而基於友愛的情誼所組成的單位，是一支衝不散打不破的隊伍，在戰場

41　斯巴達人現在把巴比卡和納西昂之間的地區稱爲厄努斯；亞里斯多德說納西昂是一條河流，而巴比卡是指河上的一座橋梁。他們沒有設立會議廳或建築物供集會之用，在這兩個位置之間的地區，將民眾集合起來，就提議的事項付諸表決。

42　譯者在1870年的一個版本中，看到下面兩段都被刪去，因為內容提到同性戀的問題，認為有傷風化，不適於年輕人閱讀。可見在20世紀之前有很長一段期間，無論中外對這方面都抱著掩飾和隱諱的態度，不像古老的年代反而非常開明；就拿我國來說，宋明就不如漢唐，出於禮教和理學的作祟，人性和欲念受到很大的扭曲。

43　這句詩出於荷馬《伊利亞德》第2卷第363行。

上面可以所向無敵。這些愛人同志羞於讓所愛者看到自己的缺點；被愛者在愛人的面前，願意衝入最危險的地方去救助他們的同志，即使粉身碎骨也毫無所懼。比起在身邊共同作戰的戰友，他們更關心那些不在場的愛人，這也是無足爲奇的事；如同有這麼一位人士所表現的情操，當他的敵人前來殺他的時候，提出誠摯的要求希望從胸口刺進去，以免他的愛人看到他的傷口在背上而感到羞愧。

傳說中的愛奧勞斯(Iolaus)幫助海克力斯完成各項勞苦的工作，護衛在他的身邊從事戰鬥，完全出於同樣的原因，那是因爲他接受海克力斯的愛意。亞里斯多德曾經提到，甚至在他那個時代，同性戀的愛人在愛奧勞斯的墓前發誓要忠貞不移。柏拉圖把一位愛人同志稱爲divine friend即「神之友」；基於這個緣故才將這個單位視爲神聖的隊伍。據說神機隊直到奇羅尼亞(Chaeronea)會戰[44]爲止，從來沒有吃過敗仗；菲利浦在戰後巡視這個殺戮之地，來到一個位置發現300人組成的方陣，全部戰死在一起。他開始感到很奇怪，等到知道這是愛人同志所組成的隊伍之後，流著眼淚說道：「任何人要是對他們的壯烈犧牲有絲毫懷疑，不僅心地卑鄙而且會受到天譴。」

19 底比斯人中間興起這種形式的情感，並不像詩人所預料那樣，會給拉烏斯(Laius)[45]帶來災難和不幸。然而他們的立法者，爲了抑制年輕人與生俱來的凶狠好鬥，舉例來說，無論在正式和嬉戲的場合，對於吹奏簫笛表示出尊重的態度，同時鼓勵他們在角力場建立友誼，目的是導正年輕人的性格和行爲。爲了使他們擁有正確的觀念，特別把戰神馬爾斯和愛神維納斯的女兒哈摩妮(Harmony)[46]，尊爲他們的保護神。從此以後，可以把力量和勇氣結合優雅和迷人的舉止，使得社會的各個分子組合起來，靠著協同一致的精神保持完美的諧和與秩序。

高吉達斯將神機隊的成員分散配置在步兵單位的最前列，使得他們的英勇不

---

44 雅典和底比斯的奇羅尼亞會戰發生在奧林匹克110會期第3年即338B.C.。

45 拉烏斯是神話和傳說中的底比斯國王，庇洛普斯的幼子克里西帕斯(Chrysippus)對他迷戀不已，所以才給他帶來極其不幸的災禍。大名鼎鼎的英雄埃迪帕斯(Oedipus)是拉烏斯的兒子，後來發生弒父妻母的慘劇，近世才會出現「埃迪帕斯情意綜」或「戀母情結」等心理學名詞。

46 哈摩妮或稱哈摩妮婭是卡德穆斯的妻子，他們所生的子女包括塞默勒在內，都是大名鼎鼎的神話人物，宙斯與塞默勒的兒子是酒神戴奧尼休斯。

要顯得過分突出，並且採用一個比較不高明的運用方式，就是將這支隊伍與其他
部隊混合在一起，不再單獨成爲一個戰鬥體，這樣就很難有機會表現他們的長處
和優點。佩洛披達斯在特基里充分發揮他們的特長，只有這支隊伍隨護在他的身旁
奮戰到底，從此以後再也不打散他們的編組，保持建制在偉大的會戰中擔負起最重
要的任務。賽車的馬匹比單獨馳騁跑得更爲快速，並不是聯合的力量易於衝破空氣
的阻力，而是競爭的驅策激起高昂的鬥志；因此佩洛披達斯認爲這些勇士，只要能
夠群策群力而又相互較勁，想要比同儕更勝一籌，那麼他們的氣勢必將所向披靡。

20 當前正在發展的狀況，拉斯地蒙人與其他的希臘人保持和平的局
面，要用全副力量來對付底比斯人[47]。他們的國王克利奧布羅都斯率
領1萬名步卒和1000名騎兵，通過國境向前進軍，照這種情勢來看，不僅是爲了
征服這個城邦，帶來的威脅是全體居民的驅離和絕滅，皮奧夏地區陷入前所未有
的恐懼之中。佩洛披達斯離家的時候，他的妻子跟在後面送他出門，流著眼淚懇
求他注意自己的安全，他說道：「吾愛，可以叮嚀士兵自求多福，將領的責任是
要全心照顧部屬。」等他抵達營地，發現主要的隊長有不同的意見，他站在伊巴
明諾達斯一邊，接受他的建議立即迎戰敵軍。雖然這個時候的佩洛披達斯沒有擔
任皮奧夏的總隊長，但是還在指揮神機隊，因爲他對國家有很大的貢獻，所以他
的發言受到大家的信賴。

等到所有的隊長都同意與敵人會戰以後，他們面對斯巴達人在琉克特拉開設
營地。這時佩洛披達斯在夢中出現幻象，心中感到極度的激動不安。有位名叫西
達蘇斯(Scedasus)的人把幾個女兒的屍體埋在這塊平原上面，她們受到一群外來
斯巴達人的強暴，自裁以後就把這個葬身之地稱爲琉克特瑞迪(Leuctridae)[48]。等
到發生這件無法無天的冤案，她們的父親在拉斯地蒙不能使正義得到伸張，就用
嚴厲的言辭詛咒斯巴達人，然後在女兒的墳墓前面尋了短見。從那個時候開始，
無論是預言還是神讖，都要斯巴達人特別小心，可能在琉克特拉遭到神明的報
復。然而大多數人並不知道這件事的含意，就是地點也不是很明確。拉柯尼亞
有個濱海的小鎮名叫琉克特朗(Leuctron)；就是在阿卡狄亞的麥加洛波里斯

47　這件事發生在奧林匹克102會期第2年即371B.C.。
48　有關這件慘劇的詳細情節，可以參閱鮑薩尼阿斯《希臘風土記》第9卷第13節。

（Megalopolis）[49]，附近也有一個同名的地點。何況這件邪惡的行爲，是會戰很久之前發生的事。

21 佩洛披達斯現在睡在營地，夢中見到墓地的幾位少女流著眼淚，一面在詛咒斯巴達人，西達蘇斯向他提出要求，如果他們獲得所望的勝利，應該拿一位栗褐色頭髮的處女當作犧牲，用來奉獻給他的女兒。佩洛披達斯覺得這件事非常殘酷而且邪惡，起身以後告訴軍隊的預言家和指揮官，有些人認爲最適當的做法是從命辦理，特別舉出古代的例子，像是克里昂（Creon）的兒子明尼西烏斯（Menoeceus）[50]，還有海克力斯的女兒瑪卡里婭（Macaria）；就是比較近代的哲學家菲里賽德（Pherecydes），在被拉斯地蒙人殺死以後，聽從神讖的指示將他的皮剝下來，仍舊由國王妥善的保管。還有就是神讖對李奧尼達斯提出警告，說他會爲希臘的利益而光榮戰死[51]；提米斯托克利在薩拉密斯開始接戰之前，拿活人作犧牲奉獻給歐米斯特（Omestes）的酒神巴克斯，獲得勝利表示他們的行爲非常正確[52]。

反之，亞傑西勞斯與古代的阿格曼儂一樣，從同樣的地點出航去對付與過去沒有多大不同的敵人，他在奧利斯（Aulis）夢中有女神顯靈[53]，要求他將女兒作爲祭神的犧牲，亞傑西勞斯硬不下心只有拒絕，結果他的遠征行動失敗，落得羞辱的下場[54]。但是也有人站在反對的立場，力言這種野蠻和邪惡的舉動，不會讓任

---

49 參加洛波里斯在阿卡狄亞地區之內，是位於伯羅奔尼撒半島中央的城市，離開斯巴達大約有60公里。

50 明尼西烏斯為了城邦的利益而犧牲自己的性命，就像瑪卡里婭為赫拉克萊迪家族的傳承不惜一死，同樣的壯烈讓後人不勝噓唏。有關明尼西烏斯的事蹟可以參閱《腓尼薩》（*Phoenissa*）一書；優里庇德的悲劇《赫拉克萊迪》，對瑪卡里婭的平生有詳盡的描述。

51 李奧尼達斯率領三百勇士戰死在色摩匹雷隘道，參閱希羅多德《歷史》第7卷第220節。

52 薩拉密斯海戰開始的時候，提米斯托克利正要向神明獻祭，戰船送來三個波斯俘虜，不僅出身高貴而且都是波斯國王澤爾克西斯的姪子，占卜官優弗朗蒂德抓住提米斯托克利的手，吩咐他拿這三個年輕人當作祭神的犧牲，就可以向享用血食者酒神巴克斯祈求賜與勝利。

53 色諾芬在他的《希臘史》第7卷中，讓我們知道佩洛披達斯出使波斯的情節。特別提起拉斯地蒙人所以痛恨底比斯人，因為亞傑西勞斯對波斯發起戰爭，他們拒絕追隨盟軍的行動。還有就是亞傑西勞斯進軍到奧利斯，月神阿提米斯（黛安娜）要求他將女兒獻為犧牲，自己忍不下心而作罷；如果順從的話就能確保戰爭的勝利。

54 亞傑西勞斯不願效法阿格曼儂無知而殘酷的先例，下令準備一頭母鹿向女神獻祭，因為沒按照慣例指派皮奧夏人負責，皮奧夏的行政官員派人將祭壇推倒，亞傑西勞斯沒有辦法舉行祝禱，在心情極其鬱積的狀況下發航，作戰的銳氣受到挫折，預告整個遠征行動出師不利。

何超凡入聖的神明感到愉悅，世界的主宰現在是天神朱庇特，不再是神魔和巨人，朱庇特是神和人的共同父親。如果還抱著這種想法，認爲任何神祇和精靈喜歡殺人獻祭，這將是極其荒謬的事。要是他們如法炮製，就會被認爲是怯懦和無能受到神明的摒棄，像這種敗壞和殘酷的念頭，只存在於軟弱和墮落的心靈之中。

22 所有的指揮官都爲這件事爭執不休，佩洛披達斯比起任何人還要更爲困擾；這時突然有匹母駒離開馬群，在營地中間奔馳，跑到他們正在開會的位置，就了停下來。大家都在稱讚它那明亮的栗褐毛色，還有人說它嘶聲悠長，顯示出充沛的精力和雄壯的體態。占卜官狄奧克瑞都斯（Theocritus）在心裡轉著念頭，對著佩洛披達斯大叫道：「啊！好傢伙！你看，可供犧牲的祭品自己跑過來了，不要再想什麼處女，就用神明選派的動物吧！」他們將這匹母駒帶到埋著少女的墓地，舉行莊嚴的儀式和祈禱，在歡樂的氣氛中將它奉獻給亡靈，然後讓全軍知道佩洛披達斯的託夢，以及獲得犧牲的詳情。

23 在會戰那一天，伊巴明諾達斯負責左翼將步兵排列成斜行隊形[55]，接戰的時候迫得斯巴達的右翼，要與其他的希臘部隊產生分離，底比斯人可以形成縱長戰力在該翼發起猛烈的攻擊，很容易殲滅克利奧布羅都斯指揮的部隊。這時敵軍發覺他的意圖，開始改變戰鬥序列，使得右翼向外延伸戰線，利用兵力的優勢來包圍伊巴明諾達斯。佩洛披達斯率領300人的隊伍迅速前進，在克利奧布羅都斯能夠延伸戰線之前，與他指揮的部隊發起近接戰鬥，使斯巴達人陷入混亂之中，無法進行所望的部隊運動。雖然拉斯地蒙人就整個人類而言，他們是經驗豐富和訓練有素的士兵，當陣地的位置變換的時候，不會陷入混亂之中，他們會聽從領導者的命令，或是跟隨右方戰友的行動，始終保持隊形的完整，即使面臨危險的壓力，還能奮戰到底。

不過，在這次會戰中，伊巴明諾達斯所指揮的方陣，無視於其他的希臘人，僅僅對斯巴達人展開攻擊，佩洛披達斯前進的速度敏捷而且戰鬥極其狂暴，打擊

55　331B.C.的高加米拉（或阿貝拉）會戰，兩軍開始接敵前進的時候，亞歷山大不直接向波斯人進攻，而是向他們的左翼採斜形運動，逼得波斯軍要改變作戰的方向，以致戰線出現缺口，亞歷山大親率騎兵向中央的大流士衝過去，使得波斯國王敗逃，造成全線崩潰。所以亞歷山大贏得勝利，主要是師法伊巴明諾達斯的戰術運用。

他們的士氣和鬥志,更重要是技術和體力占到上風,迫得對方只有敗退逃走,斯巴達人遭到殺戮的狀況是前所未見[56]。目前是伊巴明諾達斯擔任皮奧夏的將領兼總隊長,雖然佩洛披達斯的職位不高,僅是一支小部隊的隊長,卻與伊巴明諾達斯同樣贏得勝利的名聲和讚譽。

24 他們兩人在伯羅奔尼撒的軍事行動中,擔任最高指揮職務成為同僚,大部分的國家脫離斯巴達聯盟,參與他們的陣營,包括伊利斯、亞哥斯以及阿卡狄亞地區的全部城邦和拉柯尼亞地區的大部分城邦在內。現在已經快到冬至,年度最後一個月即將結束[57],他們的職位只剩下有限的幾天時間,元月1日要選出一批新的官員來接替,任何人要是不按時交出他的職權,會受到判處死刑的懲罰。其他主要的隊長都畏懼法律的制裁,同時也想規避冬季嚴寒的天候,提出的建議是班師回國。佩洛披達斯和伊巴明諾達斯採取一致的行動,鼓舞同胞要有旺盛的鬥志,領導他們繼續和斯巴達人作戰,強行渡過優羅塔斯河,占領很多城市,蹂躪的國土一直到達瀕海的地區。

這支軍隊一共有7000名希臘人,底比斯人占的比例不到十二分之一,雖然沒有明文規定,一定要這樣做不可,憑著他們所建立的聲譽,使得盟邦願意聽從他們的領導。的確如此,這是最早形之文字的法律,對於缺乏保護的人們而言,他們應聽命於保護者。某些狀況之下就像一般水手,雖然在平靜的海面或進入港口以後,有時會對舵手無禮冒犯或是反抗他的指示,然而等到暴風雨來臨,危險迫在眉睫,他們就會聽從舵手的命令,把一切希望寄託在他的身上。亞哥斯人、伊利斯人和阿卡狄亞人在他們的議會裡面,都會為底比斯人擁有最高指揮權一事發生爭執,然而進行會戰或發生危險的時候,他們就會一心一意追隨底比斯隊長的

---

56 底比斯的兵力大約是6000人,敵軍如果加上盟邦的部隊,至少是3倍以上。伊巴明諾達斯對他的騎兵部隊信任有加,認為無論在素質和騎術方面都占有優勢,而且還改進步兵的陣式和編組,將縱深增加到50列來對抗斯巴達的12列。底比斯人獲得第一次的勝利,殺死克利奧布羅都斯,斯巴達人經過整頓以後,準備再戰奪回國王的屍體,底比斯的將領很明智的做法是滿足對方的要求,不願冒險進行第二次作戰。斯巴達的盟邦在這次會戰中犯下很大的錯誤,認為無需戰鬥就可以贏得征服的成果;主要原因是底比斯人沒有盟友,完全孤軍奮戰。這場會戰發生在371B.C.。

57 奧林匹克102會期第3年即370B.C.,底比斯第一次入侵伯羅奔尼撒半島,梅西尼亞成為獨立的城邦。

作爲。

在這次遠征行動中，他們使得阿卡狄亞人團結起來，組成一支作戰隊伍，把定居在梅西尼亞的斯巴達人趕走，召回原來的居民古老的梅西尼人，同時將部分人員遷移到埃索姆(Ithome)，形成一個強固的社區。等到他們回師通過申克里(Cenchreae)的時候，雅典人想要在地峽對他們發起攻擊，或是占領有利地形加以阻止，結果被底比斯聯軍所擊潰[58]。

25 完成這樣偉大的建樹，所有的希臘人欣賞他們的勇氣並且嘉許他們的勝利，底比斯的市民卻抱著嫉妒之心，獲得愈多的光榮更是火上添油。他們面臨的歡迎毫無愉悅的氣氛，所有的做法非常不夠厚道。兩個人所受的審判已經危及性命，因爲他們沒有在元月交出指揮權，違背稱爲「布卡久斯法」(Bucatius)的制度，這些規定根據法律的要求而頒布，不僅如此，他們還繼續保有應該交出的職位達四個月之久，就是這段期間他們在梅西尼亞、阿卡狄亞和拉柯尼亞，執行令人難以忘懷的軍事行動。

佩洛披達斯第一個受審，面對的情勢更爲惡劣，後來兩個人都宣判無罪。伊巴明諾達斯極有耐心忍受指控和審訊，在他的政治生涯中從未怨恨這種不公正的待遇，認爲可以表現一個人的勇氣和度量，也是構成德行的最重要部分。然而佩洛披達斯的脾氣暴躁，受到朋友的慫恿要報復無禮的冒犯，等候機會加以反擊。麥內克萊達斯(Meneclidas)是一位演說家，曾經參加起義，與梅朗和佩洛披達斯在卡戎的家中見過面，但是沒有獲得同等的榮譽和地位。他的口才極佳而且行事不擇手段，在心懷惡意的狀況下，濫用他的稟賦和才能，甚至在審判以後，還指控和誹謗這些身居高位的人士。他把伊巴明諾達斯排除在首席隊長的職務之外，長時期用占優勢的手段操縱政局，還是沒有能力使佩洛披達斯不受民眾的擁戴，因此要盡一切努力使得他和卡戎反目成仇；當一個人屈居他人之下，沒有能力超越到更高層級的時候，運用這種伎倆也可以滿足內心的嫉妒。

麥內克萊達斯在向民眾的演說，運用心機去讚許卡戎的行動，對他的軍事行動和勝利撰寫頌辭，琉克特拉會戰之前，卡戎指揮的騎兵部隊在普拉提亞贏得勝

58　雅典人的戰敗是他們的將領伊斐克拉底(Iphicrstes)犯了錯誤，雖然他是個有能力的軍人，為了控制申克里的隘道而分散兵力，以致被底比斯人各個擊破。

利,這位演說家特別爲此建立一座神聖的紀念碑。西茲昔尼人(Cyzicenian)安德羅賽德(Androcydas)就前面這次會戰,要爲城市繪製一幅圖畫,在底比斯著手進行工作,當叛變發生以後,戰爭接續而來,底比斯人保存這幅幾乎已經完成的畫作,後來麥內克萊達斯說服大家,題辭用卡戎的名義呈獻這件作品給神廟,他的用意是要貶低伊巴明諾達斯和佩洛披達斯所獲得的光榮。

這是非常荒謬的虛矯行爲,竟然把一場單獨的接戰[59],殺死一個名聲不彰的斯巴達人吉朗達斯(Gerandas)和另外40人,置於許多傷亡重大的主要會戰之上。佩洛披達斯以違反法律規定爲由提出動議加以反對,力言不合於底比斯人的傳統,那就是要將勝利歸於國家,不應推崇某個特定的人物。然而他在所有鬥爭的場合都讚揚卡戎,保持自制只把麥內克萊達斯視爲一個無事生非和嫉妒成性的傢伙,同時向底比斯人提出質問,是否要無所事事才能成爲一個優秀的人物……,以至於麥內克萊達斯受到嚴屬的處分是很重的罰鍰。他沒有能力繳納,以後就在政治上惹出很大的風波,造成政局的不安。這些情況有助於我們了解佩洛披達斯的平生事蹟。

26 菲里(Pherae)的僭主亞歷山大(Alexander)[60]與帖沙利人引起公開的戰爭,目的是要將他們納爲臣民,這些城市派遣使者到底比斯,希望能獲得援軍和負責指揮的將領[61]。伊巴明諾達斯受到伯羅奔尼撒有關事務的羈絆無法分身,而且不會放棄那邊所負的責任,佩洛披達斯了解到這種狀況,不想讓自己的勇氣和經驗閒置,毛遂自薦願意領導帖沙利人的反抗行動。當他率領部隊來到帖沙利,立即占領拉立沙(Larissa),想盡辦法去糾正亞歷山大的行爲,這位僭主表示願意接受他的意見,按照法律的規定進行溫和的統治。佩洛披達斯發現他不僅食言反而獸性大發,聽到很多怨恨的言辭,說他性好女色而且殘酷不仁。於是佩洛披達斯擺嚴屬的姿態,對他一點都不假辭色,逼得僭主帶著他的衛

---

59 色諾芬很少談起卡戎,在他的著作裡,僅說道:「底比斯有個人名叫卡戎,流亡人士前往他的家裡。」

60 亞歷山大毒死他的叔父波利弗朗(Polyphron),登上僭主的寶座;然而,波利弗朗早年殺死自己的兄長波利多爾(Polydore),就是亞歷山大的父親。所有這些事故的始作俑者是這個家族的傑生,過去帖沙利是個民主政體的城邦,他篡奪政權成為僭主。

61 這件事發生在奧林匹克102會期第4年即369B.C.。

隊偷偷溜走。等到帖沙利人對僭主毫無所懼，彼此之間能友好相處以後，佩洛披達斯率軍離開向著馬其頓進發[62]，托勒密(Ptolemy)正與馬其頓國王亞歷山大發生戰事，雙方派員請他前去判定爭執的是非，為受到委屈的一方主持公道。當他到達就使得雙方達成和解，召回受到放逐的人士，接受國王的弟弟菲利浦以及30個貴族子弟作為人質，後來將他們帶回底比斯。這件事等於向全希臘顯示，底比斯人受到友邦的信賴，作戰的勇氣獲得廣泛的聲譽[63]。

菲利浦後來竭盡全力奴役希臘人，當然與此不無因果關係，那時他還是一個兒童，送到底比斯寄養在龐米尼斯(Pammenes)家中。有些人推測，他將伊巴明諾達斯的行事方式當成自己的統治原則，效法這位將領在戰爭中的作為和技巧，要是談到個人的德行，那就完全無法相比。伊巴明諾達斯真正偉大之處，在於他的克制、公正、慷慨和仁慈，菲利浦無論是先天的習性和後天的素養，完全是背道而馳。

27 等到這件事告一段落以後，帖沙利人再度不斷抱怨，說菲里的亞歷山大是擾亂城市安全的人，雙方的關係破裂；佩洛披達斯和伊斯門尼阿斯擔任使者，派去處理此事，由於並不期望發生戰爭，所以離開底比斯的時候，沒有率領部隊隨同前往，因此在緊急狀況下迫於需要只有運用帖沙利人的兵力。就在這個時候，馬其頓又開始陷入混亂的局面，托勒密謀害國王奪取政權；國王的友人延請佩洛披達斯，他表示願意前來調停，手裡沒有可用的隊伍，只有在倉促狀況下召募傭兵，率領他們進軍去攻打托勒密。當雙方的部隊開始對峙的時候，托勒密用大量金錢買通這些傭兵，要他們背叛佩洛披達斯投效他的陣營；托勒密還是畏懼佩洛披達斯聲威遠播的英名，把他當成自己的長輩表現出尊敬的態度，願意聽從他的裁示，請求他原諒個人所犯的錯誤，鄭重聲明說要把王國交給已故國王的弟弟，證明自己確實做到，能以底比斯人之友為友，視底比斯人之敵為敵；最後還交出他的兒子斐洛克森努斯(Philoxenus)和50名黨羽當作人質。

佩洛披達斯將人質送回底比斯，這時他對於處理傭兵的背叛事件，感到非常

62　馬其頓國王阿敏塔斯二世(Amyntas II)留下三個合法的子女亞歷山大、帕迪卡斯(Perdicas)和菲利浦，還有一個非婚生子托勒密；後者起兵反叛殺死亞歷山大，登基統治三年被推翻。

63　即使在這個時代，絕大多數的希臘城邦談不上自由權利，底比斯是唯一的共和國，保持高度的愛國心，對於受到迫害的城邦抱著同情的心理，願意給予支援和協助。

棘手，他知道這些人將他們的財產和妻兒子女安置在法爾沙拉斯（Pharsalus）[64]，要是能夠奪取就可以報復他們背義的行為，於是他集結帖沙利人的部隊，向著法爾沙拉斯進軍。他剛剛進入城市，僭主亞歷山大率領一支軍隊隨後出現，佩洛披達斯和他朋友商量，認為要親自去見這位僭主，澄清個人的行為沒有犯罪的意圖，免得引起對方的攻擊。雖然他們知道亞歷山大不僅生活荒淫放蕩，而且性格極其殘酷暴虐，他們以為憑著底比斯的權勢，以及他自己的地位和名聲，可以保證人身的安全不受暴力的侵犯。僭主看到他們實力不足卻又孤立無援，立即將他們逮捕，自己成為法爾沙拉斯的主人。這樣一來他的臣民面臨極大的恐嚇，在經歷一場大膽的全民起義行動以後，他不會饒恕任何一個人，因此大家只有團結起來，盡一切手段來反抗，即使犧牲性命也在所不惜。

28 底比斯人聽到傳來的信息極為憤怒，派遣一支軍隊前去解救，伊巴明諾達斯因故受到罷黜[65]，由其他的首腦人物負責指揮。僭主將佩洛披達斯帶回菲里以後，在開始的時候允許大家去看他，任何人都可以與他交談，好用這種方式來摧毀他的意志；沒有加以嚴密的看管，也是對他表示輕視之意。佩洛披達斯勸勉這些怨聲載道的菲里人要積極進取，僭主在很短的期間之內，會為他的多行不義而遭到報應，同時派人去告訴他：「僭主每天折磨和謀害那些可憐而又無辜的臣民，竟然對他會表示寬大，可以說是極其荒謬的欺騙行為。然而佩洛披達斯還是要讓僭主知道，如果他獲得自由，還是會盡最大力量報復所受的羞辱。」僭主為他大膽和無所忌憚的言辭感到驚異，回答道：「佩洛披達斯是不是急著要找死？」他在聽到這句話以後，說道：「僭主如果這樣做，不僅是自取滅亡，還會引起天怒人怨。」從這個時候起，僭主禁止任何人與他談話。

娣布（Thebe）是傑生（Jason）的女兒也是亞歷山大的妻子，她從獄吏那裡聽到佩洛披達斯高貴和勇敢的行為，很想與他會面願意聽聽他的意見。當她來到監獄的時候，身為一個婦女，當然不可能立刻發覺他處在困境所表現的崇高氣節，只

---

64 法爾沙拉斯是位於帖沙利南部的小城，48年8月9日B.C.，凱撒和龐培的法爾沙拉斯會戰，決定存亡勝敗。會戰的地點在法爾沙拉斯的北部，平原西端靠近小山的邊緣。

65 底比斯人之所以對伊巴明諾達斯感到不滿，是因為上一次在科林斯附近與斯巴達的會戰中，他們認為他沒有為城邦爭取最大的利益，也沒有對敵軍大肆屠殺，所以免去他在皮奧夏的職務，把他統領的部隊視為非官方單位，這種忘恩負義的行為，在民主政體是屢見不鮮之事。

能憑著服裝和外表來判斷在獄中的生活,等到她得知他的環境非常惡劣,不應用這種方式來對待如此高貴地位的人士,禁不住流下淚來。佩洛披達斯開始並不知道她的身分,對她的舉止感到非常的驚奇,等到他明白整個狀況以後,就用她父親的名字向她問候,並且提到傑生是他的朋友和知己,這時她說道:「閣下,我非常同情你的妻子。」他回答道:「我同樣憐憫你的處境,在沒有監禁的狀況下,還能忍受得住亞歷山大。」這幾句話觸及身為女性的痛處,她對亞歷山大的殘酷、偏私、淫蕩,以及虐待她的兄弟,感到極其憤恨。從此,她經常來見佩洛披達斯,可以自由吐露內心的痛苦,對她的丈夫亞歷山大更為憎恨和厭惡,亟想除之為快。

29 派到帖沙利的底比斯將領毫無作為,不諳軍旅之事而且運氣很差,被迫很不榮譽的撤退,城邦對他們的處分是每位將領1萬德拉克馬的罰鍰,然後派遣伊巴明諾達斯率領他的軍隊,再度負起這個任務[66]。這位舉世聞名的將領鼓舞帖沙利人的士氣,各處立即發生暴動,僭主的政治生命即將面臨毀滅的邊緣,他的官員和朋友感到如此的畏懼,他的臣民揭竿而起竟然如此的熱烈,抱著希望要很快的懲處這位暴君。伊巴明諾達斯關心佩洛披達斯的安全,認為較自己的榮譽更為重要。他不願事態的發展趨向極端,害怕亞歷山大陷入絕望之境,像一頭野獸般反噬,就會危及到佩洛披達斯的性命,因此他不願拿戰爭當成最後的手段,只是用他的軍隊守在旁邊保持威脅的姿態,能夠掌握暴君的動向,一方面不要讓他獲得度過難關的信心,再方面不迫他落到負嵎頑抗的地步。

亞歷山大知道自己野蠻成性,無視於公正和人民的權益,以至於有時會將人活埋,有時將人裹著熊皮或野豬皮,縱一群狗去撕咬,或用箭射死以為消遣取樂。梅利波伊(Meliboea)和史科圖薩(Scotussa)這兩個城市是他的盟邦,他召開市民大會要所有的居民參加,然後派出衛隊將他們包圍,全部屠殺不留一個活口。他用一根長矛殺死他的叔父波利弗朗(Polyphron),然後將這件武器用花圈裝飾以後,像神一樣供奉起來,並且稱它為泰昌(Tychon)。

有次他觀賞優里庇德的悲劇《特洛伊婦女》(*Trojan Women*),正在演出的時候他起座離開劇院,但是派人通知演員,吩咐他們不要理會他的行動,還是按照劇目繼續表演,他的離開不是討厭這個劇本,而是不願市民看到他的模樣,因為

66　伊巴明諾達斯的出兵是在367B.C.。

他對謀殺的人從來沒有惻隱之心，卻為赫丘巴（Hecuba）和安德羅瑪琪（Andromache）[67] 不幸的遭遇流下眼淚。

伊巴明諾達斯指揮下的遠征行動，僅僅提到他的名字和接到即將到來的報告，就使得這位僭主驚慌失措，表現的樣子像是：

> 酷似怯戰公雞，
> 低垂征服雙翼[68]。

派遣一位使者去懇求務必高抬貴手，表示一切都會讓他感到滿意。伊巴明諾達斯拒絕接受這種人物成為底比斯的盟友，同意給他30天的休戰期限，要恢復佩洛披達斯和伊斯門尼阿斯的自由，然後他領軍返國。

30 斯巴達人和雅典人都派遣使者到波斯，要求建立聯盟給予協助，底比斯人知道以後，採行同樣的辦法派出佩洛披達斯。這個策略非常高明可以增加城邦的地位，因為過去通過國王的疆域那些人士當中，從來沒有一個人有他這樣高的名聲和功勳。他戰勝斯巴達人所獲得的榮譽，播散的速度並非像通常那樣慢如牛步，他現在也不是毫無藉藉之名；首次琉克特拉會戰建立的聲譽已經傳遍各地，報導新的勝利消息已到無遠勿屆的程度。只要遇到任何一位省長、將領或提督，都把他當成談論和讚頌的對象，他們說道：「這個人在海上和陸地打敗拉斯地蒙人，限制斯巴達的領土僅及於台吉都斯山和優羅塔斯河的區域，但是不久之前，他們在亞傑西勞斯的指揮之下，將戰事帶進偉大國王的疆域，他的領土包括蘇薩（Susa）和伊克巴塔納（Ecbatana）在內。」

據說阿塔澤爾西茲（Artaxerxes）很高興見到佩洛披達斯，對他的接待極為周到，後來聽到他討論有關的條款，言辭比雅典人更為實事求是，沒有斯巴達人那樣傲慢自大，於是對他在波斯的生活非常關切，認為他的行為舉止就像一位國王，甚至公開表示尊敬之意；其他的使者也發覺這種情形。在所有的希臘人當中，

---

67 赫丘巴是特洛伊國王普利安的妻子，有19個兒子，包括赫克特和帕里斯在內，後來全部戰死，她本人城破後成為俘虜；安得羅瑪琪是赫克特的妻子。

68 這首詩描寫鬥雞的神態，很像亞歷山大當前面臨的處境；作者是弗里尼克斯（Phrynichus），用這個名字的劇作家有兩位，一位擅長悲劇而另一位是喜劇大師。

大家認爲阿塔澤爾西茲對斯巴達人安塔賽達斯(Antalcidas)最爲禮遇[69]，把自己參加宴會所戴的花冠贈送給他，而且這種花冠先在香膏中泡浸。實在說，他對佩洛披達斯倒是沒有運用這種極其細膩的手法，只是按照波斯人的習俗，贈送給他大批價值不貲的禮物，並且盡量滿足他的要求，因而他提出：所有的希臘人應該給予自由權利，梅西尼人應該答應遷移定居[70]，底比斯人應該維持長久友誼。

　　他用這種方式答覆波斯人，除了立誓要仁慈和善意相待以外，不願接受任何禮物，然後返回自己的國家。佩洛披達斯的行爲損害到其他的使者，雅典人譴責他們派遣的泰瑪哥拉斯(Timagoras)，並且將他處死，如果他從國王那裡接受大量禮物，那麼這個判決極其公正而適當。他不僅接受金銀，還有價值昂貴的臥床，以及製造這些家具的奴隸，好像希臘人不精通這方面的技藝。除此以外，還有80頭母牛和飼養的牧人，他們聲稱水土不服所以需要飲用牛奶，最後，他坐著舁床到達海邊，隨身帶著一件價值4泰倫的禮物。

　　或許雅典人對他的貪圖禮物，並沒有像那樣的厭惡，伊庇克拉底(Epicrates)是行李保管人在市民大會公開承認收受國王的賞賜，並且提出動議，以後每年要選9個最窮的市民，而不是現在的9個執政官，擔任派到國王的使者，讓他們收受禮物可以發一筆橫財，當然人民只能把這個當成笑話聽聽而已。底比斯人達成使命讓其他的城邦感到非常煩惱，但是卻沒有深入考量，佩洛披達斯的名聲較之修辭優雅的談吐具有更大的威力，尤其是國王特別器重從事戰鬥贏得勝利的勇士。

31 這次的出使能夠光復梅西尼亞，也讓其他的希臘人獲得自由，佩洛披達斯贏得國王的善意載譽返國。就在這個時期，菲里人亞歷山大開始故態復萌，奪取很多屬於帖沙利人的城邦，對於賽歐蒂斯(Phthiotis)[71]地區的亞該亞人(Achaeans)和馬格尼西亞人(Magnesians)，派出守備部隊去占領他們的市鎮。這些受到壓迫的城市聽到佩洛披達斯歸國的信息，派出使者到底比斯求援，懇請他擔任他們的領袖。底比斯願意答應他們的要求，等到一切完成準備，

69　如果蒲魯塔克的意思是指斯巴達的使者，那麼他跟色諾芬的說法不同，因爲色諾芬提到使者的名字是盧提克利(Luthicles)。同時他說泰瑪哥拉斯受到國王的尊敬，僅次於佩洛披達斯。

70　梅西尼成爲梅西尼亞地區新的首府，這座城市是伊巴明諾達斯於369B.C.,興建在埃索姆(Ithome)山的斜坡上面。

71　賽歐蒂斯是帖沙利南部瀕臨愛琴海的一個區域，是亞該亞人的屬地。

將領開始進軍的時候，突然發生日蝕，城市在正午變得一片漆黑[72]。佩洛披達斯看到他們爲天候的異象而驚惶不已，認爲當前的狀況不適合大軍的運動，以免危害到7000名市民同胞的性命。因此他只帶300名騎兵趕赴帖沙利，都是底比斯的志願軍和外鄉人，出發的時候不聽占卜官和同胞的勸告，他們都認爲顯示非常明確的凶兆，將會驗證在這位偉大人物的身上。

佩洛披達斯過去受到監牢之災，心中仍舊懷恨亞歷山大，曾經從娣布的談話中得知，他的家族因內訌而分裂，希望仍舊如此就可以善加利用。主要的激勵力量還是來自遠征行動所獲得的榮譽：特別是這個時期更感到有這個需要，因爲拉斯地蒙人派遣他們的軍官去協助西西里的僭主戴奧尼休斯，雅典人收下亞歷山大付給他們的大筆款項，豎起他的銅像將他稱爲恩主；在所有的希臘人當中只有底比斯人獨樹一幟，幫助那些受到暴君壓迫的人，要在希臘推翻篡奪和非法的政府。

32 等到佩洛披達斯到達法爾沙拉斯以後，編組一支軍隊，立即進軍去討伐亞歷山大。這位僭主非常了解當前的狀況，知道佩洛披達斯只有少數底比斯人與他在一起，自己的步兵是帖沙利人的兩倍，領軍前往帖蒂迪姆（Thetidium）與敵手對陣。有人報告佩洛披達斯：「僭主率領一支兵力龐大的部隊前來迎擊我軍。」他回答道：「這樣更好，讓我們省力不少。」

在兩軍之間，靠近一個稱爲賽諾西法立（Cynoscephalae）的地方，矗立幾座陡峭而又高聳的山丘，雙方運用步兵努力奪取這些要點；佩洛披達斯指揮訓練精良而且爲數眾多的騎兵部隊，對敵軍發起衝鋒，擊敗對方同時實施追擊通過平原地區；亞歷山大這個時候已經占領山丘，比起帖沙利的步兵搶得先機，趁著他們努力攀登險峻陡坡發起攻擊，殺死前列的士兵，其餘的人員處於困境，對敵軍已經不能造成危害。佩洛披達斯看到這種狀況，召回追擊的騎兵部隊，命令他們攻擊在平原繼續列陣的敵人；他自己攜帶盾牌，很快參加在山丘上的戰鬥，一直挺進到戰線前列的位置，不斷鼓舞他們的士氣和鬥志，使得敵人認爲他們的進攻，已經獲得生力軍的支援。

他們發起兩到三次的衝鋒，發現敵人還是頑強抵抗，也看到騎兵部隊從追擊回來，壓迫對手放棄陣地逐次慢慢後撤。佩洛披達斯站在高地向四周展望，可以

---

72 這次日蝕發生在364年7月13日B.C.。

通視整個戰場的景象，敵軍雖然混亂不堪還沒有發生潰逃，全都停止下來護衛著
亞歷山大。現在他發現自己的位置是在右翼，鼓勵和命令傭兵部隊繼續攻擊，他
無法平息這股憤怒之氣，受到當前景象的刺激，盲目追隨自己的激情，毫不顧慮
性命之憂或指揮的責任，衝到士兵的前面，大聲叫喊向僭主提出挑戰，然而這位
暴君不敢應戰，退回去藏身在衛士的保護之中。對方排在前列的傭兵部隊，一個
接著一個出來應戰都被佩洛披達斯趕回去，還有些人被他殺死，很多人站在一段
距離之外，向他投擲成簇的標槍，射透他穿的鎧甲使他受到重傷，帖沙利人對於
這樣的後果感到極其焦慮，全部衝上山丘前來救援，發現他已經陣亡。騎兵部隊
再度發起攻勢，一舉擊潰敵人的方陣，隨著實施大規模的追擊，使得被殺人員遍
及整個國度，損失的兵力超過3000人。

33 佩洛披達斯的逝世使底比斯人表現出如此的悲傷，一點不令人感到
奇怪，他們對他的各方面都極力加以讚頌和表揚，稱之爲父執、救
星和導師。帖沙利人和這些聯盟表現出更高明的方式，他們公開發布敕令來表揚
他的功動，就人類英勇行爲的標準贈予應得的榮譽，同時他們保有強烈的孺慕之
情，始終懷念著他的仁慈和善意。據說士兵聽到他被害的消息，不是脫下冑甲就
是放開馬匹的韁繩，甚至連傷口都顧不得包裹，滿腔熱血帶著武器跑到屍首倒下
的地點，好像他仍舊活著在注視他們的行動一樣，把戰利品堆積在遺體的四周。
他們剪下馬匹的鬃毛和自己的頭髮[73]，很多帳篷都沒有舉火，有人連晚餐都不準
備，全軍瀰漫著寂靜和哀慟，一副戰敗被僭主拍賣爲奴的樣子，好像他們沒有贏
得偉大而光榮的勝利。

　　所有的城市很快知道這個噩耗，官吏、青年、兒童和祭司全都出城迎接遺體，
手裡拿著戰利品，冠冕和成套的黃金鎧甲，等到準備將他安葬的時候，帖沙利的
長老前去懇求底比斯人，讓他們爲他安排喪事，他們之中有人說道：

> 朋友們！我們請求各位的同意，在這個舉國不幸的時刻賜給我們殊榮
> 和安慰，帖沙利人不能再追隨佩洛披達斯轉戰各地，更無法像他在世
> 那樣帶給他更高的榮譽，如果我們能擁有他的遺體，安排盛大的典禮

73　這是古人的習俗，用來對死者表示哀慟。

然後將他埋葬，也僅僅是希望藉此表達最高的敬意，讓世人知道他的喪生，帖沙利人比底比斯人蒙受更大的損失。你們只不過失去一位偉大的將領，我們還要加上城邦的自由權利。如果我們不能讓佩洛披達斯永享不朽的香火，又怎麼敢再向你們請求派遣另外一位隊長？

底比斯人應允了他們的請求。

34 實在說，從來沒有出現過這樣莊嚴隆重的葬禮，也有人表示意見，這一切的光榮不在於祭典的黃金、象牙和紫袍；如同菲利斯都斯（Philistus）用誇張的語氣稱讚戴奧尼休斯的喪事，也不過是他的暴政必然的結局，如同在一齣悲劇中獲得轟轟烈烈的退場而已。亞歷山大大帝在他的曜友赫菲斯提昂（Hephaestion）[74] 逝世之後，不僅要將他的坐騎所有的鬃毛全部剪下，連城牆的雉堞都要拆除，在為他舉行的葬禮中，所有的市鎮看起來像是哀悼者，全部喪失美麗的裝飾一副光禿禿的模樣。這種致敬的舉動來自送喪者的指使和強迫，對於願意接受的人帶來猜忌的心理，對於主張這種做法的人產生痛恨的情緒，沒有任何證據可以感受到摯愛和尊敬，這些人極其野蠻的驕傲、奢侈和侮慢，只會在空虛和無益的排場中浪費他們的財富。有一位行伍出身的人，不幸在異域喪生，他的妻兒子女不在身旁，就連親朋好友都無法扶棺，沒有人過問或催辦他的喪事，卻有很多城市來參加他的葬禮，贈給他最高的榮譽，爭著要向他表達最誠摯的敬愛，身後的哀榮可以說是到達完美無憾的地步。

根據伊索（Aesop）的說法，一個有福的人去世，我們不要過分的哀悼，而是要為他感到高興，因為他已經確保他的福份，不再受命運的支配。有位斯巴達人的勸告很有道理，戴哥拉斯（Diagoras）在奧林匹克運動會中榮獲桂冠，後來看到他的兒子和孫兒贏得勝利，這位人士抱著戴哥拉斯說道：「死吧！戴哥拉斯，死吧！怎麼說你都不是一位神祇。」就是將皮提亞和奧林匹克運動會全部優勝者加起來，難道他們比得上佩洛披達斯一項功勳，何況他還有那麼多的成就？他將一

---

74 赫菲斯提昂染上熱病死亡，亞歷山大除了給他舉行盛大的葬禮，還將治療他的醫生釘死在十字架上，不准在軍營演奏各種樂器，直到獲得阿蒙的神諭，指示亞歷山大把他當成陣亡的英雄獻祭。

生的光陰投入英勇而光榮的軍事行動，在皮奧夏擔任過13次的主將，現在能夠奮不顧身去阻止一位僭主，維護帖沙利人的自由權利，即使不幸喪生沙場，眞可以說是死得其所了。

35 他的死亡讓人感到悲傷，卻給盟邦帶來莫大的利益。底比斯人很快聽到他喪生的信息，再也不會耽誤報復的行動，立即派出7000名步卒和700名騎兵，由瑪西塔斯(Malcitas)和戴奧杰頓(Diogiton)負責指揮。他們發現亞歷山大實力衰弱，沒有可供抵抗的軍隊，逼得他要放棄那些被他奪取的城市，從賽歐蒂斯的亞該亞人和馬格尼西亞人那裡，撤走他派遣的守備部隊，同時立下誓言他們隨時都會協力對抗底比斯的敵人。底比斯人對這些條件感到滿意，至於懲罰暴君的邪惡和報復佩洛披達斯的死亡，上天的神明自會處置，可以說是「天網恢恢，疏而不漏」。

我在前面曾經提過，佩洛披達斯教導僭主的妻子娣布，不要畏懼宮廷的盛大排場，雖然她生活在衛隊的圍繞之中，這些衛士很多都是受到放逐的人員，僭主的隨護並非無隙可擊。她自己也害怕他的善變並且痛恨他的殘酷，因此與她的三個兄弟泰西法努斯(Tisiphonus)、皮索勞斯(Pytholsua)和萊柯弗朗(Lycophron)進行密謀，採取下述的行動將他殺死。宮廷所有的廳堂夜晚都有警衛，他們的寢宮是位置很高的房間，門口躺著一條上了鍊的猛犬負責守衛，除了僭主和他的妻子以及一個餵食的奴隸，只要任何人近前牠都會攻擊。因此，當娣布決定要殺死她的丈夫以後，選定一天將她的兄弟藏匿在附近一個房間裡面。亞歷山大在睡覺的時候，通常只有她單獨陪伴在旁邊，於是過了一會兒出來，吩咐奴隸把猛犬牽走，因爲亞歷山大想要安靜的休息。她在樓梯上面舖著羊毛，免得年輕人走過發出聲音，引導攜帶武器的兄弟上來，留在寢宮的門口，進去將僭主懸掛在頭上的佩劍拿走，向他們表示她的丈夫已經熟睡。這幾位年輕人現在非常驚懼，不敢進行謀殺的行動。她叱責他們的懦弱，發出憤怒的詛咒要喚醒亞歷山大，向他揭露這件行刺的陰謀。於是她手裡拿著燈引導他們進入室內，不管他們是否害怕或感到羞愧，帶到臥床的旁邊，一個兄弟抱住他的腳，另一位緊抓住他的頭髮向後拉，第三位下手刺殺。整個行動非常迅速，托天之福能夠順利完成；亞歷山大可以說是第一位被妻子謀害的僭主。他的屍體受到凌辱，丟到街道被菲里人用腳踐踏，就他的罪惡來說眞是死有餘辜。

第二章
馬塞拉斯(Marcellus)

3世紀B.C.，羅馬將領，第二次布匿克戰爭與漢尼拔對陣，
英勇善戰激起全軍的鬥志，獲得「羅馬之劍」的美稱。

1 話說馬可斯・克勞狄斯(Marcus Claudius)是馬可斯(Marcus)的兒子，曾經五度出任羅馬執政官；從他開始把家族取名Marcellus意為「尚武者」，波賽多紐斯(Posidonius)證實其事不虛。他長年獻身軍旅，對於用兵和列陣有豐富的經驗，身強體壯而且弓馬嫻熟，耽溺於戰爭也是非常自然的事。憑著這種熱誠和本事使他在羅馬的征戰之中，能夠出人頭地大放異彩，然而在其他方面，他倒是表現出溫和而仁慈的性格。馬塞拉斯極其愛好希臘的學術和雄辯，從事的行業不允許他達到精通的要求，仍舊不斷地推崇和讚譽，認為希臘的文明超越人類一切的成就。

誠如荷馬的詩句所述，就某些人來說，所謂的天堂只是：

> 從弱冠到老邁的一生，
> 打辛勞而血腥的戰爭[1]。

當代那些身負重責大任的羅馬人，年輕的時候在西西里與迦太基人作戰，壯年要在意大利防衛高盧人的入侵，最後，當他們已經年高體衰，還要與迦太基人和漢尼拔爭勝，無法獲得頤養天年的福份，高貴的家世和不世的功勳，促使他們接受國家的召喚，授與軍事指揮官的職位。

1　這兩句詩出自荷馬《伊利亞德》第14章第86行。

2 馬塞拉斯精通十八般武器，藝高膽大而且經驗豐富，所以從不放過敵人的搦戰，在搏鬥中取對手的性命有如反掌折枝。他在西西里四處征伐，有次見到他的兄長歐塔西留斯（Otacilius）陷入敵陣，馬上衝過去保護，殺死圍攻的敵人，能夠安全返回營地。雖然他還是一位年輕人，奮不顧身的驍勇行為，將領授與公民冠和其他的軍事獎勵。等到他的名聲日益增長廣為人知，市民大會選他出任行政市政官[2]，祭司團也授與占卜官的職位。特別是占卜官的業務非常神聖，遵照法律的規定凡處理軍國大事，先要舉行鳥卜以定吉凶。

擔任市政官的時期，家庭遭到一樁醜事逼得他要在元老院提出檢舉。他有一個兒子名叫馬可斯，生得唇紅齒白正是情竇初開的年齡，體態輕盈就是與女神相比也未遑多讓。馬塞拉斯的同僚卡皮托利努斯（Capitolinus）雖然年紀很輕，不僅膽大包天而且是品格卑劣的色鬼，一直想要在他身上發洩情慾。這個小孩在開始的時候極力拒絕，後來還是被他強暴，回家將整個事情告訴他的父親。馬塞拉斯聽到以後氣得渾身顫慄，趕到元老院控訴這個傢伙的獸行。卡皮托利努斯向護民官求助，使盡手段用各種不同的藉口和門路，想要逃避指控的罪名，護民官拒絕給予保護，對於要求撤銷訴訟根本不予受理，基於這種案情找不到目擊證人，元老院認為最適當的辦法是召喚受害人前來對質，馬可斯在作證時面紅耳赤而且流下眼淚，羞愧之中混合著極度的憤怒，不需要更多的證據，就可認定該名官員的犯行。元老院判決卡皮托利努斯有罪，給予大筆罰鍰的處分，馬塞拉斯拿這些錢製作酹酒的銀杯，送到寺廟奉獻給神明。

3 延續21年之久的第一次布匿克戰爭[3]終於結束，高盧人的動亂早已醞釀多時，再度給羅馬帶來困擾和災難。因蘇布里亞人（Insubrians）是居住在意大利山內高盧地區的部族，原來的實力已經非常強大，獲得吉沙提人（Gaesatae）用

---

2 羅馬的市政官區分為行政市政官和平民市政官，分別由市民大會和平民大會選出，其中行政市政官的位階較高，可以坐象牙座椅，屬於高官的行列。

3 蒲魯塔克對這部分的年代可能有點錯誤，第一次布匿克戰爭應該是延續24年，開始是在羅馬建城490年即264B.C.，與迦太基人簽訂和平條約是在羅馬建城513年即241B.C.。高盧人在這段時期一直非常平靜，要等到4年以後才開始蠢動，向著阿里米隆進軍。波伊人（Boii）發生叛變，他們的國王阿提斯（Ates）和蓋拉特斯（Galates）被害，高盧人鎮壓其他的部族，很多人遭到屠殺，倖存的族人只有返回家園。5年以後，高盧人開始準備發起一場新的戰事，因為弗拉米紐斯占據派西尼（Picene）地區的土地，原來屬於山內高盧的塞諾尼斯人（Senones）所有，

傭兵的名義給予的支助，更是如虎添翼，從所有的高盧人中間脫穎而出。這在羅馬人而言，可以說是奇蹟也是天賜的運道，高盧人沒有在布匿克戰爭期間，趁機對他們痛下毒手，像一個旁觀者保持中立，好像他們在等待征服者出現，認爲羅馬人在沒有獲得勝利之前，找不到空閒的時間來應戰，所以不夠資格接受他們的攻擊。

雖然如此，羅馬人對這場戰爭並不是沒有心理準備，何況高盧人與他們隔鄰而住，又是一個黷武好戰的民族。老實說，自從高盧人占領過他們的城市[4]以後，就被視爲最可怕的仇敵，也是他們最忌憚的民族，從那個時代他們制定的法律可以得知，有一條規定：「除了高盧人入侵要防衛城市以外，祭司免於服行兵役的義務。」

戰爭的準備工作極爲繁重，從而得知他們非常惶恐（據說不論是過去還是從入侵事件發生後，從未有人看到徵召這麼多的軍團），特別是他們新增加很多額外的祭品，奉獻給廟宇的神明。羅馬人的宗教洋溢著希臘的人道思想，通常在一般狀況之下，他們不會同意採用野蠻民族的祭典和儀式。然而戰爭的近在眉睫，迫得他們要順從《西比萊神諭集》的指示，把希臘人[5]和高盧人各有一對男女，活埋在牲口市場。後來有人爲這件事私下舉行神秘的祭祀，時間在每年的11月份，一直還保持到現在。

4 羅馬在戰爭開始的時候，能夠獲得相當的優勢，偶爾遭到損失也在容許的範圍之內。自從弗拉米紐斯（Flaminius）和弗流斯（Furius）擔任執政官，率領一支大軍征討因蘇布里亞人以後，才出現決定性的軍事行動。然而他們卻提到，經過派西隆（Picenum）地區[6]的河流，飄浮著鮮紅的血液；據說在阿里米隆（Ariminum）[7]的上空一次出現三個月亮。祭司團在選舉執政官的時候，觀察各種徵候進行鳥卜，認爲時機不對帶來凶兆，他們的決定是當選無效，元老院立即

這次戰爭的準備時間很長，是在土地被占的8年之後，完全出於他們的領袖人物康果利塔努斯（Congolitanus）和阿尼里斯底（Aneroestes）的堅持。時間是在羅馬建城529年即225B.C.，這一年羅馬的執政官是伊米留斯‧帕普斯（Aemilius Papus）和阿提留斯‧雷古立斯（Atilius Regulus）。

4 羅馬遭到高盧人的洗劫發生在羅馬建城364年或390B.C.，本書第四篇〈卡米拉斯〉第19-24節有翔實的敘述。

5 羅馬人在第二次布匿克戰爭開始的時候，同樣用活人當作犧牲奉獻給神明。可以參閱李維的《羅馬史》第22卷第5節。

6 派西隆地區位於羅馬的東邊，瀕臨亞得里亞海，龐培是出生於這個地方的人士。

7 阿里米隆瀕臨亞得里亞海，後來稱爲里米尼，成爲東部海岸地區的重鎮。

派人將信函送到營地，要求執政官辭去職位，不可延誤馬上趕回，禁止對敵人採取任何軍事行動，一切交由接替的人員以後再處理。

弗拉米紐斯收到信函壓下來，等發起接戰擊潰敵軍並且蹂躪他們的家園以後，再拆信遵照辦理 [8]。他帶著大批戰利品班師返城，人民不願出去迎接，因為他沒有遵奉召回的命令，表現出藐視城邦權威的心態，幾乎連凱旋式都有失去的危險，雖然後來還是如期舉行，但是他和同僚遭到罷黜，位階被剝奪貶為平民。從這裡可以知道羅馬人對於宗教極其虔誠，所有的事務都信賴神明的保佑，不容許任何人對可見的朕兆和古老的儀式，顯出玩忽的態度和輕浮的神色，即使立下再大的功勞也不予寬恕；認為公眾安全最關緊要的事項，是官員對神明的尊敬，較之戰勝敵人更受重視。

5 提比流斯・森普羅紐斯（Tiberius Sempronius）[9] 憑著剛正廉能的德行受到人民的推崇，經過選舉他把執政官的職位授與西庇阿・納西卡（Scipio Nasica）和該猶斯・馬修斯（Caius Marcius），成為他的接班人。等到他們分赴行省從事征討，森普羅紐斯偶爾翻書參閱有關的宗教規定，發現有一項要求在事先並不清楚：執政官要在城外舉行鳥卜，住在租用的房舍或帳篷裡面；如果發生緊急狀況必須回城，而這時還未看到任何徵候，那麼下一次就不得再用原先的房舍或帳篷，必須另外找一個地方辦理占卜的事務。提比流斯認為自己有所疏忽，在宣布新任執政官之前，兩次使用同一間房舍。現在他發現這個錯誤，馬上知會元老院有這種狀況發生，元老院並不認為這是一件微不足道之事，可以置之不理，立即發函很明確地通知西庇阿・納西卡和該猶斯・馬修斯，離開行省馬上回到羅馬

8　弗拉米紐斯不能將這次的勝利歸功於他的指揮卓越，因為他背水列陣進行會戰，如果一旦敗北必然全軍覆滅。他的行動違背元老院的意圖，只有獲勝才有活路，這樣做是要置之死地而後生；實在說他不僅過分魯莽而且膽大包天。執政官孤注一擲所以能獲勝，全靠軍團的軍事護民官用命。他們的經驗豐富而且技術純熟，作戰之前將特瑞阿里人（Triarii）的長矛發給第一列的士兵，用來抵擋使用長劍的敵人；等到那些最勇猛的高盧人衝過戰線，他們命令後列的羅馬人用短劍與敵人做近身搏鬥，因為這時雙方擠在一起，沒有較大的空間可以舉起武器來砍劈，全部用刺和戳的動作來對付敵人，因為高盧人的長劍沒有劍尖只能砍劈，這樣一來羅馬人就不容易受到傷害。

9　提比流斯・森普羅紐斯・格拉齊是羅馬最有名的兩位護民官，提比流斯・格拉齊和該猶斯・格拉齊的父親；他在163B.C.第二次出任執政官。

不得有任何耽擱，然後解除他們的執政官職務。這件事發生在共如國的後期[10]。

大約在同個時期，羅馬有兩位德行高潔的知名之士，高乃留斯・西第古斯（Cornelius Cethegus）和奎因都斯・蘇庇西修斯（Quintus Sulpicius）的祭司職位受到褫奪，前者是未按規定對犧牲的內臟進行腸卜；後者是在奉獻犧牲的時候，戴著的祭司帽[11]上面的冠飾掉了下來。身為笛克推多的米努修斯（Minucius）提名該猶斯・弗拉米紐斯，出任騎士團團長的職位，這時聽到老鼠吱吱叫的聲音，迫得他放棄弗拉米紐斯要找另外的人選。雖然他們對無關緊要的細節都極為重視，一般而言倒不能算是迷信的行為[12]，主要是對祖先的規定不願擅自改變。

6 弗拉米紐斯和他的同僚辭去執政官，一個出任interrexes即「攝政」[13]，提名馬塞拉斯接替共和國最高職位[14]，等他就職以後，選擇格耐猶斯・高乃留斯（Cnaeus Cornelius）擔任他的同僚。據說高盧人很想雙方修好，元老院也有謀和的意願，然而在馬塞拉斯的慫恿之下，人民還是力主戰爭。雖然如此，已經簽署的和平條約，被吉沙提人的行動所撕毀，他們越過阿爾卑斯山，因蘇布里亞人受到引誘（他們的人數有3萬人，等到因蘇布里亞人加入以後，更是聲勢大增），恃著實力極為自大，直接向著阿昔里（Acerrae）[15]進軍，奪取這座位於波河北岸的城市[16]。吉沙提國王布列托瑪都斯（Britomartus）從他的主力部隊中，率領1萬人馬離開該城去襲擾四周地區。

馬塞拉斯得知這個信息以後，讓同僚指揮全部重步兵和三分之一騎兵，留在

10　這已經是60年以後的事。

11　古代的羅馬人將祭司稱為Flamines，這個字是 Pilamines的訛音，而Pilamines是祭司戴著一種稱為Pileus的帽子；所以這方面的失儀，會受到嚴重的處分。

12　這段話是照原文直譯過來，所持論點有商榷餘地。

13　interrexes是一個臨時性的職位也可以稱為攝政，當執政官或法務官不在城中，就指派人員用這個職稱，召開市民大會選出下個年度的官員，最早設置這個職位是在王政時代，到共和國以後偶爾還是沿用。

14　馬塞拉斯在空位期被指定為執政官，發生在羅馬建城532年即222B.C.。共和國時期空位期最高職位的有關規定，與努馬時代已有很大的差別。

15　羅馬人圍攻阿昔里的時候，高盧人前來解救，發現自己的兵力不足，於是派出一支分遣部隊，渡過波河去攻打克拉斯蒂姆迪（Clastidium），好讓羅馬人轉用圍城部隊，來對付這方面的威脅。

16　根據波利拜阿斯的說法，他們並沒有簽訂和平條約，雖然高盧人有這個意思，但是執政官立即向著因蘇布里亞人的地區進軍，開始圍攻阿昔里。

阿昔里牽制當面之敵，他自己率領其餘的騎兵和600名輕步兵，不分日夜兼程倍道而行，終於在一個名叫克拉斯蒂迪姆(Clastidium)[17]的高盧人村莊附近，趕上這1萬敵軍；這個村莊在沒有多久之前，才納入羅馬人的管轄之下。他現在沒有時間讓部隊休息，顧不得讓士兵恢復體力，蠻族已經看到他們的接近，對於這麼少的步卒表示藐視之意；高盧人自認騎術高明無人能及，在數量占優勢的狀況之下，更沒有把馬塞拉斯的騎兵放在眼裡。他們的國王先身士卒，立即發起衝鋒，好像是要把對方踐踏在鐵蹄之下，轉瞬之間就會粉身碎骨。馬塞拉斯的人馬數量較少，不願陷入受到包圍的態勢，被敵人從四面八方加以攻擊，於是延長兩翼的騎兵部隊，整個戰線的步卒都向側翼展開，直到正面的長度能與敵軍概等為止。

他現在下令部隊向前挺進，突然他的坐騎聽到高盧人的叫喊，受驚之後轉過身向後退走，馬塞拉斯害怕這個舉動被士兵看成不利的徵兆，引起部隊的緊張和混亂，他立即將馬匹轉過來面向敵軍，然後再對著太陽行禮如儀。讓人以為他的動作不是出於偶然的意外，完全是為了表示虔誠的致敬。從此以後羅馬人有一種習慣，當他們要向神明行禮的時候，身體先轉一圈。據說就在他迎戰敵人的一剎那，立下誓言要把最好的甲冑和兵器，奉獻給弗里特流斯・朱庇特(Jupiter Feretrius)神廟。

7 高盧國王看到馬塞拉斯，從表示職位的紋章知道他就是執政官，就用馬刺驅策坐騎，趕在其他人的前面，揮動長矛大聲挑戰，要與馬塞拉斯進行單人決鬥。他的體型魁梧在高盧人中鶴立雞群，身穿金和銀製成的鎧甲，色彩鮮明有如耀眼的閃電。當馬塞拉斯正在觀察敵軍魚貫而出，排列成戰鬥隊形的時候，一眼看到精良而又美麗的衣甲和兵器，正好可以使他履行對朱庇特的誓言。於是馬塞拉斯立刻衝向國王，用長矛刺穿他的胸甲，藉著坐騎的重量和動力，把他挑下馬來掉落地上，再施以兩三下重擊取了他的性命。接著馬塞拉斯從坐騎的背上跳下來，從死去國王的手裡攫走他的兵器，向著上天大聲說道：

> 啊，偉大的弗里特流斯・朱庇特，你掌管著將領的勳業，注視戰場指
> 揮官的行動，請你為我作見證：我是一位將領，現在擊斃一位將領；

17　李維認為這個市鎮位於黎古里亞・蒙塔納(Liguria Montana)地區。

我是一位執政官，親手殺死一位國王，所有羅馬人當中我是第三位擁
有這種榮名；我要把最貴重的戰利品奉獻給你，請你保佑我們在戰陣
之中，不斷建立傲世的奇功。

他的祈禱完畢，羅馬人的騎兵部隊同時接戰敵軍的騎兵和步卒，獲得一次非
常特別的大捷，兵力有限的騎兵竟然擊潰數量如此龐大的對手，真是前所未有之
事。他們殺死無數的敵人，蒐集戰利品以後回到他的同僚那裡[18]。格耐猶斯‧高
乃留斯指揮的作戰沒有進展，他在米蘭（Milan）附近與敵軍對陣。米蘭是高盧人的
首都，也是面積最大和人口最多的城市，因此他們在防衛作戰中表現英勇，高乃
留斯雖然把這座城市包圍得水洩不通，看起來反而像是被敵人圍攻一樣。等到馬
塞拉斯的大軍來到，吉沙提人得知國王被殺和軍隊戰敗，馬上陷入土崩瓦解的地
步，米蘭很快被羅馬人奪取[19]。高盧人的城市全部投降，願意與羅馬人進行商議，
獲得條件合理的和平協定。

8 元老院的敕令只同意馬塞拉斯的凱旋式，遊行的隊伍非常壯觀，戰利品
極其豐碩，人數眾多的俘虜使場面更加熱鬧。將領曾經發誓要把國王的
武器裝備奉獻給神明，這種表現方式讓人看到以後終生難忘。他砍下一棵直立的
橡樹，修剪成一座勝利紀念碑的樣子，把國王的兵器和鎧甲掛在上面，位置都安
放得很適當，等到遊行的隊伍很莊嚴的出發，他把這座紀念碑扛在肩上，然後登
上戰車，帶著得意洋洋的神色和光榮的裝飾物，慢慢從城市的街道上馳過。軍隊
排列整齊的隊伍，穿著光輝奪目的甲冑，跟隨在戰車的後面，大聲唸著為這個場
合所寫的詩句，用凱旋的頌歌來讚揚朱庇特和他們的將領。然後他進入弗里特流
斯‧朱庇特神廟，將他贏得的戰利品奉獻給神明。

就我們的記憶所及，能夠用這種方式獲得榮譽的將領，他是第三位也是最後一
位。羅馬歷史上第一位享有大名的人物是羅慕拉斯，他在戰場殺死申尼奈西斯

---

18 馬塞拉斯率領軍隊追躡高盧人這段期間，他的同僚西庇阿占領阿昔里，然後接著進軍圍攻米
迪歐拉儂（Mediolanum）或米蘭。

19 等到科門（Comum）這個最重要的城市投降以後，從阿爾卑斯山到愛奧尼亞海，整個意大利
全部成為羅馬的屬地。

(Ceninenses)國王阿克隆(Acron)[20]；第二位是高乃留斯・科蘇斯(Cornelius Cossus)，戰勝伊楚斯坎人(Etruscan)國王托隆紐斯，並且取了他的性命；然後就是馬塞拉斯在對陣決鬥中，用長矛刺殺高盧國王布列托瑪都斯；從此再也沒有人能獲得這種殊榮。

馬塞拉斯將戰利品奉獻給弗里特流斯・朱庇特這位神祇，祂獲得弗里特流斯的稱號是來自feretrum這個希臘字，意思是「一輛車」，表示這項祭品要用車來運送，在那個時代，會發生希臘語和拉丁語混雜的現象[21]。有人持另外的說法，朱庇特的稱號Thundering來自「雷霆萬鈞的打擊」，拉丁文的ferire就是「打擊」之意。還有一些人認爲這種行動發生在戰場，甚至就是現在，羅馬人在追擊敵人的時候，爲了鼓勵大家努力殺敵，就大叫：" Feri ! Feri ! "用拉丁語表示是「殺啊！殺啊！」。

羅馬人通常將戰利品稱爲spolia意爲「掠奪物」；在很特殊的狀況之下才稱爲opima，這才是眞正的「戰利品」；雖然學者提到努馬・龐皮留斯在他的《記事錄》中，曾經把spolia opima分爲三等，奉獻給弗里特流斯・朱庇特是第一等，馬爾斯是第二等，奎林努斯是第三等；獲得的報酬第一等是三百阿斯(as)，第二等是兩百而第三等是一百，這裡的阿斯是指一磅的銅。一般人都同意的說法，只有第一等的戰利品才夠資格得到opima的稱呼，這是將領在一次決定性的會戰中，親手殺死敵方主將所獲得的戰利品。我想對這部分說得夠多了。

羅馬人非常慶幸能夠光榮結束戰爭，派人到德爾斐向阿波羅奉獻一個金杯，表達他們的感恩和尊敬。他們讓聯盟的城市分享戰利品，對於強力支持的盟友敘拉古國王海羅(Hiero)[22]，贈送非常名貴的禮物。

9 當漢尼拔入侵意大利的時候[23]，馬塞拉斯奉命率領一支艦隊到西西里。羅馬大軍在坎尼戰敗，被殺的士兵數以萬計[24]，只有少數人員逃到卡奴

20　申尼奈西斯國王阿克隆的個性高傲，是一位作戰奮勇的武士，對於羅慕拉斯膽大妄爲的搶劫深爲妒忌，等到變得聲勢壯大以後所有民族都會束手無策，於是親率大軍進行討伐的行動。

21　本書第一篇〈羅慕拉斯〉和第二篇〈努馬・龐皮留斯〉都舉出很多例子，雖然發生混雜的現象，希臘語在各方面還是占很大的優勢。

22　海羅的生卒年代是306-215B.C.，原來是伊庇魯斯國王皮瑞斯的部將，後來成為敘拉古的軍事執政官，270B.C.被軍隊擁立，統治的期間長達54年之久。

23　漢尼拔入侵意大利是在羅馬建城536年或218B.C.。

24　要是按照波利拜阿斯悲觀的估算，只有370名騎兵和3000名步兵，逃離坎尼會戰的戰場，被殺的人數有5630名騎兵和7萬名步兵。李維提到的損失沒有這樣慘重，只有2700名騎兵和4

西姆（Canusium）留得性命。漢尼拔已經摧毀羅馬軍隊的實力，大家最感畏懼之事，是他率領勝利的隊伍向著羅馬長驅直入。馬塞拉斯受命帶著他的1500人馬守衛羅馬，後來他奉元老院的敕令前往卡奴西姆，收編聚集在該地的士兵，把他們從防禦工事裡拉出，前去阻止敵人對國土的蹂躪。

　　肩負主要責任的羅馬指揮官大部分在戰場陣亡，費比烏斯‧麥克西穆斯小心翼翼如履薄冰的態度，使得市民怨聲四起，他憑著公正和智慧獲得最高的權勢，行動方面傾向於避戰和保守。羅馬人相信他不會讓民眾陷入危險的處境，但是也不要幻想他會滿足大家報仇雪恥的念頭，因此他們把希望寄託在馬塞拉斯身上，期盼他的無畏、積極和敏捷能與費比烏斯的審慎和智慧結合起來，長短互補發揮最大的功能。有時他們兩人都成為奉命出征的執政官，有時一位擔任執政官，另一位以代行執政官的頭銜負責相關的行省，竭盡諸般手段去對抗敵人。根據波賽多紐斯的記載，就把費比烏斯稱為「羅馬之盾」，馬塞拉斯是「羅馬之劍」[25]。漢尼拔曾經說過，他對費比烏斯看成自己的師尊存著敬畏之心，只有馬塞拉斯才是可以一爭高下的敵手；對於前者他要小心謹慎不得犯下錯誤，對於後者他要提高警覺不要受到傷害。

　　10 戰爭的勝利使漢尼拔的士兵感到自負，表現出極度狂妄和魯莽的態度，馬塞拉斯首先要做的工作，是攻擊那些落單的人員和劫掠的隊伍，只要遇到全部殺死，用這種方式逐漸耗損對手的實力。然後前去援助那不勒斯人（Neopolitans）和諾拉人（Nolans）[26]；他非常肯定前者的表現，始終對羅馬人保持忠誠的態度；然而他在諾拉發現狀況不利，一般民眾對漢尼拔表示好感，元老院已經無能為力。

　　一位名叫班久斯（Bantius）[27] 的市民，身為世家子弟而且生性勇敢，曾經參加坎尼會戰，搏鬥的時候非常凶狠，殺死很多敵人，最後發現躺在死人堆裡，全身

（續）

　　萬名步兵被殺。羅馬軍隊的參戰人員大約是8萬7200名。

25　漢尼拔從多年的經驗得知，馬塞拉斯就像一條奔騰的激流，會給他帶來相當的傷亡；費比烏斯雖然毫無聲息從旁邊掠過，會讓他受到蠶食最後消滅殆盡。對他而言，最可怕的狀況，就是馬塞拉斯的運動戰和費比烏斯的消耗戰。

26　諾拉位於意大利南部，在那不勒斯之東約10公里。

27　有些民間傳說把他的名字叫成班迪烏斯（Bandius）。

都是標槍射中留下的傷口；他被帶到漢尼拔的面前，這時漢尼拔對他表示關懷和禮遇，不要贖金就將他放走，當成貴賓雙方建立深厚的友誼。班久斯對漢尼拔的不殺之恩非常感激，從此變成忠心耿耿的死黨，煽動民眾起義反抗羅馬的統治。馬塞拉斯不能處死一位顯赫的人物，否則會惹起很大的麻煩，何況他過去投身羅馬人的陣營，曾經冒險犯難奮勇戰鬥；同時他認為憑著自己仁慈為懷的精神，加上善體人意的說詞，對於一位重視榮譽的人物，可以獲得他的回心轉意。

有天班久斯前來見他，馬塞拉斯故意問來者是什麼人，他並不是不知道班久斯的底細，只是找一個能夠進一步交談的機會。當班久斯告訴他有關自己的狀況以後，馬塞拉斯表現出非常驚奇的樣子，很高興地回答道：「你就是羅馬人讚不絕口的班久斯？聽說只有你不願拋棄執政官包拉斯·伊米留斯，縱身到他的前面擋住一群敵人向他投射的標槍。」班久斯承認就是大家所說的那個人，同時展現他身上的傷疤表示沒錯。馬塞拉斯說道：「照這樣說，你已經證明對我們非常友善，那麼在我第一次抵達這裡的時候，為何你沒有前來見我？難道說一個朋友受到敵人的禮遇，你認為我們就會虧待他嗎？」經過這番談話以後，馬塞拉斯為了表示自己禮賢下士，特別送給他一匹戰馬和500德拉克馬。

11 從此以後，班久斯成為馬塞拉斯最忠誠的幫手和盟友，只要聽到有人心懷不滿或是企圖反叛，就會趕快通知馬塞拉斯事先防備[28]。這時很多人參加一個陰謀組織，趁著羅馬人衝出城去對付敵人的時候，要把他們的行李輜重搶走。因此馬塞拉斯將他的軍隊在城市裡面列陣，行李放在靠近城門口的地點，出示公告禁止諾拉人到城牆上面去，從城外看起來好像沒有守備部隊，用這種欺騙的手法引誘漢尼拔，誤以為整個地區陷入混亂之中，進軍的時候就不必保持整齊的隊伍，會像一群烏合之眾那樣迅速趕路。然後馬塞拉斯下令打開最接近敵人的城門，指揮騎兵部隊的精華分子打頭陣，全部向著敵人衝殺出去。接著就是步兵從另一個城門出擊，大聲吶喊參加會戰。

漢尼拔馬上兵分兩路急忙應戰，這時第三個城門打開，所有的羅馬人蜂擁而出，從四面八方向敵人發起攻擊，這種不預期的行動使得他們陷入驚慌之中，第一次接戰的反抗已經非常微弱，後來的攻擊更是抵擋不住。漢尼拔的士兵不是渾

---

28 李維《羅馬史》第23卷第15節提到盧契烏斯·班久斯的事蹟。

身流血就是受到重傷，被趕回他們的營地，這是頭一遭在羅馬人面前潰不成軍，據說這次作戰行動，陣亡的敵人多達5000人，羅馬人的死傷沒有超過500人。李維並不認為迦太基的敗北和損失有如此巨大，然而他非常肯定馬塞拉斯在這場會戰所獲得的榮譽，羅馬人經歷重大的災難以後又能恢復士氣，迦太基人不再是所向無敵的雄師，就像他們過去一樣會遭到敗績。

12 後來有一位執政官過世，市民大會召回馬塞拉斯，要讓他據有這個職位[29]，不顧官員的反對意見，特意延後選舉的時間等他來到。果然高票當選舉行授職的儀式，正好天候突變雷聲隆隆，占卜官認為出現凶兆，判定這次授職不合規定，只是害怕民眾藉機鬧事，所以不敢公開宣布[30]。馬塞拉斯知道以後自動辭去這個職位，仍舊擔任野戰指揮的工作，當局授與代行執政官的頭銜，回到設在諾拉的營地，繼續對追隨迦太基人的地方黨派施加打擊。敵軍很快前來救援，馬塞拉斯拒絕接受對方的挑釁，不願立即從事一決勝負的會戰。等到漢尼拔認為在當前的狀況下不會發生戰鬥，派出搶劫和徵收糧草的隊伍；馬塞拉斯率領軍隊大膽出擊，同時將投矢[31]發給步卒，教導他們像是從事海戰一樣，在適當的距離全力投擲殺傷敵人，過去羅馬人對這種兵器的運用缺乏經驗，一般都是使用較短的寬劍進行近身戰鬥。

迦太基人不知道有這種戰術的改變，接戰的時候受到全面的壓制，打得大敗而逃，損失5000人馬[32]，4頭戰象被殺，還有2頭戰象被羅馬人捕獲。接著發生更重大的事件，會戰以後第三天，由西班牙人和努米底亞人組成的騎兵部隊約有300

29　這位執政官是波斯吐繆斯・阿比努斯（Posthumius Albinus），215B.C. 他指揮的部隊在一個巨大的森林裡面，遭到波伊人（Boii）的攻擊，以致全軍覆滅，那個地方高盧人稱為黎塔納（Litana）森林，蠻族砍伐巨大的樹木倒在道路上面，使得羅馬軍隊寸步難行，無法逃過被殲滅的命運。

30　馬塞拉斯是一位平民，他的同僚森普羅紐斯（Sempronius）與他階層相同，貴族不願同時看到兩位平民出身的執政官，對占卜官發揮影響力，宣布馬塞拉斯的當選違背神意，人民不願接受占卜官的藉口；馬塞拉斯身為主要的將領，以共和國的大局為重，就以未能得到全民的同意為由，辭去執政官的職位。

31　羅馬人使用的投矢比長矛要短，也比標槍要輕，通常約有6呎長，矢尖成扁平狀約長1呎，投出後會折斷使敵人無法使用，羅馬士兵作戰的時候通常攜帶6根，奮力一擲，盾牌都可貫穿。

32　羅馬軍的傷亡沒有超過1000人。

人[33]，向馬塞拉斯投誠。漢尼拔從未遭受這樣慘重的打擊，他的軍隊由不同的民族組成，雖然語言和習慣相異，過去一直保持和諧的關係。馬塞拉斯和他的後任對於這些騎兵的忠誠服務，在所有的戰爭中始終善加運用，能夠發揮最大的成效[34]。

13 馬塞拉斯第三次授與執政官的職位，領軍出航前往西西里[35]。漢尼拔在意大利的勝利，激起迦太基人的雄心壯志要據有整個島嶼，後來發生僭主海羅尼穆斯(Hieronymus)遭到謀殺的事件[36]，敘拉古陷入一片動亂之中，羅馬人基於這個原因，已經派遣一支軍隊置於法務官阿庇斯(Appius)[37]的指揮之下。馬塞拉斯接替這方面的任務，等到他一抵達西西里，馬上就有成群的羅馬士兵前來陳情，投身到他跟前訴說他們所遭受的苦難，這些人都是坎尼會戰的倖存者，不是從戰場中逃走，就是被敵人俘虜以後釋放，後者的數量非常龐大，他們抱著這種想法，認為羅馬人現在需要人員來防守首都的城牆。

共和國的意志是如此的堅定，擺出非常高傲的姿態，雖然只要付出很少的贖金，他們還是不願從漢尼拔手裡贖回這些戰俘；元老院特別下一道敕令禁止有這種行為，寧願讓他們被敵人殺死，或是在意大利發售為奴隸。那些從戰場逃走被其他單位收容的人員，全部轉運到西西里，除非與漢尼拔的戰爭獲得結束，否則不讓他們回到意大利。等到馬塞拉斯來到西西里，特別向他說明他們的人數眾多，跪在他的跟前聲淚俱下的哀求，允許他們能夠重回軍中服役，要用未來的行

33　李維特別提到投誠的騎兵是1272人，很可能原文是1300人，但是漏掉「一千」兩個字。

34　馬塞拉斯在到諾拉之前，曾經與漢尼拔打了第三場會戰。他特別派克勞狄斯‧尼祿(Claudius Nero)繞一個圈子去攻擊迦太基人的後方，那天很可能為坎尼會戰的慘敗報了一箭之仇。可以參閱李維《羅馬史》第23卷第46節。

35　馬塞拉斯第三次出任執政官，接著出航西西里，是羅馬建城540年即214B.C.。

36　海羅尼穆斯在李昂提姆(Leontium)被他的臣民所謀害，叛亂分子說服他的衛士下手刺殺；他是傑洛(Gelo)的兒子和海羅的孫子，傑洛最先過世，接著是他的祖父在90歲時亡故，這時海羅尼穆斯不過15歲，沒有過幾月就被害。三位都是在馬塞拉斯第三次出任執政官那年陸續喪生。

37　阿庇斯‧克勞狄斯以法務官的職位派到西西里，時間是在海羅尼穆斯逝世之前。這位年輕的君王生性詼諧，笑著問羅馬的使者道：「我要問你一個問題，誰是坎尼會戰的勝利者，你們還是迦太基人？有人告訴我，這次會戰出現很多令人感到驚異的事，我很想知道有關這方面的情形。」同時還提到：「羅馬人應該將從我祖父手裡拿走的黃金、穀物和另外一些禮物，全都歸還給我們，同意我們兩國之間用希米拉河當作邊界，我願意與元老院重新簽訂古老的條約。」有些學者表示意見，羅馬的法務官不可能與這次陰謀事件毫無關係，因為除去海羅尼穆斯對羅馬有利。

動表現忠誠和勇氣，證明他們過去只是被不幸的命運所打敗，並非出於個人的貪生怕死。馬塞拉斯同情他們的處境，發函給元老院表示個人的意見，可以藉機收編放逐的人員，組成他所需要的軍團。

這件事經過一番討論和爭辯以後，元老院對他發出敕令表示立場：「共和國不需要怯懦的士兵在軍中服役，如果馬塞拉斯基於其他的考量認爲確有必要，他可以運用這批人，今後無論在任何狀況之下，即使個人的行爲和勇氣值得嘉許，亦不得頒發表彰榮譽的市民冠或獎品。」馬塞拉斯對這份敕令感到極爲寒心，等到結束西西里戰爭回到羅馬，嚴辭譴責元老院否決他的建議，他之所以要救出這麼多不幸的市民，使得他們脫離苦海，完全是爲了有利於共和國。

14 就在這個時候，敘拉古的指揮官希波克拉底（Hippocrates）倒行逆施（有確鑿的證據說明他對迦太基人抱有好感，特別提到他在李昂蒂尼[Leontini]的暴行，曾經殺害很多羅馬人），使得馬塞拉斯震怒不已，於是率領軍隊圍攻並奪取李奧蒂尼這個城市，然而一個鎮民都沒有傷害，只把抓到的逃兵，下令施以亂棍打死或斧頭斬首的刑罰。希波克拉底將信息送回敘拉古，說馬塞拉斯用刀劍屠殺全部成年居民。然後他前去會合敘拉古人，用假造的報導激起暴亂，趁機成爲城市的主人。馬塞拉斯有鑑於情勢的發展，率領全軍移師敘拉古，在靠近城牆的地方紮營，派遣使者進城，向敘拉古人說明李昂蒂尼發生的實情。

城邦的大權現在落在希波克拉底的手裡[38]，和平解決的方式已經無法達成效果。羅馬人從陸地和海上兩方面對城市展開攻勢，從事陸戰的部隊受阿庇斯的節制。馬塞拉斯親自帶著60艘五排划槳的戰船，上面配備各種武器和投射裝置，還有一個8艘船用門橋連起來的平台，架設著可以發射石塊和標槍弩砲，可以用來攻擊各處的城牆。有關圍攻作戰的諸般措施，不僅靠著完善的準備和充分的供應，也有賴於他過去的名聲，才能如期完成這些工作。然而這些作戰行動就阿基米德（Archimedes）和他的機器而言，可以說是不堪一擊。

阿基米德認爲機器的設計和發明非關緊要，只是幾何學研究之餘的遣興之作

---

38 海羅尼穆斯被害以後，敘拉古恢復共和國的體制，希波克拉底和伊庇賽德（Epycides）雖然是漢尼拔的擁護者，也是在西西里的代理人，由於他們出身是敘拉古的世家，所以申請獲准成爲法務官，他們不以國家利益爲重，硬拉著敘拉古人涉入與羅馬的戰爭。

而已，一方面為了順從海羅王不久以前的願望和要求，他認為阿基米德應該把廣受讚譽的思維之學，拿出一部分來付諸實行，使得理論的知識發揮運用的功能，造福社會獲得民眾的感激。優多克蘇斯(Eudoxus)和阿克塔斯(Archytas)[39]是機械這門技藝最早的開山祖師，享有很高的聲望和評價，他們用幾何學的原理來解決很多問題，當成超越經驗的工具，滿足人類感官的不足，即使非常複雜的論點，也可以用文字和圖形來證明。像是他們為了解決一個難題，經常需要繪出幾何學的圖形，給予兩個外項或端點，求得兩條成比例的中線，數學家運用這外插法當成補助的手段，有些曲線或是線段都適合這種運算的方式。

　　柏拉圖對這件事感到非常氣憤，大聲抨擊加以反對，說是敗壞和毀棄幾何學所具備的優點，將純知識的抽象目標很可恥地回復到感官世界，使得所有的工作要藉助物質的力量(完全出於不當的要求所造成的惡化和墮落)，因而迫得機械要與幾何分道揚鑣，把它置於軍事技術的範疇之內，受到哲學家的排斥和藐視。

　　阿基米德在給海羅王的信函中，因為雙方是朋友和近親，特別提到憑著他的力氣可以舉起任何重量的物體。我們也聽說他曾經吹噓，只要給他一個立足點，就可以移動整個世界。海羅聽到他的話感到非常驚奇，就要他證實自己的論點，那就是用很小的機器移動一個巨大的物體。阿基米德拿國王一艘載重量很大的戰船來展示，要是沒有派出大批人使勁拖曳，就無法將它從碼頭拉出來；阿基米德把很多乘客和貨物裝上去，他自己坐在遠處，僅僅在手裡握著一條繫住船頭的繩子，好像沒有用什麼力量，就可以拖著船隻直線前進，像是在海洋很平穩的航行一樣。國王對出色的展示感到非常的驚異，相信這門技術能發揮很大的威力，說服阿基米德在受到圍攻的狀況之下，無論是攻擊還是防禦都要運用他的機器。

15 當羅馬人從海陸兩方面對著城牆發起突擊的時候，敘拉古人的恐懼和驚愕已到喪失神智的程度，認為沒有能力抗拒如此猛烈和強大的攻勢。阿基米德開始運用他的機具，立即對陸上部隊發射各種不同類型的箭矢，造成重大的傷亡，巨大的石塊帶著不可思議的嘯聲和能量，從空中向他們的頭上掉落下來，血肉之軀被壓得粉碎，攻擊的隊伍和編組受到可怕的打擊，恐懼擴展

39　優多克蘇斯是尼杜斯人，生卒的年代約為400-350B.C.，是當代最知名的數學家、天文學家、地理家和哲學家。阿克塔斯是4世紀B.C.初葉的數學家和畢達格拉斯學派哲學家。

開來使羅馬人亂成一片。就在同一個時候，很粗的木樁就像標槍一樣，從城牆上面直戳下來，位在高處挾帶著極重的力道，使得船隻碎裂而沉沒；他們用像鶴嘴一樣的鐵鉤[40]抓住船隻，然後高舉到空中，當船頭被他們拖起來以後，船尾向下撞擊到水面，很快就會沉到海底；還有一些船隻被機器拖向海岸，失去控制撞擊到城牆下方陡峭的懸岩，那些搭乘的士兵全都隨著喪生。經常會有一艘船被吊在高高的空中（這種景象讓人看到真是驚心動魄），然後來回的旋轉，保持不斷的擺動，使得所有的水手全都掉落下來，最後不是讓它在岩石上面撞得粉碎，就是毫無損傷將它放下來據為己有。

在敵人用機器發動攻擊的狀況下，馬塞拉斯把他稱為桑布卡（Sambuca）的橋舟調上來，這種平台的外形很像一種樂器，等它快接近城牆的時候，城裡發射的石塊重達10泰倫[41]，接二連三落下產生的衝擊力道驚人，發出像打雷的聲音，把整個平台打得粉碎，有的船隻沉沒，所有的舟橋全部解體。馬塞拉斯趕快撤到安全距離之外，對陸上部隊發出退卻的命令。

然後他召開作戰會議，決定利用夜晚部隊盡可能靠近城牆，認為阿基米德的機器是運用繩索的伸張發出很大的力量，需要有一段距離才會發生殺傷的效果，如果士兵的位置很近，射出的標槍就會從他們的頭上飛過。阿基米德針對這個缺失早已有所準備，安置較小的機器和較短的槍桿以適合各種距離，同時在城牆上面開很多的槍眼，機器的發射距離比較短，讓攻擊者防不勝防。

16 羅馬人認為盡量接近城牆讓敵人無法可施，結果還是有大量的標槍和其他的投射武器，不斷向著他們發射，等到石塊帶著嘯聲落到他們的頭上，以及整個城牆都能射出成簇的投矢，他們逼得只有撤離。在退卻的行

40　讓羅馬人最為膽寒的器具是兩爪鐵鉤，用長繩繫在槓桿的一端，這個鐵鉤很重，槓桿另一端用巨大的鉛塊來平衡。敘拉古人操作槓桿將鐵鉤拋出去，可以將羅馬人的船隻打一個大洞，就會沉到海底，或是用兩個爪將船夾住，再用滑輪收緊繩索將船吊起來，或是拖到岸邊撞毀在岩石上面。

41　很難理解阿基米德是運用那種機具，能夠拋擲10泰倫（高達570磅）重的石塊，在距離城牆很遠的地方，擊沉羅馬人的船隻。要是根據波利拜阿斯的說法倒是很有可能，那就是重量約在10磅左右的石塊，用阿基米德製造的石弩拋射出去，李維同意波利拜阿斯的論點，實在說，要是我們以為蒲魯塔克並沒有把1泰倫的重量認定是57磅，而是西西里的算法大約是25磅，甚至有人說是10磅，這樣看來倒有可能。

動中，射擊距離較長的標槍和硬弩，給他們帶來很大的傷亡，船隻也一艘接著一艘被敵人拖走，這個時候他們根本沒有還手的能力。阿基米德很快將他的機器安裝在城牆上面，一個看不見的敵人壓制著羅馬人，給他們帶來無限的痛苦，好像他們是在與神明作戰。

17 馬塞拉斯自己倒是毫無損傷地退下，嘲笑自己的技師和工程人員。他說道：「我們不能與精通幾何的布萊阿里斯（Briareus）[42]作戰，他只要出手我們的船隻就會遭殃，片刻之間就發射成簇的標槍對付攻城部隊，難道他真比神話中的百手巨人更加厲害？」毫無疑問，其餘的敘拉古人不過是阿基米德手裡的棋子，靠著他一個人的頭腦來主宰一切，別的武器都可以置之不理，只要運用阿基米德的機具，就可以打擊羅馬人保衛國家的安全。總而言之，羅馬人已經陷入風聲鶴唳之中，只要看到一段繩子或一根木材在城牆出現，立刻發出恐怖的驚叫，好像阿基米德又要搬出機具來對付他們，馬上轉身向後逃走。馬塞拉斯斷了攻打的念頭，全部的希望要靠長期的圍困。

阿基米德擁有高貴的人格、深邃的心靈和豐富的科學知識，雖然目前的發明比起他的睿智，使他獲得更大的名聲，還是認為這些題目不值得他花費心血形諸文字，他對於工程技術抱著藐視和不屑一顧的態度，充其量只不過可以實用或據以生利而已。他把全副精力用於純理論的學門，根本不考慮世俗的需要。他認為研究工作優於一切，對於幾何學有關題目的選擇，不僅要求驗證的過程，使人感到美妙和極其博大精深，更要使得證明的方法和步驟，達成精確和具有說服力的目標，就這方面來說他的理念更值得我們欽佩。幾何學所包括的範圍和內容，你不可能找到任何一個人，比他能夠發現更困難和更複雜的問題，找出更簡明和更易懂的解釋。有人把這些成就歸功於天賦的才華，學者認為完全出於難以置信的勤勞和鍥而不舍的努力，從各個方面創造出易於吸收和無須費力的成果。一般人即使花費大量精力從事演算的工作，證明的過程還是達不到合乎定理的要求標準，然而你一旦看到他使用的方法，馬上心領神會，覺得一切問題迎刃而解，是如此的順利而迅速，所有的步驟引導你獲得所需的結論。

42　在希臘神話中，布萊阿里斯是天神烏拉諾斯（Uranus）和大地女神蓋亞（Gaia）之子，是一位長著一百隻手臂的巨人，曾經協助宙斯對泰坦（Titan）神作戰。

這些可以說是眾所周知的事，真實性無可質疑，阿基米德獻身於自己熟悉而精通的學門，就像中了蠱一樣，到達廢寢忘食的地步，連自己是誰都記不得，甚至偶爾被迫到浴場或在身上塗油膏，他竟然在爐灰上面畫出幾何圖形，或者用油膏在身上進行演算，一副沉醉學問渾然忘我的境界。他用最誠摯的情感最聖潔的心靈，表達對科學的熱愛和喜悅。他有無數重大的發明和創建的學說，但是他對親人和朋友提出要求，死後將一個「球體外接圓柱體」的圖形刻在他的墓碑上面，因為他求出兩個實體之間的比例[43]。

18 以上就是阿基米德在盡他的力量使得敘拉古成為無法攻克的金城湯池。當圍攻作戰繼續實施的時候，馬塞拉斯奪取麥加拉，這是希臘人在西西里最早建立的城市，攻下希波克拉底設在阿西立(Acilae)的營地，殺死的敵軍多達8000人[44]，雖然他們有堅固的築城工事，還是在他的攻擊之下土崩瓦解。他征服西西里大部分地區，從迦太基人手裡奪走很多市鎮，擊敗那些膽敢迎戰他的敵人。有一位名叫達米帕斯(Damippus)的拉斯地蒙人，在圍攻期間從敘拉古乘船出海被羅馬人捕獲，敘拉古人很想將這個人贖回，於是他們就這件事與馬塞拉斯進行多次的協商和談判，使他有機會觀察到一座塔樓，看來守衛並不嚴密，可以在暗中派人攀登上去，因為靠近城牆應該沒有多大困難。他們經常在塔樓下面會面，討論達米帕斯的釋放事宜，可以很準確算出塔樓的高度，預先整備好雲梯。敘拉古人歡度黛安娜的節慶，即使在圍城的時刻，他們還是恣意痛飲，

43　西塞羅在西西里出任財務官的時候，曾經發現這件紀念物，拿給敘拉古人看，他們都不知道是怎麼一回事。這位數學家死於羅馬建城543年即211B.C.，到西塞羅在羅馬建城679年即75B.C.擔任財務官，136年的時光轉瞬而過，文字和圖形還留在墓碑上面，敘拉古的學術地位已經終結，這個城市過去受到羅馬人的尊敬。阿基米德為什麼要將「球體外接圓柱體」的圖形刻在他的墓碑上？因為當球體外接圓柱體時，他算出兩者的體積和表面積之比都是2:3，發現這個創見使他不勝喜悅。讀者有興趣可以試算一下（球體：$V=4/3 \pi r^3$，$A=4 \pi r^2$；圓柱體：$V=\pi r^2 \cdot h$，$A=2 \pi r(r+h)$；當球體外接圓柱體時，h=2r）。

44　希米科(Himilco)從迦太基率領一支龐大的艦隊進入赫拉克利(Heraclea)的港口，登陸的兵力是步卒2萬人，騎兵3000人以及12頭戰象，立即向著阿格瑞堅屯(Agrigentum)進軍，光復被羅馬人所占領的城市，敘拉古的守備部隊仍舊完整沒有損失，派遣希波克拉底帶1萬步卒和1500騎兵，加入希米科的陣營。馬塞拉斯攻打阿格瑞堅屯不下，再度返回敘拉古，等他的軍隊經過阿西立附近，很偶然的狀況下發現希波克拉底在忙著加強營地的防務，乘他不備立即發起攻擊，殺死敵軍8000人。

觀賞各種節目的演出。

　　馬塞拉斯掌握時機發起突擊，在市民發覺之前他不僅據有塔樓，就在天明之際城牆滿布他的士兵，同時已經打開前往赫克薩帕倫(Hexapylum)的通路。敘拉古人現在開始慌張得手足無措，傳來的警報引起民眾的騷動。馬塞拉斯下令軍隊在各處吹響號角，好像他在城市每個地區都已獲得勝利，恫嚇他們趕快逃走，事實上，守備嚴密的要點也是城市最廣大的精華區域，還未落到他的手裡[45]。這個區域稱爲阿卡拉迪納(Acradina)，有一道城牆從外城延伸過來，分隔爲兩個部分，一個稱爲尼阿波里斯(Neapolis)，另一個是泰查(Tycha)。

19 　部隊的進展極爲順利，就在拂曉過後，經由赫克薩帕倫進入城市，所有的部將都向他道賀[46]。據說馬塞拉斯從高處向下俯瞰美麗而廣寬的城市，眼淚禁不住流了出來，同情居民已經懸在頭頂的災難，士兵的搶劫和掠奪在幾個時辰之內，要讓整個城市變成人間的修羅場。他的軍隊沒有一個官員膽敢拒絕士兵洗劫城市的要求，不僅如此，很多建築物很快起火夷爲平地，只是馬塞拉斯還沒有接到這方面的報告。雖然他並不希望如此，最後在非常勉強的狀況下只有同意，搶劫的目標僅限於金錢和奴隸，同時下達命令，不可侵犯有自由權的公民，也不可以殺害、虐待敘拉古人，或是將他們發售爲奴。

　　雖然他抱著慈善爲懷的胸襟，仍舊認爲城市的狀況值得憐憫，甚至就是在受到大家祝賀，內心充滿歡樂的時候，看到富室經過多年努力累積的財產，轉瞬之間化爲烏有，難免產生禍福無常的惻隱之心。有人提到這次掠奪的成果，不亞於後來在迦太基的洗劫[47]。城市其餘的部分，後來還是讓叛徒出賣給羅馬人，仍然無法逃過被搜刮一空的命運。國王的金銀和財富沒有人敢動，後來帶回全部繳交國庫。

45　波利拜阿斯《羅馬古代編年史》第8卷第37節和李維《羅馬史》第25卷第23節，都敘述這個時候的狀況。

46　馬塞拉斯在夜間進入伊庇波立(Epipolae)，要到早晨才攻下泰查。伊庇波立如同奧提吉亞(Ortygia)、阿卡拉迪納、泰查和尼阿波里斯，四周都建有城牆，本身還有一座建築在山岩上的堡壘名叫優里阿隆(Euryalum)。如同大家所說敘拉古是五城之都。

47　敘拉古的圍攻作戰整整延續3年之久，馬塞拉斯在進入泰查之前，沒有絲毫的進展；蒲魯塔克對爾後的行動也只是輕描淡寫一筆帶過，事實上還是歷盡艱辛，李維的記載非常詳細沒有出現什麼差錯。

阿基米德的死亡使得馬塞拉斯極爲痛心，命中注定也是無可奈何之事。阿基米德正在專心演算，思考力全部用在解題，就連眼睛也盯著圖形不放，根本沒有注意到羅馬人的入侵，也不知道城市被敵人攻占。就在他全心全意進行研究和思考的時候，一位士兵出乎意料來到他面前，命令他跟著去見馬塞拉斯；阿基米德拒絕接受他的指使，一定要先完成計算使問題得到正確的解答；士兵在一時衝動之下，拔出劍來把他殺死。根據某些人的記載，說是一個羅馬士兵拔出劍來準備動手，阿基米德轉過頭去提出請求，暫等片刻讓他把工作做完，免得留下不正確的結論；這位士兵根本不聽這一套，立即送掉他的性命。還有另外的說法，阿基米德被領到馬塞拉斯那裡去的時候，隨身帶著繪圖的工具、日晷、地球儀和三角規等物品，在光天化日之下看起來非常誘人，有些士兵以爲他帶著很多金銀，於是殺害他將東西搶走。馬塞拉斯對他的被害的確感到難過，甚至認爲自己犯下謀殺的行爲，因而找到他的親人特別給予禮遇和優待。

20 實在說，其他的民族在過去都把羅馬人視爲優秀的士兵，作戰的時候從無對手，但是從此以後，讓他們獲得很深的印象，羅馬人不僅有恢宏的氣度和仁慈的胸懷，還具備政治家的風範，馬塞拉斯是第一位讓希臘人知道，他的同胞重視法律的公正和清廉，留下的名聲已經爲舉世所讚譽。他的寬容之心對任何人來說都是有求必應，所做的好事將恩德給予很多的城市和個人，如果說他下達嚴厲的命令，使得英納(Enna)[48]、麥加拉和敘拉古的人民受到苛刻的待遇，不應該歸罪於攻破城池的將領，而是那些引起災難的人士。

他的善行不勝枚舉，我可以拿一個例子來加以說明，西西里有個名叫英吉姆(Engyum)的市鎮，面積不大然而非常古老，擁有很高貴的地位，因爲有位稱爲「大地之母」的女神[49]在此地顯靈。根據他們的說法，克里特人在城內蓋了這座神殿，裡面藏著幾根長矛和幾副青銅頭盔，上面刻著默瑞歐尼斯(Meriones)[50]和尤利西斯(全都使用拉丁文的拼法)的名字，是奉獻給女神的祭品。這個市鎮對偏向迦太基人的地方派系非常的器重，尼西阿斯(Nicias)是地位最顯赫的市民，向大家提

---

48 英納是位於西西里中部的城市，現在稱爲卡斯特羅喬凡尼(Castrogiovanni)。
49 這位女神可能是西布莉(Cybele)、朱諾或西瑞斯，西塞羅提到在英吉姆有一座西布莉神廟。
50 默瑞歐尼斯是克里特人，特洛伊戰爭中駕戰車作戰的英雄人物。

出建議要投向羅馬人的陣營，爲了達成目的就在市民大會上面大聲疾呼，公開發
表他的意見，抨擊反對者的言辭，說他們的看法不僅危險而且瘋狂。大家對他的
實力和權威產生畏懼之心，決定把他抓住以後綁起來交給迦太基人。

　　有人將這個消息通知尼西阿斯，就在暗中決定要保護自己的安全，從外面看
來還是若無其事。他公開發表一些對大地之母不敬的言論，好像他不相信也不在
乎女神的顯靈，他的仇敵感到很高興，這樣一來他是自取滅亡，他們的行動就更
加振振有辭。決定要逮捕他的那一天，正好舉行市民大會，尼西阿斯與大家一起
參加會議，共同處理公眾的事務。他突然在談話之間倒在地上，躺在那裡有一陣
子無法開口，像是已經喪失神志(通常在令人吃驚的狀況下出現這種徵候)的樣
子，後來還是舉起頭來向四周張望，開始用微弱而顫抖的聲音說話，慢慢提高音
量聲調變得更加尖銳；當他看到整個會場受到驚懼的打擊全都鴉雀無聲，馬上解
開身上的斗篷脫掉所穿的長袍，幾乎成爲半裸的狀態，向著大門跑過去，嘴裡大
叫說是大地之母在發怒要把他趕走。這時大家出於宗教的畏懼心理，沒有一個人
敢伸手加以攔阻，所有的人都趕快讓出路來。他一直跑出城門，發出尖銳的笑聲，
還有那種不正常的姿態，完全像一個被鬼附身和瘋狂發作的人。他的妻子知道他
要裝神弄鬼，參與他的圖謀，帶著她的兒女趕到神廟，向大地之母懇求息怒；然
後，假裝要去找神智不清的丈夫，所以沒有人出面干預，能夠安全離開市鎮，運
用這種方法全部逃到敘拉古去投靠馬塞拉斯。

　　英吉姆的人民不當的行爲更是變本加厲，馬塞拉斯把他們當成俘虜全部關進
監牢，準備施以極刑的處分。尼西阿斯兩眼含著淚水前來請見，投身在馬塞拉斯
的跟前爲市民求情，就是那些虐待他的敵人，也用誠懇的言辭乞求他不要傷害他
們的性命。馬塞拉斯本著寬恕的精神讓他們獲得自由，將廣大的土地和名貴的禮
物賜給尼西阿斯。哲學家波賽多紐斯記下這段歷史。

21 這件事情處理完畢以後，羅馬的市民大會召回馬塞拉斯[51]，立即開始
負責本土的戰爭，爲了振奮民心舉行凱旋式，敘拉古最美麗的雕像
和裝飾，大量運回用來點綴羅馬的市容。過去這個都城從來沒有見過這樣精美的

51　馬塞拉斯在離開西西里之前，與伊庇賽德和漢諾(Hanno)的會戰獲得勝利，殺死相當數量的
　　敵人，獲得很多俘虜，除此以外還擄獲8頭戰象。

珍藏，對於這些偉大的作品也缺乏欣賞的素養。到處展現出蠻族武器和戰利品，這些物件上面仍舊沾著人血，每個地方都有戰勝紀念碑和凱旋門，對於愛好和平與文雅好學的旁觀者而言，這個城市從他們的眼裡看來，壯觀的景色不會讓他們產生愉悅的感覺。就像伊巴明諾達斯將皮奧夏的田野稱之爲「馬爾斯的舞台」，色諾芬把以弗所叫做「戰爭的兵工廠」一樣，照我的看法可以把那個時代(品達用過這個字)的羅馬視爲「戰神烽煙四起的殿堂」。

一般而言，開始的時候馬塞拉斯獲得很高的民望，因爲他用美麗的物品來裝飾整個城市，希臘的雅緻和對稱使得市容更爲壯觀；等到費比烏斯奪取塔倫屯以後，並沒有拆除或攜回類似的藝術品，更能得到年長市民的讚許。他只拿走金錢和有用之物，禁止將雕像運走，而且特別提到：「讓我們將招怨的神明留給塔倫屯人。」[52] 他們因而譴責馬塞拉斯的舉動，首先是將城市置於引起反感的地位，好像他在慶祝勝利和領導凱旋式遊行的時候，將神明像凡人一樣看待，全都成爲他的俘虜。其次，他像是變得整日游手好閒，高談闊論那些令人感到好奇的藝術和工匠。

他應該知道，羅馬的民眾在戰爭的氣氛和農耕的環境中成長，從來沒有嘗過奢侈和怠惰的滋味，如同優里庇德對海克力斯的描述：

> 扶風豪士天下奇，
> 意氣相傾山可移[53]。

然而現在卻使他們浪費時間用在檢驗和評論風雅的瑣事。雖然馬塞拉斯受到諸如此類的申斥，還是抱持這種觀點，如果他能夠教導那些無知的同胞，體驗希臘文明的博大精深，產生尊敬和欽佩的心理，認爲自己比起希臘人更感到莫大的光榮。

22 他在返回以後發覺政敵反對他舉行凱旋式，考慮到西西里的戰爭還未完全結束，第三次的凱旋式會引起同胞的嫉妒，所以讓步同意在

52　費比烏斯攻下塔倫屯以後，許多塔倫屯人被殺，還有3萬市民出售為奴，全城受到軍隊的洗劫，搜刮到3000泰倫的錢財送回羅馬。

53　這句詩出於優里庇德《黎西紐斯》(*Licymnius*)一劇，這個作品已經失傳，僅有吉光片羽留存。

阿爾班山舉行，用「小凱旋式」的行列進入城市，拉丁人用ovation這種稱呼，換成希臘人就是eua。這時將領不得乘坐戰車和戴月桂冠，也沒有鼓號樂隊的引導；他們只能列隊步行，踏著簫笛合奏的樂聲前進，他的頭上戴著桃金孃的花冠，平靜的面容感受不到戰爭的氣氛，給人帶來敬愛而不是畏懼。就我個人的看法，認為「小凱旋式」和「凱旋式」的差異不在於成就的大小和功績的高低，而在實施的方式和排場的隆重與否。有些將領打贏一次決定性的會戰，殺死無數敵人，用勝利者的頭銜班師回朝，領導充滿向武精神和戰爭恐怖的凱旋式，按照習俗為了減低軍隊的肅殺之氣，就讓他們在頭上戴著月桂冠，連攜帶的兵器也裝飾著月桂的枝葉。

　　要是將領靠著會談、商議和據理力爭，用不戰而屈人之兵的方式達成任務，按照習俗所賜與的榮譽是非軍事性和節慶歡樂的小凱旋式。簫笛的合奏表現出和平的意願，桃金孃是維納斯喜愛的植物，祂比其餘的神祇和女神更為厭惡武力和戰爭。所以稱為ovation 並非如同大多數人的看法，說是來自希臘文的euasmus，因為他們的eua是「大聲喊叫」的意思，要是用這種解釋看來更適合凱旋式。希臘人用自己的語言曲解這個的含意，認為列隊遊行的方式與酒神巴克斯的崇拜有關，這位神祇在希臘獲得優烏斯(Euius)和色瑞姆布斯(Thriambus)的頭銜。除非還有其他的論點，真正的狀況應該是下面的說法：根據羅馬的習俗，領隊的指揮官在為他舉行的凱旋式中，必須用一頭牛當作奉獻給神明的犧牲，但是在小凱旋式中只要一隻羊；因此他們把小凱旋式叫做ovation，來自拉丁文的ovis即「羊」。

　　有件事值得在這裡提出來報告，可以看出斯巴達的立法者，他們對奉獻犧牲所抱持的觀點，竟然與羅馬人有這樣大的差異。對拉斯地蒙人而言，一位隊長用權術計謀或協商簽約完成他的工作，卸除指揮職位的時候，向神明奉獻一頭牛；要是他用會戰的方式達成任務，奉獻的犧牲是一隻雞。雖然大家都說拉斯地蒙是一個窮兵黷武的民族，他們反而認為用理性和智慧所建立的功勳，比起武力和勇氣所達成的效果，不僅更為優異而且更適合於人類的天性。至於對這兩個民族所秉持的立場，大家有什麼樣的意見，我留給讀者自行去考量。

23 馬塞拉斯第四次當選執政官[54]，敘拉古人在他的政敵教唆之下，來到羅馬對他提出指控，向元老院陳情他用殘酷的手段虐待他們，違背條約的規定和應盡的義務[55]。發生這件事的時候，馬塞拉斯正好在卡庇多祭祀神明。敘拉古人的代表團立即來到元老院，議員都留在座位上，他們跪倒在地乞求大家傾聽他們的冤屈，並且爲他們主持公道。馬塞拉斯的同僚因爲他缺席，爲了保護他的權益，所以將敘拉古人驅出會場。馬塞拉斯聽到此事很快趕到，開始他坐在執政官的象牙座椅上面，指示元老院處理職責有關的事務，等到他的案件提出來以後，他就從座位上起來，就像一位受到指控的平民，走到指定的位置去進行辯護；並且讓敘拉古人有充分的自由，可以對他發表控訴的言辭。他的威嚴和自信對他們是一種打擊，感到驚懼之餘站在那裡目瞪口呆。現在他的到場展示出權威，身穿官服遠比列陣的全副披掛更令人膽戰心寒。

馬塞拉斯的政敵在一旁給他們打氣，敘拉古人開始提出控訴。他們的演說不僅懇求元老院主持正義，還夾雜著悲憤和哀怨之言，主要的論點是他們身爲羅馬人民的同盟和朋友，竟然遭受任何一位指揮官對敵人都無法下手的迫害。馬塞拉斯起來答辯[56]：敘拉古人對羅馬人民充滿敵意，他們有很多不當的行動，一旦在戰爭中受到征討或者敗北被捕，無法獲得保護也免不了要遭受痛苦；他們所以成爲俘虜完全是自食其果，因爲他們拒絕接受勸告還要一意孤行，敘拉古人不是在僭主的逼迫之下投身戰爭，而是用選擇僭主來表現從事戰爭的決心。

等到雙方的言辭辯論結束後，按照慣例敘拉古人要退出會場，馬塞拉斯留下他的同僚進行表決，隨著敘拉古人一起離開，在元老院的門口[57]停了下來，他的神色一點都不慌張，面臨這些指控絲毫沒有不安，對於敘拉古人沒有表露出氣憤的樣子，保持著泰然自若的態度靜待訟案的判決。最後針對指控的罪行進行宣判，元老院根據馬塞拉斯的辯辭下達一份敕令，把敘拉古完全交給他去處置[58]。

---

54 馬塞拉斯第四次出任執政官是在羅馬建城544年即210B.C.。

55 執政官在元老院用抽籤的方式決定他們所掌管的行省，馬塞拉斯平定西西里之前，敘拉古人很少到羅馬來陳情請願。因為馬塞拉斯親自出面答辯，對敘拉古的代表團是很大的打擊，從此再也不敢提出指控。

56 敘拉古人指控馬塞拉斯陳述事實以後，執政官利維努斯下令要他們離開，馬塞拉斯向他的同僚提出聲明，希望他們留下來，聆聽他的辯護。

57 當這個案子進行討論和表決的時候，他到卡庇多校閱新徵集的兵員。

58 馬塞拉斯指揮軍隊攻占敘拉古，並沒有完全獲得羅馬的同意；海羅國王無論在任何狀況之

這些代表流著眼淚投身在他的跟前，請求他饒恕他們的行為，更要同情其餘的市民，敘拉古人知道以後會感激他的恩德。看到他們流著眼淚那種悲慘的神情，馬塞拉斯的心中感到不忍，不僅寬恕整個代表團與他們和好如初，後來只要有機會就對敘拉古人表示善意，讓他們恢復過去的自由，經過元老院的批准，同意他們保有原來的權利、法律和財產。敘拉古人感恩圖報，除了將最高的榮譽賜給他，特別制定一條法律，只要馬塞拉斯和他的後裔在任何時間來到西西里，敘拉古人會頭戴花冠，舉行盛大的慶典爲他向神明獻祭。

24 這件事以後馬塞拉斯發兵討伐漢尼拔。坎尼會戰的慘敗使得所有的執政官和將領，都用同樣的策略對付漢尼拔，也就是說拒絕與他進行會戰，沒有人敢與他在戰場分一個高下，不願把所有的問題拿刀劍來做最後的解決。馬塞拉斯採取完全不同的路線，認爲他們用消耗戰來對付漢尼拔，時間拖延下去的結果，使得意大利落入山窮水盡的地步。費比烏斯堅持步步爲營的戰略，等待一旁張望敵人在戰爭中絕滅，然而這時的羅馬早已耗盡他的實力（就像一位膽小的醫生，不敢對症下藥，在那裡等待轉機，認爲目前病人的精力雖然衰退，但是病情已經穩定下來），沒有採用正確的療程來醫治國家的沉痾。整個局勢在開始的時候非常有利，有幾個薩姆奈人的城市起義反正，現在已經投入他的陣營，使得他獲得大量的穀物和金錢，還有漢尼拔留下擔任防備任務的3000名士兵。然而等到這件事處理完畢，擁有代行執政官頭銜的格奈烏斯·弗爾維斯（Cnaeus Fulvius），以及麾下11名軍事護民官，在阿普利亞作戰陣亡，他所率領的軍隊，絕大部分都在戰場慘遭殺戮。

馬塞拉斯派人送他的信函到羅馬，鼓勵民眾要激起高昂的鬥志和旺盛的士氣，他目前正在進軍去攻打漢尼拔，要用凱旋式來轉變陰鬱的局勢。等到他的信函當眾宣讀以後，根據李維的記載[59]，民眾的心情不僅沒有振作起來，反而比從前更加沮喪。他們認爲馬塞拉斯的身分遠在弗爾維斯之上，所以會給他們帶來更大的危險。如同他在信函所描述的狀況，正向著盧卡尼亞地區前進之中，等他到達努米

（續）———

下，始終對羅馬無條件的支持，還讓元老院的議員長記心頭，如果城市任聽貪財的士兵恣意洗劫，將領一定會遭到元老院的譴責。敘拉古人沒有能力抵抗一支備兵隊伍，明知希波克拉底是漢尼拔的黨羽，現在他指揮所有的軍隊，大家只有違背自己的意願俯首聽命。

59　參閱李維《羅馬史》第27卷第2節。

斯特羅（Numistro），敵人的位置保持在山丘上面，他把營地開設在平原。次日他將
軍隊排列成戰鬥隊形，漢尼拔並未拒絕挑戰，雙方鏖戰良久相爭不下，還是無法分
出勝負，經過三個時辰的激烈搏鬥，夜幕降臨收兵返營。第二天太陽剛升起，馬塞
拉斯再度把部隊帶出來，就在遍布屍體的地面列出陣式，向漢尼拔挑戰一決生死。

當對手開始拆營退走，馬塞拉斯開始搜集敵人的戰利品，同時埋葬陣亡士兵
的遺體，然後尾隨敵軍緊跟不放。雖然漢尼拔經常運用計謀，設置埋伏想要暗算
馬塞拉斯，還是沒有占到上風；同時雙方不斷實施前哨戰鬥，總是馬塞拉斯獲得
優勢，名聲更是日益高漲。當羅馬的選舉快要來到的時候，元老院的想法是馬塞
拉斯正與漢尼拔在激戰之中，不應將他調換下來，還是從西西里召回另一位執政
官比較合適，於是在他抵達以後，元老院吩咐他提名奎因都斯·弗爾維斯（Quintus
Fulvius）出任笛克推多。

根據羅馬的慣例，笛克推多並非由人民或元老院授與，而是執政官或法務官
參加市民大會，推薦他所抉擇的人選經過與會人員認同以後出任。所以會稱為
dictator ，就是這個職位出於dicere即「提名」之意；另外還有學者認為所以稱某
人為笛克推多，因為他說的話就是「法律」，可以隨心所欲下達命令，不會受到
護民官的否決。羅馬人把官員的命令稱為Edicts。

25 馬塞拉斯的同僚[60]已經從西西里召回，他想提名另外一位人員出任
笛克推多，不願被逼改變心意，所以連夜發航回到西西里。於是市
民大會下達命令，必須推選奎因都斯·弗爾維斯為笛克推多，元老院派專人通知
馬塞拉斯要他提名，他奉令行事推舉民眾所望的人負起軍國之責。馬塞拉斯繼續
用代行執政官的頭銜擔任一年的總督[61]。他與費比烏斯·麥克西穆斯取得協議，
當費比烏斯圍攻塔倫屯的時候，他糾纏漢尼拔不放實施牽制作戰，阻止對手不能
救援塔倫屯。馬塞拉斯在卡奴西姆追上敵軍，漢尼拔不斷變換營地，雖然他想盡
辦法要與對方接戰，漢尼拔仍然拒絕一決勝負。最後，不管漢尼拔在何處紮營，
他一直施加壓力，發起小規模的前哨戰鬥激起一場會戰，黑夜來到終止雙方極其

60　馬塞拉斯的同僚利維努斯想提名華勒流斯·梅撒拉（Valerius Messala）擔任笛克推多。他在很
　　倉促的狀況下離開羅馬，並且吩咐法務官不要推舉弗爾維斯，那是因為護民官要求他們這樣
　　做的關係。後來還是元老院的提名獲得執政官馬塞拉斯的支持。
61　馬塞拉斯代行執政官頭銜出任總督是在209B.C.。

慘烈的惡鬥，次日馬塞拉斯還是全身披掛，率領他的軍隊列出會戰隊形。漢尼拔感到非常懊惱，於是集合迦太基人講話，雖然他們過去一直無往不利，祈求大家在今天的作戰中要更加賣力。他說道：「各位可以看到，我們在贏得無數次的大捷以後，身爲勝利者卻失去行動的自由，想停下來休息都不可得；我們一定要把他打得落花流水，否則永無寧日。」

　　然後兩軍展開會戰，雙方的行動都凶狠無比。馬塞拉斯由於調動部隊不當，戰術方面犯下大錯[62]。他看到右翼受到敵人猛烈的攻擊，怕他們抵擋不住，派一個軍團前往給予支援，橫向運動使得全軍的隊形發生混亂，戰線中間出現空隙，敵軍因而獲得勝利，有2700羅馬人被殺。馬塞拉斯被迫退回營地，集合士兵向他們說道：「我只看到拋棄的兵器和留下的屍體，沒有看到一個戰鬥的羅馬人。」他們乞求他的寬恕；他雖然對戰敗感到耿耿在懷，還是願意給他們一個報仇雪恥的機會。他決定次日帶著他們再上戰場，希望勝利的名聲比起敗逃的羞辱，能夠早一點傳到羅馬。等到將部隊解散以後，他下令對轉身後退的連隊發給大麥取代常用的小麥[63]。這種指責眞是讓士兵感到苦澀不堪，他們之中很多人的傷勢很重，然而大家在交談之中，沒有人不認爲將領的講話比起他們的傷口，帶來更難忍受的錐心之痛。

26 天亮以後，表示會戰信號的紅色長袍已經掛了出來。蒙上作戰不力污名的連隊，要求將他們部署在第一線，這種悔改的決心獲得同意，然後軍事護民官率領其餘的部隊出陣，開始排出會戰的隊形。漢尼拔接獲信息以後說道：「啊，老天，對於這個不分好歹的人，我們拿他怎麼辦呢？只有這麼一個人，在他自己成爲勝利者的時候，從來不給別人任何機會，但是等到他被打敗，還要堅持下去絕不認輸。我們曾經多次與他拚個你死我活，然而無論成功失敗，他都不計毀譽，仍舊能夠積極進取奮鬥不息。」

---

62 部隊的調動並非時機不對，只是在執時的時候發生錯誤。根據李維的說法，右翼已經抵擋不住正在節節後退，馬塞拉斯下令第18軍團從後方向第一線推進，因爲運動的速度太過緩慢，無法及時增援以致全軍陷入混亂的狀態。

63 這是最輕的處分方式，同時還下令這些連隊的軍官，整天將出鞘的劍拿在手裡，身上不能繫佩劍的皮帶。羅馬軍隊的主食是小麥磨成的麥粉，煮熟加上青菜，再就是橄欖油和醋，只有穀物缺乏才食用肉類。

然後兩軍開始接戰，等到戰況膠著，漢尼拔下令將戰象帶到第一線，驅趕牠們衝向羅馬人的前鋒部隊，這些猛獸踩傷很多人，很快使得當面的敵人陷入混亂之中。有位名叫弗拉維烏斯(Flavius)的軍事護民官，攫起一面隊標迎上前去，用標竿底部的矛尖刺傷一隻戰象，牠轉過身去躲避引起其餘的戰象向後逃走，馬塞拉斯抓住機會，要他的騎兵在後面驅趕戰象，反而衝散敵軍陣線引起崩潰，然後指揮騎兵大舉進擊，追趕迦太基人直到他們退回營地。他們的戰象橫衝亂撞，使自己的部隊受到很大的損失。據說漢尼拔的部隊有8000人陣亡，羅馬的損失是3000人馬，大多數只是受傷而已。漢尼拔乘機在夜間安靜的撤走，要與羅馬人保持距離以策安全。馬塞拉斯因為傷兵很多，沒有能力實施追擊，採用緩慢的行軍退到康帕尼亞，留在辛努沙(Sinuessa)[64]度過炎熱的夏天，讓士兵獲得休養生息的機會。

27 漢尼拔在脫離馬塞拉斯的羈絆以後，率領他的軍隊在四境橫行無阻，蹂躪意大利各地引起民眾的恐懼，馬塞拉斯在羅馬受到極其不利的批評。有位護民官普布利修斯・比布盧斯(Publicius Bibulus)，是個談吐尖銳和性格凶暴的傢伙，馬塞拉斯的政敵慫恿他對馬塞拉斯提出指控，於是他鍥而不捨發表攻擊言論，說服民眾要撤銷馬塞拉斯負責軍事指揮的職位。他說道：「各位請看馬塞拉斯，他的作戰只不過是經歷短暫的練習，就像一位角力選手那樣打道回府，泡在熱水浴池裡恢復疲勞。」[65]

馬塞拉斯聽到傳來的信息，指派留在營地的部將負責指揮，火速趕到羅馬反駁不實的控訴。等他到達以後，發現那些責難和檢舉不過都是誹謗之辭，根據事先安排的日子在弗拉米紐斯賽車場召開市民大會，比布盧斯站起來對他指控，馬塞拉斯的答辯簡明扼要。城市身居高層備受尊敬的人士，全都大聲說出公道話：勸人民不要做出錯誤的判斷，不僅有利敵人也會引來恥笑。他們應該知道，在所有的將領之中，只有他使敵人逃走，其餘的將領面對漢尼拔的挑戰，都在盡力迴避，就這樣竟然有人膽敢責備馬塞拉斯是怯懦之輩。等到他們的講話結束後，控訴者運用司法

---

64 李維說是在維奴西亞，這個地方靠近卡奴西姆，更適合傷患人員的療養。
65 據說辛努沙附近有溫泉，維奴西亞沒有類似性質的浴場。如果說馬塞拉斯是到後面這個地方，那麼羅馬帶有諷刺意味的指控根本是空穴來風。李維沒有這樣的表示，只是引用比布盧斯的說法，馬塞拉斯留在營房裡面度過整個夏天。

制裁的期望完全落空，馬塞拉斯不僅宣告無罪，接受第五次授與執政官的殊榮[66]。

28 他立即負起應盡的責任，前去訪問伊楚里亞地區的城市，用安撫的手法平息動亂的情勢，不致造成反叛的局面。然後他要履行誓言建造一座廟宇，裡面祭祀榮譽之神和德行之神，奉獻在西西里獲得的戰利品，祭司表示反對，拒絕在一座廟宇敬拜兩位合法的神明[67]。雖然他對於反對感到不滿，認為這可能是一個預兆，所以先後蓋兩座神廟比鄰而居。實在說，出現很多怪異之事使人感到驚懼：有幾座廟宇被閃電擊中，老鼠咬嚙朱庇特神殿的金飾；根據傳聞有一頭牛會說話，一個嬰兒出生長著象頭；這些凶兆會給戰事帶來失敗的後果，完全是未能獲得神明的諒解和修好所致。

他極其焦急一心想要回到戰場，占卜官非要他留在羅馬不可；沒有一個人像他這樣的切望，要與漢尼拔打一場決定性的會戰。他在夜間夢到雙方的短兵相接，到了白天成為他與朋友和知己談話的主題，他希望神明賜給他的禮物，就是他與漢尼拔能在戰場交鋒。我認為他最高興的事莫如能夠對漢尼拔發起攻勢，兩軍被城牆和壕溝圍繞，無法避開只有決一死戰。如果他不是建立這麼高的榮譽，如果他不是獲得這麼多的證據，證實他的判斷和睿智已臻成熟之境，可以媲美最優秀的指揮官，你就會說他所以出現這種看法，完全是年輕人的野心作祟，然而當他開始第五次擔任執政官的時候，比一般人更為老邁，年齡已經超過60歲。

29 他們按照占卜官的規定奉獻祭品，完全是為了邀得神明的厚愛和保佑，經過行禮如儀之後，馬塞拉斯終於和他的同僚可以趕赴戰場。就在這個時候，漢尼拔將營地設置在班提亞(Bantia)和維奴西亞(Venusia)之間，馬塞拉斯想盡辦法要激怒他接受會戰，但是他不為所動。後來漢尼拔獲得情報，知悉有些部隊取道前往洛克里‧伊庇提菲里(Locri Epizephyrii)的市鎮[68]，就在佩

66 根據李維《羅馬史》第27卷第20節的記載，馬塞拉斯第五次出任執政官是在羅馬建城546年即208B.C.。

67 祭司提出意見，如果這座廟宇遭雷電擊中，或是出現奇異的現象，那就要向神明獻祭請求饒恕他們的過錯，至於要用那種贖罪的祭品還不是很清楚。因此，馬塞拉斯為了滿足祭司的要求，另外再蓋一座廟宇，雖然所有的工作非常賣力，還是沒有能夠在他活著的時候完成，要等四年以後由他的兒子奉獻給神明。

68 執政官面對像漢尼拔這樣可怕的敵人，不可能派遣部隊去圍攻提到的地方，因而削弱自己的

提利亞（Petelia）的丘陵地帶設下埋伏，殺死2500名羅馬士兵。這件慘劇激怒馬塞拉斯亟思報復，因此他調動部隊盡量趨近漢尼拔。

　　兩軍的營地之間是一座小山，一個看起來堅強的哨所受到森林的掩護，兩邊都是很陡的斜坡，泉水從山谷中間潺潺流出。漢尼拔先來到這個地形要點，沒有占領反而留給敵人，使得羅馬人感到奇怪。實在說，漢尼拔開始的時候認爲這個位置可以做營地，覺得更適合設置伏兵，就把大量弓箭手和槍矛兵藏在山谷和森林裡面，認爲這個位置適中的地方會將羅馬人吸引過來。他的直覺果眞沒有失算。羅馬的營地立即談論這件事並且引起爭辯，好像大家都是將領，認爲只要占有這個要點，再把營地轉移過去，就比敵人據有優勢；不管怎麼說，加強工事就會成爲一個防務森嚴的要塞。

　　馬塞拉斯決定帶少數人騎馬前去現地勘察，吩咐占卜官開始獻祭進行腸卜，第一頭犧牲說是在肝臟上面看不到兆頭，第二頭不僅看到而且比平常要大很多，其他的項目表示高度的吻合，好像可以將第一次的凶兆全部排除。隨後占卜官宣布，這次的行動務必要提高警覺；因爲有利的徵兆會在突然之間，隨著出現帶有威脅的凶兆，這種改變的奇特性質更是讓人感到疑懼。如同品達（Pindar）[69] 的詩句：

> 聖火以及城池的龍蟠虎踞，
> 無法倖免極其悽慘的結局。

　　馬塞拉斯在同僚克瑞斯皮努斯（Crispinus）和身居軍事護民官的兒子陪同之下，有220名騎兵在旁護衛（其中沒有一個羅馬人，除了40位弗里吉蘭人［Fregellans］以外，全部都是伊楚斯坎人，這些弗里吉蘭人的勇氣和忠誠無論在何種狀況下，證明非常的可靠），前去視察那個地形要點。山丘全部被森林所覆蓋，敵人在山頂配置一個斥候，隱藏起來不讓人發現，他把羅馬人營地的狀況看得一清二楚。所有埋伏的人員都看他的信號，直到馬塞拉斯來到很近才做出手勢，然後大家同

（續）────────────────

　　實力。可能是由西西里派來的軍團，或者是駐防塔倫屯的守備部隊。

69　品達是6-5世紀B.C.的抒情詩人，出生於皮奧夏的賽諾西法立，平生事蹟不詳，從他的詩文
　　中得知他曾遊歷希臘各地，受到君王和權貴的尊敬和優待，有《伊庇尼西亞頌歌集》4卷存
　　世。

時開始動手，從四面八方向他發起圍攻，用標槍和長矛對他衝刺，逃走的人員背部受到重傷，抵抗的士兵都被砍翻在地。這次只帶來40名弗里吉蘭人，雖然伊楚斯坎人在戰鬥開始的時候就趕快逃走，弗里吉蘭人形成一個圈子，勇敢戰鬥保衛兩位執政官，克瑞斯皮努斯被兩支標槍射中，才轉身騎馬逃離現場，馬塞拉斯的脅部被一根寬頭長矛所刺穿，這時還有幾位弗里吉蘭人尚未戰死，就丟下已經斷氣的執政官，前去救援已經受傷的小馬塞拉斯，向著營地飛奔。被殺的人員沒有超過40個人，5位扈從校尉和18個騎兵成為敵人的俘虜，克瑞斯皮努斯傷勢過重幾天後亡故[70]，這是一場極其巨大的災難，羅馬的歷史從未在一次接戰中損失兩位執政官。

30 漢尼拔聽到馬塞拉斯死亡的消息，把其他的事情全部丟開，立即策馬趕到小山，檢視馬塞拉斯的遺骸以後，還繼續停留一段時間，更可以看出他的胸襟和風度。漢尼拔沒有說出一句傲慢或無禮的言辭，也沒有表示出絲毫興奮或愉悅的神色，當一個凶狠而可怕的敵人喪命的時候，其他人可能都會顯出興高采烈的樣子；只有如此突然而又出乎意料之外的結局，使他感到無比的驚愕，最後他從馬塞拉斯的手上取下他戴的指環[71]，下令安排適合身分的儀典和葬禮。他的遺骸放在一個銀製的骨灰甕裡面，上面裝著黃金的蓋子，派人送給他的兒子。有些努米底亞人襲擊這些送骨灰甕的專差將東西搶走，把裝在裡面的遺骨丟在地上。專差回來將這件事報告漢尼拔，於是他說道：「看來人不能做違反天意的事。」他處分這些努米底亞人，沒有派人去找回遺骨再將它送去，認為馬塞拉斯之所以死亡和不得安葬，都是命中注定的事。

高乃留斯·尼波斯（Cornelius Nepos）和維流斯·麥克西穆斯（Vaerius Maximus）有這樣的記載；李維[72]和奧古斯都皇帝（Augustus Caesar）的說法非常肯定，骨灰甕還是交給他的兒子，舉行光榮而盛大的葬禮。除了在羅馬為他建立紀功碑，西

70　克瑞斯皮努斯一直到那年年底都還活在世上，他提名曼留斯·托夸都斯（Manlius Torquatus）出任笛克推多，並且主持年度的官員選舉。有人說他在塔倫屯過世，也有人說是康帕尼亞。

71　那個指環就是馬塞拉斯的印章，漢尼拔認為據有以後可以發揮作用，克里斯皮努斯派遣信差到鄰近的城市，讓他們知道馬塞拉斯被殺，指環已經落在漢尼拔的手裡，用種方式不僅可以保全阿普利亞的薩拉披亞，沒有讓敵人騙走，反而用其人之道還治其人之身，將計就計將敵軍誘進城中，截斷他們的退路，600名敵人多數是羅馬的逃兵，全部遭到殲滅的下場。

72　李維告訴我們，漢尼拔把馬塞拉斯的遺體，埋葬在他被殺的地點，位於小丘的上面。

西里人爲了感激他的恩情，卡塔納（Catana）有一座宏偉的角力館題上他的名字；他從敘拉古拿走的雕塑和畫像，全都放在薩摩色雷斯的廟宇裡面，奉獻給一位名爲卡比里（Cabiri）[73]的神祇。

　　林杜斯（Lindus）[74]的密涅瓦神廟，特別爲他立了一座雕像，據說波賽多紐斯在基座上面刻著他六音步抑揚格的詩句：

> 來客憑弔名將，
> 羅馬神聖榮光；
> 七次出任執政，
> 英勇殺敵無算。

這位詩人的題辭將他兩次出任代行執政官頭銜的總督都算上去，所以說他擔任執政官有七次之多。

　　他的後裔始終擁有高貴的地位和聲望，奧古斯都的姊姊屋大維婭（Octavia）和該猶斯·馬塞拉斯（Caius Marcellus）所生的兒子[75]，在擔任市政官的英年夭折，不久之前還娶皇帝的女兒茱麗亞（Julia）爲妻。屋大維婭爲了紀念她的愛子，特別奉獻一座圖書館[76]，奧古斯都也爲他建一座劇院，這兩個宏偉的公眾建築物都使用他的名字。

73　卡比里是水手和海員的保護神，興起在薩摩色雷斯的中部，後來傳播到各地，尤以濱海地區的香火更爲旺盛。

74　林杜斯是位於羅得島南海岸的城市，也是古代希臘的宗教聖地之一。

75　馬塞拉斯家族在他死後還繼續興旺185年之久：他被殺的時間是羅馬建城546年或208B.C.；而該猶斯·馬塞拉斯和屋大維婭之子死於羅馬建城731年即23B.C.。

76　按照蘇脫紐斯（Suetonius）和狄昂（Dion）的說法，這座圖書館是奧古斯都所建。

第三章
佩洛披達斯與馬塞拉斯的評述

1 我從史家那裡得知馬塞拉斯和佩洛披達斯若干轟轟烈烈的事蹟。這兩位偉大的人物，彼此的個性和作風有很多類似之處，為人忠勇勤奮，做事積極進取，只是有一點大相逕庭，馬塞拉斯領軍征戰在外，攻略很多城市，以至殺戮過重；然而伊巴明諾達斯和佩洛披達斯在大捷之後，從未縱兵濫殺一人，或將市民發賣為奴。就我們所知，大家直到現在還對底比斯人讚不絕口，說他們未剝奪奧考麥努斯人的自由。

馬塞拉斯討伐高盧人立下大功，廣受世人的欽佩，他僅僅率領少數騎兵部隊，打敗並擊潰兵力優勢的敵軍（史家很難從其他將領找到如此大膽的作戰行動），連他們的國王都落在他手裡成為俘虜。佩洛披達斯渴望獲得此種榮譽，始終未能成功使他感到遺憾；不幸在血戰之中為暴君的屬下所殺。無論如何，偉大而光榮的琉克特拉會戰和特基里會戰，使得他能與馬塞拉斯的功勳不分軒輊。我們還未提及馬塞拉斯在祕密行動和圍點打援這方的成就；然而，大家都知道佩洛披達斯從放逐之中溜回，殺死底比斯的僭主。這些作為就執行的機密和計畫的周詳而論，可以說已經達到第一流的標準。

要說漢尼拔是羅馬人難以制伏的強敵，對底比斯而言拉斯地蒙人同樣具備這種特性。大家承認佩洛披達斯在琉克特拉和特基里，把斯巴達人打得大敗而逃；即使波利拜阿斯白紙黑字說是漢尼拔從未輸在馬塞拉斯的手裡，西庇阿現身之前，他橫行意大利無人敢攖其鋒。我還是相信李維、凱撒和高乃留斯·尼波斯的記載，甚至朱巴國王的希臘文著作，他們一致認為漢尼拔的部隊曾經吃過馬塞拉斯的大虧，有幾次被他打得潰不成軍；只是這些敗績對戰局發生的影響甚微，甚至有人認為他們中了迦太基人聲東擊西之計。

我們還要說公道話，馬塞拉斯最值得欽佩的地方，是在多支大軍被殲，多位

將領被殺，國家陷入危亡之際，他能竭盡諸般手段，不惜任何犧牲，激起部隊的
鬥志，重新要與敵軍在會戰中比個高低。要說能夠克服當前聞虎色變的畏懼之
感，鼓舞民眾的精神，振奮官兵的士氣，除了馬塞拉斯，不作第二人想；培養出
樂戰和驍勇的軍隊，在任何狀況之下絕不輕言放棄，終於贏得最後的勝利。就是
同樣一批羅馬人，過去已經屢戰屢敗，爲逃脫漢尼拔的毒手感到洪福齊天。經過
馬塞拉斯的身教言教，使得大家養成榮譽的信念：部隊要是沒有達成任務安全歸
營，是極其可恥的行爲受到眾人的唾棄；只要退後一步就會羞愧得無地自容；要
是不能打贏就會悲傷到極點。

2 總之，佩洛披達斯只要是自己負起指揮的責任，從未在會戰中失敗；馬
塞拉斯比起當代的羅馬人贏得更多次的勝利，敵人很難將他制伏，要是
就其他將領的標準而言，可以說沒有吃過敗仗。馬塞拉斯攻下敘拉古；然而佩洛
披達斯要想據有斯巴達卻大失所望。就我的看法，部隊能夠推進到斯巴達的城
下，可說是極其困難的創舉，何況他還是第一位全副武裝渡過優羅塔斯河的將
領，即使征服整個西西里也無法與之相提並論。除非有這種論點，說是琉克特拉
之戰，伊巴明諾達斯比佩洛披達斯立下更大的功勞，獲得更高的榮譽；因爲馬塞
拉斯全憑一己之力贏得整個成果。馬塞拉斯獨自領軍奪取敘拉古，不靠同僚的協
力打敗高盧人，當所有的將領都對漢尼拔高掛免戰牌的時候，他在沒有志同道合
的夥伴相助之下，大膽向漢尼拔發起攻勢，改變整個戰爭的局面。

3 我對於這兩位偉大人物的死亡深表遺憾，他們的去世是何等突兀而奇
特，然而卻沒有給我帶來痛苦和悲傷的感覺。我對同個時代的漢尼拔有
極高的評價，他打了很多次的會戰，可以說已經無從計算，但是他從未受傷。我
在閱讀色諾芬的《居魯士的教育》（*Cyropaedia*）這部書的時候，對於克里桑底
（Chrysantes）的行爲非常欣賞，他正舉起劍要殺死敵人，聽到收兵的角聲，就不下
毒手安詳的退走。佩洛披達斯基於憤怒，讓他產生報復之心，所以才會衝鋒陷陣
奮不顧身。誠如優里庇德的詩句：

　　大將出邊關，
　　破敵報平安；

全軍爲上策，

豈在多殺傷。

　　雖然佩洛披達斯未能如此，對他我們不能說是遭到殺害而是求仁得仁。他的勝利所要達成的目標，將消滅暴君包括在內，始終執意如是，身邊沒有人加以勸阻；同時他認爲沒有比這件事，使他更能發揮勇武的氣概，獲取人生最高的榮譽。馬塞拉斯的探勘敵陣並非迫不及待之事，也不會激起他的熱情一定要親身涉險，甚至沒有先派員打探因而陷入敵人的埋伏；他曾經五次擔任執政官，三次獲得凱旋式，贏得光榮的勝利，國王都成爲他的戰利品，現在卻從事斥候或哨兵的工作，將自己的成就拋棄在地，任憑西班牙和努米底亞的傭兵盡情踐踏。這些蠻族爲迦太基人賣命，死於他們的手中眞是太不值得；更讓人感到遺憾是少數弗里吉蘭人偵察部隊，雖然驍勇善戰，在羅馬人中大名鼎鼎，還是讓他逃不過殺身之禍。

　　我不願讓人認爲在詆毀這兩位偉人，所以提出這些評論，僅僅是對他們的行爲，表示非常坦誠的憤慨之心。如果他們的喪生是個人的不幸，無關於他們的國家、盟邦和朋友，即使把勇敢視爲唯一的德行，輕身涉險犧牲性命在所不惜，我也就無話可說了。

　　佩洛披達斯被他的朋友埋葬，他是爲著他們的自由而戰死；殺害馬塞拉斯的敵人卻爲他舉行葬禮。前者的高貴在於命中注定可以死得其所；然而後者顯得更爲偉大，朋友受到恩德所發出的感激，較之敵人受到德行的感召所產生的欽佩，不可同日而語。所以就馬塞拉斯來說，他的德行是靠挑戰獲得榮譽；對佩洛披達斯則不然，帖沙利人所以那樣做，在於個人所得的利益和好處。

第九篇
執法嚴明者

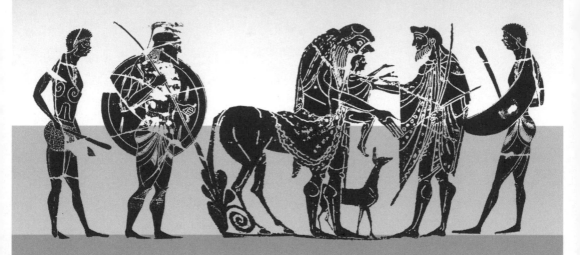

第一章
亞里斯泰德（Aristides）

530-467B.C.，雅典將領和政治家，奠定波斯戰爭勝利的基礎，
提洛同盟的創始人，主政期間獲得「正義者」高貴的稱呼。

1 亞里斯泰德（Aristides）是黎西瑪克斯（Lysimachus）之子，出身安蒂阿契斯部落（Antiochis），隸屬於阿洛披斯區（Alopece）的公民。他的財產狀況出現不同的說法：有人說他一生極其貧窮，以至於兩個女兒待字家中，很久都嫁不出去[1]；費勒隆人德米特流斯持相反的論調，在他的作品《蘇格拉底》裡，提到費勒隆有一個農場使用亞里斯泰德這個名字，而且他就埋葬在那裡。特別提出幾點來證明他非常有錢，第一；亞里斯泰德經過抽籤當選為首席執政官[2]，這個職位限於財產評值最高的家族推派人員擔任，這些人稱為Pentacosiomedimni即「第一階級」[3]；第二；雅典人通常對貧苦的市民，不會處以貝殼流放，因為他們的處境不會引起大眾的嫉妒；第三；巴克斯神廟還留下幾個銅鼎，是他的劇團在戲劇比賽獲得優勝以後，向神明奉獻的紀念物，在我們這個時代還可以看得到，上面銘刻著這樣的字句：「安蒂阿契斯部落獲勝紀念：亞里斯泰德贊助經費，阿奇斯特拉都斯（Archestratus）負責演出。」

最後這點看起來證據非常確鑿，實際上比起前面兩點不見得更有道理。全世界所有受過教育的人都知道，伊巴明諾達斯一直過著清寒的生活，柏拉圖是安貧

1　嫁不出去的說法可能言過其實，根據梭倫制定的法律，新娘的嫁奩只能有三件衣服和一些不值錢的個人用具。

2　雅典與羅馬一樣都是用執政官的名字來紀年，不同之處是羅馬的兩位執政官並列，雅典有九位執政官只用其中一位，稱為首席執政官（archon）或名年執政官（eponymous archon）。

3　pentacosiomedimni即「有五百單位財產的人」，個人擁有田地每年至少生產五百medimun的農產品，medimun是固體也是液體的度量單位，相當於38公斤或50公升或1又1/2蒲式耳，足夠養活15個家庭或40至50個成年男性，就當時的狀況而言，這個標準並不算太高。

樂道的哲學家，他們同樣用表演節目來招待民眾，一位在底比斯舉行簫笛演奏會，另一位負責贊助酒神祭的合唱隊；柏拉圖所需的經費由敘拉古的狄昂提供，佩洛披達斯大力支持伊巴明諾達斯。就是一個德操高潔的人士，除非是出於卑劣和可恥的動機和滿足貪財的習性，否則很難用不近人情的方式婉拒朋友的禮物。如果不是爲了圖利自己，也不需要排斥出於榮譽和慷慨的目的所提供的服務。

就是帕尼久斯(Panaetius)[4]也曾經有這樣的表示，因爲銅鼎上面所出現的名字，連德米特流斯都受到矇騙誤以爲眞。從波斯戰爭開始到伯羅奔尼撒戰爭結束這段漫長的期間，在有關支付演劇經費和獲得優勝方面，遍查各種記錄亞里斯泰德這個名字只出現兩次，提到的兩個人都不是黎西瑪克斯的兒子；其中一位的父親名叫色諾菲盧斯(Xenophilus)，另一位在世的時間更要晚一點。優克萊德(Euclides)時代[5]的著作裡倒是出現過這個名字，經過證實還加上阿奇斯特拉都斯這個稱呼，波斯戰爭時期的作者沒有提到這個人，伯羅奔尼撒戰爭的記事裡面，有幾次談起這位戲劇家[6]。

帕尼久斯的說法需要進一步的查證。至於貝殼放逐制度，只要一個人的名聲、家世和辯才超過一般的水平，都無法逃脫這種下場。就是伯里克利的老師達蒙，只不過學富五車讓人感到極其卓越，因而遭到流放的處分[7]。艾多麥紐斯(Idomeneus)[8]曾經提到，亞里斯泰德出任首席執政官不是抽籤而是經過全民的自由選舉[9]。根據德米特流斯的記載，他獲得這個職位是在普拉提亞會戰之後[10]，憑

---

4 帕尼久斯是羅得島人，斯多噶學派哲學家，羅馬斯多噶學院的創始人，他的作品在2世紀B.C.風行一時。

5 優克蒂德出任首席執政官是在403-402B.C.，雅典採用愛奧尼亞的字母。

6 一位劇作家在生前，竟能看到自己的作品，先後在波斯戰爭期間和伯羅奔尼撒戰爭期間演出，因為這兩個戰爭相隔的時間大約是20年，所以蒲魯塔克才把不同的兩個人，認為同是波斯戰爭的亞里斯泰德。

7 戴蒙大概是一位詭辯家，故意拿教授音樂作為幌子，竟被人民用貝殼放逐制判決他流放國外10年，罪名是危險的煽動者並且贊同專制政體。

8 艾多麥紐斯是蘭普薩庫斯人，伊庇鳩斯(342-270B.C.)的門人和朋友，傳記作品有《蘇格拉底傳》和《平民領袖傳》。

9 508-487B.C.之間，市民大會選出首席執政官；487B.C.以後，由九位執政官抽籤決定。

10 德米特流斯的記載有錯誤，亞里斯泰德在普拉提亞會戰以後，並沒有出任首席執政官，普拉提亞會戰發生在奧林匹克75會期第2年即479B.C.。執政官的名冊上面發現亞里斯泰德的名字，第一次是在第奧林匹克72會期第4年即489B.C.，馬拉松會戰後第2年；還有一次是在奧林匹克74會期第2年即483B.C.，普拉提亞會戰前4年。

著戰爭中贏得的名聲和貢獻，建立舉世的勳業才破格擢升，不像一般人完全靠著
家世和財富。德米特流斯非常坦率的指出，亞里斯泰德和蘇格拉底都不是「貧無
立錐之地」的人士，並非有玷盛德之事。他說後者不僅有一所房屋，還從克瑞托
（Crito）那裡拿取一筆70邁納的利息[11]。

2 克萊塞尼斯（Clisthenes）極為推崇萊克格斯，認為這位拉斯地蒙人的聲譽
遠在所有的政治家之上，等到他把僭主趕走以後，就比照貴族政體的原
則成立政府[12]，亞里斯泰德不僅是他的朋友也是有力的支持者；尼奧克利（Neocles）
之子提米斯托克利站在人民這邊成為他的政敵。有人說起，他們的幼年是在一起受
到撫養，兒童時代開始就經常不合，不僅是言行發生齟齬，遊戲的時候都互不相讓；
早期的爭執很快證明他們的習性迥異：一位是胸有成竹、冒險犯難和精明幹練之
士，對任何事情都充滿熱情全力以赴；另一位的性情穩定內斂，堅持公平正義的原
則，不容許出現任何奸詐、欺騙和權術的行為，即使是運動競賽也不能作弊。

開俄斯人亞里斯頓[13] 說起他們反目成仇的根本原因在於愛情，以至到達水火
不容的地步。兩個都愛上一位來自西奧斯島的女士，就是美麗的司提西勞斯
（Stesilaus），高昂的激情超越謙和的理性，等到這位美女所引發的戀情事過境遷
以後，雙方的敵意不僅沒有消失，反而擴大作用的範疇，立即將彼此的對立和差
異帶到公眾事務上面。

提米斯托克利集合一些黨徒組成派系，擁有相當實力來鞏固自己的地盤，有
人說他行事公正無私，可以成為一個執法嚴明的官吏，這時他回答道：「只要我
在法院主持審判，就會讓我的朋友比外鄉人享有更大的特權。」有人持這種看法，
認為亞里斯泰德在政治這條道路上是踽踽獨行：首先，他特別表示出不願同流合
污的態度，即使引起他們的反感也在所不惜；其次，有鑑於很多人在得到支持以
後變得膽大包天，反而對他們的朋友造成傷害，所以他對這方面保持特別小心的
態度。就他的意見來說，誠篤無欺的言行是奉公守法的市民唯一最正確的保證。

11　蘇格拉底向法官提出申訴，因為他的家道貧苦，請求定出的罰鍰不要超過1邁納。

12　這些僭主都是彼昔斯特拉都斯的黨羽，他們在奧林匹克66會期即516-513B.C.之間，被驅出
　　雅典。

13　達西爾（Dacier）認為這個人應該是西奧斯島的亞里斯頓，因為他是逍遙學派的人物，比較適
　　合用這種題材寫文章，不像開俄斯島的亞里斯頓是斯多噶派的學者。

3 提米斯托克利提出很多極其危險的構想，對於亞里斯泰德所有的行動都加以抗拒和排斥；所以他有需要對提米斯托克利採取反制的手段，一方面是爲了自衛，另一方面是要發生抑制的作用，免得他在受到民眾的寵愛以後權勢日益增長。他認爲即使國家的利益暫時受到損害，比起提米斯托克利掌握過大的權力要好得多。總之，類似狀況層出不窮：有一次提米斯托克利提出某些建議，是爲了解決問題的權宜辦法，他的大力反對使得議案無法通過，在離開市民大會的時候，忍不住說出一番話來，除非他們把他和提米斯托克利都丟進「深坑」(barathum)[14]，否則雅典將無安全可言。

另外還有一次，他在市民大會陳述所提出的議案，雖然反對的聲浪很大，有人在後面煽動要加以否決，他仍舊在會場占著上風，等到大會的主席正要將這個提案付諸表決，他在辯論的時候發現其中有若干失策之處，於是當機立斷讓它無法通過。他的議案經常要其他人士提出，以免提米斯托克利單純爲了反對他，妨礙到城邦的利益和全民的福祉。

政局的興衰榮枯可以說是變幻莫測，亞里斯泰德能堅持立場眞是讓人欽佩，不會爲擢升高位而欣喜若狂，身處逆境仍然表現出安詳沉潛的態度。他保持一貫的論點，那就是爲國家服務不求升官發財，也不必沽名釣譽，應該棄絕圖利的觀念，對於任何報酬都視爲身外之物。下面很可能是伊斯啓盧斯在劇院吟誦的詩句，用來頌揚安菲阿勞斯(Amphiaraus)[15]：

> 公正的意念起於靈魂深處，
> 明確的企圖在於全力以赴，
> 智慧和審愼帶來莫大收穫[16]。

這時全體觀眾的眼光都投向亞里斯泰德，認爲只有他具備這些德性，還能用特殊的方式表現出來。

---

14 barathum是很深的大坑或裂隙，犯下重罪的人經過宣判頭朝下從這裡扔下去。

15 阿菲阿勞斯是不可思議的預言家和先知，亞哥斯的國王，死亡於「七士對抗底比斯」的冒險行動中。

16 這首詩出於伊斯啟盧斯的悲劇《七士對抗底比斯》。

4 　亞里斯泰德是維護正義的勇士，能夠秉持最大的決心，不僅抗拒友誼和關愛的情緒，也要避免暴怒和怨恨的影響。傳聞他有一位仇敵犯法受到起訴，法官在完成指控以後，拒絕聽取罪犯的辯詞，審判程序立即通過所下的判決，這時他很快從座位上站起來，提出陳情要給予被告發言的機會，能夠享有法律所賦予的權利。

　　另外有一次，他擔任法官審判兩位平民之間的案件，其中一位公開宣稱，說是他的對手曾經對亞里斯泰德造成很大的傷害。亞里斯泰德說道：「這位朋友，請告訴我他對你是否有任何不法的行為，因為這是你的案子，我坐這裡審判其中的是非曲直，至於他對我的傷害跟這個案情無關。」

　　市民大會要決定人選負責城邦的稅務，他非常明確地表示，不僅是他主事的時期，就是前一任的官員，都要交代經費支用的狀況，特別是提米斯托克利，就他而言：

> 縱有安邦定國才，
> 難免假公濟私手。

　　提米斯托克利糾合一些人員反對亞里斯泰德，等到亞里斯泰德公開宣布帳目的時候，檢舉他犯下盜用公款的罪行；艾多麥紐斯也曾經提到此事。雅典那些持身端正而且居於領導地位的市民[17]，對這件事極為反感，使得他不僅免於罰鍰的處分，還讓他出任原來的職務。亞里斯泰德現在假裝對過去非常嚴苛的做法感到悔悟，使得自己在某些方面造成怠忽職守的現象，就是有人侵占公家的財物，他也能接受這種事實，非但不進行調查，連帳目都不必交代清楚；以致那些中飽公款的人士，現在對亞里斯泰德讚譽備至，他們發揮影響力請求市民大會，再次選他出任國庫的司庫。當他們確定選舉的結果以後，他對雅典人發出譴責之辭。亞里斯泰德說道：「當我全心全力盡忠職守的時候，竟然受到大家的指控和侮辱；現在我讓這些盜取公款的蟊賊，運用各種方式來貪贓枉法，反倒成為受到頌揚的愛國者。因此，現在獲得的職位比起過去的判決，使我感到更為羞愧。我看到你們對於放縱惡徒比起管理國庫覺得更有價值，落到這種地步使人為你們感到可憐。」講過這番

17　他的意思是阿里奧帕古斯會議的成員會出面干涉。

話並且把犯法的小偷揪出來以後，使得那些拍馬奉承和向他提出保證的人，全都啞口無言，倒是他從品德高尚的市民那裡，能夠獲得真實無虛的讚譽之辭。

5 大流士拿懲處雅典焚毀薩迪斯(Sardis)為藉口，實際上是要併吞整個希臘人的疆域，派遣達蒂斯(Datis)在馬拉松登陸，開始蹂躪這片國土。雅典人為了應付壓境的戰事，特別指派十位將領，其中以密蒂阿德(Miltiades)名列前茅，亞里斯泰德無論就聲望和實力都應該居第二位。他在作戰會議中極力支持密蒂阿德的主張，要與敵軍展開會戰行動[18]，這樣才能獲得大家的贊同。按照規定將領要排班輪流負起作戰指揮的工作，等到亞里斯泰德出任總指揮的那天，他把這個權力交付到密蒂阿德的手裡，並且向所有的部屬表示，服從一位才德之士的指揮，追隨他的行動去達成崇高的目標，這種做法不會讓人感到羞辱，可以說是高貴而審慎的行為。這樣一來可以平息那些反對的人，讓他們了解這是最高明的辦法，他鞏固密蒂阿德獨一無二不容分割的領導權威，於是每位將領都放棄輪流指揮的規定，大家唯他的命令馬首是瞻[19]。

在這場會戰進行當中，希臘軍隊的主力一直激戰不息[20]，蠻族用盡全力對抗李昂蒂斯(Leontis)和安蒂阿契斯兩個部族。提米斯托克利和亞里斯泰德並肩殺敵極為英勇，他們分別領導李昂蒂斯部族和安蒂阿契斯部族的勇士，先聲奪人激起高昂的士氣。敵軍戰敗收兵退回船上，希臘人認為蠻族不會撤到島嶼，順著海流和風勢向著阿提卡前進[21]，生怕他們奪取沒有設防的城市，於是帶著九個部族組

18　希羅多德在《歷史》第6卷第109節中提到這件事的來龍去脈，說是亞里斯泰德獲得軍事執政官凱利瑪克斯(Callimachus)的大力鼎助，才在作戰會議通過密蒂阿德的提案，立即對波斯人發起會戰行動。

19　雖然大家把指揮的大權讓給密蒂阿德，但是在輪到他負責的那一天到來之前，他不會與敵人會戰，以免爾後的猜忌和嫉妒，為他帶來很多的困擾。

20　蠻族的部署在戰線中央的部隊是由波斯人和撒西人(Sacae)組成，當面的雅典人實力很微弱，所以蠻族的戰鬥占了上風，突破陣地將雅典人向內陸追趕。在右翼和左翼的雅典人和普拉提亞人卻獲得勝利，他們只能讓打敗的敵人逃走，然後從兩翼向中央進行包圍，對突破的敵人從側翼發起進攻，很快將敵人打敗，然後乘勝進行追擊，一直將波斯人趕向海邊。

21　雅典人在馬拉松的海岸擄獲敵人7艘船；蠻族率領其餘的船隻駛離以後，繞過朱尼姆(Junium)海岬，打算在雅典人回師之前先到達雅典。當時城內流傳一種謠言，說是阿爾克米昂家族(Alcmaenidae)與波斯人勾結，他們舉起盾牌與那些在船上的波斯打出暗號。

成的軍隊在同一天之內趕回雅典[22]。亞里斯泰德和他的部族留在馬拉松，看管戰利品和俘虜，倒是沒有讓大家感到失望。他們占領敵軍的營地奪取海邊的船隻，所能獲得的金銀財寶、各種服飾和用品器具，多得不可計算，亞里斯泰德毫無染指之心，也不容許任何人有侵占的行為。除了那些暗中搞鬼不讓他知道的人以外，像執炬者[23]凱利阿斯(Callias)的做法就讓人深為不齒。

有一個蠻族看到他的頭髮和束帶以為他是國王[24]，趴伏在地請求饒命，然後領他到一個地點，指出一條溝渠裡面埋藏大量黃金，凱利阿斯不僅殘忍而且邪惡，拿走這些寶藏以後把這個人殺死，以免這件事情以後洩漏出去。他們提到喜劇作家把這個家族按上Laccopluti的稱呼，意為「溝渠帶來的財富」，暗示凱利阿斯從這種地方得到黃金。

這場戰事結束，亞里斯泰德很快成為首席執政官，雖然費勒隆人德米特流斯曾經提過，說他獲得這個職位在普拉提亞會戰之後，是他逝世前不久的事。有很多人提到，普拉提亞會戰擊敗瑪多紐斯那年的執政官是詹第庇德(Xanthippides)，後續的繼承人根據各種記錄找不到亞里斯泰德；馬拉松會戰贏得勝利的執政官是斐尼帕斯(Phaenippus)[25]，亞里斯泰德的名字出現在次年的登記冊上面。

6 亞里斯泰德所有的德行之中，以「公正」最為世人所讚許，成為永垂千古的典範和楷模，雖然他的氣運乖戾而且出身寒微，仍舊獲得「正義者」這個極其高貴和神聖的稱呼。就國王和僭主來說，他們毫無追求此種頭銜的意願，對於「城市圍攻者」、「雷霆」、「征服者」、「神鷹」和「怒鷲」[26]這些綽號倒是心嚮往之，期盼自已的名聲來自權勢和暴力而不是至高的美德。神明之所以超越凡夫俗子在於三方面，那就是不朽的生命、無上的權勢和完美的德行，在這三

22　從馬拉松到雅典的距離大約40公里。

23　希臘人將執炬者稱為deduchi，特別選出來服侍神明的祭司，身分和地位都很崇高，可以參加各種神秘的儀式。鮑薩尼阿斯曾經提起，說一個婦女最感光榮和幸福的事，莫過於她的兄弟、丈夫和兒子陸續擔任這個職位。

24　祭司和國王都束著頭帶或是戴上王冠，古代通常將這兩種職位授與一個人；等到很多國家廢除國王以後，部分功能就由祭司取代，特別是服飾方面很難讓蠻族分辨出來。

25　從執政官的登記名冊，可以知道斐尼帕斯擔任這個職位是在奧林匹克72會期第3年即490B.C.，馬拉松會戰就是在那一年。

26　這些稱呼分別為德米特流斯、托勒密、塞琉卡斯、皮瑞斯和安蒂阿克斯所擁有。

者之中，完美的德行更爲高貴也更富於神性；雖然如此，他們還想與神明一比高下，好證明自己也能達到這種境界。我們可以說元素和空間擁有永久存在的性質；地震、雷電、風暴和洪流具備莫大的威力；然而正義和平等除了出於神性的理智和知識，幾乎沒有任何世間的事物可以具備這種性質。

人類對待這三種與神明有關的特性，他們的感覺分別是幸福、畏懼和榮譽；要是能夠免於死亡和墮落，認爲已經受到神明賜與的福份和快樂；對於上天的權勢和統治，抱著害怕和驚怖的心理；只有衪的正義獲得人類的熱愛、推崇和敬仰。雖然這種說法使人傾心不已，他們還是妄圖獲得不朽的生命，這方面就人類的本質而言是力有未逮；絕大部分無上的權勢完全取決於機運；他們把完美的德行放在最後的位置，這種想法可以說是極其不智，須知唯一來自神性的至善，可以靠著人力來達成。正義使得生命處於幸福、繁榮和權勢之境，如同擁有神明的永恆和不朽，違背正義使人類與野獸毫無差別。

7 亞里斯泰德在開始的時候，喜愛並且重視得之不易的綽號「正義者」，到後來成爲眾人嫉妒的對象。發生後面這種狀況，主要是提米斯托克利在民眾之中散布謠言所致，說他對任何事物全都依據自己的決定和判斷，使得法院的職權受到侵犯，地位一落千丈。他在暗中安排一種君主體制，無須禁衛部隊的幫助，就能把權力掌握在自己人的手裡。再者，人民從最近的勝利建立信心，使得氣焰日益升高，非常自然在內心產生某些想法，任何人只要在功勳和名位方面超過普通標準，就會受到他們的猜疑和忌恨。他們來自城市的各個部分，聚集起來用貝殼流放制度將亞里斯泰德逐出國門，拿畏懼僭主作爲藉口，實際上是他們嫉妒他眾望所歸的聲譽。

貝殼流放制度並非用來懲處任何犯罪行爲，基於一種很特殊的論點，僅僅針對偉大的人物所建立的事功，用來壓制他的權力或者屈辱他的地位，事實上對大眾而言是在紓解和緩和嫉妒和羨慕的情緒，爲了發洩起見施加的傷害並非過分殘酷，僅僅離開自己的家園長達10年而已。當這種處分一旦落在清寒而貧苦的人士身上，整個制度就會面臨全面廢除的下場，海帕波盧斯(Hyperbolus)成爲最後一位貝殼流放者[27]。

27　海帕波盧斯是佩瑞昔迪區的雅典市民，出身低賤且家境清寒，這個人不能說他濫用權力，而

　　據說海帕波盧斯之所以遭到放逐，就是出於這種原因：亞西拜阿斯和尼西阿斯在城市擁有最大的支配權力，只是這兩個人處於敵對的派系。基於這種緣故，當人民用投票的方式來實施貝殼放逐制度的時候，他們一定會從這兩個當權者中選出一個來下手，這些黨派經過商議以後，聯合起來玩弄陰謀的手法將海帕波盧斯當成放逐的犧牲品。等到人民發覺出現這種狀況，成為政爭的工具引起反感，認為整個事情極其荒謬，於是很快全部加以廢止。

　　在這裡很簡略的敘述這種放逐制度的運作方式：每個人可以拿一個貝殼或者一塊陶器的碎片，把他認為需要放逐的市民的名字寫在上面，交到公民大會會堂有一個用木欄干圍起的地點。首先，官員開始計算這些碎片的總數(要使貝殼流放制度正常運作，陶片的數量不得少於6000個)；然後，將所有的名字登記下來，宣布得票數最多的人士給予10年的流放，他的產業不受影響，仍舊可以享用所有的出息。

　　因為他們必須將名字寫在陶片上面，據說有個目不識丁有如小丑的傢伙，把亞里斯泰德看成一個普通的市民，拿出陶片要求他代為寫上「亞里斯泰德」這個名字。亞里斯泰德感到很驚奇，於是問這個人是否亞里斯泰德做了那些事對他造成損害。這個傢伙說道：「與這個毫無關係，何況我根本不認識他，聽說他每到一處開口閉口就是『公理正義』，已經讓人感到厭煩。」據說亞里斯泰德聽到這番話啞口無言，只有把寫上自己名字的陶片交到他手裡。

　　等到他離開雅典的時候，舉起雙手向著上天祈禱(看來他所秉持的態度與阿基里斯完全相反[28])，希望雅典人永遠不要陷於那種困境，迫得他們要想起亞里斯泰德的優點而感到後悔。

8 只不過3年的時光，澤爾西斯穿越帖沙利和皮奧夏向著阿提卡這片國土進軍。雅典人廢除原來的規定，下達命令讓受到流放的人士歸國，主要的著眼是害怕亞里斯泰德投向敵人的懷抱，他的變節會使很多追隨的市民跟著他參加蠻族的陣營；雅典的市民竟然會對亞里斯泰德產生這樣大的誤會，事實上在敕令發布之前，他已經竭盡全力，鼓舞和激勵希臘人要維護他們與生皆有的自由

(續)
　　　是濫用手段去謀求權力，他在城市獲得名氣，不在於崇高的榮譽而是不斷的醜聞；在這個時候，他認為自己有受到放逐處分的資格，事實上他只配得上奴隸的絞架。
28　引用荷馬《伊利亞德》第1卷第407-412行。

權利。等到後來，提米斯托克利成為將領，擁有軍事指揮的絕對權責，他在行動和計畫兩方面給予大力的支持，為了國家的安全，情願讓這個死對頭成為舉世讚譽的人物。

當優里拜阿德經過深思熟慮決定放棄薩拉密斯島的時候[29]，蠻族的戰船乘著夜晚出航，艦隊布滿海面，環繞整個島嶼並且堵塞狹窄的海道，這時沒有人知道他們如何安排包圍的部署，亞里斯泰德冒著最大的危險，從伊吉納出發穿過敵軍的艦隊，他在夜間來到提米斯托克利的帳幕，親自把這位將領叫了出來，他說道：

> 提米斯托克利，如果我們還有一點點理性，在這個關鍵的時刻，應該停息雙方虛榮而幼稚的爭執，讓我們著手一個更安全而榮譽的競賽，看誰能為保衛希臘做出更大的貢獻。由你來負責國家的治理和軍隊的指揮，我在旁邊加以輔助和提供最好的建議，我知道你現在處於獨木難支的狀況，雖然有很好的主意但是沒有人附和，那就是毫不遲疑要在這個海峽與敵人接戰。雖然我們這邊的人也反對這個行動，看來只有敵人可以幫助你達成目的。他們的艦隊甚至布滿我們後方的海面，把我們包圍起來，目前唯一的需要在於激勵大家的勇氣，無論我們是否願意戰鬥，已經完全喪失逃走的機會。

提米斯托克利很高興地回答：「亞里斯泰德，我希望這場君子之爭不會敗在你手裡，好的開始是成功的基礎，我會全力以赴。」同時也提到他用來對付蠻族所擬定的策略[30]，並且請求亞里斯泰德說服優里拜阿德，讓這位斯巴達將領明瞭當前的態勢，如果不經過一場激戰，想要獲得安全是緣木求魚之事，提米斯托克利認為只有亞里斯泰德對他深具信心。

等到召開作戰會議討論有關問題，科林斯人克里奧克瑞都斯（Cleocritus）語驚

---

29 優里拜阿德想把艦隊撤到科林斯灣，可以獲得陸上部隊的掩護。提米斯托克利認為對方的戰船在數量上占極大的優勢，薩拉密斯海峽非常狹窄，他們運用地形之利可以與敵人分庭抗禮，科林斯灣是開闊的海域，劣勢兵力在接戰以後會被波斯人一舉殲滅。

30 提米斯托克利的策略是派人暗通蠻族，說希臘人的艦隊準備後撤，目前波斯人的大軍全部到達，正好趁對方士氣低落之際予以包圍，將他們擊滅在薩拉密斯海峽；這樣一來迫得希臘人無路可逃，只有挺身而鬥。

四座，說亞里斯泰德雖然參加會議但是一言不發，可見他並不同意提米斯托克利所提的用兵方案。亞里斯泰德回答道：「你誤會我的態度，如果不是提米斯托克利擬定最佳行動方案，我就不會表現出口服心服的神色，目前保持沉默並非對這個人有所不滿，而是認同他的意見。」

9 經過這樣的說明，希臘的軍事領導人全都接受這個計畫，願意付諸實行。亞里斯泰德認為普昔塔利(Psyttalea)這個小小的島嶼，橫亙在海峽的中央位置，掩護著薩拉密斯島，形勢極為險要，現在上面進駐一隊實力強大的敵軍，他乘坐一艘小船在前面開路，鼓勵他的同胞跟隨進軍奮勇殲敵，登岸以後與蠻族接戰，除了地位最高的人士留得性命，所有的兵卒全部慘遭屠殺。這些人員當中有三位是桑道斯(Sandauce)的兒子，桑道斯貴為國王的姊妹[31]；他立即將這些身價不凡的俘虜送到提米斯托克利那裡，就像前面所說那樣，為了符合一條神讖的指示，在占卜官優弗朗蒂德(Euphrantides)的安排下，把他們當成犧牲奉獻給巴克斯，這位神祇又稱為歐米斯特(Omestes)或狼吞虎嚥的「貪食者」。亞里斯泰德將全副武裝的人員沿著全島配備，等待敵軍的進犯要拚個你死我活，他特別提高警覺使得自己的朋友毫無損傷，也不讓一個敵人從這個島嶼逃脫。附近的海面發生船隻的近接戰鬥，這裡也是整個會戰中狀況最為激烈的地點，因此才將戰勝紀念碑樹立在普昔塔利島。

　　等到會戰結束以後，提米斯托克利通知亞里斯泰德，他們的服務有良好的表現，還有更重要的工作要去完成，那就是將亞洲來的敵人留在歐洲，不讓他們逃脫，應該盡速發航前往海倫斯坡海峽，切斷搭建在那裡的浮橋。亞里斯泰德聽到不禁驚叫起來，勸他務必三思而行，要是進一步的考量，應該是竭盡各種手段趕快讓米提人離開希臘，免得這樣一支大軍在後退無門的狀況下，逼得要作困獸之鬥為自己打開一條血路，給希臘人帶來莫大的危險。提米斯托克利再次派遣阿納西斯(Arnaces)，這個宦官現在成為他的俘虜，私下交代他去向澤爾西斯進言，說是提米斯托克利反對希臘人的主張，大家的意圖是向著浮橋的所在地發航，他根本無意將國王留下來。

31　桑道斯是波斯國王澤爾西斯的姊妹，這三位俘虜相貌英俊，穿著華麗，據說是桑道斯和阿特克底(Artayctes)所生的兒子。

10 澤爾西斯對這種說法感到極其畏懼，立即火速退向海倫斯坡海峽。瑪多紐斯奉命率領軍隊的主力留下來，這支實力強大的敵軍一共有30萬人馬，他對自己的步兵部隊充滿信心，將挑戰的信函送給希臘人：「我們的士卒習於陸戰，對於帆櫓的操作不夠熟練，所以才讓你們在海上獲得勝利；現在我們在帖沙利這片開闊的國土列陣，皮奧夏一望無垠的平原在勇士看來是最合適的戰場，無論是騎兵還是步卒，都願在這裡拚個你死我活。」然而他私下派出使者去見雅典人，帶著國王的親筆函件和口信，同意雅典城的重建，答應贈送大筆金錢，讓他們統治所有的希臘人，條件是他們不要參加這場戰爭[32]。

拉斯地蒙人知悉這個信息感到驚懼，派遣一個特使團去見雅典人，要求他們把妻兒子女送到斯巴達[33]，願意支付年金維持生活所需。雅典的人民由於城市和國土受到掠奪，正處於極端困苦的狀況。他們決定接見來使聽取來意給予答覆，這是出自亞里斯泰德的建議，真可以說是擲地有聲獲得高度的讚譽，他們宣稱如果他們認為錢財的價值超越一切，可以買到世間所有的東西，那麼他們就會忘懷敵人的殘暴；事實上他們對拉斯地蒙人極為反感，因為來使只注意到他們目前的貧窮和缺乏，根本沒有記得他們的英勇和慷慨，竟然要提供糧食好讓他們樂於為希臘人戰鬥。

亞里斯泰德在使他的提議獲得通過以後，就將使者帶進會場，交代他們回去轉告所有的拉斯地蒙人，就雅典人民而言，世上所有的財富都比不上希臘人的自由權利。同時亞里斯泰德指著太陽對瑪多紐斯派來的人說道：「只要日球還保持在運行的軌道上面，雅典的人民為了國土受到蹂躪，寺廟受到褻瀆和焚毀，與波斯人的戰事絕不會停止。」還有就是他提議頒布一項律令，任何人要是敢派遣傳令官去見米提人或背棄希臘聯盟，就會受到祭司的詛咒。

當瑪多紐斯第二次入侵阿提卡地區的時候，人民又要渡海前往薩拉密斯島，亞里斯泰德被派到拉斯地蒙，譴責他們的遲緩和疏忽，放棄雅典再度淪入蠻族之

---

32 瑪多紐斯派馬其頓人阿明塔斯（Amyntas）之子亞歷山大擔任使者，一方面這個人和波斯人有親戚關係，再一方面他對雅典有恩而且是外邦人的庇主。

33 根據希羅多德的說法，並未要求雅典人將妻子和兒女送到斯巴達，因為這樣一來就等於交出人質，對雅典人是很大的侮辱。何況斯巴達人認為這場戰爭的始作俑者是雅典人，主要作戰的地區是阿提卡，從古以來雅典人為各城邦爭取自由而知名於世，所以不會與波斯人議和而使整個希臘人受到奴役；所以他們和盟邦同意維持他們的家庭和妻兒子女的生計。

手，要求他們出兵協助希臘尚未喪失的部分。五長官聽了來人的嚴辭指控[34]，整天舉行各種體育競賽，小心翼翼保持神聖的節日不容有任何閃失(他們正在慶祝海阿辛薩斯[Hyacinthian]祭典[35])，但是到了夜間，他們挑選五百名斯巴達人，每位戰士都有七名希洛特人隨伴出陣，等到部隊奉令開拔雅典人還蒙在鼓裡。亞里斯泰德再度開口申責，他們用嘲笑的口吻說他不是年老昏瞶就是沉睡未醒，軍隊已經到達歐里斯提姆(Oresteum)，向著「陌生的外鄉人」進軍，他們對波斯人是用這種稱呼。亞里斯泰德的回答是這種時機不應再開玩笑，要欺騙敵人而不是朋友。艾多麥紐斯曾經提到上面這段過節，說是在亞里斯泰德所頒布的敕令中，西蒙、詹第帕斯和邁隆尼德(Myronides)奉派為使者，他自己並沒有包括在內。

11 亞里斯泰德受到推選成為這次戰爭的將領，親率8000名雅典人到達普拉提亞[36]，全希臘的統帥鮑薩尼阿斯帶著斯巴達人加入他的陣營，其他希臘城市的軍隊也都陸續來到。蠻族沿著阿索帕斯(Asopus)河的河岸紮下營寨，一直向著兩邊延伸下去，兵員的數量極其龐大，以至於無法完全容納，他們的輜重和最值錢的物品四周圍繞著塹壕工事，每邊的長度有10弗隆(每弗隆為1/8哩或200公尺)。

伊里斯人泰薩米努斯(Tisamenus)[37]是一位占卜官，他向鮑薩尼阿斯和所有的希臘人提出預言，如果他們站穩腳跟採取守勢，不要前去攻擊敵軍，就可以贏得會戰的勝利。亞里斯泰德派人前往德爾斐，神明的指示是他們要向西第朗(Cithaeron)山的朱庇特和朱諾、潘神和山林水澤女神司弗拉吉蒂德(Sphragitides)提出祈求，並且向安德羅克拉底(Androcrates)、琉康(Leucon)、平山德(Pisander)、德謨克拉底(Damocrates)、海普森(Hypsion)、阿卡提昂(Actaeon)和波利杜斯

34　民選五長官將答覆一再拖延到10日之久，這段期間要盡一切力量修築位於地峽的工事，等到完成以後，即使雅典人倒向蠻族，他們也可以有恃無恐。

35　海阿辛薩斯節慶期間連續三日，第一天和第三天要為海阿辛薩斯之死，舉行哀悼的祭典和儀式，只有第二天大家興高采烈辦理各種比賽和遊藝的活動。

36　奧林匹克75會期第2年即479B.C.春天。

37　伊利斯人泰薩米努斯獲得一份神讖，要賜給他五次權利，拉斯地蒙人因而授與占卜官的職位，希望藉此獲得神的恩典。泰薩米努斯借機要求市民的身分和權利，遭到拉斯地蒙人拒絕。等到波斯人入侵快要迫近國土，在逼不得已只有將市民權授與泰薩米努斯和他的兄弟，這種狀況過去從未發生。

(Polyidus)這些英雄人物獻祭,這時只要在西瑞斯(Ceres)和普羅塞派尼(Proserpine)的伊琉西尼亞平原列陣,戰鬥保持在自己的國境之內,就會擊潰當面的敵軍。

帶來神讖的信息使亞里斯泰德感到困擾,這些他要獻祭的英雄過去都是普拉提亞人的酋長,山林水澤女神司弗拉吉蒂德的洞窟在西第朗山的頂峰,開口在夏季面對西沉的落日,傳說過去在這個地方出現一個神讖,很多居住在這個區域的人民受到神靈的啓示,他們把這種方式稱爲Nympholepti,意爲「受到山木水澤女神的蠱惑」。說起進入伊琉西尼亞平原,以及雅典人只要在自己的國境內作戰,就會贏得勝利,再度提醒他們要把戰事轉移到阿提卡地區。

就在這個關鍵時刻,指揮普拉提亞人的亞里尼斯都斯(Arimnestus)夢到朱庇特,這位人類的救主問他希臘人有什麼打算,他回答道:「我主,明天我們開拔向著伊琉西斯進軍,遵照阿波羅的神讖要與蠻族展開會戰。」天神說他們的行動完全不對,神讖所指示的地點是在普拉提亞的周邊,他們只要去尋找,很快就會發現。

亞里尼斯都斯接受明確的託夢,醒來以後從他的同胞中間詢問年高劭而且閱歷豐富的老人,根據夢中指示的細節派他們到實地去探查,發現在西第朗山的山麓靠近海西伊(Hysiae),有一座非常古老的廟宇,大家把它稱爲伊琉西尼亞的西瑞斯和普羅塞派尼之廟。於是他引導亞里斯泰德到那個地點,因爲從西第朗山的底部到平原形成一個斜坡,地勢開闊非常適合步兵部隊的列陣,等到快要接近廟宇的位置,受到建築物的影響不便於騎兵的運動,這裡還有一座祭祀安德羅克拉底的祠堂,四周都是濃密的樹叢。只要幾個主要的特點能符合神讖的指示就會帶來勝利的希望,亞里尼斯都斯提出建議,普拉提亞人願意頒布律令,變動他們與阿提卡之間的邊界,把這塊土地讓給雅典,使得雅典人能在自己的領域上面爲保衛希臘進行戰鬥。

普拉提亞人的熱誠和壯舉使他們贏得世人的讚譽,過了很多年以後,當亞歷山大大帝擁有整個亞洲的疆域[38],就爲普拉提亞修築一道城牆,派出傳令官在奧林匹克大會當眾宣布,國王賜給普拉提亞人的恩典,是爲了獎勵他們有高貴而慷慨的情操,在與米提人的戰爭期間,願意放棄自己的領土,不惜犧牲爲希臘人奮戰到底。

---

38 時爲331-330B.C.。

12 希臘聯軍排列會戰的陣式，按照慣例斯巴達人位於右翼，這時特基亞人（Tegeatans）[39] 要與雅典人爭取指揮左翼的榮譽，特別舉出祖先光榮的戰績。雅典人對於他們的要求感到氣憤不平，亞里斯泰德挺身而出，他說道：

> 在目前的狀況之下，不容許我們爲了祖先的聲譽和個人的英勇，非要與特基亞人發生爭執。但是對於你們這些斯巴達人和其餘的希臘人，我們一定要說清楚，列陣的位置沒有必要去爭取，也不能代表作戰的英勇，無論把我們的隊伍指派在任何地點，都會竭盡全力固求不容有一點閃失，影響戰局以致損害我們應有的成就。我們會遵守命令到達戰線，不會與友軍心生芥蒂，大家精誠團結殲滅敵人；目前不必抬出先烈來歌功頌德，參戰人員奮勇爭先無忝所生。每個城邦、每位將領和戰士要在這次會戰中爲希臘做出最大的貢獻。

他在作戰會議發表這段講話以後，與會人員做出最後的決定，是讓雅典人指揮左翼的部隊。

13 所有的希臘人都處於提心吊膽的狀況，特別是雅典人對於局勢的進展毫無一點把握，很多世家的成員和有錢的富豪，由於戰爭的關係落入赤貧的境地，他們在城邦的權勢和地位隨著財富一起消失，還有一些人仍舊擁有原來的階級和職務，私下在普拉提亞的一所房屋聚會，想要陰謀推翻民主政府。如果這場政變不能成功，他們只有背叛希臘賣身投靠到蠻族的陣營。

整個事件傳到營地激起很大的震盪，很多人已經受到收買，亞里斯泰德發覺圖謀不軌的行動，擔憂目前處於最緊要的關頭，稍有不慎就會出現難以收拾的局面。他的決定是一方面不讓整個事件無疾而終，另一方面是不願將所有的內幕和盤托出，因爲他不知道到底有多少人受到指控，爲了使正義得以伸張，設定的範圍以公眾的利益爲原則。因此，雖然涉及的人數眾多，他僅僅逮捕8位嫌犯，其中只有兩位認爲罪大惡極受到起訴，那就是蘭普拉（Lampra）的伊斯契尼斯（Aeschines）和阿查尼（Acharnae）的亞傑西阿斯（Agesias），即使如此還是讓他們從

39　特基亞是伯羅奔尼撒半島的古老城市，位於阿卡狄亞的東南方。

營地裡逃走。其餘人員無罪開釋，他認爲這些人都有很大的勇氣，這樣做等於是給他們機會去悔改，可以拿戰爭當成上天賜與的法庭，只要對國家保持誠摯和善意的理念，就會洗淨他們所犯的罪行。

14 這個事件處理完畢以後[40]，接著就要面臨瑪多紐斯派遣的騎兵部隊，希臘人的勇氣遭到最大的考驗。爲了對抗實力強大的敵軍，他們除了麥加拉人以外，都在西第朗山的山麓紮下營寨，這個地點的形勢險要到處遍布岩石。麥加拉人有3000人馬將營地設置在平原上面，現在受到騎兵從四面八方發起的進擊，大舉衝鋒給他們帶來很大的損失，只有派人火速去見鮑薩尼阿德，說他們無力單獨拒止數量極其龐大的蠻族，要求給予援助。鮑薩尼阿德聽到這番話，發現馬加拉人的帳篷已經籠罩在槍林箭雨之中，所有人員都被驅趕到很小的包圍圈之中，看來要用拉斯地蒙人的重裝部隊前去解救是極爲失策的做法。他對跟前的將領和各城邦的指揮官，特別指出這方面的問題，同時激勵他們要用英勇和友愛的行動，自願前去增援麥加拉人的防禦戰鬥。所有的人員都敬謝不敏，只有亞里斯泰德要雅典人負起這個任務，他指派作戰最驍勇的部下奧林庇阿多魯斯（Olympiodorus），帶著300名選鋒和一些弓箭手，立即完成戰鬥準備，快步向著敵軍出擊。

馬西斯久斯（Masistius）指揮蠻族的騎兵部隊，不僅在作戰的時候膽大包天，而且是一個英俊瀟灑的美男子，發現這個狀況馬上轉過他的坐騎衝上前去。雅典人承受他的雷霆一擊，雙方開始纏鬥進行激戰，認爲這次的接敵行動極爲重要，帶來的契機可以贏得整個戰役。馬西斯久斯的戰馬受到箭創飛奔跳躍，使得他跌落到地面以後，身穿沉重的鎧甲很難站起來，開始時雅典人在遠處用弓箭射他，由於他的前胸、頭部和四肢，覆蓋著黃金、青銅和精鋼的甲胄，根本毫無損傷。最後他們之中有個人跑過去，拉開他的頭盔和面甲然後將他殺死；其餘的波斯人丟他的屍體四散逃走。我們知道這件事對希臘人的勝利造成很大的影響，不在於殺死的人數（敵人只有少數人陣亡），而是蠻族所表示的哀悼之情。他們爲馬西斯久斯的死亡剪去馬匹的鬃毛，嚎叫和痛哭的聲音在原野上迴響。他們喪失一位猛

---

40 普拉提亞會戰發生在479B.C.，薩拉密斯海戰的第二年，希羅多德那時大約有10歲，從親身參加會戰的人員那裡獲得整個事件的始末，蒲魯塔克只能引用史籍，在這方面當然無法與他相比。雙方對於這次的陰謀事件，敘述的時間發生很大的差異，希羅多德認為早在雅典人和特基亞人發生爭執之前，已經將這件事處理完畢。

將，無論就驍勇和權勢而言，在眾多的酋長當中是僅次於瑪多紐斯的首要人物。

15 經過這次騎兵部隊的前哨戰鬥以後，有很長的期間保持停戰的狀況，占卜官從犧牲的內臟得知，無論是希臘人或波斯人只要堅持防衛的態勢，都有贏得勝利的機會；如果有人要想發起攻擊，難逃失敗的命運。等到最後瑪多紐斯發現只存下幾天的糧食，希臘人不斷有生力軍加入他們的陣營，再拖延下去到時就難以獲勝，決定在次日拂曉渡過阿索帕斯河，事出突然要讓希臘人措手不及。他在夜間對所屬的指揮官下達各項指示。

午夜時分有一位騎士偷偷來到希臘人的營地，向哨兵表示要見雅典人亞里斯泰德，當他很快來到以後，這位陌生來客說道：

> 我是馬其頓國王亞歷山大，現在冒著世間最大的危險前來向你表達善意，即將來臨的戰鬥比起過去更加有利，免得你在突如其來的狀況下因驚慌而做出錯誤的判斷。瑪多紐斯明天要與你們決戰，並非他們充滿希望或期盼贏得勝利，而是缺乏糧食不得不爾。實在說，占卜官禁止他展開作戰行動，犧牲和神讖都呈現凶兆的指示，全軍已經陷入沮喪和驚怖的處境，現實的需要迫得他要背水一戰，否則只有坐以待斃。

亞歷山大對他完全推心置腹，希望他能注意局勢的變化善於運用所提供的情報，同時不要將這件事告訴其他人士[41]。他向亞歷山大表示會保守這個秘密直到會戰結束，但是目前不能隱瞞鮑薩尼阿斯(因為他是全軍的統帥)；如果希臘人獲得勝利，他們不會忘懷亞歷山大的情誼和功績，經過一番商談以後，馬其頓國王騎馬離開，亞里斯泰德前往鮑薩尼阿斯的帳幕，告知整個事件的始末，於是他們派員召集所有的指揮官，對全軍下達命令排出會戰的陣式。

16 根據希羅多德的說法，鮑薩尼阿斯告訴亞里斯泰德，希望他能將雅典人調到右翼去對抗當面的波斯人(他們認為這樣安排比較好，因為

---

41 希羅多德在《歷史》第9卷第45節，提到馬其頓國王亞歷山大要見雅典所有的將領，並且主動要他們將這番話通知鮑薩尼阿斯，因為他是希臘聯軍的統帥。

雅典人的戰鬥經驗豐富，有助於爾後勝利的獲得）；好讓鮑薩尼阿斯本人指揮左翼，面對發起攻勢的敵人是歸化爲米提人的希臘人[42]。

　　雅典指揮官除了亞里斯泰德以外，都認爲鮑薩尼阿斯這種一廂情願的做法，不僅表現出傲慢的態度也干預到各部隊的權責；因爲他答應全軍其餘的部隊仍舊保持在原來的位置不變，只是自己從右翼換到左翼，把雅典人看成數量眾多的希洛特人一樣，要他們去面對實力最強大的敵軍。亞里斯泰德指出這些指揮官的看法錯誤，說是在不久之前，還爲左翼的指揮問題與特基亞人發生爭執，後來占得上風大家感到極爲光榮，現在拉斯地蒙人願意把右翼交給他們，這種方式等於將領導全軍的權力拱手讓人，大家爲什麼會拒絕這種榮譽，不願意接受在戰鬥中最能發揮優勢的地位，難道說我們眞正的敵人不是蠻族，非要去與自己的同胞和親戚拚個你死我活？

　　經過他的開導以後，雅典人立即完成準備要與拉斯地蒙人變換作戰部署，大家相互鼓勵激起高昂的士氣，說是當面的敵軍比起馬拉松會戰的對手，無論是武器裝備或體能狀況都有所不如，他們還是使用同樣的弓和箭，身穿刺繡的錦袍和黃金的鎧甲，包裹著虛弱的體魄和陰柔的心志。他們特別提到：「我們的兵器和部隊始終占有優勢，過去的勝利激起旺盛的鬥志，我們的戰鬥不僅在於保國衛民，要像薩拉密斯會戰和馬拉松會戰一樣樹立戰勝紀念碑，讓希臘人知道這些成就，不是過去那樣出於密蒂阿德的領導或命運的眷顧，而是雅典人民的犧牲奉獻。」

　　本著崇高的信念，他們急著盡速變換會戰的序列。這時底比斯人從一些逃兵當中獲得有關的信息，通報瑪多紐斯讓他知道情況。瑪多紐斯對雅典人抱著畏懼之心，再者他想與拉斯地蒙人接戰，所以將波斯人轉移到另外一翼，下令給希臘人編成的隊伍，把他們部署在雅典人的當面。部隊的調動讓對方看在眼裡，鮑薩尼阿斯再度變更位置到右翼，瑪多紐斯同樣採取最早的配置，到左翼去對付拉斯地蒙人，以致整天都在忙著調整部署，雙方沒有展開作戰行動。經過一番調動以後，希臘人在作戰會議中決定將營地遷移一段距離，使得據點便於獲得飲水，因爲近處的泉源遭到蠻族騎兵部隊的污染和破壞。

42　希羅多德的記載有些不同，他說雅典人在開始就很想與波斯人對陣，只是怕斯巴達人不高興才沒有提出來，亞里斯泰德根本沒有說這番話。

17 夜晚已經到臨，所有的指揮官將要出發到預備紮營的地點，士兵在沒有完成跟隨行動之前，還能保持完整的建制編組，等到他們離開原來的工事位置，向著普拉提亞的城市前進，分散開來住到不同的房舍，還有一些人從事搭建帳篷的工作，無法遵守紀律全部亂成一片。只有拉斯地蒙人反對大家的意見，出於偶然的狀況留了下來，阿蒙法里都斯（Amompharetus）的膽識過人，胸中燃起獻身戰鬥的熾熱情緒，對於不斷的耽擱和延誤一直耿耿於懷，把營地的變換看成避戰和逃走的行為，為了表示抗議他不願放棄固守的戰線，仍舊率領他的連隊要在原地拒止瑪多紐斯的攻擊。等到鮑薩尼阿斯前去勸勉，說他採取這樣的行動，完全是希臘人經過表決獲得的結論，這時阿蒙法里都斯從地上拾起一塊石頭，扔到鮑薩尼阿斯的跟前，說道：「我用這個當作投票贊成展開會戰行動，對於其他人員的儒夫態度和怯戰命令，根本不予考慮。」鮑薩尼阿斯面對這種狀況不知如何處理，趕緊派人去通知正在退卻的雅典人，暫時停下來等他一起行動，同時其餘的部隊繼續向著普拉提亞前進，希望用這種方式能使阿蒙法里都斯改變心意。

就在這個時候，天色開始大亮，瑪多紐斯[43]（還不知道希臘人已經棄營後撤）將軍隊排成戰線，用蠻族人民的高聲吶喊和叫囂，向著拉斯地蒙人發起攻擊，好像他們不僅全部投入會戰，而且乘著希臘人的敗逃在後緊追不放。這種狀況也不過是暫時獲得有利的進展。鮑薩尼阿斯發覺敵人的行動，馬上停止前進，命令所有人員完成會戰的部署，可能他對阿蒙法里都斯的態度感到氣憤不已，或是因為敵人的突然接近而心慌意亂，竟然忘記對希臘人下達應有的指示，也沒有打出規定的信號，這樣一來他們不可能很快趕過來，或是編組建制部隊給予援助，等到會戰開始的時候，只能用小部隊或散兵游勇的方式投入戰鬥。

鮑薩尼阿斯奉獻犧牲，無法獲得有利的徵兆，命令拉斯地蒙人將盾牌放在跟前，目前要忍耐片刻功夫，一切要聽從他的指示，對於敵人不得有任何對抗的行動。他第二次舉行腸卜，敵人的騎兵開始衝鋒，有些拉斯地蒙人受到傷害。我們聽說凱利克拉底（Callicrates）是全軍最英俊的戰士，這時他被箭射中，快要斷氣之

43　瑪多紐斯在晚間已經知道希臘人趁著夜暗撤退，次日清晨率領波斯人渡過阿索帕斯河發起追擊，目標是拉斯地蒙人和特基亞人，因為雅典人由另一條路從丘陵走到平原，波斯人看不到他們；蠻族的其他部隊看到這個狀況，也都跟著前進，像是一群烏合之眾，以為只要追上以後，就可以把希臘人全部一網打盡。

際嘆息並非陣亡（他離開家鄉就表示要爲保護希臘奉獻自己的生命）而是沒有採取攻勢，使他感到死不瞑目。當前的處境的確非常艱困，他們能夠忍受痛苦倒也讓人感覺驚異，情願讓敵人衝過來也不肯將他們擊退，期盼從神明和將領那裡獲得好運，就是在隊列中受傷或死亡都在所不惜。

有人提到，當鮑薩尼阿斯在獻祭和祈禱的時候，這個地點離雙方的戰線不遠，有些利底亞人突然攻了進來，開始搶劫祭品並且把犧牲推倒在地上，鮑薩尼阿斯和他的同伴手裡沒有武器，就用棍棒和鞭子把這群傢伙趕走。這個傳統一直保持到現在，斯巴達舉行慶典的時候，模仿利底亞人的攻擊行爲，在「利底亞隊伍」完成遊行以後，就在祭壇鞭笞一群童男，以祈求神明的降福。

18 當前的情勢使鮑薩尼阿斯陷入困境，就在祭師接二連三奉獻犧牲的時候，他的眼睛含著熱淚朝著廟宇的方向高舉雙手，懇求西第朗山的朱諾和普拉提亞的保護神給予保佑，如果命中注定希臘人無法贏得勝利，就是慘遭殲滅也要奮戰到底絕不屈服，用行動向敵人表示，與他們從事戰爭的對手是英武豪邁的勇士。鮑薩尼阿斯正在進行敬神的儀式，犧牲的腸卜出現吉兆，占卜官預告戰爭的勝利。命令立刻下達，突然之間拉斯地蒙人的步兵大隊就像一隻凶狠的猛獸，剛毛全部豎立起來，張牙舞爪與敵人進行捨命的搏鬥。蠻族發覺他們遭遇的對手非要拚個你死我活絕不罷休，因此就用柳枝編成的盾牌護蓋前身，彎弓向著拉斯地蒙人射出箭矢。斯巴達人保持緊密的方陣隊形開始攻擊敵人，把他們的盾牌從手中打落，再用長矛刺穿波斯人的胸膛，或者戳傷他們的面孔，傷亡的人數愈來愈多，然而他們即使倒在地上，並沒有喪失還手之力，還能激起奮戰的勇氣。他們用裸露的手臂拿起標槍衝進方陣，就是憑著長劍同樣發揮殺敵的作用，還有人運用戰斧和彎刀，奪取拉斯地蒙人的盾牌，相互揪打纏鬥在一起，進行時間很長和頑強不屈的抵抗。

就在這個緊要關頭，雅典人停留一會兒等待拉斯地蒙人趕上來，當他們聽到嘈雜的聲音，顯示出大群人員開始接戰，根據他們的說法，那是鮑薩尼阿斯派來一位信差，告知當前發生的狀況，於是他們立即火速前去支援。他們通過平原向著發生吶喊的地點急進，有群投效敵人陣營的希臘傭兵在前面出現。亞里斯泰德走在其餘部隊先頭相當一段距離，等他看到這群人以後，立即大聲喊叫，用希臘保護神的名義懇求他們不要自相殘殺，對於守衛希臘的勇士遭到攻擊，他們的救

援應該不會受到妨礙或阻止。等他發覺他們對他根本不加理會，正要準備開始會
戰，他就打消立即救援拉斯地蒙人的工作，雖然對方的數量有5000人之眾，他還
是發起接戰行動。這群數量龐大的烏合之眾，如同蠻族被迫逃離戰場一樣，很快
放棄拒止的任務開始撤退。據說與底比斯人發生最激烈的戰鬥，那個時候他們之
中一些地位最高和權勢最大的人士，表現出熱誠的態度全都倒向米提人，事實上
他們所領導的群眾，那些寡頭政體下的臣民，並不接受他們的政治理念。

19 這場會戰可以說是區分兩個部分進行，首先是拉斯地蒙人擊敗波斯
人，有一位名叫亞里尼斯都斯(Arimnestus)[44]的斯巴達人，用一塊石
頭擊中瑪多紐斯的腦袋將他殺死[45]，從安菲阿勞斯(Amphiaraus)的寺廟獲得的神
讖，已經預告會出現這種結局。瑪多紐斯曾經派遣一位利底亞人前往那座廟宇，
同時還指派一位卡里亞人到特羅弗紐斯(Trophonius)的洞窟[46]。祭司對於後面這位
人士，用自己的語言來宣告神讖的指示；那位利底亞人睡在安菲阿勞斯[47]的廟宇
裡面，好像發現有位上天來的使者站在他的面前，命令他立即離開，當他拒絕這
樣做的時候，這位使者投出一塊大石頭打中他的頭部，使得他認為自己遭到擊
斃。當然這些不過都是傳說而已。拉斯地蒙人把這批敗逃者趕進他們的木牆之內。

僅僅片刻功夫，雅典人將底比斯人打得抱頭鼠竄，在這次戰鬥中有300人被
殺，都是一些首腦人物和知名之士。當底比斯人開始潰散的時候，傳來信息說是
蠻族的大軍被圍在他們的防柵裡面，雅典人顧不得追擊，立即開拔前去協助斯巴
達人的圍攻作戰，這樣使得參加敵軍陣營的希臘人獲得逃命的機會。他們發現拉
斯地蒙人對於強打猛攻的用兵方式，不僅動作笨拙而且缺乏經驗。後來他們還是
攻破敵人的營地大事屠殺[48]，據說30萬大軍，只有阿塔巴蘇斯(Artabazus)[49]率領4

---

44 有的抄本說是戴安尼斯都斯(Diamnestus)殺死瑪多紐斯，亞里尼斯都斯是普拉提亞的將領。

45 瑪多紐斯騎一匹白馬，所以他的目標非常明顯，率領1000名最精銳的選鋒，殺死很多敵人，
等到他陣亡以後，波斯人接著大敗以致潰不成軍。

46 特羅弗紐斯山洞位於拉巴狄亞(Labadia)附近，這個城市位於皮奧夏在德爾斐的上方。瑪多紐
斯在整個戰爭期間，心情急躁不安，派出人員馬不停蹄到各處去求取神讖，好獲得神明的指示。

47 安菲阿勞斯在當時以詳夢知名於世，他為了獲得神明的顯靈，在廟宇裡睡覺用羊皮墊在身體
下面，把自己當成奉獻的犧牲。

48 此次會戰殲滅敵軍30萬人，獲得戰利品的數量極其龐大，除了馬匹、冑甲、兵器和錢財，還
有飾以金銀的帳篷和床榻、黃金的酒缽、杯盞和飲具、從死人身上剝下的腕鐲、頸甲和短劍

萬人逃得性命。希臘人這邊陣亡1360將士，其中有52位雅典人，全部都是伊安蒂斯部族(Aeantis)的成員，根據克萊德穆斯(Clidemus)的說法，他們比起其他部族的人員在作戰中更爲驍勇。基於這種緣故，這個部族的人員爲了獲得勝利，習慣上由他們向山林水澤女神司弗拉吉蒂德呈獻祭品，全部費用由國庫支出，這樣做是符合神讖的要求。拉斯地蒙人和特基亞人分別陣亡91人和16人。

希羅多德的說法到底根據那些理由，實在令人感到奇怪，他說只有這些人並沒有其他城市的人員與敵人發生接戰，然而就殺死敵人的數量和紀念碑的記載，獲得勝利是全體希臘人共同努力的結果；要是其他的人員保持置身事外的態度，只有這三個城市的市民與波斯人進行激烈的戰鬥，那麼在祭壇上面就不應該刻上如下的銘文：

> 希臘人發揮勇氣和能力，
> 奮勇戰鬥擊敗波斯強敵；
> 他們建立祭壇重獲自由，
> 蒙受天神朱庇特的保佑。

這場會戰按照雅典人的記載，發生在Boedromoin月第4天(9月4日)，要是依據皮奧夏人的算法是Panemus月第27天(7月27日)；每年這一天仍舊在普拉提亞召開希臘人的大會，普拉提亞人爲了戰勝獲得自由特別向朱庇特奉獻祭品。這個日期的算法有很大的差異倒也不足爲怪，甚至就是今日天文學的數據遠比過去更爲精確，月份的開始和結束，每個地方的時間還是是有所不同。

20 打完會戰以後，雅典人不願將這一天的榮譽歸於拉斯地蒙人，也不同意他們建立一座戰勝紀念碑；要不是亞里斯泰德安撫和勸告這些指揮官，武裝的希臘人產生的衝突使得態勢的發展更不可收拾，特別是李奧克拉

(續)

    及各種飾物。爲了獎賞鮑薩尼阿斯，像是婦女、馬匹、金塊、駱駝，以及各種貴重的物品，每樣留出10件送給他。

49 阿塔巴蘇斯從開始就勸瑪多紐斯要謹慎從事，必要時撤到底比斯採取守勢，被瑪多紐斯痛責，說他過於怯懦。等到狀況不利就率4萬人向著拜占庭退卻，後來渡過海倫斯坡海峽回到亞細亞。

底和邁隆尼德，經過開導和說服讓這件事留給希臘人做出最後的決定。進行討論的過程當中，麥加拉人狄奧吉頓(Theogiton)公開宣稱，為了防止雅典人和斯巴達人打一場內戰，勝利的榮譽應該給予另外一座城市。接著科林斯人克利奧克瑞都斯站起來發言，大家認為他的要求是把棕櫚葉交到科林斯人的手裡(科林斯受到各城邦的敬重，僅次於斯巴達和雅典)，然而他表達的意見是支持普拉提亞人，這個提案獲得大家的讚譽，經過討論以後將勝利的報酬和榮譽都賜給他們，這樣一來能夠排除所有的爭議，也不至於使得勢同水火的兩造引起反感。據說首先是亞里斯泰德代表雅典給予同意，然後是鮑薩尼阿斯用拉斯地蒙人的名義表示贊成。在中立人士的調停之下，他們將80泰倫一筆鉅款撥給普拉提亞人，拿來修建廟宇和塑造雕像奉獻給密涅瓦，並且用壁畫裝飾所有的建築物，甚至到今天還能保持金碧輝煌的宏偉氣勢。拉斯地蒙人和雅典人分別建立他們的戰勝紀念碑。

　　他們奉獻祭品請求給予神讖，阿波羅的指示是要為「維護自由權利的朱庇特」建造一座祭壇，除非將全國所有的火全部熄滅，否則不可以奉獻犧牲，因為這些神聖的象徵已經受到蠻族的瀆褻，應該在德爾斐的大祭壇重新點燃未受污染的聖火。希臘的官員從各地派人前去，大家爭先恐後要把火帶出來，有位名叫優契達斯(Euchidas)的普拉提亞人，自願前去取火，盡最大的速度從神明的祭壇跑到德爾斐，經過洗滌和淨身的儀式，頭上戴著月桂葉的冠冕，然後從祭壇引燃聖火，在日落之前跑回普拉提亞，整天的行程是1000弗隆(約為200公里)，向他的同胞致敬以後獻上攜回的聖火，接著倒在地上，沒過一會兒就因力竭而逝世。普拉提亞人將他抬起來，埋葬在優克利亞(Euclia)的戴安娜神廟裡面，墓碑上鐫刻的銘文：「一日之內優契達斯到德爾斐跑個來回。」

　　很多人認為優克利亞是戴安娜，就用這個名字稱呼祂；有人說優克利亞是海克力斯和邁特羅(Mytro)所生的女兒，邁特羅是明尼久斯(Menoetius)的女兒和佩特羅克盧斯(Patroclus)的姊妹，據稱優克利亞到死都保持處女之身，受到皮奧夏人和洛克瑞斯人的祭祀和崇拜，他們的市場都設置她的祭壇和雕像，結縭的男女在舉行婚禮之前要先向她獻祭。

21 召開希臘人的全民大會，亞里斯泰德提出議案要頒布一項律令，希臘各城邦的使節團和宗教代表每年要在普拉提亞聚會一次，為慶祝重獲自由每五年舉行伊琉瑟里亞(Eleutheria)祭典或運動大會，所有的希臘人從事

與蠻族的戰爭，徵召1萬名長矛兵，1000名騎兵和100艘各型船隻，普拉提亞人免於兵役，負起服事神明的神聖職務，為全希臘的福祉奉獻犧牲和祭品。這些事項獲得批准，普拉提亞開始呈獻年度的犧牲，將它殺死以後埋葬在祭壇所在的地點，他們仍舊按照下述的程序獻祭：每年的Maemacterion月（皮奧夏人稱為Alalcomenus月）第16天（即11月16日），這一天的拂曉在喇叭手的號角聲中，他們展開整天的遊行行列，樂隊的後面跟隨一些戰車，車上滿載桃金孃樹枝用各種花圈加以裝飾，然後是一頭黑色的公牛，接著是一群生而享有自由權利的青年，攜帶要用兩手捧著的大甕，裡面裝著用於酹酒儀式的葡萄酒和牛奶，有人端著裝滿橄欖油和貴重香膏的瓶罐，凡是處於奴役狀況的人員都不允許擔任這類的工作，也不可參加這個盛典，因為要紀念的英靈是為了護衛自由權利而犧牲性命。

所有的人員到達以後，普拉提亞的首席行政官員（遵照法律規定平日不可以接觸任何兵器，只能穿著白色的衣袍）在這個時候穿起紫色的官服，手裡執著一把長劍，攜帶一隻水罐離開市政廳經過城鎮的中央抵達墓地，然後拿著水罐從一道清泉中汲水，對紀念碑的小石柱[50]進行清洗和淨化的儀式，在搭成的木堆上面宰殺公牛作為奉獻的犧牲，向來到塵世的朱庇特和麥邱里乞求賜予保佑，邀請為保國衛民而犧牲的英靈，前來參加盛宴享用血食。最後他端起一碗酒灑在地上，口中唸唸有詞：「我酹酒奠祭為爭取希臘人的自由而陣亡的將士。」這種莊嚴的典禮，普拉提亞人直到今日還奉行不渝。

22 等到雅典人回到自己的城市以後，亞里斯泰德發現他們非常熱中於民主政治，根據人民的英勇行為應該考慮他們的需要，何況他們執干戈以衛社稷，發揮奮不顧身的精神贏得勝利，看來很難運用武力加以反對。他先行通過一條律令使每個人都能分享行政的權力，首席執政官從全體雅典人中選出。

提米斯托克利有次在市民大會向大家提出報告，說是有件重大的事項攸關城邦的利益和安全[51]，但是不能公開宣布，他們指派亞里斯泰德單獨聽取他的建議，與他進行商討以後再做定奪。他告知亞里斯泰德說他打算放火燒掉希臘人的軍械

---

50 凱利瑪克斯的警語中提到此事，按照習俗在紀念碑上裝飾著小石柱，死者的友人可以用香水來清洗，並且將花環放在柱頂。

51 提米斯托克利提出這個構想是在普拉提亞會戰之前，澤爾西斯已經逃回亞細亞。當時採用提米斯托克利這個餿主意，希臘人要是不滅亡那就沒有天理。

庫，這樣一來使得雅典人成爲整個希臘最有權勢的霸主。亞里斯泰德回到市民大會，向大家說明提米斯托克利運用權謀的手段，雖然使城邦獲得莫大的優勢，毫無法紀的擅權行爲會帶來更大的禍害[52]。雅典人聽到他的報告，就對提米斯托克利下達命令，要他打消這個念頭不得輕舉妄動。所以會有這種結局是因爲人民培養出熱愛正義的觀念，同時也表達他們對亞里斯泰德的信任和依賴。

23 過了相當時間以後[53]，他和西蒙奉派參加戰爭委員會，發現鮑薩尼阿斯和斯巴達的指揮官，擺出一副傲慢和狂妄的嘴臉引起聯軍的反感。亞里斯泰德對這些城邦的態度非常溫和而謙虛，就是西蒙也表現出彬彬有禮和公正無私的樣子，他的身教言教在遠征軍慢慢贏得共識，能夠暗中從拉斯地蒙人手裡取得主要的指揮權，不是靠著武器、船隻和馬匹這些有形的實力，而是他能提供平等和明智的策略。亞里斯泰德的正氣凜然和西蒙的穩健節制，使得雅典人用友善的姿態對待所有的希臘人，鮑薩尼阿斯的暴虐和自私使得這兩位更加受人愛戴。斯巴達的將領無論處於任何狀況，都用倨傲和粗暴的言行對待聯軍的指揮官；他懲處普通士兵施以無情的鞭笞，或者背負沉重的鐵錨罰站一整天，要是斯巴達人沒有先行獲得供應，任何人拿不到麥稭躺在上面休息，得不到草料餵他們的馬匹，或是到達附近的流泉去飲水，他們的奴隸拿著鞭子趕走那些要想接近的人。亞里斯泰德有一次忍不住發出怨言，當著鮑薩尼阿斯的面提出抗議，然而他卻怒目而視說是沒有時間來管這些閒事，根本就是抱著置之不理的態度。

後來終於發生問題，那些水師的艦長和陸軍的將領，特別是開俄斯人、薩摩斯人和列士波斯人，全都來見亞里斯泰德，要求他出任統帥，將整個聯軍部隊納入他的指揮之下，長久以來他們一直想擺脫斯巴達人的控制，投向雅典人的陣營。他的回答是不論他們有那些建議，就他而言要信守公正和需要的原則，他們的行動要能經得起忠誠的考驗，委員會不可能讓大家改變決定的事項。薩摩斯人烏利阿德(Uliades)和開俄斯人安塔哥拉斯(Antagoras)一起密謀舉事，這時鮑薩尼阿斯的艦隊在拜占庭附近，趁著他的座艦位於先頭就向他發起突擊。當鮑薩尼阿

52　等到澤爾西斯領軍離開以後，希臘聯軍的艦隊抵達帕格西，將船拉上岸進入冬營，提米斯托克利爲了獨霸海上優勢，準備將這些戰船全部縱火燒毀。

53　這是8年(478B.C.)以後的事。

斯看到對手竟然毫無忌憚，全力抵抗並且非常憤怒的提出威脅，說他們這樣做不會損害到他的船隻，而是給自己的城邦帶來危險。他們說所以不加留難使能夠他全身而退，那要感謝命運女神讓他在普拉提亞打了勝仗，希臘人爲了表示尊敬，只有忍受他那種暴虐的行動，沒有對他施加應得的懲罰。總而然之，他們全都離開斯巴達人旗幟，加入雅典人的陣營。

拉斯地蒙人後來能夠保持恢宏的氣度，使得大家驚奇不已。等到斯巴達當局得知這些將領因爲擁有莫大的權勢，變得腐敗和墮落的時候，就主動放棄統帥的權責，不再派遣他們其中任何一位參加戰爭的行動，爲了遵守他們的傳統習慣，選擇性格寬厚而且堅持原則的市民擔任這些職務，即使無法獲得全希臘的版圖，也在所不惜。（比起能擁有整個希臘的版圖，他們認爲遵守傳統的習慣，更爲重要。）

24 甚至就是拉斯地蒙人指揮聯軍的時期，希臘人還是願意支付一筆貢金，來維持整個戰事的遂行。他們的想法是每個城市按照人口的比例分攤費用，授與雅典人亞里斯泰德全權[54]，調查國土和稅收的狀況，根據各城邦的能力進行評估，確定他們應該擔負的金額。亞里斯泰德即使擁有這樣大的權力，可以讓所有的希臘人都屈從他的管制之下，他在出任這個職位的時候是兩袖清風，等到交差還是一貧如洗；處理稅收有關的事務不僅沒有貪瀆和失職的現象，還能讓所有的人都感到滿意和方便。

古時的人們讚譽農神時代的四海昇平，雅典的盟邦也將亞里斯泰德的簡政輕役，視爲希臘最幸福的時期；最令人印象深刻之處，在於徵收的總額短期間增加到兩倍之多，很快達成三倍的目標。亞里斯泰德所估定的總值是460泰倫，等到伯里克利執政增加將近三分之一，根據修昔底德的說法，在伯羅奔尼撒戰爭開始的年代，雅典人從聯邦獲得的額度已超過600泰倫。但是到伯里克利逝世以後，民選的政客逐漸提高徵收金額到達1300泰倫。這種狀況並不是因爲戰爭的拖延不決或無法獲得有利的結局，使得費用激長或是支出增多，完全是人民受到引誘要慷慨贈與各項津貼所致，同時還要豎立碩大的雕像和修建宏偉的廟宇。

亞里斯泰德徵集貢金的方式，使他獲得偉大的名聲，大家對他的做法感到極爲驚異。據說提米斯托克利曾經嘲笑他是一個錢袋，最大的功勞是「有進無出」。

54　亞里斯泰德負責的時間大約是478-477B.C.。

雖然表達的方法有所不同，亞里斯泰德還是用一些言辭加以回報。有一次當提米斯托克利說起，他認為一個將領最重要的武德，在於明瞭和預判敵人可能採取的行動；這時他回答道：「老實說，提米斯托克利，這方面的問題倒是很簡單，對一個將領而言，最關緊要的事就是不要伸手搞錢。」

25 亞里斯泰德使得希臘全體人民願意建立聯盟，他代表雅典立下重誓，把燒紅的鍥形鐵塊丟進大海[55]，凡是違背盟約的人員會受到神明的詛咒。等到後來，狀況的發展逼得他們運用更為強硬的態度進行統治，他規勸雅典人拋棄虛偽不實的欺騙手法，應該用通情達理的方式來處理事務。狄奧弗拉斯都斯(Theophrastus)[56]告訴我們，一般而言，亞里斯泰德對於私人的事務，無論是自己或市民有關的問題，保持公正的立場而且絕不通融，至於國家大事一定會遵照政策方針，即使違背正義的原則也在所不惜。薩摩斯人提出建議要將聯盟的金庫從提洛遷移到雅典(454B.C.)，根據記載他在辯論中發言，說是這個提案雖然違反盟約的規定，不合公正的要求，卻是應乎當前需要的權宜之計。總之，他擴張城市的版圖容納更多的人民，自己仍舊清寒如故，他為貧窮帶來的榮譽感到愉悅，認為這是為他所建的紀念碑，下面所說的故事是最好的證據。

執炬者(聖火保管人)凱利阿斯與亞里斯泰德有親戚關係，受到仇敵的指控犯下十惡不赦的罪行，案情經過討論認為未免言過其實，然而他們特別提出下面幾點向法官說明：「大家都知道黎西瑪克斯之子亞里斯泰德，是受到全希臘同聲讚譽的偉大人物。當我們看到他穿著一件襤褸的外衣，出現在公眾面前的時候，難道你不知道他的家庭在家族之中是處於何種狀況？這個人外出時要忍受寒冷的天氣，那麼在家中難道不會缺乏食物和其他的必需品？凱利阿斯是最富有的雅典人，不僅與他是中表兄弟，而且在很多的案件受到他的照顧，由於他的關切經常獲得很大的好處，現在對於他本人或他的妻子和兒女陷入貧窮之境，竟然袖手旁觀不願給予任何幫助。」

凱利阿斯知道這方面的指控會激怒法官，帶來不利的判決，於是召喚亞里斯

55　一般人認為把燒紅的鐵塊丟進大海，咻咻作響很快就會冷卻，如同那些違背誓言的人，立即遭到天誅地滅的下場。

56　狄奧弗拉斯都斯是亞里斯多德的弟子，雅典逍遙學派的掌門人，生於列士波斯島，287B.C.死於雅典，享壽85歲。

泰德出庭，證明凱利阿斯經常送給他種種禮物，並且懇求他收下，始終遭到拒絕，得到的答覆是貧窮帶來的驕傲比起凱利阿斯給他的財富，使他感到更爲稱心如意。運用財富的方式有好有壞，這種狀況每天不知出現多少，對比之下很難遇到這樣一個人，能夠用高貴的情操來忍受一貧如洗的境況，如果用誘惑的方式要他違反本意，眞是讓人感到無比的慚愧。亞里斯泰德如實作證，有利於凱利阿斯的案情，在場聽到的人都有這種感覺，情願像亞里斯泰德那樣清苦，也不要像凱利阿斯那樣的富有。蘇格拉底的門人伊司契尼斯特別記載這件事情。

柏拉圖提到雅典這個城邦所產生的偉大人物當中，只有一位名實相副禁得起考驗，提米斯托克利、西蒙和伯里克利使得整個城市，充滿柱廊、財富和種種踵事增華的品項，亞里斯泰德拿德行當成目標，終生奉行不渝，全部反映在民胞物與的施政方針上面。

有一個很特殊的例子，可以看到他用非常寬厚的胸襟來對待提米斯托克利。雖然提米斯托克利成爲他的政敵是眾所周知的事，後來還使他受到放逐，當他可以如法炮製提供一個報復的機會，就是在城市提出指控的時候，亞里斯泰德對於提米斯托克利始終不懷惡意；阿爾克米昂（Alcmaeon）、西蒙和其他很多人士，對於提米斯托克利的迫害和譴責毫不留情，唯獨亞里斯泰德沒有做出不利對手的言語或行動，當提米斯托克利一帆風順的時候，他絲毫沒有嫉妒之心，等到這位政敵處於逆境，他也不會有幸災樂禍的感覺。

26 有人提起亞里斯泰德在潘達斯逝世，這次的遠航是出於公務的需要。還有人說他在雅典壽終正寢，獲得市民同胞的關懷和尊敬。馬其頓人克拉提魯斯（Craterus）[57] 談到他過世之事，說是提米斯托克利遭到放逐以後，人民變得倨傲無禮，一時之間出現很多惡毒而輕浮的控訴者，檢舉那些最有影響力的知名之士，在嫉妒的群眾面前暴露他們的底細，這些人因爲機運和權力充滿自負的神情。安斐特羅普區（Amphitrope）的戴奧芳都斯（Diophantus）指控亞里斯泰德犯下收賄的罪行，在負責徵收貢金的時候接受愛奧尼亞人的財物，因爲他沒有能力支付50邁納的罰款，乘船到愛奧尼亞後來就死在那裡。克拉提魯斯的說

57　克拉提魯斯是馬其頓國王安蒂哥努斯·戈納塔斯（Antigonus Gonatas）的同父異母兄弟，3世紀B.C.的歷史學家，根據敕令和各種碑文，寫出《雅典史》。

法沒有書面的證據，無論是定罪的判決或是人民的敕令，雖然對其他的案件能提出確鑿的人證和物證，在他的作品裡面說得頭頭是道。

有關雅典的人民對待他們的將領，那些毫無公平正義的行為，所有的歷史學家都是眾口一辭，曾經詳述其中重大的案件，像是提米斯托克利的放逐、密蒂阿德的監禁，伯里克利的罰鍰，以及帕奇斯(Paches)的死亡，這個人聽到宣判以後，就在法院的大廳拔劍自殺。雖然他們將亞里斯泰德的流放也加上去，至於他究竟犯了那些罪行，倒是沒有人提及。

27 再者，人們在費勒隆可以見到他的紀念碑，據說是城市出資修建，因為亞里斯泰德留下的財產連支付葬禮都不夠，大家提到他的兩個女兒在市政廳舉行公開的婚禮，經過市民大會同意由公家付給每個人3000德拉克馬的嫁奩，政府贈送他的兒子黎西瑪克斯100邁納的財物，還有若干畝的產業，此外經過亞西拜阿德的提議，同意支付每日4德拉克馬的年金[58]。還有就是黎西瑪克斯死後留下一個名叫波利克瑞特(Polycrite)的女兒，根據凱利昔尼斯的說法，市民大會投票通過，與奧林匹克競賽獲得優勝的選手一樣，給予購買食物的津貼。費勒隆人德米特流斯、羅得島人海羅尼穆斯(Hieronymus)[59]、音樂家亞里斯托克森努斯(Aristoxenus)[60]，以及亞里斯多德(如果說 *Treatise of Nobility* 算得上亞里斯多德最優秀的作品之一)都曾經提到，說是亞里斯泰德的孫女邁特羅(Mytro)與哲學家蘇格拉底住在一起，雖然他已經有妻子，因為邁特羅是寡婦而且貧苦無依，所以才把她娶進家中；帕尼久斯後來寫書述蘇格拉底的平生，非常理直氣壯對這件事提出反駁。

費勒隆人德米特流斯在他的《蘇格拉底傳》中，說蘇格拉底知道有個人名叫黎西瑪克斯，是亞里斯泰德的外甥，生活潦倒窮困，就在伊阿奇姆(Iaccheum)的寺廟旁邊擺一張桌子，靠著詳夢占卜為生，經過他的提議和說明，在市民大會通過一項敕令，賜給這個人的母親和叔父每天半個德拉克馬的年金。就是這位德米

---

58 賜予這筆年金算是很慷慨的行為，因為當時出任使節每天的薪俸不過2德拉克馬，何況是在以生活奢侈著稱的波斯宮廷。

59 羅得島人海羅尼穆斯是亞里斯多德的門徒，他的著作風行在4世紀B.C.左右，雖然西塞羅經常提到他，但是他的事蹟後世所知甚少。

60 亞里斯托克森努斯是音樂家，亞里斯多德的門人，逍遙學派的哲學家。

特流斯後來負責制定法律的工作，立下規定要給這些婦女每天一個德拉克馬的生活費用。

雅典的市民大會對住在城邦的民眾都很照顧，所以這種情形並不值得大驚小怪，他們聽到亞里斯托杰頓的孫女在林諾斯島近況很差，貧窮到沒有人願意娶她為妻，於是他們將她帶回雅典，許配給一位家世良好的男子，贈送潘達斯一處田莊當作嫁奩。這個城市的恩典和仁慈可以提出很多的例證，一直到今天還是盛行不衰，贏得舉世的讚譽和欽佩。

第二章
馬可斯‧加圖（Marcus Cato）

234-149B.C.，羅馬政治家和學者，成為舉世聞名的監察官，
大力鼓吹毀滅迦太基，終於促成第三次布匿克戰爭。

1 我們都說馬可斯‧加圖（Marcus Cato）生於突斯庫隆（Tusculum）[1]，成長的地方是在薩賓人的鄉間（直到他從事公職爲止），他的父親在那個地區置有產業。雖說先世幾乎都是無藉藉名之輩，他頌揚自己的父親馬可斯是品德高尚的市民，也是作戰英勇的士兵；曾祖父加圖多次獲得軍方的犒賞，在戰場上曾有5位騎兵喪生在他手裡，驍勇善戰的記錄使他有資格得到國庫的獎金。羅馬人習慣上把那些沒有良好的家世背景，靠著本身的能力贏得名望的人士叫做「新貴」或「暴發戶」[2]。他們在提到加圖的時候就用這類的稱呼。他認爲在職務和地位方面受到尊敬，即使是新近發生的事，卻不諱言祖先建立功勳和武德，已有悠久的光榮歷史。他最早使用的第三個名字（家姓）不是加圖而是普里斯庫斯（Priscus），雖然後來他獲得「加圖」這個綽號，完全淵源於他的才華和能力，羅馬人通常把技術高超或經驗豐富的人士稱爲Catus。

他有紅潤的皮膚和灰色的眼睛，那些不懷好意的作者，用下面的雋語讓我們看到他的模樣：

> 波修斯大肆咆哮到處張揚，
> 赤紅面孔閃爍死灰的目光；

---

1 突斯庫隆是拉丁姆的古老城市，位於羅馬東南15哩的阿爾巴山麓，羅馬富豪最喜在這裡建立莊園和別墅。

2 羅馬人用novus homo稱呼家族中第一位進入元老院擔任議員，按照更嚴格的說法是第一位選爲執政官的族人，加圖兼有兩者是很特殊，類似他這種狀況的人物還有馬留和西塞羅。

> 赫克特不會在他亡故之際，
> 讓羅馬的監察官進入地獄。

他在早期的生活中養成良好的習慣，一切都要自己動手，起居作息非常有節制，能夠適應戰爭的要求，無論是身心的健康和體能的條件，都能保持在均衡的狀況。他認為雄辯的口才是次於身體的第二生命，一個人展望未來要想超越卑微低下和有如死水的生活，必須仰仗這個重要的工具，因此他在鄰近地區和村莊都盡量加以運用和練習，對於任何需要他提出忠告和建議的人從不拒絕；實在說，最初他算是一個很優秀的律師，經過長期磨練成為能力高強的演說家。

從此以後，所有那些與他有來往的人，發現他的行為非常嚴肅，具備高貴的情操和深厚的學養，有資格擔任公職而且會出人頭地。他不僅在擔任執政官和從事律師業務的時候，拒絕收取任何金錢和好處，就是獻身各種作戰行動，也不願藉著職務接受更高的報酬和獎勵，看來他的目標是使自己在軍營和真正的戰鬥中揚名立萬。當他還是一位年輕人的時候，胸膛上面已經布滿敵人留下的疤痕，17歲那年第一次參加戰役（根據他自己的說法），正是漢尼拔氣焰最盛的時期，整個意大利都受到戰火的蹂躪和掠奪[3]。

他在部隊接戰的行動中大膽率先攻擊，絕不會退縮或逃避應負的責任，有時為了確保自己的陣地，站穩腳跟不讓敵人越雷池一步，用驚人的喊殺聲讓對手感到芒刺在背的威脅。他不僅自己相信也不斷告訴所有的戰友，粗暴的舉止有時會比鋒利的刀劍，給敵人帶來更大的恐懼。他在行軍的時候背負自己的武器徒步前進，只有一位奴僕跟隨在身邊攜帶供應的糧食，對於為他所準備的午餐或晚餐，據說他從來不會動怒或者加以催促，通常他會在軍隊勤務交班以後閒暇之餘，幫助他的手下從事烹調的工作。他在軍隊服役通常只有水是唯一的飲料，除非在極為口渴的狀況下，才在飲水中攙一些食醋，如果他感到精力不濟，就會飲用少量葡萄酒。

3　迦太基人漢尼拔對羅馬發起第二次布匿克戰爭（218-201B.C.），率領軍隊入侵意大利是在218-203B.C.，加圖在218B.C.時年僅16歲。

2 舉行三次凱旋式的曼紐斯‧庫流斯(Manius Curius)[4]有一座很小的鄉村房舍，所處的位置離加圖的農場很近。加圖時常散步到那裡去，看到狹窄的範圍和簡陋的住處，對他產生很大的啓發作用，內心形成非常正確的想法。他知道這位羅馬的偉人，曾經征服很多極爲好戰的國家，不僅如此，他還將皮瑞斯趕出意大利。竟然在獲得三次凱旋式的殊榮以後，生活在這樣一間小木屋裡面，對於開墾一小片土地感到滿足。薩姆奈人(Samnites)[5]的使者發現他在屋內煙囟的角落煮著蕪菁，拿出送給他的禮品就是貴重的黃金。他用這些話將他們打發走路：「如果一個人吃得下這種晚餐，黃金對他已經是毫無用處；何況他認爲征服擁有黃金的人比起擁有黃金本身，能使人獲得更大的榮譽。」加圖的內心受到這方面的薰陶，等他回到家中看見農場的規模、奴僕的數量和家用的狀況，決心要讓自己增加勞動的時間，盡量減少不必要的開支。

費比烏斯‧麥克西穆斯攻占塔倫屯之際[6]，年紀很輕的加圖[7]已經是他麾下的士兵，這時他與一位名叫尼爾克斯(Nearchus)的畢達格拉斯學派的學者住在一起，很想利用這個難得的機會，了解有關的學說和典籍，聽他運用柏拉圖的語言朗誦一些難忘的至理名言：歡樂乃萬惡之源；靈魂的大患在於肉體的存在；思想不受肉體的羈絆就能獲得解脫和昇華。從此以後，他對儉樸的生活和克制的習性永保劍及履及的熱愛之心。從他的平生事蹟看來，這倒是一個很特別的例外，據說他從未學習希臘的語文，一直要到垂暮之年才引發這方面的興趣；有關修辭學從笛摩昔尼斯所獲得益較修昔底德爲多；不過，他的作品動輒運用希臘的諺語和典故加以修飾，即使看來像是他自己寫出的警句和格言，很多也是逐字逐行照著原文翻譯而來。

4　曼紐斯‧庫流斯又名庫流斯‧敦塔都斯(Curius Dentatus)曾經四次出任執政官，275B.C.伊庇魯斯的皮瑞斯入侵意大利，被他擊敗，分別在290B.C.和275B.C.獲得舉行凱旋式的榮譽。

5　薩姆奈人居住在意大利中部的山區，位於拉丁姆和阿普利亞之間，290B.C.庫流斯‧敦塔都斯獲得勝利，結束歷時15年的薩姆奈戰爭。

6　費比烏斯‧麥克西穆斯在第二次布匿克戰爭中，初期用守勢持久的遲滯戰術對付漢尼拔，他光復塔倫屯是在209B.C.。

7　費比烏斯是在第五次執政官任內光復塔倫屯，時為羅馬建城545年，加圖當時25歲。

3 華勒流斯・弗拉庫斯(Valerius Flaccus)[8]出身最高的貴族階層,在羅馬人當中可以發揮很大的影響力,他具有識人之明這種極其特殊的才能,甚至在發掘的對象未露頭角的時候,就加以栽培和鼓勵使其將來能蔚為國用。好像他的田地與加圖相鄰,當他從加圖的奴僕口中得知這位主人的生活狀況,特別是加圖能夠親自動手勤奮工作,一大早徒步走到法院去幫助那些需要提供諮詢的人士,同時也知道加圖回家以後,冬天只在肩上披著寬鬆的長袍,炎熱的夏季赤裸上身,與家奴一起操勞和耕種,他們同時坐在地上休息,享用同樣的麵包和葡萄酒。這些奴僕也談到加圖具有其他的特質,像是謙虛的態度和節制的習性,特別提及加圖那些充滿智慧的格言,難免使得華勒流斯心生欽佩之感。他決定邀請加圖前來晚餐,卓越的氣質和出眾的才華在親自接觸以後獲得肯定,認為這位年輕人就像一棵植物,目前僅僅需要充分的培養和適合的環境,經過他的催促和勸說,加圖願意到羅馬在政壇上謀求發展。

加圖到達首都以後,由於從事辯護和訴願的工作,很快贏得大批志同道合的朋友和心存仰慕的人士;他能夠飛黃騰達,主要還是靠著華勒流斯的大力協助。剛開始他在軍隊裡面被任命為軍事護民官,接著晉升為財務官或司庫,現在成為知名之士受到大家的關注,後來他與華勒流斯擔任軍事最高指揮官,能夠通過各種考驗,接著他們兩人同時出任執政官和監察官[9]。所有古代的元老院議員當中,他願意追隨的人物是費比烏斯・麥克西穆斯,不在於這個人所擁有的地位和權勢,而是生活的方式和習性可以作為他的榜樣,於是他毫不遲疑,對西庇阿大將[10]採取反對的態度。

雖然那個時候的西庇阿還是一個少不更事的年輕人,好像要抗拒費比烏斯所

---

8 華勒流斯・弗拉庫斯出身羅馬最古老的貴族世家,195B.C.當選為執政官,184B.C.出任監察官。

9 羅馬共和國時代,選舉官員的權力和執行機構屬於元老院和人民,除了軍事護民官,所有官員在當選後自動向元老院負責;官職序位是從財務官,經過法務官到執政官,兩種市政官和平民護民官未列入官職序位,除了監察官的任期5年,其餘所有官員的任期都是1年,笛克推多是一種特例,通常任期為6個月,騎士團長依據需要求笛克推多指派。

10 西庇阿大將是高乃留斯・西庇阿・阿非利加努斯(Cornelius Scipio Africanus),為了解除意大利面臨的入侵危機,他的策略是要將戰爭帶到阿非利加,迫使漢尼拔撤軍保護迦太基的安全;但是他的構想受到費比烏斯・麥克西穆斯強烈反對,結果還是西庇阿贏得查瑪會戰的勝利,簽訂極其有利的條約,結束第二次布匿克戰爭。

具有的權力，或許是對方出於嫉妒的心理。加圖奉派爲西庇阿的財務官[11]，使得兩人在一起共事，根據加圖的看法，認爲西庇阿的揮霍和浪費是天性使然，把大筆金錢散發給士兵，根本不加珍惜。他毫不考慮後果向西庇阿進言：戰爭的費用目前不成問題，如果給士兵額外的錢財，原有節儉的習性就會受到敗壞，陷入不必要的娛樂和奢侈之中。西庇阿的回答是他不需要這樣一位精打細算的財務官（據他的說法，他之所以大手筆的用錢，是爲了全速從事戰爭贏得勝利），他應該向人民報告作戰行動所獲得的成效，至於他花費多少錢財根本不值一提。

　　因此，加圖從西西里返國與費比烏斯聚在一起，公開在元老院大聲的抱怨，指責西庇阿浪費無法計算的金額，用非常幼稚的態度，舉辦角力比賽和演出喜劇來消磨時光，好像他們並非從事戰爭而是在度假玩樂。結果派遣護民官前去調查，要是指控的案情屬實就將西庇阿召回羅馬。西庇阿向來人表示，作戰的勝利取決於準備工作的完善，並且讓他們知道，在此地沒有別的事可做，只不過盡可能與朋友找機會能夠輕鬆一下，即使忙中偷閒也不致疏忽重要的工作，更沒有妨礙到完成的時間和進度，他的辯護之辭讓護民官感到滿意，開始發航阿非利加走上戰爭之路。

4 加圖靠著滔滔不絕的雄辯，愈來愈擁有更大的權勢，經常被人稱爲羅馬的笛摩昔尼斯，他的生活方式和言行舉止更加出名，成爲大家談論的對象。鑑於他的成就極爲驚人，使得年輕人願意學習和研究他的演說技術，裨能更上層樓；很少人受到他的影響，遵從古老的習俗自己下田從事耕作，願意吃簡便而輕淡的午餐，早上不舉火用冷食充飢，愛好襤褸的服裝和樸素的住所，對於奢侈豪華在於處心極慮的捨棄而非擁有。城邦到目前已經建立偉大的事業，要處理龐雜的公務，無法保持原來純樸的氣質，各個地區的民族聚集在它的統治之下，大家帶著愉悅的心情，接受那些混雜起來的傳統習慣和更爲新穎的生活方式。因此，當其他的市民對於勞動產生排斥的心理，沉溺於歡樂之中變得柔弱寡斷，加圖保持本色的作風使大家更爲欽佩，無論是充滿雄心壯志的年輕時代，還是擔任執政官和舉行凱旋式以後，白髮蒼蒼邁入老境的伏驥歲月，只有他不會屈服於物慾的橫流；就像運動競賽之中那些偉大的優勝者，實施不斷的訓練和保持堅強的

11　他前往阿非利加大約在204B.C.。

意志，直到抵達終點的最後一刻。

他自己說過從未穿著價值超過100德拉克馬的衣物，當他身爲將領和執政官的時候，與他的工人飲用同樣的葡萄酒[12]，晚餐是從市場買來的肉或魚，所需的費用少於30個銅幣。加圖之所以這樣節儉完全是爲了共和國，要爲大家建立一個楷模和規範，經過這樣的考驗才可以適應艱苦的戰爭。他繼承的遺物之中有一塊精美的巴比倫掛氈，到手以後馬上將它賣掉，因爲農莊裡面沒有這麼大的泥灰牆壁。

他買的奴隸身價都沒有超過1500德拉克馬，選擇的條件不在於溫柔的個性和英俊的面貌，而是身強力壯的工匠、馬夫或牧人；他認爲這些奴隸在年老力衰以後，就應該將他們賣掉，家裡不會白養那些吃閒飯的人員[13]。總而然之，就他的看法一切事物莫不是以稀爲貴；如果一個人對這件貨品沒有需要，那麼就連一個大子都不值得；購買田地用來種植作物或餵養牲口，總比整理和灌溉一個花園要好得多。

5 有人把這些慳吝的行爲歸咎於非常卑鄙的貪婪心理，還有一些人對他大加讚許，認爲他僅僅是嚴辭拒絕改變自己的生活方式，不願與其他人那樣習於奢華的風氣。然而就我的看法，他的性格過於嚴苛以致不近人情，只會要求工作把他的奴僕看成負載的馱獸，等到他們年老不僅沒有照顧他們的生活，反而送到市場將他們賣掉，認爲人與人之間的關係只不過在於有利可圖而已。根據我們的見解，仁慈或人性比起單純的公正，可以施展在更爲廣寬的空間，提到法律和正義就具備的性質而論，能夠運用的對象沒有別的只是人類，但是我們可以把慈善和博愛及於無理性的動物身上，這種行爲完全是自然的表露，就像潺潺不絕的流泉供應我們所需的水源。一位天性仁慈的人毫無疑問會收留操勞過度、不堪使用的馬匹和獵犬，不僅會對幼駒和乳犬給予妥善的照顧，就是到了年老體衰還是如此。

---

12 根據普里尼在《自然史》第14卷第91節對這件事的說明，讓我們知道加圖以代行執政官頭銜，
　　前往西班牙和返回的航行途中，都與船上的划槳手飲用同一種等級的酒。

13 加圖在存世的著作《論農業》(*De Agricultura*)中，提到他將年老的奴隸賣掉，增加生產的
　　能力，減低支付的成本。2世紀B.C.，隨著羅馬軍事勢力的擴張，獲得廣大的土地和人口，農
　　業生產從傳統的自耕農走向以奴隸爲勞動力的大農莊制，所以才出現這種唯利是圖的現象。

　　雅典人在建造帕台農神廟的時候，看到他們的騾子完成負荷非常沉重的工作，於是釋放牠們能夠安養天年。其中有一匹騾子(這是他們的說法)願意參加勞動，自己跑了過來，走在一隊馱獸的前面，拖著大車直上衛城，好像在鼓勵這些牲口要更加賣力，市民投票通過一項決議，公家出錢豢養這匹騾子直到亡故為止。西蒙有一匹知名於世的駿馬，曾經在奧林匹克運動會為他贏得三次比賽的優勝，死後下葬的墓地就在為西蒙所建紀念碑的附近。年老的詹第帕斯(Xanthippus)也是這種做法(很多人對於從小養大的狗，一旦亡故都會很妥善的加以埋葬)，當人們逃離雅典的時候，他有一條狗隨著他的戰船游到薩拉密斯島，上岸以後力竭而亡，詹第帕斯把牠安葬在一座懸岩的頂端，直到今天這個地點還稱為「義犬之墓」[14]。

　　我們不能把活生生的動物看成鞋靴或碗盤，等到老舊殘破不堪使用就像垃圾一樣拋棄。我們只要學著對人類永懷慈悲之念，那麼對其他的動物也會有惻隱之心。在我來說，對於一條勞累終生的老牛，不會在它無力幹活之時將它賣掉，更不會為了很少一點錢，將年老而貧窮的奴隸轉讓給別人；我不會把一個人從他的家鄉抓走，不僅離開生於斯長於斯的地方，還要永遠告別久已習慣的生活環境，特別是這個人對買者還是賣者，毫無可以運用的價值。然而加圖對於在當執政官的時候[15]，把在戰爭中所騎一匹馬留在西班牙認為非常光榮，僅有的原因是不願要公家為他支付運費，這種行為究竟應該讓人覺得他有偉大的心靈還是窄隘的胸襟，只要讀者有興趣大可以爭個面紅耳赤。

6 說到他的克制私欲和潔身自愛真是值得高度的讚譽。他身負指揮重責率領大軍出征，每個月為自己和使用的奴僕領取的小麥不會超過3蒲式耳，就是搬運行李的牛隻每天的配額也少於一個半蒲式耳的大麥。當他受命管轄薩丁尼亞(Sardinia)行省的時候[16]，他的前任通常用公款支付所需的帳幕、寢具和衣物，成群的奴僕和親友組成龐大的隨從隊伍，糧食和接待對當地政府形成沉重的負擔；然而他的節儉表現出完全不同的作風，有的地方實在令人難以置信。他

14　這件事在本書第四篇〈提米斯托克利〉第6節中曾經提到，詹第帕斯是伯里克利的父親。

15　加圖出任執政官是在羅馬建城559年即195B.C.。

16　加圖出任薩丁尼亞的總督在198B.C.，當時他年約36歲。

從來不添置物品，公家不必支付任何款項，巡視各地的城市都用步行無須派遣車輛，只有一位階級很低的市鎮官員隨行，攜帶他的衣物和一隻用來酹酒的杯子。

看起來在他的手下當差非常輕鬆而且無須多方打點，然而在另一方面，有關司法部分要求極爲苛刻而且絕不通融，只要涉及共和國的條例和規定，一定會從嚴處置，堅持無枉無縱的原則，以致在他治理下的羅馬行政當局，雖然讓人感到敬畏有加，從未像這樣的簡政便民[17]。

7 他的演說所表達的方式會使人獲得截然不同的觀念，聽來謙恭有禮卻鏗鏘有力，讓人如沐春風卻勢不可當，言辭幽默詼諧卻鋒如利刃；就像柏拉圖所描述的蘇格拉底，從外表看起來讓人認爲他是一個頭腦簡單、說話瑣碎和反應遲鈍的傢伙，仔細體察發現他的講話不但主題嚴肅而且言之有物，可以直指聽眾的內心深處，讓他們感動得流出眼淚。有些人認爲加圖的風格非常類似黎昔阿斯(Lysias)[18]，他們所持的論點並不能讓我信服。不過，我把這些問題留給更有資格的人來決定，從拉丁語數種雄辯風格中找出最主要的特色。我們要在這裡寫出他最爲膾炙人口的警句和格言，從經驗可以得知，一個人的說話比起他的外貌，更能表現他的性格和氣質，大體而論可謂此言不虛。

8 有一次他想要規勸羅馬的平民，不能聽信毫無根據而且到處傳播的謠言，說是大家會獲得當局的賞賜，每個人都可以分配到相當數量的穀物；他開始大聲疾呼：「啊！市民們！要想對餓著肚皮的人發表演說是一件很困難的工作，因爲空言無法充飢。」爲了譴責窮奢極侈的習氣，他說當一條魚的價錢比一頭牛還貴的時候，這座城市就很難繼續存在下去[19]。

他曾經說過一個寓言，羅馬的民眾很像綿羊，堅持個人的自由權利不會聽令行事，只有兵法部勒編成軍隊，才會服從領導者的指揮。他說道：「當你已經集

---

17 他利用空閒在詩人英紐斯的指導之下，進修希臘的語言和文學，把所有的高利貸者逐出行省，降低利息使債權人無利可圖。

18 黎昔阿斯是5-4世紀B.C.的希臘演說家和政治家。

19 從戴克里先的限價令，可以知道海魚的售價比肉類並沒有高多少；要是說一條魚比一隻牛還要值錢，這是豪門貴族的奢侈和飲宴風氣所造成，碩大的海魚活著運到羅馬，進食之前還要稱它的重量，記錄下來讓賓客可以四處誇耀。

合人員納入組織以後，除了引導他們追隨你的行動，對於個人的意見無須理會。」討論婦女所擁有的權力，他說道：「通常是男人支配女人。全世界的男子漢都接受羅馬人的指揮，然而我們俯首聽命於家中的女人。」實在說，這是套用提米斯托克利的典故[20]，當他的兒子打著母親的旗號向他提出各種需求的時候，提米斯托克利對他的妻子說道：「啊！老婆！雅典人治理希臘人，我現在統御雅典人，但是妳管著我，妳的兒子又在指使著妳；可以看得出來，妳兒子擁有的權力比所有希臘人全部加起來還要大得多，一定要讓他很謹慎運用。」

　　加圖提到羅馬人民不僅要規定各種染料的價格，就是紫色也包括在內，而且還明訂各種行為的標準。他特別加以解釋：「染工之所以要染成各種顏色，完全視人民的需要而定；同樣的道理，年輕人願意學習和模仿這些行為，主要在於能夠獲得大家的讚譽。」他告誡羅馬人如果偉大的事功來自德行和堅忍，即使較差也不要改變；要是來自放縱和惡行，即使再好也要改變；惟其如此，方能成就名實相副的偉大。他說一個人要想盡辦法保住官位，那會給人非常明顯的印象，就是他根本不知道如何善盡自己的職責，完全聽從手下人員的引導和指使。嚴詞譴責市民仍舊選出同一位人士擔任最高行政官員，他說道：「你們好像認為施政工作無關緊要，所以才會對掌握政府的人抱著無所謂的態度。」

　　他有一位政敵過著淫亂而墮落的生活，在提到這個人的時候他說道：「這個伙傢的母親向上天祈禱，希望她的兒子活在世間的壽命比她長久，就我看來這不是祝福而是詛咒。」有個人賣掉父親遺留一塊靠近海邊的田地，加圖裝出非常驚奇的樣子，說是他的感受好像比大海還要強烈，因為海浪要把整塊田地沖掉還得費一番手腳，這個敗家子輕鬆處理遺產只要喝一杯酒的功夫。

　　攸門尼斯(Eumenes)王要訪問羅馬[21]，元老院不僅接受還感到非常光彩，那些地位很高的市民盡力做好接待的工作，只有加圖對他的來訪抱著懷疑和憂慮的態度，這時旁邊有一個人找到機會加以解釋，說這位國王是一位非常善良的君主，對於羅馬人抱有好感。加圖說道：「你說的可能是實情，然而從國王所具備的性

20　提米斯托克利留下很多逸事和傳聞，特別是格言和警句對人產生很大的啟示。

21　帕加姆斯的攸門尼斯二世(197-158B.C.)是羅馬最主要盟友，共同對抗安蒂阿克斯三世。他在172B.C.訪問羅馬，公開指責馬其頓國王帕修斯的侵略行動；這時候正好羅得島有一個代表團來到羅馬，加圖一直對羅得島抱有好感，生怕攸門尼斯對他們懷有敵意，所以才會對攸門尼斯表現出不以為然的態度。

質來說，就是一種以人爲食的動物。」

實在說，像是伊巴明諾達斯、伯里克利、提米斯托克利、孟紐斯‧庫流斯和綽號巴卡斯(Barcas)的哈米卡(Hamilcar)[22] 這些人，沒有一位國王能與他們相提並論。他經常說他的政敵對他是既羨慕又嫉妒，因爲他每天黎明即起，處理事務都能公而忘私。他會告訴大家，行善好義即使毫無報酬，他願意全力以赴，爲非作歹即使免於懲罰，他還是極力拒絕；他的座右銘是「待人以寬、律己以嚴」。

9 羅馬派遣三位使者到俾西尼亞，其中一位患有傷風，另外一位的頭顱動過手術，剩下那位看來比傻瓜沒有好多少；加圖笑稱羅馬的使節團缺腳少頭，甚至連心都沒有[23]。西庇阿因爲波利拜阿斯(Polybius)[24] 的關係，請求加圖爲亞該亞流放人員仗義執言[25]，這件事情在元老院引起激烈的辯論，有些人支持本案，也有人反對他們歸國，加圖站起發表意見：「我們整天坐在這裡好像沒事可幹，一直爲那些年老的希臘人傷腦筋，究竟應該由我們把他們抬進墓地，還是任憑他們在亞該亞自行安排喪禮。」元老院投票通過同意讓他們歸國。

好像是過了數天以後，波利拜阿斯的朋友希望在元老院再提出一個動議，讓這些被放逐的人員恢復他們原來在亞該亞獲得的榮譽和地位。關於這個提案他們想聽聽加圖的意見，於是他笑著回答，波利拜阿斯現在就像尤利西斯一樣，已經逃出賽克洛普斯(Cyclops)[26] 的洞窟，發現他的頭盔和皮帶還留在那裡，難道他還想回去拿這些東西？

他經常強調，智者從愚人那裡獲得很多的收益，然而愚人從智者那裡無法得到多少好處，因為智者可以避免愚人所犯的錯誤，愚人很難採用智者良好的榜

22　哈米卡是羅馬不共戴天的仇敵，他是漢尼拔的父親，在西班牙建立迦太基帝國，死於229B.C.。

23　149B.C.派出這個使節團的目的，是要進行磋商和仲裁，不要讓俾西尼亞的奈科米德和帕加姆斯的阿塔盧斯之間發生戰爭。

24　波利拜阿斯是布匿克戰爭時代的歷史學家，204B.C.生於卡狄亞的麥加洛波里斯，167B.C.成為亞該亞的放逐人員，在羅馬的時候住在伊米留斯‧包拉斯的家中，成為小西庇阿的密友，146B.C.親眼目睹迦太基的滅亡。

25　羅馬人在168B.C.擊敗馬其頓國王帕修斯以後，俘虜1000名亞該亞人拘留在羅馬，其中包括歷史學家波利拜阿斯，後來與年輕的西庇阿‧阿非利加努斯結為好友，請他出面為亞該亞人講情，元老院在150B.C.同意將他們釋放歸國。

26　加圖引用尤利西斯歷險的情節，可以參閱《奧德賽》第9章。

樣。他曾經提到，喜歡看到年輕人的面孔紅裡透黑而不是蒼白無神，他不希望士
兵行軍的時候手動的多，戰鬥的時候腳動的多，鼾聲比作戰吶喊的聲音還大。取
笑一位體位過重的胖子，他說道：「要是一個人僅僅長著一個大肚皮，請問國家
拿這種身體能夠用來做什麼？」有一位愛好口腹之欲的傢伙想要與他結識，他說
他很抱歉，不需要一個酒肉朋友。他經常說起，愛人的靈魂是住在對方的身體裡
面，意思是「眞愛要爲對方而活」。

　　在他的一生之中，有三件事讓他感到遺憾，第一是他相信女人會保守秘密，
第二是在走海路的時候想起走陸路可能更快，第三是一生中還剩下一整天的時間
竟然會無所事事[27]。爲了規勸一個喜歡做壞事的老年人，他說道：「朋友！老邁年
高本身就已經是凶多吉少，你爲什麼還要把惡行帶來的病痛加上去。」有一位護
民官被大家認爲是善於用毒之人，想盡辦法要強行通過一個提案，從而制定相關
的法律。他大聲叫道：「年輕人，我不知道究竟是那件事比較好，喝下你混合的
藥物，還是批准你草擬的法條。」

　　有個生活極其放蕩而邪惡的傢伙對他惡言相向，加圖回答道：「我們兩人的
爭吵很不公平，因爲你經常聽到這些罵人的髒語，用起來得心應手；但是我很不
樂意口出褻言，這些不雅的字眼平常也聽不到。」這些令人難以忘懷的格言諺語，
可以將他的言行舉止全部表現出來。

10 等到他與多年的知交華勒流斯‧弗拉庫斯當選爲執政官以後[28]，西班
牙有一個羅馬人稱爲「遠西班牙」（Hither Spain）的行省[29]，經過抽籤
受到他直接的統治。他在那裡曾經用武力降服一些部族[30]，對於有的部族倒是能用
善意加以安撫；蠻族組成一支大軍起兵進犯，要是再被他們趕出行省不僅帶來羞
辱，會造成極其危險的局面。他召喚隔鄰而居的塞爾特布里亞人（Celtuiberians）給

27　有人批評說是很多英譯者都沒有弄清楚這句希臘原文的意思，應該是「不可有一日怠惰無所
　　事事」。

28　時爲羅馬建城559年或195B.C.。

29　西班牙區分爲兩個羅馬行省：近西班牙包括厄波羅（Ebro）河流域和東海岸地區，南邊到達新
　　迦太基城；遠西班牙包括貝蒂斯河流域，南邊到達莫瑞那山脈。

30　加圖的部隊都是剛剛徵來的新兵，所以他費很大的心血加以訓練，特別是西班牙人多年來一
　　直與羅馬人或迦太基人鏖戰不休，不僅精通用兵攻守之法，更是養成驍勇善戰的風氣。加圖
　　的作戰行動一定採用水陸並進和分進合擊的方式，將敵人包圍在平原地區而殲滅之。

予援救，他們要求支付200泰倫作為派兵的代價，每個人對這樣的條件都無法容忍，甚至認為羅馬人對蠻族的幫助，不能答應給他們報酬。加圖的說法是他對這件事毫不猶豫，對當局不會帶來任何損失。如果他們獲勝，那將由敵人的錢袋來支付這筆費用，根本不花羅馬人一個銅板；萬一他們戰敗，沒有人留下來要求報酬或是支付金額。

不管怎麼說，他在會戰中大獲全勝，隨之而來的所有事務也都一帆風順。根據波利拜阿斯的說法，貝蒂斯(Baetis)河[31]對岸所有城市的城牆，在他的命令之下一日之間全部被夷為平地[32]，然而仍舊有很多地方充滿勇敢而好戰的群眾，加圖說他占領的城市，就數量來說比他停留在西班牙的天數還要多，確實的數目是400個城市，看來他並非信口開河。

雖然士兵在戰場獲得很多戰利品，他仍然發給每個人一磅白銀並且公開表示，能讓很多羅馬人帶著銀兩回家，總比少數人帶著黃金返國要好得多。他本人除了飲食所需可以說是一絲不苟。他接著說道：「我並不想責備那些搜尋戰利品圖利自己的人，但是我願意與那些優秀的士兵比賽誰最勇敢，而不是與那些富豪爭強競勝，看看誰是最貪得無厭的孟賊。」

他不僅要求本人能夠潔身自愛，甚至就是直接追隨他的手下也不得有所違背，他在軍隊有5個奴僕，其中一位名叫帕庫斯，從被虜的人員中買到3個幼童，等到加圖發現有這麼一回事，帕庫斯無顏面對主子只有自縊而死。加圖將這些幼童賣掉，所得的價款歸還國庫。

11 當加圖在西班牙處理有關事務的時候，西庇阿大將[33]是他的政敵，想要破壞他極其順遂的成就，好讓自己結束當地的戰事，操縱元老院的議事，受到指派前去接替加圖的職位。西庇阿盡快加速行程趕往，好把軍隊的指揮權掌握在手裡。加圖派遣5個支隊的步兵和500名騎兵組成護衛隊伍，陪伴

---

31 貝蒂斯河位於西班牙的南部，就是現在的瓜達拉瓦維亞(Gaudalquivir)河。

32 加圖除了羅馬的殖民區可以保持深溝高壘的防衛工事之外，凡是攻占的城市，全部將城牆和堡壘拆除，避免當地的西班牙人運用形成割據和尾大不掉的局面。有關的細節可以參閱李維《羅馬史》第34卷第15節。

33 蒲魯塔克弄錯對象，羅馬建城560年即194B.C.，西庇阿‧阿非利加努斯在意大利的北部征討波伊人和黎古里亞人；所以在西班牙作戰應該是法務官高乃留斯‧西庇阿‧納西卡(Cornelius Scipio Nasica)，他在厄波羅河會戰贏得最後的勝利。

他返回國門，沿途還打敗拉西塔尼亞人（Lacetanians），抓到600名逃兵，全部處以斬首的極刑[34]。

西庇阿[35]對這種擅權的行為憤怒不已，加圖用嘲笑的口吻對他肆加詆毀，說道：「如果那些出人頭地的貴族，在與家世寒微的人員爭奪誰是名列前茅的勇士之際，還能堅持到底絕不放棄；或者是那些平民出身的人士（就像他那樣），能與家世和地位最顯赫的望族，就驍勇善戰的表現一比高下。唯其這樣，羅馬才是真正的偉大。」元老院經過投票獲得成議，加圖的施政作為不得擅自變更，西庇阿的意圖無法達成，以致他在行省毫無作為，名聲與加圖相比只有自嘆不如。

加圖在這個時候獲得舉行凱旋式的榮譽。他以後的行為並不像那些志在獲得名聲而不是美德的人，等到一旦擢升最高的位階，擔任過執政官的職務，領導過凱旋式的隊伍，就不再過問公家的事務，在閒暇和歡樂中度過餘下的日子。他就像那些首次從事公務的初生之犢，渴望從一些新職中獲得榮名和讚譽，如同他正在起步的階段，要求自己努力不懈。他不僅在公事方面對朋友和市民提供服務，就是有關法律和農事的工作，還是盡力而為不輕言放棄。

12 加圖陪伴提比流斯‧森普羅紐斯（Tiberius Sempronius）[36]進入色雷斯地區，接著到達多瑙河，為了善盡襄助之責，情願出任副將的職位。後來屈就軍事護民官，隨著孟紐斯‧阿西留斯（Manius Acilius）進軍希臘，發起對安蒂阿克斯大帝（Antiochus the Great）[37]的戰事。安蒂阿克斯是繼漢尼拔以後，讓羅馬人感到最為畏懼的強敵。塞琉卡斯‧尼克托（Seleucus Nicator）[38]所擁有的亞

34　拉西塔尼亞人是居住在庇里牛斯山之南的民族；李維在《羅馬史》第34卷中提到加圖在貝吉姆（Bergium）處決五百逃兵，這種事很不尋常，可能是占山為王聚眾為盜的緣故。

35　加圖應該在任期終了將軍事指揮權交給西庇阿‧納西卡，看來他並沒有按規定辦理。

36　提比流斯‧森普羅紐斯在194B.C.出任執政官，領軍到意大利北部征討塞爾特人一個部族波伊人（Boii）。這裡提及他前往多瑙河和色雷斯都無法證實，蒲魯塔克所有這種說法，很可能是波伊人從多瑙河盆地向意大利遷移，在行進的過程中被森普羅紐斯擊潰。

37　安蒂阿克斯大帝即安蒂阿克斯三世伊庇法尼斯（Antiochus III Epiphanes, 223-187B.C.在位），他向希臘進軍的目標是要重振塞琉西亞王朝的聲勢，再就是遏制羅馬向東地中海的發展。

38　塞琉卡斯‧尼克托（358-281B.C.）是亞歷山大大帝的戰友和部將，亞歷山大逝世後，他繼承在亞洲的領土，305B.C.成為塞琉西亞王朝第一任國王，經過20年的征戰在亞洲建立強大的王國，281B.C.進軍歐洲準備奪取馬其頓，被他的盟友埃及國王托勒密一世的兒子西拉努斯刺殺身亡。

洲行省，幾乎都被他占領，蠻族有很多好戰成性的國家都願意歸順稱臣，安蒂阿克斯感到得意洋洋，渴望對羅馬人發起攻擊，認為只有他們才是夠資格與他捨命一搏的敵手。他率領大軍渡過海洋，為了掩飾戰爭的真正目的，藉口要恢復希臘人的自由。希臘人目前已經沒有這個需要，他們蒙受羅馬人的善意，最近從菲利浦和馬其頓人的權威之下獲得解救[39]，可以遂行本國的法律擁有獨立的地位。出現這種狀況使得全希臘陷入騷動和不安之中，誤以為城市那些擁有民意基礎的領袖，希望獲得來自安蒂阿克斯的援助。

孟紐斯因而派遣使者到各個城市，提圖斯・弗拉米紐斯(在他的傳記中曾提到此事)對於那些企圖鬧事者，運用鎮壓和安撫的手段，使得問題得到妥善的處理沒有引發事端。加圖負責說服科林斯人，還包括佩特里(Patrae)和伊朱姆(Aegium)這兩個城市在內。

他花很多時間在雅典下功夫，據說現在還留存一篇他在希臘向人民發表演說的文稿，裡面提到他對古代雅典人的德操深表敬佩，特別是能以一個遊客的身分來到這個美麗而偉大的城市，更是感到萬分的高興。有人說上面這段完全是虛構的情節，雖然他能運用當地的語言，對雅典人講話的時候還是使用通事，這完全是本國的習慣使然，不願人家笑他除了會講希臘話別無長處。

波斯吐繆斯・阿比努斯(Postumius Albinus)曾經用希臘文寫出一本歷史作品，結果受到大家的諷刺和嘲訕，為了他這種輕率的舉動要求公開的道歉；他說如果他這樣做，完全出於安斐克提昂聯盟的強制不得不爾，那麼向大家請求原諒是應該的事。加圖的說法是雅典人讚許他的講話極其明快而且有力，雖然表達的方式非常簡潔，通事要用冗長的解釋一再重複加以說明。他相信這兩種語具備不同的特性，希臘人只會動嘴曉曉不休，羅馬人則用心靈來溝通。

13 安蒂阿克斯率領他的軍隊占據色摩匹雷周邊的狹窄隘道[40]，對於這處天險用柵欄和防壁來加強守備的力量，就在那裡安頓下來，認為他這樣做能夠使戰爭轉到其他方面。羅馬人事實上對於強行攻取防衛森嚴的雄關感

---

39 羅馬建城557年即197B.C.，奎因久斯・弗拉米尼努斯在賽諾西法立會戰擊敗菲利浦五世，給希臘各城邦帶來自由和獨立。

40 安蒂阿克斯三世在192B.C.入侵希臘，次年占領色摩匹雷隘道。

到完全失望。加圖看到周圍的環境，回憶當年波斯人初到此地，還不是遭到類似的狀況，結果他們力戰得以奪取[41]。他在夜間率領部分軍隊出發，用一位俘虜充當嚮導，等到他們爬上山嶺以後開始迷路，在位於懸岩和不辨方向的小徑上面，不斷上上下下的盤旋，士兵心中充滿畏懼頓生絕望之感。加圖知道目前的狀況非常危險，下令所有人員就地停止行動，留在原處待命，只有他自己帶著名叫盧契烏斯‧孟留斯(Lucius Manlius)的爬山專家前去偵察，一路上歷經艱辛和危險，漆黑的深夜沒有一絲月光，置身在野生的橄欖樹林和峭陡而崎嶇的岩石中間，他們的眼前都是懸岩絕壁，然而卻伸手不辨五指，直到他們費盡力氣走進一條狹小的通道，認為可以引導他們下山到達敵軍的營地。他們在一些比較顯眼的山峰設置標誌，其中最高的絕頂稱為凱利德羅蒙(Callidromon)[42]。他們回去引導軍隊向著有標誌的地方前進，一直到達那條小路的位置，再停下來暫時休息，當他們繼續趲行，道路中斷前面是一座懸岩，他們再次陷入困境感到驚懼，這時還未發現已經接近敵軍。

　　現在開始天亮顯出曙光，當他們好像聽到一些嘈雜的聲音之際，接著就看到希臘人挖的壕溝，還有配置在山岩下面的衛兵。加圖叫部隊暫停行動，只有從佛木姆(Firmum)[43]來的人員對他最忠貞，其餘的士兵達不成這種要求，他發現他們作事不僅實事求是而且先作準備。等到把這些人叫來以後，就圍著他成為一個很緊密的圈子，然後對他們說道：「我想活捉一名敵人，然後才能知道當面的狀況，是誰在防守這個關隘，兵力的大小如何，練和組編的情形，以及為了對付我軍所進行的準備工作。這件極其重要的工作，行動的要求是機敏迅速而且膽大心細，就像獅子撲向那些怯懦的動物。」

　　加圖剛講完話，佛木姆人好像有備而來，很快從山頂衝下去，對於衛兵發起毫無預警的突擊，所有人員在驚慌之餘一哄而散。他們抓住一位全副武裝的士兵帶到加圖的面前，很快知道軍隊的主力隨著國王，配置在狹窄的隘道，600名精

41　波斯戰爭發生以後，斯巴達國王李昂尼達斯率領300精兵防守色摩匹雷這個隘道，真有「一夫當關，萬夫莫開」的氣概，抗拒數十萬波斯大軍，蠻族運用一條小徑迂迴到守軍後方，結果斯巴達人全部戰死。

42　色摩匹雷這條隘路以東的山嶺，大家通稱為厄塔(Oeta)，最高的山峰是凱利羅德蒙，山腳處有一條很寬的大道。

43　佛木姆是羅馬人設置在派西隆的殖民區。

選的艾托利亞人（Aetolians），集結在附近山岩的上方。加圖根本不考慮他的兵力居於劣勢，一切應該審慎從事，衝上前去拔出佩劍，用號角和吶喊發出驚人的聲音，向著敵軍發起攻擊。艾托利亞人看到他們從懸岩上面衝殺下來，立即潰不成軍逃向主力所在，這樣一來使得所有的部署陷入混亂之中。

14 就在這個時候，孟紐斯強攻位居下方的工事，他的部隊排成厚密的陣式湧入狹窄的隘道，安蒂阿克斯被一塊飛石擊中嘴部，他的牙齒打得脫落四散，帶來一陣難以忍受的劇疼，在不得已的狀況下只有騎在馬上轉身就走，他的部隊沒有任何單位能夠抵擋羅馬人的衝擊，雖然他們從各方面看來根本沒有逃脫的希望，所有的小徑都難以通行，兩旁不是很深的沼澤就是峭陡的山岩，任何人只要稍有失足，即將陷入萬劫不復的地步，然而這些搶著逃命的人員，在這條難以錯身的隘路，相互之間發生擁塞和推擠，帶來的毀滅出於畏懼敵人的刀劍和無情的砍殺。

加圖（好像很坦誠的樣子）對自己從不吝於讚譽，經常大言不慚誇耀所建的功勳，他認為那些偉大的作戰行動，必然獲得戰勝的結果，所以這些非常特殊的功績使得他充滿傲氣。他說要是有人看到那天他追逐殺敵的狀況，就會確認加圖已善盡職責，對公眾能有交代，算起來公眾對他欠負良多。不僅如此，他還加以補充說明，執政官孟紐斯經過一番激戰以後，看到他就抱住不放，這時兩人都大汗淋漓全身濕透，然後欣喜欲狂的大叫，說是無論執政官本人還是全體人民，對於他的軍事行動也不可能賜予等量齊觀的獎勵。

會戰結束以後，執政官立即派他趕返羅馬提出報告，使他成為帶回大捷的信差，乘著順風航向布林迪西（Brundusium）[44]，前往塔倫屯用去一天的時間，然後經過四天的行程，在登陸以後第五天抵達羅馬，帶來勝利第一手的消息。整個城市充滿歡樂的氣氛，到處都在宰殺牲口祭神，人民相信他們的軍隊無論在世界上任何一處海洋和陸地，都有能力完成征服的使命。

---

44 布林迪西是意大利南部瀕臨亞得里亞海的港口，位於阿安阿大道的終點，是最重要的軍事基地也是進入東方的門戶。

15 談到加圖的軍事經歷，這些幾乎是他最出色的作戰行動。有關民政方面的工作，就他的意見而論主要的職責在於指控和起訴罪犯。他自己曾經告發很多人，並且協助其他執法人員從事相關的業務，不僅如此，還促成很多重大的案件，像是佩提留斯（Petillius）控告西庇阿[45]，還是無法達成絕滅對方勢力的目標，最主要的原因是西庇阿出身於最高貴的世家，何況還具有真正偉大的心靈，對於這些誹謗不屑一顧。加圖最後知道他對西庇阿無能為力，只有放過不再打擾，然而參加指控者的陣營對付西庇阿的弟兄盧契烏斯，終於能夠獲得一紙判決書，裁定被告要付給城邦一大筆罰鍰，由於盧契烏斯缺乏足夠的財力，要是下獄會帶來危險，經過護民官從中調停，費了很大的力氣才獲得釋放。

加圖另外還提到一件事，有位年輕人能夠實現願望，終於使父親的一個仇人受到懲處，當他經過市場的時候正好遇到，這位年輕人握著他的手向他說道，我們應該向亡故的雙親奉上祭品，不是羔羊和山羊，而是仇家的眼淚和刑責。他在漫長的政治生涯中不可能毫無損傷，要是他讓政敵抓住把柄，就會陷入危險，難免要對簿公堂，據稱他安然度過50次的起訴案件，可以說是一個接著一個，最後一次發生在他86歲的時候，這次審判使他說出眾所周知的名言：他的一生都與罪犯打交道，臨老卻要在法官面前為自己辯護，這對任何人而言都是難以勝任的工作。

甚至就是這樣他的訟案還是沒有結束，4年以後，他在90歲時控訴塞維烏斯・伽爾巴（Servilius Galba）[46]，我們可以說他的生命和行動如同尼斯托（Nestor）[47]，已經超過常人的三個世代。我們前面提過，他與西庇阿大將就國家的事務發生很多爭執，一直繼續下去涉及到小西庇阿，這位人物是前者收養的孫子，也是降服帕修斯和馬其頓人的包拉斯親生之子[48]。

45　187B.C.，兩位名字都是奎因都斯・佩提留斯（Quintus Petillius）的護民官，指控西庇阿・阿非利加努斯擅權瀆職，等到阿非利加努斯出庭辯護，護民官受到加圖的指使，接著指控他的兄弟西庇阿・亞細亞提庫斯（Scipio Asiaticus）犯有侵占罪。亞細亞提庫斯是190B.C.的執政官，在東方擊敗安蒂阿克斯，問題出在他將塞琉西亞王朝的財富據為己有。

46　李維在《羅馬史》中提到90歲的加圖與伽爾巴的訟案，但是西塞羅特別加以更正，說他在86歲的時候指控伽爾巴，而且就在那一年逝世。塞爾維烏・伽爾巴以法務官的身分在西班牙擔任總督，擅自殺害大量露西塔尼亞人，並且將他們發售為奴。

47　尼斯托是皮洛斯（Pylos）的君王，參加特洛伊戰爭，是希臘聯軍最年長的指揮官，明哲善言，提出的議論和見解為眾人所接受。

48　所指是168B.C.的皮德納會戰。

16 加圖在出任執政官過了10年以後[49]，開始候選監察官的職位，能夠高居共和國所有階級的頂點，幾乎步上政治生涯的巔峰，除了擁有各種法定權力，還能調查每個人的生活方式和言行舉止。羅馬人認為個人生活的各個方面都是深入檢驗和詳細審訊的目標，無論是婚姻狀況、子女教養、飲食習慣和社會交往都包括在內，從而知道這個人的嗜好和欲念，他們深信這些項目比起光天化日之下，呈現在公眾之前的行為，更容易察知這個人的本性而且無所遁形。因此他們選出兩個人，一位的出身是貴族而另外一位是平民，要是有任何人過分的奢華腐化，或是逾越違背國家習見的群體模式，這兩位稱為監察官的人就可對他們施以監控、糾正或懲處。他們有權力將一個人從騎士階級除名，元老院任何一位議員要是放縱狂妄或違反規定，都會受到罷黜的處分，他們有一項職掌用來估算每個家庭的財產總值，同時把每個人的家世和地位登載在記錄冊上，除此以外還有許多特定的權限。

元老院有些家世顯赫已臻最高階級的議員反對他爭取這個職位。貴族完全是嫉妒心作祟，要是出身寒微的人士擢升到這樣高的地位，擁有如此重大的權力，對於豪門世家的子弟是莫大的侮辱；還有一些人知道自己的作惡多端，違犯國家的法律和善良的風俗，對於這個人的剛正不阿感到極為驚懼，要是他一朝大權在握，必然擺出絕不通融和拒人千里的神色。這些人經過磋商以後，推出7個候選人與他打對台，他們用盡諸般手段和甜言蜜語爭取民眾的認同，所有的作為以寬厚和便民為原則。加圖持完全相反的態度，絕不承諾任何溫和的舉措，用坦率的言辭對那些浪蕩子弟提出警告，只要站在發表演說的講台，不僅公開宣布而且大聲疾呼，這個城市需要進行全面的淨化和徹底的整肅。他特別提醒全體人民，如果他們有明智的頭腦，應該選擇一個勇於任事而不是敷衍塞責的醫生；他說他就是這樣的人，貴族裡面要算華勒流斯‧弗拉庫斯最適合，他們兩個人會同心協力，有信心拿出最好的成績，即使窮奢極侈和縱情聲色為害之烈有如九頭蛇，他們也會將它的腦袋一一砍下，然後縱火燒得屍骨無存。他提到另外有很多人爭取這個職位，完全是別有用心，因為他們害怕那些行事力求公正的人士出線，事實上理應如此才對。

無論如何，羅馬人民證明他們的確是偉大的民族，只有他們才配擁有高瞻遠

---

49 他在羅馬建城第570年即184B.C.出任執政官，時年50歲。

矚的領袖人物，對於加圖那嚴肅和猙獰的面容毫無畏懼之心，反對那些油腔滑調把胸脯拍得猛響的候選人，他們所作所為都是討好和奉承，最後還是選出加圖和弗拉庫斯[50]。他們願意聽從加圖的推薦，因為這個人已經準備好從事這項工作，而不僅僅是個候選人而已。

17 加圖提名他的同僚和朋友盧契烏斯‧華勒流斯‧弗拉庫斯出任元老院首席元老，然後趕走很多不合資格的議員，包括盧契烏斯‧奎因久斯（Lucius Quintius）在內，這位老兄在7年前曾經擔任執政官，是擊敗菲利浦王的提圖斯‧弗拉米紐斯[51]的兄弟（對盧契烏斯而言這比擁有執官職位更為出名）。盧契烏斯受到除名的理由有如下述：有位英俊的年輕人長久以來就是他的伴侶，即使他擔任軍隊的指揮官也跟在身邊，比起他更為接近的朋友和親戚，享有更多的特權和好處。

所以會發生這件事，是盧契烏斯在一個行省以代行執政官頭銜出任總督的時候，有次舉行宴會年輕的伴侶如同往常坐在他的身旁，就像其他的食客一樣想要取悅於他，這時盧契烏斯沉溺酒鄉已有醉意，這位寵倖為了表示對他一往情深，說道：「我以往從來沒欣賞過角鬥士的表演，這次在羅馬可以滿足平素的心願，雖然我一直渴望看到殺人的場面，但是為了盡快趕到你這裡來，只有放棄這個機會。」盧契烏斯聽到這些話想要對寵倖有所表示，於是回答道：「不要為這種小事鬧彆扭，我來想辦法。」於是他要劊子手準備好大斧，將一名死刑犯帶到宴會，問這位年輕人是否願意在這裡觀看行刑，得到欣然同意的答覆後，盧契烏斯下令將犯人的頭砍下來。

有幾位史家據實記載，西塞羅寫進他的對話錄《論老年》裡面，說是親自聽到加圖提及此事。李維[52]說他殺掉的人是一個高盧逃兵，盧契烏斯沒有讓劊子手行刑，是他自己動的手；加圖的演說描述的狀況也是如此。

加圖把盧契烏斯趕出元老院，他的兄弟對此感到極為不滿，上訴到市民大會，想要加圖公開說明罷黜的理由，加圖開始提到那次宴會所發生的狀況，盧契

50　執政官任期完畢即出任監察官，時在185B.C.，時年51歲。
51　波利拜阿斯、李維和西塞羅都提到這件訟案，提到弗拉米紐斯家族僅用他們的綽號來表示。
52　引用自李維《羅馬史》第39卷第42節。

烏斯極力否認，加圖反駁他的說辭建議展開正式的調查。他知道已經落於下風只有拒絕，這樣看來完全是罪有應得。後來，劇院舉辦一些表演活動，盧契烏斯經過那些爲執政官保留的座位，到一個離舞台很遠的地方就座，有些平民很同情他的境遇，發出很大的叫聲說他應該坐在前面，雖然讓他感到尷尬卻也不無安慰。

孟尼流斯（Manilius）要是根據目前的聲勢和民眾的期待，很可能成爲下一任的執政官，加圖之所以讓他當不成元老院議員，因爲孟尼流斯就在光天化日之下，當著女兒的面前親吻妻子。加圖的說法是絕不允許自己的妻子投懷送抱，除非是霹靂大作受到驚嚇這才情有可原。大家拿這件事來取笑孟尼流斯，只有朱庇特的雷聲隆隆會給他帶來好運。

18 西庇阿的兄弟盧契烏斯很討厭加圖，所以加圖剝奪他在凱旋式[53]中騎馬的權利，也可以看成是對剛過世的西庇阿·阿非利加努斯的無禮冒犯。他爲了抑制人民的奢侈，對大家帶來很大的困擾（幾乎大部分年輕人都已經腐化墮落），看起來運用公開的手段和直接的方式無法達成目標，於是他採取間接和迂迴的策略，那就是所有的衣服、車輛、女性的飾物和家具，只要單價超過1500德拉克馬，稅率以10倍計算，也就是用調高估算值的方法，使大家要付出更多的稅金。同時他硬性規定這一類財產的稅率標準是千分之三，那些忍受沉重負擔的人士，看到別人同樣有收成良好的產業，因爲節儉和避免浪費的關係，無需繳納更多的金錢給公庫，會使得他們較爲收斂，盡可能不要大肆揮霍。這樣一來使他樹敵甚多，不僅是那些過著奢侈生活要繳重稅的人，甚至是爲了避免忍受這種負擔而緊縮開支的家庭，都對他有所不滿，因爲就一般人而言，不讓他們有機會表示自己的財富，等於從他們的手裡將它搶走，因而財富不是生活的必需品而是舖張的裝飾物。

哲學家亞里斯頓（Ariston）[54]對這件事感到非常驚異，那就是我們認爲擁有擺譜無用之物的人，比起衣食富足物盡其用的人更爲幸福美滿。富有的帖沙利人史柯帕斯（Scopas）有一個朋友向他提出請求，要他把一些他認爲沒有什麼用處的物品送給他，根據這位朋友的說法，並不是每一件東西他都有需要或是用得著。這

53　西庇阿·亞細亞提庫斯戰勝安蒂阿克斯，189年11月6日B.C.舉行凱旋式。
54　亞里斯頓是開俄斯人，季諾的弟子，斯多噶派哲學家，他的學說在260B.C.左右風行一時。

位富豪回答道：「老實說，就是這些沒有需要和毫無用處的東西，才讓我擁有財富和快樂。」可見財富的欲望並非一種天生的激情，在我們這群羅馬人之中產生；而是來自庶民的心態和外國的意見。

19 加圖對於批評他的言辭毫不在意，反而在各方面要求更爲嚴厲。有些人將公家的水源引進家庭和花園，他把這些水管全部挖斷，那些突出到街道的建築物都被他拆除。有關公共工程的合約他盡量壓低價格，同時把租稅承包商的合同提升到最高金額，這些措施使他成爲特權人物極爲痛恨的目標。提圖斯·弗拉米紐斯的派系在元老院擁有優勢，藉機刪除他提出的預算和簽訂的契約，認爲無論是修復或維護神聖的廟宇和公共建築物，現在對共和國而言不會帶來任何好處。他們鼓動那些膽大妄爲的護民官對他提出指控，並且施以2泰倫罰鍰的處分。他們對於他興建的法院大廈或公共會堂，同樣抱著反對的態度；他把這個建築物用普通的單價起造，位於羅馬廣場緊靠著元老院，使用他自己的姓氏命名爲波修斯大廳[55]。

無論如何，人民認爲他不畏權勢，在監察官的職位上做得有聲有色，於是在健康女神廟爲他設立一個雕像，銘文沒有提到他在戰時的表現和獲得凱旋式的榮譽，只是肯定加圖身爲羅馬監察官的成效，特別是靠著他對紀律的要求、睿智的作爲和節制的條例，拯救羅馬共和國於危亡之際，不致沉淪於倒行逆施的罪惡之中。在這些榮譽沒有加在他頭上之前，經常嘲笑羅馬人喜愛這一類的虛名，說他們對銅像鑄造工和畫家的作品感到傲驕，然而他們根本不了解，眞正完美的形象應該在市民同胞的心中。當有些人爲他打抱不平，很多表現平常的人都有一座雕像，而他竟然沒有的時候，他說道：「我情願別人問我爲什麼沒有，而不是問我爲什麼會有。」他始終認爲一個忠誠的市民，除非證明能夠有利於共和國，否則對於得不到讚譽應該多加忍耐。

他不斷對自己極力歌功頌德。他告訴我們現在有些人做錯事，等到被發現以後，竟然強辯說他們又不是「加圖」，這有什麼好責備的。他還說了一些事情，

---

55 這是羅馬最早期的長方形廊柱大廳之一，波修斯的稱呼來自加圖的族名，矗立在市民廣場的一側，52B.C.克洛狄斯的葬禮引發暴動，鄰接的元老院議事堂被縱火焚毀，這座建築物遭到池魚之殃。

就是他的行為有些人在模仿,只是手法非常笨拙被稱為「左撇子」加圖。同時還提到元老院每逢面臨危難,大家都把眼光投向他的身上,好像他是一艘船的領航員,只要他沒有出席會議,遇到重大問題都要延後處理。經過其他人士的證明確有其事;他用嚴謹的生活、雄辯的口才和傲人的高壽,使得他在這個城市擁有無上的權勢。

20 他是一個好父親,對妻子來說是一個盡責的丈夫,更是一個特別省儉的人。他對個人的私事並沒有很刻意的照顧,也不把它看得有多麼重要,我認為在這方面更應受到大家的讚許。娶妻著重門第而不是財富,他的看法是家財萬貫和身世顯赫同樣會使人傲慢和驕縱,那些出身名門世家的後裔,對於卑劣的伎倆會有羞恥心,只要丈夫的行事光明正大,都會表現出順從的態度。毆打妻子和兒女的人在用暴虐的手侵犯最神聖的事物,一位熱愛家庭的丈夫比起負責盡職的元老院議員,應該受到更多的讚譽。他最敬仰的古代人物無過於蘇格拉底,妻子是個潑婦而兒女都是不成材的白癡,仍能過著克己復禮和心平氣和的生活。

等到他的兒子出生以後,當他的妻子給嬰兒洗澡和放在襁褓之中的時候,除非公務否則不管手頭有多緊要的事情,都無法讓他離開他們的身邊。他的妻子親自哺乳[56],經常讓奴僕的小孩吮吸她的奶水,使他們從小與她的兒子產生兄弟般的情誼。等到這個小孩到達懂事的年齡,加圖親自教他讀書,雖然有個名叫契洛(Chilo)的奴隸是很優秀的文法教師,曾經教過很多學生,根據加圖的說法,要是他的兒子因為悟性不夠而受到申斥,或是非要耳提面命才能達成教學的效果,他認為都是不適當的方式,更不能把學習這樣重要的工作,全部交給一位奴隸來負責。因此他自己(我們聽說有這麼一回事)教導文法和法律的課程,還有各種體育活動和練習。他不僅親自示範如何投擲標槍和各種戰鬥的動作,還有騎術和拳擊,讓他能忍受酷熱和嚴寒,有本領游過急湍和奔騰的河流。

他曾經提起他寫出很多歷史的著作,他的兒子不必離開家門一步,就能拿同胞和祖先作為效法的楷模,就好像有神聖的灶神女祭師在場一樣,他絕不會在兒

---

56 母親親自哺乳嬰兒這在富貴人家並不常見;蒲魯塔克對這件事情非常感激他的妻子泰摩克森娜(Timoxena),可見當時社會觀念之一斑。

子的面前講不雅的粗話，甚至不會一起到浴場去，實在說這是羅馬人很普通的習慣，一般來說女婿避免與岳父同浴，彼此裸裎相向會令人感到尷尬。意大利人經過一段時間，受到希臘人的薰陶可以在人前赤身露體，後來愈發變本加厲，反而教導希臘人當著女性的面前可以不著寸縷。

　　他的兒子在德行方面受到他的陶冶和塑造，就像一件極其完美的作品，具備的天資和稟賦可以說沒有任何瑕疵，只是體質太弱難以吃苦耐勞和肩負重任，因而他並不堅持他的兒子要過艱困的生活。雖說個人的健康狀況雖然難耐煩劇，在戰場上證明是個剛強的軍人，參與包拉斯·伊米留斯與帕修斯的決戰[57]，能夠表現出英勇的氣魄。有一次他的佩劍在一擊之下脫落，也可能是手掌潮濕沒有抓穩而遺失，使得他感到非常苦惱，帶著一些戰友回轉身去，繼續向敵人發起攻擊，經過一場激戰把對手趕走，清理失去佩劍的地面，發現混雜在無數的兵器當中，雙方陣亡者的屍體堆積如山。身為將領的包拉斯表揚這位年輕人力戰不屈的精神，加圖有一封信給他的兒子，對於他誓死要找回佩劍的熱誠極口讚譽。後來他娶伊米留斯·包拉斯的女兒，也是西庇阿的姊妹特爾夏(Tertia)為妻[58]，他能夠與這個名門世家聯姻，完全靠著自己的功勳而不是父親的名聲。加圖對兒子的教育關懷備至，終於獲得豐碩的成果。

21 他從戰俘中間買到很多奴隸，主要都是年輕的貨色，就像幼駒和小狗一樣可以改變過去的習性加以調教。他們除了遵奉加圖和他妻子的派遣，不得擅自到別人的家中。要是有人問到加圖在做什麼，他們不得洩漏任何消息，僅能回答說他們不知道。當一位奴僕留在家裡，他只可以忙著做事或者睡覺，加圖很高興他們都躺下來入睡，這時候會很溫馴而且聽話，總比清醒時惹是生非要好得多，何況經過一番小憩做起事來更會賣力。他認為奴隸在性慾獲得滿足以後就會偷懶和犯錯，即使要和家中的女奴享受雲雨之歡，也要付出規定的金額才獲得允許[59]，絕對禁止與外人發生肉體關係。

　　早年當他還是一位貧窮的士兵，對於供應的飲食不會挑剔，認為為了自己的

57　168B.C.的皮德納會戰。

58　西庇阿·伊米利阿努斯原來是伊米留斯·包拉斯的兒子，被阿非利加努斯收養，所以他與包拉斯的女兒特爾夏是親兄妹。

59　奴隸之間的婚姻，男方要按照規定付給主人一些款項，本章這種說法是對加圖的中傷。

肚皮而責罵奴僕是丟臉的事。等到他變得富有以後，經常舉行宴會招待他的朋友
和職務有關的同僚，對於那些沒有細心接待或是準備不周的奴隸，一旦用餐完畢
就施以責打或鞭笞。他經常運用一些權謀使得奴隸之間彼此不和，要是他們的感
情融洽使他產生疑慮和畏懼的心理，只要發現他們有人涉嫌犯下重罪，立即進行
正式的審判，當著這些家用奴隸的面前將犯人處死。

　　等到他對財富的增加抱著貪婪之心，從事農耕被他視為個人的興趣而非獲利
的事業，因此，他決定把錢財用在更為安全和穩固的項目，像是購買池塘、溫泉、
生產漂白土的地段，以及有利可圖的農莊、牧場和森林。他從這些方面獲得很大
的收益，他經常自負地說起，就是朱庇特也無法對他造成很大的損害。他從事高
利貸的業務，考慮到大眾的反感，僅投資有關海運的部分，他很想把錢用在有很
多股東的行號，等到人數到達50和擁有相同數目的船隻以後，他用自由奴奎因提
奧（Quintio）的名義占有一股，同時讓這位自由奴乘船出海從事商業活動，所有的
進出口貿易都要插手，這樣就不會遭遇危險而喪失投入的資本，即使占的股份不
大，卻能賺取優厚的利潤。

　　他同樣把錢借給那些需要現金的家奴，他們可以用來買一些年輕的奴隸，由
他親自負責調教和培養，經過數年以後再把他們賣出去，加圖也會保留一些供自
己使用，給予向別人購買所需同樣的價錢，表示他不會占自己人的便宜。為了使
得他的兒子也能養成這方面的習性，經常告訴他的繼承人要有男子漢大丈夫的氣
概，不能像一個寡婦那樣變賣自己的產業。他毫無憚忌的表示自己在這一方面有
出神入化的功力，不僅如此還把自己當成未卜先知的人物，留下的遺產比起繼承
的家業不知要多多少倍。從這點可以看出加圖的貪婪本質真是世所罕見。

22　當柏拉圖學派的喀尼德（Carneades）[60] 和斯多噶學派的戴奧吉尼斯
（Diogenes），這兩位哲學家組成代表團[61] 從雅典來到羅馬之際，加圖
這時已經年紀很老。他們向元老院提出懇求赦免雅典人500泰倫的罰金，有關這個
訟案他們並沒有出庭，是在奧羅帕斯人（Oropians）出任原告和西賽昂人（Sicyonians）

60　喀尼德是塞倫人，156B.C.左右成為雅典柏拉圖學派的領導人物，有口若懸河的辯才，逝世
　　於129B.C.。

61　奧拉斯・傑留斯（Aulus Gellius）提到第三位使節是逍遙學派哲學家克瑞托勞斯（Critolaus）。
　　代表團在155B.C.來到羅馬，此時加圖79歲。

擔任法官的狀況下，擅自做出的裁定[62]。所有那些好學的年輕人都去迎接這兩位哲學家，聽到他們的講話以後給予高度的讚譽。喀尼德的演說表現出極其文雅的態度和豐富的學養，他的名聲受到舉世的稱頌，能夠吸引一大群熱情的聽眾，就像颳起一陣春風，使得全城回響著慈祥的聲音。大家認爲這位希臘人使得聽他演說的人都會如醉如癡，對這個城市的年輕人灌輸強烈的激情，讓他們願意拋棄歡樂和消遣，獻身知識的追求和學術的研究。羅馬幾乎沒有人對發生的狀況表示異議，他們樂於見到年輕一代獲得希臘的學養，在令人感動的大師身上多花一些時間。

　　在另一方面，看到全市籠罩在激昂的情緒之中，加圖從開始就表示出不以爲然的態度，生怕年輕人的思想會產生轉變，只會空言理想和光榮，不能善盡執干戈以衛社稷的責任。等到哲學家的名氣在城市日益高漲，該猶斯‧阿西流斯（Caius Acilius）是地位顯赫的人物，在他們到元老院首次覲見的時候，願意薄盡棉力出任通事。加圖決定用模稜兩可的藉口，讓這些哲學家離開城市，他前往元老院對當局大加指責，說他們耽擱代表團太久的時間，沒有盡快處理有關的事務，何況來人對樂於達成的目標，都能夠說服人民同意他們的要求；因此，對於他們的陳情請願的有關事項，要火速做出最後的決定。這樣一來他們能夠返國，回到學校教誨希臘的兒童，讓羅馬的年輕人服從本國的法律和政府。

23 他並不像大家所想那樣，對於喀尼德的演說非常氣惱，但是他對哲學懷著藐視之心，基於一種自負的心理嘲笑希臘的藝術和文學；例如，他說蘇格拉底是一個書空咄咄和標新立異的傢伙，所作所爲使得城邦陷於僭主和暴君的統治，古老的傳統面臨毀棄的命運，誘使市民表示意見反對法律，然後又將他們棄之不顧。此外，他還嘲笑伊索克拉底（Isocrates）的學校[63]，說那裡的學生在追隨老師完成學業之前，已經是一個老人，他們學到的本事只能在另一個世界，向邁諾斯（Minos）[64]的法庭提出訴狀。他對他的兒子說出恫嚇之辭，可以

62　雅典人洗劫奧羅帕斯，居民向城邦聯盟提出控訴，西塞昂人擔任法官，裁決雅典人要付出罰鍰500泰倫。

63　伊索克拉底是知名的演說家和教育家，他辦的學校在當時最受歡迎，338B.C.逝世，享有98歲的高壽。

64　邁諾斯是天神宙斯和歐羅巴的兒子，克里特的國王，亡故後成為冥府的判官。

做任何事情就是不能成爲希臘人,用一種非常激烈的聲調,遠超過這種年歲的人所應表現出的態度。他擺出先知先覺的態度公開宣布,他們一旦受到希臘文學的影響,必定會給羅馬人帶來很大的禍害。時間可以證明他的預言已經落空,實際上,羅馬這個城市在接受希臘學術的薰陶以後,才能上升到最偉大的境地[65]。

他不僅厭惡希臘的哲學家還有他們的醫生,聽到波斯國王爲了延請希波克拉底(Hippocrates)[66]看病,願意付出幾個泰倫的診費,他表示意見說不應該給蠻族救治,因爲他們是希臘人的仇敵。他非常懇切地要求,所有醫生要把絕不通敵當成最普通的誓詞,同時吩咐他的兒子要特別注意,避免與希臘醫生建立任何關係,他自己寫了一本小冊子,提到一些家庭中常見疾病的治療和處方[67],他從未使用斷食療法,頂多是囑咐吃些蔬菜,肉類應以鴨子、鴿子和野兔爲限,這些食物清淡容易消化,對於病患比較有益,除了使他們能從夢中獲得滿足以外,沒有什麼不方便的地方。根據他的敘述,他和在他周邊的人不僅使用這種醫療的方法,還堅持類似的養生之道。

24 不過,他這種狂妄的態度難免要自討苦吃,他的妻子和兒子都因病去世,只有他自己靠著健康和強壯的體質,生命力極爲旺盛,以至於他已經到達知命之年,還向婦女獻殷勤,即使喪失談情說愛的元氣,還娶一位年輕的少女爲妻,下面是他所運用的藉口:他在忍受喪偶之痛以後,就讓他的兒子娶包拉斯·伊米留斯的女兒,也就是西庇阿的姊妹爲妻,雖然他現在是個鰥夫,卻有一位少女暗地與他相會,所住的房屋很小,媳婦經常留在家裡,這件事難免紙包不住火,有次這位前來幽會的女郎,毫無顧忌進入加圖的內室,他的兒子看到雖然口裡不說,眼光表示出很氣憤的神色。

這位老人心裡有數,雖然不高興倒也沒有做任何表示,還是跟平常那樣離開家,與一群同伴前往羅馬廣場,在那裡大聲召喚薩洛紐斯(Salonius),這個人在他

---

65 羅馬在奧古斯都時代是世界最偉大的帝國,同時也喪失古老的制度和人民的自由權利;出現這種狀況,不是他們學習從外國傳入的知識和學術,而是出於他們拋棄原有的信仰,生活的奢侈和政治的腐化。

66 考斯島人希波克拉底是古代最有名的醫生,傳統的生卒年代為460-380B.C.。

67 加圖是一個庸醫,他的藥方在那個時代很普通,不僅非常簡陋而且危險,不能達成治療的效果,蒲魯塔克引用他的說法,把鴨子、鴿子和野兔看成清淡的食物,難道還有那些菜餚比這些更不容易消化?別的不提,由此就可想而知。

的手下擔任辦事員，然後問他是否要把女兒嫁掉？回答說是在沒有與加圖商量之前，不會這樣做。加圖說道：「只要你對男方的年紀不太在意的話，那麼我已經爲你找到一個很適合的女婿，這位人選在其他方面的條件可以說是沒有一點差錯，只是雙方的年齡相差實在太懸殊。」薩洛紐斯將這件事交到他的手裡，說是願意讓加圖安排這場婚事，嫁給他所中意的人，等到這一切都要依靠他來決定，他只有停止支吾其辭，很明白地表示是自己要娶這位少女。當然在開始的時候，薩洛紐斯對加圖的表態感到非常驚奇，就他看來加圖再結婚的可能性，就像他與一個出過執政官和舉行凱旋式的家庭聯姻，同樣是遙不可及的事。他發覺加圖是如此的誠摯，也就樂於答應此事，大家一同到羅馬廣場，很快完成婚約的簽訂。

　　就在準備婚事的時候，加圖的兒子在一群朋友的陪同下，前來質問他的父親，是不是什麼地方有所冒犯，否則爲何要讓一位後母進門？加圖大聲叫道：「沒那回事，我兒！我從來沒有發現你犯下任何過錯，就是那些與你有關的事物，同樣也毫無不滿之處，我只是想使家族瓜瓞綿綿，讓共和國能多有幾個像你一樣的市民。」他們曾經提過，雅典的僭主彼昔斯特拉都斯[68]也用這種方式，來回答他的幾個兒子，當他娶亞哥斯的泰摩娜莎（Timonassa）爲第二任妻子的時候，那些兒子都已長大成人；據說泰摩娜莎後來爲他生下愛奧奉（Iophon）和帖沙盧斯（Thessalus）這兩個子女。

　　加圖的第二任妻子爲他生了一個兒子，從他的母親那裡獲得薩洛紐斯[69]這個小名。就在這個時候，他的長子出任法務官不幸逝世，加圖在他的作品裡經常提到，說他這個兒子是不可多得的善良之士。無論如何，據說加圖就像一個哲學家，能夠忍受喪子之痛，同時沒有任何事情可以讓他疏忽政事，因此他不會像盧契烏斯‧盧庫拉斯和梅提拉斯‧庇烏斯（Metellus Pius）那樣，到了老年就會弛怠，雖然從事公職是應盡的責任，他們還是敬謝不敏；他也不像西庇阿‧阿非利加努斯，因爲獲得的榮譽受到嫉妒的打擊，離開公眾的場合，整個生活方式發生改變，餘生可以說是一事無成。有一個人的說辭讓戴奧尼休斯（Dionysius）信服，死於發揮統治權之際才能樹立光榮的墓碑。加圖認爲他到老年時還能忙於國事，可以說這

68　彼昔斯特拉都斯是6世紀B.C.雅典的僭主，梭倫與他不但是表兄弟，而且雙方有極不尋常的親密關係。

69　波修斯‧加圖‧薩洛紐斯（Porcius Cato Salonius）生於154B.C.，那時加圖的年紀已經有80歲，他的大兒子死於154B.C.。

一輩子沒有白活，雖然如此，他有時還能運用閒暇的時間，以農事和寫作自娛。

25 他的確寫出風格不同的作品和史籍[70]，在年輕的時候努力務農爲的是養家糊口，因此他經常提到自己賺錢的兩個方法，就是耕種和慳吝。現在他已經邁進衰老之年，不僅視務農爲職業還是研究學問的目標。他特別就鄉居生活寫了一本書[71]，裡面提到如何製作糕餅和保存水果，可見他的用心良苦對任何事物都有興趣，願意深入探討。他住在鄉間的莊園準備的晚餐非常豐富，每天邀請朋友和鄰居前來聚會，大家能夠度過這段愉快的時光。他的同伴不僅是年齡相同的老友，甚至還有年輕人參加，加圖的閱歷極其廣寬，對事物獨具慧眼，無論是一言一行對後世發生重大影響，所以他的見解值得大家聆聽和深思。他認爲舉行宴會是培養友誼最適當的場所，那些勇敢和優秀的市民，不但受到他的推崇還介紹讓眾人得知，至於不肖之徒受到排斥拒不接納，無論這些人肉麻的奉承還是大肆的批評，他都充耳不聞毫不在意。

26 有人說加圖對國家最後的貢獻是促成迦太基的滅亡。雖然靠著小西庇阿的英勇施以臨終一擊，發起這場戰爭最主要還是加圖的獻策和建議，也是當時的環境所造成的後果。迦太基人和努米底亞國王馬西尼撒（Masinissa）之間引起戰爭，加圖奉派前往了解產生衝突的原因[72]。馬西尼撒從最早開始就是羅馬人的朋友，等到他們被老西庇阿征服以後，全都成爲羅馬的盟邦；這時他們由於國土和稅收的喪失，原來具有的權勢已經大幅萎縮[73]。加圖發現迦太基並沒有處於劣勢（這是羅馬人的看法），反倒是士氣高昂力圖振作，國家

---

70 據說他的作品除了一百五十多篇演說詞，還就軍事訓練和紀律寫了很多文章，歷史著作有兩卷用來敘述意大利的城市，另外還有五卷的主題是羅馬，特別是第一次和第二次布匿克戰爭有關的史實。

71 他僅存的作品是《論農業》，一本討論農莊經營的手冊，共有162節完整無缺，是我們今天了解羅馬社會、經濟和宗教生活的寶貴資料，其餘只留下吉光片羽的殘句。

72 馬西尼撒（238-148B.C.）和努米底亞人在第二次布匿克戰爭的末期，出兵協助羅馬贏得查瑪會戰的勝利，後來只要他們與迦太基發生爭執，羅馬總是偏袒努米底亞人。現在已經是50年後的事，迦太基正要從事戰爭，加圖前往調查是在153B.C.，4年以後過世。

73 西庇阿·阿非利加努斯與迦太基人簽訂和平條約，結束第二次布匿克戰爭，主要的條件是：迦太基交出艦隊和戰象；未得羅馬同意不得對外發動戰爭；馬西撒尼復位為王，迦太基割讓部分疆域；支付羅馬1萬泰倫賠款，分50年償清。

富有錢財和物質，武器和軍備非常充實，同時知道迦太基人居於上風，認爲目前不是調停他們和馬西尼撒之間糾紛的適當時機。除非對於羅馬這個古老而且不共戴天的仇敵，找出辦法來阻止他們迅速的成長和復興，否則自己很快陷入危險的境地。因此他即刻趕回羅馬向元老院報告，過去被擊敗的迦太基人，現在具備的實力並沒有減低，否則倒是可以扼阻他們的輕率和愚行，他們的戰力不僅沒有比過去弱，反而經過戰爭的洗禮更有經驗，與努米底亞人的前哨戰鬥使他們獲得演練的機會，將來對付羅馬人會有更佳的表現。和平與盟約只能使戰爭暫時停止，等到機會來臨就會遭到撕毀。

27 一般人的說法，加圖在元老院掌握時機，讓長袍裡面揣著的無花果掉了出來，大家都在讚許它的碩大甜美，這時他表示生長這種水果的地方，離開羅馬只有三天的航程，不僅如此，他以後只要在元老院發言，最後都會用一句話作爲結束：「不管怎麼說，我認爲迦太基一定要滅亡。」西庇阿・納西卡(Scipio Nasica)表示完全相反的意見，那就是：「我的看法迦太基必須留在世間。」看見他的同胞更爲狂妄無禮而且心懷惡意，民衆因爲繁榮和處於順境，不再事事聽命元老院而且他們的行爲難以控制，整個城市受到他們的擺布，因此約西卡認爲只有靠著對迦太基的畏懼之心，才能發揮約束的作用；而且就他的觀點而論，迦太基過於弱小無法擊敗羅馬人，反倒是羅馬人的強大讓對方難以藐視。加圖是從另一個角度來看問題，他認爲迦太基這個城邦具備偉大的實力，始終是構成危險的潛在因素，何況他們從過去的災難中復原，變得更爲清醒和睿智，在等待權力過大的羅馬人民，做出愚笨的行爲或是陷入過度的危險之中，就會給他們帶來可趁之機。因此他以爲最明智的做法是釜底抽薪之計，先把外來的危險清除乾淨，再全力處理內部的問題。

他們說是加圖全力煽動第三次也是最後一次對迦太基人的戰爭[74]，雙方剛剛發生衝突他正好逝世[75]。加圖曾經預言有一個人會完成這項任務，那時他還是一個年輕人，在軍隊中擔任軍事護民官的職位，經過幾次戰鬥可以證明他作戰英勇而且指揮有方。等到他建立的功勳傳到羅馬，加圖表示：

74　第三次布匿克戰爭在149-146B.C.。

75　加圖逝世於149B.C.，享年85歲。

> 智者精誠當月日，
> 凡夫逐影何其愚[76]。

西庇阿很快用作戰行動來證實他的預言。

　加圖除了第二任妻子爲他所生的兒子，沒有留下其他的子女，這個兒子的名字，我們在前面提過，叫做加圖・薩洛紐斯。他的長子給他生了一個孫子，後來不幸夭折。加圖・薩洛紐斯在出任法務官的時候去世，他的兒子馬可斯後來成爲執政官，也是「哲學家」小加圖（Cato the Philosopher）的祖父[77]。要是就德行和聲望而言，「哲學家」小加圖是那個時代最顯赫的知名之士。

76　這句詩引自荷馬《奧德賽》第10章第495行。
77　蒲魯塔克的算法有錯，馬可斯不是小加圖的祖父而是他的父親，所以薩洛紐斯才是小加圖的祖父。

第三章
亞里斯泰德與馬可斯‧加圖的評述

1 前面已經提到兩位偉大人物令人難忘的事蹟，在很多情況之下彼此非常類似，很不容易發現相互之間那些差異之處，所以很難就平生的豐功偉業做一對比和評述。如果我們能從細節部分進行深入的探討，像是從某些詩篇的歌頌或史書的描述，讓我們知道這兩位的家世雖然寒微，能在共和國躍登最高的職位，享有莫大的榮譽，原因無他全憑著本身的德行和勤勉。當亞里斯泰德在政壇初露頭角的時候，雅典尚未達到雄偉和富足的高峰，那個時代的政府首長和一般官員，都是他們之中財富和地位相當的人士，第一等級的產業估算值是年產500梅丁魯乾量單位(相當1又1/2蒲式耳)的糧食，第二等級是騎士階層有300個單位的產值，第三或最後一等級稱爲Zeugitae，有200個單位的產值。

加圖出生在一個小村莊過著農民的生活，進入共和國就像投身到廣闊無邊的海洋，那個時期流行的風尚，如果不是庫流斯、法布瑞修斯和賀斯提留斯這些名門世家出身的人，不可能擔任總督的職位，貧苦的勞動者無法從犁田種地一躍而爲高官厚爵，整個城市所注視的對象是高貴的家族、富豪的財產、豐碩的禮物、分發的配給品、個人的申請物。富有的人士保持很高的姿態，對於那些乞求職位的候選人，表現出傲慢的神色。提米斯托克利通常對他的敵手非常重視，卻把那些出身寒微和財力欠缺的人不放在眼裡(據說提米斯托克利在從政之初，他的身價就有4或5泰倫)，現在加圖除了用辯才可以自由主張他的權利以外，沒有其他的幫助，竟然要與西庇阿‧阿非利加努斯、塞維烏斯‧伽爾巴和奎因久斯‧弗拉米紐斯這類人物一比高下。

2 此外，亞里斯泰德在馬拉松以及後來在普拉提亞，他不過是10位指揮官之一，加圖雖然有很多競爭者，當選爲執政官只有一位同僚，即使後來

成爲兩位監察官之一，也只有7位高貴和顯赫的對手。亞里斯泰德從未在任何軍事行動中獨當一面。密蒂阿德在馬拉松領軍出戰；薩拉密斯會戰是提米斯托克利的傑作；希羅多德告訴我們，說是鮑薩尼阿斯在普拉提亞贏取戰勝的光榮。不僅如此，就是索芬尼斯（Sophanes）、阿米尼亞斯（Aminias）、凱利瑪克斯（Callimachus）和賽尼吉魯斯（Cynaegyrus）這些人物，認爲在接戰中表現良好，也要與亞里斯泰德競爭第二等的位置。

加圖不僅在西班牙戰爭中以執政官之尊，因作戰勇氣和指揮才華而爲眾人馬首是瞻，即使在色摩匹雷擔任軍事護民官，居於他人的指揮之下，還能獲得光榮的勝利；他能夠爲羅馬人打開這條險道，當安蒂阿克斯全力對付正面敵人的時候，他從後方向國王發起攻擊。這次作戰的勝利完全歸功於加圖的主動積極，從希臘人手裡奪取亞細亞，爲西庇阿的爾後作戰打開一條進入的通路。

兩個人都在戰場贏得勝利，亞里斯泰德在國內失足跌倒，提米斯托克利領導的派系，將他放逐給予嚴厲的打擊。然而就加圖來說，幾乎羅馬所有的首腦分子和最有權勢的人物，都是他的敵人，甚至他到了老年，還是與這些人纏鬥不休，他始終還能保持穩固的地位。他涉及無數與公職有關的訟案，有時是原告，有時難免成爲被告，大多數對手都遭到敗訴，所有人都對他無可奈何，這完全靠著他那滔滔不絕的雄辯，是最堅強的城堡也是最有力的武器，比起他所獲得的機遇或是擁有的財富，更能使他立於不敗之地，終其一生毫無損傷全身而退。安蒂佩特（Antipater）把對哲學家亞里斯多德的高度讚譽安在他的身上，加圖過世以後爲他寫傳，認爲他所有的美德之中最特殊的一點，是能說服人民對他的所作所爲都能欣然接受。

3 毫無疑問，一個人最重要的長處是擁有治理城市及共和國的本事，大家也會同意，齊家之道也是不能輕視的優點。一個城市僅僅是許多家庭聚集而成，除非組成的家庭都能美滿幸福而且人丁興旺，否則整體就無法達到繁榮和安定的目標。萊克格斯禁止在斯巴達使用金和銀，拿很容易被火毀損的鐵當成通貨，這種措施不是要他們把生計拋在一邊不加理會，在於制止奢侈和揮霍的習性，這些是財富造成的敗壞而且帶來致命的腫瘤。他充分供應所有必需品也讓全體人員都有事可做，可以說沒有一位立法者以往曾經這樣做過。比起社會中那些富有和傲慢的成員，他對那些貧苦無依和貧無立錐之地的人更爲擔心。

　　加圖管理家事的操勞程度，與他的盡心公務不分軒輊，因而他的產業不斷增加，在經濟和農事方面成為當代的大師，就這些題材蒐集資料寫出很多有用的規範。亞里斯泰德的做法完全背道而馳，他的貧窮使得公正遭到大家的厭惡，如果公正只給一個家庭帶來禍害和貧苦，能夠有利於其他所有的人，那麼他情願挺身接受。

　　赫西奧德(Hesiod)勸我們要關心家庭的事務，對於怠惰和懶散大事抨擊，認為公理正義的喪失完全肇因於此。荷馬對他那個時代縱橫四海的雄心表示讚許之意：

> 我不事生產也無人照顧，
> 難以培育出興旺的家族；
> 唯有輕舟出戰使我愉悅，
> 無懼長戟臨身疾矢飛越。

就像這一類的角色他們根本不關心自己的產業，用不義的行為和搶劫的作風，謀取別人的財富才能生活。就像醫生所說的香膏，外敷可以治病，內服有害身體，一個公義之士使眾人蒙利，唯獨自己和家庭得不到一點好處。看來亞里斯泰德的為政之道有很大的缺點，要是按照很多作者的記載，他不僅沒有為女兒留下嫁奩，甚至連自己的喪禮所需的費用都沒有準備。

　　有鑑於加圖家族產生元老院議員和將領，一直延續到第四代，他的孫兒和曾孫都擢升到最高的位階；雖然亞里斯泰德是雅典首屈一指的人物，過著極其貧窮的生活，他的後代甚至有人靠著變戲法跑江湖為生，其他的人也都伸出手來接受公家的救濟，沒有一個人表現出高貴的行為，配得上他在政壇擁有的地位。

4 難道就是因為這樣才出現下面這些觀點？說是除非出於懶惰、放縱、奢侈和狂妄的行為，否則貧窮本身並不可恥。然而有的人士具備節制、勤勉、公正和忠勇的德行，為了表現出偉大和崇高的心靈，全部拿來奉行公職為民服務；要是僅僅注意到瑣碎的雜務，就不可能完成偉大的事業，更無法滿足其他人那些眾多而渴望的需求。一個政治人物服務國家最主要的條件，不是個人的財富而對欲望一無所求，保持獨立自主的人格；不要讓自己的家中充滿無用的冗

物，全心全意謀求公眾的福利。

　　神明可以不食人間煙火，一個德行高潔之士會盡量少取所需，能夠接近極其神聖的完美境地。身體要保持良好的狀況除了衣食不應有其他的需求，心志堅定的市民和他的家人用很少的費用可以維持生計。有錢人不能獨自謀生必須依賴別人，那是他們積攢的東西多，拿出來使用的少，所以應該就我們全體擁有的物品，按照比例分配使用。一個人在不感匱乏的狀況下，要是對無所求的東西仍舊大事張羅，那可以說是愚笨；要是所求的東西是為了滿足下流無恥的享樂，那麼讓人感到可憐。

　　我很希望能夠問問加圖，如果我們想要發財是為了享受這份樂趣，為什麼他會在錢多的時候表現驕傲的態度，而在錢少的時候讓人認為他感到滿足？如果說他把食用粗麵包，與他的手下人員飲低劣的酒，對於紫袍無垂涎之心，也不貪圖經過粉刷的華屋，視為受到讚譽的高貴行為，那麼無論是亞里斯泰德、伊巴明諾達斯、馬紐斯‧庫流斯和該猶斯‧法布瑞修斯，他們同樣對必需品不感缺乏，並沒有煞費苦心去謀求那些他們已經證實毫無用處的東西。這樣說來加圖那種做法，像是認為蕪菁是最美味的食物，而且要親手將它煮熟，他的妻子自己做麵包，常常為只有一分錢而自我誇耀，寫一本書指出一個人如何用最快的方法成為富翁，完全出於做作都是一些毫無意義的事情。

　　實在說，唯有簡樸的生活和節約的習性才是關鍵所在，這樣可以使我們的心靈免於物欲的追求，為保持無用的冗物而感到焦慮。據說，凱利阿斯的案子在開庭審判的時候，亞里斯泰德曾經說過，那些根本不願過貧窮生活的人，才會對貧窮感到羞愧，要是像他一樣安貧樂道，才會對這種生活方式感到光榮。要是認為亞里斯泰德的家徒四壁，應該歸於他的怠惰，那可以說是很荒謬的想法。他只要把從蠻族那裡獲得的戰利品拿走一部分，或是攫走一個帳篷的財物，就會馬上變成有錢人。有關這方面說得很多，就此打住。

5 加圖的遠征對羅馬帝國而言並沒有什麼了不起，如果不添油加醋要說是偉大的功績也有幾分可以接受。然而就希臘古往今來的歷史來看，亞里斯泰德的馬拉松會戰、薩拉密斯會戰和普拉提亞會戰，可以說是最神聖、最光輝、最突出的軍事行動。安蒂阿克斯無法與澤爾西斯相提並論；就是西班牙所有市鎮的城牆都被推倒，拿來與數以萬計的敵軍被擊滅在海域和陸地相比，也要大為遜

色。所有這些高貴的功勳，亞里斯泰德的建樹並不輸於任何一位將領，然而他留下榮譽和桂冠，就像他捨棄財富和金錢一樣，給那些需要和渴望滿足貪念的人，因為他在無論各方面都更為優越。

　　我不願指責加圖的大言不慚和自視過高，雖然他在一次演說中說道，無論是大肆吹噓或是妄自菲薄都同樣的荒謬。就我的看法，那些並不怎麼期盼別人給予頌揚的人，比起那些自我標榜的人，前者可說已經具備謙虛的美德。胸懷大志的人要是有開放自由的思想，有助於政治的溫和與文雅；反之，野心會使人冷酷無情，成為煽動和散布嫉妒的惡毒政客。亞里斯泰德完全避開暗中的謀害，加圖難免成為攻擊的目標。亞里斯泰德協助提米斯托克利處理軍國大事，成為他的直屬部下，貢獻相當的力量進行雅典的重建；加圖反對西庇阿，連帶他對迦太基人的遠征行動，幾乎都受到阻撓和破壞；漢尼拔雖然仍舊具有所向無敵的實力，後來還是被西庇阿制伏。最後，加圖還是不放過西庇阿，到處傳播他涉嫌的謠言和誹謗之辭，將他從城市裡趕走，指控他的兄弟犯下侵占公款的罪行，受到極其羞辱的判決。

6　總而言之，加圖經常大聲宣揚自己的克制之道，亞里斯泰德能夠保持純潔和毫無瑕疵的心靈。加圖的婚姻與他的地位和年齡無法相稱，就這方面來說，對他的名聲有相當的損害，在他這把年紀將一位妙齡女郎娶回家，還要與兒子和媳婦住在一起，這種情形非常不得體。何況她還是公家一個職員的女兒，即使是為了滿足自己的欲念，或是對他的兒子表達憤怒之意，無論就實情和藉口來說都沒有什麼道理。他編出一個理由來欺騙自己的兒子，如果他真想得到一些更優秀的兒女，就要娶一個家世顯赫的妻子，而且不應在拋開再婚的念頭以後，臨時再找一個對象。即使他發現很適合的女子，也不應該接受這樣一個岳父，很容易就答應提出的婚事；實在說以他的地位，姻親要能給他增加光彩才行。

希臘羅馬英豪列傳 I

2009年1月初版　　　　　　　　　　　　　　　定價：新臺幣780元

有著作權‧翻印必究

Printed in Taiwan.

著　　　者	Plutarch
譯　　　者	席　代　岳
發 行 人	林　載　爵

出　版　者	聯 經 出 版 事 業 股 份 有 限 公 司	叢書主編	簡　美　玉
地　　　址	台 北 市 忠 孝 東 路 四 段 5 5 5 號	校　　對	席　代　岳
編輯部地址	台 北 市 忠 孝 東 路 四 段 5 6 1 號 4 樓	封面設計	翁　國　鈞

叢書主編電話　(0 2) 2 7 6 3 4 3 0 0 轉 5 0 4 9

總　經　銷　聯 合 發 行 股 份 有 限 公 司

發　行　所：台北縣新店市寶橋路235巷6弄6號2樓

　　　　電話：(0 2) 2 9 1 7 8 0 2 2

台北忠孝門市：台 北 市 忠 孝 東 路 四 段 5 6 1 號 1 樓

　　　　電話：(0 2) 2 7 6 8 3 7 0 8

台北新生門市：台 北 市 新 生 南 路 三 段 9 4 號

　　　　電話：(0 2) 2 3 6 2 0 3 0 8

台中分公司：台 中 市 健 行 路 3 2 1 號

暨門市電話：(0 4) 2 2 3 7 1 2 3 4 e x t . 5

高雄辦事處：高 雄 市 成 功 一 路 3 6 3 號 2 樓

　　　　電話：(0 7) 2 2 1 1 2 3 4 e x t . 5

郵 政 劃 撥 帳 戶 第 0 1 0 0 5 5 9 - 3 號

郵 撥 電 話：2 7 6 8 3 7 0 8

印 刷 者　世 和 印 製 企 業 有 限 公 司

行政院新聞局出版事業登記證局版臺業字第0130號

ISBN　978-957-08-3372-0（精裝）

聯經網址：www.linkingbooks.com.tw

電子信箱：linking@udngroup.com

國家圖書館出版品預行編目資料

希臘羅馬英豪列傳 I / Plutarch 著．
席代岳譯．初版．臺北市．聯經．2009 年．
（民 98），680 面，17×23 公分．

ISBN　978-957-08-3372-0（精裝）
1.世界傳記　2.古希臘　3.古羅馬

784.951　　　　　　　　　　　　97025028

聯經出版事業公司

信用卡訂購單

信 用 卡 號：□VISA CARD □MASTER CARD □聯合信用卡

訂 購 人 姓 名：_____

訂 購 日 期：_____年_____月_____日 （卡片後三碼）

信 用 卡 號：_____ _____ _____ _____

信 用 卡 簽 名：_____(與信用卡上簽名同)

信用卡有效期限：_____年_____月

聯 絡 電 話：日(O)：_____夜(H)：_____

聯 絡 地 址：□□□ _____

_____

訂 購 金 額：新台幣 _____元整
（訂購金額 500 元以下,請加付掛號郵資 50 元）

資 訊 來 源：□網路 □報紙 □電台 □DM □朋友介紹
□其他 _____

發　　　　票：□二聯式　　　□三聯式

發 票 抬 頭：_____

統 一 編 號：_____

※ 如收件人或收件地址不同時，請填：

收 件 人 姓 名：_____ □先生 □小姐

收 件 人 地 址：_____

收 件 人 電 話：日(O)_____夜(H)_____

※茲訂購下列書種,帳款由本人信用卡帳戶支付

書　　　　　　　名	數量	單價	合　　計
總　　計			

訂購辦法填妥後

1. 直接傳真 FAX(02)27493734
2. 寄台北市忠孝東路四段 561 號 1 樓
3. 本人親筆簽名並附上卡片後三碼(95 年 8 月 1 日正式實施)

電 話：(02)27683708

聯絡人:王淑蕙小姐(約需 7 個工作天)

羅馬帝國衰亡史（全六卷）

西洋史學鉅著第一套中文全譯本，全六卷共二百四十萬字

·史學家愛德華·吉朋 (Edward Gibbon)傳世之作，全書涵蓋一千三百年西方歷史發展，從公元二世紀西羅馬帝國的太平盛世寫到東羅馬帝國衰亡(98A.D.–1453A.D.)，包括了部分西方古代史和整個歐洲中世紀。

·書中附珍貴插圖，全部四十五幅插圖皆取材自與吉朋同時代的義大利蝕刻版畫家皮拉內西(Gioyanni Battista Piranesi)的作品，描繪出揉合了事實考據和藝術想像的古羅馬風貌。

·各卷卷末附中英文索引，第六卷附全書索引。

第一卷 680元	第二卷 580元
第三卷 580元	第四卷 580元
第五卷 650元	第六卷 650元

洽詢電話:(02)2762-7429

聯經出版公司
www.linkingbooks.com.tw